HISTOIRE DU RIRE

Histoire de la vieillesse de l'Antiquité à la Renaissance, Fayard, 1987.
La Bretagne des prêtres en Trégor d'Ancien Régime, Les Bibliothèques de Bretagne, 1987.
Le Confesseur du roi. Les directeurs de conscience de la monarchie française, Fayard, 1988.
Henri VIII, Fayard, 1989.
Les Religieux en Bretagne sous l'Ancien régime, Ouest-France, 1989.
L'Église et la Science. Histoire d'un malentendu, t. I : *De saint Augustin à Galilée*, Fayard, 1990 ; t. II : *De Galilée à Jean-Paul II*, Fayard, 1991.
Histoire religieuse de la Bretagne, éd. Gisserot, 1991.
Histoire des enfers, Fayard, 1991.
Nouvelle Histoire de la Bretagne, Fayard, 1992.
Du Guesclin, Fayard, 1993.
Histoire de l'enfer, Presses universitaires de France, 1994.
L'Église et la Guerre. De la Bible à l'ère atomique, Fayard, 1994.
Censure et Culture sous l'Ancien Régime, Fayard, 1995.
Histoire du suicide. La société occidentale face à la mort volontaire, Fayard, 1995.
Les Stuarts, Presses universitaires de France, 1996.
Les Tudors, Presses universitaires de France, 1996.
Histoire de l'avenir, des prophètes à la prospective, Fayard, 1996.
L'Angleterre georgienne, Presses universitaires de France, 1997.
Le Couteau et le Poison. L'assassinat en Europe (1400-1800), Fayard, 1997.
Le Diable, Presses universitaires de France, 1998.
Histoire de l'athéisme. Les incroyants dans le monde occidental des origines à nos jours, Fayard, 1998.
Anne de Bretagne, Fayard, 1999.
Galilée, Presses universitaires de France, 2000.

Participation à :

Répertoire des visites pastorales de la France, CNRS, 1re série, *Anciens Diocèses*, t. IV, 1985.
Les Bretons et Dieu, atlas d'histoire religieuse, Presses universitaires de Rennes-II, 1985.
Les Côtes-du-Nord de la préhistoire à nos jours, Bordessoules, 1987.
Le Trégor, Autrement, 1988.
Foi chrétienne et Milieux maritimes, Publisud, 1989.
Histoire de Saint-Brieuc et du pays Briochin, Privat, 1991.
Science et Foi, Centurion, 1992.
Breizh. Die Bretagne und ihre kulturelle Identität, Kassel, 1993.
L'Historien et la Foi, Fayard, 1996.
Les Jésuites, Desclée de Brouwer, 1996.
Dictionnaire de l'Ancien Régime, Presses universitaires de France, 1996.
Guide encyclopédique des religions, Bayard-Centurion, 1996.
Bretagnes. Art, négoce et société de l'Antiquité à nos jours, Mélanges offerts au professeur Jean Tanguy, Brest, 1996.
Homo Religiosus. Autour de Jean Delumeau, Fayard, 1997.
Église, Éducation, Lumières. Histoires culturelles de la France (1500-1830), Presses universitaires de Rennes, 1999.

Georges Minois

Histoire du rire
et de la dérision

Fayard

« Il n'est rien qu'un humour intelligent ne puisse résoudre en éclat de rire, pas même le néant. »

Armand Petitjean,
Imagination et réalisation.

Pour le sourire d'Eugénie,
le rire de Dimitri
et l'humour de Renata

Introduction

Le rire est une affaire trop sérieuse pour être laissée aux comiques. C'est bien pourquoi, depuis Aristote, des hordes de philosophes, d'historiens, de psychologues, de sociologues et de médecins, qui ne sont pas des plaisantins, se sont emparés du sujet. Les publications sur le rire se comptent par milliers, ce qui nous dispense d'établir une bibliographie, car elle serait soit outrageusement sélective, soit interminable.

Dans les dix dernières années, l'intérêt pour le rire a atteint des sommets, et cela dans toutes les disciplines. Pour nous en tenir à l'histoire, il ne se passe pas une semaine sans qu'un livre, un article, une émission de radio, un colloque, une conférence ne traite du rire à telle ou telle époque, dans tel ou tel milieu. En France, par exemple, l'association CORHUM (Recherches sur le COmique, le Rire et l'HUMour), créée en 1987, organise régulièrement journées d'étude et colloques, dont le plus récent s'est tenu à Besançon du 29 juin au 1er juillet 2000, avec pour thème « Deux mille ans de rire. Permanence et modernité »; elle publie la revue semestrielle *Humoresques*. Aux États-Unis, le journal interdisciplinaire *Humor : International Journal of Humor Research* remplit la même fonction, et partout dans le monde existent des équivalents.

Cet intérêt pour le rire ne saurait surprendre. Nous sommes en effet immergés dans une « société humoristique », qu'a bien analysée Gilles Lipovetsky en 1983 dans *L'Ère du vide*. Société qui se veut *cool* et *fun*, aimablement badine, où les médias diffusent des modèles décontractés, des héros pleins d'humour, et où se prendre au sérieux est un manque de correction. Le rire est omniprésent dans la publicité, les journaux, les émissions télévisées, et pourtant on le rencontre rarement dans la rue. On vante ses mérites, ses vertus thérapeutiques, sa force corrosive face aux intégrismes et aux fanatismes, et pourtant on a du mal à le cerner.

Étudié à la loupe depuis des siècles et par toutes les disciplines, le rire garde son mystère. Tour à tour agressif, moqueur, sarcastique, amical, sardonique, angélique, prenant les formes de l'ironie, de l'humour, du burlesque, du grotesque, il est multiforme, ambivalent, ambigu. Il peut exprimer aussi bien la joie pure que le triomphe mauvais, l'orgueil aussi bien que la sympathie. C'est ce qui en fait toute la richesse et toute la fascination, voire parfois le caractère inquiétant, car, comme l'écrit Howard Bloch, « tel Merlin, le rire est un phénomène liminal, un produit des seuils, [...] le rire est à cheval sur une double vérité. Il sert à la fois à affirmer et à renverser ». Au carrefour du physique et du psychique, de l'individuel et du social, du divin et du diabolique, il flotte dans l'équivoque, dans l'indétermination. Il a donc tout pour séduire l'esprit moderne.

Phénomène universel, il peut varier beaucoup d'une société à l'autre, dans le temps comme dans l'espace. Déjà en 1956, Edmund Bergler, dans *Laughter and the Sense of Humour,* recensait plus de quatre-vingts théories sur la nature et l'origine du rire, et la liste s'est allongée depuis. Si les ethnologues et les sociologues ont largement exploré la panoplie géographique des rires, les historiens ne se sont intéressés que plus récemment au phénomène. Comme souvent, des préoccupations idéologiques ont été au départ des investigations. Le côté subversif et révolutionnaire du rire avait intéressé les historiens soviétiques au milieu du xxᵉ siècle. En 1954, Alexandre Herzen, rappelant que dans l'Antiquité « on riait aux éclats jusqu'à Lucien », et que « depuis le ivᵉ siècle les hommes ont cessé de rire, ils ont pleuré sans relâche, et de lourdes chaînes se sont abattues sur l'esprit parmi les lamentations et les remords de conscience », déclarait : « Il serait extrêmement intéressant d'écrire l'histoire du rire. » Quelques années plus tard, Mikhaïl Bakhtine se mettait au travail et publiait un livre devenu classique, traduit en français en 1970 : *L'Œuvre de François Rabelais et la culture populaire au Moyen Age et sous la Renaissance,* magistrale histoire du rire du xivᵉ au xviᵉ siècle, mais donnant de larges aperçus sur les périodes en amont et en aval.

Plus tard, Jacques Le Goff consacre plusieurs études au rire médiéval, et notamment à la place qu'il occupe dans les règles monastiques. En 1997, dans les *Annales,* constatant que le rire est un thème à la mode et que, « comme souvent, la mode exprime une reconnaissance de l'intérêt émergent d'un thème dans le paysage scientifique et intellectuel », il suggère d'ouvrir une vaste enquête historique à ce sujet. Avant et après cette date, l'idée a germé, et de nombreux historiens ont produit des études remarquables sur le rire à différentes époques : Dominique Arnould, Dominique Bertrand, Bernard Sarrazin, Daniel Ménager, Nelly Feuerhahn, Jeannine Horowitz, Sophia Menache et tant d'autres en France, dont on trouvera les noms et les titres d'ouvrages dans les notes du présent livre ; Jan Bremmer, Herman Roodenburg, Henk Driessen aux Pays-Bas ; Derek Brewer, Peter Burke en Grande-Bretagne ; M. Tschipper, W. Haug, N. Neumann en Allemagne ; Q. Cataudella, G. Monaco en Italie ; T. Castle, B.I. Granger, S.M. Tave aux États-Unis, et des dizaines d'autres dont nous avons utilisé les travaux (cités en référence).

Car, inconscient de l'ampleur de la tâche, nous avons voulu réaliser une synthèse, ce que jamais n'aurait tenté une personne sensée, tant le champ est immense. Mais ne faut-il pas être un peu fou pour entreprendre, sans rire, une histoire du rire ? De toute façon, il est toujours trop tôt ou trop tard pour faire une synthèse. Un tel sujet offre tout de même un avantage, car il permet à l'avance de répondre à toutes les critiques : ne prenez pas cela trop au sérieux !

Inévitablement, ce travail est incomplet, sélectif, s'attarde trop sur certains aspects, en néglige d'autres, se montre désinvolte ici, pesant là, cite trop souvent, compile, schématise outrageusement, oublie des informations essentielles, adopte parfois un ton trivial, émet des jugements partiaux et contestables, approuvés par les uns, relevés avec indignation par les autres. Tout cela est d'avance confessé, assumé, revendiqué : si un sujet comme le rire n'admet pas la fantaisie, où irons-nous la chercher ?

Autre précaution, que rituellement les auteurs d'ouvrages sur le rire prennent soin de consigner en introduction : avertir le lecteur qu'il ne s'agit pas d'un livre pour faire rire. Ni recueil de blagues, ni recettes pour boute-en-train : voici simplement une contribution à l'histoire des mentalités. Cicéron déjà remarquait que les travaux sur le rire étaient fort ennuyeux. Le reproche n'est donc pas nouveau, et il est d'ailleurs injustifié. Disserter sur le rire est souvent frustrant, tant il faut se retenir de citer une multitude d'anecdotes, et s'empêcher de rire pour rapporter comment riaient nos ancêtres. Espérons malgré tout que le propos fera parfois sourire, volontairement ou involontairement.

Ce qui ne fera peut-être pas sourire les puristes, c'est la souplesse, que l'on jugera éventuellement abusive, dans l'emploi des termes tels que « burlesque », « grotesque », « satirique », « parodique », « humoristique »... On sait par exemple les débats ubuesques auxquels se sont livrés certains spécialistes dénués d'humour à propos de l'usage du mot « humour ». A-t-on le droit de s'en servir à propos des Grecs ? Cicéron a-t-il de l'humour ? Ou

faut-il réserver le mot et la chose, comme une appellation contrôlée, à l'Angleterre depuis le XVIIIe siècle? Disons-le tout net : pour
nous, l'humour n'a ni âge ni patrie. Il prend des formes différentes,
mais un paysan égyptien du Moyen Empire peut très bien avoir un
sens de l'humour aussi développé qu'Oscar Wilde. Le temps ne fait
rien à l'affaire.

La difficulté essentielle de l'entreprise vient justement de l'apparente stabilité du rire. A lire les analyses d'Aristote sur le sujet, on a
bien l'impression que les Grecs d'il y a vingt-trois siècles riaient
comme nous, avec les mêmes nuances et pour les mêmes raisons.
N'allons-nous donc pas écrire six cents pages pour rien? Comble
de la dérision! Essayons donc de nous justifier. D'abord, en rappelant l'importante distinction à établir entre la pratique et la théorie
du rire. La seconde est évidemment beaucoup plus évolutive et
facile à suivre. A toutes les époques ont été écrits des traités sur le
rire, exprimant l'opinion dominante à ce sujet dans la société ou
dans tel ou tel groupe social. L'histoire du rire, c'est avant tout
l'histoire de la théorie du rire. Or, celle-ci a indéniablement changé
en fonction des mentalités dominantes. La pratique, elle, se révèle
nettement plus difficile à percevoir. Les sources sont hétéroclites et
dispersées, et le plus souvent très décevantes. La pratique du rire
évolue sans doute beaucoup plus lentement et imperceptiblement
que la théorie. Pourtant, même à ce niveau, il doit être possible de
se faire une idée. Les sociologues actuels pensent par exemple que
le rire, au sein même de notre société humoristique, est en recul.
Beaucoup d'analystes se retrouvent derrière cette apostrophe de
J. Lederer : « C'est en vain que vous cherchez le secret perdu de
l'immense jovialité d'hier. Vos rires manquent d'air, ils sont étri-
qués, misérables, ce sont des sanglots à l'envers, le résidu desséché
des larmes que vous ne savez plus verser. » A nous de le vérifier, en
consultant chroniques, journaux intimes, œuvres littéraires et artistiques, et tout témoignage susceptible d'apporter des indices. Nous
nous ferons une idée, sans doute très approximative. Mais qui a dit
que l'histoire, surtout des mentalités, était une science exacte?

Mener conjointement l'histoire de la pratique et de la théorie du
rire n'est pas le plus facile, mais ce n'est pas non plus le moins intéressant. N'est-il pas curieux, par exemple, de constater qu'à l'heure
actuelle nous vivons une double contradiction : d'une part, beaucoup ont l'impression que le rire régresse, alors même qu'il
s'affiche partout; d'autre part, nous ririons de moins en moins,
alors même que toutes les sciences nous vantent les mérites quasi
miraculeux du rire.

C'est cette contradiction qui nous a poussé à écrire ce livre qui, à
première vue, n'a pas grand-chose de commun avec les thèmes que

nous avons abordés jusqu'ici : pourquoi une histoire du rire après une histoire du suicide, des enfers, du diable, de la vieillesse, de l'athéisme, des prédictions, des rapports de l'Église et de la science, de l'Église et de la guerre? C'est qu'au centre de tous ces sujets il y a la même interrogation : au bout du compte, que faisons-nous ici? Les religions ont inventé des réponses pour nous faire patienter; elles ont créé des enfers et des diables pour nous apprendre à vivre sagement ensemble, en limitant la casse par la peur du gendarme. Les sciences nous ont désenchantés sans apporter l'explication ultime, que nous attendons toujours. L'athéisme nous assure d'ailleurs qu'il n'y en a pas — ce qui est probablement vrai, mais difficile à supporter. Alors les uns s'évadent, en rêvant à des futurs illusoires qu'ils ne verront jamais. D'autres passent le temps en se faisant la guerre. D'autres encore se suicident en se disant que, s'ils avaient su, ils ne seraient pas venus. La majorité, qui n'a pas le courage de franchir le pas, après avoir été poussée dans l'existence, prolonge sa vieillesse en attendant qu'on la pousse dans le néant. Beaucoup enfin, devant cet énorme « canular cosmique », comme l'appelle Alvin Toffler, préfèrent en rire.

Le rire, le grand rire de Démocrite, ne serait-il pas en effet la réponse appropriée? Si vraiment tout cela n'a pas de sens, la dérision n'est-elle pas la seule attitude « raisonnable »? Le rire n'est-il pas le seul moyen de nous faire supporter l'existence, à partir du moment où aucune explication n'apparaît convaincante? L'humour n'est-il pas la valeur suprême, celle qui permet d'accepter sans comprendre, de prendre acte sans prendre ombrage, de tout assumer sans le prendre au sérieux?

Le rire fait partie des réponses fondamentales de l'homme confronté à sa situation existentielle. Retrouver les façons dont il a fait usage de cette réponse à travers l'histoire, tel est l'objet de ce livre. Prôner le rire ou le condamner, placer l'accent comique sur telle situation, sur telle caractéristique, tout cela révèle les mentalités d'une époque, d'un groupe, et suggère sa vision globale du monde. Si le rire est qualifié parfois de diabolique, c'est qu'il a pu passer pour une véritable insulte à la création divine, une sorte de revanche du diable, une manifestation de mépris, d'orgueil, d'agressivité, se réjouissant du mal. La civilisation chrétienne, par exemple, a eu du mal à faire une place au rire, alors que les mythologies païennes lui accordent un rôle beaucoup plus positif. Peut-on rire, et peut-on rire de tout? La réponse à ces questions engage des positions existentielles fondamentales.

Enfin, dernière difficulté : le rire a un aspect individuel et un aspect collectif. Une histoire du rire, c'est en même temps une histoire de la fête, qui pose des problèmes d'ordre différent. La jonction entre les deux n'est pas évidente. Il y a des fêtes solennelles, sans rire. Pourtant, des dionysies au carnaval et des saturnales à la fête des fous, il est admis que la fête, comme le rire, rompt le cours ordinaire des choses, et que leurs liens sont essentiels, parce qu'ils ouvrent tous deux une fenêtre sur autre chose, sur une autre réalité, peut-être une utopie, comme l'écrit Jean-Claude Bologne : « L'un et l'autre brisent le circuit établi entre la reproduction sociale et l'adhésion des hommes au cours d'une jubilation matérielle où l'excès d'énergie ou le dynamisme propre à l'espèce s'ouvre sur la prémonition utopique d'une existence infinie où l'homme ne serait plus confiné dans les cadres sociaux. »

Il ne s'agira pas de retracer l'histoire de la fête pour elle-même, mais d'explorer les rapports complexes qu'elle noue avec le rire, afin d'évaluer la force sociale, politique et culturelle du rire, qui peut aussi bien être un élément subversif qu'un élément conservateur. Le rire n'a pas que des implications psychologiques, philosophiques ou religieuses ; son rôle politique et social — qu'on songe à la satire et à la caricature — est également important. Le rire est un phénomène global, dont l'histoire peut contribuer à éclairer l'évolution humaine.

CHAPITRE PREMIER

Le rire inextinguible des dieux

Les Grecs archaïques et le mystère du rire

« Dieu ayant ri, naquirent les sept dieux qui gouvernent le monde... Lorsqu'il eut éclaté de rire, la lumière parut [...]. Il éclata de rire pour la seconde fois : tout était eaux. Au troisième éclat de rire apparut Hermès ; au quatrième, la génération ; au cinquième, le destin ; au sixième, le temps[1]. » Puis, avant le septième rire, Dieu prend une grande inspiration, mais il a tellement ri qu'il en pleure, et de ses larmes naît l'âme.

Ainsi s'exprime l'auteur anonyme d'un papyrus alchimique datant du IIIᵉ siècle de notre ère, le papyrus de Leyde. L'univers est né d'un énorme éclat de rire. Dieu, l'Unique, quel que soit son nom, est pris — on ne sait pourquoi — d'une crise de fou rire, comme s'il avait soudain conscience de l'absurdité de son existence. Dans cette version de la création, Dieu ne crée pas par la parole, qui est déjà civilisation, mais par cet éclatement de vie sauvage, et chacune de ses sept quintes fait surgir du néant une nouvelle absurdité, aussi absurde que Dieu lui-même : de la lumière, de l'eau, de la matière, de l'esprit. Et à l'issue de ce *big bang* comique et cosmique, Dieu et l'univers se retrouvent dans un face-à-face éternel, se demandant l'un à l'autre ce qu'ils font là : le rieur et son éclat de rire.

LE RIRE DANS LES MYTHES GRECS : UN CONTACT DANGEREUX AVEC LE DIVIN

Mirage supplémentaire camouflant notre désespérante ignorance sur les origines de l'être, ce mythe en vaut bien un autre. On ne sait

d'où il vient, mais il en existe d'autres semblables, avec quelques
variantes. Ainsi le philosophe Proclus, au ve siècle, parle-t-il d'un
poète orphique qui attribuait la naissance des dieux au rire de la
divinité souveraine, et la naissance des hommes à ses larmes. Proximité du rire et des larmes, nature mystérieuse et origine divine du
rire : ces thèmes sont récurrents dans les mythologies du Moyen-
Orient. On les retrouve de la Phénicie, où un rire rituel
accompagne le sacrifice d'enfants, à la Babylonie et à l'Égypte, où
les prêtres de Thèbes saluent les bienfaits du Nil par un éclat de
rire. Dans ce pays, le rire appartient à la déesse Maat; il manifeste
la joie de vivre, la confiance dans l'avenir, le combat contre les puissances de la mort.

A travers ces rites, on devine une interrogation, non dépourvue
d'inquiétude, sur la nature et l'origine du rire. Cette interrogation
est aussi ancienne que la pensée réflexive, puisque les plus vieux
écrits en portent la trace. Lorsque le monde occidental se penche
sur les sources de sa culture intellectuelle, il se tourne bien souvent
vers la Grèce. Non pas que celle-ci possède toutes les réponses,
mais elle semble avoir posé toutes les questions, et surtout elle en a
gardé des témoignages : mythes, écrits épiques, poétiques, philosophiques. C'est là qu'il faut une fois de plus chercher les indices
de l'identité perdue de notre rire.

Plusieurs siècles avant qu'Aristote ne consacre l'évidence — à
savoir que le rire est le propre de l'homme —, les mythes, les fêtes,
les écrits homériques avaient mis en scène cette spécificité
humaine, en avaient fait un acteur essentiel de la comédie humaine,
et ces récits permettent d'entrevoir une partie des composantes et
de la nature du rire. Mais attention : nous relisons ces textes à travers les lunettes déformantes de deux mille cinq cents ans d'histoire
culturelle, et nos interprétations dépendent de schémas explicatifs
qui évoluent.

Que nous disent donc les mythes grecs? D'abord, un constat
unanime : les dieux rient. L'Olympe résonne de leur « rire inextinguible », suivant l'expression homérique. Tous un jour ou l'autre
ont connu des accès d'hilarité, et pour des motifs qui n'étaient pas
toujours distingués, parole d'Homère! Zeus n'est pas le dernier, lui
qui assiste, hilare, à une bagarre générale des Olympiens : « Ils se
tombèrent dessus, à grand fracas; la vaste terre retentit; à l'entour,
le grand ciel résonna de trompettes. Zeus l'entendit, assis dans
l'Olympe, et son cœur rit de joie quand il vit les dieux entrer dans
cette querelle[2]. » Il rit d'avance en songeant à la vengeance qu'il va
tirer de Prométhée. Apollon trouve très drôles les jeux du petit
Hermès, qui manipule une tortue puis joue avec une lyre : « Sous sa
main, la lyre retentit d'un bruit terrible et, dans sa joie, Phébus

Apollon rit[3]. » Athéna s'amuse comme une folle en frappant Arès d'un terrible coup, avant de déboîter les genoux d'Aphrodite, le tout devant le sourire goguenard d'Héra[4]. Lorsque dans un banquet le boiteux et grotesque dieu du feu vient servir le nectar, « un rire inextinguible s'éleva parmi les dieux bienheureux, à voir Héphaïstos s'empresser ainsi dans la salle[5] ». Le même Héphaïstos joue un bon tour à son frère Arès : l'ayant surpris au lit avec leur sœur commune Aphrodite, il prépare un piège qui immobilise les amants fraternels dans une position embarrassante, puis convie le reste de la famille à assister au spectacle ; à nouveau, « un rire inextinguible s'éleva parmi les bienheureux, à la vue du piège de l'artificieux Héphaïstos[6] ». Les rires redoublent lorsque Hermès déclare qu'il voudrait être à la place d'Arès.

Bref, on rigole bien chez les dieux. Leur rire est sans entraves : violence, difformité, sexualité déclenchent des crises que ne retient aucune considération de morale ou de bienséance. Les mythes l'associent souvent à l'obscénité en même temps qu'au retour à la vie. C'est le cas de l'étrange histoire de Déméter et de Baubô, un épisode évincé des manuels d'études classiques, soucieux de préserver la dignité des « humanités ».

D'après ce mythe, très connu dans la Grèce antique, la déesse Déméter, inconsolable et triste — l'hymne homérique précise « ayant perdu le rire » —, arrive à Éleusis chez Baubô, qui lui offre le *kykéon,* mélange d'eau, de farine et de pouliot. Mais Déméter refuse et Baubô, pour la faire rire, emploie les grands moyens : « Tout en parlant ainsi, elle troussa son vêtement et montra tout son corps, et la forme indécente. Il y avait l'enfant Iacchos qui riait sous les jupes de Baubô. Il l'agita de la main. Alors, elle sourit, la déesse, elle sourit en son cœur, et elle accepta la coupe étincelante où il y avait le *kykéon*[7]. » Voilà du moins ce qu'en dit la version orphique du mythe. Ce passage a d'autant plus excité l'imagination des hellénistes, historiens et psychologues que le sens n'en est pas clair et que des variantes existent[8].

Pour Georges Devereux, auteur d'un audacieux *Baubô, la vulve mythique,* Baubô a peint sur son ventre la moitié supérieure d'Iacchos, comme s'il sortait de son sexe, titillant sa vulve d'une main[9]. Pour Paul Perdrizet, Baubô a simplement dessiné la tête d'Iacchos et, « ainsi accommodée, elle avait exécuté la danse du ventre : à chacune de ses contorsions, la figure peinte semblait rire[10] ». Troisième version de ce dessin animé original, Baubô s'est épilée, et les mouvements de sa fente génitale produisent des effets comiques. Enfin, selon Marie Delcourt, Baubô serait hermaphrodite, et c'est la vue inattendue de son phallus qui dériderait Déméter[11].

Comme souvent, le comique réside autant, sinon plus, dans les interprétations que dans l'épisode initial. Mais ce mythe — dans sa version orphique ou dans sa version homérique — associe le rire, sous sa forme de raillerie, à la sexualité, à la fécondité et à la renaissance. Déméter « renaît » par son sourire, lui-même provoqué par un rire qui sort de la matrice corporelle, du sexe féminin. On pense ici au fameux tableau de Courbet, *L'Origine du monde* : le ventre féminin est l'origine de l'humanité entière, vérité obscène et insupportable pour certains, mais suprême dérision pour l'orgueil humain. Dominique Arnould signale judicieusement l'existence de mythes comparables en Crète et en Égypte, autour du culte d'Isis [12].

Aristophane, dans ses *Grenouilles,* invoque encore Déméter en ces termes : « Déméter, princesse des saints mystères, assiste-nous, préserve ton chœur ; donne-moi de me divertir et de danser en paix, tout le jour, de dire bien des drôleries, bien des choses sérieuses aussi, et, après avoir plaisanté et raillé d'une manière digne de ta fête, d'emporter les guirlandes de la victoire. » Victoire sur les larmes, sur la tristesse, triomphe de la fertilité, mais aussi affirmation de l'origine divine d'un genre littéraire, l'iambe. En effet, dans l'hymne homérique, c'est Iambè qui offre l'hospitalité à Déméter et tente de la faire rire. Le genre iambique, tel qu'il sera pratiqué par Archiloque et ses successeurs, revendique le pouvoir de faire rire les déesses. Ainsi, « les mythes qui rendent compte des genres littéraires et musicaux équilibrent donc, en quelque manière, le rire et les larmes, explique Dominique Arnould [...]. En même temps, ils donnent une caution divine aux réactions humaines, puisque telles divinités, tels héros, se spécialisent dans le rire ou les larmes, et que c'est par une imitation de leurs émotions que les hommes peuvent les honorer [13] ».

D'autres mythes associent le rire à la renaissance, au retour à la joie de vivre. Ainsi cette histoire d'Héra, qui s'est réfugiée dans la montagne après une dispute avec Zeus. Ce dernier, pour l'inciter à revenir, fait répandre la rumeur de son prochain remariage et préparer une statue qui figure la fiancée couverte de ses voiles. Héra, curieuse de connaître l'élue, écarte le voile, éclate de rire, et insiste alors pour conduire le cortège. Ce mythe était encore joué chaque année en Béotie à l'époque de Plutarque, au IIe siècle de notre ère : une statue de bois était placée sur un chariot et parée comme une fiancée ; la prêtresse d'Héra soulevait le voile, éclatait de rire et prenait la tête du cortège. De même, à la fête des thesmophories, le rire de Déméter était intégré dans un rite.

Le rire est la marque de la vie divine : en témoignent de nombreuses histoires grecques de statues de dieux soudain animées par un éclat de rire. Suétone rapporte que Caligula ayant décidé de faire démonter la statue de Zeus, œuvre de Phidias, pour l'installer à Rome, la statue « éclata d'un rire si terrible que les échafaudages s'effondrèrent et les ouvriers s'enfuirent [14] ».

D'après Pausanias, il y avait un étrange rite d'initiation à Lébadée, dans l'antre de Trophonios : l'initié devait simuler la mort ; porté par les prêtres, il était remis à ses amis, et sa résurrection était manifestée par le rire. « Celui qui remonte après avoir consulté Trophonios, les prêtres s'en emparent aussitôt et le font asseoir sur ce qu'on appelle le trône de Mémoire. Quand il y est assis, ils lui demandent de dire tout ce qu'il a vu et appris. Ces informations recueillies, ils le rendent à ses proches. Ceux-ci le soulèvent et l'emportent dans la chambre, où il se trouvait auparavant, de la Bonne Fortune et du Bon Génie. Il est encore frappé par la crainte, il ne sait pas qui il est, il ne reconnaît pas ses proches. Un peu plus tard, cependant, il retrouve toute sa conscience, et la faculté de rire lui revient. J'écris ceci, non pour en avoir entendu parler, mais pour l'avoir observé chez les autres et avoir, moi-même, consulté Trophonios [15]. »

Là encore, il s'agit de la ritualisation d'un mythe, raconté par Sémos de Délos au IIIe siècle avant notre ère. Parméniscos de Métaponte serait descendu dans l'antre de Trophonios et en aurait perdu la faculté de rire ; pour la retrouver, il consulte la Pythie qui lui répond, suivant l'habitude, par une énigme : « Tu m'interroges sur le doux rire, toi qui es amer ; c'est ta mère qui te le rendra quand tu seras chez toi : honore-la grandement. » Par hasard, visitant Délos, « il alla au temple de Lêto, car il estimait que la statue de la mère d'Apollon méritait d'être vue. Mais en s'apercevant que c'était un morceau de bois sans forme, il rit contre toute attente, comprit l'oracle du dieu et, débarrassé de son infirmité, honora grandement la déesse. »

Ici, le mythe ouvre une autre perspective : le rire est associé au retour à une vie « normale », mais il n'est possible qu'à condition d'oublier ce qu'on a vu dans le monde du divin, d'oublier ce que l'on a entrevu des mystères de l'au-delà et de l'avenir, d'oublier tout ce qui dépasse la condition humaine. Ces mystères seraient-ils si terribles ? Il y a là, en tout cas, le pressentiment d'une vérité angoissante.

Parce qu'il est divin, le rire lui-même est inquiétant. Les dieux l'ont accordé à l'homme, mais celui-ci, limité, fragile, est-il capable de maîtriser cette force qui le dépasse ? « A la différence du pauvre rire des hommes, témoignage d'une vitalité précaire et inférieure, le rire des dieux ne semble pas devoir finir », écrit Salomon Reinach [16]. Le rire, comme un souffle trop grand pour notre esprit, peut conduire à la folie : c'est le cas pour le rire dément d'Ajax, cadeau empoisonné d'Athéna, mis en scène par Sophocle. C'est aussi le cas pour les prétendants, dans l'*Odyssée*, atteints d'un rire d'aliénés — au sens propre — lorsqu'ils apprennent que Télémaque accepte de parler en leur faveur auprès de sa mère : « A ce moment, Athéna, égarant leur esprit, secoua les prétendants d'un rire inextinguible. Ils riaient comme avec des mâchoires d'emprunt; ils dévoraient des chairs d'où le sang dégouttait; leurs yeux se remplissaient de larmes : le cœur triste, ils voulaient sangloter [17]. »

LE MYTHE, LE RIRE ET LA MORT

Dans ce passage de l'*Odyssée,* les prétendants, saisis du pressentiment de leur fin proche, sont secoués par un rire qui agite leurs mâchoires contre leur volonté : — le rire inextinguible des dieux — et, en même temps, ils pleurent. Le rire, dans les mythes grecs, n'est vraiment joyeux que pour les dieux. Chez les hommes, il n'est jamais joie pure; la mort n'est jamais bien loin, et cette intuition d'un néant sur lequel chacun est suspendu contamine le rire.

D'ailleurs, on peut littéralement « mourir de rire ». Homère utilise l'expression, à propos encore des prétendants, lorsqu'ils assistent à la correction infligée par Ulysse à Iros : « Les nobles prétendants, levant les bras, mouraient de rire [18]. » En fait, croyant rire d'un autre, c'est de leur propre mort qu'ils rient, sans le savoir. Dans un mythe raconté par Théopompe de Chios, Silène parle d'un pays extraordinaire où les hommes sont deux fois plus grands et vivent deux fois plus longtemps que chez nous; ils n'ont pas à travailler et meurent dans un grand rire.

Hérodote mentionne plusieurs cas de rire rituel associé à la mort : en Thrace, les femmes meurent en riant sur la tombe de leur mari; dans ce pays, dit-il, on salue la naissance par des lamentations, car on considère que la vie est un mal, et on meurt en riant. D'autres racontent la même chose à propos de la Sardaigne; les victimes sacrifiées au dieu lydien Sandon doivent rire, de même que les Phéniciens en sacrifiant leurs enfants. Selon Salomon Reinach qui rapporte ces exemples, le rire joue un rôle magique, qui permet le passage à une vie nouvelle et signifie le caractère consentant des victimes [19]. Dans ses *Épidémies,* Hippocrate cite le cas tragique de Tychon qui rit pendant trois jours, jusqu'à sa mort, après avoir reçu un coup de lance. Explication : ce rire était provoqué par un morceau de fer resté planté dans le diaphragme.

Nous touchons là au rire de souffrance, l'une des interprétations du mystérieux rire « sardonique » qui apparaît dans l'*Odyssée :*

Ulysse, esquivant un projectile lancé par Ctésippe, « sourit, mais du sourire sardonique de l'homme ulcéré[20] ». Beaucoup plus tard, Platon l'utilise dans un tout autre contexte : dans la *République,* Socrate raconte que Thrasymaque l'a un jour apostrophé : « En m'entendant, il éclata d'un rire sardonique et, prenant la parole : "Par Héraklès, dit-il, la voilà bien la feinte ignorance, habituelle aux questions de Socrate[21]!" »

Eschyle, Sophocle, Simonide et quelques autres mentionnent cette expression dont l'origine et le sens intriguaient les Anciens. Pour tous le rire sardonique désigne un rire inquiétant en raison même de son indétermination. De qui et de quoi rit-on ? Ne pas le savoir met mal à l'aise, comme si ce rire venait d'ailleurs, de l'au-delà, lourd d'une menace imprécise. Ce rire n'exprime pas la joie de celui qui en est la « proie », et beaucoup l'associent à l'idée de souffrance et de mort. L'homophonie attire l'attention sur la Sardaigne où, d'après des légendes, Talos, l'homme de bronze, sautait dans le feu en serrant ses victimes qui « avaient, en mourant, la bouche étirée et contractée, d'où le rire sardonique », note Zenobius. Une autre version sarde, rapportée au IIIᵉ siècle de notre ère par Seilenos, attribue le rictus sardonique au spasme de ceux qui sont empoisonnés par l'absorption d'une sorte de renoncule poussant dans cette île et en Sicile. Même localisation pour l'histoire célèbre de Phalaris, tyran d'Agrigente, qui faisait périr ses victimes en les enfermant dans un taureau d'airain chauffé à blanc. Le visage tordu de douleur semble rire de sa propre mort.

Platon rapporte une tradition comparable : « Cleitarchos dit que les Phéniciens, et surtout les Carthaginois, qui honorent Cronos, prononcent sur la tête de leurs enfants, quand ils s'efforcent d'obtenir quelque grande faveur, le vœu de les sacrifier au dieu s'ils obtiennent ce qu'ils désirent. Il y a chez eux un Cronos, en bronze, qui étend les mains, paumes vers le haut, au-dessus d'un four en bronze; c'est lui qui brûle l'enfant. Quand la flamme s'empare du corps, elle tire les membres, et la bouche semble étirée et contractée comme celle de ceux qui rient, jusqu'à ce que dans un dernier étirement l'enfant glisse dans le four[22]. » On trouve également dans le *Dédale* de Sophocle une allusion à la mort par le feu, bouche grande ouverte, de ceux qui en Crète refusent d'aller chez Minos : « De là, comme ils avaient la bouche étirée et contractée, à cause du feu, Simonide dit qu'on appela ce rire sardonique *(sardanion)*. »

Ce rire sardonique correspond donc à la fois à une expression et à une intention. L'expression, c'est celle de quelqu'un qui, « mordu intérieurement par la colère ou le chagrin, rit du bout des lèvres, en contractant et étirant la bouche. *Sardanios* chez Homère, *sardonios* ailleurs, désignant un rire contracté et étiré, et sarcastique », explique Eustathe dans son *Commentaire sur l'Odyssée*. L'aspect agressif est mis en valeur par le fait que la contraction des muscles de la bouche montre les dents, ainsi que le souligne Hippocrate, qui rapproche cela du rire de folie.

Souffrance personnelle, menace contre l'autre, méchanceté froide, atmosphère de mort : mythes et légendes de la Grèce font encore du rire sardonique une force qui dépasse l'être humain. De toute évidence, rire et gaieté sont là totalement étrangers l'un à l'autre. Le corps est secoué par des convulsions, et le visage crispé par un rictus de mort. Le rire peut aussi être la réaction physiologique du pantin qui prend conscience de son anéantissement.

Le rire et la mort font bon ménage. Il suffit de regarder un crâne pour s'en convaincre : rien ne peut lui enlever son éternel sourire. La mort n'a vraiment pas l'air sérieuse, et le rire n'a vraiment pas l'air drôle. On peut aussi bien rire de la mort que mourir de rire ; les Grecs ont illustré cette ambivalence par leurs légendes et tenté de l'expliquer par leurs mythes. Ils l'ont confirmée par des exemples « historiques », montrant que même pour les plus sérieux la vie n'est décidément qu'une affaire dérisoire, qui ne mérite qu'un éclat de rire à la sortie. Voyez le philosophe stoïcien Chrysippe qui, raconte Diogène Laërce, « mourut pour avoir éclaté de rire en regardant un âne manger des figues. Il dit en effet à la vieille à qui l'âne appartenait : "Donne donc aussi un peu de vin à ton âne." Et il s'en amusa tant qu'il en mourut ». D'après ce farceur de Lucien, c'est le poète comique Philémon qui serait mort de cette façon — mais qu'importe ! Le philosophe Chilon, au vi\ :superscript:`e` siècle, serait décédé de joie, à la suite de la victoire de son fils aux Jeux olympiques ; même mésaventure fatale pour Sophocle, trop heureux d'avoir gagné le concours de tragédie. Quant au peintre Zeuxis, en – 398, il est terrassé par l'irrésistible drôlerie de sa dernière œuvre : une vieille femme. La vieillesse, la laideur, le temps et l'universelle illusion : n'y a-t-il pas là en effet de quoi mourir de rire ?

Dans le panthéon grec, où les dieux rient si librement entre eux, le rire est curieusement l'attribut d'un personnage obscur, le moqueur et sarcastique Momus. Fils de la Nuit, censeur des mœurs divines, Momus finit par se rendre tellement insupportable qu'il est chassé de l'Olympe et se réfugie près de Bacchus. Il raille, se moque, se gausse, fait des bons mots, mais il n'est pas dépourvu d'aspects inquiétants : il tient en main une marotte, symbole de folie et porte un masque. Qu'est-ce à dire ? Le rire dévoile-t-il la réalité, ou la cache-t-il ? Enfin, il ne faut pas oublier que d'après Hésiode ses sœurs sont Némésis, déesse de la vengeance, Détresse, et « Vieillesse maudite ».

LE RIRE DE LA FÊTE : RETOUR AU CHAOS ET RECRÉATION

Inséparables de la mythologie, les fêtes sont en général des occasions de rire, un rire collectif et organisé. Pourquoi le groupe social éprouve-t-il le besoin d'organiser ces sessions de rire que sont les fêtes ? Comment le fait-il ? Lors de ces fêtes, des mythes sont rejoués périodiquement, les uns sérieux, les autres comiques, ce qui permet de voir comment ces derniers passent et se perdent dans la conscience collective.

Que savons-nous donc des fêtes du monde grec antique ? Les dionysies des champs, les grandes dionysies, les bacchanales, les lénéennes, les thesmophories ou les panathénées, sont toutes des fêtes religieuses, et ont donc nécessairement une signification globale quant au sens général du monde, suspendu à la volonté des dieux. Or, on y retrouve presque toujours quatre éléments : une réactualisation des mythes, qui sont joués et mimés, leur redonnant efficacité ; une mascarade, donnant lieu, sous des déguisements divers, à des rituels plus ou moins codifiés ; une pratique de l'inversion, où l'on s'attache à jouer un monde à l'envers, renversant les hiérarchies et les conventions sociales ; une phase débridée, où l'excès, les débordements, la transgression des normes sont de règle, se terminant en débauche et orgie présidées par un éphémère souverain qui est châtié à la fin de la fête. L'importance relative de ces éléments varie, mais ils se combinent presque toujours.

Le rire est bien sûr essentiel lors de ces fêtes, sauf dans les rites les plus solennels et la réactualisation des mythes « sérieux ». On ne conçoit pas les mascarades, échanges de vêtements, scènes d'inversion, désordres et excès sans ce rire débridé qui en quelque sorte leur imprime le sceau de l'authenticité. C'est le rire qui donne sens et efficacité à la fête archaïque. Mais ces fêtes ont aussi une fonction : renforcer la cohésion sociale dans la cité. Elles assurent la perpétuation de l'ordre humain en renouant le contact avec le monde divin ; et le signe du contact établi avec le divin, c'est le rire qui, comme nous l'avons entrevu à travers les mythes, est un état d'origine et d'initiative divine, comparable dans certains cas à la transe.

Révélatrice à cet égard est l'anecdote racontée par Philostrate dans la *Vie d'Apollonios de Tyane*. Ce sage pythagoricien du Iᵉʳ siècle, qui s'adresse à la foule pour lui parler de libations, est interrompu par l'éclat de rire d'un jeune débauché : « Le jeune homme interrompit ce discours d'un rire épais et indécent ; Apollonios le regarda et dit : "Ce n'est pas toi qui m'insultes ainsi, mais le démon qui te pousse à ton insu." En fait, le jeune homme était bien, sans le savoir, possédé par un démon. Car il riait à ce qui ne faisait rire

personne, et brusquement fondait en larmes, sans aucune raison. »
Le rire et les larmes, comportements irrationnels, sont signes d'une
possession de l'homme par une force divine.

Ainsi le rire festif est-il la manifestation d'un contact avec le
monde divin. Et ce rire sert à garantir la protection divine, en simulant d'abord un retour au chaos originel, qui précédait la création
du monde ordonné. La débauche, l'agitation, les cris, les danses,
s'accompagnent du désordre verbal. Ce que Roger Caillois décrivait ainsi : « Cris, railleries, injures, va-et-vient de plaisanteries grossières, obscènes ou sacrilèges, entre un public et un cortège qui le
traverse (comme au second jour des anthestéries, aux lénéennes,
aux grands mystères, au carnaval...), assauts de quolibets entre le
groupe des femmes et celui des hommes (comme au sanctuaire de
Déméter Mysia près de Pellana d'Achaïe) constituent les principaux excès de parole. Les mouvements ne sont pas en reste :
mimiques érotiques, gesticulations violentes, luttes simulées ou
réelles[23]. » Si l'on y ajoute les échanges de vêtements, qui boule-
versent l'ordre naturel, il devient évident qu'on assiste à la figuration de l'état de chaos : « En Grèce, en tout cas, la fête argienne de
l'échange des vêtements entre garçons et filles porte le nom significatif d'*hybristika*. Or l'*hybris* représente l'atteinte à l'ordre cosmique
et social, l'excès qui passe la mesure[24]. »

L'inversion va dans le même sens. Pendant la fête de Kronia, les
esclaves jouissent d'une grande liberté ; ils peuvent même se faire
servir par les maîtres, qu'ils réprimandent. Le tout au milieu des
rires, des moqueries et plaisanteries obscènes. Ce chaos est indispensable afin de mimer ensuite la création de l'ordre. Pendant ces
désordres, où le rire est en liberté, on choisit un personnage qui
préside et incarne ce chaos, un prisonnier ou un esclave, que l'on va
sacrifier à la fin de la fête, par un acte fondateur de la règle, de la
norme, de l'ordre. A Rhodes, le prisonnier était préalablement eni-
vré ; à sa mort, tout rentre dans l'ordre, et le rire débridé disparaît.
La même coutume existait chez les Babyloniens lors de la fête
annuelle des sacées, un esclave devient le roi comique, le *zoganes ;*
cinq jours durant, il peut donner des ordres, user des concubines
royales, vivre dans les pires excès — avant d'être exécuté. « Ce pouvoir déchaîné est un faux pouvoir, écrit Georges Balandier ; il est
théâtralement montré sous l'aspect d'un fauteur de désordre imposant la nécessité de restaurer le règne de la règle, et c'est à cette dernière que le sacrifice du faux roi est offert[25]. »

La parenthèse festive du rire débridé sert donc à la recréation du
monde ordonné, et au renforcement périodique de la règle. Elle est
aussi une réintégration de l'homme dans le monde du sacré, un
retour psychique au numineux, dont la plénitude se confond avec

celle de l'état primordial. C'est le renversement du quotidien, la rupture avec les activités sociales, l'oubli du profane, un contact avec le monde des dieux et des démons qui contrôlent la vie. C'est aussi un retour à l'origine, qui permet de reproduire les actes fondateurs, pour régénérer le monde et les hommes, pour arrêter le déclin. La fête archaïque, écrit Jean-Jacques Wunenberger, est « un ludisme mimétique d'un modèle de type mythique considéré comme transcendant[26] ».

Dans cette fête collective, l'individu joue un rôle, « afin de s'arracher à soi et de s'ouvrir au numineux en jouant précisément ses paradigmes mythiques[27] ». Et pour assurer l'efficacité du rite, chacun doit jouer son rôle. Le rire festif est obligatoire. Les dieux punissent les déserteurs de la fête. Ceux qui refusent de se dépouiller un temps du conformisme social, aux dionysies par exemple, tombent dans la folie sauvage. C'est ce que raconte le mythe de Penthée, roi de Thèbes. Penthée n'a pas voulu quitter son rôle sérieux, alors que les sages vieillards Cadmos et Tirésias s'étaient travestis et avaient accepté de faire un pas de danse pour le dieu. Dionysos s'est vengé de façon appropriée : il a persuadé Penthée de s'habiller en bacchante et d'aller observer les cérémonies réservées aux femmes. Celles-ci, possédées par le dieu, croient voir une bête fauve et, hallucinées, tuent le roi. Ainsi le rire et la dérision apparaissent-ils, dans la fête, comme nécessaires au maintien de l'ordre social, et comme un élément de cohésion ; le réfractaire — qui n'est pas seulement un rabat-joie, car ceci n'est pas qu'un jeu — est exclu du groupe social.

La mascarade grecque antique peut avoir d'autres significations. Par exemple, faire l'expérience de l'altérité : devenir autre pendant un court moment, afin d'être davantage soi-même. A Sparte, le rite de passage à la vie adulte comprend une mascarade : on porte des masques de satyres, de vieilles édentées, de faces difformes et monstrueuses ; on pratique la bouffonnerie, on se tourne en dérision, pour faire l'expérience de ce qu'on devra désormais éviter, en rejetant ces caricatures par le rire. Dans ce rite, le masque de la Gorgone figure l'altérité de la mort, qui entre aussi dans ce jeu de dérision. A Athènes, des hommes s'habillent en femmes, dansent et rient ; ils jouent la femme afin d'être davantage hommes. Dans les rituels dionysiaques, les masques, bouffonneries, mimes obscènes sont destinés à reproduire « l'obscénité et la bestialité des compagnons de Dionysos », écrit Françoise Frontisi-Ducroux ; c'est là faire sa part à ce dieu, en se moquant des comportements déviants à éviter[28]. Mais la signification globale reste la même : dans la fête grecque antique, le rire, ritualisé, est un moyen d'exorciser le désordre, le chaos, les déviances, la bestialité originelle. C'est, « à

travers une expérimentation ritualisée du désordre, comme une
réaffirmation de l'ordre culturel et social[29] ». Le rire festif, c'est à la
fois l'irruption du chaos et son autodestruction. L'aspect magique
est patent. Dans une parenthèse nettement circonscrite, le désordre
surgit sous la forme du rire, et en même temps il est tué par le rire,
par l'autodérision et par les moqueries mutuelles de tous ces
acteurs masqués qui incarnent chacun un aspect des interdits et des
peurs. Du même coup, l'ordre social est recréé et conforté dans sa
normalité.

La désignation d'un roi comique et sa mise à mort suggèrent
encore une autre signification, développée dans la théorie bien
connue de René Girard : la fête comme commémoration de la crise
sacrificielle d'origine, de la mise à mort du bouc émissaire chargé
de l'agressivité collective, acte fondateur de la paix sociale. L'aspect
joyeux de la fête archaïque correspondrait aux préparatifs du sacrifice : « Si la crise des différences et la violence réciproque peuvent
faire l'objet d'une commémoration joyeuse, c'est parce qu'elles
apparaissent comme l'antécédent obligatoire de la résolution
cathartique sur laquelle elles débouchent[30]. » La fête n'aurait donc
rien à voir avec un quelconque besoin de divertissement, comme
l'affirmeront les moralistes classiques. Il s'agirait d'une chose beaucoup plus sérieuse, fondamentale pour tout dire.

René Girard appuie sa thèse sur une interprétation de la tragédie
d'Euripide, *Les Bacchantes*. On y assiste à une fête traditionnelle en
l'honneur de Dionysos, la bacchanale, avec les caractéristiques
habituelles : l'inversion, l'effacement des différences, l'égalité des
hommes et des femmes, dans les rires et les cris. Puis tout bascule
dans la violence et le massacre. Penthée ayant refusé de reconnaître
la divinité de Dionysos déguisé, celui-ci s'empare de l'esprit des
bacchantes, qui se ruent indistinctement sur les bêtes et les
hommes : « Pacifique d'abord, la non-différence dionysiaque glisse
rapidement dans une indifférenciation violente particulièrement
poussée. L'abolition de la différence sexuelle, qui apparaît dans la
bacchanale rituelle comme une fête de l'amour et de la fraternité, se
transforme en antagonisme dans l'action tragique[31]. »

Penthée, roi de Thèbes, se présente comme le défenseur de
l'ordre, du « sérieux », qu'il prétend défendre en refusant de participer à la fête dionysiaque. Il n'a pas compris que par là, au contraire,
il libère toutes les forces de la brutalité bestiale ; c'est ce que rappelle le chœur, qui porte des masques d'animaux : « Dans les propos du chœur, Penthée apparaît comme un transgresseur, un audacieux mécréant dont les entreprises impies attirent sur Thèbes la
colère de la toute-puissance. Et Penthée, effectivement, contribue
au désordre qu'il prétend empêcher[32]. » Il sera déchiré par les bac-

chantes en furie, qui le prennent pour un lion. Ce meurtre, accompli sans armes, ramène la paix et l'ordre à Thèbes. Dionysos est satisfait. Par la mort du bouc émissaire, la crise sacrificielle est dénouée.

Pour René Girard, le sens de l'épisode est le suivant : pour vivre en société, l'homme a besoin de se séparer de son agressivité naturelle. Or, « les hommes ne pourraient pas poser leur violence hors d'eux-mêmes, en une entité séparée, souveraine et rédemptrice, s'il n'y avait pas de victime émissaire, si la violence elle-même, en quelque sorte, ne leur ménageait pas un répit qui est aussi un nouveau départ, l'amorce d'un cycle rituel après le cycle de la violence[33] ». Mais, pour que la crise sacrificielle soit efficace, il faut deux conditions : l'unanimité des participants, et le caractère secret ou inconscient de l'acte sacrificiel — car, « à dissiper leur ignorance, on risque d'exposer les hommes à un péril accru, on les prive d'une protection qui ne fait qu'un avec la méconnaissance, on fait sauter le seul frein dont la violence humaine soit pourvue[34] ». Euripide aurait eu l'intuition de cette vérité ; il aurait, en des vers énigmatiques, décidé de garder pour lui ce terrible secret dont la révélation aurait déchaîné la violence :

> Tiens à l'écart des pensers ambitieux
> ton cœur prudent et ton esprit
> ce que croit et pratique la foule des modestes
> je l'accepte pour moi.

Cette théorie a suscité un certain nombre de réserves, que nous n'avons pas à examiner ici. Si nous l'avons rappelée, c'est qu'elle peut contribuer à éclairer l'un des aspects du rire festif. Le sacrifice du bouc émissaire qui se charge de la violence humaine pour l'emporter dans le divin est précédé de la fête, du rire, de la joie, et c'est dans la fête qu'il est rejoué périodiquement. Il y a donc association et complémentarité entre le rire et l'agressivité. Le rire collectif, en quelque sorte, prépare l'abandon de la violence ; il la désarme. C'est une autre façon, moins « mystique », d'expliquer les rires rituels de la fête archaïque.

Voilà qui rejoint l'interprétation « naturaliste » du rire que donne Konrad Lorenz dans *L'Agression*. Pour lui, le rire est une ritualisation de l'instinct d'agression qui est en chacun de nous ; il permet de contrôler et de réorienter nos penchants naturels à la brutalité, afin de rendre possible la vie sociale. Nous reviendrons sur cet aspect, mais d'ores et déjà il semble que le rire, qu'il soit individuel ou collectif, ait un lien inéluctable avec l'agressivité. Le rire comme exutoire détournant, canalisant, mimant, désamorçant l'agressivité de l'animal social par son hoquet symbolique : c'est bien ce que suggèrent les désordres programmés des fêtes grecques.

LE RIRE DE DIONYSOS

La personnalité du dieu qui préside à ces fêtes va dans le même sens. Dionysos, puisque c'est de lui qu'il s'agit, a laissé l'image d'un joyeux drille. Dieu de la vigne, du vin, de l'ivresse (entre autres), il est accompagné d'un cortège de satyres hilares et grivois. Qui mieux que lui pourrait représenter la joie de vivre et le rire sans entraves ? Mais qu'on ne s'y trompe pas : ce dieu est dangereux, ambigu, ambivalent, troublant, mystérieux, inquiétant. Ce n'est pas un hasard si tant de philosophes ont fantasmé autour du concept flou de « dionysiaque », surtout au cours du trouble XXᵉ siècle. Et le fait que ce dieu soit justement un dieu rigolard nous invite à approfondir la complexité du rire grec.

Rappelons d'abord que, comme l'a démontré Henri Jeanmaire, rien n'indique dans les traditions anciennes une quelconque association de Dionysos avec la vigne et le vin[35]. Son ivresse d'origine, écrit René Girard, c'est la « fureur homicide ». Ses attributs se rattachent à la violence, qui préside à beaucoup de désastres, et le devin Tirésias fait de lui l'inspirateur des terreurs paniques : « Des soldats sous les armes et rangés en bataille sont égarés par la panique sans que la lance les ait touchés. C'est de Dionysos que leur vient ce délire. »

Pour Jean-Pierre Vernant et Pierre Vidal-Naquet, « l'un des traits majeurs de Dionysos consiste à brouiller sans cesse les frontières de l'illusoire et du réel, à faire surgir brusquement l'ailleurs ici-bas, à nous déprendre et nous dépayser de nous-mêmes ; c'est bien le visage du dieu qui nous sourit, énigmatique et ambigu, dans ce jeu de l'illusion théâtrale que la tragédie, pour la première fois, inaugure sur la scène grecque[36] ». Il n'est pas surprenant que ce dieu de l'illusion soit associé au théâtre, et que ce théâtre grec archaïque mélange intimement la comédie et la tragédie. Aux grandes dionysies, le concours de tragédie apparaît en – 501, et celui de comédie quatre ans plus tard. Les auteurs tragiques pratiquent d'ailleurs aussi le comique : outre leurs trois tragédies, ils doivent présenter une courte pièce familière, le drame satyrique, qui est joué par les mêmes acteurs, utilise la même métrique et le même vocabulaire, mais se déroule dans un cadre champêtre. La pièce est animée par un chœur de satyres, personnages fantasques, compagnons de Dionysos, et dirigés par un ivrogne lubrique, Silène. Êtres hybrides, ils exhibent leur animalité : dotés d'un sexe en érection et d'une queue de cheval, ils mettent en scène un univers parodique et burlesque, dans lequel certains voient le prolongement de cultes zoomorphiques[37].

Cette résurgence de l'animalité se traduit par le rire, qui vient briser la solennité tragique et déstabiliser le sérieux. Dans les fragments de drames satyriques qui nous sont parvenus, François Lissarrague croit pouvoir reconnaître la volonté de présenter une anthropologie inversée, d'explorer le monde à travers le miroir du rire. Le drame satyrique, qui prend ses distances avec les grandes questions de la tragédie, utilise le rire comme instrument de connaissance[38]. Ce regard de la dérision, c'est le « regard de Dionysos », écrit par ailleurs Pierre Sauzeau : « Dionysos déroute la recherche positiviste parce qu'il instaure en système une "autre façon de penser", voire la folie, douce à ses fidèles, terrible à ses ennemis[39]. » Cet intermède de burlesque primaire vient rappeler que le rire de folie est nécessaire à l'équilibre de la cité ; car il s'oppose au logos rationnel qu'incarnent Apollon ou Athéna : « Dieu de la folie, de l'ivresse, de l'illusion, des forces mystérieuses et sauvages de la nature en tant qu'Autre Monde, des richesses gratuites qu'il faut savoir cueillir, savourer et joyeusement fêter, Dionysos est nécessaire à l'équilibre de la cité[40]. » Président à la fois à la tragédie et au drame satyrique, il est le plus trouble des dieux : il est derrière le vin et l'ivresse, mais aussi derrière la nature sauvage, la possession extatique, la danse, le masque, le déguisement, l'initiation mystique[41].

Tout cela ressort encore mieux dans les dionysies des champs, qui ont lieu en décembre dans les communautés rurales de l'Attique. Les paysans, barbouillés ou masqués, processionnent en chantant des refrains bouffons ou obscènes, et en promenant un *phallos,* symbole de fécondité. La fête se termine par un *kômos,* sortie extravagante de bandes de fêtards passablement ivres, qui chantent, rient, interpellent les passants. C'est de la *kômodia* que vient la comédie, les *kômodoi* étant les comédiens. Révélatrice est cette association du rire avec l'agression verbale, avec les forces obscures de la vie, du chaos, de la subversion, dont les échos se retrouveront dans le carnaval et le charivari ; d'ailleurs, Aristote verra dans les chants phalliques de ces dionysies des champs l'origine de la comédie. Ajoutons qu'à la fin de chaque comédie le chœur a pour habitude de sortir dans un grand tumulte, qui rappelle lui aussi le chaos originel.

Le rire, comme irruption des forces vitales irrationnelles, est au cœur même de la tragédie humaine. Cette idée a séduit l'époque contemporaine, si portée sur l'ambigu. Les chercheurs se sont attachés à dépister les traces de comique au sein même des tragédies grecques[42] et n'ont pas manqué d'en trouver, chez Euripide et Sophocle surtout. Le théâtre de ce dernier est à l'image de la vie. Ce grand tragique était un joyeux luron; en tout cas, il aimait rire, comme le rapporte dans les *Séjours* Ion de Chios, qui le connaissait bien. Il raconte par exemple qu'en − 441 ou − 440 Sophocle, qui était alors stratège en compagnie de Périclès dans une expédition contre Samos, participa au banquet organisé en son honneur à Chios : il y aurait fait le pitre, tournant en dérision le dogmatisme professoral de son interlocuteur, Phrynicos, et utilisant un stratagème pour embrasser un jeune et joli garçon qui servait du vin. Éternel problème des rapports entre la vie et l'œuvre : les critiques ont depuis longtemps relevé la fréquence des tempéraments déprimés parmi les auteurs comiques...

Le théâtre grec ancien n'hésite pas à mélanger les genres : comédies et tragédies alternent dans toutes les grandes compétitions. Aux lénéennes (du nom des *lenai,* ou bacchantes, compagnes de Dionysos), la comédie apparaît la première, en − 440, et la tragédie en − 432. Plus révélateur encore : certains thèmes sont traités tantôt sous forme de comédie, tantôt sous forme de tragédie, comme les *Lemniennes* ou les *Danaïdes.* Tragédie ou comédie humaine? Il suffit souvent de déplacer légèrement l'accent pour passer de l'une à l'autre. Les Grecs anciens l'avaient fort bien senti. Ce n'est qu'avec l'intellectualisation croissante et le souci de classification que les genres se sépareront peu à peu : pour Aristote déjà, le cloisonnement est strict entre la tragédie, qui présente les hommes comme meilleurs qu'ils ne sont, et la comédie, qui en exagère les défauts[43].

DE LA FÊTE DIONYSIAQUE A LA COMÉDIE : ARISTOPHANE

Avec Aristophane (− 445/− 386), le théâtre du rire prend déjà son indépendance. Mais, encore proche des origines, ce représentant de la comédie ancienne — par opposition à la comédie nouvelle, la comédie *soft* de Ménandre — offre un comique rude, agressif, qui n'épargne rien ni personne : les passionnés, les politiciens, les philosophes, les dieux même sont ridiculisés. Face à tous ces tenants de la vision sérieuse du monde, Aristophane a pris le parti d'en rire. Le premier, il présente une lecture de l'aventure humaine à la fois comique et cohérente, montrant que l'on peut très bien traverser l'existence sous l'angle de la dérision.

Le rire d'Aristophane a gardé ses liens avec l'instinct d'agression. C'est encore un rire brut. Sa comédie, suivant la belle formule de

John Wilkins, « est une forme d'insulte ritualisée, en relation avec d'autres cultes rituels grecs, en particulier ceux de Dionysos et de Déméter. Les idées d'utopie, de pays de cocagne et les liens avec la fête dionysiaque sont essentiels dans la comédie ancienne[44] ».

« Insulte ritualisée » : le rire d'Aristophane est bien l'héritier direct des agressions verbales du *kômos*. Le chœur, succédant aux groupes d'ivrognes, n'hésite pas à prendre à partie le public. Le monde comme il va n'est qu'une des versions comiques possibles. On peut en imaginer beaucoup d'autres : les femmes pourraient prendre le pouvoir *(L'Assemblée des femmes)*, ou faire la grève du sexe *(Lysistrata)* ; on pourrait décider de vivre en paix *(La Paix)* ; chacun pourrait décider de faire la paix en pleine période de guerre *(Les Acharniens)* ; on pourrait chasser les démagogues du pouvoir, quitte à pratiquer à cette fin la surenchère dans la démagogie *(Les Cavaliers)*. Tout cela nous semble drôle, mais le monde réel ne l'est pas moins : les dirigeants font les importants, mentent, trompent, flagornent, trafiquent, volent, détournent, brutalisent à qui mieux mieux, tout en donnant des leçons de morale... Et le rire agressif d'Aristophane désigne des cibles : Cléon, Périclès, Cléophon, Alcibiade, Lamachos et tous ces politiciens qui, sous couvert de démocratie, ne songent qu'à leur seule carrière ! Les philosophes à la mode ne sont pas épargnés, à commencer par Socrate, « pontife des subtils radotages ». Le rire monte jusqu'à l'Olympe, jusqu'à « Zeus merdoyant » sur son trône, version triviale du « Zeus tonnant » d'Homère. La parodie de l'épopée homérique et des mythes fourmille d'allusions immédiatement comprises par le public d'alors. Le rire dévastateur d'Aristophane ne laisse rien debout ; sacré et profane sombrent pêle-mêle dans le ridicule, et dans l'obscène le plus cru qui soit. Sexualité sans frein, scatologie : n'est-ce pas la plus grande leçon d'humilité que de nous rappeler par le rire que les conduites les plus sublimes s'enracinent dans la matière et l'instinct, que nous partageons avec les bêtes ?

Ce rire obscène s'inscrit bien dans la tradition dionysiaque. Pour Jean Duvignaud, il conduit à la fête : « Le délabrement des mythes engendre la joie », car il crée des fissures dans le carcan des credo : « L'art d'Aristophane est fait de ces impromptus successifs, d'une progression délirante de l'action. Et cette poésie farouchement absurde ouvre une brèche, une cassure dans l'ordre, dans le rituel sacré et citadin. Une faille qui laisse entrevoir un autre genre de vie, un bonheur promis aux hommes, malgré le poids des contraintes, des habitudes, des procédures : nul n'est condamné à subir l'imprécation sacrée[45]. » Sans doute, mais le rire d'Aristophane, ce rire archaïque, porte une telle charge agressive qu'il n'ouvre pas seulement la porte à la joie. En lui résident des aspects beaucoup plus sérieux. Une dérision aussi généralisée a toujours des relents nihilistes ; et dans le domaine politique en particulier, elle ne va pas sans amertume et pessimisme.

Aristophane est avant tout un penseur politique, qui voudrait faire réfléchir sur les enjeux du pouvoir. D'après Suzanne Saïd, l'usage de la grossièreté serait même pour lui une façon de faire passer son message antidémocratique : « Les métaphores sexuelles sont d'abord un moyen de dénoncer la dégradation du politique et de faire rire aux dépens du peuple, et plus encore de ses dirigeants [46]. » Aristophane est un conservateur, tourné vers le passé, vers un mythique âge d'or. La remarque n'est pas sans importance : la fonction du rire a d'abord été conservatrice, et non pas révolutionnaire. Comme dans la fête, le rire de la comédie vise à conforter la norme, à répéter un rite fondateur, à exclure les déviants et les novateurs, pour maintenir l'ordre social. Il rapproche les tenants de l'ordre ancien en montrant du doigt de la dérision les perturbateurs. Chez Aristophane, les attaques personnelles très précises contre les hommes politiques permettent de mettre sur pied, comme dans les fêtes, une sorte de rituel d'inversion, de vie politique à l'envers. On raconte même que, lorsque Dion de Syracuse demanda à Platon des renseignements sur le fonctionnement de l'État athénien, il lui aurait envoyé à lire les pièces d'Aristophane.

La nouveauté, Aristophane la pourchasse également chez Socrate et chez Euripide, qu'il accuse de pervertir les forces vives de la cité, son robuste bon sens rural, sa grandeur morale, son équilibre esthétique. « C'est littéralement, écrit Henri Baudin, un réactionnaire qui regrette "le temps d'Aristide et de Miltiade" *(Les Cavaliers)*, celui de l'énergie nationale (et supranationale) contre le barbare, de la vie rustique ou sportive face au mercantilisme et au magouillage démagogique [47]. » Une sorte de Rivarol grec.

Mais, à la fin du Ve siècle, l'atmosphère politique change. Le rire agressif, de type archaïque, le rire sans règles, qui couvre l'adversaire d'excréments, commence à provoquer des réticences. Une nouvelle exigence de retenue se répand, qui demande l'usage de fleurets mouchetés. Des pressions s'exercent sur Aristophane pour qu'il modère son rire, dont les éclats sont jugés inconvenants. Surtout, les hommes politiques athéniens, estimant qu'ils représentent le peuple, n'admettent pas qu'on les tourne en ridicule. La démocratie ne tolère pas la dérision, car on ne se moque pas du peuple : tel est le langage des démagogues qui, dès la première pièce d'Aristophane, *Les Babyloniens*, traduisent celui-ci en justice, vers − 425. Quelques mois plus tard, dans *Les Acharniens*, Aristophane fait allusion à ces attaques : il se dit « calomnié par ses ennemis, devant les Athéniens irréfléchis, accusé de se moquer, dans ses comédies, de

la cité et de faire violence au peuple». S'adressant à ses conci-
toyens, il leur montre combien son rire leur rend service : « Vous lui
êtes redevables de beaucoup de bienfaits, à votre poète ; grâce à lui,
vous cessez de vous laisser complètement tromper par les discours
des étrangers, de prendre plaisir à la flatterie, d'être des citoyens à
l'esprit vide [48]. »

Troisième pièce : *Les Cavaliers,* où le démagogue Cléon est
dépeint comme un tyran ubuesque abusant du *démos.* Aristophane
y répète qu'« invectiver les méchants, il n'y a rien là qui doive susciter la haine ; au contraire, c'est rendre honneur aux hommes de
bien, si l'on sait réfléchir ». Nouveau procès. Les œuvres suivantes
sont des plaidoyers pour la paix, en pleine guerre du Péloponnèse,
et les attaques redoublent contre le rire intempestif d'Aristophane.
Il n'est d'ailleurs pas le seul auteur comique visé : Cratinos, Phérécrate, Platon le Comique, Eupolis se trouvent aussi en butte à la
vindicte des politiciens offensés. Ceux-ci « ne permettent pas que
l'on mette en scène le peuple, dans les comédies, et qu'on en dise
du mal : ils veulent éviter d'entendre dire du mal d'eux-mêmes »,
écrit Xénophon. Platonius confirme : « Il n'était pas possible de
railler ouvertement quelqu'un, car ceux qui étaient victimes des
violences verbales des poètes leur intentaient un procès. » A moins
qu'ils ne répliquent par l'intimidation et la violence physique : Alcibiade aurait tout simplement fait noyer Eupolis. Selon une autre
version, il l'aurait fait attacher à une corde et plonger à plusieurs
reprises dans la mer, en lui disant : « Éclabousse-moi au théâtre, et
moi je te noierai dans la mer. » Alcibiade fait voter une loi interdisant de se moquer ouvertement des hommes politiques au
théâtre.

Nous sommes à la fin du ve siècle, qui marque en Grèce un tournant dans les domaines politique, religieux et culturel. C'est le
moment où la démocratie entre en crise. La guerre du Péloponnèse
l'a mise en danger et, dans un réflexe d'autodéfense, elle se raidit et
s'engage sur la pente glissante des interdits contre tout ce qui
semble menacer la cohésion de la cité. A l'incitation de Diopeithès,
en – 432, un décret prévoit l'engagement de poursuites contre tous
ceux qui ne croient pas aux dieux reconnus par l'État ; en – 415 a
lieu le premier autodafé d'un ouvrage athée, le traité *Sur les dieux* de
Protagoras ; la même année est condamné Diagoras l'Athée ; en
– 399, Socrate sera mis en accusation pour impiété. Ces premières
attaques contre l'athéisme coïncident avec les premières mises en
cause du rire. Ce n'est pas un hasard. Le rire et le scepticisme religieux commencent à être perçus comme des facteurs dissolvants
des valeurs civiques. Ce qui ne veut pas dire qu'ils mènent le même
combat : Aristophane malmène certes les dieux, mais il n'épargne

pas les athées, et le sceptique Socrate est sa tête de Turc. Mais au cours de la guerre du Péloponnèse, entre – 430 et – 400 environ, on prend conscience de la nécessité de protéger les valeurs civiques. C'est la fin du rire débridé ; le rire archaïque, dur, brutal, agressif, évocateur du chaos primitif et de l'animalité, doit être surveillé, encadré, limité. Son usage officiel sur la scène et dans la vie publique doit être soumis à des règles, même — et peut-être surtout — en démocratie, régime fragile qui a besoin pour survivre d'hommes politiques respectables et honorables. Le tyran et le roi n'ont pas besoin de respectabilité : ils ont la force et l'aura religieuse. L'élu du peuple ne peut compter que sur son prestige personnel, que la dérision risque de facilement compromettre. La démocratie va donc chercher à détourner le rire de la comédie vers d'autres cibles. Ses critiques devront être voilées, impersonnelles, allusives. L'auteur devra s'en prendre aux vices, aux passions, aux excès privés, et cela donnera la comédie nouvelle, celle de Ménandre.

Nous sommes ainsi descendus, jusque vers – 400, du mythe à la fête, et de la fête au théâtre, pour constater la continuité logique de la conception grecque archaïque du rire. Comportement divin, qui peut parfois égarer les hommes jusqu'à la démence, il est une force mystérieuse qui permet, ritualisé dans la fête, d'entrer en contact avec les dieux, de réactualiser périodiquement le chaos originel et ainsi de rejouer l'acte créateur qui fonde l'ordre social par la mise à mort du roi burlesque. Enraciné à la fois dans l'instinct agressif de nos origines animales et dans l'ivresse joyeuse, il a l'ambivalence du grand magicien Dionysos et, déchaîné sur une scène de théâtre, il peut réduire l'univers à une grande illusion comique. Le besoin de mieux contrôler cette force sauvage se fait sentir à partir de la fin du ve siècle. Les philosophes du ive siècle vont s'en charger.

LE RIRE ARCHAÏQUE DES CONTEMPORAINS D'HOMÈRE :
AGRESSION ET TRIOMPHE

Passons de la scène aux gradins, c'est-à-dire chez les spectateurs, chez ces Grecs archaïques. Après le rire divin des mythes, après le rire ritualisé de la fête, après le rire représenté de la comédie, voyons le rire quotidien, concret, vécu des Hellènes. Hélas ! il y a bien longtemps que s'est perdu l'écho des joyeux éclats d'Attique et de Thessalie. De quoi, pourquoi, comment riaient les Grecs ? Bien sûr, il y avait comme partout le rire quotidien, celui des petites surprises, des satisfactions et détentes simples de la vie ordinaire.

Mais, comme partout aussi, il y avait sans doute un rire plus significatif, plus révélateur des mentalités. De ce rire disparu nous ne pouvons entrevoir que de vagues témoignages ; ils confirment qu'au rire dur et triomphant des époques anciennes succède un rire plus policé et plus civilisé à partir de la fin du Ve siècle.

Notre témoin pour les temps les plus reculés reste Homère, quelle que soit la réalité que recouvre ce nom. Ce qui frappe, dans l'*Iliade* et dans l'*Odyssée,* et que confirment de nombreux autres récits, c'est l'usage avant tout social, collectif, du rire, et son double rôle de cohésion-exclusion. Le groupe renforce sa solidarité par le rire, et manifeste son rejet de l'élément étranger par ce même rire. Rire impitoyable et agressif : celui des prétendants qui regardent Iros se tordre de douleur sous les coups d'Ulysse, celui des chefs de l'armée grecque qui se moquent de l'infirme Thersite : « Les Achéens, malgré leur affliction, rirent de lui doucement » — il est vrai que lui-même venait de se moquer d'Agamemnon pour l'isoler et condamner sa folle expédition[49]. Le rire est malveillant, il affirme le triomphe sur l'ennemi : rire d'Ulysse qui vient de saccager le camp de Rhésos (« il fit franchir le fossé aux chevaux aux sabots massifs, en riant[50] »), rire des Achéens qui raillent le cadavre d'Hector. Le rire humilie et provoque. C'est une arme redoutable, que l'on retrouve dans toutes les situations de conflit : « Tu ne laisseras pas des Ioniens établis en Europe se rire de nous », dit Mardonios à Xerxès pour le pousser à la guerre, d'après Hérodote[51]. Un peu plus loin, celui-ci nous montre le même Xerxès éclatant de rire lorsqu'on lui annonce que la poignée de Spartiates qui défend les Thermopyles est occupée à faire des exercices gymniques et à se coiffer[52]. De même, Cambyse se moque des statues des dieux grecs dans le sanctuaire de Memphis.

« Le rire est tout d'abord une manière d'affirmer son triomphe sur l'ennemi que l'on rabaisse », écrit Dominique Arnould à propos des récits homériques[53]. Il porte atteinte à l'honneur, et c'est pourquoi il est particulièrement redouté. Il devient même un élément central du tragique chez Sophocle. Dans *Ajax,* on a pu parler de la « culture de la honte ». Le héros est poursuivi par l'obsession du rire de ses ennemis : « Hélas ! ce rire ! Quelle violence on me fait ! » Son imagination amplifie la hantise : « Ah ! sûrement, de plaisir, c'est un grand rire que tu lances », dit-il en parlant d'Ulysse, et le chœur fait écho à cette peur du rire : « Je vois là un ennemi ; il se pourrait bien qu'il vienne, comme un malfaiteur, rire de nos malheurs[54] ! » Et finalement le rire tue : c'est pour lui échapper qu'Ajax se suicide. Le ridicule peut donc tuer, contrairement à ce qu'affirmera l'adage populaire. Voilà pourquoi Créon, dans *Œdipe roi,* croit nécessaire de rassurer d'emblée ce dernier : « Je ne suis pas venu, Œdipe, pour me rire de toi[55]. » Pour Dominique Arnould, « le rire des ennemis est, chez Sophocle, l'expression d'une perpétuelle menace qui pèse sur l'honneur de chacun[56] ». Menace que l'on retrouve chez Eschyle et Euripide. Dans *Iphigénie en Tauride,* par exemple, Oreste refuse de donner son identité : ainsi, « on ne rira pas de nous, à notre mort, si l'on ignore notre nom[57] » ; et quand Eschyle parle du « rire innombrable des flots », il évoque plutôt une menace obsessionnelle.

Le rire humiliant peut aussi être utilisé au sein d'un groupe, pour renforcer les liens : l'exclusion d'un membre par l'usage de la plaisanterie développe le sentiment de communauté par l'unanimité railleuse. Ainsi, dans l'*Odyssée,* « Eurymaque, fils de Polybe, accabla Ulysse de sarcasmes qui provoquèrent le rire de ses compagnons[58] ». De même, Thersite cherche à réintégrer le groupe en lançant des plaisanteries contre Agamemnon.

Là encore, le rire est avant tout une arme, une volonté délibérée d'unir en excluant, un calcul. Peut-on aller jusqu'à parler d'un « jeu intellectuel », comme le fait Dominique Arnould ? Selon cet auteur, le rôle social du rire chez les Grecs anciens « naît moins de la brusque surprise devant l'inattendu que d'un jeu intellectuel avec l'inattendu. Mais ce jeu peut donner l'occasion à un groupe de rire d'un de ses membres et, par là, de l'exclure du groupe en l'isolant. Au vrai, c'est là une des fonctions essentielles du rire dans la littérature grecque, où il est le plus généralement pris dans le tissu des liens sociaux[59] ». Ce qui est sûr, et surprenant pour ces périodes archaïques, c'est que ce rire passe par la médiation du discours ; il est déjà un rire au second degré, intellectualisé et donc manipulé, instrumentalisé. C'est un rire de parole, volontairement déclenché, dans un but précis. Le comique de situation lui-même a besoin de l'intermédiaire du récit : « Ainsi parla-t-il, et un rire s'éleva parmi les dieux immortels », écrit Homère à propos d'Hermès ; « ainsi parla-t-il, et tous se levèrent en riant », après une intervention d'Antinoos ; « ainsi parla-t-il, et tous rirent de lui, contents », après les propos désabusés d'Ajax qui vient de glisser et de tomber dans la bouse de vache ; « ainsi parla-t-il, et tous les prétendants se rirent de cet aveu[60] », après une intervention de Télémaque. Ce qui fait dire à Dominique Arnould que « le rire suscité par l'inattendu [...] passe moins par le spectacle immédiat que par la représentation de ce spectacle, dans le récit d'une histoire drôle ou dans la mise en scène comique[61] ».

La liaison entre rire et agression, nous la retrouvons dans la cité guerrière, Sparte, où l'on s'entraîne dès le plus jeune âge à supporter la raillerie sans broncher. En témoigne un curieux passage de Plutarque dans sa vie de Lycurgue : « Les enfants même allaient à ces convives ni plus ni moins qu'à des écoles d'honneur et de tempérance, là où ils entendaient de bons et graves devis touchant le gouvernement de la chose publique, sous maîtres qui n'étaient point mercenaires, et y apprenaient à se jouer de paroles les uns avec les autres et à s'entre-moquer plaisamment sans toutefois piquer aigrement ni gaudir déshonnêtement, et à ne se courroucer point pour être semblablement moqués : car c'est une qualité entre autres, fort propre aux Lacédémoniens, que d'endurer patiemment un trait de moquerie [62]. » D'autre part, d'après le même auteur, « il y a en la ville de Sparte un temple dédié non seulement à la Peur, mais aussi à la Mort, et un autre aux Ris, et à beaucoup d'autres telles passions de l'âme [63] ». Le voisinage du rire avec la peur et la mort est assez significatif — mais que signifie-t-il? Le rire est-il l'antidote de la peur, ou au contraire une passion agressive, menaçante?

Deux autres passages de Plutarque permettent de soutenir l'une et l'autre interprétation. D'un côté, le fondateur des lois spartiates, Lycurgue, souhaitait que les Lacédémoniens se détendent par un usage raisonnable du rire : « Car Lycurgue même n'était point si austère qu'on ne le vît jamais rire, mais écrit Sosibius que ce fut lui qui dédia la petite image du Ris, qui est à Lacédémone, ayant voulu entremêler le rire parmi leurs convives et autres assemblées, comme une sauce plaisante pour adoucir le travail et la dureté de leur règle de vivre [64]. » Et, de l'autre côté, les Spartiates se distinguent des autres Grecs par leur austérité et l'absence de bouffons à l'armée : « De toutes les armées des Grecs ou des rois qui étaient en la Grèce, il n'y avait que celle de Sparte seule où il n'y eût point de suite de farceurs, bateleurs, joueurs de gobelets et de tours de souplesse, de baladines et de ménestrières; car leur camp était seul pur et net de toute dissolution, de toute gaudisserie, et de toute insolence [65]. »

Retenons l'importance accordée au rire dans l'organisation sociale et guerrière. Visiblement, ce n'est pas pour les Grecs une question indifférente. Historiens et critiques ne s'y sont pas trompés, accumulant les études sur le sujet : dès 1977 on recensait 144 ouvrages sur le rire des Grecs [66], et depuis le chiffre a facilement quadruplé. La littérature grecque consacrée au rire était elle-même considérable; on attribuait même à Homère des œuvres comiques, comme la *Batrachomyomachie,* ou « Guerre des rats et des grenouilles », et le *Margitès,* poème dont le héros est un simple d'esprit. Pour Aristote, « il a joué à l'égard du genre comique le même rôle que l'*Iliade* et l'*Odyssée* à l'égard du genre tragique ». D'après Hérodote, les peuples voisins débattaient également des rapports entre rire et sagesse, rire et puissance publique. Il raconte que le roi d'Égypte Amasis, chaque jour, après les affaires sérieuses,

« passait à table, où il raillait ses convives et ne songeait qu'à se divertir et à faire des plaisanteries ingénieuses et indécentes ». Ses amis lui en font le reproche : « Tu ne sais pas soutenir l'honneur de ton rang et tu l'avilis. » Ce à quoi il répond par une comparaison qui sera souvent reprise par les moralistes : « Ne savez-vous pas qu'on ne bande un arc que lorsqu'on en a besoin, et qu'après qu'on s'en est servi on le détend? Si on le tenait toujours bandé, il se romprait, et l'on ne pourrait plus s'en servir au besoin. Il en est de même de l'homme : s'il était toujours appliqué à des choses sérieuses, sans prendre aucune relâche et sans rien donner à ses plaisirs, il deviendrait insensiblement, et sans s'en apercevoir, fou ou stupide[67]. » Le rire est-il incompatible avec l'exercice du pouvoir? Est-il inconvenant chez un chef d'État? La question est déjà posée.

Pour le roi mède Déiokès, elle est tranchée : dès sa prise du pouvoir, dit Hérodote, il interdit de rire et de cracher en sa présence; le rire est indécent, et indigne dans les cercles proches du pouvoir. Mais d'autres rois n'ont pas ces inhibitions : toujours d'après Hérodote, Crésus éclate de rire en voyant Alcméon sortir de la salle du trésor les vêtements gonflés par les objets en or dont il vient de s'emparer, et qui le font ressembler « à tout sauf à un homme ». Et, selon Xénophon, le roi thrace Xeuthès se livre à des parodies dans les banquets, auxquels participent des bouffons, et se montre indulgent quand on sait le faire rire : lorsque Épisthenes lui dispute un jeune garçon, « Xeuthès rit et laisse tomber l'affaire[68] ».

Le rire archaïque n'est donc pas toujours empreint de gravité et d'agressivité. Le rire de simple détente, le rire d'accueil, le rire de séduction, le rire de tendresse existent aussi, même chez les dieux : lorsque le maître de l'Olympe reçoit le petit Hermès qui se défend d'avoir volé les bœufs de son frère, « Zeus eut un grand éclat de rire à voir avec quel art et quelle habileté cet enfant rusé niait le vol des bœufs[69] ». Encore s'agit-il ici plutôt d'un rire de complicité indulgente. Quant au sourire d'Aphrodite, il est à la fois plénitude divine, énigme, séduction, ruse et tromperie. Bientôt le rire inextinguible des dieux sera pris en charge par les hommes.

CHAPITRE II

L'humanisation du rire par les philosophes grecs

De l'ironie socratique au ricanement de Lucien

Dès l'époque archaïque, il y a déjà deux rires, que distingue le vocabulaire : *gélân,* le rire simple et sans arrière-pensée, et *katagélân,* « se moquer de », le rire agressif et railleur, qu'Euripide condamne dans un fragment de la *Mélanippé* : « Bien des hommes, pour faire rire, ont recours au plaisir de la raillerie. Pour moi, je déteste ces plaisantins dont la bouche, faute d'avoir de sages pensées à exprimer, ne connaît pas de frein. » Ce jugement annonce une nouvelle sensibilité, qui juge inconvenant, méchant et grossier le rire brutal de l'époque archaïque.

Le raffinement croissant et les progrès de l'intellectualisme se traduisent à partir de la fin du Ve siècle par une défiance très nette à l'égard du rire débridé, manifestation indécente d'une émotion primaire, encore proche d'un instinct sauvage, inquiétant, qu'il faut apprivoiser, domestiquer, civiliser. Au rire homérique dur et agressif succède à partir du IVe siècle le rire feutré, signe d'urbanité et de culture, le rire finement ironique, que Socrate met au service de la recherche de la vérité. Mais le rire fauve, dionysiaque, du chaos originel et du néant, de l'agression et de la mort, de la dérision universelle, n'est jamais très loin sous ce vernis prêt à s'écailler à la moindre occasion. Peint de différentes couleurs, le rire se diversifie, chez les intellectuels la méfiance est cependant de mise : il faut refouler le rire inextinguible des dieux, ce rire qui vient de l'au-delà et peut emporter l'homme jusqu'à la démence.

L'ADOUCISSEMENT DU RIRE

Même les mythes sont revus et corrigés, afin de les rendre plus respectables, d'effacer ce que le rire des dieux pouvait avoir d'inquiétant. Ainsi Héraclite, reprenant l'épisode d'Arès et Aphrodite pris au piège, explique que si les dieux s'esclaffent, ce n'est nullement un signe de moquerie malveillante, mais au contraire une marque symbolique d'allégresse intellectuelle devant l'union de la discorde (Arès) et de l'amour (Aphrodite), qui va produire l'harmonie : « Il était légitime que les dieux rient à ce spectacle et se réjouissent ensemble, puisque leurs bienfaits particuliers, cessant de diverger et de se détruire, produisaient la paix et la concorde[1].

Platon va plus loin. Pour lui, il est inconcevable que les dieux rient. Le monde du divin est celui de l'immuable, de l'unique, de l'universel, de l'éternel : comment pourrait-il être affecté par cette émotion grossière qui traduit un changement, une perte de contrôle et d'unité qu'on ne peut trouver que dans le monde sensible ? Et lorsque beaucoup plus tard le néoplatonicien Proclus, dans son *Commentaire à la République,* pose à nouveau la question : « Quelle est la raison, dans les récits, de ce qu'on appelle le rire des dieux, et pourquoi la poésie a-t-elle représenté les dieux riant sans retenue d'Héphaïstos ? », la réponse est que le rire des dieux signifie « l'influence surabondante que les dieux exercent sur le Tout et la cause du bon ordre des réalités cosmiques. Et parce que la providence de cette sorte ne cesse jamais et que la communication de tous biens qui se fait chez les dieux est inépuisable, il faut accorder que le poète a dit aussi à bon droit "inextinguible" le rire des dieux[2] ». Proclus, reprenant le mythe orphique que nous avons cité, attribue symboliquement au rire un pouvoir de création : à sa plénitude correspond le monde divin, tandis que l'âme humaine vient des larmes : « C'est pourquoi, je pense, quand nous divisons les créatures en dieux et hommes, nous assignons le rire à la génération des êtres divins, les larmes à la venue au monde des hommes et des animaux. » La conception chrétienne du monde comme « vallée de larmes » s'accordera bien à cette idée néoplatonicienne. Le rire divin, oui, mais un rire purement allégorique.

Le théâtre comique reflète cette évolution. Finis, les phallus, les excréments, les grossièretés, les agressions verbales contre les politiciens. La nouvelle comédie, la *néa,* s'adresse à un public plus choisi, plus cultivé, plus fortuné, qui paie désormais son billet d'entrée et ne vient pas là pour voir insulter des hommes politiques, mais pour se détendre honnêtement à la vue d'un spectacle qui conforte les conventions sociales et exorcise la peur de la subversion. Les domaines jumeaux de la politique et de l'obscénité

cèdent la place aux affaires domestiques, aux relations sentimen-
tales, conjugales, familiales, où la morale est toujours sauve. « La
comédie a d'abord pour charge de permettre au public d'oublier
pour un temps ses inquiétudes et de conjurer ses craintes en lui présentant un univers où l'ordre finit toujours par être rétabli[3]. »

Ménandre (– 342/– 292), le plus célèbre représentant de cette
nouvelle comédie, traite avec l'« humour aimable d'un observateur
désenchanté de la folie humaine » les problèmes psychologiques et
sociaux ; il explore les pulsions et désirs, procurant à la fois un substitut de réalisation, une libération de l'énergie par le rire, et une
délivrance à l'égard des peurs et angoisses liées aux menaces pesant
sur l'ordre, le patrimoine familial, l'autorité domestique. Amours et
conflits de générations sont au cœur de ses pièces. Un jeune
homme cherche à soutirer de l'argent à son père pour se payer une
courtisane ou se constituer une dot ; il est aidé par un esclave rusé.
Mais la morale est toujours sauve. Le rire de bon ton est l'allié des
conventions, et la comédie permet d'enfreindre à bon compte les
interdits, et de ridiculiser les marginaux, en confortant les normes
sociales. Le public peut « se libérer par le rire de ce qui lui fait
peur[4] ». Véritable retournement : le rire n'est plus utilisé par la
comédie pour faire peur, mais pour chasser la peur.

Le traitement du thème de la vieillesse est à cet égard significatif[5]. A l'image tragique de la vieillesse, malédiction envoyée par les
dieux, « âge triste et qui tue », d'après Sophocle, succède la caricature grotesque. La vieillesse fait peur, « la vieillesse odieuse, débile,
inabordable, sans amis, et qui rassemble en elle tous les maux » ; le
rire peut alléger cette peur, et dans la comédie les vieux sont grotesques, parce qu'ils ne sont plus capables de jouir des plaisirs de la
vie, et que l'approche de la mort rend vains tous leurs projets. Le
seul vieux non risible est celui qui ne fait rien, qui ne mange plus,
qui ne boit plus, et qui ne couche plus avec les femmes. Dès qu'il
cherche à « vivre », il est répugnant ou ridicule. En lui, les vices ou
les simples passions deviennent automatiquement comiques ; le
vieux lubrique, le vieil ivrogne, le vieil avare, la vieille amoureuse, la
vieille entremetteuse sont assurés de faire rire. Pourtant, il y a une
différence entre Aristophane et Ménandre quant au traitement de
la vieillesse.

Aristophane est plus mordant ; ses vieux sont plus ridicules et
plus coupables que ceux de Ménandre. Il accentue leur laideur
physique à grands traits : ainsi, dans *Plutus*, le vieux apparaît-il
« chauve, édenté, sourd, ridé, courbé, et à la voix pointue ». Leurs
déficiences et leurs travers sont étalés. Querelleurs et jaloux de leur
autorité, ils sont fréquemment en conflit avec leurs enfants et sont
toujours perdants et ridicules. Dans *Les Nuées*, le vieillard Strep-

siade, endetté à cause des dépenses de son fils, apprend que Socrate tient une école où il enseigne les raisonnements forts et les raisonnements faibles, grâce auxquels il pourrait se débarrasser de ses créanciers. Mais il se sent trop vieux pour assimiler cet enseignement : « Comment donc, vieillard sans mémoire, à l'esprit lent, apprendrai-je les finesses des raisonnements précis ? » Il envoie donc son fils à sa place, et ce dernier devient si habile en sophismes qu'il prouve à son père qu'il doit le battre. La pièce évoque encore les vieillards qui racontent des plaisanteries grossières et qui frappent les interlocuteurs pour qu'ils rient.

Dans *Les Guêpes,* Aristophane ridiculise Philocléon et ses confrères héliastes pour leur manie de juger. Certes, l'œuvre se présente avant tout comme une satire politique contre le tribunal populaire de l'Héliée, mais il n'est pas indifférent qu'Aristophane ait choisi des vieillards pour incarner des juges ; avançant en groupe, appuyés sur des bâtons, guidés par des enfants, ils ont piètre allure. Lorsque Philocléon est en retard, on lui suppose immédiatement toute une série de maladies dues à la vieillesse, et pour finir son fils le ridiculise à son tour. Dans *Lysistrata,* on se moque encore des vieux, qui tentent vainement de déloger la troupe des femmes retranchées sur l'Acropole. La lubricité et l'impuissance des vieillards constituent également l'un des ressorts du comique.

Pour Aristophane comme pour la plupart de ses contemporains, le vieillard a passé l'âge de l'amour physique, essentiellement parce que sa laideur rend toute idée d'accouplement révoltante ; la vieillesse est aux antipodes de l'érotisme, et la simple pensée qu'un vieux puisse encore désirer suffit à le rendre répugnant dans l'esprit d'un Grec, pour qui beauté, jeunesse et amour sont indissociables.

Les vieux qui trichent avec leur âge sont aussi l'un des sujets favoris de la comédie, en particulier ceux qui se maquillent pour convoler avec un partenaire beaucoup plus jeune, comme dans *Plutus.* A ce jeu, les vieilles femmes sont d'ailleurs désavantagées, car elles se fanent plus vite que les hommes : « Un homme, à son retour [de l'armée], fût-il chenu, a vite fait d'épouser une jeune fille. Mais la femme n'a qu'une courte saison ; si elle n'en profite, personne ne veut plus l'épouser, et elle reste là à consulter l'avenir » (*Lysistrata*).

Ménandre est plus doux, plus indulgent. Certains de ses vieillards sont même sympathiques. Dans *La Samnienne,* Déméas, qui a dépassé la soixantaine et qui vit avec une courtisane, est généreux, affectueux et serein ; lui et son fils adoptif Moschion s'entendent bien et se respectent. L'autre vieillard de la pièce, Nicératos, pauvre et plutôt avare, n'a pas les mêmes qualités, mais il ne tombe pas dans la caricature. Les deux sont dignes. Un rien cependant suffit à les faire basculer dans le ridicule : ainsi lorsqu'ils se mettent à se quereller et à se battre. Chez Ménandre, le vieux est finalement surtout une victime à plaindre : « Celui qui demeure trop longtemps meurt dégoûté ; sa vieillesse est pénible, il est dans le besoin. Tournoyant çà et là, il trouve des ennemis ; on complote contre lui. Il ne s'en est pas allé à temps ; il n'a pas eu une belle mort. » La vieillesse devient, comme la mort, une allégorie, une force maléfique qui s'attaque aux individus et les ronge : « Vieillesse, toi qui es l'ennemie du genre humain, c'est toi qui ravages toute la beauté des formes, tu transformes la beauté des membres en lourdeur, la rapidité en lenteur. » Ce ne sont pas les vieillards qui sont odieux, mais la vieillesse.

En littérature, le rire devient également plus subtil. Si subtil, que les critiques se sont longtemps abusés sur le sens des *Hymnes* de Callimaque, ce poète alexandrin du IVe siècle avant notre ère. Œuvre pieuse d'un auteur sérieux et dévot, pensait-on. Mystification de la part d'un pince-sans-rire, découvre-t-on aujourd'hui. Parodie, humour raffiné ou explosif, allusions savantes et devinettes irrespectueuses : voilà ce que sont les *Hymnes*, qui n'épargnent pas les dieux, comme Apollon qui s'exerce à la prophétie dans le ventre de sa mère, ce qui fait croire à celle-ci qu'elle est ventriloque[6].

Cette exigence d'un rire modéré et plus fin, on la retrouve chez les orateurs du IVe siècle. Démosthène se dit navré par les bouffonneries de son adversaire Philocrate qui, pour enlever l'adhésion du peuple, tirait toutes les grosses ficelles du saugrenu : « Rien d'étonnant, Athéniens, disait-il, à ce que nous n'ayons pas la même opinion, Démosthène et moi : lui, il boit de l'eau, moi, du vin ! » « Et ça vous fait rire ! » constate Démosthène, désabusé[7]. Avec son autre adversaire, Eschine, il échange des railleries plus spirituelles, et tous deux n'hésitent d'ailleurs pas à recourir à la vieille crainte du ridicule pour motiver les Athéniens : « N'est-ce pas une situation pitoyable que de voir le visage d'un ennemi qui se rit de vous et, de ses propres oreilles, entendre ses sarcasmes ? » demande Eschine.

Hypéride, émule de Démosthène, acquiert la réputation d'un redoutable et subtil ironiste, comme le rapporte Longin : « Sa manière de rire et de se moquer est fine et a quelque chose de noble. Il a une facilité merveilleuse à manier l'ironie. Ses railleries ne sont point froides ni recherchées comme celle de ces faux imitateurs du style attique, mais vives et pressantes. Il est adroit à éluder les objections qu'on lui fait et à les rendre ridicules en les amplifiant. Il a beaucoup de plaisant et de comique, et est tout plein de certaines pointes d'esprit qui frappent toujours où il vise. Enfin, il assaisonne toutes ces choses d'un tour et d'une grâce inimitables[8]. »

Démosthène, Eschine et Philocrate sont bien d'accord sur un

point : la décadence de la démocratie a entraîné à Athènes la dérision généralisée. On prend tout à la rigolade, et l'on ne fait plus la
différence entre les ambassadeurs, les orateurs, les hommes politiques et les bouffons, se lamente Démosthène. Celui qui sait
mettre les rieurs de son côté peut tout obtenir : « Si quelqu'un fait
un profit, on l'envie ; s'il le reconnaît, on rit ; s'il est convaincu de
faute, on lui pardonne. » Hypéride a beau prévenir : « Si tu crois
que tu seras innocenté au tribunal en dansant la cordax et en faisant rire comme tu en as l'habitude, c'est que tu es naïf. » C'est
pourtant ce qui se passe, assurent en chœur les censeurs, et Isocrate
constate que « ceux qui sont capables de faire les bouffons, de railler, d'imiter, on les appelle bien doués, tandis que ce sont ceux qui
sont le mieux disposés pour la vertu qui devraient obtenir ce quali-
ficatif[9] ».

Cette dérive vers ce qu'on pourrait appeler déjà une « société
humoristique » suscite bien des réticences chez les philosophes, qui
réagissent en essayant d'intellectualiser le rire d'agression, d'élever
le niveau en prenant pour cible les arguments et non les personnes.
Les dialogues platoniciens en seront une illustration, tel le *Phèdre*
où Prodicos rejette en riant les propos de Socrate qui raconte comment Gorgias a inventé une méthode pour rallonger et raccourcir
indéfiniment les discours.

LES BOUFFONS ET LES RECUEILS DE BLAGUES

Si, dans la vie politique, le rire reste malgré tout « un moyen
d'affirmer sa propre puissance et de remettre en cause celle
d'autrui[10] », dans la vie sociale un raffinement croissant, vise à
réduire le rire à un rôle de pure détente spirituelle. L'évolution de
la place des bouffons peut ici servir d'exemple. Nous l'avons vu, la
bouffonnerie faisait partie de la fête religieuse traditionnelle en
Grèce. Aux lénéennes comme aux anthestéries, des individus mon-
tés sur des charrettes se moquaient des passants ; lorsque la procession se rendant aux mystères d'Éleusis passait le pont de la rivière
Képhisos, une prostituée voilée lançait des quolibets à l'adresse des
citoyens connus, nommément désignés[11]. Dans les banquets, il
était d'usage d'avoir un bouffon, qui amusait les invités par ses
parodies, ses imitations, ses grimaces burlesques. Parfois le bouffon
s'invitait lui-même, et en échange de sa nourriture devait faire rire
la compagnie, comme le déclare un personnage d'une comédie
d'Épicharne, dans la première moitié du ve siècle : « Que je dîne
avec celui qui le désire (il suffit de me demander) ou avec celui qui

ne le désire pas (et alors il n'a pas besoin de demander), au dîner je suis un plaisantin, je fais beaucoup rire et satisfais mon hôte. » A l'origine, ce *parasitos* avait lui aussi un rôle religieux, avant de devenir un *gelotopoios,* « celui qui fait rire », dans les banquets de la bonne société civile. La coutume n'était pas exclusivement grecque. Il y avait des bouffons chez les rois perses; les peintures égyptiennes des tombeaux de l'Heptanomide montrent de riches personnages accompagnés d'hommes difformes et grotesques; chez les Philistins, vers le xe siècle avant notre ère, le roi Akish avait plusieurs fous à sa cour [12]. Le tyran de Syracuse Agathoclès ne dédaignait pas de jouer lui-même le bouffon, mais celui-ci était le plus souvent un professionnel, et certains se sont même fait un nom tel Eudikos, au IVe siècle, particulièrement apprécié pour ses imitations de lutteurs.

Il existe même à Athènes un club de bouffons, les « Soixante », attesté au IVe siècle; il se réunissait au sanctuaire d'Héraklès, à Dioméia, dans les faubourgs de la ville. Ses membres appartenaient à la haute société, comme Callimédon, affecté d'un strabisme divergent. La renommée de ces clowns amateurs de bonne compagnie était considérable. Philippe de Macédoine les récompensa d'un talent pour leurs plaisanteries, et à Athènes des expressions telles que « j'arrive de chez les Soixante », « les Soixante racontent que », précédaient le récit d'une bonne blague. Dans les banquets, c'était parfois un pseudo-philosophe, l'*aretalogus,* qui récitait des discours moraux truffés d'absurdités; mais la plupart du temps il s'agissait de pauvres hères, précurseurs des cyniques et des stoïciens, qui gagnaient ainsi leur nourriture.

Tel semble bien être le cas du bouffon Philippe, qui se présente au *Banquet* de Xénophon : « On frappe à la porte : c'était le bouffon Philippe. Il dit au portier venu à son appel d'annoncer qui il est et qu'il demande à être introduit. Il arrivait, disait-il, muni de tout ce qu'il faut pour dîner aux dépens d'autrui, et son esclave était fort mal à l'aise de ne rien porter et de n'avoir pas déjeuné. A ces mots, Callias dit : "Mes amis, il serait mal de lui refuser un abri; qu'il entre donc." Tout en parlant, il regardait Autolycos, évidemment pour voir ce qu'il pensait de la plaisanterie. Quand le bouffon fut dans la salle où avait lieu le festin : "Je suis bouffon, dit-il, vous le savez tous. Je suis venu avec empressement, parce que j'ai cru qu'il était plus plaisant de venir dîner sans être invité que sur invitation [13]." »

Mais les convives n'ont pas vraiment l'esprit à rire, tant ils sont sous le charme du jeune et bel Autolycos, vainqueur du pancrace. Pour dérider nos Grecs, le bouffon sort quelques blagues de son répertoire : « Tandis qu'ils mangeaient, Philippe essaya tout de suite une plaisanterie pour remplir son rôle habituel dans les repas. Mais il ne réussit pas à faire rire, et l'on voyait bien qu'il en était dépité. Quelques instants après, il voulut hasarder une autre facétie et, comme on n'en rit pas davantage, il arrêta de manger, se couvrit la tête et se coucha de tout son long. "Qu'est-ce là, Philippe? demanda Callias. Sens-tu quelque douleur?" Le bouffon répondit en soupirant : "Oui, par Zeus, une grande douleur, Callias. Puisque le rire est mort chez les hommes, c'en est fait de moi. Jusqu'à présent, si l'on m'invitait à dîner, c'était pour réjouir les convives en les faisant rire. Mais maintenant, pourquoi m'inviterait-on?" [...] Alors tous les convives se mirent à le consoler, lui promettant de rire, et l'exhortèrent à souper. Critobule éclata de rire de leur commisération. En l'entendant, le bouffon enleva son voile, il exhorta son âme à la confiance, parce qu'il y avait encore des festins, et il se remit à manger[14]. »

Curieusement, celui qui réussit à faire rire les convives, c'est Socrate, l'un des invités. Comique involontaire, il explique « que la nature de la femme n'est pas inférieure à celle de l'homme, sauf pour l'intelligence et la force physique », et que pour sa part, s'il a épousé l'acariâtre Xanthippe, c'est pour mieux s'entraîner à dompter les hommes : « Voulant vivre dans la société des hommes, j'ai pris cette femme, sûr que, si je la supportais, je m'accommoderais facilement de tous les caractères. » Ensuite, il se pâme d'admiration devant un jeune danseur, remarquant qu'« aucune partie de son corps ne restait inactive », et exprime le souhait d'apprendre lui aussi la danse. « Ce mot fit rire tout le monde. Mais Socrate, avec un air tout à fait sérieux, reprit : "Vous riez de moi, n'est-ce pas? Est-ce parce que je veux fortifier ma santé par l'exercice?... ou riez-vous de ce que je n'aurai pas besoin de chercher un partenaire pour m'exercer avec lui, ni de me dévêtir, à mon âge, devant la foule[15]?" »

Le bouffon Philippe tente alors de reprendre l'initiative du comique en exécutant une danse grotesque, parodie de la précédente, mais sans grand succès. Pourtant, il est fier de son métier : « N'ai-je pas raison d'être fier quand, parce qu'on sait que je suis bouffon, tous ceux à qui échoit quelque bonne fortune m'invitent volontiers à la partager, tandis que, si quelque malheur les surprend, ils me fuient sans se retourner, de peur de rire malgré eux[16]? » L'importance du rire dans la vie quotidienne des Grecs, qu'illustre cette dernière remarque est aussi confirmée par un écrit de Phrynichus qui, vers – 420, assure que celui qui ne sait pas rire est un misanthrope[17]. La comédie attribuait d'ailleurs l'invention de la plaisanterie à deux prestigieux héros mythiques : Rhadamante et Palamède, et le personnage homérique de Thersite, qui débite impertinences et injures, peut être considéré comme une sorte de bouffon guerrier.

Autre preuve de la quasi-institutionnalité des bouffons : l'existence de manuels de blagues, constituant un fonds d'histoires drôles — dont l'efficacité n'est toutefois pas garantie, comme nous venons de le voir avec Philippe. Un personnage de Plaute, Gelasimus, dans la comédie de *Stichus,* annonce son intention de vendre aux enchères son recueil de blagues ; et dans *Persa,* du même auteur, le bouffon Satyrio envisage de donner le sien en dot à sa fille.

Les exemplaires conservés de cette littérature sont des copies tardives, mais Jan Bremmer en a analysé un, le *Philogelos,* ou « L'ami du rire » : ce manuscrit du Xe siècle contient 265 blagues grecques, dont certaines ont pu être datées du IIIe siècle avant notre ère[18]. Les sujets favoris concernent le monde des écoles : 110 blagues sur 265, dont bien peu provoquent aujourd'hui l'hilarité. Tout juste un petit sourire, comme pour cette lettre à son père d'un étudiant qui vient de vendre ses livres : « Tu peux être content de moi, père, mes études commencent déjà à me rapporter. » Pas de quoi non plus se tenir les côtes lorsqu'un professeur de médecine répond à un patient qui se plaint d'avoir des vertiges pendant une demi-heure après son réveil : « Réveillez-vous une demi-heure plus tard ! » Mais cela ressemble beaucoup aux blagues standard de nos jours. Une soixantaine de plaisanteries, assimilables à nos propres histoires belges, visent des cités dont les habitants ont la réputation d'être stupides. Parmi elles, Cyme, en Asie Mineure, et Abdère, en Thrace. Jan Bremmer suggère que, si Démocrite d'Abdère était connu comme le philosophe rieur, c'était peut-être parce qu'il se moquait de la bêtise de ses compatriotes.

Quelques blagues concernent les devins et astrologues, et révèlent un évident scepticisme à l'égard de leurs capacités. Enfin, certains vices ou défauts sont égratignés, comme la paresse, la gloutonnerie, la lâcheté, l'alcoolisme. Les femmes sont gentiment dépeintes comme des nymphomanes : « Un jeune homme demande à son ardente épouse : "Femme, qu'allons-nous faire, manger ou faire l'amour ? — Comme tu veux, il n'y a rien à manger." » Mais les amateurs de blagues obscènes seront déçus : l'ensemble est décent et, d'après Jan Bremmer, il porte la marque du bon sens commun des « classes urbaines inférieures ». Un autre manuscrit, datant du IIIe siècle avant notre ère, est une liste d'insultes « drôles » destinées à tel ou tel type d'infirmité physique.

Indiscutablement donc, on aime rire dans la Grèce antique. Pourtant, une évolution se dessine à partir de la fin du Ve siècle. Le statut de bouffon se dégrade nettement au siècle suivant, au point

que certains historiens voient dans le club des Soixante à cette époque une sorte d'association anticonformiste pratiquant délibérément la provocation à l'encontre de la bonne société[19]. Xénophon
(– 430/– 355) a beau présenter l'idéal d'un souverain sachant plaisanter, il n'en critique pas moins le rire agressif de la grosse bouffonnerie. Dans la *Cyropédie,* il fait dire à Aglaitadas : « Ceux qui
s'efforcent de faire rire, pourrais-tu dire qu'ils aient quelque utilité
pour le corps, ou qu'ils rendent, en quelque manière, l'âme mieux
gouvernée, plus apte à la vie politique[20] ? » A la cour modèle de
Cyrus, « on n'avait vu personne se mettre en colère en poussant de
grands cris, ni se réjouir en se laissant aller à un rire excessif[21] ». Le
roi aime la plaisanterie, les bons mots, mais sans intention
moqueuse. Même à la guerre, la plaisanterie, chez Xénophon, tend
à se substituer à la raillerie triomphante : ainsi, lorsqu'il représente
les Spartiates riant des soldats alliés à Mantinée. Chez le chef, le
rire de bienveillance a tendance à remplacer le rire de malveillance.

Dans son *Banquet,* Xénophon ne donne pas le beau rôle au bouffon, incapable de faire rire par ses pitreries, dont pourtant il tire
gloire : « Pour toi, dit Lycon à Philippe, il est évident que c'est de
faire rire que tu es fier. — Et à plus juste titre, je pense, répondit le
bouffon, que le comédien Callipide qui se gonfle de vanité parce
qu'il sait tirer des larmes à beaucoup de spectateurs[22]. » Et c'est une
fois encore Socrate qui fait rire tout le monde, par une boutade mal
comprise de ses interlocuteurs, lorsqu'il se glorifie de ses talents
d'entremetteur. En fait, tout le dialogue oppose l'idéal aristocratique de beauté morale à la bouffonnerie grossière héritée des
comiques du ve siècle, dont Xénophon regrette la popularité. Le
cynique Anthistène, qui figure parmi les convives, est présenté
comme un bouffon discourtois, malpoli, ne pensant qu'à satisfaire
ses besoins physiques, disciple encombrant avec qui Socrate doit
prendre ses distances. En attribuant le prix de la beauté à Cristo-
bule, aux dépens de Socrate, les convives montrent qu'ils restent
insensibles à la beauté morale.

Pour autant, le *Banquet* contient aussi une parodie des dialogues
platoniciens, dont les subtilités dialectiques sont raillées par Alexis
et Épicratès[23]. Condamnation du rire grossier et usage du rire subtil : telle est l'une des leçons de Xénophon, qui prône l'utilisation
de l'ironie dans un but moral et intellectuel. Railler les vices et les
erreurs pour atteindre la vertu et la connaissance : cette nouvelle
fonction du rire, il l'illustre encore dans les *Mémorables* par le personnage de Socrate, qui « rendait tout autant service à ceux qui le
fréquentaient en plaisantant qu'en étant sérieux », et à qui Hippias
déclare : « Tu te moques des autres, à interroger et réfuter tout le
monde, sans consentir à donner une réponse à personne, ni indiquer ton opinion sur aucun sujet. »

L'exigence croissante de raffinement dans les banquets, par un usage discret du rire et un emploi subtil de l'ironie, on la trouve également chez Xénophane, et chez Aristote : « L'ironie convient mieux à un homme libre que la bouffonnerie, car celui-ci dit sa plaisanterie pour son propre plaisir, le bouffon, pour celui d'autrui[24]. » Même éloge et même recommandation dans un fragment élégiaque anonyme sur l'art du banquet.

Le bouffon est toujours là. Mais il est désormais de bon ton de le décrier. Théopompe de Chios (– 377/– 320), par exemple, méprise le roi Philippe de Macédoine qui aime les grosses plaisanteries et qui fait confiance à l'esclave Agathoclès, « parce qu'il le flattait et que, participant à ses banquets, il dansait et faisait rire [...]. Voilà le genre d'hommes dont s'entourait le Macédonien et avec qui, poussé par son amour de la boisson et des bouffonneries, il passait le plus clair de son temps ». Même mépris de Théopompe à l'égard du tyran de Syracuse Dion II, qui devient progressivement aveugle et dont les bouffons miment l'infirmité pour le faire rire. Ce tyran-clown a terminé sa vie, dit-il, « en faisant le bouffon dans les échoppes de barbiers ».

Isocrate, au milieu du IVᵉ siècle, fournit la contre-épreuve de cette évolution. Ce conservateur, qui idéalise le passé, se plaint dans son *Antidosis* de voir ses contemporains « appeler "doués" des hommes qui font les bouffons et ont un talent pour la moquerie et le mime ». Autrefois, dit-il dans l'*Auropagiticus,* « on s'attachait à développer les manières nobles, pas celles du bouffon ; et ceux qui étaient portés sur la plaisanterie et qui faisaient les clowns, qu'on considère aujourd'hui comme des gens spirituels, on les traitait alors de pauvres fous ». En l'occurrence, l'opinion d'Isocrate révèle le discrédit qui touche à son époque le rire débridé des Anciens, dans les milieux intellectuels et la haute société.

RIRE SCEPTIQUE DE DÉMOCRITE ET RIRE CYNIQUE DE DIOGÈNE

Cette évolution constatée dans la pratique, qui à partir des années – 400 mène du rire archaïque, dévastateur, agressif et triomphant au rire moderne, ironique, policé, mis au service de la morale et de la connaissance, nous en trouvons un parallèle dans la théorie. A l'époque archaïque, on rit bruyamment ; à partir du IVᵉ siècle, on rit moins et plus discrètement, mais on parle davantage du rire. Les philosophes grecs ont tous abordé le sujet, de façon passionnée, prenant parti pour ou contre le rire, considéré à la fois comme une méthode et comme un style de vie. Les discours sur le rire, nombreux et contradictoires, montrent qu'il s'agit là, pour la civilisation hellénique, d'un enjeu existentiel. Cicéron, dans son traité *De l'orateur,* fait allusion à plusieurs ouvrages intitulés *Ce qui fait rire,* dont on n'a pas retrouvé la trace, et souligne qu'en dépit de multiples tentatives les Grecs n'ont pas réussi à fournir une bonne théorie du rire : « J'y ai trouvé bon nombre de ces saillies piquantes, si communes chez les Grecs (car les Siciliens, les Rhodiens, les Byzantins y excellent et, par-dessus tout, les Attiques), mais lorsqu'ils ont voulu donner la théorie de la plaisanterie et la réduire en préceptes, ils se sont montrés singulièrement fades, au point que, s'ils font rire, c'est de leur fadeur. Je crois donc qu'il est impossible d'établir une doctrine en pareille matière. »

Du moins les Grecs ont-ils longuement étudié le sujet, à partir du IVe siècle, et leurs écoles philosophiques ne se sont pas contentées d'un discours neutre. Partisans et adversaires du rire s'affrontent, et l'opposition a été incarnée, dans des écrits tardifs, par deux penseurs : Démocrite, le rieur, et Héraclite, le pleureur. Il y a bien là deux visions radicalement opposées du monde, deux conceptions fondamentales de l'être : dérisoire ou sérieux ?

Dans le cas de Démocrite, sa réputation de rieur n'a rien à voir avec le personnage historique. Diogène Laërce ne mentionne à aucun moment ce trait. La légende n'apparaît que dans un roman anonyme des débuts du Ier siècle, le *Roman d'Hippocrate,* composé d'un ensemble de lettres apocryphes du célèbre médecin. Celui-ci se rend à Abdère pour étudier la « folie » de Démocrite, et trouve le philosophe assis devant sa maison, un livre à la main, avec autour de lui des oiseaux disséqués : il tente de découvrir l'emplacement de la bile, qui pour lui est la vraie cause de la folie.

Hippocrate l'interroge : « Explique-moi maintenant la raison de ton rire face aux choses de la vie. — [...] Pour moi, c'est l'homme qui me fait rire : il est plein de déraison, et vide d'occupations raisonnables ; toutes ses réflexions le conduisent à des enfantillages. On le voit sans aucune utilité s'exposer à endurer des peines sans fin ; l'exagération de son désir le conduit aux limites de la Terre et dans des régions indéterminées ; il fait fondre l'or et l'argent sans se lasser de vouloir les posséder ; il ne cesse de se tracasser pour en posséder davantage sans autre but que de n'en avoir pas moins ; et il n'a nullement honte de se dire heureux[25]. » Le rire de Démocrite s'applique donc à la vanité des occupations et des inquiétudes humaines. Mais il va plus loin. Ce rire est aussi une critique radicale de la connaissance, l'expression d'un scepticisme absolu : « Nul d'entre nous ne connaît nulle chose, et nous ne savons pas même si nous savons ou si nous ne savons pas. » L'homme est là sans savoir pourquoi, sans avoir la moindre idée de la vérité, à se faire du souci, à se créer des problèmes, à se faire peur, et s'en va au bout de quelques années. N'y a-t-il pas là de quoi rire ? Le rire, c'est la sagesse, et philosopher, c'est apprendre à rire. L'aventure humaine est cocasse, et l'on ne peut qu'en rire. Démocrite rejoint ici le mythe de la création par un éclat de rire divin. Suprême dérision, qui fait du rire le sommet de la spiritualité et de la sagesse.

Démocrite, l'homme qui rit de tout, est l'incarnation extrême d'un scepticisme nihiliste que l'on trouve en germe chez les penseurs sceptiques, tel Timon que Diogène Laërce nous présente comme quelqu'un qui se moque de tout et de tous : « Il avait l'intelligence vive et la raillerie prompte [...]. Il avait aussi coutume de plaisanter [...]. Arcésilas demandait à Timon pourquoi il avait quitté Thèbes, et Timon lui répondit : "Pour avoir l'occasion de rire en te voyant de près[26]." » La dérision est ici la conséquence du constat de l'incapacité radicale de l'homme à se connaître et à connaître le monde. Rien ne mérite d'être pris au sérieux, puisque tout est illusion, apparence, vanité — les dieux comme les hommes.

Le rire des cyniques est différent. Contrairement aux apparences, il est plus positif. Pratiquant l'ironie en acte, de façon provocatrice, ils poursuivent en fait un but moral, tout en affectant l'amoralisme. Politique du pire, que ne comprenait pas Xénophon. Le plus célèbre des cyniques du IVe siècle, Diogène, qui affiche un mépris total des conventions sociales, fait ses besoins et fait l'amour en public, multiplie les provocations. « Un jour, un homme le fit entrer dans une maison richement meublée, et lui dit : "Surtout, ne crachez pas par terre." Diogène, qui avait envie de cracher, lui lança son crachat au visage, en lui criant que c'était le seul endroit sale qu'il eût trouvé et où il pût le faire[27]. » Ce type de conduite est en fait de l'ironie portée à son paroxysme, et destinée à démystifier les fausses valeurs. Diogène et ses semblables renouent avec la tradition du rire agressif; leur anticonformisme, leur transgression tapageuse des principes et des idées reçues, leur naturalisme individualiste, leur surenchère de paradoxes et de scandales visent en fait à aiguillonner l'homme, afin qu'il retrouve les valeurs authentiques, qu'il se trouve lui-même. L'anecdote qui montre Diogène, la lanterne à la main, cherchant des hommes, et qui envoie promener les curieux en leur lançant : « J'ai demandé des hommes, pas des déchets », est peut-être la plus révélatrice de son attitude, qui allie le blasphème à la mystique : insulter le sacré et bafouer la logique pour découvrir les vraies valeurs.

Vladimir Jankélévitch a eu de belles formules pour définir cette quête cynique : « Le cynisme est souvent un moralisme déçu et une extrême ironie [...]. Le cynisme n'est autre chose [...] qu'une ironie frénétique et qui s'amuse à choquer les philistins pour le plaisir;

c'est le dilettantisme du paradoxe et du scandale [...]. Le vrai cynisme est ascétique et vertuiste, hostile à la jouissance et dédaigneux des grandeurs séculières [...]. Le cynisme est donc la philosophie de la surenchère [...]. Le cynisme joue le tout pour le tout : défiant morale et logique, il revendique hautement cela même qu'on lui reproche [...]. Le cynisme croit à la fécondité de la catastrophe, et il endosse bravement son péché pour que celui-ci s'avère impossible, dans l'espoir que l'injustice s'annulera elle-même par l'homéopathie de la surenchère et de l'esclandre[28]. »

Soit. Mais tout cela est-il drôle ? « Le cynisme en vérité est relativement sérieux ; ou plutôt il n'est ni tout à fait dupe, ni tout à fait comédien, et il ne saurait dire lui-même s'il "le fait exprès" ; à force de jouer avec le scandale, il lui arrive de l'endosser[29]. » Le rire nécessite un minimum de dédoublement, de prise de distance avec le réel. La lecture des facéties de Diogène dans l'ouvrage de son homonyme Diogène Laërce ne laisse guère de doute : le cynique antique s'amuse ; il provoque par le rire. Ainsi se moque-t-il d'une bigote prosternée, en lui faisant remarquer que si le dieu se trouve par hasard derrière elle, elle lui montre son derrière. Ainsi multiplie-t-il les gestes obscènes : « Un jour où il se masturbait sur la place publique, il s'écria : "Plût au ciel qu'il suffît aussi de se frotter le ventre pour ne plus avoir faim !" [...] Pendant un repas, on lui jeta des os comme à un chien ; alors, s'approchant des convives, il leur pissa dessus comme un chien[30]. »

L'ironie en acte des cyniques poursuit un but moral, mais son extrémisme lui confère un aspect profondément pessimiste. Le cynique voit le monde à l'envers. Peut-il vraiment espérer un retournement complet des valeurs ? C'est pourquoi, si le rire sceptique est un rire libéré, nous dirons que le rire cynique est un rire désespéré. Les dérives ultérieures du cynisme confirment d'ailleurs ce diagnostic. Les uns ne garderont du cynisme vulgarisé que l'anticonformisme, le goût de la provocation et la transgression des tabous, ne cherchant qu'à braver la morale pour satisfaire leurs désirs : c'est la forme du cynisme aristocratique, plein de morgue, dont la noblesse décadente de l'Ancien Régime donnera de nombreux exemples[31]. Les autres, ceux qui conserveront l'objectif éthique, sombreront dans la vision noire d'une humanité irrécupérable, tel La Rochefoucauld, ou dans un amoralisme nihiliste, tel Nietzsche, dont Jankélévitch écrit qu'il « fait des scènes à la morale parce qu'il est éperdument moraliste, parce qu'il se fait une haute idée de la vertu ». Nietzsche, qui déclare en effet qu'« en présence de n'importe quel cynisme, qu'il soit grossier ou subtil, l'homme supérieur devra tendre l'oreille et se tenir heureux chaque fois que le bouffon sans vergogne ou le satyre scientifique se manifestent à haute voix ». Le rire est toujours là, sans doute, mais il est devenu un rictus arrogant pour les premiers, un rire de démence chez les seconds.

DE SOCRATE A LUCIEN : PREMIÈRE REVANCHE DU DIABLE ?

Rieurs sceptiques et rieurs cyniques grecs peuvent tous se réclamer de Socrate, bien que nous sachions peu de chose du Socrate historique. D'après Diogène Laërce, il se conduit en véritable bouffon : « Il discutait avec véhémence, lançait les poings en avant ou s'arrachait les cheveux, ne se souciant nullement des rires qu'il soulevait. » Mais la tradition a plutôt retenu, après Platon et Xénophon, l'image d'un subtil ironiste, utilisant le rire comme outil dans la recherche de la vérité. Feignant l'ignorance et la naïveté, il amène ses interlocuteurs à démolir eux-mêmes leurs convictions et croyances, il les conduit à d'insolubles contradictions qui les laissent suspendus un moment sur l'abîme de l'absurde, avant de les aider à s'en sortir. Le rire est partie intégrante du processus ; il s'agit d'un rire pédagogique, dont Socrate est d'ailleurs parfois la cible : tu es ridicule, lui dit en substance Calliclès dans le *Gorgias,* avec toute ta philosophie, tu es incapable de faire face aux problèmes concrets de la vie ; aussi un tel homme, « lorsqu'il en vient à quelque affaire pratique, d'ordre privé ou d'ordre public, prête-t-il à rire à ses dépens [...]. Je trouve qu'il est digne de risée[32] ».

Les conversations socratiques sont ponctuées de grands éclats de rire, comme dans l'*Euthydème* où, écrit Emmanuelle Jouët-Pastré, « de vrais problèmes font éclater de rire toute l'assistance, mais aussi le lecteur[33] ». Mais le philosophe est au-dessus des atteintes du rire bouffon, du « rire des insensés ». Il accepte de s'exposer au rire pour faire progresser la connaissance, et surtout il utilise lui-même la plaisanterie, la moquerie indulgente : « Il passe toute sa vie à plaisanter et à ironiser avec les gens », dit de lui Alcibiade[34]. C'est là une méthode pour apprendre, pour former l'esprit : « Le rire peut être un instrument au service de la pensée [...]. Le rire n'est pas la forme suprême de la pensée, mais c'est déjà de la pensée, il est partie intégrante de la pensée sérieuse[35]. »

Mais la pédagogie par le rire peut-elle vraiment aboutir à autre chose qu'au scepticisme ? On peut à bon droit en douter. La grande leçon du rire socratique, c'est que nous croyons savoir des choses, alors que nous ne savons rien. Préjugés, conventions, erreurs, croyances infondées : tout cela est soluble dans l'ironie socratique. Et que reste-t-il ? L'ironie seule. Socrate n'a pas apporté une seule vérité positive à l'humanité. Mais il lui a apporté beaucoup plus : l'ironie comme sagesse, comme style de vie, l'ironie qui dissipe les mirages, l'ironie qui rend lucide et détruit les fausses vérités.

Poussée jusqu'à ses limites extrêmes, cette ironie socratique conduit à Lucien de Samosate, la bête noire de tous les dogmatiques, de tous les possesseurs de vérités, religieuses et humaines. Lucien, l'homme qui rit de tout, l'homme qui *est* un éclat de rire, mérite qu'on s'y arrête. Jamais on n'ira plus loin que lui dans la dérision généralisée. Né vers 120 dans un milieu modeste d'Asie Mineure, parfaitement hellénisé, un moment huissier à Alexandrie, il traverse la vie comme un défilé de carnaval. L'existence est un cortège burlesque, un spectacle dérisoire, risible. C'est ce qu'il fait dire au personnage de Ménippe, qui est son porte-parole : « Tandis que je considérais ce spectacle, il me sembla que la vie des humains était une longue procession dont la fortune ordonne et règle les rangs, et où elle amène, sous différents costumes, ceux qui la composent. Propice à l'un, elle l'habille en roi, lui met une tiare sur la tête, lui donne des satellites, lui ceint le front d'un diadème : elle revêt un autre d'un habit d'esclave ; elle orne celui-ci des grâces de la beauté et défigure cet autre, au point de le rendre ridicule, car il faut bien que le spectacle soit varié[36]. »

Dans cette comédie grotesque et absurde qu'est la vie, qui n'est pas ridicule ? Lucien se moque de tout et de tous, des philosophes, des dieux, des charlatans, des faux prophètes, des sages, des fous, et même des sceptiques, des cyniques, et de lui-même. Une dérision aussi radicale aboutit à une sagesse désabusée devant l'« immense sottise des hommes », sur une terre où « nul ne fait rien pour rien ». La morale de la vie est de « laisser passer en riant la plupart des événements sans rien prendre au sérieux », ni la terre, ni le ciel, ni l'enfer.

Lucien sert au public « le rire comique sous la majesté philosophique », suivant sa propre expression. Parodiant le dialogue platonicien, il inverse la méthode socratique : mettant le sérieux au service du comique, il « lui arrache son masque tragique et grave, et lui en impose un autre comique, satyrique, voire risible », écrit-il dans *La Double Accusation*. Les philosophes, incapables d'« indiquer une route simple et sûre pour se conduire dans le monde », sont sa cible privilégiée. Leur conduite et leurs débats stériles sont ridiculisés dans des parodies platoniciennes : dans le *Banquet*, on les voit qui « s'abandonnent à tous les excès, s'injurient, s'empiffrent, crient et en viennent aux mains » ; dans un autre *Banquet*, leur dialogue sur l'amour tourne autour des mérites respectifs de l'homosexualité et de l'hétérosexualité ; dans un *Gorgias*, ils étudient la grave question de savoir s'il existe un art du parasitisme ; ailleurs, ils font l'éloge de la mouche.

Lucien invente un philosophe — un vrai —, Ménippe, dont la sagesse s'exprime par le rire : il rit toujours et de tout. Dans *Hermotimos ou les Sectes*, il passe en revue toutes les écoles philosophiques et ridiculise ces incorrigibles bavards. Dégoûté par « leurs fanfaronnades et leurs discours charlatanesques », il en conclut à l'« incertitude universelle ». Dans *Les Sectes à l'encan*, il organise une cocasse vente aux enchères des écoles philosophiques. Le commissaire-priseur, Hermès, met en vente le pythagorisme : « A vendre : la meilleure vie, la plus respectable. Qui l'achète ? Qui veut s'élever au-dessus de l'humanité ? Qui veut connaître l'harmonie de l'univers et revivre à nouveau ? [Le pythagoricien] connaît l'arithmétique, l'astronomie, la magie, la géométrie, la musique, la charlatanerie. Tu vois en lui un devin supérieur. » L'aristotélisme se vend bien, car il sait beaucoup de choses indispensables : par exemple, « combien de temps vit le cousin, à quelle profondeur la mer est éclairée par le soleil et de quelle nature est l'âme des huîtres[...] comment l'homme est un animal risible, comment l'âne ne l'est pas et ne sait ni bâtir, ni naviguer ». Parmi les articles en vente figure aussi Socrate, « amoureux des jeunes gens », qui voit tout en double, car il a également les yeux de l'âme ; c'est le tyran de Syracuse qui l'acquiert. Encore à vendre, le « renfrogné du Portique », c'est-à-dire le stoïcien ; et Pyrrhon, le sceptique, qui doute même de l'existence des acheteurs et des coups qu'il reçoit ; et puis l'épicurien satisfait. On a du mal à vendre le cynique, « effronté, audacieux, insolent avec tout le monde », cédé pour deux oboles. On a fait un lot avec Démocrite, le « rieur d'Abdère », qui se moque de tout, et Héraclite, le « pleureur d'Éphèse », qui dramatise tout, mais personne n'en veut. Ainsi Lucien, qui se moque des moqueurs, rit des rieurs et doute du scepticisme, atteint-il la négation absolue, le néant.

Car le monde divin n'est pas épargné. Lucien a un rire encore plus inextinguible que celui des dieux. Par le rire, il terrasse le ciel, les mythes et toutes les divinités-épouvantails, dans *L'Assemblée des dieux, Les Dialogues des dieux, Dionysos*. Les immortels deviennent de ridicules pantins, qui se plaignent de leur travail et se querellent. Héraklès insulte Asklépios, vulgaire « coupeur de racines et charlatan » ; le dieu-médecin lui rétorque qu'il était bien content de le trouver quand il est arrivé dans l'Olympe « à demi grillé » avec sa tunique. Zeus se plaint des fausses histoires qu'on colporte au sujet des dieux — à commencer par cet « Homère, cet aveugle, ce charlatan qui nous appelle Bienheureux et qui raconte en détail ce qui se passe au ciel, alors qu'il ne pouvait même pas voir ce qui se passait sur terre ». Momus, dieu du sarcasme, récrimine : c'est inadmissible ! On laisse entrer dans l'Olympe n'importe qui, des espèces de demi-dieux, sans même percevoir la taxe sur les métèques ! Tout cela, c'est la faute de Zeus, avec tous ses bâtards ; on admet même des étrangers qui ne parlent pas grec, et on laisse les hommes donner des représentations extravagantes du maître des dieux. Résultat : à force de croire n'importe quoi, les hommes ne croient plus à rien.

Les dieux ne sont plus maîtres du rire. Ce don terrible leur a échappé, et se retourne contre eux. Dans la civilisation grecque se réalise déjà cette image qu'Élie Wiesel applique au judéo-christianisme : « Sais-tu ce qu'est le rire ? [...] Je vais te le dire. C'est l'erreur de Dieu. En créant l'homme afin de le soumettre à ses desseins, il lui octroya par mégarde la faculté de rire. Il ignorait que plus tard ce ver de terre s'en servirait comme moyen de vengeance. Lorsqu'il s'en rendit compte, il était déjà trop tard. Dieu n'y pouvait plus rien. Trop tard pour ôter à l'homme ce pouvoir. »

Revanche de l'homme... ou revanche du diable ? Les chrétiens penchent pour la seconde hypothèse. Car Lucien ne les a pas épargnés. Le contraire eût d'ailleurs été surprenant. Ces gens qui vénèrent « ce grand homme qui fut crucifié en Palestine » sont une bande de crédules naïfs, qui de surcroît mettent « un empressement infatigable » à se faire tuer, s'offrant stupidement au martyre. Dans un livre *Sur la mort de Pérégrinos*, Lucien met en scène un cynique débauché, meurtrier de son père, devenu évêque chrétien, et parle des chrétiens comme de « ces pauvres gens qui se sont en effet persuadés qu'ils seront absolument immortels et qu'ils vivront éternellement. En conséquence, ils méprisent la mort et se livrent volontairement, pour la plupart. En outre, leur premier législateur leur a persuadé qu'ils sont tous frères, une fois qu'ils ont changé de religion et renié les dieux de la Grèce, pour adorer leur fameux sophiste crucifié et vivre selon ses lois [...]. Si donc il vient chez eux quelque imposteur adroit, qui sache profiter des circonstances, il ne tarde guère à s'enrichir en se moquant de leur simplicité ».

Pour les chrétiens, Lucien sera longtemps une incarnation du diable, le diable qui rit, le diable qui se moque de Dieu. Son rire est partout, même aux enfers où Ménippe — comme Ulysse, Énée et bien d'autres — a eu l'occasion de faire une visite, rapportée dans *Ménippe ou la Nécyomanie*, et dans *Les Dialogues des morts*. L'enfer est un vrai moulin, où l'on entre et sort à sa guise. Le sage babylonien qui ouvre la porte à Ménippe lui recommande tout de même de se faire passer pour Héraklès, Ulysse ou Orphée, bref pour un habitué de la maison, ce qui facilitera sa visite. Et voici donc Ménippe, toujours riant, qui entame le voyage. Charon s'indigne :

« D'où nous as-tu amené ce chien, Mercure ? Il ne faisait pendant la traversée qu'aboyer tous les passagers, et se moquer d'eux ; et tandis que tous les autres pleuraient, il était le seul qui se permît de rire.

« MERCURE. — Tu ne sais pas, Charon, celui que tu viens de passer ? C'est un homme véritablement libre, qui ne se soucie de rien ; c'est Ménippe enfin. »

En réalité, on rigole bien en enfer. On rigole encore mieux que là-haut, sur la terre, où l'on ne sait même pas pourquoi l'on rit. Ici, c'est vraiment le rire inextinguible, celui de ceux qui savent enfin la vérité, comme le dit Pollux : « Ménippe, Diogène t'engage, si tu as assez ri de tout ce qui se passe sur la terre, de venir ici-bas rire encore davantage. Là-haut, tes ris n'ont qu'un objet incertain et, comme on dit communément, qui sait au juste ce qu'on devient après la mort ? Au lieu qu'ici tu ne cesseras de rire, comme moi [37]. »

Ainsi Lucien rejoint-il Diogène le cynique dans le rire infernal, le rire qui libère. Mikhaïl Bakhtine, dans son livre classique sur Rabelais, n'a pas manqué de relever dans l'œuvre de Lucien « le lien du rire avec les enfers et la mort, avec la liberté de l'esprit et de la parole [38] ». C'est l'aboutissement de tout un courant de la pensée grecque. Le rire agressif de la période archaïque, ce rire triomphant venu des dieux, ce rire évocateur du chaos originel, était porteur d'une formidable force destructrice. Domestiqué, intellectualisé à partir du IVe siècle, il devient la corrosive ironie socratique, sceptique, cynique, et aboutit à la dérision universelle. Véritable revanche du diable, dans le sens où ce dangereux don divin devient le révélateur de l'absurdité de l'être. Au rire créateur de l'origine répond le rire destructeur du scepticisme intégral, qui dévoile la vraie nature de cette création : mirage, illusion, leurre, canular. Rions trois fois. Jamais les chrétiens ne pardonneront à Lucien sa contre-révélation : à la révélation divine d'un monde tragique à prendre au sérieux, les « singes de Lucien » opposent la révélation d'un monde dérisoire et comique. Ils pulvérisent la création dans leur éclat de rire.

LES AGÉLASTES, DE PYTHAGORE A PLATON

Mais chez les Grecs il y a aussi des courants de pensée qui affirment le sérieux de l'être, et ceux-ci se méfient du rire, qu'il faut enfermer, mettre en cage, surveiller, réglementer. Pas question de laisser en liberté une force aussi dangereuse ; puisqu'on ne peut l'éliminer, il faut la cantonner dans un rôle subalterne de pure détente, de soupape de sécurité.

Les stoïciens sont des gens sérieux. Ils ne rient pas et se montrent sensibles aux railleries des autres : « Si tu désires être philosophe, prépare-toi dès lors à être ridiculisé et raillé par la foule », écrit Épictète. N'en tiens pas compte. Et toi, « ne ris pas beaucoup, ni de beaucoup de choses, ni sans retenue ». Ne fais pas rire les autres : « Évite aussi de chercher à faire rire. C'est une façon de glisser dans la vulgarité, et à la fois un suffisant moyen de relâcher le respect que tes voisins ont pour toi. » Et si tu vas à la comédie, « abstiens-toi totalement de crier, de rire de tel acteur, de beaucoup t'émouvoir [...]. Autrement, il serait évident que le spectacle t'a passionné [39] ». Tout à fait le genre de public qu'aurait apprécié Aristophane !

Pour les stoïciens, le rire est une marque de vulgarité et de sottise, mais c'est aussi et surtout une marque d'impuissance, un aveu d'échec à transformer le monde ou une situation ; c'est une réponse inadéquate. Celui qui rit se dissocie de l'objet de son rire, il prend ses distances avec l'ordre du monde au lieu de s'y intégrer. Ceux qui « collent » à la réalité, ceux qui « y croient », ceux qui sont solidaires d'une valeur sacrée, ceux-là ne rient pas ; le militant, le révolutionnaire, le politicien, le fonctionnaire, le policier, l'amoureux ne sont pas tentés de rire de ce qu'ils défendent. Peut-être aussi le stoïcien condamne-t-il le côté pessimiste du rire. Face au monde tel qu'il va, les uns croient pouvoir le transformer, ce sont les militants ; les autres le regardent sans broncher, ce sont les stoïques ; les troisièmes en rient, parce qu'ils le croient irréformable et dérisoire — mais cette dérision ne va pas sans une secrète pitié.

Les pythagoriciens non plus ne rigolent pas, à l'image de leur fondateur, Pythagore, dont la légende veut qu'il soit resté impassible, comme le vaste univers réglé par l'harmonie des nombres. A Athènes, les pythagoriciens étaient raillés dans les comédies pour leur face de carême. Des similitudes avec les chrétiens ont été maintes fois remarquées par les auteurs anciens. Mais c'est chez Platon qu'il faut chercher une argumentation de principe contre le rire. Ce dernier n'est certes pas absent de ses dialogues : Socrate et ses interlocuteurs rient à plusieurs reprises ; il arrive qu'on y raconte des histoires drôles, comme dans le *Lachès* où Ctésilaos, qui a inventé une arme nouvelle, s'empêtre dans les agrès d'un navire ennemi et gesticule comme un pantin [40] ; dans la *République*, Socrate explique que bien souvent les choses paraissent ridicules en raison de leur caractère insolite et que le rire disparaît avec l'habitude, comme pour les exercices gymniques qu'il propose d'établir à l'usage des femmes [41].

Mais Platon se méfie du rire, dont la nature ambivalente est inquiétante. C'est une passion qui trouble l'âme, et qui peut être liée à la fois au plaisir et à la douleur. Racontant les derniers moments de Socrate, Phédon déclare : « Il y avait quelque chose de véritablement déroutant dans l'émotion que je ressentais : un mélange extraordinaire, dans la composition duquel il entrait du plaisir en même temps que de la douleur quand je songeais que tout à l'heure, lui, il allait cesser de vivre ! Ces dispositions d'esprit étaient à peu près les mêmes chez nous tous qui étions présents : tantôt nous riions, mais quelquefois nous pleurions[42]... » De même, Er est partagé entre rire et larmes lorsqu'il voit la façon dont les âmes choisissent leur vie future.

La nature trouble du rire est également manifeste dans le rire de malveillance, qui combine bien et mal, plaisir et envie. Ce type de rire pourtant quotidien et banal, le rire provoqué par les petites infortunes et les travers de nos amis, est condamnable : « Quand nous rions des ridicules de nos amis, ce qu'affirme notre propos, c'est que, tandis qu'alors nous combinons le plaisir avec l'envie, une combinaison s'opère du plaisir avec une peine : il n'y a pas longtemps en effet que nous nous sommes accordés à voir dans l'envie une douleur de l'âme ; au lieu que rire en est un plaisir ; à dire en outre que, dans ces occasions, cela a lieu simultanément[43]. » Rire des ridicules d'autrui, c'est aussi montrer que l'on ne se connaît pas soi-même. Le seul cas de rire licite est le rire à l'égard des ennemis.

Dans la vie de la cité, on s'abstiendra de rire. Ces « grimaces de la laideur », ces hoquets et soubresauts qu'accompagne l'émission de bruits chaotiques, sont indécents, obscènes, indignes, inconvenants, perturbent l'esprit et traduisent une perte de maîtrise de soi. Rire nous rend laids, physiquement autant que moralement. C'est pourquoi les lois devront interdire aux auteurs comiques « de faire d'aucun de nos citoyens un personnage de comédie[44] ». Si l'on doit vraiment faire des comédies, qu'on se contente de rire des étrangers et des esclaves — et encore, « sans passion ». Dans les rapports avec les citoyens, la raillerie est proscrite, car « l'homme qui est pris dans le réseau d'un échange de propos outrageants est impuissant à s'abstenir de chercher en même temps à faire rire aux dépens de celui qu'il insulte, et c'est la forme que prend l'outrage toutes les fois que nous nous laissons emporter[45] ».

Il est un domaine où le rire est absolument interdit : celui de la politique. On ne doit évidemment pas se moquer des hommes politiques, et ces derniers sous peine de dégrader leur fonction, doivent toujours rester dignes et sérieux. « Il ne faut pas que nos gardiens aiment à rire ; car, quand on se laisse aller à rire avec force, un tel excès va d'ordinaire chercher une réaction contraire, également forte[46]. » Le rire fait perdre la lucidité et le contrôle de soi, indispensables aux dirigeants.

L'art et la littérature ne doivent jamais représenter les hommes importants en train de rire : cela est dégradant et sape leur prestige. A plus forte raison ne doit-on pas parler du rire des dieux, qui sont impassibles. Platon ne pardonne pas à Homère le « rire inextinguible des dieux »; c'est un véritable blasphème. Le rire est étranger au monde divin, monde de l'immuable et de l'unité; il appartient au domaine méprisable du changeant, du multiple, du laid, du mal : « La peinture d'hommes considérables en proie à un rire incoercible ne doit pas être admise, et beaucoup moins encore quand ce sont des dieux que l'on peint ! — Beaucoup moins encore, sans nul doute, fit-il. — Aussi n'admettrons-nous pas non plus qu'Homère parle des dieux, comme il le fait par exemple ici : "Et brusquement un rire inextinguible jaillit parmi les bienheureux, à la vue d'Héphaïstos s'affairant par la salle !" Cela, d'après ta thèse, on ne doit pas l'admettre[47]. »

Tout juste pourra-t-on se moquer des vices et des défauts moraux, sans passion, et utiliser une ironie légère en dialectique : avec Platon, le rire domestiqué, réduit à un maigre sourire, est limité à un usage parcimonieux au service de la morale et de la connaissance. Le rire archaïque, bruyant et agressif, est dompté; de ce mal, il s'agit de faire un bien, comme d'un chien sauvage on peut faire un chien de garde.

ARISTOTE ET LE PROPRE DE L'HOMME

Aristote n'est pas très éloigné de Platon sur ce sujet, et il faut d'emblée nuancer très fortement la célèbre formule qu'on lui attribue à tort. Aristote n'a jamais dit que « le rire est le propre de l'homme »; il a seulement écrit que l'homme est « le seul des animaux à rire », ou qu'« aucun animal ne rit, sauf l'homme[48] ». La différence est de taille. Dans le premier cas, le rire ferait partie de l'essence humaine, et un être qui ne rirait pas ne pourrait pas être un homme. Dans le second cas, il s'agit simplement de noter une caractéristique potentielle : l'homme est le seul à avoir la capacité de rire; le rire existe chez lui — et chez lui seul — à l'état de puissance, mais on peut être homme sans jamais rire.

Et mieux vaut user du rire avec parcimonie. D'abord, esthétiquement, le rire, qui apparaît chez l'enfant à l'âge de quarante jours, n'est pas très flatteur. Est-ce la raison pour laquelle les artistes grecs ont très rarement représenté des visages rieurs? Les peintures des vases, qui abordent tous les thèmes quotidiens, restent sérieuses; et la comédie n'apparaît guère dans les scènes de théâtre, comme le remarque Louis Séchan : « La comédie est loin d'avoir laissé dans la céramique autant de souvenirs qu'on serait tout d'abord tenté de le croire : quelques vases corinthiens évoquent les antiques farces doriennes qui empruntaient leur matière à la mythologie ou à la vie courante [...]. Et l'on ne connaît aucune peinture qui se soit inspirée d'Aristophane[49]. » Difficulté technique à reproduire le faciès mouvant du rieur ? Probablement pas. Il s'agit plutôt d'un choix esthétique. Le rire est laid. C'est aussi parmi les genres littéraires très inférieurs à la tragédie qu'Aristote classe la comédie : il note dans la *Poétique* que « celle-ci veut représenter les hommes inférieurs, celle-là veut les représenter supérieurs aux hommes de la réalité », ce qui revient à dire que le comique dégrade l'homme et que le tragique le grandit. La définition aristotélicienne du risible comme « un défaut et une laideur sans douleur ni dommage » est également très négative.

Aristote rompt complètement avec le rire archaïque, moqueur, agressif et triomphant. On ne peut rire d'une difformité physique que si elle n'est pas le signe d'une douleur ou d'une maladie. Le rire n'est acceptable qu'à petites doses, pour agrémenter la conversation par des plaisanteries fines et qui ne blessent pas : « Celui qui plaisante adroitement ne se permettra pas tout. Car certaines railleries sont des sortes d'injures[50]. » On évitera par-dessus tout de tomber dans la bouffonnerie, preuve de grossièreté. D'après Aristote, la société grecque du IVe siècle apprécie beaucoup trop les bouffons : « Comme le goût de la plaisanterie est fort répandu, que la plupart des gens prennent aux facéties et aux railleries plus de plaisir qu'il ne faut, il arrive qu'on fasse aux bouffons une réputation de gens d'esprit, parce qu'ils plaisent[51]. »

Cette remarque laisse bien entrevoir l'écart qui existe entre les écrits théoriques, qui constituent nos sources, et la pratique sociale. Ne nous leurrons pas : pendant que les philosophes expriment gravement leur hostilité à l'égard du rire, les Grecs — et les autres — rigolent comme si de rien n'était. Dans les repas, dans la vie publique et privée, on raille, on se moque, on fait des mots d'esprit, on fait le pitre, on plaisante sans retenue. Mais de ce rire-là, il ne nous reste que quelques anecdotes, plus ou moins frelatées, concernant des gens célèbres. Ainsi, selon Quintilien, Pyrrhus pardonne à de jeunes Tarentins d'avoir tenu contre lui des propos désagréables au cours d'un repas, parce qu'ils réussissent à le faire rire par leur réponse : « Ce que nous avons dit de vous n'est rien en comparaison de ce que nous en eussions dit si le vin ne nous eût point manqué. » Leçon : le rire peut sauver, à condition que le maître ait le sens de l'humour.

Revenons à Aristote qui, en homme raisonnable et de juste

milieu, n'apprécie pas non plus les caractères chagrins : « Ceux qui ne font pas de plaisanteries et supportent mal ceux qui en font sont, semble-t-il, des rustres et des grincheux[52]. » L'excès inverse est celui des clowns, des bouffons, des insupportables boute-en-train qui, en société, estiment que le rire est obligatoire et se chargent de mettre de l'ambiance. Ces tyrans du rire sont de toutes les époques : « Ceux qui, en provoquant le rire, vont au-delà des justes limites sont, semble-t-il, des bouffons et des gens grossiers, s'attachant en toutes circonstances au ridicule et visant bien plutôt à provoquer le rire qu'à tenir des propos convenables et à ne pas offenser ceux qui sont l'objet de leurs railleries[53]. »

Entre les deux excès, Aristote prône l'attitude de « ceux qui, dans leurs plaisanteries, restent des gens enjoués *(eutrapeloi)*, ce qui signifie quelque chose comme : des gens d'esprit bien tourné[54] ». Cette vertu d'eutrapélie, marque de bon ton et d'équilibre, est l'aboutissement de la domestication du rire dans la bonne société. Le gros rire homérique est réduit à l'état de sourire entendu et de fins gloussements destinés à assaisonner les conversations sérieuses, à donner un tour agréable et détendu aux discussions. Évolution inévitable, et dont on retrouve l'apologie, plus de quatre siècles plus tard, chez l'un des derniers représentants de l'hellénisme : Plutarque.

Ses *Œuvres morales* sont comme une synthèse, un bilan final des différents aspects du rire dans l'histoire grecque. Elles condamnent le rire archaïque, moqueur et agressif, celui de la vieille comédie d'Aristophane, dont les attaques féroces étaient moralement « de nul profit à ceux qui les écoutaient [...] pour autant qu'il y avait de la risée et de la gaudisserie parmy », nous dit Plutarque à travers la savoureuse traduction classique de Jacques Amyot[55]. Seules les critiques faites avec sérieux peuvent être efficaces, ajoute-t-il, et il rappelle que les Spartiates se vaccinaient contre la raillerie : « C'estoit l'une des choses que l'on apprenoit jadis en la belle Lacédémone, que se moquer et gaudir sans fascher et ne se fascher point aussi quand on estoit gaudy et mocqué[56]. »

Deux domaines sacrés et immuables doivent échapper au rire : la loi et la religion. Se prévaloir de la liberté pour se moquer des législateurs, comme le font les épicuriens, est plutôt la marque d'un esprit servile et dissolu : « Metrodorus, en se mocquant et gaudissant, adjouste une telle conclusion : parquoy il est bien séant que l'on s'en rie d'un rire libre, et de tous autres hommes, et mesmes de ces Solons et de ces Lycurgues icy. Mais certainement ce n'est pas là un rire libre, Metrodorus, mais servile, dissolu et qui auroit besoin du fouet[57]. »

Touchant la religion, Plutarque est l'un des premiers à établir

l'équation rire = athéisme. Les athées sont des singes de Lucien,
qui se gaussent des mystères sacrés et de la folie des croyants :
« Considérez quel est l'athéiste en ces endroits-là : il se rira d'un ris
furieux et, comme l'on dit communément, sardonien, de voir les
choses que l'on y fait : et quelquefois dira tout bas en l'oreille de ses
plus familiers qui seront à l'entour de luy : "Ceux-là sont bien hors
de sens et enragez[58]." » A une époque où la religion se spiritualise et
s'absolutise dans la lignée platonicienne et aristotélicienne, où la
divinité se fige en un esprit unique, immuable et éternel, coïncidant
parfaitement avec lui-même, le rire est chassé des cieux. Dans un
être monolithique, où la puissance, l'essence et l'existence ne font
qu'un, il n'y a plus aucune ouverture au comique. Le rire s'insinue
par les interstices de l'être, par les fissures entre les morceaux mal
collés de la création; en Dieu, plus la moindre fissure. Le rire n'a
plus rien à voir avec le divin, et du coup, prend une teinte diabolique : le diable tente de l'utiliser pour désintégrer la foi, sinon
Dieu. C'est l'instrument de sa revanche. Ainsi la pensée païenne
grecque prépare-t-elle le rejet chrétien du rire.

Dans la vie courante, Plutarque méprise ce chatouillement grossier qui ressemble « à une convulsion et à un évanouissement ». Évi-
tons les plaisanteries et moqueries : « Quant aux brocards et traicts
de risée, le meilleur est de s'en abstenir de tout poinct qui n'en sait
user dextrement et y estre retenu avec artifice en temps et en lieu
opportun[59]. » En compagnie, on peut certes « bien profiter en riant,
et rire en profitant », et il y a des façons élégantes de se moquer
doucement, sans blesser — Plutarque en donne de nombreux
exemples. Mais il convient d'être prudent, et d'un autre côté il ne
faut pas prendre en riant les réprimandes sérieuses qui nous
concernent : ce serait faire preuve d'impudence et de lâcheté.

Le rire grec nous a fait parcourir un itinéraire presque complet,
dont les époques suivantes ne feront qu'illustrer telle ou telle étape.
Les mythes enracinent le rire dans les conduites obscures qui
marquent le passage de l'animalité à l'humanité. Ils racontent comment le rire, venu des dieux, est apparu comme un moyen de
contrôler les instincts de base de l'animalité (agressivité, peur) et
comme une réaction instinctive de protection face à la prise de
conscience de notre condition mortelle, de la perspective vertigi-
neuse du néant, et de la trivialité de notre dépendance à l'égard du
corps (sexe, nourriture, excrétion). Ces mythes ont très ancienne-
ment été ritualisés dans des fêtes rejouant notre origine et scellant
dans le rire collectif l'ambiguïté de notre condition d'êtres incer-
tains, courant sans cesse après notre nature. Les fêtes ont leur prolongement dans le théâtre comique, qui fait la transition avec le

vécu quotidien où règne jusqu'au ve siècle un rire archaïque, dur, agressif — un rire qui est à la fois ciment social, rejet de l'étranger et affirmation de soi.

A partir de la fin du ve siècle, le raffinement croissant de la culture intellectuelle, qui a pour effet d'opposer de plus en plus nettement l'humanité à l'animalité, s'interroge sur la nature de ce comportement étranger qu'est le rire. Dès lors, les attitudes divergent. Les cyniques utilisent la raillerie provocatrice comme un décapant, un traitement de choc pour dissoudre les conventions sociales et retrouver les vraies valeurs. Les sceptiques, désabusés, pensent que la comédie humaine est une histoire de fous, et le monde entier une vaste comédie de l'absurde, en face de laquelle on ne peut que rire, comme Démocrite. Les pythagoriciens et les stoïciens, qui prennent au contraire ce monde d'autant plus au sérieux qu'ils en ont une conception panthéiste, proscrivent le rire qui, devant un univers divin, équivaut au blasphème. Enfin, les platoniciens et les aristotéliciens domestiquent le rire pour en faire un agent moral (en raillant les vices), un agent de la connaissance (en dépistant l'erreur par l'ironie) et un agrément de la vie sociale (par l'eutrapélie) ; mais ils bannissent strictement le rire de la religion et de la politique, domaines sérieux par excellence. Le rire s'oppose au sacré.

Le rire inextinguible des dieux, après s'être incarné dans le rire agressif et dément d'Homère, a éclaté entre le rire grossier et amer de Diogène, le rire désabusé de Démocrite, l'ironie de Socrate, l'eutrapélie d'Aristote. Des visages fermés et graves de Pythagore, d'Anaxagore, d'Aristomène, qui selon Claudius Aelianus n'ont jamais ri, au visage hilare de Lucien, qui rit de tout, les Grecs présentent l'éventail complet des attitudes face à l'être.

CHAPITRE III

Le rire unifié des Latins

Le *risus*, satirique et grotesque

Les Latins ne sont pas plus sérieux que les autres. Ce sont les historiens et les pédagogues qui ont bâti et transmis pendant des siècles — à travers les études classiques et les humanités, reposant sur des textes soigneusement choisis — l'image imposante d'une romanité grave, héroïque, solennelle, stoïque. Un monde coupé en deux : d'un côté, les Caton, César et Brutus, impavides, accomplissant leur destin, ponctué de mots historiques bien frappés qui remplissent les dictionnaires de citations et les pages roses du Petit Larousse ; de l'autre, la plèbe qui s'esclaffe devant les obscénités de l'atellane et qui vocifère sur les gradins de l'amphithéâtre. Entre le rire grossier et la sévérité stoïcienne, rien, sauf peut-être le sourire de Virgile, ô combien angélique, et le *Carpe diem* horacien, plus coquin mais si élégant.

Caricature, évidemment. Il y avait bien Plaute et Juvénal, les orgies des saturnales et le burlesque du *Satiricon,* mais c'était là affaire de spécialistes, dont l'entrée dans les manuels était scrupuleusement filtrée. Le monde romain, c'était le monde du sérieux. Les écrivains latins ont une part de responsabilité dans ce mensonge historique, du moins ceux de la période augustéenne, qui regrettaient le mythique âge d'or de la République, l'âge de la vertu guindée, du majestueux, du frugal et de l'héroïsme grave. Nos auteurs classiques, érigeant les Latins en modèles vénérés et traduisant leurs œuvres — même les plus truculentes et les plus argotiques — dans un style rhétorique et grandiloquent, ont imposé l'image stéréotypée du Latin solennel, impassible, drapé dans sa toge austère, au-dessus de tout soupçon de comique.

LE PROBLÈME DE L'HUMOUR LATIN

Et pourtant, quand on y regarde d'un peu plus près, on constate que le rire est partout présent dans le monde romain. Le rire sous toutes ses formes, positives et négatives, subtiles et grossières, agressives et indulgentes, que la langue latine rassemble en un seul mot : *risus*. Le rire, multiforme, reste le rire : du gros calembour à l'humour le plus fin, en passant par le grotesque, le burlesque, l'ironie, la raillerie, la satire, le sarcasme. Ici, le puriste va perdre son sourire et froncer le sourcil : ne mélangeons pas ces différents termes !

La question de savoir s'il y a un humour latin, par exemple, a donné lieu à d'étonnantes controverses, dans lesquelles chacun perd à la fois son latin et son humour. Certains spécialistes du rire, qui ont tendance — c'est un comble — à se prendre au sérieux, voudraient réserver l'humour, ce terme indéfinissable, à une époque et à un lieu bien précis, lançant l'anathème contre les sacrilèges qui le dispersent aux quatre vents. Eugène de Saint-Denis, auteur en 1965 d'*Essais sur le rire et le sourire des Latins,* aux très sérieuses éditions Les Belles Lettres, précise qu'il avait d'abord pensé intituler son ouvrage *Essais sur l'humour des Latins,* ce dont l'avaient dissuadé les remarques ombrageuses de quelques spécialistes[1].

La plupart des auteurs admettent néanmoins comme A. Haury, l'existence d'un esprit humoristique chez Cicéron, Horace, Théocrite, Plaute, Varron et bien d'autres[2]. Robert Escarpit a justement fait remarquer que ce sont surtout les anglicistes non britanniques, français en particulier, qui veillent jalousement à réserver l'humour aux Anglais des XVIIIe-XXe siècles[3], alors que ces derniers le reconnaissent volontiers chez les autres. Pierre Daninos est sans doute le plus proche de la vérité lorsqu'il donne cette définition extrêmement large de l'humour : « C'est avant tout, à mon sens, une disposition d'esprit qui vous permet de rire de tout sous le masque du sérieux. Traiter drôlement de choses graves et gravement de choses drôles, sans jamais se prendre soi-même au sérieux, a toujours été le propre de l'humoriste. Grâce à quoi il peut, très souvent, tout dire, sans avoir l'air d'y toucher[4]. »

La première qualité de l'humour, c'est précisément d'échapper à toute définition, d'être insaisissable, comme un esprit qui passe. Le contenu peut en être très variable : il y a une multiplicité d'humours, dans tous les temps et dans tous les lieux, depuis le moment où, dans la préhistoire la plus reculée, un homme a pris confusément conscience de lui-même, conscience d'être celui-là et de ne pas l'être en même temps, et où il a trouvé cela étrange et amusant. L'humour apparaît quand l'homme s'aperçoit qu'il est étranger à lui-même ; autrement dit, l'humour est né avec le premier homme, le premier animal qui s'est détaché de l'animalité, qui a pris du recul par rapport à lui-même, qui s'est trouvé dérisoire et incompréhensible.

L'humour est partout. Reste à savoir s'il prend des formes typiques, particulières à un peuple, à une nation, à un groupe religieux, professionnel ou autre : humours anglais, allemand, américain, juif, latin, etc. Non, l'humour est universel, et c'est bien l'une de ses grandes qualités. Certes, le trait d'humour s'incarne inévitablement dans des structures et des cultures concrètes, mais il peut être apprécié de tous, parce qu'il dépasse toujours le terreau qui lui donne naissance. Dans l'internationale de l'humour, les humoristes de tous les pays sont unis, animés d'un même esprit. L'humour est un sixième sens, qui n'est pas moins utile que les autres. Il y a ceux qui sont doués de ce sens, et ceux qui en sont dépourvus — cette infirmité les prive d'un point de vue essentiel sur le monde : ils le voient, l'entendent, le touchent, le goûtent et le sentent, mais ne se rendent pas compte qu'il n'existe pas. Disons, de façon moins provocatrice, qu'ils s'immergent totalement dans ce monde, matériel ou spirituel, réel ou imaginaire, et qu'ils sont incapables de prendre de la distance, de se détacher, d'être libres ; ils s'enchaînent à leur représentation du monde, sans voir qu'il ne s'agit que d'une représentation ; ils jouent leur rôle avec une telle conviction qu'ils ne voient pas que ce n'est qu'un rôle. On a beau leur répéter avec Shakespeare que

> ... le monde entier est une scène,
> les hommes et les femmes de simples acteurs ;
> ils font leurs entrées et leurs sorties,
> et chacun dans sa vie joue plusieurs rôles [5],

rien n'y fait : ils « s'y croient ».

Bien sûr, comme les autres sens, l'humour a ses maladies. Il peut être myope, presbyte, daltonien ; et puis, il y a des jours où il est absent. Mais il est rare qu'il disparaisse définitivement ; en outre, contrairement aux autres sens, on peut le développer, l'améliorer, l'exercer, et souvent ses performances progressent avec l'âge, ce qui compense l'affaiblissement des autres capacités.

Les Latins ne sont pas plus dénués de ce sixième sens que les autres. Mais il n'y a pas plus d'humour latin que d'humour juif : il y a des Latins et des Juifs qui font de l'humour, et c'est pourquoi nous pouvons encore les apprécier. La littérature latine est pleine d'humour, jusque dans les ouvrages où l'on ne l'attendrait pas. Prenez le *Traité d'agriculture* de Varron : domaine *a priori* rébarbatif. Eh bien ! Sylvie Agache a pu écrire que « pour Varron, plaisanter, c'est donner des clés pour comprendre le sens de son ouvrage aux visées multiples, où la stylisation et les éléments symboliques, que coche précisément l'humour, ont une place déterminante[6] ». Prenez encore l'*Art d'aimer* d'Ovide : l'amour y est présenté avec humour, et largement démystifié. L'art d'aimer se révèle être plutôt un art de tromper galamment, de donner le change, de produire une fausse image de soi. Les dieux n'ont-ils pas donné l'exemple ? Traités avec la désinvolture que méritent leurs aventures scabreuses, ils regardent en riant leurs émules humains : « Jupiter, du haut des cieux, voit en riant les amants se parjurer, et ordonne aux autans, sujets d'Éole, d'emporter les serments annulés. Par le Styx, Jupiter avait coutume de faire à Junon de faux serments ; il favorise lui-même aujourd'hui ses imitateurs[7]. » Autant en emporte le vent !

Les Romains sont d'ailleurs conscients d'avoir de l'humour, et ils en sont fiers. « Le vieil esprit romain poli est plus spirituel que l'esprit attique », affirme Cicéron[8], dont les œuvres témoignent d'un raffinement constant dans l'usage de l'ironie : « Il est facile de remarquer combien il a progressé dans l'emploi de l'ironie, écrit L. Laurand : ses sarcasmes sont d'abord un peu rudes ; il multiplie les antiphrases faciles, les qualifications d'"homme excellent" appliquées à des scélérats. Quelques traits des *Verrines* ont déjà plus de finesse ; ils sont surpassés par les élégants badinages du *Pro Murena*; de ce discours au *Pro Caelio,* au *Pro Ligario,* on sent encore un progrès. Cicéron est arrivé alors à une aisance souveraine, à une légèreté et à une délicatesse d'ironie qui ne peuvent guère être surpassées. Plus que jamais, la plaisanterie est entre ses mains une arme qu'il manie avec une sûreté parfaite ; tantôt elle fait des blessures profondes, tantôt elle effleure, égratigne à peine ; mais toujours elle frappe juste[9]. »

Cela ne lui fait pas que des amis, comme le signale Quintilien : certains lui reprochent de dépasser la mesure, le surnomment *scurra,* « le clown », et le stoïque Caton d'Utique le traite de « consul ridicule ». On lui attribue de son vivant une multitude de plaisanteries et de bons mots, dont son affranchi Tiro publie une première collection. Sa méthode, qu'il définit lui-même ainsi : « avoir égard aux circonstances, modérer ses saillies, être maître de sa langue et sobre de bons mots[10] », n'est-elle pas une approche de l'humour ? On peut la comparer à celle d'Horace, qui décrit l'homme spirituel comme « ménageant ses forces [comiques] et les affaiblissant de propos délibéré ».

Le *De oratore* de Cicéron reste une mine de traits d'humour, qui illustrent à la fois l'omniprésence de ce sixième sens et la haute estime en laquelle le tenaient les Romains cultivés. Si aujourd'hui ces mots d'esprit nous font à peine esquisser un sourire, ce n'est que l'effet de l'accoutumance. Ainsi pour la réplique de Fabius Maximus à Livius Salinator, en – 212. Ce dernier, qui avait perdu la ville de Tarente, s'était retranché dans la citadelle, d'où il avait effectué des sorties qui avaient aidé Fabius à reconquérir la ville. Il lui fait remarquer que ce succès lui est dû. « Comment ne m'en souviendrais-je point? répond Fabius. Je n'aurais jamais repris Tarente si tu ne l'avais pas laissé prendre. » Autre réplique : « Je n'aime pas les gens qui font trop exactement leur devoir », aurait dit Scipion à un centurion qui était resté à son poste de garde au lieu de participer à la bataille, où l'on aurait eu besoin de lui.

Cicéron donne encore l'exemple du procédé ironique qui consiste à retourner la raillerie. Quintus Opimius, qui avait été un débauché pendant sa jeunesse, se moque d'Egilius qui a une apparence — trompeuse — un peu efféminée : « Eh bien! ma petite Égilie, quand viens-tu chez moi avec ta quenouille et ton fuseau? — Je n'ose pas, vraiment; ma mère m'a défendu d'aller chez les femmes de mauvaise réputation. »

Tout n'est pas très spirituel dans les histoires citées par Cicéron, mais l'orateur a su dégager les procédés d'une raillerie modérée et de bon ton : « En somme, tromper l'attente des auditeurs, railler les défauts de ses semblables, se moquer au besoin des siens propres, recourir à la caricature ou à l'ironie, lancer des naïvetés feintes, relever la sottise d'un adversaire, voilà les moyens d'exciter le rire. Ainsi donc, celui qui veut être un bon plaisant doit se pénétrer en quelque sorte d'un naturel qui se prête à toutes les variétés de ce rôle, se donner un caractère capable d'accommoder à chaque ridicule l'expression même du visage; et plus on aura comme Crassus l'air grave et sévère, plus la plaisanterie semblera pleine de sel. »

On peut illustrer ce dernier trait par l'humour caustique de Caton le Censeur. Cet homme austère et intègre, vertueux et sévère jusqu'à en être insupportable, incarne la vigueur rustique des vieux Romains et leur goût pour la raillerie mordante, la *dicacitas*. Cet homme au tempérament exécrable, mis en accusation plus de cinquante fois, jusqu'à l'âge de quatre-vingt-quatre ans, est aussi capable de déclarer : « J'aime mieux qu'on demande pourquoi on n'a pas dressé une statue à Caton que si on demandait pourquoi on lui en a dressé une. » Ses boutades acerbes renouent avec le côté agressif du rire archaïque, et ses contemporains en avaient composé un recueil. Avec des moyens extrêmement dépouillés, il pratique un humour rustique. On trouve, écrit A. Haury, « dans la bouche de l'ancien censeur presque toutes les formes d'humour compatibles avec sa dignité : auto-ironie, bonhomie, paronymie, proverbes et citations, surtout comiques, anecdotes et bons mots, paradoxes, sans parler de la saveur du style. De son mordant, nous ne relevons que des traces; les rares procédés ironiques dont il use se fondent dans la masse de l'humour[12] ». Humour conservateur, réactionnaire même, comme celui d'Aristophane, qui défend les traditions et le sacré. L'opposition de Caton aux revendications féminines en – 195, par exemple, se traduit par de féroces remarques sur la faiblesse des hommes : « Tous les hommes ont autorité sur leurs femmes; nous, Romains, nous commandons à tous les hommes, mais les femmes nous commandent. »

De Caton à Horace, nous passons de l'humour *hard* à l'humour *soft,* ou, pour parler en humaniste, de la *dicacitas* à l'*urbanitas.* Il est vrai qu'Horace a beaucoup évolué. Les plaisanteries de ses premières *Épodes* et *Satires* relèvent plutôt du comique d'écolier, comme dans la satire 8 où il est question de *merdis* et de *cacatum,* et où le dieu Priape fait fuir les deux sorcières par « un pet sonore comme une vessie qui éclate ». Mais le poète s'assagit en vieillissant. Dans la satire 10, il souligne la supériorité de la plaisanterie sur la sévérité pour faire passer une vérité morale; encore faut-il que, contrairement à Lucilius qui utilise « le sel à pleines mains », la plaisanterie soit retenue : « C'est qu'il ne suffit pas de faire rire l'auditeur à gorge déployée, quoique cet art ne soit pas sans mérite. Il faut de la brièveté, il faut laisser courir la pensée sans l'empêtrer de mots qui lassent et fatiguent l'oreille; il faut que le ton soit parfois grave, ordinairement enjoué, qu'on croie entendre ou l'orateur et le poète, ou l'homme du monde qui sait ménager ses forces et ne pas en abuser. Presque toujours, la plaisanterie tranche les grosses difficultés avec plus de force et de succès que la violence[13]. » Les Romains, on le sait, sont gens pratiques : pour le caustique Caton comme pour l'urbain Horace, le rire est un outil, au service de la cause morale; il s'agit de faire passer une leçon, par une claque ou une caresse, mais toujours en riant.

Certains vont même jusqu'à trouver du rire chez Virgile. Tel est l'exploit accompli par P. Richard dans un ouvrage aimablement intitulé *Virgile, auteur gai*[14]. La démonstration n'est toutefois pas très convaincante. La lecture des *Bucoliques* ne met pas trop à l'épreuve les zygomatiques, et lorsque l'auteur parle des « aventures cocasses » d'Énée, qui « fait rire le lecteur d'aujourd'hui », on demeure un peu perplexe. Le véritable Virgile comique, c'est Scarron qui le créera avec son *Virgile travesti,* où l'épopée prend des allures cocasses. Ainsi, quand Énée, dans sa fuite éperdue lors de la chute de Troie, s'aperçoit que sa femme n'a pas suivi, son père Anchise le réconforte par ces paroles :

> ... elle reviendra,
> Ou bien quelqu'un la retiendra;
> N'a-t-elle point resté derrière,
> Pour raccommoder sa jarretière?

Avouons-le, qu'il soit « gai » ou « travesti », Virgile n'est pas franchement drôle, et l'on préférera sans doute le jugement d'Eugène de Saint-Denis : « Le lecteur ne rit pas, il sourit. » Mais ces quelques exemples montrent que le rire n'est jamais très loin dans le monde romain. Il constitue même une partie essentielle de l'esprit latin, que l'on retrouve jusque dans les institutions. Eugen Cizek, dans une brillante étude sur les *Mentalités et institutions politiques romaines,* a montré combien l'alliance entre le sérieux et le ludique est au cœur de ces institutions : « A notre sens, il n'y a aucune contradiction entre l'ethnostyle et les valeurs des Romains d'une part, et leur goût fort concret, très pragmatique — supposant un défoulement indispensable — du comique, du rire, du burlesque, du fameux "sel italique", de l'autre. Un "sel" qui comportait parfois un peu de "fiel", partant une évidente propension à réprouver les mauvaises mœurs [15]. »

LE LATIN, PAYSAN CAUSTIQUE

La raillerie et la satire, dans un climat burlesque, sont en effet les marques spécifiques du rire romain, issues peut-être de la causticité paysanne des origines latines : « Être terre à terre, c'est être prédisposé à la raillerie pour tout ce qui, défaut ou même qualité, paraît de nature à nuire au succès », note G. Michaud à propos du tempérament romain [16]. Virgile et Horace, plus près de leurs origines, lui donnent raison : « Les paysans d'Ausonie, race envoyée de Troie, s'amusent à des vers grossiers, à des rires débridés ; ils prennent des masques hideux, creusés dans l'écorce ; ils t'invoquent, Bacchus, en des hymnes joyeux, et en ton honneur ils suspendent en haut d'un pin des figurines d'argile modelée », écrit le premier dans les *Géorgiques,* tandis que le second évoque le goût campagnard pour la plaisanterie mordante, qu'il appelle dans les *Satires* le « vinaigre italien ». Tous deux attribuent à ce tempérament joyeux et acide l'origine des fêtes rurales alliant le rire au culte de la fécondité : *lupercalia* du 15 février, *liberalia* du 17 mars, *floralia* d'avril. En toutes ces occasions, on donne libre cours au rire le plus débridé, à la grivoiserie, à la gaillardise la plus agressive : c'est l'esprit de la « licence fescennine », qui permet les injures et les agressions verbales les plus audacieuses, une orgie de grossièretés comiques à laquelle certains accordent une valeur incantatoire, comme pour ces vers infamants que l'on déclame dans le chahut privé de l'*occentatio* — peut-être l'une des origines du charivari médiéval. A l'époque de Virgile et

d'Horace, le sens magique de ces pratiques a disparu depuis longtemps, et il n'en reste que l'aspect de divertissement turbulent.

La langue latine permet aussi de comprendre le caractère mordant de l'humour latin. Avec ses formes elliptiques, elle se prête
merveilleusement au sarcasme, à la boutade, au jeu de mots concis
et piquant, caractéristique de la *dicacitas* ou causticité. La coutume
paysanne d'affubler les gens de sobriquets est à l'origine de bien des
surnoms latins stigmatisant des défauts physiques, intellectuels,
moraux, tels que *Scaurus,* le pied-bot, *Galba,* le ventru, *Seneca,* le
vieillot, *Lurco,* le goinfre, *Brutus,* le butor, ou *Bibulus,* le boit-sans-
soif. A partir de ces surnoms, le simple déplacement d'une lettre
permet un changement de sens comique : M. Fulvius Nobilior, le
notable, devient pour Caton *Mobilior,* l'instable. Cette pratique, qui
relève pour nous du calembour de bas étage, est courante même
dans les exercices oratoires de haut niveau, telles les plaidoiries de
Cicéron. Celui-ci n'hésite pas à recommander le procédé, ainsi que
les diminutifs : son adversaire Clodius Pulcher (le beau) devient
Pulchellus (le beau gosse). Lui-même, Cicero (le pois chiche),
n'échappe pas aux plaisanteries, qu'il accepte de bonne grâce. A ses
amis qui lui conseillent de changer de nom, il répond qu'il rendra
ce pois chiche aussi célèbre que *Cato* (l'avisé), *Catullus* (le petit
malin) ou *Scaurus* (le pied-bot).

Ces jongleries avec les mots, que permet la concision vigoureuse
de la langue, sont au cœur de la raillerie mordante qui constitue la
festivitas (jovialité) et la *dicacitas*. Elles sont aussi à l'origine de ces
divertissements pastoraux qui consistent à s'envoyer d'un groupe à
l'autre, en répliques alternées, des railleries répondant à une forme
métrique précise : les *saturae.* D'après Valère Maxime, c'est en
– 364 que la jeunesse romaine aurait, avec l'aide d'un poète étru-
rien, ajouté ce divertissement aux fêtes religieuses. Il s'agirait d'une
forme rustique de composition dramatique, qui aurait conduit plus
tard à la comédie latine[17]. Cette *satura,* d'où vient la satire, est
révélatrice du génie rustique romain. Elle est une sorte de « théâtre
total », mêlant expression corporelle, chant, danse, parole, dans une
atmosphère festive globale. Sa fonction de dérision est essentielle :
« L'introduction du discours dans des chorégraphies initialement
muettes est due à la jeunesse romaine, constituée selon toute vrai-
semblance en "classe d'âge", investie d'une fonction quasi officielle
de contestation et de dérision[18]. » D'abord improvisés, spontanés,
les textes sont ensuite mis par écrit; ils témoignent d'un esprit de
raillerie rustique qui débouchera, vers – 240, sur la première véritable représentation théâtrale d'une comédie. Que celle-ci ait à
Rome largement anticipé la tragédie est tout à fait significatif. Le

monde et la société sont d'abord perçus comme des réalités peu sérieuses, dont on éprouve le besoin de se moquer.

Ce besoin est une constante de la société latine, que Quintilien relève encore au Ier siècle : « Aussi, dans les banquets et les conversations, voit-on nombre de causeurs caustiques, parce que la pratique journalière développe cette aptitude[19]. » Ledit Quintilien est très réservé à l'égard du rire, dont il condamne l'usage excessif à son goût par les Romains, mais il lui reconnaît le mérite de désarmer la violence : « Il a une force, il faut le reconnaître, vraiment supérieure et irrésistible [...] au point même de briser très fréquemment la haine et la colère[20]. » Dans son *Institution oratoire*, Quintilien témoigne de l'universalité du rire romain qui, sous le terme unique de *risus,* recouvre toute une variété de pratiques : la *dicacitas,* qui provoque le rire en attaquant les gens ; le *salsum,* « ce qui a du sel » ; le *facetus,* qui comprend une certaine délicatesse ; le *iocus,* qui est simplement le contraire du sérieux ; l'*urbanitas,* qui a visiblement sa préférence : « Par là on entend, à ce que je vois, un langage où les mots, et le ton, et l'usage révèlent un goût vraiment propre à la ville et un fond discret de culture emprunté à la fréquentation des gens cultivés, en un mot le contraire de la rusticité[21]. » Tous ces genres, écrit-il, sont illustrés par des orateurs célèbres : Gabba, le comique badin, Junius Bassus, le comique insolent, Cassius Severus, le comique âpre, Domitius Afer, le comique gentil. La bouffonnerie, « avec contorsions du visage et du geste », et le comique obscène sont aussi très fréquents, à son grand regret. Quant à son grand modèle, Cicéron, il « est tenu pour avoir été trop porté à faire rire, non seulement hors de l'enceinte judiciaire, mais dans ses discours même[22] ».

Une chose est certaine : depuis leurs origines, les Romains aiment rire et se sont intéressés à cette pratique, disséquée par de nombreux écrivains. Ils ont « rédigé des préceptes à son sujet » et composé des recueils de bons mots, que Quintilien renonce à citer : « Si je veux relever successivement tous les bons mots des Anciens, je vais surcharger mon livre d'exemples et le faire ressembler aux recueils pour faire rire[23]. » Il accepte néanmoins de citer quelques-unes des blagues les plus acceptables à son goût, notamment des bons mots hiérarchiques, de supérieurs à l'égard de subalternes — plaisanteries faciles et condescendantes qui ne sont pas la meilleure illustration de la causticité latine. Ainsi, faisant allusion à la coutume romaine de jeter des pièces de monnaie aux éléphants, Auguste aurait dit à un soldat qui lui présentait une supplique en tremblant : « Ne fais pas comme si tu donnais un as à un éléphant ! » Seuls rirent sans doute les courtisans...

LA SATIRE, EXPRESSION DU GÉNIE ROMAIN

C'est dans la satire que s'épanouit le véritable rire romain. La Grèce, il est vrai, connaissait la diatribe, forme agressive et amère de critique sociale développée par les cyniques dans le cadre de discussions entre maître et élève. Ce genre, cultivé par Bion et Ménippe de Gadara, n'est pas absent de Rome, où Varron le mêle au genre local dans ses *Satires ménippées*. Mais, alors que la diatribe reste liée à une école philosophique, la satire atteint une dimension nationale. Ses cibles sont à la fois morales, sociales, politiques, et son esprit essentiellement conservateur. Une fois encore, nous constatons que le rire est plus souvent un instrument d'immobilisme que de nouveauté — du moins sous sa forme de raillerie. La nouveauté suscite davantage la moquerie, dans le sens où elle surprend, choque, brise la norme et la convention; son aspect étrange et déroutant en fait une proie facile pour l'esprit comique : l'art nouveau a toujours provoqué l'hilarité du public moyen. La prise de distance, nécessaire à tout exercice du rire, est ici acquise d'emblée. Or la société romaine est foncièrement conservatrice, et tous les grands satiristes latins sont des conservateurs, d'autant plus assurés du succès qu'ils allient causticité rustique et attachement aux traditions.

Un exemple flagrant en est Lucilius, considéré comme le fondateur du genre. Ce riche aristocrate du IIᵉ siècle avant notre ère, ami de Scipion Émilien, dénonce les vices, les défauts des puissants, mais aussi toutes les innovations néfastes à ses yeux, telles que les modes orientales qui pénètrent à Rome et l'invasion de la langue latine par les hellénismes « dans le vent ». Sa position lui permet d'attaquer impunément les hommes les plus puissants, qu'il ridiculise avec insolence et cynisme, comme les consuls Lupus, Cotta, Opimius. Défenseur des traditions aristocratiques, il s'appuie en même temps sur le peuple, qu'il séduit par la virulence de ses charges contre les riches. Pratique qui deviendra classique chez les satiristes réactionnaires : faire rire le peuple des innovations des classes dirigeantes afin de maintenir la vigueur de celles-ci, meilleure protection de l'ordre social; déclencher cyniquement un rire dont les victimes véritables sont les rieurs. Railler les tares des aristocrates afin de garder intacte la force de l'aristocratie, ou « rira bien qui rira le dernier » : tel est le sens des *Satires* de Lucilius. Satires au demeurant très variées dans la forme : moralisantes, familières, enjouées, mais de préférence offensives, insolentes, agressives.

Ses continuateurs accentuent tel ou tel aspect, suivant leur tempérament. Si certains cultivent uniquement ce genre, rares sont les auteurs latins qui n'ont pas abordé la satire à un moment ou à un autre. C'est pour les Latins un besoin presque viscéral, et même les plus raffinés ne reculent pas devant les obscénités les plus choquantes. Voici comment l'épicurien Horace se moque de la femme âgée amoureuse : « Peux-tu bien, vieille pourriture centenaire, me demander de perdre avec toi ma vigueur, quand tu as des dents noires, que ta vieille figure est toute sillonnée de rides, et qu'entre tes fesses desséchées bâille une affreuse ouverture comme celle d'une vache qui a mal digéré ? Mais tu crois peut-être m'exciter par ta poitrine, tes seins tombant comme les mamelles d'une jument, ton ventre flasque, tes cuisses grêles terminées par une jambe gonflée ? [...] Mon membre n'est-il pas plus petit ou plus mou ? Pour le faire dresser de mon aine dégoûtée, il te faudrait travailler de la bouche [...]. Mieux que personne, je reconnais un polype à son odeur et sens la puanteur du bouc sous des aisselles velues : j'ai plus de flair qu'un chien de chasse qui dépiste un sanglier. Quelle sueur coule sur ses membres flétris, quelle odeur se répand de toute part, quand, mon membre redevenu languissant, elle veut encore, sans répit, calmer sa rage indomptée[24] ! »

Même élégance chez Properce décrivant une vieille femme : « Au travers de sa peau, on compte tous ses os. Des crachats sanguinolents passent au creux de ses dents », et Martial ironise finement sur la vieille Thaïs qui « sent plus mauvais qu'une vieille jarre de foulon, qu'une amphore gâtée par de la saumure pourrie[25] ». Admirons avec quelle délicatesse le poète Catulle enveloppe dans des « hendécasyllabes phaléciens » (Jean Bayet) ses critiques des *Annales* de Volusius, traitées de *cacata carta* (« papier merdeux »).

La satire latine s'en prend volontiers aux étrangers, aux Grecs en particulier, que Plaute charge de tous les vices ; Cicéron les raille aussi dans le *Pro Flacco,* et il se moque des Gaulois dans le *Pro Fonteio.* Mais on attaque surtout les défauts de la société romaine décadente, dont Perse dénonce l'orgueil, l'avarice, la paresse ; on pratique également l'autodérision, comme l'empereur Julien qui, dans le *Misopogon* (« Ennemi de la barbe »), raille sa laideur, ses manières, et sa rusticité.

SATIRE POLITIQUE ET CAPACITÉ D'AUTODÉRISION

La satire devait inévitablement rencontrer le domaine politique. Mais il fallait pour cela attendre l'apparition d'une opinion publique, au moins embryonnaire, qui puisse répercuter le rire. C'est au moment des guerres puniques, où l'enjeu n'est autre que la survie de Rome, qu'une prise de conscience politique se manifeste par les premières railleries contre les chefs militaires. Mais l'exercice est périlleux, car il heurte de front l'esprit légaliste et le consensus traditionnel autour des institutions. Naevius en fait l'expérience : il est mis en prison pour avoir osé rappeler un épisode cocasse de la jeunesse de Scipion et pour avoir raillé la famille de Metellus. Son contemporain Plaute se le tient pour dit, et s'abstient dans ses comédies de toute attaque personnelle. Son origine humble ne lui aurait pas permis de telles impertinences ; il se contente donc, avec une verve extraordinaire, de s'en prendre aux travers sociaux, aux vices, à certaines catégories telles que les courtisanes et les exploiteurs du peuple.

L'époque des guerres civiles stimule la verve des satiristes, et certains dictateurs, comme Sylla, ne dédaignent pas de rire avec les comédiens. César est l'objet de nombreuses satires, portant en particulier sur sa vie sexuelle. D'après Suétone [26], il tolère largement les railleries dont il est abreuvé, par exemple au sujet de ses relations avec le roi de Bithynie, Nicomède. Dolabella l'appelle « le rival de la reine et le partenaire intime du lit royal » ; son collègue consul, Bibulus, parle de lui comme de « la reine de Bithynie, qui voulait coucher avec un roi, et qui maintenant veut en être un » ; un certain Octavius aurait publiquement salué Pompée du titre de roi, et César de celui de reine ; Licinius Calvus lui décoche des vers moqueurs, et ses propres soldats, pendant le défilé triomphal après la guerre des Gaules, lui chantent à tue-tête, en suivant son char, une chanson de leur composition :

> César a déshonoré la Gaule,
> et il l'a été par le roi Nicomède.
> Voici César, couronné en triomphe
> pour sa victoire gauloise.
> Nicomède ne porte pas de lauriers,
> bien qu'il soit le plus grand des trois.

Un autre couplet s'adresse aux Romains :

> Nous ramenons notre maquereau chauve ;
> Romains, ramassez vos femmes !
> Tout l'or que vous lui avez confié
> A servi à payer les putes gauloises.

Curio l'aîné, qui appelle César « la putain bithynienne de Nicomède », le traite aussi de « mari de toutes les femmes, et femme de tous les maris ». Quant à Cicéron, il écrit que « ce descendant de Vénus a perdu sa virginité en Bithynie », et interrompt un jour

César qui expliquait qu'il était politiquement redevable à Nicomède : « Assez, par pitié ! Nous savons tous ce qu'il t'a donné, et ce que tu lui as rendu en échange. » Le même Cicéron compose en 44-43 de féroces *Philippiques* contre Antoine, mais cette fois il le paie de sa vie.

Sous l'Empire, la satire politique ne disparaît pas, mais elle prend une tournure différente. On ose ridiculiser l'empereur, mais seulement après sa mort, et dans le but de glorifier le nouveau souverain en rabaissant son prédécesseur. Ainsi, au début du règne de Néron, alors que le Sénat vient de décider la déification de Claude, Sénèque décrit sa « citrouillification » (*Apocolocyntosis*), satire burlesque et obscène du défunt : « Quand il mourut, il écoutait des acteurs comiques, aussi vous comprendrez que je les craigne. Il prononça ses derniers mots après avoir laissé échapper un bruit sonore par son organe de communication habituel : "Flûte, je crois que j'ai chié." Pour autant que je sache, c'est ce qu'il avait fait. Il chiait sur tout[27]. » Claude se rend d'abord au ciel, dans l'espoir d'être déifié, mais son arrivée soulève l'indignation des dieux : « Voyant cette étrange apparition, cette démarche bizarre, en entendant cette voix grossière et incompréhensible qui semblait appartenir à un monstre marin plus qu'à une créature terrestre, Hercule crut que son treizième travail était arrivé[28]. » Le débat s'engage sur l'opportunité de déifier une pareille créature ; Auguste est indigné : « Vous voulez déifier un homme pareil ? Mais regardez-moi ce corps ! Les dieux en ont été scandalisés quand il est né ! S'il est capable d'aligner trois mots cohérents, je veux bien devenir son esclave ! Mais qui adorerait un dieu pareil ? Qui croirait en lui[29] ? » La déification étant rejetée à l'unanimité, Claude rejoint l'enfer, où il retrouve tous les « amis » qu'il a fait assassiner, et qui lui réservent un accueil mouvementé : « Quand il les vit, Claude s'écria : "Vous êtes tous là, mes amis ! Comment êtes-vous arrivés ici ?" Pedo Pompée lui dit : "Tu te moques de nous, espèce de bâtard cruel ? Tu oses demander comment ? Mais qui d'autre que toi nous a envoyés ici, toi le boucher de tous tes amis[30] ?" »

Juvénal utilise un peu plus tard le même procédé à l'égard de Domitien, accusé de tyrannie, de débauche et de cruauté dans sa satire 4. Là encore, écrivant une vingtaine d'années après la mort de cet empereur, il cherche avant tout à blanchir la nouvelle dynastie en noircissant la précédente. D'où l'analyse de Susanna Braund : « Contrairement aux apparences, la satire politique romaine renforce plutôt qu'elle ne défie le *statu quo* et soutient le régime en place, qui est souvent, sinon toujours, défini par référence aux régimes précédents. Ce qui est en accord avec la tendance romaine à voir le monde en termes d'*exempla* positifs ou négatifs, de modèles de conduite à imiter ou à éviter[31]. »

La satire politique à Rome n'a pas qu'un but socio-politique de défense des traditions et de l'ordre établi. Sous sa forme la plus ancienne, avant même les écrits, elle se pratique par des chants et des vers de dérision à l'égard des magistrats et des généraux vainqueurs, pour leur rappeler qu'en dépit de leur grandeur ils restent des hommes. Manifestation là encore d'un bon sens rural caustique, visant à équilibrer l'exaltation excessive des grands hommes ou supposés tels, qui auraient tendance à « ne plus se sentir » ou à « avoir la grosse tête ». Sagesse rustique exprimée de façon goguenarde, transcription familière du *vanitas vanitatum* biblique : le rire comme antidote à l'orgueil et aux pompes humaines.

Tite-Live a donné de nombreux exemples de ces manifestations de dérision qui accompagnent le défilé de triomphe des vainqueurs depuis le vᵉ siècle avant notre ère, et la haute antiquité de cet usage est confirmée par Denys d'Halicarnasse : « Il est évident par ce qui se pratique dans les triomphes que ces sortes de divertissements, où le burlesque trouve place, étaient à la mode dès les premiers siècles chez les Romains. C'est une liberté qu'on permet encore aujourd'hui à ceux qui suivent la pompe triomphale, de dire des quolibets contre les plus honnêtes gens, sans épargner même les généraux d'armées [...]. Ces traits satiriques s'expriment en vers composés sur-le-champ[32]. » La tradition se poursuit sous l'Empire, comme en témoigne Martial dans ses *Épigrammes* à la fin du Iᵉʳ siècle : « Vos triomphes ont coutume de tolérer les plaisanteries, et un général ne rougit pas de fournir matière aux bons mots[33]. »

Nous en avons vu un exemple avec Jules César qui, d'après Dion Cassius, tente vaguement de protester, mais est réduit au silence par les quolibets. Scène étonnante que celle du divin César, debout dans son char, en tunique pourpre, avec toge semée d'étoiles d'or, sceptre dans une main et rameau de laurier dans l'autre, subissant en guise d'hymnes de louange les gros rires et les chants obscènes de ses légionnaires qui le traitent de pédéraste. Frappante illustration de la puissance du rire chez les Romains. La coutume se ritualise peu à peu, ce qui explicite son sens profond : lors du triomphe, un esclave, baladin professionnel, se tient à côté du vainqueur et lui répète : « En regardant derrière toi, souviens-toi que tu n'es qu'un homme », tandis que la foule lance des quolibets.

Tout aussi surprenante à nos yeux est la pratique de la dérision du défunt lors de ses obsèques : « J'ai vu, écrit Denys d'Halicarnasse, dans les pompes funèbres des grands hommes, et principalement de ceux dont la vie avait été très heureuse, des chœurs de satyres qui précédaient le cercueil et qui mêlaient le chant à la danse[34]. » Les empereurs n'échappent pas à la règle. Dans le convoi funèbre, un bouffon, le *mimus,* divertit la foule en imitant les travers du disparu. Suétone raconte comment le bouffon Favor, portant le masque de Vespasien et contrefaisant ses attitudes, ridiculise l'avarice de ce dernier pendant ses funérailles : il demande combien coûte la cérémonie et déclare préférer qu'on lui donne une partie de la somme et qu'on le jette dans le Tibre[35]. Le rire poursuit les puissants jusque dans la mort : c'est le contrepoids au culte impérial, dont les Romains ne sont pas dupes. La déification des empereurs est un signe d'humour politique que seuls les modernes ont pris au sérieux.

De façon générale, les études classiques ont sous-estimé les capacités ironiques des Romains. On le constate dans l'usage de la parodie, dont on a trop fait l'apanage des Grecs. Ceux-ci avaient dès le Vᵉ siècle parodié Homère, les fables mythologiques et même certains philosophes. A Rome, Plaute et Térence ont utilisé le procédé du pastiche, Horace a pindarisé, et Pétrone multiplie les réminiscences littéraires dans le *Satiricon*. Mais la parodie descend jusqu'aux graffiti griffonnés au charbon, comme ceux que l'on a retrouvés à Pompéi, qui sont des « à la manière de » Virgile et d'Horace. Ces vers de l'*Énéide* ou des *Bucoliques*, appris par cœur par les petits Latins, permettaient de faire apprécier le pastiche même par un public populaire, dont les capacités culturelles et l'aptitude à l'ironie sont supérieures à ce qu'on a souvent dit.

Deux noms sont restés comme les symboles de la satire romaine au IIᵉ siècle : Juvénal et Martial. Leurs rires diffèrent pourtant beaucoup. Autant Martial est détendu, autant Juvénal est crispé, étouffant d'indignation face aux vices de son époque. Celui-ci « ne sait pas sourire et, lorsqu'il tente de le faire, son sourire se transforme en un rictus sardonique ou sadique[36] ». Ses invectives, ses sarcasmes provoquent un rire amer contre la dégradation morale. Dans la satire 3, voici qu'on expulse un spectateur pauvre qui au théâtre s'est assis par mégarde à une place destinée aux riches : « Qu'il sorte, s'il a quelque pudeur ! Qu'il se lève des banquettes réservées aux chevaliers, celui qui n'a pas le cens voulu par la loi ! Qu'il laisse ces places aux fils des prostitueurs, nés dans quelque bordel ! »

Ce rire moralisateur de la satire romaine devient cependant plus difficile sous l'Empire, où la parodie des classes dominantes peut être punie du fouet et du bannissement. Alors la verve comique, tournant sur elle-même, se dégrade en bons mots précieux, jeux de langage pour public snob. Ce travers, qui témoigne aussi à sa façon de la culture du rire, est déjà présent à la grande époque où, reconnaît Cicéron, « le sage aimerait mieux serrer dans sa bouche un charbon allumé que de garder pour lui un bon mot ». Le Romain ne résiste pas à la tentation d'un jeu de mots, d'un calembour, auxquels sa langue se prête aussi bien. Cicéron y succombe plus souvent qu'à son tour; avec Catulle, cela devient une habitude; avec Ovide, une obsession. La préciosité, le goût pour les prouesses de langage, pour les audaces syntaxiques, font même dire à Pline le Jeune à propos d'un orateur au style très pur : « Il n'a qu'un seul défaut, celui d'être sans défaut. » Avec Sidoine Apollinaire enfin, le rire caustique et agressif des premiers Latins achève son parcours, totalement apprivoisé et réduit à l'état d'ornement inoffensif et vain.

LE CÔTÉ NOIR DU RIRE ROMAIN : LE GROTESQUE

Le rire romain a aussi une autre spécialité : le grotesque. Mais alors que l'esprit satirique caustique peut être considéré comme naturel et originaire, ce nouvel élément est culturel, lié à un certain développement de la société latine. Historiquement, il apparaît au Ier siècle de notre ère, à la suite des atrocités et des bouleversements des guerres civiles, et accompagne la décadence des formes politiques, sociales et morales de la Rome républicaine. A bien des égards, le grotesque prend le relais de l'ironie paysanne. Au rire moqueur, un peu grinçant, à but moralisateur et conservateur, qui raille les vices et les nouveautés, succède un rire inquiet et inquiétant, un rire de malaise, qui va beaucoup plus loin que le rire du burlesque. Ce rire-ci est franc; il met simplement les choses à l'envers, de façon temporaire. Le rire du grotesque, lui, procède d'une réaction d'effroi face à une réalité qui par moments se déforme, perd sa rassurante structure rationnelle, devient monstrueuse. Cette sorte d'hallucination lucide peut sembler drôle, mais « il peut advenir que le grotesque s'écarte entièrement des registres comiques, et si le rire y apparaît, ce rire est celui de l'hystérie et de l'horreur », écrit Louis Callebat, qui ajoute : « Le rire du grotesque n'est pas simple amusement : malaise, inquiétude, peur même, lui sont largement associés[37]. »

Le grotesque surgit en général à la suite de bouleversements politiques et sociaux qui ont renversé l'ordre « naturel » des choses et qui amènent à porter un regard neuf sur le monde : celui-ci se déstructure, se décompose; ses éléments se fondent les uns dans les autres, se recomposent de façon monstrueuse et cocasse. Face à ce monde mouvant, incertain, déconcertant, l'esprit hésite et, s'il se décide pour le rire, c'est un rire sec, presque sans joie. Pétrone est le premier grand artiste du grotesque. Son *Satiricon* reste une œuvre mystérieuse, dont il ne subsiste que des fragments, où se mêlent la magie, l'érotisme, l'obscène, le beau et le laid, dans une « transgression concertée d'une esthétique de l'harmonie, rupture établie avec un ordre de la nature qui réfute l'insolite [38] ». La perversion et la transgression des lois naturelles peuvent faire rire, mais du rire du diable, qui se plaît à tout brouiller pour notre plus grande confusion ; et ce rire, comme celui du personnage de Quartilla, fait peur : « Battant des mains, elle éclata subitement de rire avec une telle force que nous en fûmes effrayés. »

Horace avait déjà exploré ces régions troubles où s'effacent les limites entre les catégories habituelles, où l'horreur devient comique et le risible, horrible. Les scènes de sorcellerie se prêtent très bien à cette alchimie, comme celle du livre I des *Satires*. Presque deux siècles plus tard, Apulée développe le thème dans *Les Métamorphoses,* titre révélateur d'un monde mouvant où tout est possible, où les repères et les valeurs ont disparu. Dans ces aventures grotesques, plus de bien ou de mal, de beau ou de laid, mais simplement des péripéties qui engendrent un rire embarrassé et vaguement inquiet. Roman diabolique par son héros tout d'abord, puisqu'il s'agit des tribulations d'un âne, animal incarnant alors les instincts mauvais, les forces maléfiques, la sensualité débridée. Silène, fils de Pan, chevauche un âne ; nombre de Romains croient que les juifs adorent un âne, et le fameux graffito du IIIe siècle représentant un âne crucifié reste une énigme, comme nous le verrons. L'imagerie chrétienne se sert d'ailleurs beaucoup de ce quadrupède : l'âne de la crèche, l'âne de la fuite en Égypte, l'âne de l'entrée à Jérusalem, ce qui pourrait signifier la domestication des forces du mal. Chez les Égyptiens, c'est aussi l'animal de Seth, dieu responsable de la mort d'Osiris. Lubrique et dément, il symbolise les forces obscures de la nature ; son braiement évoque la cacophonie, le chaos, opposé à l'harmonie de l'âge d'or — c'est un rire hideux et obsédant.

Roman diabolique également par la confusion des genres, le mélange intime du rire, de la peur et de la mort. Le rire est au cœur du récit ; on lui rend même un culte : « Byrrhène me dit : "Demain est le jour d'une fête instituée depuis les origines dans notre ville en cette journée ; seuls entre tous les mortels, nous invoquons le très saint dieu Rire, selon un rite plaisant et propre à exciter la joie [39]." » Mais cette joie est ambiguë, toujours mêlée à la peur, dans des plaisanteries d'un goût douteux : ainsi, lorsque Lucius, impliqué dans une affaire criminelle, est condamné à mort, les rires se déchaînent contre le malheureux quand on lui révèle qu'il ne s'agissait que d'une blague. La mésaventure de Thélyphron, mutilé par les sorcières, sans nez et sans oreilles, n'est pas une blague, et pourtant elle provoque une explosion de rire : « Les assistants tendent le doigt, hochent la tête de son côté pour me désigner ; tandis que jaillissent les rires, je passe entre les jambes des voisins qui m'entourent, et m'échappe, ruisselant d'une sueur froide. »

Perse et Juvénal ont aussi pratiqué le grotesque, à la recherche d'un au-delà des apparences. La prise de conscience du ridicule, du monstrueux et de l'absurde au cœur de l'être engendre un hoquet chaotique et glacé, qui n'a plus que les caractéristiques physiques du rire : « Instrument d'art, vision déstructurée du monde, mais construction aussi d'un univers voulu total, le grotesque constitue l'instrument efficace d'une analyse, lucide, parfois risible, mais cruelle, de l'homme absurde de tous les temps [40]. » C'est bien pourquoi le comique grotesque n'apparaît qu'à un stade tardif de l'évolution des mentalités et de la culture dans une civilisation donnée. Il résulte du constat de l'incompréhensibilité du monde, constat consécutif à des traumatisme collectifs qui ont lézardé la façade logique des choses, qui ont fait entrevoir derrière les apparences une réalité protéiforme, sur laquelle nous n'avons pas de prise. Le rire grotesque porte sur l'essence même du réel, qui perd sa consistance. Véritable revanche du diable dans le sens où il pulvérise l'ontologie, il désintègre la création divine, réduite à l'état d'illusion. A côté du rire ironique, constat d'absurdité, le rire grotesque est constat de non-lieu : deux rires cérébraux, réduisant l'être à de l'absurde ou à de l'apparence.

Le premier est plutôt grec, plus intellectuel, plus philosophique, plus sensible au caractère irrationnel et illogique de la réalité. Le second est plutôt romain, plus pratique, plus sensible à la dissipation du concret, des lois physiques du monde matériel. Pour les deux, le comique fait irruption par les failles de la façade sérieuse des choses ; les failles, ou plutôt les trous béants qui s'ouvrent dans la texture logique ou sensible de l'être. Par ces ouvertures, on aperçoit l'au-delà, et le choc nous secoue nerveusement : ce rire est le cri de surprise d'un homme auquel le chaos et le néant viennent de sauter à la figure.

LE RIRE FESTIF DES SATURNALES ET DES LUPERCALES

A ces rires d'intellectuels s'oppose le rire populaire des fêtes collectives. Mais n'a-t-il pas lui aussi un sens « surnaturel » ? Divin ou diabolique ? Deux fêtes surtout retiennent l'attention : les saturnales et les lupercales, où le rire est un élément essentiel. Ethnologues et historiens sont à peu près unanimes quant à leur signification. Les saturnales, d'abord limitées à un seul jour (le 14 des calendes de janvier, c'est-à-dire le 17 décembre, avant la réforme du calendrier julien), puis étendues à trois jours (17-19 décembre) et enfin à une semaine (17-23 décembre), sont destinées à combler la lacune existant entre la durée de l'année lunaire, qui sert de base au calendrier officiel, et celle de l'année solaire, qui règle le calendrier des travaux agricoles. Ces quelques jours constituent comme un vide, une période enlevée à la direction de Zeus, souverain actuel des dieux et des hommes, et pendant laquelle Kronos-Saturne, le maître du temps, retrouve sa position dominante. Le règne de Saturne avait été, d'après les mythes, l'âge d'or. Il s'agit donc d'un retour mythique à cette époque heureuse et disparue, époque d'égalité, d'abondance, de bonheur. La joie que procure ce retour périodique se manifeste par le rire, et le rire s'alimente aux rituels et pratiques qui accompagnent ces fêtes.

Rituels d'inversion tout d'abord. Tout se passe à rebours, puisque le temps est inversé. Inversion du jour et de la nuit : flambeaux et lanternes en plein jour, accrochés sur la façade des maisons le 1er janvier ; acclamation d'un « nouveau soleil » à minuit ; chants et danses pendant la nuit. Saturne était d'ailleurs associé à Janus, le dieu *bifrons*, à deux faces, regardant en avant et en arrière. Inversion des sexes : les hommes se déguisent en femmes et chantent avec une voix de fausset, signifiant le retour à l'hermaphrodisme primordial. Inversion sociale : tout le monde porte le bonnet d'affranchi, le *pileus libertatis* ; les esclaves mangent avec les maîtres, et peuvent leur donner des ordres. On en voit une illustration dans la deuxième satire d'Horace, où l'auteur se fait critiquer par son esclave dans une discussion sur la folie. Cela va jusqu'à l'inversion du langage, avec l'utilisation d'un véritable verlan, produisant des effets comiques : « Ces festivités diverses apparaissent aussi comme l'expression même du temps à l'envers. Pendant les douze jours, où saleté, grossièreté et obscénité sont de mise, on rivalise également de chansons parodiques et de facéties, de plaisanteries et de jeux de mots. La pratique de la "langue verte" (*vertere* = retourner), où s'intervertissent lettres et syllabes et où se détourne le sens des mots, doit provoquer le rire, complément indispensable de ces rituels, élément déterminant en cette période capitale pour la circulation des âmes[41]. »

Le processus d'inversion et de dérision est poussé jusqu'à l'élection d'un roi comique, qui doit faire rire et a toute licence pendant une semaine. Cette coutume ne serait apparue qu'avec l'Empire. Tacite raconte que Néron aurait une fois été élu par ses joyeux compagnons, et en aurait profité pour ridiculiser Britannicus : « Pendant les amusements des saturnales, les jeunes gens avaient jeté les dés pour savoir qui serait le roi, et Néron avait gagné. Il leur donna des ordres divers peu embarrassants. Mais il ordonna à Britannicus de venir se placer au milieu d'eux et de chanter une chanson. Néron espérait faire rire aux dépens du jeune garçon, car Britannicus n'avait pas l'habitude des réunions même sobres, encore moins celles où l'on buvait[42]. » Dans d'autres cercles, l'élection du roi mêle le tragique au comique : l'élu est soit un esclave, soit un condamné à mort, exécuté à la fin de la semaine de licence. D'après un document chrétien tardif, les *Actes de saint Dasius*, à l'armée on élit une jeune recrue qui est ensuite mise à mort. Sans doute s'agit-il d'une exagération visant à diaboliser cette coutume, à laquelle les chrétiens refusent de participer. D'après les *Actes*, Dasius aurait été élu sous Dioclétien par l'armée du Danube, et décapité pour n'avoir pas voulu jouer son rôle[43]. Cette élection d'un roi se confondra plus tard avec l'intronisation du « roi de la fève », désigné par le sort sous forme d'une fève dans une galette.

On a en effet aussi l'habitude de faire des gâteaux — ce qui, au cœur de l'hiver, est également une forme d'inversion, un retour au temps du lait et du miel, dont Saturne passe pour l'inventeur. D'après Macrobe, les Cyréniens célèbrent son culte en se couronnant de jeunes branches de figuier et en s'envoyant mutuellement des gâteaux. On offre des *sigillaria,* petites poupées d'argile ou de pâte à forme humaine, et le « roi de la fève », élu le 6 janvier, sera à l'origine du rituel comique du « roi boit » : ceux qui ne s'associent pas à ce cri et à cette pratique sont barbouillés de noir, noir comme la nuit de la nouvelle lune. Le rire collectif de la fête a toujours ce côté obligatoire et intolérant.

De plus, dans la nuit du 31 décembre au 1er janvier, on se déguise en cerf ou en chèvre sauvage pour participer au changement du temps, à l'image des cervidés dont les bois tombent et repoussent chaque année. On porte aussi des masques, qui peuvent servir à effrayer les démons et les âmes des morts, comme le rappelle Georges Dumézil : « Les figures de mascarades, qui vont du solstice d'hiver à l'équinoxe de printemps, sont presque partout, entre autres choses, des êtres infernaux : soit les âmes des morts, soit les démons gardiens ou bourreaux des âmes. »

Toutes ces motivations, mises au jour par nos perspicaces ethnosociologues, sont-elles conscientes dans les foules romaines qui s'agitent joyeusement lors des saturnales ? Nul ne le sait. Seule certitude : le rire est partout, obsédant, obligatoire, tyrannique. Tout y contribue : la licence, l'inversion, les masques, le vin... Plus qu'une fête de Saturne, c'est une fête du rire, et comme dans toutes les fêtes le rire est d'autant plus bruyant qu'on ne sait même plus pourquoi l'on rit. Le retour à l'âge d'or primordial, c'est le retour au rire, et le rire arrache l'individu à son environnement quotidien, transgresse les limites et les règles. Rire-évasion qui, comme le rire grotesque, anéantit le monde réel, anéantit le temps. Pour que l'illusion soit complète, il faut éliminer les réfractaires, ces tenants du monde sérieux qui par leurs faces graves rappellent aux fêtards que leur fête n'est qu'un mensonge. Il faut les barbouiller, les railler, les engloutir dans le rire collectif dissolvant. Rien de plus intolérant et de plus impitoyable qu'une assemblée de rieurs.

Si le rire des saturnales est retour à l'âge d'or, le rire des lupercales est renaissance à une vie nouvelle, meilleure. Ces fêtes de la mi-février donnent lieu à un rituel étrange où le rire occupe une place centrale, codifiée. Plutarque, rapportant cette coutume, n'en comprend déjà plus le sens : « Il s'y fait des choses dont la cause et l'origine seraient bien malaisées à conjecturer : car on y tue des chèvres, et on amène deux jeunes garçons de nobles maisons, à qui on touche le front avec le couteau teint au sang des chèvres immolées, et puis on les essuie incontinent avec de la laine trempée en lait, et il faut que les jeunes garçons se prennent à rire après qu'on leur a ainsi essuyé le front ; cela fait, on coupe les peaux des chèvres, et on en fait des courroies, qu'ils prennent en leurs mains, et ils s'en vont en courant par la ville tout nus, sauf qu'ils ont un linge ceint devant leur nature, et frappent avec ces courroies ceux qu'ils rencontrent en leur chemin ; mais les jeunes femmes ne les fuient point, mais sont bien aises d'en être frappées, estimant que cela leur sert à devenir grosses, et à facilement enfanter [44]. »

Que signifie ce rire ? Plutarque cite les interprétations de son époque : d'après le poète Butas, il s'agit de la réminiscence de la course joyeuse de Romulus après sa victoire sur Amulius. Une explication aussi banale ne saurait satisfaire nos contemporains férus de psychologie des profondeurs. Pour Salomon Reinach, le rire des lupercales signifie l'éclatement de joie que procure la renaissance à une vie meilleure après le simulacre de sacrifice représenté par l'épisode des chèvres et de la marque du couteau ensanglanté sur le front. A l'appui de sa thèse, cet auteur signale d'ailleurs l'existence de rites d'initiation similaires en Afrique centrale. Le rapprochement avec l'épisode biblique du sacrifice d'Isaac est également éclairant, lorsqu'on sait qu'Isaac en hébreu signifie « celui qui rit ».

L'explication par le rire comme signe de renaissance est d'autant plus vraisemblable que nous avons trouvé chez les Grecs des mythes, tel celui de Déméter, qui vont dans le même sens. Le rire-retour à la vie comme le rire-retour à l'âge d'or montrent que le rire collectif organisé a une valeur magique de salut, qui nous fait échapper provisoirement au monde réel. Ce qui ne fait du reste pas l'affaire des autorités de ce monde : les saturnales disparaissent à l'époque du Bas-Empire, lorsque le pouvoir politique devient totalitaire. « L'oppresseur ne compose jamais avec le rire : c'est l'hommage qu'il rend à sa puissance », écrit Maurice Lever[45].

En tout temps, le pouvoir politique s'est montré mal à l'aise face à la fête comme actualisation d'un mythe. La dimension surnaturelle de l'événement le dépasse, et lui interdit les interventions autoritaires qui auraient des allures de sacrilège. Mais les risques de débordement l'inquiètent. Alors il fixe des bornes chronologiques, limitant les festivités à une période bien précise, et ces parenthèses festives finissent par renforcer l'état de choses existant : fêtes d'un retour mythique au chaos originel, permettant de rejouer la création de l'ordre par la mise à mort du bouffon; fêtes d'un retour mythique à l'âge d'or, permettant de jouer le monde à l'envers, confirmant en négatif l'idée hiérarchique et réintégrant le réel par l'exécution du roi comique. Dans tous les cas, le rire est la manifestation de ces retours, soit au chaos, soit à l'âge d'or; il troue la trame serrée de la vie quotidienne et en assure ainsi la solidité face aux forces animales et instinctives — tout comme les arches d'un pont permettent de canaliser les flots tumultueux et de les traverser sans encombre, alors qu'une muraille compacte céderait sous la pression.

LE RIRE CATHARTIQUE DE LA COMÉDIE

La comédie latine joue un rôle presque identique, à la fois cathartique et conservateur. En 1973 Luciano Perelli, dans *Il Teatro revoluzionario di Terenzio*, a soutenu la thèse contraire à propos des pièces de Térence, qui bousculent la morale bourgeoise traditionnelle, sapent par l'ironie la psychologie conservatrice, suggèrent de nouveaux rapports familiaux fondés sur l'autonomie personnelle. Mais cette position reste exceptionnelle : la plupart des critiques s'accordent à voir dans la comédie romaine un genre conservateur qui s'attaque aux divers vices et défauts, soit en les ridiculisant, soit en leur procurant un exutoire par une réalisation imaginaire.

Deux exemples illustrent ce point. D'abord l'importance dans les comédies latines de l'esclave débrouillard, rusé, qui trompe avec succès son maître. C'est lui, le véritable héros de beaucoup de pièces, dont on peut rapprocher l'esprit de celui du monde renversé des saturnales. Certes, il s'agit de pièces à personnages grecs, façon de prendre doublement ses distances avec les mœurs représentées : c'est non seulement de la fiction, mais encore de la fiction étrangère — il n'y a donc pas de quoi s'alarmer, semblent dire Plaute et

Térence, les meilleurs représentants de cette *fabula palliata* (acteurs habillés à la grecque, avec le pallium) qui s'oppose à la *fabula togata* de Titinius, Titus Atta, Afranius, plus triviale, avec des acteurs vêtus de la toge. Ces comédies, peut-on lire dans un manuel de littérature latine, « en mimant de façon ludique ce qui aurait pu constituer une authentique révolution sociale, assuraient en fait une fonction "cathartique" de défoulement collectif, d'où l'ordre social sortait en fin de compte renforcé, du fait même que les désirs révolutionnaires latents étaient "trompés" par ce simulacre de réalisation qui leur servait d'exutoire ». Là encore, à l'époque du Bas-Empire, le pouvoir politique réagit avec défiance, interdisant « de faire apparaître des personnages d'esclaves plus intelligents que leurs maîtres », nous dit Donat.

Deuxième illustration du rôle cathartique du rire dans la comédie latine : la contestation du pouvoir despotique du *pater familias*, raillé, ridiculisé dans le rôle de vieillards avares et lubriques qui monopolisent l'argent et les femmes. Dans *Le Marchand,* de Plaute, voici Démiphon, vieillard amoureux de la maîtresse de son fils ; il se fait aider par Lysimaque, autre vieil homme du même acabit. L'intrigue tourne autour du conflit de générations, les passions déréglées du père visant à priver le fils de ses légitimes satisfactions. A la fin de la pièce, on édicte une loi nouvelle, certainement conforme aux souhaits des jeunes Romains de l'époque : « Tout homme âgé de soixante ans, qu'il soit marié, ou même, morbleu seulement célibataire, dont nous viendrons à savoir qu'il court les filles, nous le poursuivrons en vertu de ladite loi : nous déciderons qu'il n'est qu'un sot, et de plus, en tant qu'il dépend de nous, l'indigence atteindra le dissipateur. »

On retrouve ce thème dans l'*Asinaria,* où un autre vieux libidineux, Déménète, cherche à coucher avec la maîtresse de son fils. *Casina* reprend le même type de héros : Lysidame, vieillard lubrique, aime la même femme que son fils ; il envoie ce dernier séjourner à l'étranger et, pendant ce temps, fait épouser la fille par son fermier, qu'il affranchit à condition de pouvoir coucher avec la belle.

L'autre grand défaut de la vieillesse, c'est l'avarice. Seul propriétaire de tous les biens de la famille, le *pater familias* en décide à son gré jusqu'à sa mort, et ses fils enragent de ne pouvoir disposer de plus d'argent pour satisfaire leurs propres besoins, notamment avec les filles. La comédie va leur montrer comment obtenir les sommes voulues en bernant le vieux père. Dans *Epidicus,* le vieillard Périphane, qui pourtant est un sage, se fait soutirer de l'argent par l'esclave Épidique, celui-ci étant au service des amours de son fils ; un ami de Périphane, Apécide, est aussi victime d'une mystification. Même intrigue dans *Pseudolus,* où le vieillard Simon se fait escroquer par un esclave au service de Calidore, qui a besoin d'argent pour acheter une fille. L'*Aulularia* met également en scène un vieil avare appelé Euclion, dur et soupçonneux. Dans le *Miles gloriosus* apparaît enfin, un bon vieillard, Périplectomène, mais son portrait est en fait le négatif de celui du vieillard ordinaire, dont la conduite est une fois de plus fustigée : « A table, je n'étourdis pas les gens de mes criailleries sur les affaires publiques ; jamais pendant un repas je ne glisse la main sous la robe d'une femme qui n'est pas à moi ; je ne me presse pas d'enlever les plats à mes voisins ou de prendre la coupe avant eux ; jamais le vin ne m'excite à chercher querelle au milieu d'un banquet. »

Le fourmillement de vieillards dans les comédies de Plaute révèle l'importance du problème social que constitue la vieillesse au début du IIe siècle avant notre ère. Tout-puissant, le vieil homme est détesté. Dans beaucoup de familles, on attend sa mort avec impatience, car elle sera une libération pour les siens. C'est cet aspect que Térence met en scène dans *Les Adelphes.*

Cet acharnement contre le *pater familias* âgé est à la mesure du conflit des générations qu'engendre la coutume romaine. Maria Haynes a dressé la liste des expressions les plus utilisées par Plaute et Térence pour qualifier ces vieux despotes. Ce sont, dans l'ordre : « sale », « teint jaune », « haleine puante », « puant comme un bouc », « cheveux blancs », « ventre saillant », « mâchoire déformée », « pieds plats », « malpropre », « branlant », « maladif », « décharné », « cassé en deux », « tremblant », « aux lèvres pendantes », « grommelant et déformé », « laide vieille chose », « flétri », « usé », « flasque », « vieille carcasse décrépite », « babillard stupide ».

Un tel jeu de massacre évoque un défoulement collectif par le rire, un rire agressif qui sert d'exutoire et contribue en fait à consolider le pouvoir du *pater familias.* C'est aussi à cette conclusion qu'en arrive Maria Haynes : « La raison de l'extraordinaire engouement des auteurs de théâtre romains pour les vieillards se comprend finalement si on pense à la toute-puissance du *pater familias.* La révolte ouverte ou même le ressentiment de la part des jeunes contre ce système était trop risqué. Il aurait pu en résulter une condamnation à mort du fils audacieux par le juge au pouvoir illimité, le *pater familias.* Pour cette raison, il n'est que trop naturel que la scène ait été utilisée pour exprimer les sentiments refoulés contre le tout-puissant *pater familias*[47]. »

Les sujets traités par Plaute et Térence sont violents, sordides, tragiques. Ce ne sont qu'histoires de viols, de chantage, de trafic de femmes, de prostitution, de perversité. Sur un tel terreau ne peut naître qu'un rire agressif, un rire de transgression violente, un rire de défoulement. Mais ce qui fait la différence avec le traitement tragique de tels thèmes, c'est d'une part que l'on n'y croit pas vraiment, et d'autre part que, techniquement, les personnages sont des pantins aux réactions prévisibles. « Plaute agite ses marionnettes soumises au jeu de l'inassouvissement, Térence affronte entre elles des figures qu'oppose une avidité contraire. Le risible n'est pas dans l'être, mais dans l'agitation qui emporte ces comparses, abandonnés dans l'étroitesse d'une vie quotidienne[48]. » Cette remarque de Jean Duvignaud illustre la fameuse définition de Bergson : le rire est l'effet provoqué par du mécanique plaqué sur du vivant. Les personnages sont ici des automates.

C'est encore plus vrai de l'atellane, ce théâtre populaire né au Iᵉʳ siècle avant notre ère et venant de la région d'Atella, en Campanie. Les acteurs correspondent à des types qui se retrouvent d'une pièce à l'autre chez Novius ou Pomponius : *Papus* (pépé), *Maccus* (simplet), etc. Théâtre rustique, utilisant un langage presque incompréhensible pour le public cultivé, et dont les outrances pourraient en partie s'expliquer par le fait qu'il doit lutter dans le spectaculaire et dans la démesure contre la concurrence du cirque : « C'est le type d'humour dont a besoin l'acteur professionnel dont l'audience a tendance à abandonner une représentation ennuyeuse pour les spectacles plus gratifiants du cirque et des gladiateurs, écrit Fritz Graf. C'est une différence dans le rôle social du théâtre qui influence le choix des techniques de production du rire[49]. »

Le comique bouffon et mécanique de Plaute en est l'illustration. Avec lui, le burlesque remplace le grotesque. Même les plus odieux de ses personnages sont réduits à un tel état de caricature, par des détails triviaux, qu'on ne peut qu'en rire. Dans le *Rudens*, Labrax, le marchand de jeunes filles pour la prostitution sicilienne, n'est qu'un piteux fantoche. C'est du guignol. « Son comique s'impose parce qu'il est mécanique, fait de caricatures brusquées, de contrastes poussés à l'extrême[50]. » De plus, ajoute Eugène de Saint-Denis, ces personnages se moquent gentiment d'eux-mêmes — autre signe de l'humour latin : « Nul ne se prend trop au sérieux; heureux ou malheureux, chacun sait s'observer et se caricaturer, à fond de train, si c'est un fantoche comme Labrax; avec le sourire, si c'est un humoriste comme Gripus; avec bonhomie, si c'est un aimable vieillard comme Démonès[51]. »

Autre type social satirisé par la comédie latine : le soldat, matamore fanfaron et séducteur, affublé de noms ridicules : Stratophane (m'as-tu-vu), Platagidorus (larbin-moulin-à-paroles), Polymachaeroplagies (donneur-de-coups-d'épée-à-gogo). Mais ces soudards ne sont pas de glorieux légionnaires romains : ce sont des étrangers à l'accoutrement tapageur. Toujours le double écran : le soldat, pilier de la République, est parfois pénible à supporter ; on peut décharger contre lui sa mauvaise humeur par l'intermédiaire de ces fantoches exotiques de la scène, et cela renforce indirectement la position et le prestige du véritable soldat.

Et puis, n'y a-t-il pas une autre explication à ce rire de défoulement de la comédie ? Pour Jean Duvignaud, Plaute et Térence sont des « immigrés de l'intérieur » : le premier « débarque d'Ombrie où l'on ne parle pas latin », et le second est un « esclave maghrébin affranchi par les Scipions ». Tous deux s'amusent à railler les mœurs romaines, à « imiter le sérieux en le dégradant, détourner vers le rire l'exercice des fonctions dont la gravité dérive d'un archaïsme plus ou moins reconstitué [52] ». Tout cela en se plaçant derrière l'écran grec.

Ce qui ne change d'ailleurs rien au rôle de la comédie dans le monde latin : provoquer un rire de défoulement au sein d'une société extrêmement légaliste, structurée par son cadre juridique méticuleux et pesant. Pratiquer la dérision, sous une forme déguisée, c'est assouvir à bon compte les pulsions meurtrières qui devaient parfois assaillir les Romains contre la tutelle des vieux, des usuriers, des souteneurs, des magistrats et autres piliers de la société. La comédie fonctionne comme soupape de sécurité de la société civile, comme évasion vers un monde à l'envers. Il y a bien là continuité avec la fête : « Il existe une relation entre l'allégresse de la fête et l'effervescence comique [53]. » Conduites d'évasion hors du monde réel qui ont pour but de consolider ce même monde, de lui éviter la subversion et la révolution par la dérision codifiée, circonscrite dans le temps et dans l'espace. Conduites de substitution qui impliquent une forte dose d'agressivité dans le rire festif et théâtral : il s'agit de décharger, par un rire débridé et bruyant, le trop-plein d'énergie hostile. Le rire a beaucoup contribué à la longévité du monde romain.

DÉCADENCE ROMAINE ET DÉCLIN DU RIRE

Rome a décliné en même temps que sa capacité à rire. Jusqu'au Bas-Empire, le rire est partout. Dictateurs et empereurs ont leurs bouffons : coutume largement partagée dans le bassin méditerranéen, puisque les fous de cour sont mentionnés aussi bien dans les entourages de Sylla et d'Antoine que dans ceux d'Attale de Pergame, de Denys de Syracuse, de Philippe de Macédoine, d'Antiochus III Épiphane ou d'Alexandre de Phères en Thessalie. A Rome, les fous authentiques sont très recherchés, comme le rappellent les vers de Martial :

Il passait pour fou : je l'ai acheté vingt mille sesterces.
Rends-moi mon argent, Gargilianus : il a sa raison !

Le rire est communément associé à la manifestation divine. C'est ainsi que l'on peut discerner l'inspiration surnaturelle dont bénéficia Zarathoustra, comme l'écrit Pline : « La seule personne dont on rapporte qu'elle ait ri le jour même de sa naissance est Zoroastre, et son cerveau battait si fort qu'on ne pouvait garder la main sur sa tête, et ceci annonçait son futur savoir[54]. »

La méfiance à l'égard du rire apparaît peu à peu dans le monde romain. La différence est déjà sensible, à plus d'un siècle de distance, entre Cicéron et son admirateur Quintilien. Cicéron, le facétieux, a laissé une théorie complète du rire dans son traité *De oratore*. Il s'intéresse plus particulièrement à l'utilisation du rire dans l'art oratoire, mais ses remarques ont une portée plus générale. Il se montre globalement très favorable : l'orateur a tout intérêt à faire rire ; cela le rend sympathique à l'auditoire, réveille l'attention ou au contraire la détourne, embarrasse l'adversaire, l'affaiblit, l'intimide. Cicéron ne se prononce certes pas sur la nature de ce phénomène, qui a mis en échec les philosophes : « Ce qu'est le rire en lui-même, ce qui le provoque, où il réside, comment il naît et éclate tout d'un coup, au point qu'on ne peut le retenir malgré le désir qu'on en ait, d'où vient que l'ébranlement produit se communique ensemble aux flancs, à la bouche, aux veines, aux yeux, à la physionomie, je laisse à Démocrite le soin de l'expliquer[55]. » Mais il esquisse tout de même une théorie générale du risible, qu'il définit comme ce qui rabaisse en attirant l'attention sur le bas et le laid : « Le domaine du ridicule est toujours quelque laideur morale, quelque difformité physique. Oui, le moyen le plus puissant, sinon le seul, de provoquer le rire, c'est bien de relever et de signaler l'une de ces laideurs, d'une façon qui ne soit point laide[56]. »

Il y a mille façons de faire rire, par les mots et par les idées. Dans le comique de mots, Cicéron recense le simple calembour *(ambiguum)* ou mot à double entente, le mot inattendu qui surprend l'auditeur, la paronomase ou rapprochement phonétique de deux mots de sens différents, les jeux de mots sur les noms propres, les citations parodiques, les antiphrases, métaphores, allégories, antithèses. Dans le comique d'idées, il cite les petites histoires drôles inventées, les rapprochements historiques, hyperboles, allusions, traits ironiques. Pour chaque catégorie il fournit de nombreux exemples, tirés en grande partie de ses propres discours, qui constituent une mine inépuisable : son ami Trebonius avait composé un recueil de ses bons mots ; Tiron en avait rassemblé trois volumes ; plus tard, Bibaculus en fera lui aussi un recueil, et Jules César se vantait de savoir reconnaître les plaisanteries authentiques de l'ora-

teur. C'est dire la haute estime que Cicéron porte au rire, et l'usage
fréquent qu'il en fait.

Usage pratique avant tout : avocat, il a des causes à défendre —
bonnes ou mauvaises — et ne se sert du rire que dans un but d'efficacité. Un avocat ne se préoccupe ni de morale ni de justice, et peu
lui importe de défendre un scélérat ou d'attaquer un innocent :
emporter la cause est son seul objectif. Alors, ne nous laissons pas
impressionner par les belles théories cicéroniennes sur les limites
du rire. A l'entendre, il ne faut rire « ni de l'extrême perversité qui
va jusqu'au crime, ni de l'extrême misère, à laquelle s'en prendrait
le railleur[57] ». Cela ne l'empêche pourtant pas d'utiliser le rire pour
défendre un scélérat de la pire espèce, le jeune M. Caelius Rufus,
complice d'assassinat, coupable de violences, séditions, malversa-
tions, tentatives de meurtre et insolences diverses. Péchés de jeunesse ! Telle est l'argumentation du *Pro Caelio,* en 56 avant notre
ère, où Cicéron recourt à l'ironie pour ridiculiser l'austérité dépas-
sée des défenseurs de la morale traditionnelle. Que diable !
s'exclame-t-il, nous avons tous été jeunes, y compris les moralistes
sévères qui réclament hypocritement la condamnation du pauvre
Caelius !

Pour Cicéron, le rire est un outil, une arme, un instrument, et les
conseils qu'il donne quant à son usage n'ont qu'un seul but : l'efficacité. Le rire peut servir à convaincre, à attaquer, à défendre, à
apprendre. Dans le *De natura deorum,* par exemple, il utilise plaisanteries, parodies et moqueries pour dénoncer les insuffisances
des philosophes concernant le monde divin. Il ne s'agit pas ici
d'une manifestation de scepticisme, écrit Clara Auvray-Assayas,
mais d'un procédé pédagogique : « C'est [...] pour combattre
l'oubli et réveiller les esprits assoupis que Cicéron fait résonner
dans tout le débat sur les dieux les accents d'un rire aux fonctions
multiples, sans hésiter à jouer avec virtuosité des citations, des
parodies et des caricatures, rattachées avec art à la figure énigmatique de Socrate. Ce rire de philosophe et de lettré, qui anticipe
celui que Rabelais saura tirer de la référence à Socrate, ne vise pas
les dieux [...]. Le rire vise ici la prétention des hommes à mener une
enquête sans jamais avoir mesuré, sauf chez les adversaires qu'ils
ridiculisent, les limites de leur raison et la faiblesse de leurs
méthodes[58]. »

Cicéron fixe de strictes limites au rire respectable, qui doit être
« élégant », « poli », « inventif », « drôle », écrit-il dans le *De officiis.* Il
doit respecter le statut social, éviter la grossièreté : « Laissons aux
mimes "éthologues" l'imitation qui tombe dans l'outrance comme
dans l'obscénité » ; « que sa plaisanterie ne relève ni du bouffon, ni
du mime ». Il ne faut pas blesser ses égaux, mais user avec eux

d'une ironie élégante. Metellus, par exemple, avait rendu visite au poète Ennius, dont la servante lui avait déclaré qu'il était absent, alors qu'il savait pertinemment qu'il était là. Ennius étant venu le voir à son tour, Metellus avait crié de l'intérieur de la maison qu'il n'était pas là. Ennius s'étant étonné, il lui dit : « L'autre jour, j'ai cru ta servante ; alors, toi, pourquoi est-ce que tu ne me crois pas[59] ? » Ce qui évite de traiter Ennius de menteur.

Dans un discours, « les sujets où la raillerie est le plus facile sont ceux qui n'excitent ni une grande horreur ni une grande pitié. Ainsi l'orateur trouvera de quoi s'égayer avec les vices de l'humanité, pourvu qu'il ne s'attaque ni à des individus que leur infortune rend sympathiques, ni à des scélérats qu'il faudrait traîner au supplice ; et ces vices agréablement raillés ne manquent pas de faire rire[60] ». Il faut aussi « ménager les affections de l'auditoire et ne pas attaquer maladroitement des personnes qui lui sont chères ». Les bouffons raillent sans cesse et sans cause ; les orateurs ne doivent le faire que pour être utiles. Enfin, il faut rire entre gens du même milieu, et éviter de se moquer des personnes de condition supérieure. Ces règles de l'*urbanitas* étant respectées, le rire est une marque de bonne compagnie.

Cent vingt ans plus tard, Quintilien, un autre orateur qui admire beaucoup Cicéron, reprend la question dans un ouvrage théorique équivalent, l'*Institution oratoire*. Le rire y est envisagé avec nettement plus de circonspection, et même de méfiance. Quintilien lui consacre dix fois moins de place que Cicéron, et exprime à son sujet de véritables craintes : le rire est suspect et dérangeant ; c'est un ferment de désordre ; dangereux pour le pouvoir, il fait perdre la dignité et l'autorité ; l'orateur qui l'utilise perd le contrôle de son public ; c'est un moyen bas, à la portée de n'importe qui ; c'est la négation de la raison, et il peut dissimuler la vérité[61]. Le rire est même inquiétant, plus ou moins démoniaque, par son côté mystérieux, inexplicable, incontrôlable : « Quoique le rire semble chose frivole et souvent provoqué par des farceurs, des mimes, enfin par des fous, il a une force, il faut le reconnaître, vraiment impérieuse et irrésistible. Il jaillit souvent même malgré nous, et il ne s'exprime pas seulement par la physionomie ou par la voix, mais il secoue violemment tout notre corps. Souvent, d'autre part, comme je l'ai dit, il retourne la situation dans des affaires très importantes au point même de briser très fréquemment la haine et la colère[62]. »

Cette force obscure doit donc être utilisée avec parcimonie et jamais contre des malheureux, des notables, des groupes sociaux ou nationaux : « Contre des malheureux, en effet, plaisanter est inhumain. Mais il y a des hommes d'une utilité reconnue et d'une respectabilité notoire, au point qu'on se ferait du tort en tenant à leur égard un langage agressif [...]. C'est une erreur aussi de lancer une plaisanterie contre une collectivité, de s'en prendre par exemple, ou à des nations entières, ou à des ordres, ou à une condition [sociale], ou à un goût très répandu. Les mots pour rire, l'honnête homme les dira en observant la dignité et la respectabilité : c'est en effet payer le rire trop cher que de le payer aux dépens de la probité[63]. »

Prudence et réserve, donc. L'*urbanitas* exige qu'il n'y ait « rien qui détonne, rien de rustre, rien d'insipide, rien d'étranger, ni dans la pensée, ni dans les mots, ni dans la voix ou le geste, si bien qu'elle réside moins dans chaque parole que dans la tonalité de tout l'énoncé ». « Sera *urbanus* l'homme qui abondera en mots et réponses heureux, et qui, dans les conversations, les cercles, les repas et aussi dans les assemblées publiques, bref en tout lieu, parlera d'une manière amusante et appropriée. Tout orateur qui procédera ainsi fera rire[64]. »

Un rire parcimonieux, raffiné, de bon ton, aussi éloigné que possible de la causticité agressive des débuts et de la grosse bouffonnerie de l'*atellane*. Le parcours du rire dans le monde romain est celui d'une désagrégation progressive, du *risus* vigoureux et multiforme des premiers siècles de la République à une pluralité de rires socialement distincts. Dans les cercles dirigeants et dans l'élite intellectuelle prévaut une conception désormais négative : le pouvoir se méfie du rire ; il en surveille les expressions subversives dans les fêtes et les comédies ; dans les classes supérieures, on ne l'utilise plus qu'avec parcimonie, sous une forme très épurée, de plus en plus artificielle et maniérée. Le gros rire sous surveillance, le rire fin totalement frelaté : la décadence du monde romain, c'est aussi la décadence de son hilarité. Les Romains des IIIe et IVe siècles n'ont même plus la possibilité de rire de leurs malheurs. Avant même la disparition de l'Empire, ils sont entrés dans la « vallée de larmes » que leur prépare la nouvelle religion.

CHAPITRE IV

La diabolisation du rire au haut Moyen Age

Jésus n'a jamais ri

Le christianisme est peu propice au rire. Cette affirmation sera sans doute contestée : on opposera le « vrai » christianisme, souriant, au « faux » christianisme, triste; on évoquera les sourires de François d'Assise et de François de Sales, les joyeuses embrassades fraternelles des célébrations, et les rires des presbytères. Tout cela est vrai, mais un peu factice : le rire n'est pas naturel au christianisme, religion sérieuse par excellence. Ses origines, ses dogmes, son histoire le prouvent.

D'abord, le strict monothéisme exclut le rire du monde divin. De quoi pourrait bien rire un Être tout-puissant, parfait, qui se suffit à lui-même, sait tout, voit tout et peut tout? Même sous la forme trinitaire que lui ont donnée les théologiens, les trois personnes divines, parfaitement identiques, n'ont aucun motif d'hilarité. Pur esprit, sans corps et sans sexe, le trio divin, immuable et immobile, est éternellement absorbé dans son autocontemplation. C'est du moins ainsi que nous le présente la théologie classique, bâtie sur les concepts platoniciens et aristotéliciens.

LE RIRE, CONSÉQUENCE DU PÉCHÉ ORIGINEL

Le Yahveh biblique est certes un peu plus remuant. « Au commencement, Dieu créa le ciel et la terre », dit la Bible. Par amour ou par ennui? Cette création n'a rien de drôle, et seuls des textes gnostiques imagineront un rire divin lors de la création. La Genèse, elle, est très solennelle, comme il sied à l'occasion. Et voilà Adam et Ève dans le paradis terrestre. De quoi pourraient-ils rire?

Ils sont parfaits, éternellement beaux, éternellement jeunes ; ils évoluent, nous assurent les théologiens, dans un jardin de délices où tout est harmonie ; ils sont nus, mais sans aucune honte. Aucun défaut, aucun désir, aucune laideur, aucun mal : le rire n'a aucune place au jardin d'Éden. Pas même le rire de satisfaction : il y a satisfaction lorsqu'un certain manque vient d'être comblé ; or le paradis connaît la plénitude permanente. Alors un sourire, peut-être ? Les spécialistes en discutent. Tout dépend, en fait, du rapport que l'on établit entre rire et sourire. Simple différence d'intensité ou au contraire différence de nature, le rire impliquant l'agressivité et le sourire, la soumission[1] ? Dans le second cas, rien ne s'oppose à ce que le premier couple ait été souriant. Du moins une chose est-elle certaine : le rire ne faisait pas partie du plan divin.

Mais voilà que le Malin s'en mêle. Car c'est lui, nous disent les exégètes, qui se cache sous les traits du serpent beau parleur dont se gaussent tant les philosophes. Le péché originel est commis, tout se détraque, et le rire apparaît : le diable en est bel et bien le responsable. Paternité lourde de conséquences : le rire est lié à l'imperfection, à la corruption, au fait que les créatures soient déchues, qu'elles ne coïncident plus avec leur modèle, avec leur essence idéale. C'est ce hiatus entre l'existence et l'essence qui provoque le rire, ce décalage permanent entre ce que nous sommes et ce que nous devrions être. Le rire jaillit lorsque nous voyons, lorsque nous prenons conscience de ce trou béant, infranchissable, ouvert sur le néant. C'est bien la revanche du diable, qui révèle à l'homme qu'il n'est rien, qu'il ne doit pas son être à lui-même, qu'il est dépendant et qu'il n'y peut rien, qu'il est grotesque dans un univers grotesque.

Maintenant, on va rire. Il y a de quoi : rire de l'autre, de ce pantin ridicule, nu, qui a un sexe, qui pète et qui rote, qui défèque, qui se blesse, qui tombe, qui se trompe, qui se fait mal, qui enlaidit, qui vieillit et qui meurt — un être humain, quoi ! une créature déchue. Le rire va s'insinuer par toutes les imperfections humaines. Constat de déchéance, et en même temps consolation, conduite de compensation, pour échapper au désespoir et à l'angoisse : rire pour ne pas pleurer. Voilà bien ce que les Pères de l'Église lui reprocheront : au lieu de pleurer sur notre déchéance, ce qui serait marque de repentir, nous rions de nos faiblesses, et c'est là notre perte. Nous voyons notre néant, et nous en rions : rire diabolique.

Mais retournons à la Bible. Les premiers épisodes de l'histoire humaine n'ont rien de drôle : Caïn tue Abel, Dieu fait périr l'humanité dans le déluge, brouille les langues, extermine Sodome et Gomorrhe. Enfin, le premier rire résonne : celui d'Abraham et de Sarah. Et ce premier rire biblique rapporté, c'est une histoire grivoise! Dieu dit en effet à Abraham, âgé de cent ans, et à Sarah, quatre-vingt-dix ans, qu'ils vont faire un enfant. Mort de rire, Abraham en tombe sur son séant et Sarah, hilare, répond à Dieu : « Toute ridée comme je suis, comment pourrais-je jamais jouir[2]? » (traduction œcuménique de la Bible). Elle n'avait plus de règles depuis si longtemps, dit la Genèse; et lui, une érection, à son âge? Yahveh n'a pas l'air de comprendre : « Pourquoi rit-elle? » demande-t-il à Abraham. On lui explique, et il s'offusque : « Y a-t-il chose trop prodigieuse pour le Seigneur? » Du coup, Sarah, confuse, s'excuse. « Sarah nia en disant : "Je n'ai pas ri", car elle avait peur. "Si, si! tu as bel et bien ri." » Et en souvenir de ce rire, l'enfant qu'ils auront s'appellera Isaac, c'est-à-dire « Dieu rit ».

L'histoire est cocasse. Tout autant que les efforts des exégètes pour interpréter ce rire. Rire de joie, disent les plus indulgents, à la suite de saint Jean. Rire de doute, estiment beaucoup d'autres : les époux sont incrédules, pensent que Dieu plaisante (!). Le remords de Sarah semblerait le confirmer. Rire d'autodérision, croient pouvoir affirmer certains : nous sommes si peu de chose! Et d'ailleurs, ce rire se répercute : réfléchissant à l'événement, « Sarah s'écria : "Dieu m'a donné sujet de rire! Quiconque l'apprendra rira à mon sujet[3]!" ». Rira-t-on pour se moquer d'elle, ou bien pour se réjouir avec elle? ce n'est pas clair[4]. Déjà, il y a distinction entre bon et mauvais rire. D'après Alcuin, le rire d'Abraham est bon, c'est un rire de joie; celui de Sarah est mauvais, et c'est pourquoi elle est réprimandée.

Ces discussions illustrent toute l'ambiguïté des interprétations de la Bible. Lorsque nous posons la question de savoir s'il y a de l'humour dans la Bible, il faudrait distinguer entre l'humour que nous croyons y trouver, avec notre sensibilité actuelle, et l'humour que les rédacteurs y ont volontairement placé, même si cela ne nous fait plus rire aujourd'hui. Ainsi les tribulations de Jonas qui se sauve pour ne pas jouer le rôle dangereux de prophète et qui est avalé par un gros poisson, lequel le recrache au bout de trois jours sur la plage; Jonas qui prédit la destruction de Ninive, qui s'installe dans une cabane pour assister au spectacle, et qui est fort dépité que Dieu ait changé d'avis : « Jonas le prit mal, très mal, et il se fâcha. » L'histoire est comique pour nous; l'était-elle dans l'esprit du rédacteur?

Depuis des siècles, exégètes et théologiens étudient la question, et leurs avis nous éclairent davantage sur leurs mentalités et leurs présupposés que sur les véritables intentions du texte. Le plus souvent, ils refusent à la Bible toute intention comique. Ne s'agit-il pas de la Parole divine? Les rédacteurs sont censés n'avoir aucune distance à son égard. L'« histoire sainte », c'est l'histoire sérieuse par excellence : on ne plaisante pas avec le salut éternel de l'humanité[5]. Les exégètes, eux-mêmes gens très sérieux, ont jusqu'au milieu du XXe siècle imposé au texte biblique leur propre gravité. Ils en ont même fait un trait ethnique des Sémites, depuis La Roque qui écrit en 1718 que « les Arabes estiment que ceux qui rient aisément pour la moindre chose ont l'esprit faible et mal tourné, et que cet air riant et enjoué n'est acceptable que chez les filles et les jeunes femmes[6] », jusqu'à F. Vigouroux dont le classique *Dictionnaire de la Bible,* en 1922, disserte sur la « gravité orientale[7] ». D'autres, comme Heinrich Loewe en 1931, ont vu dans l'absence de rire biblique une « leçon historique », ou plutôt théologique, dans le sens où les Hébreux, conscients de leur rôle de peuple élu, ne pouvaient avoir le moindre sens de l'humour[8]. De leur côté, A.N. Whitehead et W. Phelps font de l'absence de tout comique un des traits distinctifs de la littérature biblique[9]. Tout le poids de la tradition exégétique patristique et médiévale renforçait cette conviction. Et puis, comme le fait remarquer Donald Murray, « il n'est pas évident qu'un livre à tranche dorée, relié de cuir noir, avec le titre *Sainte Bible* gaufré en lettres d'or sur le dos, soit un réceptacle d'humour. Il n'est pas certain non plus que les puritains, les victoriens et leurs semblables, qui prescrivaient sa lecture comme la seule occupation du dimanche, y voyaient autre chose qu'une source de pensée mortellement sérieuse et d'austérité morale[10] ».

Mais, dans la seconde moitié du XXe siècle, le ton change. L'humour est à la mode, le rire est de bon ton. Dans la « société humoristique » contemporaine, être dénué du sens de l'humour est une tare, presque un vice. Du coup, tout le monde — à commencer par les croyants — redécouvre le rire biblique. Comment le texte inspiré pourrait-il manquer de cette qualité essentielle? Et l'homme, toujours prêt à faire Dieu à son image, lui attribue maintenant un merveilleux sens de l'humour. On en voit des traces partout. On explique même pourquoi les générations précédentes n'ont pas su le voir. On dissèque scientifiquement le « champ sémantique de l'humour » biblique, suivant le titre d'une étude d'Athalya Brenner[11]. On va jusqu'à faire des amalgames anachroniques avec l'humour juif[12].

Derrière ce retournement, on discerne toujours le présupposé apologétique : il s'agit de mettre le judéo-christianisme en accord avec notre temps, de montrer que cette religion n'est pas triste, puisque la tristesse n'est plus de mode. Extraordinaire souplesse de la Bible, à laquelle on peut faire dire n'importe quoi. Il suffit de choisir ses citations pour justifier tout et son contraire. La remarque de Jacques Le Goff : « Selon une technique habituelle et révélatrice de l'évolution des mentalités et des sensibilités au

Moyen Age, où chacun choisit plus ou moins dans la Bible ce qui
sert ses opinions, les encouragements à la joie et au rire sont
souvent passés sous silence[13] », vaut aussi pour aujourd'hui, mais
en renversant les termes : ce sont à l'heure actuelle les passages
désespérants qui sont passés sous silence.

ÉVOLUTION DU COMIQUE BIBLIQUE

Bien sûr, qu'il y a du rire dans la Bible ! Les Hébreux sont des
hommes comme les autres, et ce condensé de sept à huit siècles de
leur littérature contient sans doute à peu près la même proportion
de rire et de larmes que les écrits des peuples voisins. Certes, il n'y
a pas de textes spécifiquement et exclusivement comiques. Mais,
ainsi que l'écrit Bernard Sarrazin, « l'absence de genre littéraire
comique dans la Bible ne prouve rien ; elle peut fort bien s'expliquer, comme le suggère Auerbach dans *Mimésis*, par la propension
des auteurs bibliques à conjuguer, juxtaposer, sans distinguer des
genres comme les Grecs, le sublime avec le trivial ou le comique
avec le tragique[14] ».
Exemple convaincant : dans le livre des Juges, qui raconte l'épopée de la conquête de la Terre sainte par les Hébreux sur les
peuples philistins, se trouve l'épisode de l'assassinat du roi de
Moab, Églôn, par Éhoud[15]. On ne peut guère douter de l'intention
humoristique, visant à réduire les ennemis d'Israël à de dérisoires
pantins. Éhoud est un gaucher, membre de la tribu de Benjamin,
nom qui signifie « fils de la main droite » ; il est chargé de porter « de
sa main » (droite ou gauche ?) le tribut au roi. Il se fabrique un poignard à deux tranchants, qu'il dissimule dans sa botte droite, pour
pouvoir le tirer de sa main gauche. Sous le prétexte classique
d'avoir un message secret à transmettre au roi, il reste seul avec lui
dans la chambre. Églôn, qui en hébreu ressemble à « veau » — animal que l'on tue pour manger —, est gros et gras : « Éhoud étendit
la main gauche, prit le poignard sur sa cuisse droite et l'enfonça
dans le ventre du roi. Même la poignée entra après la lame, et la
graisse se referma sur la lame, car Éhoud n'avait pas retiré le poignard du ventre du roi. » Éhoud s'éclipse par la fenêtre. Les serviteurs d'Églôn pensent que le roi s'attarde aux toilettes ; ils ont pour
cela une expression imagée : « Sans doute se couvre-t-il les pieds
dans la pièce bien fraîche. » Tout l'épisode a manifestement un ton
moqueur, et le rire se mêle ici au tragique.
Il y en a bien d'autres exemples. Donald Murray va jusqu'à voir
dans l'histoire de Jacob substitué à son frère Ésaü une sorte de

« comédie picaresque », avec un anti-héros plutôt immoral ; l'humour atteindrait même ici les ancêtres vénérés d'Israël : « Même la relation religieuse centrale de l'ancêtre avec Yahveh est présentée dans une veine comique[16] ». Dans le livre de Job, quand Dieu fait de l'hippopotame le sommet de la création, est-il vraiment sérieux ?

> Vois quelle force dans sa croupe
> et cette vigueur dans les muscles de son ventre !
> Il raidit sa queue comme un cèdre,
> ses cuisses sont tressées de tendons[17].

Et Yahveh ajoute, sans rire : « C'est lui, le chef-d'œuvre de Dieu ! »

Qu'il y ait de l'humour volontaire dans la Bible, on ne peut guère en douter, même si nous avons peut-être tendance à en rajouter : « Doté d'humour, on peut faire une lecture humoristique de textes dépourvus d'humour », écrit justement Robert Favre[18]. Il y a dans la Bible une source permanente de comique, qui provient de « la conflagration du profane et du sacré[19] ».

L'Ancien Testament aborde d'ailleurs explicitement le problème du rire, et son discours n'est pas sans rappeler l'évolution que nous avons discernée en Grèce. Dans la période la plus archaïque, le rire est avant tout une expression agressive de moquerie et de triomphe sur les ennemis. La raillerie fait partie des invectives rituelles ; c'est une arme et une menace, efficace et redoutée, dont usent les bons comme les méchants. Les livres historiques fourmillent d'exemples : « tu seras la risée des peuples », « la risée des voisins », « la risée des insensés », « la risée de toute la terre », « la risée des ennemis », « la risée des païens », « la risée de tous les pays »[20]. Dieu lui-même rit des méchants, des pécheurs : « Toi, Seigneur, tu ris d'eux, tu te moques de toutes ces nations » ; « le Seigneur rit de lui, car il voit venir son jour » ; il « se moque des moqueurs »[21]. Il menace d'abandonner Israël « à la risée de tous les peuples[22] ». Job l'accuse même de se moquer des honnêtes gens : « De la détresse des hommes intègres, il se gausse[23]. »

De leur côté, les méchants se moquent de Dieu[24], la fille de Sion se moque d'Ézékias, le peuple des Chaldéens se moque des rois, l'homme présomptueux se moque des peuples et ces derniers répliquent par « une ironie mordante[25] ». Les prophètes manient impitoyablement le sarcasme, prélude à l'extermination, comme dans l'épisode d'Élie face aux quatre cent cinquante prophètes de Baal au service de Jézabel. Un concours de magie est organisé : chacun prépare un taurillon pour le sacrifice et demande à son dieu d'y mettre le feu. Celui qui réussira sera reconnu pour le vrai dieu.

Les prophètes de Baal commencent : toute la matinée, ils implorent leur dieu d'allumer le bûcher, mais en vain. « Alors, à midi, Élie se moqua d'eux et dit : "Criez plus fort : c'est un dieu, il a des préoccupations, il a dû s'absenter, il a du chemin à faire ; peut-être qu'il dort et qu'il faut qu'il se réveille[26]." » Puis c'est au tour d'Élie, qui bien entendu réussit, ce qui lui donne le droit de massacrer les quatre cent cinquante prophètes au nom du Seigneur : « Élie les fit descendre dans le ravin de Qishôn, où il les égorgea[27]. »

Cette anecdote n'est pas sans rappeler le massacre des prétendants par Ulysse. Les prophètes de Baal eux aussi s'étaient moqués d'Élie, et ils étaient entrés en transe. Alliance du rire et de la mort ; le rire comme cri de triomphe sur l'ennemi vaincu. Il s'agit bien du même rire archaïque, homérique, des sociétés guerrières. Dans ces écrits les plus anciens de la Bible, le rire de simple joie est rare. C'est le rire de retour des exilés, de la restauration d'Israël : « Alors notre bouche était pleine de rires, et notre langue criait sa joie », dit le Psaume 126 ; « Ris de tout ton cœur, fille de Jérusalem », dit Sophonie.

Dans le livre de Job, on constate déjà une diversification du rire, qui peut exprimer à la fois la joie (« Dieu va remplir ta bouche de rires »), la moquerie dévalorisante (« Je suis la risée de plus jeunes que moi »), la force (« Désastres, disettes, tu t'en riras »). Mais c'est avec les écrits de sagesse, les plus récents de l'Ancien Testament, qu'apparaît une véritable réflexion sur le rire. Et, comme en Grèce à la fin du ve siècle, une distinction s'opère entre le bon et le mauvais rire.

Le mauvais, c'est le rire de raillerie, qui devient peu à peu l'apanage des méchants : « Le railleur est en horreur à l'humanité », et « les châtiments sont établis pour les moqueurs », disent les Proverbes[28]. « Ne ris jamais de l'homme qui est dans l'amertume », dit le Siracide, car « le sarcasme et l'insulte sont le fait des orgueilleux[29] ». Ce sont les serviteurs de Dieu qui sont en butte aux moqueries, comme Jérémie. Il y a un autre rire détestable : celui des imbéciles, rire bruyant, vulgaire et irritant, que le Siracide oppose au sourire du sage :

> Le sot, quand il rit, le fait en élevant la voix ;
> l'homme avisé sourit à peine et discrètement.

> Les discours des sots provoquent l'agacement
> et leur rire est une débauche coupable[30].

La façon de rire est révélatrice de la personnalité, au même titre que la démarche, ajoute le Siracide[31], qui en recommande un usage prudent dans l'éducation d'un jeune enfant : « Ne ris pas avec lui pour n'avoir pas à souffrir avec lui[32]. » Au demeurant, il est bon d'être joyeux, et il n'est pas mauvais de boire du vin, car « le vin apporte allégresse du cœur et joie de l'âme[3] ». Le Siracide, composé vers – 180, est un manuel de sagesse et de savoir-vivre d'un esprit très hellénisé. On y trouve une sorte d'éloge de la gaieté qui n'est pas sans rappeler l'idéal aristotélicien d'eutrapélie :

> N'abandonne pas ton âme au chagrin
> et ne te tourmente pas toi-même délibérément.
> Un cœur joyeux maintient un homme en vie
> et la gaieté prolonge la durée de ses jours.
> Divertis ton âme, réconforte ton cœur
> et chasse loin de toi la tristesse ;
> car la tristesse a causé la perte de beaucoup
> et l'on ne gagne rien à s'y abandonner.
> Jalousie et colère font les jours moins nombreux,
> et le souci entraîne une vieillesse prématurée.
> Un cœur réjoui favorise le bon appétit,
> à ses aliments il fait grande attention[34].

Quelques décennies plus tôt, le Qohéleth déclare : « Du rire, j'ai dit : c'est une folie », et : « Mieux vaut le chagrin que le rire, car sous un visage en peine le cœur peut être heureux[35]. » Mais ce livre désabusé, qui réduit tout au rang de vanités, condamne surtout le « rire des insensés » et, jouant des contradictions dont se tisse l'existence humaine, il constate qu'« il y a un temps pour pleurer et un temps pour rire[36] ».

La conception biblique du rire est en fait classique et équilibrée. Elle se révèle même plus moderne que celle du monde gréco-romain, dans le sens où elle désacralise le rire, qui n'a plus rien à voir avec le surnaturel. Certes, Dieu rit de temps en temps, mais c'est là une simple image. Il n'y a pas ici de rire rituel, organisé, avec une fonction religieuse de retour périodique au chaos ou à l'âge d'or ; pas de saturnales, lupercales ou dionysies. La conception linéaire de l'histoire et du temps interdit d'ailleurs toute idée de ce genre, puisque la création a eu lieu une fois pour toutes. Le rire est un comportement strictement humain, donc étranger au monde divin, apparu après la chute, et qui est l'un des signes de la condition humaine déchue. On distingue simplement un rire positif (*sâkhaq*, le rire joyeux) et un rire négatif (*lâag*, le rire moqueur)[37].

JÉSUS A-T-IL RI?

Le ton est nettement plus grave dans le Nouveau Testament.
Même si le mythe de « Jésus n'a jamais ri » ne se développe qu'à la
fin du IVᵉ siècle, avec Jean Chrysostome, il faut admettre que les
Évangiles, les Actes, les Épîtres sont très sévères à l'égard du rire.
Ils ne font aucune mention de rire chez le Christ. Au contraire, ce
sont ses adversaires qui rient : ils se moquent de lui quand il prétend que la petite fille d'un notable n'est pas morte, mais dort ;
Jésus annonce lui-même qu'on se moquera de lui[38] ; il est tourné en
dérision par les soldats lors de la Passion : « Ils se moquèrent de lui
en disant : "Salut, roi des Juifs[39]." » Les Béatitudes condamnent
clairement le rire dans ce monde : « Heureux, vous qui pleurez
maintenant : vous rirez [...]. Malheureux, vous qui riez maintenant : vous serez dans le deuil et vous pleurerez[40]. » Dès la Pentecôte, le message évangélique est accueilli par des rires, les apôtres
étant pris pour des ivrognes : « D'autres s'esclaffaient : "Ils sont
pleins de vin doux[41]." » Les philosophes d'Athènes éclatent de rire
lorsque Paul leur parle de résurrection. Dans ses épîtres, ce dernier
condamne le rire et interdit les blagues grivoises : « Pas de propos
grossiers, stupides ou scabreux, c'est inconvenant[42]. » Jacques n'est
pas plus gai : « Reconnaissez votre misère, prenez le deuil, pleurez ;
que votre rire se change en deuil et votre joie en abattement[43]. »
Pierre met en garde contre les sceptiques moqueurs : « Dans les
derniers jours viendront les sceptiques moqueurs, menés par leurs
passions personnelles, qui diront : "Où en est la promesse de son
avènement? Car depuis que les pères sont morts, tout demeure
dans le même état qu'au début de la création[44]." »
   Le ton est donné : partout où il est explicitement question du rire
dans le Nouveau Testament, c'est pour le condamner en tant que
moquerie impie, raillerie sacrilège. Pas une seule mention de rire
positif. D'où la naissance du fameux mythe, dont on tirera des
conséquences morales pour les chrétiens : puisqu'on ne dit pas que
Jésus a ri, c'est qu'il n'a pas ri, et puisque les chrétiens doivent
l'imiter en tout, ils ne doivent pas rire. Cette tradition naît avec
Jean Chrysostome, puis se diffuse largement. Benoît d'Aniane,
dans la *Concordia regularum,* déclare que Salvien de Marseille l'a
transmise au Vᵉ siècle à l'Église latine, où on la retrouve chez Ferreolus au VIᵉ siècle dans sa *Regula ad monachos,* chez Ludolphe de
Saxe au IXᵉ siècle, chez Pierre le Chantre au XIIᵉ siècle. En Orient,
saint Basile écrit au IVᵉ siècle dans ses *Grandes Règles* : « Les récits
évangéliques l'attestent, jamais il [Jésus] n'a cédé au rire. Au
contraire, il a proclamé malheureux ceux qui se laissent dominer
par le rire. » Une lettre apocryphe du bas Moyen Age, l'*Épître à*

Lentulus, va dans le même sens, et la tradition devient un lieu commun de la théologie classique. L'art emboîte le pas : aucune statue, aucun tableau, aucune fresque depuis deux mille ans ne représente Jésus riant — à l'exception de l'œuvre provocatrice du surréaliste Clovis Trouille, *Le Grand Poème d'Amiens* (1942). On y voit, dans le déambulatoire de la cathédrale, le Christ, couronné d'épines, le corps couvert de plaies, qui se tient les côtes dans un grand éclat de rire, regardant la voûte. Il nous faudra plus tard revenir au sens possible de cette œuvre.

Dans les premiers siècles, une certaine réticence s'observe pourtant dans quelques groupes. Cette histoire d'un dieu crucifié, d'un dieu qui triomphe et rachète par sa mort, paraît tellement invraisemblable, scandaleuse, que l'on soupçonne la supercherie, le grand tour de passe-passe à la dernière minute. C'est la théorie de l'une des branches du gnosticisme, le docétisme, que développe Basilides. D'après lui, au moment de la Passion, Dieu, grand prestidigitateur, a interverti les apparences de Jésus et de Simon de Cyrène. C'est ce dernier qui a été crucifié, tandis que *Jésus rit* du bon tour joué aux Romains et aux Juifs. Saint Irénée, dans son livre *Contre les hérésies,* rend compte de cette position : « Quant à Jésus lui-même, il prit les traits de Simon et, se tenant là, se moqua des archontes. Étant en effet une puissance incorporelle et l'intellect du Père inengendré, il se métamorphosa comme il voulut, et c'est ainsi qu'il monta vers Celui qui l'avait envoyé, en se moquant d'eux, parce qu'il ne pouvait être retenu et qu'il était invisible à tous. Ceux qui "savent" cela ont été délivrés des archontes auteurs du monde[45]. » Il s'agit, dans ce cas, du rire de triomphe de ceux qui sont libérés.

Les écrits apocryphes font également une utilisation plus complexe du rire. Selon l'*Histoire de l'enfance de Jésus,* antérieure à la seconde moitié du IVe siècle, « Jésus rit » lorsque le vieillard Zachée exprime son émerveillement devant sa sagesse. On voit aussi Jésus rire dans la *Vie de Jésus en arabe,* et le rire de libération est plusieurs fois présent : chez des personnes guéries, chez les saintes femmes qui trouvent le tombeau vide[46]. Dans les *Actes d'André,* datant environ de 150-160, le rire manifeste la liberté supérieure du chrétien, de celui qui a compris et qui se moque de l'aveuglement des autres. André, crucifié, rit sur la croix en expliquant à ses amis : « Ne dois-je pas rire, Stratoclès mon enfant, de la vaine ruse d'Égéate par laquelle il pense se venger de nous ? Il n'est pas encore convaincu que nous lui sommes étrangers, à lui et à ses machinations. Il ne peut entendre. S'il le pouvait, il aurait entendu qu'il est impossible de se venger de l'homme qui appartient à Jésus et qui a été connu de lui[47]. » Même constatation dans les *Actes de*

Jean, qui datent de la même époque : « Je riais de tous ces gens en les entendant me dire à moi ce qu'ils disaient de lui », déclare Jean. De la même façon, Dieu rit de voir ses fidèles se conduire bien : « Qu'il rie à cause de votre modération ! » A l'inverse, il y a le rire des ignorants, de ceux qui ne comprennent pas le sens caché : les disciples de Jean se moquent de lui lorsqu'ils le voient, dans une auberge, parler aux punaises pour leur demander de sortir et de le laisser tranquille pour la nuit ; rire bête et grivois, en raison du jeu de mots en grec entre « punaises » et « jeunes filles », alors qu'il s'agissait de montrer que les insectes sont plus obéissants que les hommes [48].

Dans les *Actes de Thomas,* de la première moitié du IIIe siècle, on trouve également le rire supérieur de celui qui sait, tel Judas Thomas riant lorsque le roi le menace de tortures, et en face le rire de l'incroyant, tel Karish se moquant de sa femme lorsqu'elle lui annonce qu'elle est devenue chrétienne et qu'elle ne veut plus coucher avec lui [49]. Dans l'*Épître des apôtres,* c'est la Vierge Marie qui rit — un rire qui fait écho à celui de Sarah — au cours d'un épisode étrange : le Christ raconte qu'il a pris l'apparence de l'ange Gabriel, et qu'il est lui-même venu annoncer à Marie qu'elle allait être sa mère : « Son cœur m'a reçu, et elle a cru, et elle a *ri*. Moi, le Verbe, j'entrai en elle et suis devenu chair. Je suis devenu mon propre serviteur sous l'apparence d'un ange. J'ai fait cela, puis suis retourné vers mon père [50]. » Rire de joie, d'un cœur qui exulte, ou rire de stupéfaction admirative devant le cocasse de la situation ?

Comme l'ont noté plusieurs auteurs, l'Incarnation et la Rédemption défient toute logique rationnelle humaine. Saint Paul le reconnaît, lorsqu'il parle de « la folie de la croix » ; la sagesse divine déroute la sagesse humaine, et pourrait facilement prendre une tournure comique. Le choc entre le sublime du sacrifice et la trivialité de la croix est potentiellement drôle : « Le héros christique, écrit Bernard Sarrazin, infiniment vulnérable mais jamais vaincu, peut donner une image comique ; la démesure de la croix s'exprime alors par l'excentricité comique aussi bien sinon mieux que par la déploration tragique. Tout dépend en définitive de l'idée que le croyant se fait de lui-même. "Quand, dit H. Cox, l'opinion de l'Église sur elle-même passa du ridicule au sérieux", l'image du Christ en clown disparut officiellement [51]. »

Il y a, au départ, hésitation. Héritier du monde hébraïque, le christianisme aurait pu en recevoir le sens de l'humour — lequel est entièrement passé à son frère jumeau, le judaïsme. Celui-ci entretient une grande familiarité avec le divin, qui peut aller jusqu'au bon mot de Woody Allen : « Dieu n'existe pas, mais nous sommes son peuple élu ! » Ce genre de boutade est inconcevable dans le christianisme, où les termes de blasphème et de sacrilège pèsent sur toute plaisanterie relative au divin. On ne se moque pas de Dieu. Toute liberté prise à l'égard du Christ est considérée comme blasphématoire ; toute présentation de sa vie qui sort du schéma officiel défini dans les Évangiles, qui remet en cause tel ou tel aspect de son œuvre, qui lui confère par exemple une sexualité normale, est immédiatement anathémisée, comme l'illustre la série des livres et des films censurés sous ce prétexte. Le christianisme affirme que Jésus est entièrement homme, mais lui refuse des particularités de la nature humaine telles que le rire ou le sexe. C'est tout juste si l'on accepte qu'il mange.

Destin tragique de l'espèce humaine, poids du péché, culpabilisation, peur de la damnation, misérabilisme des périodes de persécution : le christianisme a choisi le drame, l'autodépréciation du fidèle. Dans un article au titre éclairant (« L'humour en christianisme : une qualité qui fait défaut »), le dominicain Dominique Cerbelaud écrit : « Indubitablement, le christianisme fait l'apologie de l'humilité, mais cette vertu n'y suscite guère l'hilarité[52]. » Il ajoute que, depuis deux mille ans, le christianisme a plus souvent été en position dominante qu'en position dominée ; allié intime des pouvoirs, il leur a même disputé la position suprême. Et cela ne favorise ni l'humour ni l'ironie, qualités jugées plutôt subversives. Le ton pompeux et péremptoire des encycliques et des décrets conciliaires le confirme : on ne plaisante pas avec ces choses-là.

L'Église colle à sa mission comme Jésus collait à la sienne : aucun recul possible, donc aucun humour, lequel suppose un minimum de dédoublement, de regard narquois sur soi-même. Le Christ ne pouvait être que sérieux. Pourtant, la personnalité de Jésus subit elle aussi les variations des modes culturelles. À l'âge humoristique — le nôtre —, qui admire tant les comiques, les chrétiens s'efforcent de donner une image au moins souriante du Christ. Sans aller jusqu'à le faire rire, il est amusant de voir avec quelle ingéniosité, avec quelle pieuse satisfaction l'on « découvre » que Jésus possédait un fameux sens de l'humour. Pas un clown, bien sûr, mais un véritable pince-sans-rire[53]. Ses paraboles seraient pleines d'ironie, à l'égard des pratiques hypocrites des pharisiens, « sépulcres blanchis ». Ses histoires de paille et de poutre, de chameau et de trou d'aiguille, son jeu de mots sur « Pierre », son ouvrier de la onzième heure, sa remarque sur Abraham : « Si Abraham a ri, c'est qu'il pensait à moi », tout cela révélerait un esprit facétieux, malicieux, moqueur, dont les plaisanteries tombaient d'ailleurs complètement à plat : « Tu n'as pas encore cinquante ans, et tu as vu Abraham ? » Ses expressions énigmatiques seraient les signes d'un humour qui se plaît à dérouter ses interlocuteurs. Le

« Rendez à César ce qui est à César » ou le cinglant « Que celui qui n'a jamais péché lui jette la première pierre » sont empreints d'une ironie mordante, que la tradition chrétienne s'est attachée à étouffer. Quant à savoir si le Jésus historique a prononcé ces mots, c'est un autre problème.

Le Christ avait donc le sens de l'humour. Peu de chrétiens le contestent aujourd'hui. Il y a toutefois une difficulté de principe, que développe John Morreal dans un ouvrage de 1982[54]. Si Jésus est pleinement Dieu, comme l'affirme le dogme, sa science infinie, sa connaissance parfaite rendent impossible le décalage nécessaire à l'expérience du rire. En tant qu'homme, il peut rire; en tant que Dieu, il ne le peut pas. Il ne reste que la solution indiquée par Pierre le Chantre au XIIe siècle : Jésus peut rire, mais il n'a jamais ri. Pour prétendre le contraire, il faut s'embarquer dans d'insolubles contradictions sur la psychologie humano-divine dont on ne peut sortir que par le mot magique avec lequel la théologie résout tous les problèmes ultimes : mystère !

DIABOLISATION DU RIRE PAR LES PÈRES DE L'ÉGLISE

Les premiers chrétiens ne se posent pas ce problème. Pour eux, le rire est diabolique. Cette attitude s'inscrit bien dans la mentalité apocalyptique, marquée par l'obsession du diable, où se situe le christianisme naissant. Satan, extrêmement discret dans l'Ancien Testament, où il joue un simple rôle d'accusateur et d'opposant, surgit brutalement comme la puissance du mal dans les milieux sectaires apocalyptiques qui prolifèrent en Palestine vers le début de notre ère. Dans ces milieux, comme à Qumran, sont rédigés les écrits apocryphes largement orientés vers l'annonce de la fin du monde, de la dernière lutte entre les puissances du bien et du mal. Seuls les fils de lumière, le petit groupe des élus que prétend constituer chaque secte, seront sauvés. Les autres périront ou iront en enfer pour l'éternité avec Satan et ses satellites, Azazel, Belial, Mastemma, Satanaël, Sammaël[55]. Les chrétiens ne sont au départ que l'une de ces sectes, et le Nouveau Testament, qui mentionne 188 fois le diable, est une annonce directe de la proximité du Jugement. Ce n'est pas le moment de rire ! A Qumran, le *Manuel de discipline* déclare que « celui qui rit sottement et bruyamment sera puni pendant trente jours ». De nombreux écrits apocryphes d'origine chrétienne font explicitement du rire une arme diabolique. Dans les *Questions de Barthélemy*, datant peut-être du IIe siècle, Satan explique à Barthélemy qu'il utilise le rire comme un hameçon pour appâter les hommes : « Nous possédons d'autres serviteurs agiles, à qui nous donnons des ordres. Nous les équipons d'une ligne à plusieurs hameçons et nous les envoyons à la pêche. Et ils capturent pour nous les âmes des hommes, en les adoucissant par des douceurs variées, c'est-à-dire par l'ivresse et le rire, la calomnie, l'hypocrisie, les plaisirs, la débauche, ou encore par tous les autres moyens d'affaiblissement tirés de leurs trésors[56]. » Dans l'*Ascension d'Isaïe*, au début du IIe siècle, les faux prophètes, inspirés par le diable, rient en assistant au supplice d'Isaïe[57]. Dans les *Actes de l'apôtre Pierre et de Simon*, de la fin du IIe siècle, rire et sourire sont des signes de possession démoniaque : « Pierre se tourna vers la foule qui se tenait à ses côtés, et il vit au milieu d'elle quelqu'un sourire, en qui se trouvait un démon très malfaisant. Pierre lui dit : "Qui que tu sois, toi qui as ri, montre-toi ouvertement à toute l'assistance[58]." » Même idée dans la *Vie d'André*, rédigée au VIe siècle par Grégoire de Tours d'après un texte latin : les serviteurs d'Épiphane (un citoyen de Mégare), possédés par le démon, « éclataient d'un rire insensé[59] ». A la même époque, l'*Évangile du pseudo-Matthieu* déclare que, toute jeune, Marie avait regroupé autour d'elle quelques compagnes, et veillait à ce « qu'aucune n'élève la voix en riant[60] ».

Nul n'a davantage contribué à diaboliser le rire que les Pères de l'Église. Tertullien s'emporte contre les comédies, spectacles démoniaques et impudiques. Basile de Césarée écrit qu'« il n'est absolument pas permis de rire, en aucune circonstance, quand ce ne serait qu'à cause de la multitude de ceux qui outragent Dieu en méprisant sa loi [...]. Le Seigneur a condamné ceux qui rient en cette vie. Il est donc évident qu'il n'y a jamais pour les chrétiens de circonstance où ils puissent rire[61]. » Il le répète dans son épître 22 : le chrétien « ne devrait pas plaisanter; il ne devrait pas rire, ni tolérer ceux qui font rire », car le rire vient du plaisir charnel, conséquence du péché, et donc encore du diable. De plus, le rire peut nous faire oublier la peur constante que nous devons avoir de l'enfer.

Saint Ambroise se montre tout aussi catégorique : en toute circonstance, le rire est inconvenant, contraire à l'enseignement du Christ et, pour tout dire, diabolique. « Bien que les plaisanteries soient parfois belles moralement et agréables, cependant elles répugnent à la discipline ecclésiastique, car ce que nous n'avons pas trouvé dans les Écritures, comment pouvons-nous en faire usage ? Il faut s'en garder en effet, même dans les conversations, de peur qu'elles ne rabaissent la dignité d'un dessein de vie plus austère. "Malheur à vous qui riez, car vous pleurerez", dit le Seigneur;

et nous, nous cherchons matière à rire, afin que, riant ici-bas, nous pleurions là-haut! Ce ne sont pas seulement les plaisanteries sans bornes, mais encore toutes les plaisanteries qu'il faut, à mon avis, éviter, à cette réserve près qu'il n'est pas inconvenant que, d'aventure, un discours soit plein de dignité et d'agrément[62]. » Ailleurs, Ambroise ajoute : « Celui qui aura beaucoup pleuré dans cette vie sera sauvé. » Il est hostile à l'usage de la plaisanterie, même à but pédagogique.

Quant à saint Augustin, il ne cesse de répéter que, même si le rire est une faculté humaine, il reste méprisable : « Il y a certains autres actes qui paraissent étrangers aux animaux, mais qui ne sont pas ce qu'il y a de plus élevé dans l'homme, comme la plaisanterie et le rire; et quiconque juge sainement de la nature humaine estime que, si ces actes sont de l'homme, ils sont ce qu'il y a de plus infime en lui[63]. » Voilà pourquoi « je vous prie, aussi humblement que possible, de donner à la raison le pas sur le rire; car rien n'est plus honteux qu'un rire qui n'est digne que de moquerie[64] ».

Particulièrement condamnable est le rire des bouffons : « Nous voyons que les fous eux-mêmes, qu'on appelle morions, font les délices des gens sensés, et que dans la vente des esclaves on les achète plus cher que les autres. Tant on est porté naturellement, même quand on n'est pas fou, à se réjouir du mal des autres. Car l'homme qui aime la folie chez les autres ne voudrait pas leur ressembler[65]. »

Dans un sermon, Augustin pose directement la question : vaut-il mieux rire que pleurer? La réponse est claire : « Le frénétique se livre à un fou rire. Il n'en est pas moins malade, et l'homme raisonnable déplore cette folle joie. Je suppose que vous faites cette question : vaut-il mieux rire que pleurer? Qui ne vous répondrait : j'aime mieux rire? Cependant, pour nous faire aimer la douleur salutaire de la pénitence, le Seigneur a fait des larmes un devoir, et du rire une récompense. Comment cela? Lorsqu'il a dit dans son Évangile : "Bienheureux ceux qui pleurent, parce qu'ils riront un jour." C'est donc pour nous un devoir de pleurer, et le rire est la récompense de la sagesse. Le rire est pris ici pour la joie; ce ne sont pas les bruyants éclats, mais l'allégresse intime du cœur. Si donc vous proposez cette alternative : vaut-il mieux rire que pleurer? tout homme répondra qu'il aime mieux rire que pleurer. Si maintenant, personnifiant ces deux états, vous demandez : que vaut-il mieux, du rire du frénétique ou des pleurs de l'homme sensé? on vous répondra qu'on préfère les pleurs de l'homme raisonnable au rire de l'insensé[66]. »

Conclusion générale, qui résume la pensée d'Augustin sur la question : « Tant que nous sommes en ce monde, il n'est point encore temps de rire, de peur d'avoir ensuite à pleurer[67]. »

Plus ouvert que saint Ambroise, saint Jérôme n'est guère plus favorable à l'hilarité. Il écrit d'ailleurs à Marcella qu'on lui a fait une réputation de tristesse : « Parce que nous ne nous enivrons pas et que nos lèvres ne s'ouvrent pas pour des rires excessifs, on nous qualifie de continents et de tristes. » En fait, il distingue entre deux rires : le rire excessif et sonore, ce rire qui secoue le corps, rire des Juifs, des écoliers, des ivrognes, des barbares et des spectateurs de comédies, qui est condamnable ; et le rire modéré, dont l'emploi peut être toléré pour l'éducation de la jeunesse chrétienne. Jérôme possède un esprit satirique très acéré, et lui-même se comparait parfois à Lucilius. Ses railleries contre la coquetterie féminine, les fausses dévotes, les prêtres parfumés et frisés, ont des accents de Juvénal et lui valent de nombreux ennemis[68]. Il n'empêche que Jérôme déconseille globalement le rire : « Rire et se réjouir avec le siècle n'est pas d'un homme sensé, mais d'un frénétique. »

C'est aussi ce qu'affirme Clément d'Alexandrie. Dans un traité sur *Le Pédagogue*, il examine de près la question du rire. D'emblée, il exclut le gros rire, rire hideux, rire des bouffons. Tous ces gens dont le métier est de faire rire devraient d'ailleurs être bannis de la société chrétienne : « Ceux qui savent mimer le risible, et surtout le ridicule, il faut les chasser de notre république », car, s'ils sont capables de faire cela, c'est qu'ils ont eux-mêmes un caractère risible. « Si donc il faut chasser de notre république les bouffons, il s'en faut de beaucoup que nous puissions nous autoriser nous-mêmes à faire les bouffons. [...] C'est donc une moquerie que de chercher à faire rire, puisque la parole qui exprime des choses risibles ne vaut même pas la peine d'être écoutée : elle habitue par les mots eux-mêmes à se diriger vers les actions basses ; il faut être gracieux, mais non bouffon[69]. »

Mais Clément est un humaniste. Rire fait partie de la nature humaine, et l'on ne peut donc se l'interdire totalement. Mais il ne faudra s'y laisser aller qu'avec une grande parcimonie, surtout les femmes, bien sûr, car le rire éveille toujours la suspicion : « Ni on ne doit rire continuellement — ce serait manquer de mesure —, ni on ne doit rire en présence de gens plus âgés que soi ou d'autres qui méritent le respect, à moins qu'eux-mêmes ne plaisantent pour nous détendre, ni on ne doit rire aux premiers venus, ni en tout lieu, ni à tous, ni à propos de tout. Pour les adolescents et pour les femmes surtout, le rire est une occasion de calomnies. » Même l'eutrapélie aristotélicienne est condamnée, assimilée à des plaisanteries grivoises de table ; de son côté, Jérôme en fait l'équivalent de la *jocularitas*, ou vilain langage.

Clément d'Alexandrie suit plutôt l'enseignement de Platon : le rire bruyant appartient au domaine du bas, du laid ; il déforme le visage et caractérise les prostituées et les proxénètes. En revanche, le sourire est harmonie. Clément se veut modéré, équilibré, dans la ligne de Cicéron et de Quintilien. Il faut de la mesure, « accordant une détente harmonieuse au sérieux et à la tension de notre bonne volonté, sans les relâcher jusqu'à la dissonance. Permettre à son visage l'harmonie, comme on fait à un instrument dans la régularité des traits, c'est ce qu'on appelle sourire — si le sourire s'épanouit, il se réfléchit sur tout le visage : c'est le rire des sages ; mais si l'on relâche les traits du visage jusqu'à en détruire l'harmonie, et que cela arrive à des femmes, on l'appelle *kichlismos,* c'est le rire des prostituées ; et s'il s'agit d'hommes, on l'appelle *kanchasmos,* c'est le rire outrageant des proxénètes ».

Le rire est sous haute surveillance : « Au rire lui-même, on doit mettre un frein : s'il se produit comme il faut, il manifeste aussi l'équilibre, tandis que s'il ne se présente pas ainsi, il est signe de dérèglement. Bref, tout ce qui est naturel à l'homme, il ne faut pas le lui supprimer, mais plutôt lui imposer la mesure et le temps qui conviennent. Ce n'est pas, en effet, parce que l'homme est un animal capable de rire, qu'il faut rire de tout. » Clément impose tellement de conditions, de limites, de contraintes à l'exercice du rire que l'on se demande si celui-ci est encore possible, tant il est épié, suspecté, traqué. Finalement, écrit-il, « il faut être non pas sombre, mais réfléchi ; j'approuve en effet totalement celui-là qui apparaissait "souriant avec un masque terrible" (Homère, *Iliade,* VII, 212) ». La formule est belle, mais on voit mal comment la traduire sur un visage.

« ET ÇA VOUS FAIT RIRE ! » (JEAN CHRYSOSTOME)

Le plus farouche adversaire du rire chez les Pères de l'Église est saint Jean Chrysostome (344-407). S'il mettait en pratique le contenu de ses sermons, on ne devait pas souvent voir les dents de l'homme « à la bouche d'or » ! Pour lui, le rire est absolument satanique, diabolique, infernal : « Le démon partout dirige ce triste concert » ; « les divertissements ne sont pas un don de Dieu, mais du diable ». Dans son *Commentaire sur l'épître de saint Paul aux Hébreux,* il se livre à une étonnante diatribe contre le rire, qu'il rencontre partout ; les églises, les couvents, la rue, le théâtre, les réunions privées résonnent pour lui de ce rire obsédant qui semble le poursuivre comme le cri de triomphe de Satan :

« Vous, par ce rire hardi, vous imitez les femmes insensées et mondaines, et, comme celles même qui paraissent sur les planches

des théâtres, vous essayez de faire rire les autres. Voilà le renversement, voilà la destruction de tout bien. Nos affaires sérieuses
deviennent des sujets de rire, de plaisanteries et de jeux de mots.
Rien de ferme, rien de grave dans notre conduite. Je ne parle pas
seulement ici aux séculiers; je sais ceux que j'ai encore en vue; car
l'église même s'est remplie de rires insensés. Que quelqu'un prononce un mot plaisant, le rire aussitôt paraît sur les lèvres des assistants; et, chose étonnante, plusieurs continuent de rire jusque pendant le temps des prières publiques. [...] N'entendez-vous pas saint
Paul s'écrier : "Que toute honte, que toute sottise de langage, toute
bouffonnerie soit bannie du milieu de vous"? Il place ainsi la bouffonnerie au même rang que les turpitudes. Et *vous riez* toutefois!
Qu'est-ce que la sottise du langage? C'est dire ce qui n'a rien
d'utile. Mais *vous riez* quand même; le rire sans cesse épanouit
votre visage, et vous êtes moine? Vous faites profession d'être crucifié au monde, et *vous riez*! Votre état est de pleurer, et *vous riez*!

« *Vous qui riez*, dites-moi : où avez-vous vu que Jésus-Christ vous
ait donné l'exemple? Nulle part; mais souvent vous l'avez vu
affligé! En effet, à la vue de Jérusalem, il pleura; à la pensée du
traître, il se troubla; sur le point de ressusciter Lazare, il versa des
larmes. Et *vous riez*! [...]

« Voici le temps du deuil et de l'affliction, le moment de châtier
votre corps et de le réduire en servitude, l'heure des sueurs et des
combats. Et *vous riez*! Et vous ne remarquez pas comme Sarah fut
reprise pour ce fait! Et vous n'entendez pas cet anathème de Jésus-
Christ : "Malheur à ceux qui rient, parce qu'ils pleureront!" [...]

« Mais peut-être il en est ici de tellement dissipés, tellement effé-
minés, que nos reproches les font rire encore, par cela seul que
nous parlons du rire. Car le caractère de ce défaut, c'est la folie et
l'hébêtement d'esprit [...].

« Quand vous entrez dans un palais, votre allure, votre regard,
votre démarche, tout votre extérieur enfin sait s'ennoblir et se
composer; mais ici où est le palais véritable, où tout est l'image du
ciel, *vous riez*! [...]

« Quoi donc, ô femme, vous mettez un voile sur votre tête, dès
que vous prenez place à l'église, et *vous riez*! Vous y êtes entrée avec
la résolution de confesser vos péchés, de vous prosterner devant
Dieu, de prier et de supplier pour les fautes que vous avez eu le
malheur de commettre, et dans l'accomplissement de ces devoirs
vous riez[70] ! »

Ce qui met Jean Chrysostome littéralement hors de lui, c'est que
plus il tonne contre le rire, plus on rit. Par là même, le rire prouve
sa puissance diabolique : incontrôlable, insensé, insensible au
raisonnement, à la logique, à la menace, il surmonte la peur, il

triomphe de la fureur sacrée, qui ne fait que l'attiser, comme un courant d'air sur le feu. Le prédicateur, en s'emportant contre le rire, devient comique; en voulant éteindre le rire, il fait rire de lui : revanche du diable, puissance de Satan, qui dissipe par ce vain bruit l'esprit divin. La colère, fût-elle divine, ne peut rien contre le rire, signe ultime de la liberté.

Jean Chrysostome n'arrive pas à comprendre ce paradoxe : « Comment, vous avez à rendre compte de tant de péchés, et vous vous amusez à rire, à dire des plaisanteries et à rechercher les délices de la vie ? Mais que gagnerai-je, me dites-vous, quand je pleurerai au lieu de rire ? Vous y gagnerez infiniment. [...] Et véritablement, quel sujet avez-vous tant de vous réjouir, et d'éclater de rire, puisque vous êtes encore si redevables à la justice divine, puisque vous devez comparaître devant un tribunal si terrible, et rendre un compte exact de toutes vos actions ? [...] Mais si nous devenons lâches et paresseux, si nous nous amusons à nous divertir et à rire, nous serons vaincus par notre mollesse, même avant que de combattre.

« Ce n'est point à nous à passer le temps dans les ris, dans les divertissements et dans les délices. Cela n'est bon que pour les prostituées de théâtre et pour les hommes qui les fréquentent, et particulièrement pour ces flatteurs qui cherchent les bonnes tables. [...]. Ce qui est encore plus dangereux est le sujet pour lequel éclatent ces ris immodérés. Dès que ces bouffons ridicules ont proféré quelque blasphème, ou quelque parole déshonnête, aussitôt une multitude de fous se mettent à rire et à montrer de la joie. Ils les applaudissent pour des choses qui devraient les faire lapider et ils s'attirent ainsi sur eux-mêmes, par ce plaisir malheureux, le supplice d'un feu éternel[71]. »

Dans cette homélie sur saint Matthieu, Jean Chrysostome se réfère à l'exemple du Christ : « On le trouve souvent pleurant, mais on ne le trouve point riant, et il ne souriait même jamais. » Ses fidèles l'ont imité, à commencer par saint Paul : « Ni lui, ni personne n'a point écrit qu'il ait ri ; et nul des saints ne l'a écrit ni de soi-même ni d'un autre. »

Du reste, on peut passer sa vie à pleurer et être heureux, affirme Jean Chrysostome dans le *Commentaire sur l'épître aux Philippiens* : « Pleurer ses véritables misères et les confesser, c'est se créer une joie et un bonheur. D'ailleurs, il est bien permis de gémir sur ses péchés et de se réjouir en l'honneur de Jésus Christ[72]. »

Soyons juste : Jean Chrysostome n'interdit pas absolument tout rire. Comme Clément d'Alexandrie, il prône une extrême méfiance à l'égard de l'hilarité, qui mène facilement au péché, et proscrit le « rire immodéré » : « Les ris et les plaisanteries, sans paraître des péchés en eux-mêmes, conduisent au péché. Souvent les ris produisent des paroles déshonnêtes, et les paroles déshonnêtes des actions plus déshonnêtes encore; souvent, des ris et des paroles on en vient aux injures [...]. N'évitez pas seulement les paroles et les actions déshonnêtes, les coups et les meurtres, mais les ris immodérés et les propos qui les font naître [73]. » Même leçon dans l'*Homélie sur la fête de Pâques* : « Les dents et les lèvres ont été mises devant la langue pour qu'elle ne franchisse point légèrement ces barrières [...]. Il faut éviter absolument les ris immodérés [74]. » Cette idée originale des dents comme barrière destinée à retenir le rire sera reprise dans une règle monastique du ixe siècle, la *Règle du Maître* [75]. Ceux qui croyaient naïvement que la denture ne servait qu'à mastiquer voient ainsi que l'œuvre divine a toujours une dimension mystique. Par la même occasion, nous constatons que les auteurs spirituels le sont vraiment dans tous les sens du terme. L'humour involontaire n'est, souvent, pas le moins drôle.

Jean Chrysostome tolère une certaine pratique du rire, dans des limites bien définies : « Mais, dites-vous, le rire est-il donc un péché? — Non, le rire n'est pas un péché; mais ce qui est un péché, c'est l'excès, c'est de prendre mal son temps. Le rire nous est naturel, quand par exemple nous revoyons un ami après un long temps d'absence; ou quand, rencontrant des personnes frappées de vaines terreurs, nous voulons les rassurer et les récréer; rions alors, mais jamais jusqu'aux éclats, mais point constamment [76]. »

LA GUERRE DU RIRE ENTRE CHRÉTIENS ET PAÏENS

Les Pères de l'Église ont largement vu dans le rire un phénomène diabolique, lié à la déchéance humaine [77]. Même s'ils tolèrent un léger rire de divertissement, ils ont une conception très négative du rire, et celle-ci marquera le christianisme pendant des siècles. L'homme est déchu, irrémédiablement mauvais, menacé de l'enfer éternel au moindre écart de conduite. Et pourtant le rire fait partie de notre nature, et cela depuis la chute. Alors, il faut l'utiliser au service du bien.

Outre le rire de pur divertissement innocent, le plus discret possible, il y a en effet un usage licite, qui est la raillerie contre le mal. Les Pères ne s'en privent pas, en particulier saint Jérôme, qui en use aussi contre les hérétiques. Saint Irénée tourne en ridicule les gnostiques, Tertullien se montre très sarcastique à l'encontre des faiblesses humaines, saint Augustin se moque volontiers des manichéens et autres hérétiques. Après tout, saint Paul n'a-t-il pas raillé, disent les Pères, lorsqu'il a repris à son compte les paroles d'Épiménide contre les Crétois : « Crétois, perpétuels menteurs, bêtes méchantes, panses fainéantes[78] »? Jésus ne s'est-il pas moqué des pharisiens? Et Dieu lui-même n'a-t-il pas tenu ces propos ironiques sur Adam, après le péché originel : « Le voilà devenu comme nous, connaissant le bonheur et le malheur »? Il est d'ailleurs révélateur que les Pères aient donné un sens moqueur à cette phrase, qui n'en a aucun : toujours prêts à railler, ils croient voir le sarcasme partout.

L'exercice n'est pourtant pas sans risque, car il s'agit de ne pas faire d'entorse à la charité : railler le péché sans railler le pécheur, se moquer des hérésies sans se moquer des hérétiques... Il y a dans les rangs des intellectuels chrétiens de redoutables satiristes, dont la cible privilégiée est le paganisme. Minucius Felix, Tertullien, Arnobe, Lactance, Prudence font des gorges chaudes des mythes, des dieux, du culte. Au IIIᵉ siècle, Commodien franchit allègrement la limite, ridiculisant les personnes — les Juifs, les païens, les riches, tout juste bons à s'engraisser comme des porcs —, et va jusqu'à se réjouir de la menace que les Barbares font peser sur l'Empire. A côté de ce « chrétien d'extrême gauche », comme le qualifie un manuel de littérature latine, voici l'antipaganisme primaire de Prudence qui, dans une satire *Contre Symmaque*, traîne dans la boue les dieux déchus. Il évoque ici Priape, dieu de la fécondité et de la sexualité, et Hercule :

> ... il était aussi grand amateur de filles
> et, brûlant de désir, selon son habitude,
> Lutinait dans les bois les garces des campagnes,
> forniquant sans répit, et sans trêve tendant
> son cœur jamais en paix, et toujours prêt au mal :
> jamais de jour chômé pour son membre en chaleur!
> [...]
> Hercule, amoureux, lui, d'un jeune homme lascif,
> déchaîna ses ardeurs sur les bancs des rameurs,
> tandis que sur les flots voguait la nef Argo ;
> sous la peau de Némée, il osa sans vergogne
> coucher avec un homme[80]!...

Il s'en prend aussi aux vestales, qui se marient sur le tard : « Vesta se dégoûte enfin de ces virginités sur le retour : son service fini, son travail sacré accompli, la vestale vieillie convole; elle quitte le foyer qu'elle a gardé pendant sa jeunesse; elle porte au lit nuptial ses rides émérites et, nouvelle mariée dans une couche glacée, elle apprend à connaître de tièdes transports[81]. »

La satire chrétienne, on le voit, n'est pas toujours d'un très haut niveau. Les aventures des dieux gréco-romains offrent, il est vrai, une ample matière au gros rire grivois. Mais, sur ce point, la Bible n'a pas grand-chose à leur envier. Des coucheries des patriarches au harem de Salomon en passant par les incestes de Loth, les adultères de David ou les convoitises libidineuses des vieillards avec Suzanne, il y a de quoi alimenter des volumes de railleries obscènes. Le rire a été une arme anti-chrétienne sans doute plus efficace que les persécutions : c'est là probablement l'une des causes de l'aversion des chrétiens pour ce rire diabolique.

Dans son *Discours véritable,* composé vers 170, et que nous ne connaissons qu'à travers les citations d'Origène, Celse se gausse des histoires abracadabrantes de la Genèse, « fables de vieilles femmes » empruntées aux contes orientaux : « Un homme modelé par les mains de Dieu et recevant son souffle, une femme tirée de son côté, des commandements de Dieu, un serpent se rebellant contre eux et le serpent victorieux des prescriptions de Dieu. Fables de vieilles femmes, impiété majeure ! [...] il est alors question d'un déluge et d'une arche étrange, contenant tous les êtres, d'une colombe et d'une corneille servant de messagers : démarquage sans scrupule de l'histoire de Deucalion. Autre fable pour de petits enfants[82] ! Quant aux chrétiens, poursuit Celse, « voici leurs maximes : "Loin d'ici tout homme qui possède quelque culture, quelque sagesse ou quelque jugement; ce sont de mauvaises recommandations à nos yeux; mais quelqu'un est-il ignorant, borné, inculte et simple d'esprit, qu'il vienne à nous hardiment!" En reconnaissant que de tels hommes sont dignes de leur dieu, ils montrent bien qu'ils ne veulent et ne savent gagner que les niais, les âmes viles et imbéciles, des esclaves, de pauvres femmes et des enfants ».

A la fin du siècle suivant, Porphyre se montre tout aussi sarcastique : « Même en supposant que tel des Grecs soit assez obtus pour penser que les dieux habitent dans les statues, ce serait une conception plus pure que d'admettre que le divin soit descendu dans le sein de la Vierge Marie, qu'il soit devenu embryon, qu'après sa naissance il ait été enveloppé de langes, tout sali de sang, de bile et pis encore. » Quant à Lucien, qui est sans doute le plus redouté par les chrétiens, nous avons vu les effets dévastateurs de ses moqueries.

La guerre du rire entre chrétiens et païens ne se déroule pas seulement dans les livres. Le célèbre graffito du IIIe siècle, retrouvé à Pompéi, où l'on voit un homme rendre un culte à un crucifié à visage d'âne, avec cette légende en grec : « Alessamene adore son dieu », est généralement considéré comme une œuvre de dérision antichrétienne, bien que d'autres interprétations aient été avancées : il s'agit peut-être du dessin d'un gnostique séthien, assimilant Jésus-Christ au dieu Seth, à tête d'âne ; pour Harvey Cox, les auteurs pourraient même être des chrétiens ayant « un sens plus profond de l'absurdité comique de leur situation » (hypothèse qui, en fonction du contexte, paraît bien peu vraisemblable) ; pour Louis Massignon, ce graffito émanerait d'un docète, refusant le scandale de la crucifixion divine et indiquant par cette image la substitution d'un animal, très symbolique des puissances du mal, à Jésus — on trouverait d'ailleurs une légende similaire dans le soufisme[83].

A l'exception des quelques satiristes chrétiens mentionnés, l'utilisation du rire comme arme apologétique est rare dans la nouvelle religion, où les fidèles sont trop convaincus du tragique de la situation pour éprouver le moindre sentiment comique. De même, ils adhèrent de trop près à leur foi pour qu'apparaisse une fissure par où pourrait se glisser l'ironie. Aucune distance entre le croyant et son credo : c'est cette fusion qui engendre le fanatisme, alors que le rire, lui, s'insinue par les interstices entre le sujet pensant et l'objet de ses pensées, qui peut alors prendre des aspects étranges et étrangers. Pour rire, il faut un semblant de doute, un début de prise de distance, au moins fictive, par jeu. Le fanatique ne joue pas : il « y croit », et il « s'y croit ». Il ne fait qu'un avec sa foi.

Les seules traces d'humour que l'on relève chez les chrétiens des premiers siècles concernent le détachement à l'égard de leur propre corps, misérable enveloppe mortelle qu'ils aspirent à quitter. D'où l'humour noir de certains martyrs, tel saint Laurent qui, placé sur un gril, aurait — selon la *Légende dorée* — dit à son persécuteur Dèce : « Voici, misérable, que tu as rôti un côté ; retourne l'autre et mange. » Dans la vie courante, le chrétien est sérieux, et fait de sa gravité une vertu. La récupération de tout le bien existant dans le monde est dès cette époque un trait caractéristique du christianisme, pour lequel il ne peut y avoir que du mal chez les incroyants. Si les philosophes païens ont acquis une science non négligeable, c'est qu'ils l'ont empruntée à Moïse ; si les prophètes païens font des prophéties exactes, c'est qu'ils sont éclairés par le diable ; si des païens font le bien, ils n'y ont aucun mérite, ils le doivent à des dispositions naturelles[84] ; s'ils sont sérieux et s'abstiennent de rire, c'est qu'ils sont malades, souffrent « d'un excès de bile ou d'un autre défaut de nature ». La gravité est une vertu chez le seul chrétien, qui sait pourquoi il ne faut pas rire ; chez le païen, c'est un défaut. Le païen qui rit est un démoniaque ; le païen qui pleure, un névrosé. C'est ce qu'affirme la *Concordia regulorum* : « Il faut croire que l'absence de rire chez certains païens vient d'un excès de bile ou d'un autre défaut naturel plutôt que de la vertu[85]. »

La condamnation du rire par les chrétiens est presque proverbiale dans l'Antiquité tardive. Au vi^e siècle, lorsque le rhétoricien Khloritius fait une apologie du mime, il se demande si le christianisme considère le rire comme diabolique. Défendant le rire, il cite déjà comme argument son pouvoir thérapeutique : un cas de guérison d'un malade qui a assisté à un mime[86]. C'est qu'à l'époque les autorités ecclésiastiques, qui contrôlent le pouvoir politique depuis la christianisation des autorités impériales, sont désormais en mesure d'imposer leurs conceptions culturelles, entièrement imprégnées de théologie. L'argumentation contre le rire cède la place à l'interdiction par la force.

La lutte s'engage surtout contre le rire collectif organisé sous forme de la fête. D'autant plus que la fête est intimement liée à la mythologie et aux croyances païennes. Saturnales et lupercales donnent lieu à des réjouissances immorales, sévèrement condamnées par les auteurs chrétiens : « coupable », « indécent », « honteux », « débauche », « licence », « luxure », « souillure » sont les termes qui reviennent le plus fréquemment à leur sujet. Les mascarades sont jugées particulièrement odieuses : porter un masque, se déguiser, c'est mentir, c'est changer d'identité afin de cacher ses mauvaises actions — suggestion démoniaque, œuvre de Satan. Les Pères avancent comme étymologie le vieux terme italique *masca,* qui veut dire « démon », tandis que le latin *larva,* « masque », a d'abord désigné un esprit infernal. Se masquer, n'est-ce pas aussi singer le créateur, renier le corps qu'il nous a donné pour s'en attribuer un autre ? C'est clair : le diable est derrière tout cela[87].

Alors, dès les débuts de l'Empire chrétien, interdictions et condamnations des fêtes se multiplient. Dès la fin du ive siècle, les fêtes païennes cessent d'être chômées : en 389, Théodose et Valentinien II les éliminent du calendrier. En 395, Arcadius réitère l'interdiction de chômer les jours de fêtes païennes. La fête de Maiuma, encore tolérée en 396, est prohibée en 399 au nom de la morale. Jeux et mimes sont interdits par une abondante législation[88]. En 425, Théodose et Valentinien proscrivent divertissements, comédie et cirque le dimanche et les jours de fêtes religieuses. Les conciles provinciaux ajoutent évidemment leurs anathèmes : le concile de Carthage en 398 excommunie ceux qui quittent l'église pour aller au spectacle les jours de fête; celui de Tours en 567 condamne les turpitudes païennes accompagnant les fêtes de fin d'année, qui ont pris la suite des saturnales et que l'on commence à appeler fête des fous; celui de Tolède en 633 réitère la condamnation.

LE RIRE ET LE SACRÉ : GROTESQUE CHRÉTIEN ET PARODIE

La répétition des interdits est toujours l'indice de leur inefficacité relative. De fait, il semble bien qu'une tolérance ait existé. La période est extrêmement confuse, et cette confusion profite d'une certaine façon au rire, qui connaît un début de mutation. Certes, les temps sont peu propices au comique : entre Attila et les Mérovingiens, entre les Vandales et les Ostrogoths, de massacres en épidémies et de famines en dévastations, il y a peu de place pour le rire ! Le rire policé de la comédie disparaît : *Querolus,* qui voit le jour au début du vᵉ siècle, est l'une des dernières comédies du monde latin ; sérieuse et sans grivoiserie, elle n'a plus rien de commun avec l'esprit de Plaute. On peut parler, avec Jean-Michel Poinsotte, de « la mort du comique antique[89] ». Au vᵉ siècle toujours, Sidoine Apollinaire traite la *scurrilitas* de vice des acteurs de théâtre ; Olympiodorus Alexandrinus écrit que ce n'est pas le rire, mais la sainte colère, qui est édifiante.

Le rire sacré fait naufrage en même temps que le paganisme. Bien sûr, de nombreuses réjouissances d'origine païenne se perpétuent sous une nouvelle enveloppe, mais elles perdent définitivement leur signification religieuse, qui ne sera redécouverte que par les érudits modernes. Les rires du carnaval ou de la fête des fous, quels que soient leurs liens — d'ailleurs discutés — avec les lupercales et les saturnales, n'ont plus, dans l'esprit des rieurs, le moindre sens religieux. Seule l'archéologie des mentalités leur en attribue un. La fête, ce n'est plus le retour ritualisé au chaos originel ou à l'âge d'or ; c'est désormais l'occasion de rire, sans savoir pourquoi. Le rire de la fête était un moyen ; il devient son propre objet, son propre but.

Et le christianisme, qui ne peut éliminer le rire, commence à l'assimiler. L'Église, en dépit de sa rigidité de façade, a un extraordinaire pouvoir d'adaptation. Ce qu'elle ne peut détruire, elle se l'approprie, l'intègre à sa substance, ce qui lui a permis de surmonter jusqu'ici toutes ses crises. Entre le ivᵉ et le viiiᵉ siècle, elle prend le relais de la culture antique ; plutôt que de s'acharner contre elle, elle lui donne de nouveaux habits, sous lesquels les historiens ne cessent de redécouvrir les vestiges païens. Ainsi le rire est-il récupéré, après avoir subi une nécessaire épuration.

Pour Grégoire le Grand, vers 600, il y a deux types de rire légitimes : lorsqu'on se moque des méchants, comme Dieu lui-même l'a fait, et lorsqu'on se réjouit du bien. Il a lui-même, nous confie-t-il, éclaté de rire pendant la messe parce qu'il a eu une vision cocasse : un démon est en train d'écrire sur un parchemin la liste des péchés des clercs, mais comme elle se rallonge sans cesse, il veut dérouler le parchemin en tirant avec ses dents, car il a les mains occupées, et voilà qu'ayant lâché prise il se cogne la tête contre le mur[90]! Dans ses *Dialogues,* qui foisonnent de diables, Grégoire le Grand, pape, raconte une autre histoire : une religieuse avait envie de salade; gourmande, elle en croque une feuille en oubliant de faire le signe de croix; or, un petit diable était tranquillement assis sur la feuille, faisant la sieste. Le voilà avalé; la religieuse est donc possédée. L'abbé Euquitius intervient pour l'exorciser, et le petit diable s'étonne qu'on lui cherche querelle : « Mais qu'ai-je fait de mal? J'étais assis sur la feuille de salade, elle est venue et elle m'a mangé. » Évolution révélatrice : le diable glisse dans le burlesque. Les mésaventures des démons vont fournir une mine d'histoires drôles au Moyen Age; les clercs retournent le rire contre le pauvre diable. Quel exemple d'adaptation! Satan a apporté le rire, et l'on s'en sert contre lui. Certes il reste terrifiant, mais désormais il est ambivalent, surtout dans la religion populaire.

Les vies de saints, que l'on commence alors à rédiger, témoignent du même mélange des genres, et d'une intégration du rire à la foi dans un but d'édification. Certains récits hagiographiques, il est vrai, défendent le sérieux absolu de leur héros : « Jamais non plus on ne le vit rire », dit-on de saint Oyend dans les *Vies des Pères du Jura.* Même remarque à propos de saint Martin par Sulpice Sévère : ce sont ses ennemis qui rient, qui tournent en ridicule son aspect misérable; malgré tout, il fait de l'esprit dans ses sermons. Selon saint Athanase, qui raconte la vie de saint Antoine, celui-ci n'a pas été tenté par le rire, mais il n'était pas morose pour autant. Et dans les recueils d'anecdotes circulant pour les prédicateurs au Moyen Age figure l'histoire suivante : un archer s'étonne de trouver saint Antoine en train de s'amuser avec ses compagnons, et lui en fait le reproche. Le saint lui demande alors de bander son arc et de tirer une, deux, trois, quatre flèches, jusqu'au moment où l'archer déclare que son arc va casser à force de tirer des coups. Antoine tire la leçon : « C'est la même chose pour l'œuvre de Dieu. Si nous voulions bander au-delà de nos forces, nous nous briserions[91]. » En toute chose, il faut respecter ses limites! Le rire est donc nécessaire, au moins comme détente.

Mais il y a plus. Les rédacteurs de vies de saints n'hésitent pas à produire des effets comiques, par un mélange inextricable de profane et de sacré, même si cela amène à transgresser la morale et la bienséance : c'est pour la bonne cause. Dans ces textes, certains saints se livrent à des voies de fait, giflent, frappent; d'autres, au paradis, se gaussent des tourments des damnés; un autre encore lèche la morve d'un lépreux, ce qui la transforme en perles précieuses. Tous les coups sont bons contre le mal : un évêque ment effrontément devant un démon, et celui-ci n'ose pas répliquer, de peur de retourner en enfer. Le miracle permanent, la transgression constante des lois naturelles, le mélange profane-sacré, bien-mal, engendrent un grotesque chrétien qui prend la suite du grotesque païen. L'ambivalence du grotesque est ici mise au service du sacré, comme le constate Aaron I. Gourevitch : « Ce grotesque peut provoquer la joie, mais il ne supprime pas la peur ; il les unit plutôt dans une sorte de sentiment contradictoire ayant pour éléments inséparables le frémissement sacré et le rire sacré. [...] Dans ce système, le sacré n'est pas mis en doute par le rire ; au contraire, il est renforcé par l'élément comique qui est son double et son compagnon, son écho permanent[92]. »

La fusion du comique et du sérieux va marquer toute la religion populaire du Moyen Age. L'élément comique des récits religieux est souvent involontaire ; il n'a pas pour but de faire rire, mais d'édifier, en assimilant le monde terrestre au risible. Les *Dialogues sur les miracles* de Césaire de Heisterbach sont pleins de ces télescopages entre le trivial terrestre et le sublime céleste. Ainsi ce simple d'esprit, soumis à la tentation, qui s'écrie : « Seigneur, si tu ne me délivres pas de la tentation, je me plaindrai à ta mère ! » Ou bien cette concubine d'un prêtre, qui demande à un prédicateur ce que sera son sort ; il lui répond en plaisantant qu'elle sera damnée, à moins qu'elle n'entre dans un four allumé. Ce qu'elle fait. On voit alors une blanche colombe sortir par la cheminée ; comme elle s'est suicidée, on l'enterre dans un champ, et la nuit on aperçoit des cierges qui s'allument d'eux-mêmes sur sa tombe. La peur, le rire, le sacré, le profane, sont intimement mêlés. Ce n'est qu'à la fin du Moyen Age et à la Renaissance que les autorités entreprendront le grand tri, travail de longue haleine. L'affrontement entre la culture terrifiante de l'élite et la culture carnavalesque du peuple, que décrit le livre classique de Bakhtine, n'apparaît pas avant le xvᵉ siècle. En revanche, son idée de « réalisme grotesque », par lequel le Moyen Age est capable de transformer le terrifiant en comique, et de dissiper la peur par le rire, est féconde. Beaucoup d'auteurs, en effet, arrivent à ce constat.

Dès 1925, O. Freidenberg, dans *L'Origine de la parodie,* montrait que dans les civilisations archaïques, antiques et médiévales, le comique et le tragique, le ridicule et le sublime sont deux aspects complémentaires d'une même conception du monde, et que toute vision sublime implique un double parodique : « Cette dualité bouffonne fait partie du mécanisme même du sacré. » La parodie, dans ce contexte, n'est pas qu'un pur simulacre ; elle renforce le contenu sacré. Ce dernier puise dans la parodie même des forces nouvelles, car « tant que le sentiment religieux est puissant et vivace, il peut

sans risque être tourné en ridicule ». Que risque en effet une foi
aussi simple que celle des hommes du Moyen Age? Il n'est bien sûr
pas question ici de son contenu, qui est des plus hétéroclites, hétérogènes et hétérodoxes, mais de la force des convictions qui s'enracinent dans le vécu, dans le comique comme dans le tragique. Une
telle foi s'accommode très bien de la raillerie; elle lui est même
indispensable. Quand on ne se moque plus du sacré, c'est que
celui-ci est moribond, comme le remarquera beaucoup plus tard
Sébastien Mercier, dans le Paris de la fin du XVIIIe siècle : « Plût à
Dieu qu'il y eût de temps en temps quelques sacrilèges, aurait dit
un évêque. On penserait au moins à nous; mais on oublie de nous
manquer de respect [...]. Il n'y a plus que les garçons perruquiers
qui fassent des plaisanteries sur la messe[93]. »

Au Moyen Age, ces plaisanteries ne manquent pas. Les farces,
les mystères, les fabliaux font intervenir des sots et des diables fort
impertinents. « Dire la vérité en riant » est, d'après Ernst Curtius,
une des caractéristiques des récits du haut Moyen Age, qui trans-
cendent les distinctions de l'Antiquité classique entre sérieux et
comique, style vulgaire et style élevé[94]. Même ambivalence de l'art
médiéval : « En rapprochant ce qui est éloigné, en réunissant ce qui
s'exclut mutuellement, en transgressant les notions usuelles, le grotesque en art s'apparente au paradoxe en logique[95]. »

Ce paradoxe peut aller très loin. Dans une religion aussi ritualisée que le catholicisme, où tout tourne autour de la répétition quotidienne de la même cérémonie — avec les mêmes gestes et les
mêmes paroles dans toutes les églises — reproduisant le dernier
repas, la Cène, il était inévitable qu'apparaisse très tôt une déformation comique de ce rituel, sous forme de parodie. Du repas sacré
au banquet bouffon, le passage s'opère très tôt, et cette utilisation
comique du tragique sacré est la source principale du rire médiéval,
qui s'enracine dans la religion. Le cas le plus célèbre est celui d'un
texte latin anonyme, composé entre le Ve et le VIIIe siècle : la *Coena
Cypriani*, « Cène de Cyprien », dont tous les éléments sont révélateurs du nouveau comique.

A commencer par l'attribution fictive au pieux évêque de Carthage saint Cyprien, mort en 256. Le thème du banquet est doublement ou triplement parodique, évoquant à la fois les banquets antiques, celui que Julien l'Apostat avait écrit en l'honneur de Cérès, et
le banquet évangélique de la parabole rapportée par Matthieu : un
roi organise les noces de son fils. Mais il s'agit également d'une
reprise des sermons de Zénon, évêque de Vérone, qui avait rassemblé les passages bibliques et évangéliques relatifs aux repas. Le but
de Zénon était, semble-t-il, de donner une base religieuse aux
ripailles auxquelles se livraient les fidèles pour célébrer la fête de

Pâques. Dès cette époque, celle-ci s'accompagne en effet de plaisanteries libres, d'une exubérance débridée, exprimant la joie de la
résurrection. Tradition du « rire de Pâques », *risus paschalis,* qui se
transmettra pendant tout le Moyen Age.

Dans la *Coena Cypriani,* c'est Dieu lui-même (Johel = Jahveh)
qui invite au banquet. Et s'y retrouvent tous les grands ancêtres de
l'Ancien et du Nouveau Testament, reconnaissables à un objet ou à
un plat qui rappelle un épisode de leur vie : Adam, qui siège au
centre ; son épouse Ève, assise sur une feuille de vigne ; leurs
enfants Abel, avec une cruche de lait, et Caïn, sur sa charrue ; Noé,
sur une arche, bientôt ivre ; Judas, avec une cassette, qui va embrasser tout le monde ; Jésus, qui boit du *passus,* vin de raisins secs dont
le nom évoque la Passion, et qui offre un agneau au roi ; Pilate, qui
passe les rince-doigts ; Moïse, qui apporte deux tables de la Loi ;
David, qui joue de la harpe, tandis qu'Hérodiade danse ; Pierre, qui
s'endort mais qu'un coq réveille ; Marthe, qui s'affaire pour servir
les plats ; Abraham, qui offre un mouton, et bien d'autres encore.
Ce sont les grandes retrouvailles de l'Histoire sainte.

On mange, on boit, on discute, on s'échauffe, on se bagarre.
Dans le tumulte, des objets sont dérobés ; on se traite mutuellement de voleur, et à la fin on désigne un bouc émissaire que l'on va
mettre à mort pour expier les péchés. C'est Agar qui est choisie,
Agar l'esclave, la concubine égyptienne d'Abraham, la mère
d'Ismaël : son sacrifice sauve la compagnie, et on lui fait des funérailles solennelles. Qu'une pareille histoire, qui même aujourd'hui,
dans une société laïcisée, serait considérée comme un scandale
blasphématoire, ait pu voir le jour dans les milieux ecclésiastiques
des premiers siècles de l'Église, est très révélateur.

Car il s'agit bien de l'œuvre d'un clerc, comme l'a démontré
Francesco Novati[96] : un clerc qui n'hésite pas à faire le lien avec le
rire saturnalesque. De plus, ce texte est rapidement devenu une
sorte de classique des joyeusetés médiévales, non pas simplement
toléré, mais reconnu, admiré, diffusé, copié sans la moindre réticence pendant des siècles. Dès les années 830, l'abbé de Fulda
Raban Maur en fait une adaptation abrégée, destinée à être lue à la
cour du roi Lothaire ; dans sa dédicace, il explique que cette lecture
est « divertissante », et qu'elle a aussi un rôle didactique, en facili-
tant la mémorisation des épisodes bibliques. En 877, un diacre
romain, Jean, met le texte en vers ; on le récite à un banquet de
Charles le Chauve, et Jean signale dans son prologue que l'œuvre
est utilisée à la fête de l'école du Palais, comme récréation pascale.
Au début du XIᵉ siècle, Asselin de Reims en fait une autre adaptation, et il en subsiste plusieurs manuscrits.

C'est toute l'histoire sainte qui est traitée comme une vaste bouffonnerie, dans un climat grotesque. Et ce n'est là qu'un exemple. La vogue parodique touche tous les aspects du sacré religieux. Dès les vi^e-viie siècles, les *Joca monacorum* se présentent comme une série de questions drôles, aux réponses extravagantes, portant sur la foi et sur la Bible; ils servent de jeu dans les monastères. Sous Charlemagne, Alcuin et l'évêque d'Orléans Théodulf composent des poèmes comiques de même style. Testaments parodiques, comme ceux du cochon et de l'âne; évangiles parodiques, comme ceux des ivrognes, du mark-argent, de l'étudiant de Paris; liturgies parodiques, comme celles des ivrognes, des joueurs, de l'argent; prières parodiques, comme le *Pater noster* de la *Messe des buveurs*, qui devient une invocation au Père Bacchus : « *Pater Bachi, qui es in scyphis, bene potetur vinum bonum, adveniat regnum tuum* », ou l'hymne *Verbum bonum* (en l'honneur de la Vierge) qui devient *Vinum bonum*, une chanson à boire. Eero Ilvonen, qui a publié nombre de ces parodies, estime que « les blasphèmes apparents ne sont en réalité que l'expression d'une sorte de bonhomie joviale ou d'une malice naïve[97] ».

Le thème du banquet est fréquemment exploité. Ainsi, au xe siècle, le *Manuscrit de la chanson de Cambridge* met en scène un filou qui raconte à l'archevêque de Mayence qu'il a été au ciel et en enfer : il y a vu Jésus en plein banquet, suivi par le cuisinier saint Paul et l'échanson Jean-Baptiste; il a réussi à dérober un morceau de la table céleste. Graduellement, la parodie glisse à la satire, à partir du xie siècle, où le comique fustige les abus des grands de l'Église. Mais jusqu'au ixe siècle on se limite au grotesque, avec une grande liberté comique. Pour Mikhaïl Bakhtine, cette liberté est due au fait que le régime féodal, jeune, est encore relativement populaire, et que la culture populaire, très puissante, prend tout naturellement la suite des saturnales, tandis que la culture religieuse officielle est encore trop faible pour pouvoir imposer des interdits au rire[98].

UN TEMPS POUR RIRE, UN TEMPS POUR PLEURER

Avant de réexaminer cette dernière question, il nous faut envisager les autres aspects du contexte, qui laissent entrevoir un certain flottement à l'égard du rire. Le *Livre d'étincelles*, composé au viie siècle par Defensor de Ligugé, perpétue l'hostilité patristique, n'acceptant que le sourire et fustigeant le rire : « Le fou en riant élève la voix; l'homme sage, lui, à peine sourira »; « Basile a dit : ne ris pas à lèvres déliées, car c'est folie que le rire bruyant; mais, par

un simple sourire, manifeste la joie de ton esprit » ; « la componc-
tion du cœur n'aura point accès, où il y aura rire et jeu avec excès » ;
« qui passe son temps en gaieté, passera dans la peine l'éternité » ;
« comme en riant, le sot commet un crime » ; « le railleur cherche la
sagesse sans la trouver ». Pour Defensor, le rire est ambivalent ; il
n'est jamais très loin des larmes : « Le rire sera mêlé de souffrance ;
et l'excès de joie fait place au sanglot[99]. »

A côté des « étincelles » de ce courant négatif, il y a le courant
alternatif, qui reprend la tradition aristotélicienne du « propre de
l'homme ». Au début du vi⁰ siècle, Boèce, dans son commentaire
sur l'*Isagoge* de Porphyre, voit dans le rire une prérogative de
l'homme rationnel, et au ix⁰ siècle le moine Notker le Bègue prolonge l'idée en définissant l'homme comme un animal mortel, raisonnable et capable de rire (*homo es animal mortale, rationale, risus
capax*). Le rire est donc placé au même niveau que la raison,
comme particularité fondamentale de l'homme par rapport à la
bête. L'homme est non seulement la seule créature à pouvoir rire,
mais encore la seule créature risible : nous ne rions que de ce qui
est humain ou fait penser à l'homme (*quia quidquid risibile est, homo
est*), ce qui est une idée assez moderne. Alcuin utilise à peu près la
même formule — un peu plus élaborée — de l'homme comme *subs-
tantia animata, rationalis, mortalis, risus capax*. Le rire fait partie de
la nature humaine, mais non de son essence, ce qui ne préjuge en
aucun cas de son caractère bon ou mauvais.

L'hésitation se retrouve dans la pratique. Dès l'époque mérovin-
gienne, les dignitaires de l'Église possèdent leurs bouffons, alors
que les règlements canoniques condamnent cet usage : des textes
du viii⁰ siècle interdisent aux évêques, abbés et abbesses d'avoir des
farceurs, des chiens de chasse ou des faucons, et aux clercs de jouer
le rôle de fous, de « joculators » — terme qui vient de *jocus*, « plaisanterie », et qui donnera « jongleur ». Chez les grands du monde
laïc, la tradition du fou de cour se perpétue depuis l'époque des
souverains hellénistiques, et les Barbares ne font pas exception.
Ainsi, au milieu du v⁰ siècle, s'arrache-t-on les services du Maure
Zercon, un nain bossu, estropié, sans nez, bègue et idiot. L'attrait
pour le grotesque monstrueux explique son succès. D'abord au service du général romain Aspar, puis de Bléda, frère d'Attila, Zercon
cherche à s'enfuir. Attila ayant fait tuer son frère, il envoie le nain
en cadeau à Aetius, qui le rend ensuite à Aspar. Repassé au service
d'Attila, il est remarqué en 449 par les ambassadeurs de l'empereur
d'Orient Théodose ; au cours d'un repas, il fait éclater de rire les
convives.

Les empereurs byzantins ont aussi leurs fous ; on connaît par
exemple Dandery, le bouffon de l'empereur Théophile (829-842).

Les rois de France ne sont pas en reste, et en 943 le duc de Neustrie Hugues le Grand emmène avec lui à la guerre son *mimus*, qui se permet de faire un mauvais jeu de mots sur les personnes qui meurent « en odeur de sainteté ». Dieu, assure le chroniqueur Orderic Vital, le punit en le foudroyant la nuit suivante lors d'un orage. Il y a donc des limites à la liberté de rire : on ne doit pas plaisanter avec le sacré, ce qui est contradictoire avec les parodies dont nous venons de parler. La confusion se confirme. Il semble en fait que l'on s'achemine vers un consensus consistant faire une place au rire libre à certains moments de l'année, dans certaines circonstances et sur certains thèmes, dans le cadre collectif organisé de la fête : rire pascal, carnaval, fête des fous et de l'âne ; et le reste du temps, le sacré doit être protégé des initiatives de la raillerie individuelle. Sans doute le partage n'est-il pas encore strict, mais peu à peu progresse l'idée biblique d'après laquelle il y a « un temps [et un lieu] pour rire, et un temps [et un lieu] pour pleurer ».

LE RIRE BANNI DES MONASTÈRES

On le constate même à l'intérieur de ces lieux clos, de ces enclaves de sainteté que sont les monastères, lesquels connaissent à cette époque leur âge d'or. Au sein de ces communautés censées préfigurer la vie parfaite des élus, le rire n'est pas complètement absent. Une place lui est faite à certains moments de récréation avec les *Joca monacorum*, les « jeux de moines », questions et devinettes qui raillent gentiment la vie religieuse, et dont des recueils commencent à circuler à partir du VIIIᵉ siècle. Mais l'espace-temps du rire est soigneusement délimité. Il s'agit d'une pure concession à la faiblesse de la nature humaine déchue, qui ne peut être bandée en permanence, suivant la pittoresque expression de saint Antoine. Les monastères doivent résonner de prières et de chants grégoriens et non pas d'éclats de rire.

Jacques Le Goff, qui a étudié *Le Rire dans les règles monastiques du haut Moyen Age*, en a établi l'irréfutable démonstration : c'est dans le milieu du clergé régulier que la réputation diabolique du rire est le plus solidement implantée[100]. Non seulement ce gloussement stupide rompt le silence monacal, mais en outre il est signe d'un manque d'humilité. C'est ce que répètent à l'envi les règles monastiques. Écoutons saint Benoît, qui demande à son moine de « ne pas dire de paroles vides, ni de facéties, ne pas aimer le rire excessif et éclatant » (IV, 53-54). Il atteindra « le dixième degré d'humilité s'il n'est pas facile et prompt au rire, car il est écrit : "Le sot éclate de rire." C'est le onzième degré d'humilité si le moine, lorsqu'il parle, dit peu de mots, mais sensés, doucement, sans rire, avec humilité et gravité » (VII, 58-60). « Quant aux bouffonneries, aux paroles oiseuses et portant à rire, nous les condamnons à tout jamais et en tout lieu, et nous ne permettons pas au disciple d'ouvrir la bouche pour de tels discours [101] » (VI, 8).

Pour Benoît d'Aniane, le rire est synonyme de légèreté et d'orgueil, et « puisque le Seigneur condamne ceux qui rient maintenant, il est clair que l'âme fidèle ne doit jamais rire [102] ». Au VIe siècle, la *Règle de Paul et Étienne* établit clairement le lien entre le rire et le diable : « Nous devons tous être en garde contre l'excès immodéré de la plaisanterie et du rire, parce qu'ils provoquent souvent de très amères dissensions entre les frères [...]. Le rire outre mesure est la porte de l'indiscipline et de la dissipation, comme chacun sait ; le diable s'en sert pour glisser insensiblement à la malheureuse âme de funestes aliments [103]. »

Dans les visions monastiques, l'enfer est le lieu du rire. Au VIIIe siècle, Bède le Vénérable rapporte le récit d'un certain Drycthelm, ressuscité, qui a fait un séjour chez Satan, où il a entendu « un rire terrible, comme si une populace se moquait d'ennemis enchaînés. Comme le bruit augmentait et s'approchait, je vis une foule de mauvais esprits tirant avec eux cinq âmes humaines hurlantes et gémissantes vers les profondeurs des ténèbres, tandis que les démons riaient et exultaient ».

La plupart des règles prévoient des châtiments contre les moines qui seraient surpris à rire ou à plaisanter. Dans celle dite « des quatre Pères », composée à Lérins vers 400-410, on lit : « Si quelqu'un est surpris à rire ou à dire des plaisanteries — comme le dit l'Apôtre, "ce qui ne convient pas au sujet" —, nous ordonnons que, durant deux semaines, un tel homme soit, au nom du Seigneur, réprimé de toute façon par le fouet de l'humilité [104]. » Dans la règle orientale du monastère jurassien de Condate, vers 500, on prévient le moine « qu'il ne se laisse pas dissiper par le rire des sots ou la plaisanterie », et « si l'un des frères est pris à rire ou à jouer volontiers avec des enfants, il sera averti trois fois ; s'il ne cesse pas, il sera corrigé du châtiment le plus sévère » ; « si quelqu'un parle ou rit pendant le repas, qu'il soit réprimandé et fasse pénitence [105] ». Toujours au VIe siècle, la règle de saint Colomban prévoit que « celui qui aura ri sous cape dans l'assemblée, c'est-à-dire à l'office, sera puni de six coups. S'il a éclaté de rire, il jeûnera, à moins de l'avoir fait d'une façon pardonnable ». La *Regula monachorum* de saint Fructuosus interdit de raconter des histoires drôles pendant le travail ; celle de saint Donatus demande de ne pas faire rire pendant l'office divin.

La règle de saint Ferréol d'Uzès (553-581) accumule les citations scripturaires pour justifier son interdiction du rire : « D'après le témoignage de l'Évangile, nous lisons que Notre Seigneur Jésus-Christ a pleuré, mais nous ignorons s'il a ri ; attristé jusqu'aux larmes, il ne s'est pas laissé à rire. Cependant, pour que personne ne dise que nous n'avons trouvé d'autres témoignages que dans l'Écriture, écoutons ce que dit Salomon : "Le rire est mêlé de douleur et la joie s'achève en chagrin." Et encore : "Mieux vaut la colère que le rire, car un visage sévère guérit l'esprit du pécheur. Le cœur du sage est là où se trouve la tristesse, et le cœur des sots là où se trouve la joie." Et encore : "Le sot, quand il rit, fait éclater sa voix, mais le sage sourit à peine en silence[106]." »

Les *Institutions cénobitiques* de Jean Cassien, rédigées vers 425, indiquent comme signe d'humilité : « si on ne se laisse pas aller trop facilement au rire[107] ». Quant à la *Règle du Maître*, datant du VIᵉ siècle et reprise dans le recueil des règles monastiques de Benoît d'Aniane au IXᵉ siècle, elle revient plusieurs fois sur cette question qu'elle juge essentielle[108]. Le rire est bien la revanche du diable : « Voici les vices dont nous devons nous garder : [...] bouffonnerie, [...] rire prolongé ou aux éclats, chantonnements [...]. Tout cela n'est pas de Dieu, mais est l'œuvre du diable, et mérite de Dieu, au jour du jugement, ce qui lui revient : la géhenne du feu éternel. » Le prévôt du monastère devra donc être particulièrement vigilant : « Même s'il parle à un autre à voix basse, le prévôt veillera à ce que sa bouche ne profère aucune parole vaine ou provoquant le rire [...]. Si donc un disciple parle de travers, le prévôt l'avertira en ces termes : "Ferme la bouche, frère, à la parole mauvaise ! C'est le bien qui doit sortir par où tu profères le mal. Ainsi, nous qui écoutons, nous admirerons la bonne parole de ta bouche, au lieu de rire ensemble avec toi d'une vaine ou mauvaise parole. Car ce qui fait rire ne vaut rien [...]. Car lorsqu'un mot dit en vain sort de ta bouche, frère, il a beau nous faire rire, il n'en va pas moins se perdre dans nos oreilles, car une fois sorti par la bouche il ne peut plus rentrer, mais le compte qu'il en faudra rendre demeure..." S'il voit un frère trop prompt à rire, le prévôt qui est là l'avertira en ces termes : "Que fais-tu là, frère ? Fais avec gravité ce que tu fais, car le temps de notre conversation n'est pas un temps de gaieté pour rire, mais un temps de pénitence pour pleurer nos péchés." »

Les sanctions sont sévères : « Quant aux bouffonneries, aux paroles oiseuses et portant à rire, nous les condamnons à la réclusion perpétuelle, et nous ne permettons pas au disciple d'ouvrir la bouche pour de tels propos. » Une règle d'or : « Ne dire en aucun cas de choses vaines ou qui portent à rire, ne pas aimer le rire prolongé ou aux éclats. » On ne peut atteindre les dixième et onzième

degrés d'humilité si l'on ne s'interdit pas de rire : « Le disciple gra-
vit le dixième degré d'humilité sur l'échelle du ciel s'il n'est pas
enclin et prompt à rire, car il est écrit : "Le sot élève la voix pour
rire", et : "Comme un bruit d'épines qui crépitent sous le chau-
dron, tel est le rire de l'homme." » Le onzième degré est atteint « si,
quand il parle, il le fait doucement et sans rire[109] ».

La moisson est éloquente. Certes, il ne s'agit que de textes légis-
latifs, et rien ne nous permet de savoir dans quelle mesure ils sont
appliqués. Il est cependant révélateur de constater que, pour tous
les fondateurs d'ordres religieux, le rire est considéré comme un
ennemi de la vie chrétienne parfaite, un élément perturbateur de
l'ordre, né avec le péché originel, et une manifestation d'orgueil,
car le rire est toujours sentiment de supériorité, mépris et raillerie
de l'autre. Surtout le rire immodéré, bruyant et prolongé, mais
n'est-ce pas là la pente naturelle de toute hilarité ?

RIRE SEUL : L'HUMOUR ABSOLU DES PÈRES DU DÉSERT

Le mouvement monastique comprend un cas très particulier :
l'érémitisme, qui se développe d'abord en Orient, puis gagne
l'Occident. *A priori,* l'ermite est à l'abri du rire : de quoi pourrait
bien rire un homme seul ? Eh bien ! il a au contraire tout à redouter
de son imagination et, comme il n'y a personne pour lui imposer
silence, il est livré à ses propres forces ; la tentation du rire n'en est
que plus puissante — tentation diabolique par laquelle commence
la destruction de toute vertu chez le solitaire. C'est du moins l'avis
de l'Oriental saint Éphrem (306-373), qui consacre à ce problème
un *Discours sur les ris et les divertissements :* « Le principe du renversement et de la ruine d'un solitaire, c'est le rire, l'impunité et la
licence [...]. Le rire et la licence le jettent dans les passions honteuses, et n'y précipitent pas seulement les jeunes religieux, mais les
vieillards même [...]. Écoutez maintenant ce que vous devez penser
du rire. Il détruit entièrement la béatitude de l'affliction et du deuil.
Il n'édifie pas. Il ne conserve pas les édifices spirituels, mais il les
perd et les renverse. Il attriste le Saint-Esprit, nuit à l'âme et cor-
rompt le corps. Le rire bannit les vertus, ne se souvient pas de la
mort, et ne fait aucune réflexion sur les supplices de l'autre vie. *Seigneur, ôtez-moi le rire,* et accordez-moi le deuil et le gémissement
que Dieu désire de moi [...]. Ayons donc toujours la gaieté et la joie
sur le visage, en nous réjouissant des dons de Dieu dans le Saint-
Esprit. Mais pleurant et gémissant en notre esprit et en notre pensée. »

Cette condamnation sans appel est illustrée par l'extraordinaire document que constituent les *Vies des Pères du désert*. Paradoxalement, nous en savons plus sur la vie concrète de ces solitaires que sur celle de tel ou tel grand monastère. D'abord parce que leur solitude est toute relative : aux alentours du delta du Nil, aux ive-ve siècles, de saints vieillards viennent se retirer ; leur prestige étant immense, de nombreux disciples accourent pour les imiter, et édifient leurs cabanes autour de celle du Maître. Chacun travaille, prie et médite de son côté, mais les autres ne sont jamais bien loin, et il peut y avoir des prières en commun. La renommée de ces ermites et de leurs exploits ascétiques attire les voyageurs, qui ont laissé des récits détaillés de ce qu'ils ont vu et entendu : l'*Histoire des moines,* anonyme, rédigée vers 400, et traduite en latin par Rufin d'Aquilée ; l'*Histoire dédiée à Lausos,* par l'évêque Palladios, vers 419-420 ; les *Conférences* de Jean Cassien, vers 420 ; des recueils d'*Apophtegmes* des Pères du désert circulent également. De tous ces matériaux émane un climat étrange, que l'énorme décalage des mentalités nous rend encore plus insolite, et d'où se dégage, pour un lecteur du xxie siècle, un extraordinaire humour.

D'une part, les saints pères racontent les grotesques efforts accomplis par les démons pour les faire rire, ce qui confirme le jugement de saint Éphrem : un solitaire qui commencerait à rire serait acquis au diable. Alors, celui-ci fait le clown, multiplie les bouffonneries et les excentricités avec sa troupe de démons comiques, à seule fin de dérider l'ascète. Ils s'acharnent ainsi sur saint Pacôme, dont le visage souriant laisse présager que la tâche sera plus facile ; ils lui mettent sous les yeux des visions hilarantes, comme cette scène où des dizaines de diables simulent des efforts surhumains pour déplacer une feuille : « A quelque temps de là, une grande multitude de démons s'efforça de tenter le serviteur de Dieu par une sorte d'illusion. Car plusieurs d'entre eux s'étant unis attachèrent, ce lui semblait, de grosses cordes à une feuille d'arbre et, se rangeant par troupes de côté et d'autre, la tiraient avec un extrême effort, et s'entre-exhortaient à cette entreprise, comme s'il eût été question de remuer une pierre d'une pesanteur prodigieuse. Ce que ces malheureux esprits faisaient, afin de le porter à quelque rire excessif par une action si ridicule, et de le lui reprocher ensuite. Pacôme gémit en son cœur de leur impudence et, après avoir, à son ordinaire, eu recours à Dieu par la prière, la puissance de Jésus-Christ dissipa aussitôt cette multitude[110]. » Autre tentative, tout aussi vaine : « Ce saint avait accoutumé de s'en aller pour prier en des lieux reculés et fort éloignés de son monastère ; et souvent, lorsqu'il revenait, les démons comme par moquerie marchaient en rang devant lui, ainsi qu'on marche devant un magistrat, et se disaient les uns aux autres : "Faites place à l'homme de Dieu!" Mais Pacôme, fortifié par la confiance qu'il avait en Jésus-Christ, méprisait toutes ces fictions ridicules, et n'en tenait pas plus de compte que s'il eût entendu aboyer des chiens. »

Mais, d'autre part, la vie des Pères du désert contient un vigoureux sens de l'humour, qui faisait écrire au père Rousselot : « Il ne serait pas très difficile de donner de la vie au désert une description bouffonne. » Cet aspect rejoint étrangement la mentalité de notre époque, par-delà l'énorme fossé culturel qui nous sépare de ces ermites. Rien n'illustre mieux le caractère intemporel et universel de l'humour, terme que même les spécialistes les plus pointilleux ne sauraient refuser aux Pères du désert. Dès 1927, Jean Brémond mettait l'accent sur l'intention délibérément comique des Pères ainsi que de leurs biographes[111], et récemment Piero Gribaudi a pu consacrer tout un ouvrage aux *Bons mots et facéties des Pères du désert*[112].

De fait, l'érémitisme est un terrain privilégié pour développer le sens de l'humour : l'homme seul a un interlocuteur intime — lui-même. Sans avoir à rechercher l'effet, le brillant, sans attendre l'admiration des autres pour son trait d'esprit, il pratique l'humour pur, dépouillé, réduit à l'essentiel : l'autodérision en vase clos, fermée sur elle-même. L'humour solitaire, c'est l'humour absolu, par distanciation à l'égard de soi-même, sans illusion, sans recours, sans interférence extérieure. C'est dans le face-à-face lucide avec soi-même que l'on atteint le sommet de l'humour. La tricherie est inutile : il n'y a personne à tromper. Authentique et vrai, je me moque de moi-même; impitoyable et tendre, je me dévoile ma propre misère. Je m'accuse et je m'excuse en même temps; je me méprise et je m'aime, totalement, ironiquement. Je suis double, pour un moment : deux êtres contradictoires qui se moquent l'un de l'autre et qui, comme des particules de signes opposés, s'anéantissent lorsqu'ils se joignent, pour devenir pure énergie, dans l'action quotidienne irréfléchie.

N'est-ce pas cet humour dépouillé, absolu, qui pousse l'abbé Macaire, centenaire, à s'interpeller de la sorte : « Ici, goinfre aux cheveux blancs, jusques à quand donc serai-je avec toi? [...] Que veux-tu, mauvais vieillard? » Bel exemple de dédoublement lorsque, portant un lourd fardeau, il déclare : « J'écorche celui qui m'écorche. » Autodérision également chez Pallade, qui répond à Jean de Lycopolis lorsque celui lui demande s'il voudrait devenir évêque : « Ne le suis-je pas déjà? — De quel diocèse? — Le diocèse des cuisines, des caves, des tables et de la vaisselle : c'est là que je pontifie, et s'il arrive qu'il y ait un petit vin qui aigrisse, je le mets à part, et je bois le bon. Je suis aussi évêque de la marmite, et s'il manque du sel ou un des assaisonnements, je l'y mets et assaisonne, après quoi j'avale le tout. Tel est mon épiscopat, c'est la gourmandise qui me l'a ordonné. » De la plus pure autodérision relève aussi ce bon mot de saint Antoine : « Un jour, quelqu'un dit au grand Antoine : "Tu es le plus grand moine de tout l'Orient. — Le diable me l'a déjà dit, répondit l'abbé Antoine. » Et encore la devise de l'abbé Arsenois : « Fuis, tais-toi, reste tranquille. »

Humour également de Paul le Simple : ce paysan fruste est marié à une très jolie femme, qu'il découvre un jour dans les bras de son amant. Il éclate de rire et déclare à ce dernier : « C'est bien, c'est bien. En vérité, je n'en ai pas de souci. Par Jésus, je ne la prends plus. Va, garde-la ainsi que ses petits-enfants, car moi je me retire et je me fais moine. » Il va alors trouver Antoine au désert, et le persuade qu'il est capable de supporter les épreuves de la vie érémitique.

Les Pères se moquent aussi du diable, victime du rire dont il est lui-même le promoteur. Ils se livrent alors en toute liberté à des facéties, lui font des grimaces, le narguent, lui font les cornes. L'abbé Packon raille l'impuissance du démon, qui n'est pas même capable de l'aider à se suicider : « Un jour que je pensais au suicide, j'ai remarqué une petite bête [un aspic] ; je me la suis appliquée, gueule ouverte, au bon endroit, et elle n'a même pas su me mordre. » Une autre fois, il va se coucher nu dans une caverne avec des hyènes, qui ne font que le lécher.

Le sens de l'humour s'exprime dans les reparties des Pères : « Un higoumène alla trouver un père : "Abba, comment doit être une homélie ? — Une homélie, lui répondit-il, doit avoir un bon commencement et une bonne fin ; puis tu fais en sorte que le commencement et la fin soient le plus rapprochés possible. » Voici encore la description du repas frugal offert par Postumien au Gaulois Gallus, hôte de passage, qui avait la réputation — comme tous les Gaulois — d'être gros mangeur : « Il nous servit un dîner, certes très splendide : c'était la moitié d'un pain d'orge. Or nous étions quatre, et lui faisait le cinquième. Il nous apporta aussi un faisceau d'herbe, dont le nom m'échappe. »

Chez les Pères existe aussi un comique involontaire, qui illustre la relativité dudit comique. Autant l'autodérision des ermites atteint l'universalité dans son dépouillement, autant leurs exploits ascétiques prouvent que le sérieux le plus admirable peut verser dans le comique le plus bouffon. Le côté baroque et grotesque de la vie des Pères indisposait le clergé classique et rationnel du XVIIᵉ siècle, qui escamotait volontiers ces ancêtres embarrassants. En 1662, l'évêque Godeau écrivait dans *Les Tableaux de la pénitence* : « L'histoire des Pères du désert fournit des exemples de pénitence plutôt admirables qu'inimitables, et qui par les choses extraordinaires qu'elle contient sont devenues plus propres pour exciter la risée des gens du monde que pour les toucher et pour les convaincre. »

Aujourd'hui, c'est de bon cœur que nous rions devant les records absurdes de ces ermites, dont les performances, si elles avaient pu être homologuées, seraient dignes du *Guiness Book*. Macaire est un vrai champion pluridisciplinaire, qui reste vingt jours et vingt nuits exposé à la chaleur et au froid du désert pour ne pas dormir. Tenté par la fornication, il s'installe pendant six mois, tout nu, au milieu d'un marécage infesté de moustiques « qui étaient gros comme des guêpes et dont les aiguillons peuvent pénétrer la peau de sanglier ». Quand il revient, il n'est plus qu'une énorme boursouflure : « On ne pouvait le reconnaître qu'à la voix. » Apprenant que les solitaires de Tabenne ne mangent rien de cuit, il se nourrit pendant sept ans d'herbes crues. Il ne peut supporter d'être surclassé en macérations — ce qui est plutôt un signe d'orgueil. Et l'émulation est vive entre ces athlètes de la pénitence. Pour battre les records, Macaire recourt à de subtils subterfuges : « Ayant appris qu'un solitaire ne mangeait qu'une livre de pain par jour, il rompit les morceaux de pain qu'il avait, et les mit dans une bouteille, avec résolution de n'en manger qu'autant qu'il en pourrait prendre avec les doigts, ce qui est une grande austérité. Car, nous disait-il de fort bonne grâce, j'en prenais bien plusieurs morceaux, mais l'entrée de la bouteille était si étroite que je ne pouvais les en tirer. » Le pieux rédacteur ne nous dit pas combien pesait Macaire au bout de trois ans de cette cure d'amaigrissement. Autre cas : celui de ce moine qui, pour se punir d'avoir eu envie d'un concombre, s'en fait apporter un et le regarde fixement pendant toute la journée.

Dans un autre genre, Siméon le Stylite est le recordman absolu du séjour en haut d'une colonne : il passe plusieurs dizaines d'années sur une étroite plate-forme perchée au sommet d'une colonne, sans jamais en descendre. A plusieurs reprises, il la fait même rehausser — toujours plus haut, toujours plus fort : six coudées, puis douze, puis vingt-deux, puis trente-six (soit dix-huit mètres), « le désir qu'il a de s'envoler dans le ciel faisant qu'il s'éloigne toujours de plus en plus de la terre », écrit le rédacteur de sa vie.

Ces groupes d'anachorètes, fous de Dieu ou fous tout court, se spécialisent : il y a les stylites, sur leur colonne, à qui tiendra le plus longtemps ; les dendrites, qui vivent dans les arbres ; les brouteurs, qui mangent de l'herbe à même le sol ; les reclus, recroquevillés dans un minuscule réduit ; les adamites, tout nus sous les ardeurs du soleil africain. Ne se lavant jamais et ne changeant jamais de haillons — pour ceux qui en portent — pendant des dizaines d'années, ils allient saleté et sainteté, à l'image de leur modèle, saint Antoine, qui « jeûnait chaque jour, portant sur le corps un vêtement de peau, qu'il garda jusqu'à la fin. Il ne se baignait pas, ne se trempait même pas les pieds, ne les plongeant dans l'eau que par nécessité. Personne ne le vit jamais nu jusqu'à sa mort, quand il fallut l'ensevelir[113] ». Le cocasse ne manque pas non plus dans les fameuses tentations diaboliques qui l'assaillent, et qui le laissent de marbre : « En lui, ni rire ni tristesse. »

Par ces absurdes performances, les Pères du désert veulent en effet dépasser le rire et la tristesse, qui caractérisent la condition de l'homme déchu. Il s'agit, par un acte de volonté permanent, de retrouver l'état originel, celui d'avant la faute : l'immuabilité et l'insensibilité du premier jour de la création. L'ataraxie, le nirvana, la contemplation se rejoignent au-delà des sens et des sentiments. En diabolisant le rire, les penseurs chrétiens et les moines du haut Moyen Age ont en fait manifesté leur optimisme, leur croyance en la capacité de l'homme à dépasser ses contradictions et ses limites pour rejoindre l'état originel. Ils souhaitent ainsi participer au rachat de l'humanité en effaçant cette déformation diabolique du visage et de tout le corps qu'est le rire. Le rire est corporel, matériel; il s'entend et se voit. Il est agression et orgueil. Le pur esprit ne rit pas. Les Pères et les moines, gens de l'esprit, ne veulent pas rire.

Ils ont pourtant profondément conscience du côté dérisoire de la condition humaine, et par là ils gardent un authentique sens de l'humour. Leur foi repose sur l'amour infini. Mais l'homme se sauve-t-il par l'amour ou par l'humour? Les deux notions sont-elles si étrangères l'une à l'autre? Le fidèle de base, qui parodie le culte et la Bible, qui rit et qui tremble de Dieu et du diable, n'est-il pas inconsciemment plus près de la vérité — ou de l'absence de vérité?

CHAPITRE V

Le rire unanime
de la fête médiévale

La parodie au service des valeurs

Si le rire romain était surtout satirique, le rire médiéval est avant tout parodique. C'est le rire d'une société qui se regarde dans un miroir déformant. Cette société se singe, parce qu'elle a trouvé un certain équilibre. Si elle peut se moquer d'elle-même, c'est qu'elle n'a pas d'angoisses métaphysiques. Elle évolue dans un cadre qui n'est pas confortable, mais qui est cohérent. Si la mort est toujours présente, si la disette, la guerre et l'épidémie ne sont jamais bien loin — encore qu'il y ait un relatif répit du XIᵉ au XIIIᵉ siècle —, elles s'inscrivent dans un système du monde qui mêle de façon inextricable le profane et le sacré. Et une société qui accepte massivement ses valeurs fondamentales, qui fait globalement confiance à ses dirigeants, à l'instar des enfants, sera très portée sur le jeu — le jeu parodique.

On le constate d'abord dans les fêtes. L'homme médiéval imite, copie en déformant : fête des fous, fête de l'âne, carnaval, roi de la fève, farces, sermons burlesques, fous de cour, romans bourgeois sont autant de parodies des clercs, des grands, des rois, des nobles, des marchands, mais aussi des défauts et des vices. Les groupes jouent à se moquer les uns des autres, mais ces moqueries ne sont pas contestation : elles sont jeu, jeu qui accepte les valeurs et les hiérarchies, et qui les renforce en les inversant rituellement.

LE RIRE MÉDIÉVAL SELON BAKHTINE

Le débat sur la nature du rire médiéval a été lancé par le célèbre ouvrage de Mikhaïl Bakhtine, *L'Œuvre de François Rabelais et la culture populaire au Moyen Age et sous la Renaissance*, dont les conclusions sont maintenant sérieusement battues en brèche[1]. Pour l'historien russe, il existe au Moyen Age une double vision du monde : la vision sérieuse, qui est celle des autorités, et la vision comique, qui est celle du peuple. Ce dualisme, estime-t-il, existait déjà dans les sociétés primitives, où se côtoyaient mythes sérieux et mythes comiques, « mais aux étapes primitives, dans un régime social qui ne connaissait encore ni les classes ni l'État, les aspects sérieux et comiques de la divinité, du monde et de l'homme étaient, selon toute apparence, également sacrés, également, pourrait-on dire, "officiels"[2] ».

Au Moyen Age, la vision comique a été exclue du domaine sacré et est devenue la caractéristique essentielle de la culture populaire, qui a évolué en dehors de la sphère officielle, « et c'est grâce à cette existence extra-officielle que la culture du rire s'est distinguée par son radicalisme et sa liberté exceptionnels, par son impitoyable lucidité[3]. » La vision comique du monde, s'élaborant de façon autonome, hors du contrôle des autorités, a acquis une licence et une liberté extraordinaires. Elle s'exprime sous trois formes principales : 1° rites et spectacles, tels que carnavals et pièces comiques ; 2° œuvres comiques verbales ; 3° développement d'un vocabulaire familier et grossier.

La première forme comprend toute la gamme des fêtes populaires, y compris celles qui utilisent des éléments religieux : fête des fous, fête de l'âne, rire pascal, et puis toutes les fêtes liées aux travaux agricoles, rites de passage de la vie, avec participation de fous et bouffons. Dans ces fêtes carnavalesques, le peuple joue la vie elle-même, en la parodiant et en l'inversant : une vie meilleure, nouvelle, libre, transfigurée. « Le carnaval, c'est la seconde vie du peuple, basée sur le principe du rire. C'est sa vie de fête[4]. » Cette vie jouée dans le rire correspond aux buts supérieurs de l'existence : un renouveau dans l'universalité, la liberté, l'égalité, l'abondance. C'est un affranchissement provisoire, mais annonciateur de la libération ultime, à l'égard des règles, valeurs, tabous et hiérarchies de ce monde présent. Au contraire, la fête officielle, civile et religieuse, est là pour rappeler, solenniser, imposer ces règles, valeurs, tabous et hiérarchies. Elle est sérieuse, car elle coïncide avec l'ordre établi. Le rire aurait donc valeur de subversion sociale, temporairement tolérée par les autorités, comme exutoire, dans des circonstances déterminées. La fête officielle fige le temps, se donne des allures d'éternité, d'intemporalité, alors que la fête populaire, qui regarde vers l'avenir, est perpétuelle transformation, abolissant ou retournant les hiérarchies. Cette fête populaire ne vise pas qu'à détruire : elle reconstruit en même temps, à travers parodies, travestissements, bouffonneries.

D'où le caractère particulier du rire carnavalesque qui imprègne ces manifestations populaires, et que Bakhtine définit de la façon suivante : « C'est avant tout un rire de fête, ce n'est donc pas une réaction individuelle devant tel ou tel fait "drôle" isolé. Le rire carnavalesque est premièrement le bien de l'ensemble du peuple (ce caractère populaire, nous l'avons dit, est inhérent à la nature même du carnaval), tout le monde rit, c'est le rire "général"; deuxièmement, il est "universel", il atteint toute chose et toute gens (y compris ceux qui participent au carnaval), le monde entier paraît comique, il est perçu et connu sous son aspect risible, dans sa joyeuse relativité; troisièmement enfin, ce rire est ambivalent : il est joyeux, débordant d'allégresse, mais en même temps il est railleur, sarcastique, il nie et affirme à la fois, ensevelit et ressuscite à la fois. [...] Notons une importante particularité du rire de la fête populaire : il est braqué sur les rieurs eux-mêmes. Le peuple ne s'exclut pas du monde entier en pleine évolution[5]. » Rire universel, rire de tous sur tous, qui révèle un monde foncièrement comique.

D'autre part, la vision comique populaire du monde se traduit par des œuvres verbales, elles-mêmes liées aux réjouissances carnavalesques. Littérature de fête, parodique, par laquelle les conditions sociales officielles sont raillées et retournées, et où les rites les plus sacrés sont parodiés : liturgies, prières et sermons bouffons, parodies de romans de chevalerie, fabliaux et farces, pièces religieuses à diableries. Enfin, pour exprimer l'affranchissement, le caractère dynamique, changeant et festif de la réalité, cette vision comique du monde a besoin d'un vocabulaire nouveau, dans lequel jurons et grossièretés jouent un rôle essentiel.

En effet, ce qui fait le caractère comique de la vision populaire du monde, c'est ce que Bakhtine appelle le « réalisme grotesque », c'est-à-dire la perception, à l'origine de toutes les réalités — y compris les plus sublimes —, des processus biologiques fondamentaux. Le monde n'est qu'un grand organisme vivant, un gigantesque bouillon de culture, où les formes se font et se défont sans fin; les aspects les plus raffinés de la vie spirituelle ne sont que des fleurs éphémères qui éclosent sur le substrat matériel biologique. En conséquence, « le trait marquant du réalisme grotesque est le rabaissement, c'est-à-dire le transfert de tout ce qui est élevé, spirituel, idéal et abstrait sur le plan matériel et corporel, celui de la terre et du corps dans leur indissoluble unité[6] ».

La parodie médiévale va donc être un processus de rabaissement, expliquant le haut par le bas — non pas dans une perspective purement négative, mais avec un objectif de recréation. Les formes naissent et meurent dans la soupe biologique primordiale, et cette réalité protéiforme, où le noble et le vil procèdent des mêmes méca-

nismes, est hautement comique. Le monde est grotesque, joyeusement grotesque. Alors, le comique populaire médiéval va se vautrer
dans le « bas » : l'absorption de nourriture, la déjection, l'accouplement, l'accouchement dans l'ordure, les odeurs et les bruits liés au
ventre et au bas-ventre, toutes fonctions qui rabaissent mais qui en
même temps régénèrent. « Le rire populaire qui organise toutes les
formes du réalisme grotesque a été lié de tout temps au bas matériel
et corporel. Le rire rabaisse et matérialise[7]. » Rabelais sera l'aboutissement de ce rire.

Le grand processus biologique est valable pour l'individu comme
pour le monde et la société, qui sont en perpétuelle métamorphose.
C'est de la décomposition, au sens bien matériel du terme, que
naissent les formes nouvelles, et c'est la prise de conscience du processus infini de mort et de naissance qui engendre le rire grotesque.
Tout se mêle, perd son identité, comme ces statuettes de Kertch,
au musée de l'Ermitage, dont Bakhtine fait un symbole du monde
grotesque : « On remarque de vieilles femmes enceintes dont la
vieillesse et la grossesse hideuses sont grotesquement soulignées.
Notons que, de plus, ces vieilles femmes enceintes rient. Il s'agit là
d'un grotesque très caractéristique et expressif. Il est ambivalent :
c'est la mort enceinte, la mort qui donne le jour[8]. »

La vision officielle et sérieuse du monde, qui est représentée par
l'esthétique classique, insiste au contraire sur le permanent, le
stable, l'identifiable, le différencié, et ne voit dans le grotesque
populaire que grossièreté, insulte, sacrilège, volonté subversive de
rabaissement. Elle ne garde que le « haut », méprisant le « bas », un
peu comme les statues des nobles portails gothiques s'opposent aux
monstres informes des gargouilles et chapiteaux, refoulés aux
endroits inaccessibles. La vision sérieuse s'accompagne d'interdits,
de restrictions, de peur et d'intimidation. A l'inverse, la vision
comique, liée à la liberté, est une victoire sur la peur. Dans la fête
carnavalesque, on détruit, on réduit, on renverse, on se moque de
tout ce qui fait peur : images comiques de la mort, supplices
joyeux, incendie d'une construction grotesque baptisée « enfer »; le
sacré, les interdits, les tabous transgressés n'existent plus pour un
moment; on rit de ce que l'on craignait.

Et ce rire n'est pas individuel; pour être efficace, il doit être collectif, social, universel. Il ne porte pas sur le particulier, mais sur le
monde entier, dont il révèle la nature véritable. Bakhtine parle de
« la vérité révélée par le moyen du rire », qui affranchit de la peur du
sacré, de l'interdit autoritaire. En montrant le monde sous un jour
nouveau, le rire libère, face aux interdits et aux intimidations du
sérieux : « C'est la raison pour laquelle le rire, moins que toute
autre chose, peut être un instrument d'oppression et d'abêtisse-

ment du peuple. Jamais personne n'est arrivé à le rendre entièrement officiel. Il est toujours resté l'arme de la liberté entre les mains du peuple[9]. »

L'opposition entre les deux visions du monde n'est pas consciente. Les auteurs de parodies sont des gens qui acceptent l'explication religieuse du monde. Les deux aspects coexistent dans la conscience, et Bakhtine veut en voir une image dans la décoration des manuscrits où, sur les mêmes pages, des enluminures pieuses et austères côtoient des représentations comiques avec diablotins, animaux, mascarades. Le rire profanateur et libérateur du peuple médiéval est une vision du monde. Le monde est comique, mais cette vision comique n'arrive pas au niveau de la conscience claire. Le développement de l'individualisme à partir du XVIe siècle ne lui permettra pas de devenir une réalité vivante. La fête carnavalesque et la parodie évolueront alors vers une conception négative et formelle de pure critique ou de simple divertissement.

Tel est le rire médiéval selon Bakhtine. Cette conception ouvre des perspectives très fécondes pour l'étude des mentalités populaires. Elle se heurte cependant à des critiques assez nombreuses depuis son élaboration en 1965. En particulier, Aaron Gourevitch estime que Bakhtine n'a pas assez tenu compte du contexte culturel global, et surtout du facteur religieux. Il lui reproche d'avoir négligé les liens fondamentaux existant entre le rire, la peur et la haine, et d'avoir étendu à la culture populaire des conclusions tirées de la seule étude du carnaval, réalité exclusivement urbaine de la fin du Moyen Age. Aux yeux de Gourevitch, Bakhtine a en fait projeté sur le Moyen Age la réalité soviétique des années 1960, avec une société à deux niveaux : l'officiel, idéologique, et celui de la vraie vie, sous la couverture factice maintenue par le Parti. Méfions-nous des interprétations de la culture populaire par les intellectuels, déclare enfin Gourevitch[10].

D'autres critiques visent la conception bakhtinienne du grotesque comme prolifération, exubérance, invention, c'est-à-dire force de rire. Le grotesque a en effet une autre face, inquiétante, qui provient d'une déstructuration du monde familier, lequel se dissout, se dérobe, devient évanescent et, du même coup, étrange et étranger. C'est ce que Wolfgang Kayser développait dès 1957 dans *Das Groteske* : « L'épouvante mêlée d'un sourire a son fondement dans l'expérience que ce monde qui nous est familier, établi dans un ordre en apparence solide, nous devient soudain étranger, se laisse envahir par des puissances insondables, perd toute force et toute cohésion, pour s'abolir enfin avec toutes ses structures[11]. »

Dès lors, le bestiaire monstrueux de la sculpture médiévale bascule dans le diabolique angoissant. Il ne témoigne plus d'une vision comique du monde, mais d'une vision tragique et, pour tout dire, satanique, dont l'aboutissement sera non pas Rabelais, mais Jérôme Bosch. Le rapprochement des deux noms illustre l'ambivalence grotesque, peut-être trop négligée par Bakhtine, dont la vision tranchée a un aspect manichéen. Pour Christian Thompsen, le grotesque provient d'une distantiation par rapport au monde, qui peut être source de rire aussi bien que d'effroi[12]. Il nous faudra donc rééxaminer les sources du comique médiéval et ses implications.

LE CARNAVAL, CHRÉTIEN OU PAÏEN ?

Le rire médiéval éclate de façon spectaculaire dans la fête. C'est d'abord là qu'il faut l'étudier pour en saisir les mécanismes de base. La fête médiévale est multiple ; elle semble omniprésente. Mais méfions-nous : ce n'est là qu'une erreur de perspective due à la multiplication des travaux sur ce sujet. La fête médiévale est, en réalité, bien circonscrite à certains moments de l'année et à certaines circonstances. La fête collective, c'est avant tout le carnaval, qui en devient comme le symbole.

Premier problème : d'où vient cette réjouissance débridée ? Deux thèses s'affrontent : pour les uns, il s'agit de la perpétuation des fêtes païennes ; pour les autres, c'est une tradition chrétienne. La question n'est pas sans importance pour l'interprétation du rire, et on se la pose depuis bien longtemps. Dès le XIIᵉ siècle, des clercs commencent à dénoncer les origines païennes de ces fêtes populaires. En 1182, un prêtre d'Amiens écrit : « Il est certaines églises où il est accoutumé que les évêques et archevêques se démettent par jeu de leurs attributs. Cette liberté, dite de décembre, est semblable à celle qui existait autrefois chez les païens, lorsque les bergers devenaient libres et qu'ils égalaient leur condition à celle de leurs maîtres et s'adonnaient avec eux à des fêtes communes après les moissons. Quoique de grandes églises, comme celle de Reims, observent cette coutume, il semble cependant plus louable de s'abstenir d'un pareil jeu[13]. »

Le lien entre fête médiévale et fête antique va être affirmé en deux temps, pour des raisons différentes et intéressées. Ce sont d'abord les censeurs religieux des XVᵉ-XVIIᵉ siècles, soucieux d'éliminer ces réjouissances licencieuses, qui en dénoncent les origines préchrétiennes. Les évêques, les prédicateurs réformateurs évoquent les saturnales et les bacchanales — dont le seul nom fait frémir la vertu —, se fondant sur la prétendue similitude des thèmes, des dates et des pratiques, pour montrer que le carnaval n'est qu'une abomination surgie des temps païens. Cette croyance est curieusement renforcée dans un deuxième temps, aux XIXe et XXe siècles, par des chercheurs aux motivations tout à fait inverses : l'intérêt porté aux traditions populaires amène ethnologues, sociologues et folkloristes à faire des comparaisons entre pratiques présentes et passées qui tendent à réduire ces manifestations à un fonds mythique commun, sorti de la nuit des temps, dont l'antiquité fonde la respectabilité.

La démarche conduit cependant à des généralisations et à des amalgames abusifs, parce qu'elle néglige trop la chronologie et le contexte culturel, comme l'a rappelé Jacques Heers : « Le procédé n'est pas sans intérêt et mérite attention. Mais c'est l'outrance et l'usage systématique qui gênent, par manque de simplicité et de compréhension du temps. Il est bien certain que les traditions orales, que la mémoire collective gardent longtemps, plus que les livres peut-être, le souvenir de pratiques et de manifestations très anciennes; mais cela d'une façon souvent superficielle, ne retenant que le geste ou le décor, non la signification[14]. » C'est ainsi, poursuit cet historien, qu'un masque de paysan n'a pas la même signification dans l'Antiquité ou à la fin du Moyen Age : dans le premier cas, il représente les forces brutales et hostiles de la nature; dans le second, le mépris du bourgeois pour le rustaud. Ce qui ne veut pas dire qu'il n'y ait aucun élément commun.

Même prudence chez Julio Caro Baroja qui, dans son ouvrage classique sur *Le Carnaval*[15], a montré l'absence de toute preuve décisive d'une continuité avec la fête antique. Toute l'argumentation des clercs reposait sur l'étymologie fantaisiste du *currus navalis*, le « char naval », utilisé par les Romains pour la fête d'Isis, le 5 mars, alors que l'étymologie presque certaine fait dériver « carnaval » de *carne levamen*, ou *carne levamine*, ou *carne levale*, expression relevée dans un texte roman de 1285 et signifiant le moment où la viande *(carne)* va être « enlevée », interdite, pendant le carême. Le terme, italianisé, indiquerait donc une fête typiquement chrétienne, marquant la rupture de l'ordre normal des choses avec l'entrée dans la période de jeûne : une fête de l'abondance, de la joie et de la prospérité avant les interdits.

Située avant l'annonce du printemps, cette fête a certes pu reprendre des aspects des bacchanales, fête de la terre, du vin, des forêts, du renouveau, des forces de la nature, avec masques d'animaux des bois. La coïncidence chronologique dans le cycle des saisons a sans doute joué en faveur de fortes similitudes, qui ont frappé les chercheurs : un rituel mimétique masqué, un cortège de violence et de licence, une figure grotesque que l'on brûle, noie ou décapite, à la fois dispensatrice d'abondance et bouc émissaire, apportant le bonheur et emportant le mal, permettant de réactualiser l'opposition destruction-génération, forces primordiales de vie et de mort. « Illustrant au mieux le statut de la fête, modèle réduit sécularisé, primitivement célébration cosmogonique, puis réajusté à l'intérieur d'un cycle chrétien, avant de devenir jeu à vide alimenté par la nostalgie de dépense et de communion collective, on trouve le carnaval[16] », écrit Jean-Jacques Wunenburger. De là à faire du carnaval la simple christianisation d'un rite païen, il n'y a qu'un pas, que franchit André Varagnac : « Il est vraisemblable que l'Église, lors de la christianisation des usages païens au début du Moyen Age, n'eut aucune peine à instaurer la règle du carême : après la ripaille carnavalesque, comment n'eût-on pas fait maigre, puisqu'on ne mangeait de viande que deux ou trois fois l'an[17] ? »

Intégration ou juxtaposition ? Cette fête, écrit Julio Caro Baroja, « est presque la représentation du paganisme en soi face au christianisme, faite, créée, à une époque peut-être plus païenne que la nôtre, mais aussi plus religieuse[18] ». Simple greffe d'un moment du cycle chrétien sur des rythmes naturels beaucoup plus anciens[19] ? L'affaire est obscure. On ne peut guère remonter au-delà du xie siècle pour trouver des traces écrites du carnaval, mais les textes — comme celui du concile de Bénévent, en 1091, qui fixe le début du carême au mercredi des Cendres — suggèrent qu'il s'agit d'une réalité plus ancienne. Le carnaval pénètre à Rome au xiie siècle, mais dès le ixe il est question de mascarades, avec le thème de l'ours et de l'homme sauvage. Césaire d'Arles évoque déjà, et le synode de Reims condamne, ce genre de jeu inspiré par le diable.

Un élément renforce l'intégration du carnaval dans le cycle chrétien : c'est le thème allégorique du combat de carnaval et de carême, qui apparaît dès le xiiie siècle, dans un fabliau parodique des combats chevaleresques, *La Bataille de Caresme et de Charnaige*. On y voit s'affronter deux seigneurs : l'un, Caresme, équipé de poissons (harengs et anguilles), est un félon, ami des riches et des abbayes, détesté des pauvres ; l'autre, héros positif, armé de viandes et de graisses, distribue les richesses. Plus de quarante textes reprennent ce thème du xiiie au xviie siècle ; il passe au théâtre au xive siècle. On le mime, on le joue dans les villages, et Bruegel a immortalisé la scène. Le sujet, intellectuel, n'est pas un simple divertissement : « Il faut aussi y lire une véritable entreprise de critique idéologique d'un discours répressif sur la fête profane et une dévalorisation de l'ascétisme religieux. Le principe de plaisir est revigoré dans cette composition très intellectuelle[20] », écrit Philippe Walter.

Voilà qui semblerait conforter la thèse de Mikhaïl Bakhtine sur l'opposition entre culture populaire d'un comique subversif et

culture officielle sérieuse. Pourtant, Philippe Walter s'y refuse caté-
goriquement : « La sociologie primaire sur laquelle repose
l'ensemble du système bakhtinien incite à la plus grande
méfiance[21]. » Reprochant à Bakhtine d'être « primaire », « simpliste » et, implicitement, marxiste, il fait cependant une concession : « Il serait donc tout à fait simpliste d'opposer un univers clérical qui serait sérieux et oppresseur et un univers populaire qui serait
comique et populaire. Il est clair néanmoins que dans une fête
s'exprime souvent le besoin d'une transgression des normes, c'est-
à-dire qu'elle offre soudainement la possibilité d'enfreindre les
usages normaux de la société[22]. »

Le thème du combat entre carnaval et carême, outre l'intention
parodique illustrant l'opposition entre liturgie populaire et liturgie
cléricale, présente aussi l'intérêt de suggérer les liens de la fête carnavalesque avec le diable, la folie et la mort. C'est ce qu'a bien
montré Claude Gaignebert dans une étude détaillée du symbolisme
contenu dans le *Combat de carnaval et de carême*, de Bruegel[23]. Ce
tableau, fourmillant de personnages, est en effet dominé par un
petit bonhomme assis sur le rebord d'une fenêtre : c'est le fou de
Pâques, qui contemple à la fois le temps qui passe, et achemine
tout à la mort, et les fous du carnaval. Amusée, narquoise, la folie
jouit de son ambivalence : folie des hommes, qui ne pensent qu'à
rire, et folie divine, qui est la véritable sagesse. Le tableau date de
1559 ; à cette époque, le carême a gagné la partie, et Bruegel illustre
en fait l'enterrement du carnaval : juché sur sa barrique, il fait un
signe d'adieu. Il rejoindra sans doute le diable, comme le peintre l'a
représenté dans un dessin intitulé *La Descente du Christ aux limbes,*
où l'on voit le carnaval démoniaque à droite du Christ.

Cette vision est tardive. Elle met cependant en lumière les ambiguïtés qui, entourent le carnaval au Moyen Age. Le rire qu'on y
entend recouvre une réalité complexe et trouble. D'abord, son universalité n'est pas synonyme d'uniformité. Le carnaval est un fait
urbain, particulièrement développé dans les régions de villes importantes, où les sociétés joyeuses et les corporations prennent en main
l'organisation des réjouissances : Flandre, Italie du Nord.

A Rome, le *Cornomania,* ou fête des cornes, est attesté dès le
ixe siècle : le samedi après Pâques, le peuple se rassemble devant la
basilique Saint-Jean-de-Latran, par paroisses, pour assister aux
jeux : des sacristains, dont les habits de rois-bouffons ressemblent
aux vêtements liturgiques, dansent de façon grotesque ; des archi-
prêtres, assis à rebours sur un âne, tentent d'attraper, en se pen-
chant en arrière, les pièces déposées dans un bassin placé sur la tête
de l'âne. La participation active du clergé est également signalée
par le chanoine Benoît, dès le début du xiie siècle, dans la fête du

premier dimanche de carême où, en présence du pape, on tue un ours, un taureau et un coq —, exécution symbolique du diable, de l'orgueil et de la luxure, qui permettra de vivre sobre et chaste jusqu'à Pâques. A partir du XIIIe siècle sont mentionnées les fêtes du *Testaccio :* une dizaine de jours de licence, de mascarades, de bouffonneries carnavalesques avec jets de fruits et courses de porcs attelés. La participation des autorités au carnaval dans les villes italiennes montre bien qu'il ne s'agit pas de manifestations de révolte ou de contestation. Pouvoirs ecclésiastiques comme municipalités contrôlent et utilisent le jeu-spectacle pour maintenir leur prestige et leur popularité à travers ces concessions au rire : « Tous les gouvernements toléraient volontiers ces lourdes plaisanteries qui, pour quelques heures, balayaient leur dignité et raillaient leurs manières et leur établissement social : un bien mauvais jour à passer, quelques moments [...]. Des farces si énormes, à vrai dire, ne menacent pas tellement[24]. » De même à Nice, où l'importance du carnaval est signalée dès 1294 : le duc d'Anjou, comte de Provence, puis le duc de Savoie, font le déplacement, et au XVIe siècle sera réglementée la charge d'« abbé des fous ».

A l'autre bout de l'Europe, en Scandinavie, l'équivalent d'un carnaval a lieu le neuvième jour après Noël : un texte byzantin mentionne cette coutume chez les mercenaires scandinaves vers 950, et beaucoup plus tard, vers 1550, l'évêque catholique Olaus Magnus, exilé à Rome, décrit le déroulement des mascarades dans son pays : « Des fous de l'aristocratie se voilent le visage de soie noire, s'accoutrent de haillons bariolés et harcèlent leurs amis par pur plaisir. Ils traînent dans les rues avec d'autres bandes de fous et donnent libre cours à leurs passions[25]. » En Angleterre, la fête païenne d'Halloween, avec ses cortèges burlesques et ses pratiques carnavalesques, pourrait être une survivance de la fête druidique de Samain, avec ses rituels de régénération, mort et renaissance d'un roi.

Le monde juif possède l'équivalent, avec la fête de Pourim, en février-mars, qui commémore le sauvetage de la communauté juive en Perse grâce à l'intervention d'Esther. La fête mêle profane et sacré, avec violation d'interdits alimentaires pendant le festin, et fabrication d'un mannequin grotesque par les enfants, qui le traînent dans la rue avant de le brûler.

LE CARNAVAL, PARODIE FOLLE, QUI EXORCISE ET RASSURE

De ces quelques exemples se dégagent certains traits communs, telle la pratique de jeux codés, relevant d'un théâtre de masques et permettant de dire l'interdit et de le transgresser. Le rire carnavalesque a toujours une fonction de libération des besoins refoulés ; les forces vitales, nécessairement canalisées dans la vie sociale quotidienne, trouvent dans ce rire collectif une soupape de sécurité, comme l'explique J.M. Pastre : « Burlesques avant la lettre, les jeux avaient pour fonction de libérer les besoins refoulés par un mode d'existence excessivement réglementé et servaient en quelque sorte, par la médiation de travestissements multiples et par la fuite dans une verbalité outrancière, de soupape. Ils répondaient à un besoin de libération et incitaient par le rire, par un burlesque positif et profondément optimiste, le public à la catharsis [26]. »

Simultanément, le rire carnavalesque est là pour rassurer, pour vaincre la peur. C'est pourquoi l'on voit dans les cortèges des figures exotiques, monstrueuses, faussement effrayantes, qui menacent, font semblant de frapper : se faire peur en sachant que c'est « pour rire » est un moyen d'exorciser la peur. On voit des hommes et des femmes sauvages, avec leur massue, des Maures, plus tard des Indiens, des dragons, telle la fameuse tarasque de Tarascon, et des géants, drôles et inoffensifs, dont la maladresse provoque l'hilarité, comme à Rouen en 1485 : « Pour rire venoient à ceste dicte fontaine aultres personnaiges puiser, entre les aultres un personnaige lequel estoit plus hault et plus grant que ung géant, lequel à peine povoit abaisser pour puiser à ladicte fontaine. » Maîtriser ces créatures, en montrer l'impuissance, cela rassure. La danse peut aussi contribuer à écarter la menace : « La danse et le rire ont vertu d'exorcisme. La danse est souvent née des pas pour écraser et faire rentrer dans le sol les influences pernicieuses, et le rire a le pouvoir de dissiper les frayeurs de la nuit [27]. »

Le rire carnavalesque, c'est en même temps la parodie, par le masque, le travestissement, l'inversion. On flirte ici avec la contestation sociale, mais jusqu'au xive siècle celle-ci n'atteint pas vraiment le niveau de la conscience. Le rire périodique semble plutôt renforcer l'ordre existant ; que ces jeux de foule aient « critiqué les pouvoirs, raillé les ridicules ou les infortunes, c'étaient là amusements tout à fait admis », écrit Jacques Heers. Le côté ludique, divertissant, l'emporte nettement. La mascarade, c'est d'abord le désir d'imiter — en se moquant, certes, mais sans intention contestataire, du moins jusqu'aux crises du xive siècle. La chronologie est ici essentielle. C'est à partir des années 1380 que le ton devient aigre et grinçant : les malheurs du temps sont passés par là. Mais, jusque-là, le divertissement carnavalesque s'inscrit dans une logique d'acceptation du code social établi.

Le masque permet le renouvellement, ainsi que l'inversion — notamment l'inversion du haut et du bas, ressort comique populaire bien mis en valeur par Mikhaïl Bakhtine. Triomphe du corps et de ses besoins, revanche sur la tyrannie et de l'esprit et de la morale, réalisation symbolique de désirs et d'instincts plus ou moins contrôlés. L'obscène et le scatologique se déchaînent. Un exemple : dans le *Jeu d'Audigier,* joué au carnaval d'Amiens au xve siècle, mais fondé sur un poème du xiie siècle, Audigier vit au pays de Cocuce, où les gens pataugent dans la merde ; il a été baptisé dans un baquet d'urine par un prêtre en haillons ; nourri d'œufs couvés et d'oignons pourris, il a voulu faire ses preuves chevaleresques en affrontant « la vieille et hideuse Grinberge », qui l'a fait prisonnier, l'a obligé à lui baiser le cul et l'a barbouillé de merde et d'urine. Il s'est échappé et a épousé une femme qui, de sa vie, ne s'est jamais lavée ou torché les fesses. Le festin de mariage est bien entendu une orgie scatologique, où l'on nage dans les excréments et les vomissures, au milieu d'un concert de pets et de rots. De quoi hurler de rire, mais pas de quoi ébranler le monde féodal ! Il s'agit bien d'une parodie de chanson de geste, où les outrances héroïques deviennent des outrances scatologiques, dans un but purement ludique. Comme l'écrit M. Grinberg, « la scatologie fonde ici l'inversion des valeurs qui suscite le rire carnavalesque [28] ».

Le rire du carnaval, c'est aussi le rire de la folie, ainsi qu'on le voit dans un épisode d'*Aucassin et Nicolette*, le « royaume de Torelore ». La *turelure* était un instrument à vent, un genre de cornemuse, évoquant la folie : le fou divague en tous sens, comme un ballon plein d'air (en latin, *follis*). Le royaume de Torelore est le pays de la folie carnavalesque, un monde à l'envers, là encore parodie du monde des chansons de geste. Une parodie qui tourne à l'histoire de fous. La folie est un thème fort répandu au Moyen Age, mais un thème ambigu. Entre la folie purement ludique et la folie humaine qui conduit au chaos depuis la faute originelle, la frontière est très floue. Le fou évoque le complet renversement des valeurs, la libération des forces naturelles, et donc la présence du diable ; il inspire à la fois répulsion et pitié ; il incarne le péché, par le dérèglement de ses mœurs et de ses sens, et en même temps il est l'« innocent », l'irresponsable, donc protégé de Dieu. Naviguant entre Dieu et diable, il est le bouc émissaire idéal, qui va porter les péchés, et qu'on va chasser, sous les rires de soulagement. Il est l'image du désordre, du chaos, du retour à l'animalité ; on lui tolère toutes les libertés, ce qui permet de décharger contre lui la dérision. Le personnage du fou occupe même une position quasi officielle au sein de chaque groupement organisé : les villes, les métiers, les guildes ont tous leurs fous, qui tiennent une place centrale dans les défilés et les fêtes. « Leur rire exerçait une sorte de pédagogie ;

c'était un exercice plaisant qui expliquait ou qui détendait un moment l'attention d'un public à l'âme simple[29]. »

Yves-Marie Bercé, l'auteur des lignes qui précèdent, rappelle que ces inversions et ces folies carnavalesques doivent être interprétées avec prudence. Un intellectualisme outrancier peut « rendre dupe d'un structuralisme prétentieux et conduire laborieusement à la découverte de banalités ». Prenons garde de ne pas mettre « plus de logique dans ce renversement que n'en mettaient les acteurs des fêtes de folie ». Ces fêtes ne sont pas un appel à la subversion ou au désordre : elles s'inscrivent dans une culture qui les rend possibles, et qu'à leur tour elles justifient. Comme le dit aussi Roger Bastide : « La fête est de la culture, non la revanche de la nature contre la culture, et la culture est un ensemble de normes[30]. »

Au Moyen Age, le rire carnavalesque est davantage un facteur de cohésion sociale que de révolte. Dérision ritualisée, le carnaval est la nécessaire expression comique d'une alternative improbable, littéralement folle, l'envers burlesque qui ne fait que confirmer la nécessité des valeurs et hiérarchies établies. On y voit par exemple des hommes se déguiser en femmes, de la façon la plus caricaturale qui soit : grands et velus, avec un bonnet de dentelle et parfois un édredon pour simuler une grossesse. D'autres jouent les nourrissons. Comment ces bouffonneries pourraient-elles être autre chose qu'un simple jeu? Seuls quelques prédicateurs rigoureux, comme Maxime de Turin, peuvent y déceler une influence diabolique : « Tout ce que ces ministres des démons accomplissent en ces jours n'est-il pas pervers et insane, lorsque l'homme, reniant sa vigueur virile, se transforme en femme[31]... »

L'usage du masque remonte à une très haute antiquité, probablement à la coutume de se barbouiller le corps pour ressembler aux animaux sauvages, tel l'ours, que Tacite signalait déjà chez le peuple germanique des Harii de l'Oder supérieur. Le terme baslatin *masca* signifiant « sorcière », on peut aussi voir dans son usage une survivance de croyances relatives aux revenants. Tout cela explique que, dès le IXᵉ siècle, Hincmar qualifiait d'activités diaboliques les jeux d'ours et les « talamasques ». Peut-on vraiment trouver des équivalences inquiétantes dans ces carnavals médiévaux, comme le suggère Jean Duvignaud, pour qui l'on y mime « une expérience qui pourrait être et qui n'est pas encore[32] »? Ce dernier rappelle que d'après Johan Huizinga les spectateurs des supplices de sorciers par le feu riaient, comme si c'était le diable qui se consumait, de la même façon qu'on riait en brûlant le roi-carnaval. Dans les deux cas il y aurait exécution du bouc émissaire, et ce rire collectif serait dissipation de la peur face au châtiment du mal. Le rire carnavalesque médiéval conforte à la fois l'ordre social et les exigences morales par la parodie et la dérision, qui montrent à la fois le grotesque du monde insensé et l'impuissance du mal.

LE CHARIVARI, OU LE RIRE D'AUTODÉFENSE DU GROUPE

Les mêmes caractéristiques se retrouvent dans les grandes rigolades tumultueuses que sont les charivaris. Cette bien curieuse pratique, qui se poursuivra jusqu'au xixe siècle, et que nous croiserons donc encore à plusieurs reprises, reflète elle aussi le contexte culturel et éclaire certaines significations du rire. Son origine est incertaine. Arnold Van Gennep la fait remonter au haut Moyen Age, mais sans pouvoir avancer de preuves décisives[33], et la documentation ne devient importante à son sujet qu'au xive siècle. Même incertitude concernant l'étymologie : le mot pourrait tout aussi bien venir du grec *chalibarion* (bruit obtenu en frappant sur des vases d'airain ou de fer) que de l'italien *chiavramarito* ou *capramarito*. D'ailleurs, le terme change d'un pays à l'autre : *rough music* ou *skimmington* en Angleterre, *Katzenmusik* en Allemagne, *cencerrada* en Andalousie, et ainsi de suite.

Le charivari consiste en un attroupement bruyant des membres de la communauté villageoise, dont beaucoup sont déguisés et frappent sur des ustensiles de cuisine ; ils se rendent devant le domicile d'un des paroissiens, qui s'est mis en dehors du groupe par une conduite jugée répréhensible. Les textes du xive siècle, qui parlent en France d'« un esbattement de jeunes gens avides de farces et de chahuts[34] », insistent sur la présence de la jeunesse, ce qui peut s'expliquer par l'un des motifs les plus fréquents de ces chahuts : le remariage d'un veuf ou d'une veuve, ou le mariage de deux personnes d'un âge très différent. En effet, comme l'a mis en valeur Nathalie Davis pour le xvie siècle, la « masse des jeunes disponibles » pour les mariages dans les petites communautés rurales est déjà très limitée, et réduite encore par les degrés de consanguinité que l'Église juge prohibitifs. Les seconds mariages et les mariages d'un vieux avec une jeune sont donc ressentis comme une atteinte à l'équilibre social du groupe, privant les jeunes d'un partenaire. « Alors le tintamarre des jeunes gens masqués, avec leurs chaudrons, tambourins, cloches, crécelles et cornes, pouvait durer pendant une semaine devant la maison de leurs victimes, jusqu'à ce qu'elles acceptent et paient une amende[35]. »

Voilà pour la cause la plus fréquente de charivari. Mais il y a d'autres cas possibles à sanctionner : les femmes qui battent leur mari ou qui les mènent par le bout du nez, les maris violents, les déviations sexuelles... D'après Arnold Van Gennep, le charivari s'applique « aux maris battus par leurs femmes; aux avares — notamment, dans la période enfantine, aux parrains et marraines chiches de dragées et de sous; aux étrangers qui, venus s'installer, ou même de passage, ne paient pas la *bienvenue*; aux filles folles de leur corps; aux femmes adultères; aux ivrognes invétérés, brutaux et tapageurs; aux dénonciateurs et calomniateurs; aux maris qui courent trop le guilledou; bref, à tous ceux qui, d'une manière ou d'une autre, excitent contre eux l'opinion publique de la communauté locale [36] ».

On le voit, il s'agit à chaque fois de sanctionner une déviation qui, si elle ne constitue pas un délit relevant de la justice, porte atteinte au bon fonctionnement du groupe, à la morale coutumière. Et l'agent de la sanction, c'est le rire, le rire moqueur, bruyant, agressif : « cris perçants d'une voix éraillée, rire grinçant et impitoyable, mimiques obscènes [37] ». On assiste manifestement là à la résurgence du rire archaïque agressif et d'exclusion, marque d'hostilité, qui peut aller très loin : « En Angleterre, les rituels formaient une gamme s'étendant de la joyeuse raillerie jusqu'aux sarcasmes de la plus grande brutalité », écrit E.P. Thompson [38]. La victime, honteuse, exclue du groupe, peut être forcée à s'exiler; certaines vont jusqu'au suicide.

C'est pourquoi l'on a pu rapprocher ce rire qui tue des « chasses nocturnes mythologiques ». Dans certaines régions, tel le Devon anglais, le charivari peut du reste prendre l'aspect d'une véritable chasse : la « chasse au cerf ». Un jeune homme, portant des cornes, joue le rôle de la victime du charivari. Poursuivi par la meute des jeunes gens, à proximité de la maison de la personne visée, il est rejoint sur le pas de la porte; on procède alors à une mise à mort réaliste, en perçant une outre remplie de sang de bœuf, dont on barbouille le seuil. Cette chasse sauvage, qui conjugue le rire et la mort, fait resurgir l'image du diable. Celui-ci est fréquemment associé au charivari par ses adversaires, comme à Melun en 1365, ou à Langres en 1404, où un concile local parle d'« un jeu appelé charivari où l'on utilise des masques avec des têtes de diables et l'on y commet des choses indicibles ». A Chaumont, les jeunes forment même une confrérie de diables, organisant des jeux. D'ailleurs, le charivari sanctionne les désordres domestiques; or, écrit Jelle Koopmans, « le désaccord dans le ménage et la diablerie ne sont pas trop éloignés l'un de l'autre, car le combat domestique pour la domination représente aussi la lutte entre les principes de Bongouverne et de Maugouverne, et derrière Maugouverne se cache parfois le diable [39] ».

Le charivari peut encore prendre d'autres formes : dans le « *riding the stang* », en Angleterre, la victime, portée sur un madrier, est aspergée d'immondices ; la femme infidèle, jetée dans la boue, peut encore être placée sur le *cucking stool,* siège infamant ; la victime peut aussi être promenée sur un âne, assise à l'envers. Toutes ces expéditions punitives, humiliantes, ridiculisent cruellement une personne, qui se trouve ainsi ostracisée. Le charivari « fait beaucoup rire, mais ceux qui sont visés ne se débarrassent jamais du ridicule et de la honte qui s'y attache[40] ». Le rire du charivari est typique de la tyrannie du groupe contre la liberté individuelle, dans une société de corps, de communautés, profondément anti-individualiste. Il est un instrument de contrôle de la sociabilité et des mœurs conjugales villageoises ; il punit les déviances ménagères. Venu du vieux fonds sauvage de la tribu, il est aux antipodes de la subversion ; rire de rejet, qui exclut les déviants et les marginaux, il est le rempart des normes, des valeurs et des préjugés établis.

On le pratique d'ailleurs jusqu'à la cour, comme l'illustre le tragique épisode du bal des Ardents, en 1393, où des courtisans déguisés en sauvages participaient à un charivari visant une dame d'honneur de la reine qui se mariait pour la quatrième fois. Il peut même prendre des formes politiques et devenir alors un moyen d'exclure un groupe entier. Dès le XIIIᵉ siècle, on voit par exemple des flagellants rhénans s'attaquer ainsi aux usuriers ; les rebaptisés de Münster organisent, le Mardi gras, des cortèges carnavalesques ridiculisant les catholiques : dans un chariot tiré par six moines, un prêtre débite des âneries à côté d'un cocher déguisé en évêque. Ces procédés se multiplient à la fin du Moyen Age. En 1475, les maisons des victimes d'une vendetta en Italie sont couvertes de scènes obscènes. En 1490, les clercs de la basoche de Reims ridiculisent la nouvelle tenue vestimentaire des chanoines : le jour des Saints-Innocents, ils jouent devant la cathédrale « farce ou sotie pour la récréation du peuple », et de là ils vont « publicquement jouer sur eschafaud certaines farces et dérisions contenant grandes injures contre l'estat et personnes ecclésiastiques et spécialement de l'église de Reims ». Pendant deux jours et deux nuits, ils font du vacarme devant les maisons des chanoines. Le temps des guerres de religion verra s'étendre ces pratiques. Ainsi, le 27 décembre 1532, un charivari est organisé en Suisse contre le chroniqueur Werner Steiner, avec bruits et moqueries d'usage, « et huit jours plus tard, raconte-t-il, ils m'ont mis un chat mort devant ma maison et m'ont conchié la porte de derrière avec de la merde pure ».

Nous sommes à mille lieues du rire désarmant le fanatisme. Il s'agit ici d'un rire guerrier, substitut des armes, rire de défi, d'agression et d'exclusion. Ce rire de groupe, anti-individualiste, bien loin de favoriser la tolérance, est au contraire un instrument d'oppression, qui ne tolère pas la différence. Il est obligatoire et vexatoire. Pas question d'y échapper : il faut rire avec les rieurs comme on hurle avec les loups, et les récalcitrants sont victimes de brimades, comme l'illustre ce témoignage à Valenciennes, au XVIe siècle, lors d'une fête locale : « Les estrangers passans ou logeans, voyant cela, croyaient fermement que le peuple estoit devenu fou [...], autres par moqueries faisaient ou représentaient des banquets ou nopces, faisant élection du plus laid facécieux homme qu'ils pouvaient rencontrer en leurs ruages et l'accoustraient le plus salement et manière plus provocant à rire qu'il estoit possible, en habit de femme ou dame de nopce, à laquelle tous les principaux ruaiges de la ville venaient apporter présent [...]. Si aucuns faisaient du sage, ne se voulant trouver et contribuer à ces folies, on assiégeoit sa maison jusqu'à les contraindre de se rendre et faire ce qu'ils trouvaient bon lui ordonner[41]. » C'est le rire tyrannique et odieux des brimades en tout genre, du charivari au bizutage.

Les sanctions de type charivari sont le plus souvent décidées par les tribunaux de jeunesse. La documentation est ici plus tardive, mais permet d'éclairer l'esprit de ces pratiques médiévales. Toujours revient le souci de préserver l'équilibre traditionnel et d'expulser le mal qui menace la communauté, par le rire. La sanction peut parfois se révéler purement symbolique, se contentant par exemple d'un bouc émissaire anonyme, comme à Cellefrouin, en Angoumois, où pendant le carnaval on procède à la noyade fictive du « baron », personnage joué par un paroissien, dont on fait le procès, avec des chefs d'accusation burlesques tels que d'avoir « porté de l'eau avec un crible dans la plaine pour y faire noyer les lièvres et d'avoir fait brûler les poissons dans la rivière » : on le jette dans la mare, où il doit faire le pitre, et alors commencent les réjouissances. Ce rôle de bouc émissaire est le plus souvent tenu, au carnaval, par un mannequin de paille, le roi-carnaval, ou caramantran, dont on fait aussi le procès parodique suivi d'exécution par le feu et d'enterrement dérisoire, le tout dans l'hilarité générale. De la même façon, à la Saint-Jean, on jette dans le feu des animaux vivants, enfermés dans des sacs — chats et renards surtout, à la réputation diabolique —, et l'on s'esclaffe de leurs hurlements et de leurs sauts.

Ces victimes emportent avec elles les vices et les péchés de la communauté, dont on se débarrasse à bon compte. Le rôle est parfois joué par un innocent du village, que l'on pourchasse, par un gamin déguisé en sorcière, en âne ou en chèvre, comme le *Posterli* de l'Oberland bernois, ou par une créature en bois, le « babouin » du Forez ou du Beaujolais. A Munich, la veille de l'Ascension, on court après un homme déguisé en diable, on le roule dans le fumier, et le lendemain son costume, bourré de paille, est incendié. En Espagne, Judas sert, parfois de bouc émissaire, mais on peut aussi, plus prosaïquement, ridiculiser un mari trompé ou le plus âgé des garçons à marier. Les maris battus ou dominés ont droit à l'infamante chevauchée de l'âne, à l'envers, avec une quenouille à la main. Le rire vengeur est là pour sanctionner une atteinte aux normes du groupe : mise en danger de la fécondité ou de la suprématie masculine, par exemple.

L'attitude des autorités est hésitante. Dans la mesure où il s'agit de pratiques d'autorégulation qui maintiennent l'ordre établi, elles ne peuvent sévir. On voit même en Provence, au XVIᵉ siècle, des confréries religieuses comme celles du Saint-Esprit et du Saint-Sacrement décider et organiser des charivaris. Mais le plus souvent l'Église est hostile à ces mouvements qui, pour les cas de remariage par exemple, portent atteinte au sacrement, et qui de toute façon s'accompagnent toujours de licences coupables. Les autorités civiles, en revanche, laissent faire. Ce n'est qu'à partir du XVIᵉ siècle que l'on commence à traiter devant les tribunaux, en nombre croissant, des cas de charivaris qui ont mal tourné, ou qui ont conduit à des excès trop graves. Le souci monarchique du bon ordre, mais surtout l'évolution des mentalités vers l'individualisme et la protection des droits de la personne, entreront en conflit avec les pratiques collectives du rire vengeur.

Au Moyen Age, le rire collectif joue un rôle conservateur et régulateur. Par la parodie bouffonne et la raillerie agressive, il conforte l'ordre établi en jouant son opposé grotesque ; il exclut l'étrange, l'étranger, l'anormal et le néfaste en raillant le bouc émissaire et en humiliant le déviant. Le rire est à cette époque une arme oppressive au service du groupe, une arme d'autodiscipline.

LA FÊTE DES FOUS, OU L'AUTODÉRISION CLÉRICALE

Ce rôle est confirmé par la fête des fous et de l'âne, qui introduisent le rire dans le milieu ecclésiastique. Ce dernier, en dépit de son lien intime avec le sacré, se prête en effet facilement à une dérive comique — du moins dans l'acception bergsonienne du comique : du mécanique plaqué sur le vivant. La messe présente un caractère massivement répétitif : chaque son, chaque geste, ancrés dans la mémoire individuelle et collective, parfaitement liés entre eux par des automatismes, suggèrent une machine familière où la moindre omission, la moindre variation, la moindre accélération sera perçue par tous comme insolite et comique. Litanies, hymnes, prières, offices canoniaux, détournés de leur sens sacré, sont une mine de gags offerte à la verve des plaisantins, au premier rang desquels on trouve les goliards, ces clercs-étudiants vagabonds, à la mauvaise réputation, qui circulent en Europe aux XIIᵉ et XIIIᵉ siècles. Turbulents, braillards, bohèmes, accompagnant leurs beuveries de chansons à boire, ils sont prompts à transformer un hymne en poème érotique ou une prière en poésie burlesque, par jeu, par volonté de choquer le bourgeois et les autorités.

Les offices religieux — on le sait à travers les écrits des censeurs et des réformateurs — sont de véritables cohues, où l'on bavarde, rigole, plaisante, discute de ses affaires, courtise les femmes. Dans le chœur des cathédrales, les chanoines récitent mécaniquement les prières, somnolent, sortent sous n'importe quel prétexte, vont et viennent. Toutes les occasions sont bonnes pour s'amuser. La cérémonie des Cendres, par exemple, dégénère régulièrement en jeu : on se court après pour se badigeonner au milieu des cris et des rires, et cela finit souvent par des danses, qui prolongent le carnaval encore tout proche. Même le décor n'est pas toujours sérieux : ainsi, les stalles et les miséricordes des chanoines, « supports d'œuvres qui témoignent d'une inspiration merveilleusement fantaisiste, mais presque toujours burlesque, portant une attention ironique, amusée, aux mille détails de la vie quotidienne, professionnelle, et aux travers des hommes [42] », écrit Jacques Heers. On y trouve des scènes et des personnages plutôt inattendus en ce lieu, et que les dignes ecclésiastiques peuvent regarder et toucher à loisir pendant les offices : Renart en prédicateur, prostituées, filles nues, scènes de bagarres, visages grotesques, scènes caricaturales ou d'un réalisme frisant la grossièreté. Même la décoration des livres liturgiques n'est pas toujours sérieuse : dans les marges des pontificaux et des bréviaires apparaissent des personnages grotesques, des diablotins farceurs, des têtes de fous avec leurs capuchons à grelots.

Il faut bien sûr se souvenir de ce climat général pour relativiser les indécences de la fête des fous, qui est née dans et par les milieux ecclésiastiques. Certes, Sébastien Brant embarquera tout ce beau monde dans sa *Nef des fous*, à destination de l'enfer. Mais il appartient à une autre époque, celle des réformateurs, des Gerson, des Clamanges, dont les oreilles deviennent sensibles aux dissonances profanes du rire. Jusqu'au XIVᵉ siècle, au contraire, la vie religieuse séculière semble baigner dans un climat qui tolère une bonne dose de burlesque, comme si le mélange du profane et du sacré faisait surgir du comique aux endroits et aux moments les plus inattendus. L'exubérance d'un monde fruste, où les inhibitions ne concernent encore que les aspects les plus excessifs des instincts, laisse libre cours à l'expression corporelle. La pratique de la danse par les prêtres dans les églises est à cet égard révélatrice.

Les danses liturgiques sont attestées un peu partout au Moyen Age, surtout aux alentours des fêtes de Pâques et de Noël. Dans la cathédrale de Sens, le clergé danse à chaque grande fête, avec approbation de l'archevêque, qui ne dédaigne pas de participer à ces sarabandes. Il y avait des précédents bibliques célèbres, comme la danse d'actions de grâce de Myriam à la sortie de la mer Rouge, et les danses désordonnées de David devant l'Arche. Certains Pères voyaient dans la danse une expression de sainteté, et des mystiques la préconisaient pour atteindre la connaissance divine. Au XIIIᵉ siècle, la béguine Mechtilde de Magdebourg en faisait le moyen de se joindre à la béatitude des élus. Dès cette époque, il est vrai, les autorités se montrent assez perplexes à ce sujet, et leurs décisions sont contradictoires. L'archevêque de Rouen Eudes Rigaud se déclare nettement hostile, mais ce sont les moines mendiants qui vont faire systématiquement campagne contre les danses liturgiques, en les assimilant aux danses profanes considérées comme diaboliques : « La danse en soi est réduite à une dépravation satanique, sans considération de nature ou d'intention[43] », écrit Jeannine Horowitz. Les danses disparaissent des églises au XVIᵉ siècle ; à Auxerre, par exemple, en 1538.

L'intellectualisation progressive de la foi éliminera peu à peu l'expression corporelle, en vertu de la dichotomie corps-esprit, qui tend à faire du premier un instrument du diable. Au XIIIᵉ siècle, nous n'en sommes pas encore là. La joie s'exprime alors librement à travers des manifestations exubérantes que l'on retrouve dans toutes les fêtes religieuses. Outre les fêtes liturgiques, il y a les fêtes paroissiales, celles des confréries, des groupes de clercs... La plupart d'entre elles ont sombré dans l'oubli : ainsi la Fête Bouteille, à Évreux, commémorait-elle le souvenir du chanoine Guillaume Bouteille, qui en 1253 avait financé une fondation, et dont le nom évocateur était prétexte à de larges libations et joyeusetés[44]. Les chantres, les chapelains, les diacres et sous-diacres — ou saouls-diacres, comme on les appelle quelquefois — ont chacun leur fête particulière.

C'est dans le milieu des chanoines cathédraux que naît la fête des fous. Un milieu assez particulier : les chapitres cathédraux se composent en général d'une quinzaine, voire d'une vingtaine de chanoines séculiers, vivant en communauté, chargés de célébrer les offices de la cathédrale. Ils sont souvent jeunes : l'âge minimal requis est de quatorze ans. De plus, la cathédrale, pépinière de clercs, comprend des enfants de chœur, de jeunes chantres dont la voix n'a pas encore mué, et les pensionnaires de l'école épiscopale. Tout cela forme un petit monde remuant, fermé, avec ses rites d'initiation, ses traditions, son vocabulaire, sa hiérarchie et ses jeux.

Ces enfants ont aussi leur fête, associée à l'enfance du Christ : c'est la fête des Innocents, qui a lieu à la fin de décembre. Pendant quelques jours, ils bénéficient d'une grande liberté : « On les laisse jouer, se rendre maîtres du chœur, de l'église et du cloître, mimer des offices et se livrer même à toutes sortes de parodies, voire d'irrévérences. Lorsque la fête se charge d'autres significations, le héros en est toujours un jeune clerc appelé par les autres à une royauté d'un jour[45]. »

L'auteur des lignes qui précèdent, Jacques Heers, a montré que ce qu'on appelle fête des fous est à l'origine une fête des écoliers, des enfants, portant des noms différents selon les lieux. Par extension, elle devient une exaltation des petits, des faibles, mais en aucun cas elle ne glorifie la folie. Pendant quelques jours, les jeunes clercs de la cathédrale bénéficient d'une large licence, et les réjouissances comprennent deux parties : un certain rituel codifié à l'intérieur de la cathédrale, et une cavalcade débridée dans les rues. Tout cela avec l'approbation, on pourrait même dire la bénédiction, des plus hautes autorités ecclésiastiques.

Notre principale source de renseignements sur ce sujet est un manuel rédigé vers 1200 par l'archevêque de Sens, Pierre de Corbeil : l'*Office de la fête des fous*, largement recopié et diffusé. Il s'ouvre par quatre vers sans équivoque : « Tous les ans, la ville de Sens célèbre la fête des fous, d'après ses anciens usages, ce qui réjouit le préchantre ; cependant, tout l'honneur doit être pour le Christ circoncis ! » Ce véritable missel burlesque décrit les hymnes de fantaisie, truffés de calembours en latin, qui doivent être chantés en faux-bourdon, ainsi que l'élection de l'évêque ou pape des fous, qui se déroule selon un cérémonial parodique et bouffon. L'élu porte les insignes de sa fonction (crosse, mitre, croix épiscopale) et accorde de copieuses bénédictions ; il s'agit d'un enfant, qui se livre à toute sorte de facéties, et l'on peut imaginer les rires, les cris et les extravagances auxquels donne lieu la cérémonie. D'autant plus qu'elle est l'occasion d'une large distribution de vin pendant la « Cène des enfants », festin qui se tient juste après. Chaque chanoine doit cotiser pour acheter les victuailles nécessaires, et au Mans l'évêque élu reçoit quarante pintes de vin à distribuer. Ce sont ces adolescents éméchés qui ensuite se répandent dans la ville pour la cavalcade. Le pape des fous, dans un chariot, continue ses bouffonneries ; d'autres clercs suivent, avec des charretées d'ordures, qu'ils jettent sur les passants qui en redemandent. Tout cela est codifié ; le parcours de la cavalcade est minutieusement prévu, comme le prouve à Besançon un manuscrit du XIIIᵉ siècle. Dans cette ville, le pape des fous est accompagné de « cardinaux » représentant les établissements religieux de la ville, qui doivent se prosterner devant lui et recevoir sa bénédiction.

Là encore, pas question de bouder la fête. Des sanctions sont prises contre les récalcitrants : en 1240, au Mans, l'abbé de la Couture, qui a refusé de recevoir le clerc Bérenger, pape des fous, doit présenter des excuses au chapitre ; même humiliation pour l'abbesse de Notre-Dame-du-Pré quelques années plus tard. La participation à la fête est obligatoire ; c'est ce que l'on fait comprendre, toujours au Mans, à l'abbé de Beaulieu, qui avait déclaré qu'il ne versait à boire au pape des fous que parce qu'il le voulait bien : il est convoqué et rappelé à l'ordre[46].

Derrière cette obligation se cache la volonté du chapitre d'affirmer sa suprématie dans la ville épiscopale. La cavalcade s'accompagne d'ailleurs d'une quête, à laquelle il ne fait pas bon se soustraire. Si les premiers grincements de dents se manifestent dès le XIIIe siècle contre les débordements de la fête des fous, celle-ci n'en garde pas moins d'ardents défenseurs dans le clergé jusqu'au XVe siècle : en 1420 par exemple, un prédicateur d'Auxerre soutient qu'elle est aussi approuvée de Dieu que la fête de la Conception de Notre-Dame, et en 1444 un écrit anonyme la défend en soulignant son caractère de pure plaisanterie innocente, exutoire nécessaire de notre besoin de récréation afin de mieux accomplir ensuite notre devoir. Cette apologie du rire reprend l'idée aristotélicienne du rire comme partie intégrante de la nature humaine, en l'opposant à une piété chrétienne liée à la peur. Ces réjouissances, dit le texte, sont indispensables, « afin que la sottise qui est notre seconde nature et paraît innée à l'homme pût au moins une fois l'an se donner libre cours. Les tonneaux de vin éclateraient si de temps en temps on ne lâchait la bonde, si on n'y laissait pénétrer un peu d'air. Nous tous, les hommes, sommes des tonneaux mal joints que le vin de la sagesse ferait éclater, s'il se trouvait dans l'incessante fermentation de la piété et de la peur divine. Il faut lui donner de l'air afin qu'il ne se gâte pas. C'est pourquoi nous nous permettons certains jours la bouffonnerie pour ensuite nous remettre avec d'autant plus de zèle au service du Seigneur[47] ».

C'est pour réfuter cette argumentation que la faculté de théologie de Paris rédige le 12 mars 1444 une lettre circulaire condamnant la fête des fous. Cette lettre nous permet d'en connaître d'autres aspects : travestis, les clercs dansent, jouent aux cartes, font ripaille, blasphèment, chantent des chansons paillardes, jurent, parodient les cérémonies les plus sacrées en remplaçant l'encens par de vieilles savates brûlées. Il est possible qu'avec le temps les dérives et les excès se soient multipliés. Pour Sébastien Brant, ces indécences sont insupportables : « Voilà ce que les fous entendent par bien vivre : hurler avec les loups et mener grand tapage avec tous les rustauds. »

En tout cas, le succès est grand jusqu'au xive siècle. Même des archevêques de Reims participent à la fête des fous, et Philippe le Hardi, en 1372, donne de l'argent aux chapelains de Dijon pour qu'ils organisent leur fête. Un docteur de Paris admet que l'on a vu « toutes les églises des nations gallicanes et germaniques célébrer à ce jour, et durant tout l'octave des Rois, la fête des fous [...] que l'on a pris la peine de marquer de ce nom dans les livres des offices divins [...] et que cela a duré trois ou quatre cents ans ».

Derrière le rire bon enfant, un autre aspect de la fête des fous pointe insidieusement l'oreille, tout en restant à cette époque à l'état potentiel : la contestation sociale et la subversion de la hiérarchie. Il est vrai que dans ces simulacres on voit de petits clercs insolents prendre la place des vénérables dignitaires du chapitre, des enfants de chœur chasser les chanoines des stalles et revêtir les habits sacerdotaux, pendant que les véritables titulaires remplissent les humbles fonctions normalement dévolues aux enfants. Cette inversion, écrit l'évêque de Chalon-sur-Saône, « étoit une espèce de jonglerie qui n'apprètoit qu'à rire ». Mais l'évêque rit jaune, on le sent. Pour Harvey Cox, qui en 1969 a été le premier à explorer la signification de la fête des fous, l'acceptation de cette inversion hiérarchique dans le rire atteste cependant la force de la culture médiévale : « La fête des fous avait démontré qu'une culture pouvait périodiquement se moquer de ses pratiques religieuses et royales les plus sacrées, imaginer, au moins de temps en temps, un genre de monde entièrement différent, un monde où le dernier était le premier, où les valeurs acceptées étaient inversées, où les fous devenaient rois, où les enfants de chœur étaient des prélats[48]. » Jusqu'au xive siècle, cette inversion reste purement ludique, et le rire qu'elle déclenche ne menace nullement l'ordre social. Comme au carnaval, il le renforce plutôt en montrant le côté grotesque et irréaliste de son envers.

LA FÊTE DE L'ANE, OU LE RIRE AU SERVICE DU FAIBLE

Même constat pour la fête de l'âne, qui vient se greffer sur celle des fous et dont on connaît bien le déroulement, grâce encore à l'office minutieusement réglé par l'archevêque Pierre de Corbeil vers 1200. Il s'agit d'une authentique liturgie, dont la précision n'a rien à envier à celle des « vrais » offices. Revêtu d'une riche chape, l'âne fait son entrée, parfois tiré par la queue, pendant que l'assistance entonne un véritable hymne à la joie, en latin : « Ce jour est un jour de joie ! Croyez-moi : qu'on chasse de ces solennités quiconque sera triste ! qu'on éloigne tous les sujets de haine et de mélancolie ! Ceux qui célèbrent la fête de l'âne ne veulent que de la gaieté. » Deux chanoines conduisent l'âne au pupitre, à la manière d'un évêque. Parfois, une jeune fille représentant Marie est sur son dos. On chante alors la prose de l'âne, de la façon la plus dysharmonieuse possible, en imitant ses braiements, avec ce genre de refrain : « Hey, sire âne, car chantez / belle bouche rechignez / on aura du foin assez / et de l'avoine à planter. » Dans une invraisemblable cacophonie, on énumère les mérites et les exploits burlesques de l'animal. Une partie de la cérémonie se réfère explicitement au paganisme, et plus particulièrement à Dionysos : c'est la récitation de psaumes burlesques, que ponctue le cri incantatoire des bacchantes, *evohé*. Il ne faut nullement voir là l'indice d'une continuité entre fêtes païennes et chrétiennes, mais plutôt, écrit Jacques Heers, de « l'intérêt pour tout ce qui touche aux cultures antiques ». Le même auteur note que le missel de Besançon, qui contient le manuscrit de cet office, est relié par deux planchettes de bois représentant des scènes mythologiques. Preuve de « curiosité savante », sans plus.

Tel n'était pas l'avis des censeurs du XVᵉ siècle, pour qui ces facéties blasphématoires étaient une prolongation directe des rites païens. Dans la lettre circulaire du 12 mars 1444, les docteurs de la Sorbonne déclarent « que la fête des sous-diacres, ou des fous, estoit un reste de paganisme, une corruption damnable et pernicieuse qui tendoit au mépris visible de Dieu, des offices divins, de la dignité épiscopale ; et que ceux qui la faisoient imitoient les païens, violoient les canons des conciles et les décrets des papes ; profanoient les sacrements et dignitez ecclésiastiques ; se mocquoient des choses sacramentales ; avoient une foi suspecte ; et devoient estre traitez comme des hérétiques ».

Quoi qu'il en soit, l'âne est ensuite conduit au chœur ; puis on sort en cortège, précédé d'une grosse lanterne. On chante, on danse, on arrose le préchantre, puis les réjouissances s'étendent à toute la ville. Qu'un archevêque ait pris le temps de consigner en détail ce genre de bouffonnerie, et que ce missel burlesque ait été soigneusement reproduit à des dizaines d'exemplaires, est une indication sérieuse de l'importance de cette fête et de son acceptation bienveillante par les autorités, qui au XIIIᵉ siècle n'y voient pas de mal : « Cette fête se marque surtout par ce divertissement plutôt innocent, populaire, de l'âne, par le désir de rendre justice au plus modeste, au plus faible[49]. » Cet âne, ce n'est ni celui d'Apulée, ni celui de Balaam, ni celui qui porte allégoriquement la Synagogue : c'est celui de la Sainte Famille, l'auxiliaire précieux et humble.

Question d'interprétation, sans doute. Car un âne est un âne, et tout dépend de ce qu'on veut bien lui faire dire. Force est de constater qu'en ces XIIe et XIIIe siècles on se contente de voir en lui l'image du petit, auquel on rend hommage en le célébrant. Cet hommage se fait par le rire, par le jeu, par le comique. Le rire de la fête collective au Moyen Age recourt à la parodie, parce que la culture, essentiellement orale, est alors très ritualisée, répétitive, et que le rituel, connu de tous, peut facilement dériver vers la parodie comique. Ce rire de groupe, tyrannique, est un puissant facteur de cohésion sociale et de conformisme. Il parodie pour renforcer les normes et les valeurs, non pour les attaquer. D'ailleurs, en Italie, où les méthodes politiques sont plus évoluées, les oligarchies municipales utilisent volontiers le rire et les fêtes au service du pouvoir. Machiavel en fera une règle : « Le Prince doit offrir au peuple des fêtes et des jeux à certains moments de l'année. » Gouverner par le rire : ce n'est pas encore un principe conscient, mais, du roi-carnaval au pape des fous, l'association parodique du pouvoir et du rire est révélatrice. Le souverain comique, en singeant le souverain sérieux, conforte le pouvoir de ce dernier ; rire de l'un ne fait qu'exalter le pouvoir de l'autre, parce qu'il n'y a pas d'alternative. Rire de la parodie du pouvoir, ce n'est pas rire du pouvoir ; celui-ci en reçoit un surcroît de légitimité. C'est un jeu ; un jeu qu'il faut surveiller, certes, mais qui au Moyen Age respecte les règles, tant que le système des valeurs en place est unanimement accepté.

Les exemples de royautés parodiques sont nombreux. Le « roi de la fève » est le plus célèbre. La coutume vient peut-être des pays germaniques, où le 1er janvier se déroulait la cavalcade burlesque de la fête dite de l'empereur, fête transférée au jour de l'Épiphanie, où elle devient fête des bourgeois ou fête aux folz, par imitation de la fête ecclésiastique des fous. On élit un roi dans chaque famille, mais aussi dans chaque ville, et cela donne encore lieu à bien des bouffonneries. Dans le cortège, Geoffroy de Paris remarque en 1313, dans la capitale capétienne, Adam et Ève, Pilate, « roys à fève et hommes sauvages qui menoient granz rigolade ». Il y a donc encore travestissements, jeux de rôles, réjouissances. Dans les villes, le roi de la fève est un riche notable, car sa fonction dépasse la bouffonnerie : il doit organiser et payer des réjouissances. Le peuple veut rire et veut qu'on le fasse rire. En Espagne, on élit des magistratures burlesques, les *mazarron, zamarron, zancarron* et autres. A Murcie, pour la fête des Innocents, on désigne des « innocents », qui peuvent faire tout ce qui leur passe par la tête, pourvu que cela soit drôle ; on en voit un par exemple qui monte en chaire, fait des pitreries, raconte tous les potins locaux. A la cour, la fonction de roi de la fève peut rapporter : en Navarre, ce personnage reçoit de l'argent et du blé. Aussi le poste est-il convoité : sous le règne d'Henri II de Castille (1369-1379), le poète-courtisan Alonso de Villasandino réclame la fonction de façon grotesque et grossière, mais ne recueille que mépris.

En Espagne toujours, la coutume des *obispillos* se rattache à celle des rois burlesques. A la Saint-Nicolas ou pour les Saints-Innocents, on élit un souverain qui donne des ordres comiques et prononce des discours burlesques. Il y a aussi l'*obispillo* des Saints-Innocents pour les chanteurs de certaines cathédrales, et l'élection d'un évêque burlesque. Les autorités ecclésiastiques tolèrent cette pratique, et certains évêques en font même une très utile épreuve d'humilité : accepter la dérision de leur fonction et ainsi détourner le rire populaire au service de leur mérite personnel. Le calcul est peut-être douteux, mais c'est celui auquel se livre encore frère Hernando de Talavera, premier archevêque de Grenade (1428-1507). L'historien de l'Église de Grenade Bermùdez de Pedraza écrit à son sujet en 1608 : « Comme le saint archevêque aimait tant les manifestations d'humilité, il concevait celle-ci telle qu'elle était avant que le démon n'y mêlât d'autres vanités, comme il advient en ces circonstances. Je soupçonne cette coutume d'avoir eu pour origine celle que les Romains avaient d'élire comme roi, et de lui obéir à l'occasion de certaines festivités, l'un de leurs serviteurs, ainsi que le mentionne Macrobe dans ses *Fêtes saturnales*[50]. » Julio Caro Baroja, qui cite ce texte, n'est pas d'accord avec cette idée de filiation entre le roi des saturnales et l'*obispillo*, mais il relève le rôle purificateur attribué au rire par certains prélats médiévaux.

Ainsi le rire carnavalesque de la parodie médiévale renforce-t-il de diverses manières les valeurs culturelles dominantes. On s'explique donc la discrétion des autorités ecclésiastiques à son égard. La fête des fous suscite un peu plus de réticences, mais les condamnations sont rares. La première date de 1198, lorsque l'évêque de Paris Eudes de Sully reprend une ordonnance du légat pontifical, le cardinal Pierre ; il réitère son interdiction en 1199, et la décision est reprise en 1208. Une décrétale d'Innocent III déclare de son côté, vers 1200 : « On fait quelquefois dans les églises des spectacles et des jeux de théâtre, et non seulement on introduit dans ces spectacles et ces jeux des monstres de masques, mais même en certaines fêtes des diacres, des prêtres et des sous-diacres prennent la hardiesse de faire ces folies et ces bouffonneries. Nous vous enjoignons, mon frère, d'exterminer de vos églises la coutume ou plutôt l'abus et le dérèglement de ces spectacles et de ces jeux honteux, afin que cette impureté ne souille pas l'honnêteté de l'Église[51]. » Notons que ce jugement sévère est exactement contemporain de la rédaction de l'office des fous et de l'âne par l'archevêque de Sens. La contradiction est flagrante, et se poursuit au cours du XIIIe siècle, puisqu'en 1212 le concile de Paris interdit aux évêques de célébrer la fête des fous, et qu'en 1260 le concile provincial de Bordeaux, tenu à Cognac, réitère cette interdiction en ajoutant : « Nous défendons aussi d'élire des évêques ce jour-là, parce que cela est ridicule dans l'Église de Dieu, et que cela tourne au mépris de la dignité épiscopale[52]. » Il y a donc des résistances, mais elles n'ont aucun effet jusqu'au XVe siècle.

En réalité, la fête a toujours posé problème à l'Église. Dans un premier temps, durant le haut Moyen Age, il lui a fallu éliminer la fête païenne. La fête des calendes de janvier notamment, très populaire, est vilipendée par Tertullien, Ambroise, Jean Chrysostome, Augustin, Maxime de Turin, Césaire d'Arles, Isidore de Séville, Raban Maur, Alcuin, Bernard, Gauthier d'Arras. Le plus simple est de la diaboliser : le pénitentiel de Burchard prévoit deux ans de jeûne pour ceux qui ont célébré les calendes de janvier, et trente jours au pain et à l'eau pour ceux qui se sont déguisés en cerf ou en génisse à cette occasion. Le pénitentiel du Pseudo-Théodoricus est encore plus catégorique : « Si aux calendes quelqu'un se promène travesti en petit cerf ou en petite vache, c'est-à-dire s'ils se donnent des allures de bêtes et qu'ils s'habillent de peaux de bétail et portent des têtes d'animaux, ceux qui se donnent ainsi l'apparence bestiale, qu'ils fassent pénitence pendant trois ans, car ce sont des actions démoniaques. » Pour l'homéliaire de Maurice de Sully, au XIIe siècle, ces fêtes « apertienent à folie e à mescreance ».

Mais le plus efficace est de créer des fêtes chrétiennes pour remplacer les fêtes païennes. Le peuple n'y voit pas d'inconvénient, à condition que l'on s'amuse. Il va donc falloir accepter la présence du rire, en le reléguant si possible dans des rituels parallèles ou parodiques. Dès le départ, le rite parodique est là comme un double qui renforce et légitime la fête « sérieuse ». On le constate surtout au moment crucial de la fin décembre et du début janvier, où il faut au moins quatre fêtes rapprochées pour recouvrir et supplanter les calendes de janvier : Noël, la Saint-Sylvestre — du nom d'un pape du IVe siècle qui évoque la vie sauvage (*silvaticus*), donnant une nouvelle signification aux déguisements en animaux, que l'on n'arrive pas à éliminer —, la Circoncision et l'Épiphanie, qui n'apparaissent qu'au IXe siècle. Parallèlement se mettent en place la fête des fous, la fête de l'âne, le roi de la fève.

Quelques semaines plus tard, pour faire passer le carême, il faut accepter le carnaval. En 1091, le concile de Bénévent instaure la solennité du mercredi des Cendres, afin de fixer une borne aux débordements carnavalesques qui empiétaient largement sur le carême. Un rappel de la mort qui nous attend tous, et d'un retour à la poussière par une cérémonie aux allures funèbres : quoi de mieux pour calmer les esprits des fêtards? Las! même cela devient prétexte à rigolade, comme nous l'avons vu. Et le même constat prévaut pour la Saint-Jean-Baptiste, qui apparaît au XIᵉ siècle afin de détourner de la pratique des feux du solstice. Les fidèles acceptent ces fêtes, ils n'en contestent ni le bien-fondé ni le sens, mais ils y ajoutent le rire, qui au Moyen Age est l'agent obligatoire de tout événement festif. L'idée de fête sérieuse paraît incongrue. Le rire est le tissu même de la fête. C'est lui qui fait de l'événement une fête — sans aucune intention subversive, au contraire. Au Moyen Age le rire est signe d'approbation : approbation du système en place, de ses valeurs et de sa hiérarchie. S'il prend parfois valeur d'exclusion, c'est l'exclusion des déviants, des hérétiques, des brigands, que l'on regarde rôtir sur les bûchers en rigolant, comme on rit en voyant se consumer le mannequin du roi-carnaval, qui emporte avec lui le mal, le péché et peut-être le diable.

Le rire de la fête médiévale est, jusqu'au XIVᵉ siècle, le rire d'une société sûre de ses valeurs. C'est aussi pourquoi il est obligatoire et ne tolère pas les « faces de carême », assimilées à des réfractaires, à des étrangers, à des adversaires. Ne pas rire au milieu de la fête est une sorte d'hérésie, qui expose à bien des brimades. Le rire de la fête est une espèce de cri de ralliement de la tribu; il est la marque de la cohésion sociale.

LE RIRE DES VILLES ET LE RIRE DES CHAMPS

En dehors même des fêtes officielles, le rire est signe de sociabilité, et à ce titre on le rencontre partout. Au village d'abord, où se trouve l'immense majorité de la population. L'exceptionnel document que constitue le registre inquisitorial de Jacques Fournier, et dont l'exploitation a fait la célébrité du *Montaillou, village occitan de 1294 à 1324*, d'Emmanuel Le Roy Ladurie, en apporte maintes preuves. Le rire est à la base des rapports sociaux entre paysans — et pas seulement le gros rire bruyant du comique obscène et scatologique. Rire de plaisanteries, plus ou moins fines : « Guillaume Authié, au bord de l'Ariège, tenait un caillou entre ses mains; il paria un pâté de poisson avec un camarade : "Tu ne réussiras pas à jeter ce caillou dans la rivière", lui dit-il. Pari fait. Guillaume jette aussitôt sa pierre dans l'eau; il empêche donc son camarade d'en faire autant; du coup, il gagne son pari et son pâté. A l'issue de ce récit, les auditeurs sont "pliés en deux"[53]. » Rire d'amitié ou de politesse, comme pour Pierre Maury : « Quand il salue, s'agissant même de quelqu'un qu'il connaît à peine, et dont il a pourtant bien des raisons de se méfier, c'est avec un bon rire clair de berger. Arnaud Sicre, le mouchard masqué, en bénéficie comme tout un chacun : "A mon entrée dans la maison de Guillemette Maury, dit-il, Pierre Maury, qui était assis sur un banc, se leva en me montrant un visage riant, et nous nous saluâmes à la façon habituelle[54]." » Et ledit Pierre Maury a ces paroles révélatrices : « Nous causerons tous ensemble, et nous nous réjouirons, parce qu'entre nous nous devons nous réjouir. » Il témoigne aussi d'un véritable humour, qui sait relativiser les dangers. Et ces paysans de Montaillou savent également sourire, avec des nuances : « sourire fin », « sourire condescendant et humoristique » devant les menaces, sourire « d'une sérénité crispée », ou encore « sourire à la fois ironique et résigné » du curé lorsque la paysanne Alazaïs refuse de le laisser dépuceler sa nièce Raymonde[55]. Le rire (ou le sourire) adoucit les mœurs...

Dans ce village d'hérétiques, le rire engendré par les « superstitions » catholiques est un puissant ciment social. On n'en finit pas de se gausser de l'eucharistie : « Manger un petit gâteau n'a jamais fait de mal à personne », dit un paysan pour expliquer son conformisme de façade ; de jeunes ouvriers agricoles singent la messe dans un champ avec une tranche de rave, et une paysanne raconte : « Une femme fit cuire une galette qu'un curé consacra ensuite à l'autel. Ce que voyant, la femme éclata de rire : "Il paraît que la galette que j'ai cuite est devenue le corps du Christ. Ça me fait rire[56]." »

Cet esprit de dérision est partout, et pas seulement chez les hérétiques. Un texte de 1300 — donc exactement contemporain des scènes paysannes précédentes —, la *Farce du pardonneur*, exploite un thème comique courant à l'époque : les fausses reliques. On y voit un charlatan présenter au bon peuple « la moitié d'une planche de l'Arche de Noé et une plume de l'un des séraphins du Seigneur ». Le chrétien médiéval n'est pas toujours aussi naïf qu'on a bien voulu le dire. Chaucer et Boccace exploiteront aussi ce filon. Dans le *Décameron*, frère Cipolla déclare avoir ramené de Terre sainte une plume de l'ange Gabriel tombée dans la maison de Marie lors de l'Annonciation, un ongle de chérubin, des rayons de l'étoile miraculeuse des Rois Mages, et dans une fiole le son des cloches du temple de Salomon. Rien ne le désarçonne : si l'on glisse dans son trésor un morceau de charbon de bois, il en fait un morceau de viande grillée du martyre de saint Laurent. Dans les *Canterbury Tales* apparaît aussi un moine qui possède une voile du bateau de saint Paul. « Mais au total, écrit Jacques Heers, cette critique reste verbale, de situation ; elle ne prend pas du tout l'allure d'une révolte, ni même d'une grave remise en cause ; elle conduit simplement aux fantaisies du carnaval[57]. »

Rire également chez les bourgeois. Dans la littérature, les fabliaux et les farces, bien entendu — nous y reviendrons —, mais aussi dans le jeu. Et, comme toujours, le jeu est parodique. Le jeu bourgeois imite la pratique noble du tournoi. A Lille, pendant le festin du Dimanche gras, on élit le « roi de l'épinette », qui désigne quatre champions pour affronter ceux des autres villes et recevoir les représentants des compagnies joyeuses. A Paris, en 1330, les bourgeois invitent les jouteurs d'une dizaine de villes à un tournoi, au mois d'août, pour imiter « la fête ronde que Artus le roi de Bretagne vouloit maintenir ». L'année suivante, les bourgeois de Tournai créent la confrérie de la Table Ronde. A Bruges, dès 1220, les joutes du Forestier réunissent bourgeois et nobles. Et toujours festins, parodies, bouffonneries, rires, déguisements comiques. Un texte plus tardif, de 1438, montre les bourgeois de Valenciennes arrivant à Lille, « accoustrez en hommes sauvages, portant leurs escus et gros bastons [...] et leurs chevaux furent desguisez en bestes estranges, les uns revestus de peaulx houilleux et les aultres de plumes d'oyseaux, qui fut chose fort estrange à voir; iceux hommes sauvages furent accoustrez et harnassez de flocons de roseaux[58] ». Il y a aussi des compétitions parodiques moins relevées, à dos d'âne, à coups de bâton et de pierre. On imite, on parodie — mais toujours par jeu, pour rire.

Le rire urbain est même assuré en permanence par de vrais professionnels, ou du moins par des groupes de plaisantins, d'abord informels, et qui progressivement s'organisent au sein de véritables groupements comiques. Aux XIIe et XIIIe siècles, l'animation est garantie par deux catégories turbulentes : les goliards et les clercs de la basoche. Les premiers appartiennent au monde de la culture scolaire et universitaire; utilisant le latin, ils composent des chansons, les *carmina burana,* des farces, des messes parodiques, des sermons bachiques. Qualifiés parfois de jongleurs, bouffons, ribauds ou vagabonds, ils possèdent une réputation sulfureuse, et les historiens ont du mal à saisir leur milieu. L'origine même de leur nom reste mystérieuse. Si l'étymologie la plus vraisemblable le fait dériver de *gula,* la gueule, signifiant par là que ce sont des braillards, on les rattache aussi au Moyen Age à *Goliath,* le héros négatif, l'adversaire de David[59].

C'est que leur réputation est mauvaise. On les accuse, sans preuve, d'avoir recueilli les vestiges des cultes païens, d'en avoir fait une parodie du christianisme, d'avoir formalisé les récits de rituels sataniques[60]. Leurs propos blasphématoires et obscènes contre les cérémonies du culte[61], contre le clergé et ses vices, contre les croyances fondamentales, laissent planer un fort soupçon d'athéisme[62]. Ils rient de tout, et en particulier du sacré. Leurs plai-

santeries ne peuvent pourtant pas aller beaucoup plus loin que
celles des carnavals, de la fête des fous, des farces et soties, et de la
littérature parodique largement tolérée. Or, ils ont été systématiquement condamnés et exclus : le concile de Trèves, en 1227,
leur interdit de chanter à la messe; celui de Château-Gontier, en
1231, ordonne qu'ils aient le crâne rasé; celui de Salzbourg, en
1291, les accuse de troubler l'ordre public; les statuts synodaux de
Rodez condamnent les prêtres qui tombent dans la goliardise ou
histrionage. Ils finissent par disparaître à la fin du XIIIᵉ siècle.

En fait, ce que l'on condamne chez eux, ce n'est ni le rire ni le
contenu trop audacieux de leurs propos, mais leur genre de vie.
C'est leur vagabondage qui rend leur rire dangereux. Dans les fêtes
officielles, la dérision, même très impertinente, est contrôlée, circonscrite; elle est exprimée par des gens du lieu, connus, intégrés
dans la société locale et approuvant les valeurs collectives. Le
goliard dit la même chose que les joyeux fêtards du carnaval, si son
rire à lui se révèle subversif, c'est qu'il est incarné dans un genre de
vie qui propose une véritable alternative. Le goliard, vagabond
semi-délinquant, prétend réactiver et personnifier l'idée du Christ-
clown, du saltimbanque de Dieu, qui rit de tout parce que le vrai
sacré est au-delà de tout le sensible, hors de portée des quolibets
humains. Maurice Lever écrit à propos du goliard : « Le clown se
refuse à vivre au cœur de cette réalité présente. Il en pressent une
autre. Il brave la loi de la pesanteur, accable de sarcasmes le policier, ridiculise les autres acteurs. Par son intermédiaire nous entre-
voyons un autre monde qui empiète sur celui-ci, en renverse les
règles et les usages [63]. » C'est bien cela qui le rend insupportable. Le
rire du goliard est le seul rire véritablement subversif du Moyen
Age classique, parce qu'il ne se contente pas de railler : il vit d'une
façon différente, et suggère par là qu'un autre système de valeurs
est possible. Le rire de la fête des fous ou du carnaval montre la
folie d'un monde à l'envers; le rire du goliard montre la folie du
monde à l'endroit. Et là, ce n'est plus du jeu.

Le contraste est flagrant avec les clercs de la basoche. Eux aussi
appartiennent au monde de la jeunesse étudiante ou intellectuelle,
et sont des experts en dérision; mais, à la grande différence des
goliards, ce sont des sédentaires, des gens établis, intégrés dans le
système, dont ils connaissent fort bien les rouages, puisque ce sont
des gens de loi, clercs de notaire, secrétaires. Leur nom pourrait
venir de « basilique », c'est-à-dire « tribunal », et à Paris ils forment
trois corps bien structurés : ceux du parlement, ceux du châtelet, et
ceux de la chambre des comptes. Organisés en un « royaume »
parodique, avec un roi de la basoche, ils montent de petites pièces
satiriques burlesques, qui raillent aussi bien les institutions que les

personnages importants. Bons connaisseurs de la loi et, à travers les procès, de toutes les petitesses de la comédie humaine, des drames cachés derrière la façade respectable des familles, ils portent des traits qui font mouche : la *Farce de maître Pathelin* comme les *Quinze joies de mariage* sortent de leurs plumes. Légistes, ils sont à la fois dans la société et hors d'elle. Mieux que d'autres, ils savent que chacun joue un rôle, que la vie est un jeu de dupes où nous tentons de donner de nous-mêmes une certaine image. Ils ont beau jeu de démasquer, de rire et de faire rire, parce qu'ils frappent juste. Mais le clerc de la basoche est lui-même dans le système, et n'a aucune intention de le renverser : « Il sait que la dérision est un jeu et que la société n'a d'autre légitimité que la force[64]. »

Peu à peu, le développement de la société urbaine et sa complexification entraînent l'apparition de « joyeuses compagnies », qui systématisent la parodie, au point d'en faire un véritable contre-pouvoir : Compagnie de la Mère Folle à Dijon, Enfants sans Soucy à Paris, Connards ou Cornards de Normandie, Compagnies folles, Sociétés du Fou, etc. Cette institutionnalisation de la raillerie paro-dique en modifie la nature : elle prend un ton plus grinçant de cri-tique sociale, et caractérise les affrontements de la fin du Moyen Age, où nous la retrouverons.

Jusqu'au XIVe siècle, la différence entre rire des villes et rire des champs réside plutôt dans leur expression : le premier est plus ponctuel, plus organisé, plus localisé dans le temps ; le second est plus diffus, plus permanent, plus « essentiel ». En ville, il y a un temps pour rire et un temps pour pleurer ; la vie est plus cloison-née ; le temps est compté, rythmé par l'horloge du beffroi, ainsi que l'a admirablement montré Jacques Le Goff. Dans les campagnes, le rire est intégré à la vie, comme le sacré au profane. Le monde gro-tesque du naturalisme paysan, ce monde où toutes les formes et tous les êtres se font et se défont dans une sorte de fondu-enchaîné permanent, ce monde mystérieux, habité d'un esprit vital, est drôle. Pas nécessairement joyeux, d'ailleurs. Mais il offre mille occasions de rire, parce qu'il est toujours le même et toujours nouveau. Le monde du paysan médiéval est magique ; familier, et pourtant sur-prenant. Sur la trame de fond monotone du rythme des saisons et des jours surgit sans cesse l'inattendu, devant lequel on est totale-ment impuissant, sauf peut-être le sorcier et le prêtre. Cette sur-prise de tous les instants devant un monde protéiforme sur lequel on n'a aucune prise est la source du rire des champs. En riant, le paysan exprime sa surprise et désarme sa peur.

LE RIRE AU CHATEAU

Dans les châteaux aussi, on rigole bien. Blagues de guerriers, qui s'en racontent de bien bonnes sur les hasards du combat. Bras et têtes coupés, corps fendus en deux, chevaliers cul par-dessus tête, exagérations vantardes : ce sont les « gabs », histoires pour rire, extravagantes. Le mot, qui claque comme un coup de masse d'armes, et si proche de notre « gag », dériverait du latin médiéval *gabae,* lui-même tiré du latin classique *cavilla,* c'est-à-dire « moquerie ». Provocations, fanfaronnades, moqueries grossières : on perpétue dans ce milieu le rire homérique de défi au monde et aux autres. C'est le rire de supériorité agressive d'hommes dont la fonction est de dominer et de n'avoir peur de rien. Rire de l'adversaire et des dangers, gonfler comiquement ses exploits en les relatant, faire de la guerre un théâtre burlesque : voilà encore la meilleure façon de dominer sa peur. Les chansons de geste sont pleines de ces exagérations, de ces fantastiques coups d'épée qui fendent en deux cavalier et cheval, et qui sont autant de clins d'œil au lecteur. En faire une lecture au premier degré serait ressembler à cet espion grec qui, dans le *Pèlerinage de Charlemagne,* prend pour argent comptant les histoires que se racontent l'empereur et ses preux. Le rire gras du chevalier, c'est aussi le cri de victoire sur l'ennemi vaincu, dont il jouit de la déconfiture[65].

Si nous passons du château seigneurial au palais royal, nous entendons encore des rires. Mais cette fois ce sont des rires orchestrés par le maître, des rires moins spontanés, plus calculés, des rires de conséquence. Tout ce que fait le roi prend un sens politique, et son rire n'échappe pas à la règle. Bien sûr, il y a des tempéraments royaux naturellement rieurs, dont l'hilarité ne revêt pas de sens particulier. C'est le cas de Guillaume II le Roux, en Angleterre à la fin du XIe siècle, dont les chroniqueurs disent qu'il n'avait pas besoin de bouffon, car il faisait lui-même ses plaisanteries et en riait plus fort que tout le monde. Il y a dans cette remarque une nuance de réprobation : dès cette époque, les lettrés considèrent que la dignité royale ne doit pas se laisser aller à un certain type de rire dégradant. Le rire royal doit être noble, modéré, et remplir une fonction précise.

De ce point de vue, Philippe Auguste a laissé la réputation d'un humoriste caustique, dont les plaisanteries ont toujours pour victimes les ecclésiastiques. Les anecdotes colportées par les chroniqueurs illustrent donc sa politique anticléricale. Césaire de Heisterbach raconte qu'un abbé richement vêtu et portant des chaussures étroites à la dernière mode était venu se lamenter des difficultés financières de son monastère, et qu'il reçut cette réponse cinglante :

« Cela se voit bien à vos souliers, que votre maison est pauvre, car le cuir doit y être fort rare[66]. » Une autre fois, à un bouffon qui lui demandait de partager avec lui sa fortune, puisque « nous sommes tous frères du côté d'Adam », le roi répond qu'une fois qu'on aura fait le partage égal entre tous les hommes, il ne restera même pas une obole pour chacun[67].

Saint Louis, tempérament heureux, rit facilement. Il a du mal à se retenir pendant le carême, et ses confesseurs arrivent tout juste à l'empêcher de rire le vendredi. Toujours prêt à voir le côté comique des choses, « il rit moult clairement », écrit Joinville, lorsque ce dernier fait une plaisanterie à propos des Arméniens qui auraient demandé « à voir le saint roi », ce qui aurait fait dire au sénéchal : « Je ne désire pas encore baiser vos os », signifiant par là qu'il n'était pas pressé qu'on en fasse des reliques. Un jour, le roi demande à Joinville ce qu'il devrait lui accorder pour qu'il reste avec lui en Terre sainte ; le sénéchal répond qu'il souhaiterait simplement que, quand il lui demandera quelque chose, il ne se fâche pas. « Quand il ouït cela, il commença à rire aux éclats », puis rapporta l'histoire au légat, toujours riant. Bientôt Joinville lui présente une requête, et le roi se met en colère ; mais ce courroux se transforme en rire lorsqu'il lui rappelle sa promesse. Saint Louis est volontiers moqueur : il raconte une fois une entrevue qu'il vient d'avoir avec des évêques, « en les contrefaisant et en se moquant d'eux[68] ».

Saint Louis peut aussi utiliser le rire à des fins politiques : ainsi, devant l'hostilité qu'affichent ses barons à l'égard d'une nouvelle croisade, il fait coudre à leur insu une croix blanche sur la robe qu'ils doivent revêtir pour la nuit de Noël. Comme ils s'habillent dans le noir, ils ne se rendent pas compte qu'ils « prennent la croix ». Croisés malgré eux, ils sont bien obligés d'en rire : « Quand le jour parut, chaque seigneur vit, à sa grande surprise, le signe que portait son voisin, sans se douter qu'il le portait aussi lui-même. Ils s'étonnèrent en se moquant, jusqu'à ce qu'ils apprennent que le seigneur roi les avait pieusement attrapés [...]. Comme il aurait été indécent, honteux et même indigne de déposer ces croix, ils mêlèrent leurs rires aux effusions de larmes en disant que le seigneur roi des Français, allant à la chasse aux pèlerins, avait trouvé une nouvelle manière de prendre au piège les hommes[69]. »

Le rire forcé des barons montre que le *rex facetus,* le roi plaisantin, est parfois plus efficace que le roi sérieux. Là où des palabres argumentées avaient échoué, le comique a réussi. Le rire au service du pouvoir peut avoir une efficacité redoutable, que le plus grand souverain du XIIe siècle, Henri II Plantagenêt, avait déjà su exploiter : « En distillant des plaisanteries dans le cercle de la *curia* royale, Henri II a attaché à la couronne ce groupe de rieurs et a fait des nobles indisciplinés des courtisans apprivoisés par le rire en commun. Mais cette cour rieuse utilise aussi le rire comme une arme pour ruiner la carrière de tel ou tel puissant ou candidat à la sphère supérieure. Rire d'un membre de la cour peut être mortel. Le raillé doit le plus souvent cesser de fréquenter la cour et va se faire oublier sur ses terres [70] », écrit Jacques Le Goff. Henri II, comme Philippe Auguste, dirige ses remarques caustiques contre le clergé, particulièrement contre le pape et ses représentants, ainsi que le signalent de façon embarrassée les chroniqueurs Gerald le Gallois et William de Newburgh [71].

Au Moyen Age, le rire est donc largement utilisé au service des valeurs et des pouvoirs. Même lorsque ces derniers sont parodiés, dans la fête, ils en retirent le bénéfice. Le rire médiéval est plus conservateur que destructeur, dans son aspect collectif organisé. L'utilisation consciente du rire par la littérature, son examen par les philosophes et les théologiens, sa manipulation par le fou du roi aussi bien que par les prédicateurs, confirment amplement cette impression, tant dans l'humour profane que dans l'humour sacré.

CHAPITRE VI

Rire et faire rire
au Moyen Age

Humour sacré et humour profane

Un humour médiéval? Voilà qui va encore faire bondir les puristes! Pourtant, depuis quelques années, les historiens qui dissèquent le rire du Moyen Age sont de plus en plus tentés d'utiliser ce terme, que Jeannine Horowitz et Sophia Menache ont finalement osé consacrer en le plaçant en titre de leur ouvrage : *L'Humour en chaire. Le rire dans l'Église médiévale*[1]. Dans leur introduction, les auteurs rappellent judicieusement qu'il y a plus de quatre-vingts théories sur la nature du rire et de l'humour, que personne n'a encore pu définir ce dernier, et qu'il est avant tout, suivant l'expression de Robert Escarpit, « une façon de vivre, de voir et de faire voir le monde qui n'est pas nécessairement comique[2] ».

Alors, pourquoi les hommes et les femmes du Moyen Age n'auraient-ils pas leur humour? La nature du rire et de l'humour a changé à travers les siècles : voilà justement pourquoi nous pouvons écrire une histoire du rire. Ce qui est immuable n'a pas d'histoire. Le rire s'enracine dans un contexte culturel dont il est à la fois une composante et un révélateur. « Le rire, l'humour, le comique médiévaux, quoique phénomènes universels, s'élaborent à partir d'un cadre événementiel, d'un appareil de croyances et de convictions dictés par des coordonnées spatio-temporelles spécifiques[3]. » Savoir de quoi et pourquoi riaient nos ancêtres nous aide à les comprendre.

LE RIRE AMORAL DU FABLIAU

Que, même au Moyen Age, les prédicateurs — théoriquement lettrés et cultivés — puissent faire de l'humour, on l'admettra assez facilement. La question est en revanche beaucoup plus débattue à propos des fabliaux, ces petits contes en vers, brutaux, cyniques, grossiers, obscènes même, où l'on parle sans cesse de cul, de con, de foutre et de cocuage. C'est de la gauloiserie bien française, revendique fièrement en 1927 Charles de Guerlin de Guer : « Ce rire est dans le génie de notre race, porté pour la raillerie à fleur de peau, pour la gouaillerie malicieuse, mais sans malignité ; il incarne l'esprit frondeur qui reparaît à toutes les grandes époques de notre histoire. Il est la gaieté gauloise[4]. » Pas du tout, disent les Anglo-Saxons : en 1974, un ouvrage collectif, *The Humor of the Fabliaux*[5], appelle cela de l'humour, ce que conteste en 1983 Philippe Ménard, dans *Les Fabliaux, contes à rire du Moyen Age*[6].

Cette dernière étude, fondée sur un corpus de 130 fabliaux, permet de faire le point sur la question. Les fabliaux sont typiques de la période centrale du Moyen Age, celle qui nous intéresse ici : les dates extrêmes sont 1180 et 1330. Contrairement à ce que pourraient laisser croire les thèmes, cette littérature n'est pas destinée au petit peuple : lue dans les cours seigneuriales et sur les places publiques, elle s'adresse aux seigneurs, aux nobles, aux bourgeois. Les auteurs, presque toujours anonymes, sont des goliards, des clercs errants, des jongleurs, « déclassés, vieux étudiants, moines manqués, défroqués ». Parfois, ils se présentent :

> Oiez, seignor, un bon fablel.
> Uns clers le fist par un anel
> que trois dames un main troverent.
> *(Trois dames qui trouvèrent l'anel)*

> Uns joliz clers, qui s'estudie
> a faire chose de c'on rie,
> vous vueil dire chose nouvele.
> *(Le Povre Mercier)*

Comme nous l'annonce ce dernier, ces petits récits ont pour but de faire rire. Ce sont avant tout des histoires drôles. Or, plus de la moitié (70 sur 130) sont des histoires de fesses. Le sexe, toujours le sexe : depuis Abraham et Sarah jusqu'aux gaudrioles du music-hall, il reste la valeur sûre du comique, et connaît avec les fabliaux l'un de ses grands moments. Les autres textes relatent des mésaventures diverses, où la ruse joue un rôle essentiel et où le héros est souvent un voleur. Tout cela forme un ensemble assez déconcertant, qui mérite qu'on s'y attarde un instant.

Prenons le thème de la femme, qui est souvent le personnage principal. Il y a bien quelques jeunes filles niaises et quelques épouses acariâtres, mais c'est presque toujours elle qui a le beau rôle face au mâle vantard et naïf, qu'elle surclasse par sa ruse et son pouvoir de séduction : « Les femmes présentées sont énergiques, actives, astucieuses [...]. La plupart des femmes qui trompent leur mari sont sympathiques. Personne ne songerait à s'identifier au mari crédule ou jaloux, naïf ou brutal, de surcroît constamment absent[7] », écrit Philippe Ménard. La femme fascine, et il n'y a là aucun antiféminisme. Sexualité et désir féminins sont considérés comme des éléments naturels, qui ont droit à l'assouvissement — obtenu avec un amant, de préférence le curé local, si le mari est vraiment trop balourd. Et là, aucune barrière morale n'arrête l'auteur, qui mêle délibérément sexe et sacré, avec une évidente volonté provocatrice, allant jusqu'au blasphème, comme dans *L'Evesque qui beneï le con,* ou dans *Le Prestre crucefié,* où un prêtre complètement nu, surpris par le retour du mari, fait semblant d'être une statue du Christ en croix. Dans les cas extrêmes, l'auteur se sent obligé de rassurer, déclarant à son public que « c'est pour rire » :

> Ele n'est pas vilaine à dire
> mais moz por la gent faire rire.
> (*La Pucele qui abevra le polain*)

> Mos sans vilonnie
> vous veil recorder
> afin qu'en s'en rie.
> (*Le Prestre qui fu mis au lardier*)

Le monde ainsi présenté est une sorte de pays de cocagne, totalement libéré des interdits traditionnels, un monde épicurien où seule compte la recherche du plaisir :

> Il n'est paradis fors deniers
> et mengier et boire bon vin
> et gesir sus draps deliez.
> (*Martin Hapart*)

Pour Philippe Ménard, « à l'idée que la nature humaine est corrompue, que les pulsions sexuelles sont de mauvais penchants à réprimer, s'est substitué un autre système de valeurs : la recherche du plaisir et la jouissance immédiate[8] ».

Mais ce monde sexuellement libéré cache un autre aspect, plus profond : l'interrogation, l'inquiétude, voire l'angoisse suscitées par la femme, qui reste un mystère. Les personnages font parfois des rêves freudiens, comme dans *La Damoiselle qui ne pooit oïr parler de foutre* — c'est l'histoire d'une jeune fille qui s'évanouit dès qu'elle entend prononcer le mot « foutre », conséquence de traumatismes anciens — ou dans *Berangier au long cul.* Alors, le rire joue avec la peur : « Derrière le rire, sous le rire existe tout un terreau de souffrances obscurément enfouies, provisoirement abolies[9]. » La volonté d'exorciser ces peurs est manifeste ; le fabliau, c'est « l'angoisse exorcisée par le rire », écrit Philippe Ménard, qui ajoute : « Le rire le plus profond est peut-être celui qui dévoile et détaille les inquiétudes, les angoisses, les désirs, les rêves, en un mot les sentiments troubles cachés au cœur des êtres[10]. »

Face aux exigences d'une morale chrétienne très répressive à l'égard de la sexualité, l'« humour érotique », suivant le titre d'un livre de C. Legman[11], est un moyen d'apaiser les tensions : voir et imaginer faire ce qu'on n'a pas le droit de faire, c'est une façon de se dédoubler pour réaliser son désir ; et le dédoublement, qui est une prise de distance par rapport à la réalité vécue, est une source de comique. Ainsi, « la violation des tabous est un des caractères du conte à rire[12] ».

Autre thème illustrant les peurs et le désir de liberté : le clergé et la religion. Le clergé est souvent maltraité : concubinaire, avare, cupide, profitant de la situation. Pourtant, le fabliau s'abstient de tout jugement, et le prêtre qui couche avec ses paroissiennes et qui l'emporte grâce à sa ruse est plutôt un personnage positif. De même, le contenu de la religion n'est pas contesté de front, mais l'indifférence provocatrice à son égard, le blasphème outrancier, le juron excessif (« Par le cul Dieu ! », « Par le cul sainte-Marie ! ») sont autant de clameurs rageuses contre la domination d'un sacré injuste, oppressif et angoissant. Le fabliau joue avec le feu (de l'enfer) : dans *Saint Pierre et le jongleur,* par exemple, ce dernier est chargé d'entretenir les flammes de la chaudière infernale pendant que les diables font une sortie. Il se débrouille si bien que Satan lui promet un bon repas : un moine bien gras à la sauce de souteneur. Finalement, saint Pierre délivre toutes les âmes des enfers. Le rire contre la peur de l'enfer... Le rire est sans doute ce qui a le plus contribué à rendre à peu près supportable cette grande terreur du Moyen Age[13].

Le fabliau regarde également en face une autre grande peur universelle : la peur de la mort. Certaines histoires font preuve d'un véritable humour noir. Dans *L'Estormi,* un fossoyeur se débat avec un cadavre qu'il a du mal à faire entrer dans la fosse ; désinvolte, il raille les trépassés et donne un coup de pelle dans une tête de mort, « comme si c'était une pomme pourrie ». Dans *Le Prestre comporté,* un cadavre circule de mains en mains, est caché dans les latrines, dans un sac à jambon, puis placé sur la selle d'un poulain qui s'emballe.

Dans ce monde impitoyable, on ne peut s'en sortir qu'en se montrant plus malin que les autres. La ruse est la valeur suprême, qui seule permet de survivre, au mépris de la morale chrétienne, de la pitié et de la charité. Les hommes et les femmes se bernent les uns les autres, et le rire naît de ce spectacle consternant : « Il y a là, écrit Philippe Ménard, un phénomène de transfert intéressant qui montre clairement que le rire a un rapport étroit avec les désirs, les peurs et les rêves des hommes. Dans les fabliaux comme dans le *Roman de Renart,* les lecteurs se donnent bonne conscience en s'identifiant au *Trickster,* qui ne songe qu'à berner les autres [14]. » On se moque de tout : des infirmes comme des morts, des cocus comme des évêques.

Et le public rit, se tient les côtes ; ce public de nobles, de clercs, de bourgeois, se tape sur les cuisses en écoutant des récits qui ridiculisent les nobles, les clercs, les bourgeois et toutes leurs valeurs, tout leur système culturel, mis cul par-dessus tête. On songe à la cour de Louis XVI applaudissant Figaro qui l'insulte, et aux bourgeois parisiens acclamant Jacques Brel qui leur dit que « les bourgeois, c'est comme les cochons ». Comme si rien n'était plus drôle que de rire de soi-même. C'est bien là une des caractéristiques de l'humour. Venez et riez, répètent les auteurs :

> Vos qui fableaus volez oïr,
> peine metez a retenir !
> Volentiers les devez aprendre,
> les plusors por essemple prendre,
> et les plusours pour les risées
> qui de maintes gens sont amées.
> *(La Dame qui se vengea du chevalier)*

Le rire est bien le but affiché : « Je raconte des plaisanteries pour faire rire les gens » *(Le Roi d'Angleterre et le jongleur d'Ely).* Mais ce rire en dit long. Il porte avec lui une vision pessimiste — c'est-à-dire réaliste — du monde, cette comédie burlesque, ce marché de dupes, où ne s'en sortent que les rusés. Clairvoyance désabusée, qui nous avertit que le monde est peuplé de trois catégories : les fourbes, les fous et les victimes. Si vous n'êtes pas fous, soyez fourbes, ou du moins méfiants : c'est la seule façon de traverser la vie sans trop d'encombre.

LE RIRE INDIVIDUALISTE DE LA FARCE

L'amoralité du fabliau a beaucoup de points communs avec celle de la farce, qui en diffère pourtant par le genre littéraire et le public concerné. Il s'agit cette fois de théâtre, donc d'un genre plus spectaculaire; théâtre de plein air, souvent lié au carnaval, et attirant par conséquent un public plus populaire, urbain : compagnons, artisans, auxquels se mêlent volontiers petits et moyens bourgeois. La farce et le jeu de carnaval ne requièrent pas de gros efforts intellectuels, car ils consistent en pièces courtes de deux à quatre cents vers, avec des personnages peu nombreux et sans noms propres : le mari, la femme et le curé forment le trio central, autour duquel gravitent quelques filous et naïfs. Ces textes au réalisme cru sont l'œuvre de jongleurs et amuseurs professionnels.

Pour certains, la farce dérive de comédies latines savantes, comme celles de Hrotsvit de Gandersheim au Xe siècle. Pour d'autres, elle trouve son origine dans des traditions anciennes, non littéraires, parfois préchrétiennes[15]. Selon l'étude la plus récente, celle de Konrad Schoell, elle provient du théâtre religieux, dont certaines scènes réalistes pouvaient facilement devenir comiques, comme les jeux de Pâques, où les disciples se mettent à courir vers le Sépulcre, ou certaines représentations miraculeuses. La farce apparaît vraiment dans la seconde moitié du XIIIe siècle, avec les œuvres d'Adam de la Halle, *Le Jeu de la feuillée*, *Le Jeu de Robin et de Marion*. Après une interruption d'environ un siècle, coïncidant à peu près avec la guerre de Cent Ans, elle resurgit vers 1450, souvent intercalée au milieu de jeux religieux, comme une sorte de détente, de court métrage à l'entracte. Il convient de rappeler ce mélange des genres, qui peut nous paraître tout à fait incongru, mais qui est très important pour comprendre l'intégration du rire dans la vision du monde médiévale, et pour relativiser ce qui peut sembler blasphématoire et immoral à nos esprits cloisonnés par une logique cartésienne.

Ainsi, un spectacle complet est souvent précédé par un lâcher de diables dans la ville : des individus déguisés en démons, poussant des cris, se répandent dans les rues, poursuivent les habitants et peuvent même les rançonner, comme à Chaumont, où cette infernale cavalcade dure depuis les Rameaux jusqu'à la Saint-Jean, où est représenté le mystère de saint Jean-Baptiste[17]. Ces diables, qui joueront dans la pièce, sont des pauvres — d'où l'expression « pauvre diable » — qui profitent de l'occasion pour injurier le bourgeois, commettre des larcins, faire un tapage infernal accompagné de rires retentissants — d'où le « rire diabolique ». Ces pauvres, qui « tirent le diable par la queue », sont insolents « en diable » et font un vacarme « de tous les diables », joueront ensuite « le diable à quatre » sur scène, dans une pièce religieuse, un mystère. Émile Mâle avait déjà bien montré à quel point le théâtre médiéval avait influencé les représentations artistiques, avec ses personnages et ses décors. Il a aussi nettement infléchi la façon populaire de voir le monde d'ici-bas et de l'au-delà.

Les diableries carnavalesques ont puissamment contribué à dévaluer la peur de l'enfer : « Lentement le ridicule va remplacer l'enfer [...] ce ne sera plus la peur de l'enfer, mais le ridicule qui purgera[18] », écrit Margarete Newels, qui a montré comment, dans les pièces appelées « moralités », l'association du fou et du diable a pu concourir à leur dévalorisation comique réciproque. Le fou devient de plus en plus populaire. Dans les pièces, il lui arrive de commenter l'action pour le public, et c'est lui qui devient le vrai sage. Dans le *Dialogue du fou et du sage,* le second fait l'éloge des biens terrestres, tandis que le premier en montre la vanité. De même dans la *Moralité faicte en foulovs pour le chastiment du monde,* représentée au collège de Navarre à la Saint-Antoine de 1427. Le fou et le diable ont en commun d'avoir transgressé une règle, une norme : la norme de la raison et la norme de la morale. Ils se retrouvent associés, comme boucs émissaires, chargés du mal, de la folie, de la laideur, de tout ce qui ne va pas dans le monde, et du coup ils rient et font rire : « Fol et diable ont des traits comiques en commun », dans le grand jeu de dupes avec les hommes, où tout le monde trompe tout le monde.

Mikhaïl Bakhtine avait aussi constaté cette parenté dans l'ambivalence : « Le diable du mystère n'est pas seulement une figure extra-officielle, il est aussi un personnage ambivalent et ressemble, sous ce rapport, au sot et au bouffon. Il représente la force du "bas" matériel et corporel qui donne la mort et régénère. Dans les diableries, les personnages de diables avaient des allures carnavalesques[19]. » Mais, pour lui, il s'agissait là d'un aspect de la contestation de la culture populaire comique face au « sérieux unilatéral, fondé sur la peur et la contrainte », de la culture dominante. Il en voit une illustration dans l'épisode rabelaisien de Villon et Tappecoue, situé au *Quart Livre.* Rappelons les faits : François Villon, retiré à Saint-Maixent, organise une représentation du mystère de la Passion. Pour habiller les comédiens, il demande qu'on lui prête des costumes. Or le cordelier Étienne Tappecoue refuse de prêter sa chape et son étole. Villon décide de se venger pendant la diablerie qui précède la représentation. Ses diables, déguisés en animaux, avec « grosses cymbales de vaches et sonnettes de muletz à bruyt horrificque », font tout leur cirque, au grand « contentement du peuple et grande frayeur des petitz enfans ». Villon les poste alors

sur le chemin qu'emprunte le cordelier Tappecoue, monté sur une
« poultre », c'est-à-dire une jument non encore saillie. Laissons
maître François Rabelais raconter la suite :

« Tappecoue arrivé au lieu, tous sortirent au chemin au davant de
luy, en grand effroy, jectans feu de tous coustez sus luy et sa
poultre, sonnans de leurs cymbales, et hurlant en diable : "Hho,
hho, hho, hho, brrrourrrourrrs, rrrourrrs, rrrourrrs ! hou, hou, hou !
hho, hho, hho ! Frère Estienne, faisons-nous pas bien les diables ?"
La poultre, toute effrayée, se mist au trot, à petz, à bondz, et au
gualot, à ruades, fressurades, doubles pédales et pétarrades : tant
qu'elle rua bas Tappecoue [...]. Ainsi estoit trainé à escorchecul par
la poultre, tousjours multipliante en ruades contre luy et four-
voyante de paour par les hayes, buissons et fossez. De mode qu'elle
luy cobbit toute la teste, si que la cervelle en tomba près la croix
Osanière ; puys les bras en pièces, l'un çà, l'aultre là ; les jambes de
mesmes ; puys des boyaulx feist un long carnaige, en sorte que la
poultre au convent arrivante, de luy ne portoit que le pied droict
entortillé[20]. »

Le châtiment est sévère. « Pourquoi Tappecoue a-t-il mérité un
sort aussi cruel ? » demande Bakhtine. Parce que c'est un « agélaste,
c'est-à-dire un homme qui ne sait pas rire, un adversaire du rire. Si
Rabelais ne l'a pas directement qualifié de tel, le refus de Tappecoue est bien digne d'un agélaste. Le sérieux pieux, obtus et
méchant, qui craint de faire de la parure sacrée un objet de spectacle et de jeu, se manifeste dans cet acte [...]. Il a été inspiré par la
vieille hostilité du clergé pour le spectacle, le mime, le rire. Plus
encore, il a refusé des vêtements pour un déguisement, une mascarade, c'est-à-dire, en dernière analyse, pour une rénovation et une
réincarnation[21] ».

Au-delà de cet épisode, c'est toute la pratique des diableries qui
apparaît à Bakhtine comme l'expression d'une contestation subversive de la culture populaire comique. Max Milner, tout en
s'opposant à cette interprétation, avance une hypothèse qui insiste
également sur l'idée de rénovation : « Il est certainement juste d'y
voir la résurgence d'une ambivalence primitive, d'un fond instinc-
tuel et chaotique, où coexistent paradoxalement une force destructrice et des puissances de renouveau, et que la pensée monologique
propre au monde classique parviendra provisoirement à étouffer. »

Revenons au déroulement d'un spectacle. Après les jours de diableries, on procède au « cri », c'est-à-dire à l'appel du public, et
alors se succèdent, dans un ordre variable, sermons joyeux, sotties,
farces, mystères, moralités. L'ensemble est d'une surprenante
variété, et l'on se demande comment le public ressentait les différences. Établissait-il une hiérarchie, un tri qualitatif entre genre

sérieux et genre comique? On reste un peu perplexe en constatant qu'après un *Mystère de la Passion,* par exemple, on peut représenter sur la même scène *Jenin, fils de Rien,* où l'on voit ledit Jenin tripoter le phallus géant d'un prêtre et exprimer son admiration :

> JENIN. — Mon Dieu, que votre chose est grande!
> Et la mettez-vous là-dedans?
> LE PRESTRE. — N'y touche pas.
> JENIN. — A-t-elle des dents?
> Me mordrait-elle si j'y touchais?

Ce qu'on imagine en revanche très bien, c'est la tempête de rires. Il est probable que nul ne voie la moindre incongruité dans le voisinage entre la farce et le mystère. Les deux font partie de l'histoire du salut, et le réalisme obscène est au cœur de la condition humaine. Le sublime se nourrit du charnel, et il est parfois bon de le lui rappeler. Revanche du corps sur l'esprit, de l'humble matière sur l'orgueilleuse pensée, qui ramène l'homme à ses justes proportions : dérisoires, ridicules, comiques.

Et c'est bien cela que réalise la farce. Ses obscénités ne sont ni gratuites ni involontaires, car le Moyen Age n'ignore pas la pudeur. Si la farce choque, comme le fabliau, c'est délibérément, car elle veut nous rappeler prosaïquement ce que nous sommes. Dans la farce du *Meunier,* par exemple, on voit un diable novice qui vient chercher l'âme d'un personnage sur son lit de mort et qui, manquant d'expérience, prend à la place ses excréments, ce que la théologie ne ferait qu'exprimer avec d'autres mots.

La farce est une grosse « machine à rire », suivant l'expression de Bernadette Rey-Flaud[22], et il lui suffit pour cela de montrer le monde tel qu'il est, sans fard. Ce n'est pas très joli, mais c'est drôle. Les petites intrigues tournent autour des problèmes conjugaux, avec la lutte pour la domination dans le couple, les conflits, les tromperies, les jalousies, les désirs, les frustrations, les tabous. La femme infidèle, le mari naïf et le curé paillard sont toujours les stéréotypes les plus populaires, donnant une image assez pessimiste du mariage, avec l'aide des croyances religieuses. Dans *Martin de Cambray,* Guillemette et son amant le curé montent une mise en scène pour tromper le mari : elle le provoque jusqu'à ce que, dans la dispute, il s'exclame : « Je prie à Dieu que le grand deable te puisse emporter aujourd'huy. » Alors surgit le curé, déguisé en diable, qui emporte sa maîtresse.

Comme dans les fabliaux, les femmes sont rusées, sexuellement exigeantes, flanquées d'un mari âgé qui ne peut les satisfaire, alors qu'il y a dans toute paroisse une pléthore de jeunes vicaires disponibles. Ce qui correspond à une réalité sociale : la surmortalité féminine au Moyen Age entraîne de fréquents remariages de veufs avec de jeunes demoiselles, tandis que la cléricature absorbe le surplus des jeunes hommes. La complicité entre le prêtre et la femme, même si elle ne va pas toujours jusqu'à partager le même lit, est un fait sociologique médiéval sur lequel Hervé Martin a récemment attiré l'attention, et qui mériterait d'être creusé[23]. Elle contribuera à développer chez les chrétiens mâles ce que Richard Cobb a joliment appelé un « anticléricalisme de cocus ».

La farce exploite essentiellement les questions de morale privée, montrant à quel point les tabous sexuels sont violés, sans que l'on sache quel parti prennent les auteurs. La folie universelle, le côté animal de l'homme sont représentés avec une certaine résignation : « C'est l'arrogance et déjà le privilège remis en question, mais ceci dans chaque cas particulier, sans idée de révolution de principe[24]. » Même résignation dans le traitement des affaires publiques : « La lutte contre le pouvoir en vigueur, la lutte pour changer le rapport de domination, ne pourra jamais être, dans le cadre de nos jeux comiques, une lutte ouverte et violente[25]. »

Comme le remarque Konrad Schoell, il y a bien un certain esprit frondeur dans les farces : « L'esprit critique s'exprime sous forme de comique : la hiérarchie sociale est contrecarrée par une autre hiérarchie, celle de la ruse, qui se trouve être à l'opposé de celle de la société[26]. » Bref, la réponse aux problèmes de société est purement individuelle. Chacun pour soi, et que le plus malin l'emporte : telle est à peu près la leçon des farces. Les questions politiques et sociales ne sont que rarement abordées pour elles-mêmes, comme dans *Der Juden und Christen Streit*, représenté à Lubeck, et même lorsqu'elles le sont, comme dans *Le Jeu du roi Salomon et du paysan Markolf* de Hans Folz, à Nuremberg, la solution est strictement individuelle : on y voit un paysan rusé qui réussit à déstabiliser la sagesse légendaire du roi Salomon en lui faisant perdre patience — même les plus grands ont leurs faiblesses ! Il n'y a pas là de contestation réelle du pouvoir, car il n'y a aucune solution de rechange. Le rire de la farce est individualiste : c'est à chacun d'arracher par la ruse un petit bout de bonheur, sans pour autant remettre le monde en cause. Comme dans le fabliau, la vision du monde est réaliste, conformiste et pessimiste : le bonheur est hors de portée, car on ne peut changer l'ordre des choses, et les quelques moments heureux arrachés à la vie sont la seule consolation : « Le bonheur dans ce sens est une vision exceptionnelle, celle d'une infraction particulière à la règle générale, d'une libération provisoire, d'une revanche casuelle. Avec de rares recours à l'utopie et à la révolte et sans recours à la transcendance, l'idée de bonheur dans la farce semble assez restreinte[27] », écrit Konrad Schoell, qui qualifie ces satisfactions à la petite semaine de « bonheur de *statu quo* ».

Même attitude individualiste dans la question de l'enseignement, qu'abordent quelques farces : certains aspects des rapports maître-élève y apparaissent dans un contexte de critique moqueuse, mais aucune réforme n'est envisagée. En somme, le rire du fabliau ou de la farce complète le rire de la fête : il est l'expression de l'individualisme dans un monde qui privilégie les collectivités. Le rire de la fête, obligatoire et tyrannique, exprime l'intérêt du groupe ; le rire farcesque, égoïste et amoral, est le seul moyen pour l'individu de prendre une revanche sur les collectivités dans lesquelles il est englobé de force, et qui l'oppriment et le protègent à la fois : paroisse, religion, famille, seigneurie, corporation, quartier...

LE RIRE PARODIQUE DU MONDE COURTOIS

Est-ce à dire que le Moyen Age n'a connu aucun type de rire politiquement et socialement subversif? Ce serait exagéré. Mais pour le trouver il faut examiner des genres différents, moins populaires. Sur scène, les « sotties » et « moralités », qui ont un caractère allégorique, dépassent le niveau individuel pour atteindre une critique plus générale : on y voit s'affronter « menu peuple », « commun », « pauvreté », « noblesse », « Église ». Cela prend parfois des allures de théâtre engagé et contestataire[28], mais cela peut aussi aboutir à une morale de la résignation. Ces genres, de toute façon, ne se développent qu'à la fin du Moyen Age.

Dans les écrits du Moyen Age central, la critique socio-politique s'exprime presque toujours sous la forme de la parodie, mais il est bien difficile de distinguer entre parodie ludique et parodie critique. Le genre est très ambivalent, et suivant les théologiens il participe à la fois du bon et du mauvais rire. Dans la parodie du sacré par exemple, on a beaucoup de mal à savoir s'il s'agit d'un simple jeu, d'une autodérision de clercs pratiquant un humour à usage interne, de blagues cléricales, ou si ces dernières sont anticléricales, voire antireligieuses. C'est la seconde hypothèse que retiennent en général les critiques à propos du *Roman de Renart*. Composé entre 1170 et 1250, celui-ci peut-être interprété comme une gigantesque parodie étalant violence et sexe sans contrainte, où les instincts débridés ne sont plus contrôlés par la morale chrétienne; la confession de Renart est un récit cynique de débauches et de ruses, et ce tissu d'immoralités est présenté par l'âne Bernard, qui prononce l'oraison funèbre, comme « une vie de martyr et d'apôtre ». On y trouve

une dénonciation virulente de l'exploitation de la crédulité populaire, avec faux miracles et faux ermites. Le roi, les grands sont ridiculisés, et Jacques Berlioz a pu parler au sujet de cette œuvre de
« jubilation sarcastique et sadique », de « rire libérateur et subversif[29] ».

A la même époque, Rutebeuf se moque lui aussi de la foule igno-
rante des fidèles, auxquels on fait croire n'importe quoi parce qu'ils
n'y comprennent rien. Pour eux, écrit-il, « *Gloria laus,* c'est gloire à
l'os ! » Parodie également, mais cette fois de la société courtoise, de
ses héros chevaleresques et de ses conventions ridicules, dans *Le
Chevalier de la charrette* par exemple. Chrétien de Troyes nous y
montre un Lancelot à la limite du comique et de l'agaçant, pris
dans des situations ridicules. Excès, emphase, outrances donnent
un ton sarcastique à l'œuvre. L'amour courtois et son sublime factice sont dévalorisés, tournés en ridicule. « Le rire de Chrétien
résonne parfois plus subtilement, remarquent Élisabeth Gaucher et
Laurence Mathey-Maille : à travers des allusions à des textes bien
connus de ses lecteurs, il invite ceux-ci à s'associer à la moquerie.
Ainsi, l'atmosphère raffinée et courtoise du tournoi de Noauz se
trouve dégradée, sapée par deux allusions obscènes[30]. »

La chanson courtoise est chargée d'autodérision, comme l'a
montré Philippe Ménard à propos d'un corpus de chansons médiévales d'Oxford, qui tournent en dérision les grands chants d'amour,
parodient, déprécient, dénigrent, avec une volonté évidente de choquer[31]. Composés à la fin du XIIIe siècle par des ménestrels ou des
poètes bourgeois, ces récits pratiquent l'inversion systématique : les
femmes sont laides, les amants vulgaires et mus par les instincts les
plus brutaux. Comment ne pas faire le lien avec toute la littérature
du monde à l'envers, celle du *Pays de Cocagne* par exemple, ou celle
de la fameuse *Historia de Nemine,* dont subsistent tant de manuscrits du XIVe siècle ?

L'accueil variable réservé à ce dernier texte dès le Moyen Age
montre que le rire de l'inversion était déjà ambigu. L'idée de l'*Historia,* rédigée par un certain Radolph, est assez originale : l'auteur
invente un mystérieux personnage dont la puissance est égale à
celle du Fils de Dieu et dont le nom, Nemo, est tout simplement le
terme latin signifiant « personne », au sens de « pas une personne »,
« nul ». Prenant ce mot comme un nom propre, Radolph se fonde
sur tous les passages de l'Écriture et des auteurs classiques latins où
il est dit « *nul ne* peut », « *nul ne* doit », « *nul ne* sait », « *nul n'*est
capable », « *nul n'*ose », et ainsi de suite, pour en faire : « *Nemo* peut,
doit, sait, est capable, ose », etc. Nemo devient donc une sorte de
surhomme, qui peut faire, voir et dire tout ce que les hommes ne
peuvent pas faire, voir ou dire. Nemo jouit d'une liberté extra-

ordinaire, il fait éclater toutes les limites étroites de la condition humaine, il brise nos chaînes, il s'égale à Dieu. Ce n'est qu'un jeu, bien sûr, mais que certains religieux dépourvus d'humour — tel un certain Stéphane, de l'abbaye Saint-Georges — prennent au sérieux, partant en guerre contre la « *secta neminiana* ».

C'est là une exception, une sorte de canular médiéval, que l'immense majorité des lecteurs et auditeurs considèrent comme tel. Le genre de l'autodérision est beaucoup plus fréquent. Le public des chansons de geste sait aussi rire de lui-même, et c'est bien ainsi qu'il faut entendre une œuvre comme *La Besturné de Richard,* à la fin du XIIIᵉ siècle, dont P. Uhl écrit : « La *Besturné* est une composition chaotique où s'égrènent, sur 246 vers, preuves et contre-preuves de savoir-faire poétique, affirmations burlesques et vantardises outrancières, paradoxes et truismes, "forseneries" et propos fort "senés", le tout ponctué de protestations de sincérité bouffonnes et d'interpellations variées supposant un public *in praesentia* [32]. »

Le genre épique se prête facilement à la parodie, et même au comique involontaire, par ses exagérations, ses outrances, ses ruptures de ton. C. Roussel en a fait la démonstration à propos de la *Chanson d'Aiol* [33], un texte de la seconde moitié du XIIᵉ siècle, où l'on voit par exemple une jeune femme, Mirabel, frapper d'un vigoureux coup de hache le thorax et l'abdomen d'un guerrier, lequel est fendu en deux et perd lamentablement ses entrailles ; dans d'autres cas, le héros ramasse lui-même ses tripes et continue de se battre... Dans la même œuvre, l'empereur déclare à son ennemi le Lombard : « Va-t-en, Lombard, que Dieu te maudisse ! Tu as mangé des rats et des souris et tant de compote, de présures et de rapes que tu m'as l'air d'une jument, d'un âne, d'un porc ou d'une vache. » Il s'agit là de la perpétuation de l'insulte homérique railleuse [34]. Ces hyperboles et cette emphase quasiment burlesques tiennent, d'après C. Roussel, à « la tendance holistique de l'épopée ».

Ce mélange de sérieux et de comique, qui ne cadre pas du tout avec la conception bakhtinienne du rire médiéval, serait d'après Jean Subrenat la marque d'une société équilibrée et sereine. L'usage du rire et du sourire complices révélerait « l'équilibre serein d'une société rassurée sur elle-même, reflété par une jeune littérature qui s'affirme d'emblée en adéquation avec son milieu, œuvre d'auteurs heureux de leur métier et de leur connivence intellectuelle avec leur public. [...] A travers sa littérature, cette société se scrute et se contemple elle-même avec humour [35] ». Revoilà le terme controversé, qui réapparaît de plus en plus souvent et qui, pris ici dans le sens de « forme d'esprit qui consiste à présenter la réalité (même désagréable) de manière à en dégager les aspects plaisants et insolites », semble justifié.

LE RIRE DIABOLIQUE DE MERLIN

Mais cette époque épique a aussi des rires inquiétants. Le diable n'est jamais bien loin. Or avec lui on ne sait jamais si l'on doit rire ou pleurer, et si c'est lui qui rit de nous, ou nous qui devons rire de lui. Pour Christian Duquoc, les diables médiévaux seraient de petits plaisantins : « Dans l'art roman, les scènes de jugement, quelle que soit leur localisation, relèvent moins du sérieux que du rire : les diables y sont grotesques, souvent farceurs. Au musée épiscopal de Vic, une fresque représente des diablotins qui, lors de la pesée des âmes, trichent avec entrain sous l'œil goguenard de leur patron [36]. » D'après le même auteur, la naissance du purgatoire serait aussi « une création de l'humour » : il fallait bien inventer une solution moyenne pour éviter le scandale que constituerait, au ciel et en enfer, le voisinage de simples médiocres et d'êtres presque parfaits ou de pervers accomplis. C'est peut-être là un emploi abusif de l'humour, qui ne semble pas avoir été la qualité essentielle des théologiens médiévaux. Il est néanmoins vrai, au XIIIe siècle en particulier, que les fidèles arrivent à rire du diable et de sa troupe infernale : les diables des fabliaux, des mystères et des diableries ont des allures d'épouvantails pour petits enfants [37]. Méfiance pourtant, car l'épouvantable créature se moque aussi de nous, sûre de nous tenir dans ses rets. « Le rire effrayant et dominateur du grand Satan, rire sadique de la duperie, de la cruauté, du blasphème [38] », est encore capable de glacer d'effroi.

Même les prédicateurs font un usage ambivalent du diable. Usage terroriste — cet aspect-là est bien connu —, mais aussi usage humoristique, et ce de différentes façons. Parfois, Satan devient un auxiliaire de la justice et un personnage presque sympathique, emportant les crapules en enfer. Ainsi, dans un sermon de Rypon de Durham, on le voit en compagnie d'un bailli collecteur d'impôts rapace et impitoyable; il déclare que lui, au moins, n'accepte que ce qu'on lui donne de bon cœur. C'est alors qu'une pauvre femme, dont le bailli avait confisqué l'unique vache, s'écrie : « Que tous les diables de l'enfer t'emportent, cruel! » Et Satan emporte le bailli [39].

Le diable justicier fait rire du méchant bailli. Dans d'autres sermons, il rit et fait rire aux dépens de tel ou tel défaut. Jacques de Vitry, repris par Étienne de Bourbon, développe ainsi un *exemplum* contre les modes féminines, visant notamment les traînes de longueur excessive : « Un saint homme, voyant un démon qui riait aux éclats, l'adjura de révéler pourquoi il riait. Le démon lui apprit qu'une certaine dame, se rendant à l'église, portait un de ses compagnons sur sa traîne. Comme elle devait traverser un passage boueux, elle retroussa sa robe et le démon tomba dans la boue. A cette vue, son compagnon éclata de rire[40]. »

Il arrive même que le pauvre diable soit la victime d'un être encore plus insupportable que lui : la femme. Le prédicateur Jacques de Vitry (1180-1240), grand misogyne, raconte dans un sermon l'anecdote suivante : un homme riche donne sa fille en mariage, avec une grosse dot, à un démon sous forme humaine. Elle lui en fait tellement voir qu'au bout d'un an il abandonne et déclare à son beau-père : « Ma patrie est l'enfer, où je n'ai jamais vu tant de discorde que j'ai dû en supporter pendant un an aux côtés de cette femme querelleuse. Je préfère retourner en enfer que rester plus longtemps avec elle[41]. »

Le diable peut donc être mis à toutes les sauces et, à l'évidence, il n'est pas toujours terroriste. Sa contribution au rire médiéval n'est pas négligeable. Si ce rire peut être bon enfant, il peut aussi se révéler plus sinistre. Il s'agit alors d'un rire proprement diabolique, comme celui qui secoue Merlin, cet inquiétant personnage, doué d'immenses pouvoirs d'enchantement, fils d'une religieuse et d'un démon incube. Ce fils du diable rit, mais d'un rire contre nature : il rit de ce qui devrait faire peur — du mal et du tragique. Il rit de voir sa mère pleurer avant d'être exécutée ; il rit du paysan qui va mourir avant d'avoir réparé ses chaussures ; il rit d'un enfant qui vient de rendre l'âme ; il rit d'une prophétie annonçant la mort du père d'un juge ; il rit des émissaires du roi Vortigern, qui cherchent à le tuer.

Ce rire de Merlin, sardonique pour les uns, diabolique pour les autres, a beaucoup intrigué les historiens de la littérature[42]. Pour Howard Bloch, « ce qui est en jeu dans le rire de Merlin semble être lié à la faculté prophétique du magicien, à la vision, et, plus précisément, à la disjonction entre ce que Merlin sait et ce que les autres croient au sujet de leur avenir[43] ». Du prophète, Merlin a toutes les marques visibles, en particulier l'abondante pilosité. Être très poilu, dans la Bible comme dans les récits médiévaux, est le signe de prophètes éminents. Mais c'est aussi un signe d'exhalaisons mélancoliques infernales, d'après notamment Hildegarde de Bingen. Comme chacun sait, les sorcières sont très poilues, sur la tête et sur le pubis, et en général on les tond. De plus, on raconte au Moyen Age que se couper les cheveux en période de lune ascendante entraîne un risque de folie. C'est pourquoi saint Hilarion, un des ermites du désert, qui a vécu quatre-vingts ans vêtu du même sac et sans jamais se laver, ne se coupait les cheveux qu'une fois par an, à

Pâques, pendant la pleine lune. Or Hilarion signifie « le rieur », et les extravagances auxquelles il se livre, d'après Jacques de Voragine, laissent penser qu'il s'agit d'un débile mental. De la même façon, Merlin est sujet à des accès de folie, qui alternent avec des phases de mélancolie.

Le rire de ce fils du diable, nabot, poilu et facétieux, est donc très équivoque. A la limite du divin et du diabolique, il exprime en fait toute l'ambiguïté de ce phénomène qui continue à éluder toute définition[44].

LE RIRE SATIRIQUE DES MORALISTES

Si le rire de Merlin flotte entre nature et surnature, le Moyen Age a aussi connu un rire tout à fait humain, celui de la satire politique et anticléricale — domaines bien difficiles à séparer en ces temps où les pouvoirs civils et spirituels sont tellement imbriqués. Le genre satirique, dérivé du grand modèle de Juvénal, réapparaît surtout à partir du XIIe siècle, après une longue éclipse pendant le haut Moyen Age. C'est qu'en effet il a besoin pour s'épanouir d'une certaine stabilité du contexte socio-politique, ne serait-ce que pour pouvoir définir précisément ses cibles. Celles-ci sont les groupes dominants, ceux qui imposent leur volonté et contrôlent les valeurs. L'anarchie féodale de la période précédente, marquée par le morcellement et la confusion, convenait mal à cet exercice. A partir du XIe siècle, le renforcement du pouvoir royal, d'abord très lent, beaucoup plus net au XIIIe siècle, ainsi que l'efficacité croissante des structures ecclésiastiques, puis l'action spectaculaire des moines mendiants, enfin la montée des légistes bourgeois, fournissent des cadres nettement définis, qui peuvent être rendus responsables des divers maux, et donc critiqués.

Mais la critique des autorités en place peut revêtir deux aspects contradictoires : elle peut être progressiste ou conservatrice, en resituant bien sûr ces deux termes dans le contexte de l'époque. On peut reprocher aux dirigeants leur immobilisme ou leurs innovations. La satire médiévale relève nettement du deuxième type. Elle exprime l'inquiétude des moralistes face aux changements sociaux, religieux, politiques. Elle regarde en arrière, vers un mythique âge d'or qui exprimerait un équilibre socio-politique idéal, reflétant un plan divin immuable : « Le conservatisme semble bien être le maître mot pour la compréhension de la satire politique au Moyen Age. Qu'elle émane de la noblesse, de l'Église ou de la bourgeoisie, [...] ce qui transparaît en définitive, c'est le malaise, l'inquiétude face à l'évolution accélérée de la société, à l'acheminement vers des monarchies centralisatrices, en France et en Angleterre ; ou encore face au dynamisme de la bourgeoisie dans le champ économique et politique, cette force si peu conforme aux critères rassurants d'une société qui avait été définie comme immuable de par la volonté divine[45]. » Jeannine Horowitz et Sophia Menache, auteurs d'une étude sur le « rire grinçant » de la satire politique au Moyen Age, ajoutent que celui-ci « est finalement la revanche de l'homme médiéval sur un pouvoir politique qui s'affirme ». C'est à la fois une protestation contre la dégradation morale qui accompagne le processus de civilisation, et l'une des premières manifestations de l'individualisme face à des pouvoirs politico-religieux de plus en plus efficaces et à des évolutions engendrant frustrations et inquiétudes.

Le rire satirique médiéval est très agressif, voire cruel. Il s'agit manifestement d'une sublimation de l'activité guerrière. Grossièreté, invectives, sarcasmes, indignation : il prend fréquemment la forme du pamphlet, de la gesticulation guerrière, dans un but d'intimidation. Dans ce cas, ses outrances constituent le seul élément comique, comme dans un pamphlet contre l'arbitrage rendu par Saint Louis dans la querelle entre le roi d'Angleterre Henri III et ses barons. Parfois, la satire est plus détendue, de type fabliau, utilisant de petites histoires drôles, et assez souvent elle a recours à la mode animalière, avec un rôle important confié à Renart, comme dans *Renart le Bestourné*, satire du grand féodal frondeur.

La satire a pour cible privilégiée le clergé, dont elle fustige tous les abus, comme dans le *Contra simoniam* de Pierre le Peintre, au XIIe siècle, ou dans *The Land of Cokayne*, texte anglais dénonçant la vie sensuelle que l'on mène dans les monastères. La cupidité des ecclésiastiques, pasteurs qui tondent leurs brebis, est un des poncifs de l'époque, de même que les jeux de mots sur l'Évangile selon le Marc (d'argent) et selon saint Luc(re).

La collusion entre l'Église et le pouvoir civil est l'objet de fréquentes diatribes, comme la *Song of the Bishops*, au début du XIIIe siècle, contre les évêques de Bath, Norwich et Wincester, qui soutiennent Jean sans Terre. A la suite de la croisade des albigeois, plusieurs écrits accusent le clergé de prendre l'hérésie comme un prétexte pour s'enrichir et favoriser la politique royale : c'est le cas des *Sirventes* de Peire Cardinal en 1240. De virulentes critiques sont adressées aux souverains qui se laissent diriger par le clergé, comme Jean sans Terre, accusé de se laisser dépouiller de ses États, ou comme Saint Louis, trop soumis aux moines mendiants. Rutebeuf compose à ce sujet un *Diz* fustigeant l'ingérence du pape dans les affaires du royaume de France, après l'expulsion du séculier

Guillaume de Saint-Amour. Il reproche aussi à Saint Louis d'abandonner son royaume pour s'embarquer dans une ruineuse croisade.
Si les Mongols l'apprenaient, ils viendraient envahir la France, en
dépit de leur mal de mer :

> Tant fas je bien savoir le roi :
> Terre ne fu si orfeline
> ou il n'a mesure ne roi.
> Sou savoient gent tartarine,
> ja por paor de la marine
> ne laisseroient cest aroi.

Saint Louis n'est pas seulement soumis aux moines : il a également peur de sa mère, Blanche de Castille. Même Joinville s'est un
peu moqué de lui en rapportant les précautions qu'il prenait pour
voir sa femme en cachette. Les troubadours provençaux et l'Italien
Sordel ont composé sur le sujet des textes d'une ironie mordante.
    La satire est souvent moralisatrice. Elle a pour mission de « satiri-
ser les vices du monde », dit un texte dirigé au XIIIᵉ siècle contre les
grands nobles anglais, dont on voit « plusieurs errer en ce siècle,
mépriser le bien, aimer le mal et se tourner spontanément vers le
pire ». L'attaque directe contre un point particulier de la politique
royale peut donner lieu à une satire spirituelle, procédant par allusions, ou utilisant le bilinguisme comme ressort comique. Ainsi
dans cet écrit de 1311 qui accuse Édouard II d'avoir violé son ser-
ment de fidélité à la Grande Charte, en jonglant sur l'alternance
français-anglais, parfaitement comprise à la cour de Londres :

> Nostre prince de Engletere
> par le consail de sa gent,
> at Westminster after the faire
> made a great parlement.
> La Chartre fet de cyre,
> Jeo l'entreink et bien le crey,
> it was holde to veih the fire,
> and is molten al awey.
> Ore ne say mès que dire,
> tout y va à Tripolay.

Ce genre de texte ne peut être apprécié que par des clercs et des
nobles lettrés. Les écrits de Rutebeuf, quant à eux, touchent un
public plus large. Avec lui, « la satire revêt une modernité remarquable de journalisme d'investigation satirique avant la lettre, au
service d'une cause vulgarisée pour un public qui, au départ, n'était
pas censé avoir un avis sur la question[46] ». Ce polémiste engagé

contre les ingérences pontificales sait donc qu'il a tout à redouter d'un chrétien aussi zélé que Louis IX, qui, en sa qualité de saint potentiel et de premier justicier du royaume, n'hésite pas à faire brûler les gens. Conscient du risque, Rutebeuf écrit :

> Endroit de moi vous puis-je dire
> je ne redoute pas le martire
> de la mort d'ou qu'elle me viegne,
> s'ele me vient por tel besoingne.

Le rire satirique se découvre en outre un nouvel adversaire, à partir du XIIIᵉ siècle, avec la montée de la bourgeoisie dans l'entourage royal. Déjà critiqués par Adam de la Halle[47], les bourgeois sont rudement apostrophés par Rutebeuf :

> Riches borjois d'autrui sustance
> qui faites dieu de votre pance.

On leur reproche leur rapacité, leur enrichissement, leur mainmise croissante sur l'État, qui menace la structure traditionnelle de la société. C'est le sens du *Roman de Fauvel,* de Gervais du Bus, au XIVᵉ siècle, tandis qu'à la même époque la *Song of the Venality of the Judges* fustige leur corruption, et que sous Philippe IV le Bel une *Chronique rimée,* attribuée à Geoffroy de Paris, s'élève contre la prolifération des légistes auprès du roi, au détriment des nobles conseillers naturels, contraints à l'exil :

> La France a tout plain d'avoquas :
> les chevaliers de bons estas,
> qui France avoient trestournée,
> et en serveté atournée,
> vuident le pays et s'en vont
> quant François sont et frans ne sont.

LE RIRE CONSERVATEUR DES PRÉDICATEURS

Un autre rire éclaire le Moyen Age. Un rire surprenant, inattendu, et auquel Mikhaïl Bakhtine n'a pas prêté attention : le rire du prédicateur, qui a même pu fournir le titre d'un ouvrage de Jacques Berlioz[48]. L'usage modéré du rire dans les sermons ne s'est répandu qu'à partir du XIIᵉ siècle, sous la pression des changements socio-économiques. On se souvient de l'hostilité systématique à l'égard du rire, manifestation diabolique, pendant le haut Moyen Age. Le chrétien ne pouvait que pleurer sur ses péchés dans ce monde qui approchait de sa fin. Mais la fin justement tarde à venir, et la vie en ce bas monde s'améliore — pour certains du moins : les marchands, les artisans, les clercs, et les urbains de façon générale. Épidémies et famines reculent. Le message misérabiliste passe moins bien ; l'attention se relâche. Un effort pédagogique s'impose pour capter à nouveau les esprits : le recours à de petites histoires drôles, qui font dresser l'oreille et facilitent la mémorisation de la leçon. Tel est l'avis du cistercien Césaire de Heisterbach, qui raconte comment l'abbé Gévard avait réussi, grâce à une plaisanterie, à persuader un novice découragé de rester au couvent. L'abbé avait demandé qu'on lui apporte une hache : « C'est pour vous couper les pieds. Croyez-le bien, je vous préfère cul-de-jatte que renégat pour la plus grande honte de notre maison. » Le novice, qui avait le sens de l'humour, en avait conclu : « Il vaut donc mieux que je reste », et Césaire tire la leçon : « C'est ainsi que, grâce à des paroles amusantes [!], cessa une longue et pénible tentation[49]. »

L'utilisation d'*exempla* comiques dans les sermons n'est cependant pas du goût de tout le monde, et des résistances se manifestent. Le prédicateur n'est pas là pour raconter des blagues, écrit au milieu du XIIe siècle Alain de Lille : « La prédication ne doit pas s'appuyer sur des bouffonneries, ni des sottises, ni admettre ce genre de mélodies rythmées, plus propres à réjouir l'oreille qu'à instruire le cœur. Cette sorte de prédication convient davantage au spectacle et à la pantomime, et pour cette raison doit être totalement méprisée[50]. » C'est par la crainte qu'il faut procéder.

Mais progressivement le nouveau style s'impose. Les principaux théoriciens de la prédication au XIIIe siècle font une place à la plaisanterie humoristique dans les sermons. Selon Jacques de Vitry, il faut se montrer réaliste : tout le monde sait que les fidèles ont tendance à dormir pendant les sermons ; alors, « pour les édifier mais aussi pour les réveiller, quand, fatigués et frappés d'ennui, ils commencent à somnoler [...] il faut les ranimer à l'aide d'exemples plaisants et il convient de leur présenter des histoires pour qu'ensuite, une fois réveillés, ils prêtent l'oreille aux paroles sérieuses et utiles[51] ». Le dominicain Étienne de Bourbon tient le même discours, et Geoffroy de Vinsauf pense qu'il ne faut pas hésiter à se mettre au niveau de l'auditoire : « Si donc nous avons à notre disposition un matériau pourvu de qualités humoristiques, on usera tout au long de termes triviaux et familiers, pertinents aux choses et aux personnes dont nous parlons[52]. »

Faire rire les fidèles pour les empêcher de s'endormir : telle semble être la principale préoccupation de ces prédicateurs, ce qui en dit long sur l'intérêt que l'on porte à leurs sermons. En 1322, Robert de Basevorn revient encore sur ce point : « L'humour opportun se produit lorsque nous ajoutons quelque chose de facétieux, capable de plaire à des auditeurs qui s'ennuient, que ce soit quelque chose qui provoque le rire ou quelque histoire ou anecdote. On doit en user spécialement lorsqu'ils sont sur le point de s'endormir[53]. »

Le rire des *exempla* ne doit pas servir qu'à tenir les gens éveillés. Il doit aussi aider à faire passer et à mémoriser le message moral. A ce propos, Walter Nash se pose des questions sur l'efficacité de la méthode, en la comparant à nos spots publicitaires : de même que nous retenons plus facilement l'image que le nom du produit, les fidèles se souviennent sans doute mieux de l'histoire que de sa morale[54]. Qu'importe ! L'essentiel est pour nous de constater que le Moyen Age a su accorder au rire droit de cité au sein même du discours ecclésiastique, avec des nuances suivant les auteurs : à très petite dose *(modesta hilaritas)* pour Jean de Salisbury, plus largement pour Jacques de Vitry, qui fait de la gaieté une vertu chrétienne, et avec excès pour certains franciscains, qui prennent à la lettre l'expression de leur fondateur : « Je suis le clown du Seigneur » *(joculatores Domini)*.

L'une des originalités de François d'Assise avait été sa gaieté, en complète rupture avec les pratiques monastiques antérieures. Il recommandait à ses disciples d'avoir toujours un visage riant *(vultus hilaris)*, et sa première règle précisait : « Qu'ils prennent garde de se montrer extérieurement tristes et de sombres hypocrites, mais qu'ils se montrent joyeux dans le Seigneur, gais et agréables comme il convient » (VII, 13). Au point que, raconte Thomas d'Eccleston, les jeunes franciscains du couvent d'Oxford en 1220-1223 organisaient de véritables sessions de fou rire, et qu'il fallut les rappeler à plus de modération. Mais, jusqu'à la fin du Moyen Age, des moines franciscains se livrent à de vraies pitreries pendant leurs sermons.

Sans aller jusque-là, de nombreux *exempla* puisent dans le fonds populaire commun des histoires qui ressemblent à celles des fabliaux, obscénités en moins. Les moines mendiants se révèlent particulièrement habiles dans ce répertoire. Mêlés à la population urbaine, parfaitement au courant des problèmes domestiques grâce à la confession, ils excellent dans les petits tableaux comiques, cultivant l'art du conteur — avec effets de surprise et suspense — et développant une certaine complicité avec les auditeurs. Les histoires sont courtes, comme la morale qui s'en dégage. Ainsi cette anecdote racontée par Jacques de Vitry : une femme simple, apprenant qu'un juge malhonnête ne rend service que si on lui graisse la main, lui enduit en toute bonne foi la main de saindoux.

La vision du monde qui se dégage des *exempla* n'est pas très différente de celle que nous avons observée dans les fabliaux et les farces : une vision assez pessimiste de la société, composée pour moitié de filous et pour moitié de naïfs, et où ceux qui s'en sortent le mieux sont les plus rusés, sans considération de morale. Dans certains *exempla* d'un goût douteux, on se demande même quelle est la morale à tirer — s'il y en a une. C'est le cas pour cette petite histoire de Jacques de Vitry : « Un chrétien, dans la ville d'Acre, vendait aux pèlerins des viandes avariées. Fait prisonnier un jour par les Sarrasins, et conduit devant le soudan, il lui prouva de façon péremptoire qu'il encourrait plus de dommage à le faire exécuter qu'à lui laisser la vie sauve. Le soudan, étonné, lui demanda comment cela pouvait être. Il répondit : "Il ne se passe pas d'année sans que je vous débarrasse d'une bonne centaine de vos ennemis les pèlerins, grâce à mes charcuteries avariées et à mes poissons pourris." Cette facétie fit rire le soudan et valut sa grâce au boucher[55]. »

Les prédicateurs n'hésitent pas à mêler le rire au sacré avec une certaine désinvolture, et leurs histoires montrent avec quelle facilité le public passe des larmes au rire. Le franciscain Jean Pauli raconte que, lors de la représentation du mystère de la Passion, le jour de la Saint-Jean, alors qu'il faisait chaud, « au moment où Notre Seigneur sur la croix s'écrie : "J'ai soif", le larron de gauche, s'imaginant que l'acteur demandait une cruche de bière, se mit à crier : "Moi aussi !" Alors, tout l'auditoire se dérida. Les larmes se changèrent en un éclat de rire général ».

Comme dans les fabliaux, beaucoup d'histoires humoristiques insérées dans les sermons visent les femmes, légères, coquettes, concupiscentes, séductrices, bavardes, menteuses, rusées, trompeuses, curieuses, querelleuses. Tous les lieux communs de la misogynie cléricale sont utilisés par les prédicateurs, et les *exempla* montrent de façon comique — et parfois peu charitable — comment peuvent être châtiés ces péchés. Pour punir sa femme qui a l'esprit de contradiction, un mari lui interdit formellement de monter à une échelle en bois pourrie, sachant qu'elle le ferait. Résultat : elle se casse les deux jambes, et c'est bien fait, raconte un prédicateur anglais[56]. Étienne de Bourbon en cite une autre du même genre : un homme et sa femme, très bavarde, sont sur un bateau, pris dans une tempête ; l'équipage demande de jeter par-dessus bord tous les objets lourds. « L'homme désigne alors sa femme, disant que dans tout le navire il n'était rien de plus pesant que sa langue[57]. » Punition moins sévère de la curiosité, dans un *exemplum* de Jacques de Vitry : un mari, excédé par les investigations perpétuelles de sa femme, lui fait croire que dans sa confrérie on a décidé de voter un statut autorisant la polygamie ; la femme se précipite à la confrérie pour demander la réciprocité, et ainsi se ridiculise publiquement. Cela permet en fait de châtier d'un coup trois vices féminins : curiosité, crédulité et concupiscence.

Ces petits contes cruels que sont les *exempla,* tirés de la vie quotidienne, montrent combien l'homme médiéval est prompt à rire des malheurs d'autrui. Les prédicateurs utilisent ce ressort trouble du rire qu'est la jouissance de la supériorité à l'égard de l'autre. Toute mésaventure survenant à autrui m'est une consolation. C'est là un reste du rire guerrier primitif. Le rire du prédicateur est offensif, et pas du tout convivial. Cet homme de Dieu mène un combat contre le mal et contre les méchants ; son rire est un rire d'exclusion, qui recourt à la complicité de l'auditoire pour rejeter la brebis galeuse dans les ténèbres extérieures. Curieusement, cette complicité s'établit surtout avec le public féminin, qui fréquente en majorité les sermons. Au XIVe siècle, Chaucer rapporte que les femmes allaient au sermon comme à un divertissement. Dans son beau livre sur les *Mentalités médiévales,* Hervé Martin a évoqué à propos des prédicateurs « la connivence qui les unissait à leurs fidèles auditrices, devant lesquelles ils aimaient soulever de belles questions[58] ». De leur côté, Jeannine Horowitz et Sophia Menache parlent de « nombreux cas où les prédicateurs gagnaient un tel empire sur leur auditoire féminin qu'ils s'assuraient une obéissance aveugle et fanatique, souvent empreinte d'un ascétisme aussi vain que la coquetterie à laquelle il succédait[59] ». Par ailleurs, les psychanalystes montrent que les lieux communs antiféministes amusent en premier lieu les femmes.

Jouant inconsciemment sur ces éléments, les prédicateurs exploitent le rire, tout en l'équilibrant par la peur qui n'est jamais bien loin, afin de s'opposer à l'émancipation de la femme. L'évolution socio-culturelle des XIIe-XIIIe siècles dans le milieu urbain offre en effet à cette dernière de nouvelles possibilités d'affirmer son rôle : le cadre plus raffiné des villes permet de varier le vêtement, le maquillage, de multiplier les rencontres et les réceptions — autant d'occasions pour la femme de se mettre en valeur, d'avoir des amants, de se mêler des affaires commerciales, de sortir de son rôle de reproductrice soumise. Le rire du prédicateur cherche à ridiculiser l'image de cette femme « moderne » émancipée.

Il s'en prend aussi, avec autant de vivacité, au clergé. Ridiculiser les mauvais clercs, fustiger leurs abus : le rire est mis au service de la grande entreprise d'autorénovation qu'est la réforme grégorienne. Cette entreprise se présente elle aussi comme une restauration : en revenir à l'esprit de l'Église primitive et à son clergé modèle, saint, austère et dévoué. Pour cela, les sermons vont railler les mauvais ecclésiastiques, en recourant à la complicité des ecclésiastiques eux-mêmes. L'Église du Moyen Age a encore cette capacité d'autodérision qui lui fera totalement défaut dans la réforme suivante, la réforme tridentine, où l'anathème remplacera le quolibet.

Autre différence de taille : les prédicateurs médiévaux n'hésitent pas à ridiculiser des membres de leur ordre en faisant appel aux laïcs, qui sont pris à témoin et qui peuvent servir à l'humiliation des clercs, alors que dans la réforme tridentine ils seront tenus complètement à l'écart, dans une position tout à fait subalterne. Les prédicateurs des XIIe-XIIIe siècles ont recours à la pression des laïcs, un peu dans le style qui sera celui de la campagne des Cent Fleurs dans la Chine maoïste. Grégoire VII et Mao Zedong, même combat lorsqu'il s'agit d'épurer les cadres de l'Église et ceux du Parti! Le rapprochement est moins incongru qu'il n'y paraît. C'est ainsi que, dans une anecdote racontée par Jean Pauli, le tout-puissant évêque de Wurtzbourg est remis à sa place par un paysan. Le prélat, méprisant, justifie son train de vie par le fait qu'il est à la fois prince temporel et prince spirituel. « Alors, le paysan se mit à rire. "Pourquoi ris-tu? demanda l'évêque. — C'est que, repartit l'homme, je pense au moment fatal où le diable emportera le prince temporel. Quelle figure fera alors le prince spirituel?" L'évêque se passa la main sur la bouche, rejoignit son escorte et ne souffla plus mot[60]. » On fait même parfois appel aux femmes pour donner la leçon au clergé, comme dans cet *exemplum* du dominicain Humbert de Romans où un gros archidiacre, pour qui les visites pastorales ne sont qu'un prétexte à s'empiffrer, refuse de prêcher. Une femme, frustrée dans son désir d'entendre un sermon — ce qui confirme nos remarques précédentes —, lui lance alors : « Je vois bien qu'il ne se souciait guère de nos âmes, celui qui en a commis la charge entre vos mains. Car vous voilà ne nous laissant, pour toute trace de votre visite, que les excréments de vos chevaux[61]. »

Dans une autre histoire d'Étienne de Bourbon, un « grand clerc » fait un magnifique sermon sur l'humilité et la pauvreté, en développant l'image de Jésus monté sur une ânesse. Le sermon fini, il prend la tête de son escorte, richement vêtu et monté sur un palefroi. « Une vieille femme le ridiculisa devant toute l'assemblée en l'interpellant : "O maître, dites-moi, fut-ce d'une telle ânesse et d'un tel cavalier que vous nous avez parlé?" Il se tut, tout confus[62]. »

La plupart du temps, toutefois, c'est entre ecclésiastiques que l'on règle les comptes. Souvent, ce sont les clercs réguliers — surtout ceux des ordres mendiants, dont font partie beaucoup de prédicateurs — qui exécutent les séculiers, en particulier les évêques, arrogants, gourmands, vivant dans le luxe. A ce sujet, Jacques de

Vitry a en réserve des blagues édifiantes, tel ce petit chef-d'œuvre d'humour : « J'ai entendu dire que des démons ont envoyé une fois une lettre à des prélats négligents de Sicile dans ce mode : "Les princes des ténèbres aux princes des Églises, salut ! Nous vous rendons grâce, car tous ceux qui ont été commis à vos soins sont envoyés à nous[63]." » Jeannine Horowitz et Sophia Menache, qui citent ce texte, soulignent « l'ironie lapidaire du jeu de mots contenu dans cette lettre des démons, fondé sur le verbe latin *mitto* ("envoyer", ici à la forme participe passé, *missi*) et les jeux de préfixation qu'autorise ce verbe (*commissi*, "confiés") ».

Les moines ont aussi leur part. D'après Jacques de Vitry, ces bavards invétérés s'arrangent même pour se raconter des histoires avec les pieds si on leur interdit la parole et les gestes des mains. Selon Césaire de Heisterbach, ces amateurs de lectures profanes ronflent pendant les sermons, mais se réveillent en sursaut lorsque l'abbé glisse malicieusement : « Je vais vous conter une histoire très merveilleuse : il y avait une fois un roi nommé Arthur... » Et les moines sont toujours en quête de nouveautés, dans les détails vestimentaires par exemple. A ce propos circulent de bons mots, comme celui que diffuse à la fin du XIIe siècle le *Speculum stultorum* : les moines y sont comparés à l'âne de Brunellus, qui se désole de ce que la nature lui a donné une queue trop courte, et qui tente de s'en faire mettre une artificielle. Parfois, les ordres monastiques rivaux colportent des blagues à usage interne, qui dénigrent leurs concurrents. C'est ainsi que les clunisiens, souvent accusés de vivre dans le confort, raillent l'austérité des cisterciens en racontant qu'ils ne portent pas de culottes sous leur robe à seule fin de pouvoir faire leurs besoins plus rapidement. Voilà pourquoi le satirique *Speculum stultorum* prête à l'un d'eux cette grave interrogation métaphysique : « Que ferai-je si le vent soudain dénude mon derrière[64] ? »

Les prédicateurs se moquent aussi des prêtres ignorants, fornicateurs, mauvais chanteurs. C'est encore à une femme que Jacques de Vitry attribue une repartie cruelle à un prêtre qui lui demandait pourquoi elle pleurait pendant qu'il chantait : « Sire, je suis la malheureuse dont l'âne a été dévoré l'autre jour par le loup, et quand je vous entends chanter, la voix de mon pauvre âne me revient à la mémoire. » Les mauvais prédicateurs sont également tournés en dérision, notamment par les ordres mendiants, fiers de leur supériorité dans ce domaine. Jean Pauli fait des gorges chaudes des sermons interminables du dimanche des Rameaux : « On en est venu à des sermons qui durent huit heures. Tous ces longs sermons ne sont bons qu'à endormir les gens, à faire souiller les bancs d'église et, à la fin, le prédicateur lui-même est sur les dents. » Au moins, dit-il, maître Geiler de Kaisersberg, lui, vous expédiait la Passion en deux coups de cuiller à pot. Il vous prenait Jésus au jardin des Oliviers et, « dans un sermon d'une heure, il vous l'achevait et le conduisait à son tombeau[65] ».

Indéniablement, les prédicateurs médiévaux savent donner de la saveur à leurs sermons, du moins s'ils appliquent les conseils que nous venons d'évoquer. Et toutes ces railleries à l'égard de leurs confrères ont un seul but : restaurer la dignité ecclésiastique dans un clergé décadent dont les vertus sont mises à mal par les effets corrupteurs de la civilisation urbaine, qui multiplie les tentations. Une fois encore, le rire sert d'agent de cohésion d'un groupe social pour exclure les mauvais sujets et les nouveautés. On use du même procédé pour les autres catégories sociales, des paysans aux chevaliers, dont l'arrogance et la vanité sont parfois égratignées, comme dans cet *exemplum* de Jacques de Vitry où un jongleur réussit à tromper un noble en lui faisant utiliser une lotion dépilatoire : « L'histrion s'en fut raconter l'aventure au roi de Jérusalem et à ses chevaliers. Ceux-ci se rendirent aussitôt chez le chevalier en question et le trouvèrent imberbe. Ils se moquèrent de lui et le laissèrent à sa honte. Certes, il aurait préféré payer cent marcs à l'histrion que d'avoir à subir une telle humiliation[66]. »

Il reste à s'interroger sur la portée du rire dans les sermons médiévaux. Un premier enseignement concerne la technique du comique, dont les prédicateurs manipulent les ficelles avec une maîtrise certaine. Leurs histoires drôles ne nous font plus toujours rire aujourd'hui, mais certaines gardent une grande fraîcheur. Ce comique, souvent brutal, retrouve de nos jours une certaine actualité avec la vogue de l'humour noir et du cynisme. Les prédicateurs les plus spirituels ont un esprit de repartie tout à fait moderne, comme l'archevêque franciscain Eudes Rigaud, au XIIIe siècle, capable de répondre à un clerc effronté qui, assis à table en face de lui, lui demandait : « Quelle différence y a-t-il, monseigneur, entre *Rigaud* et *Ribaud* ? — Il y a entre les deux la distance d'une table. »

Le rire des sermons est un rire de combat ; c'est une arme au service du bien, ou plutôt de la morale chrétienne, contre le mal et les vices. Si certains prédicateurs, surtout franciscains, ont tendance à tomber dans la bouffonnerie, l'immense majorité d'entre eux se refusent au rire pour le rire. Le rire, qui reste d'un maniement délicat, est toujours un objet de suspicion. Saint Louis, si proche de l'esprit franciscain, « se retenait, autant qu'il le pouvait, de rire le vendredi et, s'il avait déjà commencé à rire sans y prendre garde, il s'arrêtait aussitôt[67] », rapporte Guillaume de Saint-Pathus. On ne saurait mieux dire que le rire n'est pas une attitude innocente. Dans l'iconographie et la statuaire des cathédrales, d'ailleurs, ce sont toujours les diables qui rient; Jésus et les anges ne font qu'esquisser un très vague sourire.

Paradoxalement, cela permet au prédicateur d'utiliser le rire dans tous les domaines, y compris le sacré, car le rire est toujours pour lui un moyen, et jamais une fin — et dans l'Église médiévale, on le sait, la fin justifie les moyens. Quand on est capable de brûler les hérétiques pour sauver les âmes, alors qu'on proclame le caractère sacré de toute vie humaine, pourquoi ne serait-on pas capable de rire en utilisant les mystères de la religion, si cela peut contribuer à édifier? C'est là, en fait, que réside la différence essentielle entre le rire clérical du Moyen Age et le nôtre. Le premier n'est jamais un but en soi ou un divertissement; c'est toujours un instrument en vue d'une fin plus haute. Ce qui permet de rire de tout. Tout dépend du but poursuivi. On constate d'ailleurs que les prédicateurs associent toujours le rire à la peur, en un savant dosage éducatif. Les histoires drôles que nous avons mentionnées ne constituent qu'un faible ensemble au sein des sermons, qui exploitent parallèlement la crainte des châtiments.

Enfin, quel est le but de ce rire instrumental? Lutter contre les vices, bien sûr, en les ridiculisant. Mais au-delà, d'une façon peut-être moins consciente, il s'agit de combattre la nouveauté, l'innovation, l'évolution socio-économique responsable de la dépravation croissante des mœurs. Urbanisation, accélération du commerce et des activités financières, enrichissement personnel des bourgeois, pratique de l'usure, amélioration du confort pour les classes marchandes, rôle croissant des gens de loi : autant de facteurs d'indépendance de l'individu et d'affaiblissement des structures foncières des grands domaines sur lesquels l'Église avait fondé un mode d'existence reposant sur l'austérité et la solidarité. Tout cela est en train de transformer la vallée de larmes en une salle d'attente confortable; au lieu de mépriser ce bas monde, on commence à s'y installer, à rendre sa condition supportable, à affirmer sa position et son droit. L'élévation du niveau de vie développe l'individualisme dissolvant : « C'est cette velléité plus ou moins déclarée, plus ou moins consciente même, qu'on retrouve chez le moine curieux des affaires de ce monde, chez le cardinal grand seigneur, le bailli âpre au gain, le paysan têtu et retors, et enfin chez la femme, coquette, discoureuse, insoumise [68]. » En ostracisant par le rire ces personnages, fruits d'une évolution condamnable, c'est cette évolution elle-même qu'il s'agit de bloquer. « Ce qui fait, en conséquence, la puissance du rire de la chaire et sa valeur rhétorique, ce n'est pas le pouvoir lénifiant ordinairement attribué au rire, mais son potentiel coercitif à l'endroit d'une société qui tend à s'écarter des ornières tracées à son usage une fois pour toutes », écrivent Jeannine Horowitz et Sophia Menache en concluant leur étude sur *L'Humour en chaire*. Le rire du prédicateur est bien un rire conservateur. La vision du monde qui s'en dégage est la même que celle des farces : une société où les plus malins l'emportent. Mais le but est inverse : le rire individualiste de la farce encourage chacun à tirer son épingle du jeu ; le rire communautaire du sermon cherche à étouffer les velléités d'indépendance de l'individu.

LE RIRE IMPERTINENT DES CLERCS

Dans les rires médiévaux touchant au sacré, il est une catégorie très audacieuse qui témoigne de l'extraordinaire liberté de ton encore tolérée à l'époque, signe d'une société sûre d'elle-même. Nous ne reviendrons pas sur le *risus paschalis*, ce rire de Pâques qui permet aux prêtres et aux fidèles de raconter des blagues jusque dans les églises pour exprimer la joie de la Résurrection, ni sur les banquets et festins de prêtres, occasions de plaisanteries d'un goût parfois douteux, comme lorsque ces dominicains espagnols boivent à la santé de leurs saints patrons ensevelis dans les églises, au cri de « *viva el muerto!* ».

A partir du xiᵉ siècle apparaissent des hymnes en latin dont le texte, remanié, se compose de commentaires burlesques. Entre les textes liturgiques proprement dits se glissent des tropes, des interpolations, sous forme dialoguée. Pour le xiiᵉ siècle, Léon Gautier a trouvé dans deux tropaires latins, « au milieu de chansons d'un caractère tout à fait élevé et pieux, des gauloiseries de pire espèce [69] ». Des drames liturgiques, destinés à rompre la monotonie des longues récitations, dégénèrent assez vite en scènes comiques. Au xiiiᵉ siècle, l'archevêque Eudes Rigaud, qui a pourtant le sens de l'humour, doit interdire aux religieuses de l'abbaye de Montivilliers de chanter certains tropes un peu lestes, et aux novices de reprendre en chœur de véritables chansons de corps de garde pendant les récréations. A l'abbaye de Saint-Amand, il défend aux jeunes religieuses de prolonger les complies par des chansons paillardes.

Il n'était pas besoin d'être grand clerc pour composer ces couplets, où l'on retrouve la veine goliardique, à base de parodie et de mélange des langues et des genres sacrés et profanes. L'introduction de morceaux en langue vulgaire dans les drames liturgiques a souvent contribué à les faire dévier vers le comique. Ainsi, à propos du *Miracle de saint Nicolas*, Louis Petit de Julleville remarque : « Un demi-sourire s'y dissimule et s'y sous-entend. Ce n'est pas l'incrédulité ouverte et violente, il s'en faut de beaucoup, mais c'est une manière assez gauloise, ou assez française, de rire avec des choses saintes, même en croyant aux saints [70]. »

La coutume de chanter pendant les offices, entre les versets latins, des commentaires en langue vulgaire pour expliquer aux fidèles le sens des paroles donne aussi lieu à des dérives, avec des réflexions personnelles ayant peu de chose à voir avec le texte latin : des railleries contre Rome qui laisse ses clercs mourir de faim, des moqueries contre les tenues fantaisies, des allusions politiques contre la corruption, contre les taxes levées par Édouard II pour la guerre en Flandre, par exemple. Bref, le rire remonte par tous les interstices de la liturgie, dont le caractère pesant et fastidieux, rebute les fidèles aussi bien que les clercs. Le rire, c'est alors l'irrépressible irruption de la vie, qui déchire les rituels momifiants de la liturgie. Sous les formules mortes des litanies et des prières stéréotypées, récitées mécaniquement des millions de fois, pousse l'herbe folle des prières comiques. Sous les paroles éculées du *Pater noster* surgissent les fantaisistes *Patenostre en françois*, de Maître Sylvestre (1170), *Patenostre à l'usurier, Patenostre d'amours* ou *Patenostre du vin*, véritable hymne bachique en même temps qu'anticlérical :

> *Pater noster,* biaus sire Dieus,
> quant vins faudra ce ert granz deuls :
> toutes joies, toutes valors,
> seront en lermes et en plours.
> [...]
> Quar je ne voi abé ne moine
> ne clerc ne prestre ne chanoine,
> frere menor ne jacobin,
> qui tuit ne s'accordent au vin [71].

De la même façon, le très rabâché *Credo* se mue en apologie du plaisir avec le *Credo au ribaut*, où le « Je crois en Dieu » devient « Je crois au jeu [de dés] » :

> Credo mout bien en geu de dez,
> que mainte foiz m'ont gaaignié
> maint bon morsel que j'ai mengié,
> et mainte foiz m'ont enyvré
> et mout sovent m'ont delivré
> de ma robe et de mes deniers [72].

De « joyeuses homélies » sont composées, et prononcées, lors des fêtes. L'une des plus célèbres du XIIIᵉ siècle est une adaptation de « la farce tragique de la perte du phallus du moine », évoquant le sort d'un infortuné religieux qui couchait toutes les nuits avec une femme mariée, et qui finit par se faire châtrer par l'intolérant mari. Au xvᵉ siècle, on en fait même une parodie de la Passion, la *Passio cuiusdem monachi,* reprenant des formules évangéliques : « En ce temps-là... »

Parmi les sermons joyeux, il en est un dont jouissent particulièrement les femmes, auxquelles il est destiné : c'est le *Sermon joyeux de saint Velu,* ce grand saint qui « fait grand bien au corps où il entre » ; doté de pouvoirs miraculeux, il « fait venir lait aux mamelles ». On ne s'étonnera pas de l'érection de ce digne personnage au statut de membre bienfaiteur de l'humanité.

Tout aussi pénétrant est le corpus des « messes parodiques », qui viole tous les tabous du sacré : messes des ivrognes ou messes des joueurs, qui reprennent le déroulement de l'office divin en déformant les paroles de façon burlesque. Ou encore les conciles burlesques, comme le *Concile d'amour à Remiremont,* du xiiᵉ siècle, concile de femmes qui vantent la supériorité des ecclésiastiques sur les chevaliers en matière de performances amoureuses. D'autres conciles proclament, à grand renfort de citations bibliques, le droit des prêtres à avoir des concubines. La littérature de banquet, à l'imitation de la *Cène de Cyprien* que nous avons déjà évoquée, vient compléter cet ensemble, sorti de la plume très libre des clercs. Dans *Le Prestre qui dit la Passion,* on assiste à un office burlesque du Vendredi saint, où l'officiant ne retrouve pas les bonnes pages, bredouille n'importe quoi, tandis que les fidèles s'impatientent et que le clerc desservant, qui juge l'Évangile trop long, répond :

> *Fac finis — Non fac,* amis,
> *Usque ad mirabilia.*

Personne ne comprenant le texte en latin, on se bat la coulpe lorsque le prêtre crie : « Barrabas ! » Tout ce que veut le célébrant, c'est emporter le résultat de la quête. Aussi,

> Si tost ot reçu l'argent
> si fist la Passion finer[73].

Que ces bouffonneries, gaudrioles et obscénités, que l'on fustigera plus tard comme blasphématoires, aient été au moins tolérées au Moyen Age est bien sûr révélateur. D'abord d'un besoin de rire, pour échapper à la peur et aux contraintes rigoureuses du christianisme médiéval. C'est la revendication d'une « soupape de sécurité », que fera valoir le texte de 1444 déjà cité. Mais révélateur aussi d'une confiance : car si l'on tolère de tels excès, c'est que l'on ne doute pas de la solidité des valeurs ; on ne pense pas qu'elles soient mises en danger par ces parodies. Il y a une vieille tradition de dérision du sacré depuis l'époque babylonienne. Elle caractérise les religions fortement contraignantes et qui multiplient les interdits tout en assurant le consensus autour de leurs valeurs. On peut d'autant plus plaisanter sur ces valeurs qu'elles sont au-delà de la contestation véritable. Plus on y croit, plus il est drôle de les parodier ; plus elles sont sérieuses, plus leur inversion fait rire. A l'inverse, on constatera qu'une société totalement permissive ne sait plus rire : de quoi rirait-on, si personne ne croit plus en rien ? De qui et de quoi se moquera-t-on, si chacun se moque de lui-même ?

Étudiant la sculpture religieuse du XIIIᵉ siècle, Émile Mâle avait perçu cette acceptation confiante de la fantaisie et du rire par les clercs : « Le clergé les tolérait dans la cathédrale, comme il les tolérait dans les livres de chœur. Le christianisme du Moyen Age avait accueilli la nature humaine tout entière. Le rire, les écarts d'une jeune imagination ne furent jamais condamnés : la fête des fous et la fête de l'âne le prouvent. Quand les bons chanoines de Rouen ou de Lyon virent ce que leurs sculpteurs avaient imaginé pour décorer le portail où le Seigneur et ses saints se montraient dans toute leur gloire, ils furent sans doute les premiers à sourire. La foi profonde donna à ces temps de gaieté la sérénité de l'enfance[74]. »

Mais on est surpris de lire un peu plus bas : « Au badinage des artistes, il ne se mêla jamais ni indécence ni ironie. Les énormes obscénités qu'on s'est plu à signaler dans nos cathédrales n'existèrent jamais [...]. L'art du XIIIᵉ siècle est très chaste, étonnamment pur [...]. Nulle trace, non plus, d'ironie à l'endroit des choses du culte. On cite toujours le fameux chapiteau de la cathédrale de Strasbourg, décoré de l'enterrement burlesque d'un hérisson que d'autres animaux portent en terre, pendant qu'un cerf dit la messe et qu'un âne chante au lutrin. Mais le bas-relief a disparu aujourd'hui, et nous ne le connaissons que grâce à un dessin publié au commencement du XVIIᵉ siècle [...]. En admettant que la reproduction en soit exacte, il n'y faudrait guère voir autre chose qu'une fantaisie sans portée, dans le genre de celles du *Roman de Renart*. »

La dernière remarque est fatale à Émile Mâle. Qui admettrait aujourd'hui que le *Roman de Renart* soit « une fantaisie sans portée » ? Dans tous les domaines, le Moyen Age a su manier le rire, en faire un instrument au service de ses besoins et de ses valeurs, quitte à parodier ces dernières.

LE RIRE RAISONNABLE DU FOU DE COUR

Il a même su utiliser la folie, que les sculpteurs et verriers des cathédrales représentent sous les traits d'un homme à moitié dévêtu, portant une massue — qui deviendra plus tard une marotte — et recevant un caillou sur la tête : image du fou chassé par les enfants à coups de pierres. Il s'agit là du fou ordinaire, du vrai fou, plus ou moins inquiétant, dont les communautés cherchent en général à se débarrasser. Mais il est un fou honorable, respectable et respecté, auquel le Moyen Age a fait une place importante : le fou du roi.

L'institution n'est pas nouvelle, mais elle connaît à cette époque un grand développement, au point que non seulement les grands seigneurs mais aussi les municipalités et les corporations ont tenu à l'adopter, un peu comme une mascotte. Le bouffon municipal de Lille précède la procession de la Fête-Dieu en se livrant à des pitreries et à des obscénités ; Nuremberg a des bouffons en représentation lors du *Schembartlauf,* le lundi précédant le mercredi des Cendres ; dans les autres villes allemandes, le *Possenreisser,* le *Pritschenmeister,* ou le *Spruchsprecher* est là pour exercer son esprit satirique contre tel ou tel magistrat. On peut aussi louer les services d'un bouffon professionnel, comme le « Grimpesulais » de Dieppe à la fin du Moyen Age. Des métiers ont le leur : on les voit en action lors de la fête de Gayant, à Douai, la première semaine de juillet.

A l'origine, la fonction de bouffon semble avoir été tenue par un véritable fou, remplacé progressivement par d'habiles histrions. Il est difficile de savoir à quelle catégorie appartiennent les fous du roi au Moyen Age, car ils n'ont pas de véritable identité. Ils portent un sobriquet, comme Gonella à la cour de Ferrare, ou Triboulet à la cour de France — terme issu du vieux verbe « tribouler », qui signifie « avoir une cervelle branlante », et d'où vient notre mot de « tribulation ». Chez les folles, on a dénombré six fois le sobriquet de « dame de toutes couleurs ». Débile mental, le fou est aussi choisi pour sa difformité : les rois font collection de nains et d'avortons qu'ils s'échangent, et le roi d'Écosse Jacques IV (1473-1513) pourra s'enorgueillir de posséder un véritable monstre composé de deux corps incomplets soudés à la partie supérieure.

Considéré comme un hybride, le fou fait plus ou moins partie de la ménagerie royale. Il porte une tenue caractéristique et symbolique : un capuchon, accessoire démodé et ridicule, avec des oreilles d'âne, qui signifient ignorance et sensualité, et qui sont signe de déchéance. Comme dans l'Antiquité, il a souvent le crâne rasé, à l'exception d'une mèche, ainsi que le signale encore en 1357 Jean de Venette :

Et pour lui plus encore confondre
tous les cheveux lui firent tondre,
comme à un fol marquiçon.
Ce fut par grant dérision[75].

Le fou revêt une casaque bariolée, avec bordures en dents de scie
et losanges jaunes et verts. Le vert est couleur de ruine et déshon-
neur ; le jaune, couleur du safran — qui a des influences maléfiques
et agit sur le système nerveux, provoquant un rire incontrôlé —, est
la couleur des laquais, de la bassesse, des Juifs. Parfois paraît du
rouge, comme dans l'habit d'Hainselain Coq, fou de Charles VI.
Cette tenue est également signe de fantaisie, idée renforcée par la
vessie de porc gonflée contenant des pois secs, qui évoque la tête
vide du fou. Sur son habit sont cousues des clochettes, dont le tin-
tement incessant fait penser au chaos primitif, à la matière inorga-
nisée. Le fou tient une marotte, bâton surmonté d'une tête de bouffon, avec des grelots ; c'est son sceptre dérisoire, qui pour certains
évoque aussi un phallus.

Mais parfois le fou est habillé magnifiquement, comme le roi lui-
même. Il reçoit d'ailleurs de somptueux cadeaux vestimentaires, tel
Triboulet le fou de René d'Anjou, ou tel Hainselain Coq, à qui
échoient quarante-sept paires de chaussures en 1404, tandis que
Guillaume Fouel, le fou de la reine Isabeau de Bavière, en reçoit
cent trois paires en six mois. Le rôle de premier plan du fou est
confirmé par sa présence dans les jeux nobles, en particulier dans
les échecs, où il est placé à côté du roi, qu'il peut aussi bien protéger que paralyser par ses mouvements déconcertants, de travers,
hors de toute logique. Plusieurs éléments soulignent de façon troublante son importance : dans la position d'échec et mat, le terme de
« mat » peut venir de ce mot persan qui signifie « mort », ou de l'italien *matto* (fou) ; il désigne la mort dans le jeu de tarot. En Angleterre, le fou est appelé *bishop* (évêque), dont la mitre se rapproche
de la silhouette du capuchon à oreilles — ressemblance fâcheuse
entre religion et folie. Chez les Arabes, le rôle du fou aux échecs est
tenu par un éléphant, *al-fil,* et de *fil* vient le fol. Enfin, au jeu de
cartes, le fou est le *joker,* le plaisantin, proche parent du *trickster,*
celui qui joue des tours, transgresse les règles, perturbe le jeu.

Pourquoi les souverains médiévaux ont-ils tous auprès d'eux un
tel personnage, auquel ils accordent tant d'importance ? La règle,
en effet, ne connaît pas d'exception : toutes les maisons royales et
princières ont leurs fous. A commencer par les rois de France. En
1316, Philippe V crée même le poste officiel, celui de « fol en titre
d'office », dont le titulaire est nommé à vie. Philippe VI a comme
fou Seigni Johan, originaire du Rouergue, que l'on retrouve dans
les personnages de *Pantagruel*. Sous Jean le Bon, on connaît le fou

Jehan Arcemalle, qui l'accompagne en captivité, et aussi Mitton. Charles V, le Sage, accorde beaucoup d'importance à son fou, ce que les historiens rationnels du xviiᵉ siècle auront du mal à comprendre. Pour Sauval, il est scandaleux que « le seul prince à qui la France ait donné le nom de Sage ait eu tant de passion pour les fous ». Au moins trois sont mentionnés pour le règne : un anonyme en 1364 ; puis Thévenin, mort en 1374, auquel le roi fera construire un splendide mausolée dans l'église Saint-Maurice de Senlis ; enfin Grand Johan, affecté à l'amusement du dauphin à partir de 1375, et que Charles VI gardera ensuite.

Le paradoxe continue : après le roi sage conseillé par un fou, voici le roi fou, Charles VI, entouré de fous qui sont plus sages que lui — Grand Johan, puis Hainselain Coq et plusieurs autres, anonymes. La cour est un véritable asile : à côté des fous du roi fou, on trouve les fous et folles de la reine (Guillaume Fouel, Jehanne) et les fous des oncles du roi (Jehannet et Milet pour Jean de Berry, Coquinet pour Louis d'Orléans). Sous Charles VII, on signale Robinet et Dago, et la folle de la reine Marie d'Anjou, Michon. Louis XI se méfie des fous, comme de tout le monde, et d'après Brantôme il aurait fait exécuter le fou de son frère Charles, qui déclarait que le roi était responsable de la mort de ce dernier. Épisode sans doute sans fondement. Louis XII a deux fous connus, Polite et Caillette. Les rois d'Angleterre sont aussi bien pourvus : Golet, le fou de Guillaume le Conquérant, rend de grands services à son maître ; Roger est le fou d'Henri II, et Jean sans Terre comble le sien, Guillaume Picolphe, de bienfaits : il lui donne en 1200 la terre de Fontaine-Osanne, en Normandie, et lui confie sa charge à vie.

On trouve un ou plusieurs fous dans toutes les grandes familles féodales. En Bretagne, Jean V est suivi partout par Coquinet ; Arthur III, par Dago, qui a commencé sa folle carrière à la cour de France ; Denis d'Espinel est le fou de François II, dont les deux épouses successives ont au moins trois folles : Madame de Toutes Couleurs, Françoise Gaillard, Colette. En Bourgogne, Philippe le Hardi a d'abord comme fou Nicolas (1363), puis Girardin (1371), enfin Jean Quarrée (1388), tandis que Coquerée est la folle de son épouse Marguerite de Flandre. Chez le duc de Berry, ce sont Lamy (1372-1374), Plantefolie (1376-1378), Huot (1386). Pendant trente ans (1447-1476), Triboulet, premier du nom, est le fidèle fou de René d'Anjou ; c'est un véritable personnage, auquel on assure un fastueux train de vie, de qui l'on tolère tous les caprices, et à qui l'on paie même des lunettes. Philippot le Nain, dit « Petit Fol », lui succède en 1476, puis Faillon le Fol à partir de 1480, tandis que Michon la Folle, Gillette la Brune et la Dame de Toutes Couleurs servent l'épouse de René.

Tous ces fous et toutes ces folles sont des gens importants, internationalement connus ; on se les achète, on se les prête, et chaque transfert est abondamment commenté. Il semble même, d'après le témoignage de Guillaume Bouchet pour le XIVe siècle, qu'il y ait eu de véritables dynasties de fous, voire des centres de formation, des pépinières de la folie officielle : « Ce serviteur, écrit-il, estoit d'une famille et d'une race dont tous estoient honnestement fous et joyeux ; en outre, tous ceux qui naissoient en la maison où ce serviteur estoit né, encore qu'ils ne fussent de la lignée, venoient au monde fous et l'estoient toute leur vie ; tellement que les grands seigneurs se fournissoient de fous en ceste maison, et par ce moyen elle estoit de grand revenu à son maistre[76]. »

Voilà qui laisse à penser que, dès cette époque, ces fous n'en sont pas. N'est pas fou qui veut. La fonction nécessite même une grande intelligence, comme le dira plus tard un personnage shakespearien dans *La Nuit des rois* : « Ce drôle est assez sage pour jouer le fou ; et, pour le bien jouer, il a besoin d'une sorte d'esprit : il doit observer l'humeur de ceux qu'il plaisante, la qualité des personnes et le moment, en se jetant, comme le faucon hagard, sur la moindre plume qui passe devant ses yeux. C'est un métier certes aussi ardu que l'état du sage ; car la folie, dont il ne fait montre que sagement, est ingénieuse ; tandis que les sages, une fois tombés dans la folie, perdent toute raison[77]. »

Le fou du roi est là pour faire rire. C'est sa fonction première Mais il ne s'agit évidemment pas d'un simple clown. Si le rire qu'il provoque est si important, c'est qu'il porte avec lui ce qui manque le plus dans l'entourage d'un roi : la vérité. Coupé de la réalité par les flatteries, les craintes, les mensonges, les intrigues de son entourage, le souverain n'apprend la vérité que par son fou — surtout la vérité pénible, celle qui blesse, celle dont un homme sensé et tenant à sa situation n'osera pas faire part. C'est par exemple le fou de Philippe VI qui est chargé d'annoncer le désastre naval de L'Écluse en 1340. Il le fait sous la forme d'une boutade : « Ces couards d'Anglais ! Ces poltrons de Bretons ! — Comment donc, cousin ? s'enquit le roi. — Comment donc ! Parce qu'ils n'ont pas eu le courage de se jeter à la mer comme vos soldats français, qui ont sauté par-dessus bord, laissant les vaisseaux à l'ennemi, lequel n'a montré aucune inclination à les suivre. »

Le fou, c'est aussi celui qui rappelle au roi — comme le faisait l'esclave au triomphateur romain — qu'il n'est qu'un mortel, partageant l'humaine condition, pour lui éviter la dérive vers la volonté de puissance, vers l'ivresse du pouvoir solitaire. C'est ainsi que Hamlet, parlant dans le cimetière au crâne du pauvre bouffon Yorick, lui dit : « Va donc retrouver ma Dame [la reine] dans son boudoir; dis-lui que la plus épaisse couche de fard n'empêchera pas qu'elle n'en vienne là. Puisse-t-elle en rire[78]! »

Le fou, c'est la contrepartie à l'exaltation du pouvoir, car il est le seul à pouvoir tout dire au roi. Sous couvert de la folie, et donc du rire, il peut tout se permettre. La vérité passe par la folie du rire : « Les rapports du roi et de son fol, écrit Maurice Lever, reposent en définitive sur cette convention unanimement acceptée. Le fou donne le spectacle de l'aliénation et acquiert à ce prix le droit à la libre parole. En d'autres termes, la vérité ne se fait tolérer que lorsqu'elle emprunte le masque de la folie [...]. Et si la vérité passe par la folie, elle passe aussi nécessairement par le rire[79]. »

L'immunité dont jouit le fou, écrit par ailleurs Jean Duvignaud, est « celle qui s'attache aux objets sacrés ou aux personnages détenteurs d'une force magique [...]. Le bouffon sait arracher le souverain à son inquiétude, le délivrer du souci, c'est-à-dire de l'anxiété devant son salut personnel que sa situation de maître du pouvoir compromet gravement[80] ». Il y a pourtant un autre personnage à la cour qui est chargé de rappeler au roi la vérité de sa situation, un personnage qui représente justement le sacré : le confesseur du roi, dont nous avons ailleurs retracé l'histoire[81]. Or le confesseur est loin de pouvoir se permettre la même franchise que le fou. L'alliance du trône et de l'autel fait de lui un conseiller, un auxiliaire du pouvoir, plutôt qu'un directeur. Seul le rire est capable de faire accepter la vérité par le roi; ce qu'il n'admet pas du sacré religieux, il l'admet de la folie —, tout au moins jusqu'au XVIe siècle, car ensuite la monarchie se débarrassera de ce fou dont le rire trop raisonnable lui rappelait ses devoirs. Le confesseur-courtisan, en revanche, continuera sa carrière.

Le rire du fou a encore, au Moyen Age, une autre fonction : celle de ritualiser l'opposition, en la jouant. Véritable anti-roi, souverain inversé, le fou assume symboliquement la subversion, la révolte, la désagrégation, la transgression. C'est un garde-fou, qui indique au roi les limites de son pouvoir. Le rire raisonnable du fou est un obstacle à la dérive despotique. Que la fonction de fou du roi ait disparu en France à l'aube de l'absolutisme, au début du règne de Louis XIV, n'est pas qu'une coïncidence : le monarque qui peut sans rire se comparer au soleil est trop sérieux pour être raisonnable.

LE BON ET LE MAUVAIS RIRE DU THÉOLOGIEN

Le Moyen Age rit beaucoup. Il parle aussi du rire, et son langage est double. Les penseurs médiévaux reprennent en général Aristote sur ce sujet, en faisant du rire une propriété de la nature humaine, mais non l'un de ses traits essentiels[82]. Surtout, ils distinguent un bon et un mauvais rire. A partir du XIIIe siècle, tous les docteurs des facultés de théologie estiment nécessaire de consacrer un chapitre de leur enseignement au rire : *de risu*. Reconnaissant l'importance du phénomène, ils en font une des marques de la nature humaine déchue. Cependant, il existe un bon rire : celui qui exprime la joie du chrétien, et qui doit être modéré, presque silencieux, proche du sourire. Le mauvais rire, lui, est le rire de la dérision, de la moquerie, et c'est en même temps un rire physique, bruyant, disgracieux, qui secoue le corps —, le *risus cum cacchinis,* sorte de hoquet ricanant, que l'on reprochera beaucoup au pape Boniface VIII, par exemple, lors de son procès au début du XIVe siècle. Franciscains, comme Alexandre de Halès, et dominicains, comme Albert le Grand, tombent d'accord sur cette distinction.

Ce qui les intrigue, c'est que le rire soit un phénomène à la fois spirituel et physique, à la rencontre de l'esprit et de la matière. Le bon rire est celui qui accorde le moins de place à l'aspect physique. Envisageant le rire sous l'aspect intellectuel, les théologiens médiévaux sont handicapés par le fait que le latin qu'ils utilisent est devenu une langue morte d'usage purement rationnel, conceptuel, scolastique, mal adaptée à l'expression des sentiments et du comique. Déjà, le latin classique ne disposait que d'un seul terme pour le rire. Pour désigner le sourire, les scolastiques emploient le mot *subrisus,* qui pendant longtemps a signifié « rire à l'intérieur de soi », ou « en cachette ». Il n'a pris son sens moderne qu'au XIIe siècle, remarque Jacques Le Goff, qui s'interroge : « Je me demande si le sourire n'est pas une création du Moyen Age[83] » — ce sourire qui ne vient qu'au XIIIe siècle illuminer le visage d'un ange ou d'un Christ, dans les statues d'Amiens et de Chartres.

Tout serait plus clair si Jésus avait ri. Malheureusement, aucun texte canonique ne le rapporte. Chaque année pourtant, au XIIIe siècle, l'université de Paris organise un débat public, un *quod libet,* sur ce sujet. Le rire devient un cas d'école, et une question de casuistique. Aristote a dit que le rire fait partie de la nature humaine ; Jésus, par l'Incarnation, a revêtu intégralement notre nature ; donc Jésus a pu rire. Mais a-t-il ri ? Voilà la question. Car s'il pouvait rire et qu'il n'a jamais ri, c'est que le rire est mauvais.

Puisque la Révélation ne se prononce pas clairement sur le rire, c'est à la raison de décider. Deux courants se dessinent. Pour le premier, le rire est une passion de l'âme, donc un phénomène avant tout spirituel, ce qui n'est pas nécessairement positif : « Le rire est une espèce de dérangement et de surprise », écrit Avicenne dans le *De anima.* Pour le second courant, le rire relève avant tout de la physiologie. En fonction de la théorie des humeurs, on le situe au niveau du diaphragme. Pour l'école de Salerne, le tempérament sanguin est le plus porté au rire, tandis que le mélancolique est porté à la tristesse. Isidore de Séville, au vII^e siècle, repris par Barthélemy l'Anglais au xIII^e, situent le siège du rire dans la rate, qui se dilate pour engendrer les gloussements que l'on sait, et qui affectent également l'intestin, l'estomac, la vessie et les appareils génitaux, toutes ces choses pas très ragoûtantes qui se trouvent en dessous de la ceinture. Tout cela témoigne d'une conception peu flatteuse du rire, qui en outre peut avoir des effets néfastes sur la santé : au xIII^e siècle, Roger Bacon déconseille fortement le rire aux vieillards, car c'est une dépense d'énergie considérable. Au siècle suivant, Boccace lui accordera au contraire des vertus thérapeutiques.

On hésite donc encore, à l'image de Dante, qui condamne l'usage du rire dans la prédication et qui pourtant écrit dans le *Banquet* que rire et sourire sont des signes spirituels permettant d'exprimer l'« étincellement de l'âme ». Dans le *Paradis,* il suggère une conception mystique du rire : le « saint rire » est au-delà de toutes les merveilles, et nul mortel ne peut en supporter l'éclat. Au chant xXI, il met en scène Béatrice : « Elle ne riait pas ; mais, "si je riais", dit-elle, "tu deviendrais pareil à Sémélé réduite en cendres". » Seule une vision du Christ et de Marie donnera au poète la force de supporter le rire de Béatrice, qui peut alors lui dire : « Ouvre les yeux, regarde comme je suis ; tu as vu des choses qui t'ont donné la puissance de supporter mon rire. » Le saint rire peut donc ouvrir sur le divin ; il permet de communier avec le « rire de l'univers », et tous les chants de la terre n'atteindraient pas, « au millième près, le saint rire ».

A partir du xII^e siècle, la théologie amorce une relative ouverture à l'égard du rire. L'archevêque de Tours Hildebert de Lavardin admet la légitimité de certaines plaisanteries qui permettent de se relaxer. Mais il faut se méfier du rire coupable. A la même époque, Hugues de Saint-Victor tente lui aussi de faire la part des choses. Sur le principe, il est clair que le rire est mauvais ; il nous est inspiré par la chair et il nous induit en erreur. Il est malgré tout possible de distinguer une joie bonne et une joie mauvaise. Il y a un rire céleste, mais c'est un rire du cœur, et non du corps[84]. Quant à Pierre le Vénérable, abbé de Cluny, il consent que les moines puissent rire de temps en temps. Pierre le Chantre est plus réservé : il n'admet guère que la joie intérieure, et multiplie tellement les conditions et restrictions au rire — qui doit être de courte durée, silencieux, discret — qu'il le rend pratiquement impossible. Pour Jean de Salisbury, il faut bannir le rire provoqué par les professionnels, les bouffons, mais on peut, si toutes les conditions d'honnêteté sont remplies, se laisser aller parfois à un rire discret.

Saint Thomas d'Aquin est revenu à plusieurs reprises sur le problème du rire. « Problème » est bien le terme qui convient. Il en dissèque les données et en tire des conclusions tellement nuancées qu'il est bien difficile de savoir dans quelles conditions il est permis de rire. Certes, tout est relatif : comparé à saint Bernard, saint Thomas fait figure de joyeux drille. Il pense même que les agélastes, les ennemis du rire, sont des pécheurs — des pécheurs contre la raison. En montrant toujours un visage triste, ils sont difficiles à supporter, et désagréables aux autres : « Dans les choses humaines, tout ce qui va contre la raison est vicieux. Or, c'est aller contre la raison que d'être à charge aux autres, par exemple en ne se montrant pas joyeux et même en empêchant les autres de l'être [...]. Pécher par défaut dans le jeu, c'est ne jamais plaisanter, et faire mauvais visage à ceux qui plaisantent, en trouvant à redire à leur enjouement même modéré [...]. L'austérité qui est une vertu n'exclut que les réjouissances excessives et déréglées ; elle se rattache donc à l'affabilité, qu'Aristote appelle amitié, ou à l'eutrapélie ou gaieté[85]. »

Eutrapélie : voilà, en bon aristotélicien, le maître mot de Thomas d'Aquin. Il en parle dans la *Somme théologique,* mais développe surtout l'idée dans le *Commentaire sur l'Éthique à Nicomaque.* L'eutrapélie est une vertu de modération, qui se manifeste par une saine gaieté, opposée au rire agressif et excessif de la *bomolochia,* ou surabondance. De façon frappante, il compare le rire des *bomolochi* au vol des milans au-dessus des temples pour dépecer la viande des victimes immolées ; c'est un rire de prédateur. A l'autre extrémité se trouve l'*agroichia,* cette sauvagerie rustique qui rend l'homme insupportable. Le rire modéré, c'est la résurrection de la vertu d'*urbanitas,* la bonne humeur de l'homme de bonne compagnie.

En bon logicien, Thomas d'Aquin conclut que si la distraction honnête est licite, le métier de ceux qui favorisent cette distraction, les comédiens, l'est aussi : « Le jeu est une nécessité de la vie humaine. Mais à chacune de ces nécessités peut correspondre un métier licite. Donc le métier de comédien, qui est destiné à distraire les hommes, n'est pas illicite en soi, et ceux qui l'exercent ne vivent pas en état de péché, pourvu qu'ils y apportent la modération convenable[86]. »

Avant de s'émerveiller devant l'« étonnante largeur d'esprit » du Docteur Angélique, comme le fait Hugo Rahner, il faut cependant rappeler les limites étroites dans lesquelles il enferme le rire. D'abord, celui-ci doit être modéré dans ses manifestations. Pas question de se rouler par terre, ni même de se tenir les côtes ou de

se taper sur les cuisses : « la modération dans les mouvements exté-
rieurs du corps » est de rigueur[87]. Ensuite, « la plaisanterie doit respecter les convenances vis-à-vis des choses et des personnes ». On
ne doit pas plaisanter avec ce qui est respectable : les parents, les
justes, les puissants, les faibles, la religion, les textes sacrés et, bien
entendu, Dieu. De toute façon, le rire ne doit jamais être un rire de
dérision ou de moquerie. Selon la *Somme théologique*, la moquerie
constitue un péché plus grave encore que l'outrage, car elle humilie, elle vise à faire rougir. Se moquer d'un mal n'est pas bien, car le
mal doit être pris au sérieux. L'outrage prend au moins le mal au
sérieux, tandis que la moquerie s'en amuse, ce qui peut être un
péché mortel : « On ne se moque que d'un mal ou d'un défaut. Or,
lorsqu'un mal est grand, il faut le prendre au sérieux et non en plaisantant. Si donc on s'en amuse *(ludus)*, ou si on en rit *(risus)*, c'est
que l'on regarde ce mal comme peu considérable. Mais il y a deux
façons d'estimer un mal peu important : en lui-même, puis par la
personne qui en est affectée. Aussi, lorsque quelqu'un s'amuse ou
rit du mal ou d'un défaut de son prochain parce que ce mal est en
soi peu de chose, il ne commet qu'un péché véniel et léger de sa
nature. Si au contraire il n'apprécie ce mal qu'en fonction de la première personne qui en souffre, et le juge peu grave, comme nous le
faisons souvent pour les travers des enfants ou des sots, il y a dans
cet amusement et cette moquerie un mépris total du prochain ; on
l'estime si peu que l'on juge inutile de s'inquiéter de son mal ; on en
fait, au contraire, un objet de plaisanterie. Se moquer de la sorte est
un péché mortel, et plus grave encore que l'outrage que l'on jette
également à la face de son prochain. Dans l'outrage, en effet, on
paraît prendre au sérieux le mal d'autrui, mais le moqueur s'en
amuse. Il y a là plus de mépris et une plus grande atteinte à l'honneur. On voit par là combien la moquerie est un péché grave ; et
d'autant plus grave que la personne dont on se moque a droit à plus
de respect. Le pire sera donc de se moquer de Dieu et des choses
divines[88]. »

LES AGÉLASTES MÉDIÉVAUX : BERNARD ET HILDEGARDE

Le champ du rire licite est donc finalement très réduit, même
pour saint Thomas. D'autres se montrent encore plus sévères.
Oubliant cet aphorisme de l'abbé Euloge : « Ne me parlez pas des
moines qui ne rient jamais. Ils ne sont pas sérieux », le cistercien
Aelred de Rievaulx, dans son *De vita eremitica*, qualifie le rire de
« venin bu avec délices » qui coule « dans les viscères et dans les

membres ». Pour Rupert de Deutz, au xiiᵉ siècle, seul le diable rit, quand il séduit les croyants. Beaucoup s'opposent à l'utilisation du rire dans la prédication : c'est un procédé grossier, démagogique, populiste, écrit même Dante. Avis que partage, en Angleterre, Nicolas de Aquavilla : l'éducation des fidèles doit se faire par la peur. Et les tenants de la méthode terroriste trouveront un champion en la personne du prédicateur Jean Clérée, au xvᵉ siècle, qui reproche aux fidèles de préférer les sermons amusants de ces « plaisants et bons compagnons, qui disent des choses agréables, et se tiennent en chaire comme des histrions et des jongleurs[89] ». Bernardin de Sienne, Jonas d'Orléans, Ludolphe le Saxon, Olivier Maillard reprennent tous la condamnation du rire.

La spiritualité du Moyen Age lui reste foncièrement hostile. En témoignent deux de ses représentants considérés, à tort ou à raison, comme des plus éminents : un homme et une femme, à peu près contemporains, et tous deux canonisés — saint Bernard (1090-1153) et Hildegarde de Bingen (1098-1179). Leurs hagiographes, et surtout leurs admirateurs du xxᵉ siècle, pour qui l'humour est devenu une vertu indispensable, ont pourtant fait de gros efforts pour leur donner un visage souriant : Hildegarde serait opposée à la tristesse, qui offense la beauté de la création, et Bernard a écrit à Abélard une lettre dans laquelle il se présente comme un jongleur de Dieu, un humble *joculator*. Mais tout cela ne pèse pas lourd face aux violentes diatribes de ces deux personnages contre le rire.

D'abord, tous deux lui assignent une origine diabolique. N'y aurait-il pas, au départ de cette phobie du rire, d'anciens traumatismes relatifs à leur santé délicate ? Hildegarde raconte qu'elle a été l'objet de moqueries quand elle est tombée malade ; depuis, quand elle se heurte à la résistance narquoise des religieuses auxquelles elle veut imposer une réforme austère, elle attribue à Satan cette dérision. Dans sa première biographie, la *Vita sanctae Hildegardis* des moines Godefridus et Theodoricus, elle est aux prises avec un démon moqueur, qui possède une femme et qui l'affuble du sobriquet de *Scrumpilgardis*, « la vieille ratatinée ». Le même démon moqueur appelle Bernard *Bernardulus*, « Bernardinet », à cause de sa fragilité physique ; il le traite aussi de « mangeur de poireaux » et d'« avaleur de choux », en raison de ses attaques contre la gourmandise. C'est là, selon les rédacteurs de la *Vita prima sancti Bernardi*, la marque de la *derisio,* du péché de langue, typique du démon[90]. Hildegarde affirme d'ailleurs avoir vu, lors d'une vision, les anges déchus commettre le premier péché de dérision. Hildegarde et Bernard se considèrent comme les amis de Dieu : par conséquent, ceux qui rient d'eux sont les amis du diable, et le rire lui-même est diabolique.

L'allure satirique que prennent les attaques contre Bernard semble même un indice de son hostilité au rire, comme l'écrit Laurence Moulinier : « Les auteurs des satires accablant Bernard pouvaient-ils trouver un meilleur exutoire à le·· r hostilité que dans ce rire libérateur aux dépens d'un saint connu pour son sérieux inébranlable[91] ? »

Ensuite, il est déconcertant de voir avec quel acharnement Hildegarde et Bernard s'appliquent à dévaloriser le rire en l'enracinant dans le « bas », dans les parties dégoûtantes et honteuses du corps. Même si elles se rattachent à certaines conceptions médicales de l'époque, leurs explications et surtout leurs comparaisons surprennent de la part d'auteurs spirituels. Pour Bernard, dans le traité *Sur les degrés d'humilité et d'orgueil*, l'homme qui rit est comme une vessie trop gonflée, secouée en tous sens par l'air qui s'échappe : « Quand la vanité a commencé à croître et la vessie à se gonfler, il est indispensable de faire un trou plus grand, de rejeter tout ce vent, de soulager la panse qui se romprait. Ainsi, le moine débordant de joie inepte ne suffit plus à la mettre au jour par le rire et les gestes ; il éclate dans ces paroles d'Héliu : "Voici que mon ventre est comme un vin renfermé qui fait éclater l'outre" (Job, 32, 19)[92]. »

Sainte Hildegarde recourt à une image encore plus distinguée : l'homme qui rit, ce n'est plus une vessie qui se dégonfle en pétant, c'est le jet d'un phallus qui éjacule par saccades, écrit-elle dans le traité *Causae et curae*. Apparemment très au courant de la physiologie, elle précise la comparaison : le corps est secoué par le rire comme par les mouvements de la copulation, et, au moment de la plus grande jouissance, le rire fait jaillir les larmes comme le phallus fait jaillir le sperme[93]. Élégante métaphore sous la plume d'une religieuse, qui ajoute que cette « folle réjouissance » n'existait pas avant le péché originel. Il n'y avait alors ni rire ni ricanement, mais seulement la « voix des joies suprêmes ». Le rire, comme le sexe, est fruit du péché. Et Hildegarde s'acharne. Le rire, c'est comme le pet : c'est un vent qui, des moelles, parcourt le foie, la rate, l'entrejambe, et qui provoque des sons incohérents, semblables à des bêlements. Ce rire ravale l'homme au rang de la bête, « blesse sa rate, met à mal son foie, et crée un bouleversement total de ses humeurs ». Il dessèche les poumons, ruine la santé. Et la sainte suggère un remède contre le cas le plus grave, le fou rire : un breuvage à base de noix de muscade, de sucre et de vin chaud.

Revenons à saint Bernard, dont la *Légende dorée* affirme que « s'il riait, c'était toujours de telle sorte qu'il lui fallait faire des efforts pour rire plutôt que pour réprimer des ris : il fallait qu'il les excitât plutôt qu'il ne les retînt ». Pour lui, le refus de rire est une vertu qui distingue les chrétiens des païens, car eux seuls savent qu'il faut pleurer dans l'attente du Jugement, ce qui leur donne évidemment un avantage considérable. L'élite de l'Église, c'est-à-dire les moines-soldats templiers, se font d'ailleurs une règle de ne pas rire, écrit-il : « Là, si on saisit un mot impertinent, un geste inutile, un rire immodéré, un murmure même léger et à voix basse, la faute ne reste jamais sans réparation [...]. Les mimes, les faiseurs de tours, les comédiens, leurs chants bouffons, leurs spectacles, tout cela est à leurs yeux vanités et folies qu'ils rejettent et condamnent[94]. » Toujours sérieux, « jamais coiffés, rarement lavés », ces héros du Christ incarnent le mépris de soi qui doit caractériser le vrai chrétien. « Les cheveux négligés et hirsutes, souillés de poussière », marinant dans leur crasse et leur sueur, « ils se ruent sur l'adversaire », dont ils ne craignent pas la « sauvage barbarie ».

Au contraire, on reconnaît le mauvais chrétien, le mauvais moine, au fait qu'il rit : « Gestes bouffons, face hilare, démarche frivole. Il est enclin à plaisanter, rit facilement pour un rien. Il a rayé de sa mémoire tout ce qu'il connaissait en lui de méprisable et donc d'attristant, ramassé devant les yeux de son esprit tout ce qu'il se connaît de bonnes qualités, ou à défaut les a imaginées. Il ne pense donc qu'à des choses agréables (sans se demander s'il en a le droit). Il ne peut plus retenir son rire, ni cacher sa joie démesurée[95]. »

En canonisant Bernard et Hildegarde, l'Église a sanctifié deux agélastes authentiques, deux ennemis du rire. Mais Bernard et Hildegarde ne sont pas tout le Moyen Age, heureusement. Ils expriment la persistance d'un courant qui, dans l'histoire du christianisme, diabolise le rire. Ce courant, qui prend parfois le dessus, est minoritaire au Moyen Age. Nous venons de le voir, cette époque rit beaucoup et rit de tout ; elle est capable de se moquer de ses propres valeurs, ou plutôt de les parodier, de jouer avec ses normes et ses interdits, d'introduire le ludique jusque dans le sacré.

En cela, le Moyen Age reste exemplaire : c'est un véritable âge d'or, si tant est que cette expression ait un sens. Plus encore que par ses réalisations intellectuelles, spirituelles ou artistiques — celles-ci ne concernaient en effet qu'une infime minorité vivant du travail de l'immense masse paysanne confinée dans d'effroyables conditions matérielles, et d'autre part on a intellectuellement fait mieux depuis —, le Moyen Age est grand parce qu'il est l'un des rares moments de l'histoire où toutes les catégories sociales, riches ou pauvres, sont parvenues à un consensus global sur les valeurs et le système du monde, consensus qui leur a permis de parodier en toute sérénité ces valeurs, d'en jouer sans arrière-pensée, comme des enfants jouent à imiter des « grands », en forçant le trait, en faisant les fous, en tombant dans le burlesque, justement parce qu'ils ont confiance dans les adultes bienveillants qui les surveillent. Les rires du Moyen Age, même les plus gras et les plus obscènes, sont des rires clairs, confiants, d'un monde qui a atteint un certain équilibre, qui ne se remet pas en cause, et qui jouit d'une telle force vitale qu'il peut se payer le luxe de rire de lui-même. Le rire du Moyen Age est un rire d'enfants. Même quand il met le monde à l'envers, dans le carnaval ou la fête des fous, il n'y croit pas un instant.

Mais encore faut-il que tout le monde participe. Les enfants qui s'amusent sont en même temps cruels avec ceux qui refusent d'entrer dans leur jeu. Le rire médiéval est obligatoire. L'unanimité est la règle. Contrairement à ce que prétendait Mikhaïl Bakhtine, ce n'est pas un rire populaire de contestation, mais un rire de masse et d'exclusion. Le Moyen Age exclut et marginalise par le rire ceux qui violent ses valeurs, ou qui veulent les changer, comme en témoignent le charivari ou même l'humour des sermons.

En même temps, l'homme médiéval, qui parodie sa culture dans la mesure où il lui fait collectivement confiance, n'est pas dupe individuellement. Dans la farce et le fabliau, son rire devient ironique, voire cynique. Là, il ne joue plus le monde : il le regarde, et constate lucidement que, dans le cadre des grandes valeurs culturelles et religieuses proclamées par les autorités, chacun se débrouille en fait comme il peut, triche, ment et bouscule, car seul le rusé s'en sort. Le rire du Moyen Age, c'est aussi le rire de l'enfant qui, au guignol, rit des bons tours que les plus malins jouent aux plus naïfs, même si ceux-ci sont gendarmes ou curés. Ce rire-là est provoqué par la prise de conscience de l'écart permanent qui existe entre les grands principes moraux affichés et la conduite concrète de la vie quotidienne, impitoyable pour les sots de toute espèce.

Finalement, l'homme médiéval rit d'un double rire contradictoire : son rire de fête, collectif, manifeste la confiance qu'il accorde à son cadre culturel, en le parodiant ; son rire individuel, personnel, manifeste le plaisir qu'il peut avoir à enfreindre en particulier ce qu'il respecte en groupe. Violer individuellement ce que l'on admire collectivement, n'est-ce pas là le sel de l'existence ? Les hypocrites appellent cela hypocrisie. Laissons là les grands mots. Le rire médiéval semble bien être dû en grande partie à cette duplicité-complicité à demi consciente.

Il y a bien sûr de multiples variantes, comme nous l'avons aperçu. Et ce constat s'applique essentiellement à la période centrale du Moyen Age, du XIe au XIVe siècle. Ensuite, cette joyeuse harmonie se détraque. Tout devient plus grinçant. Le rire se fait plus agressif, la raillerie plus méchante, l'ironie plus cruelle ; les grandes peurs suscitent des rires nerveux et diaboliques. Rictus et ricanements déforment les visages des sorcières. Du coup, les auto-rités morales sanctionnent, prohibent les fêtes parodiques où gronde la subversion. Le rire de la fin du Moyen Age est marqué par le retour du diable. Et pourtant, de la grande peur du xve siècle va sortir l'énorme éclat de rire rabelaisien de la Renaissance, dont les premiers frémissements se mêlent aux spasmes des terreurs du bas Moyen Age.

CHAPITRE VII

Le rire et la peur
au bas Moyen Age

Le retour du diable

En dépit des récentes remises en question, la périodisation classique de l'histoire de la civilisation occidentale demeure largement valable. Si le passage d'une époque à une autre n'est pas aussi schématique et brutal qu'on l'a parfois dit, il n'en reste pas moins que des seuils sont franchis à certains moments. L'un de ces seuils marque le passage du Moyen Age à l'époque moderne, entre le milieu du xive et la fin du xve siècle.

RIRE POUR NE PAS PLEURER

Si le terme de « crise » a un sens, c'est au cours de cette période, où tous les domaines de la vie humaine ont été profondément perturbés, provoquant une véritable mutation des mentalités. Cela commence dans le monde trop plein des années 1330, où la surpopulation relative entraîne le retour des disettes et des famines, qui avaient disparu depuis des siècles. Puis, presque en même temps, au milieu du xive siècle, débutent la plus longue guerre de l'histoire, la guerre de Cent Ans, et l'une des plus terribles épidémies que le monde ait connu, la Peste noire, qui tuera bien le tiers de la population et connaîtra des récurrences jusque vers 1460. Dans une Europe décimée, affamée, dévastée, la récession économique s'installe ; les tensions sociales s'aggravent et dégénèrent : jacqueries dès les années 1350, révoltes urbaines à partir de 1380. Les autorités civiles s'affolent : crise de la monarchie en France, guerre des Deux-Roses en Angleterre, conflits dynastiques ou interurbains en Espagne et en Italie. Les autorités religieuses cèdent à la panique :

la papauté, d'abord exilée à Avignon, se déchire ensuite avec le
Grand Schisme; des rumeurs d'Antéchrist et de fin du monde circulent; les astrologues supputent et élucubrent de plus belle; les
prophètes terrorisent; les hérésies prolifèrent; sorciers et sorcières
multiplient les sabbats (c'est du moins ce qu'affirment les autorités); la danse macabre sort des cimetières surpeuplés pour orner
chapelles et églises; la marée turque déferle, et submerge Constantinople en 1453. Cela ne va pas mieux dans les universités, où les
piliers de la raison sont ébranlés par le nominalisme. Le doute, le
paradoxe de la « docte ignorance » et la folie sont à la mode.
L'Europe a perdu ses repères.

Il n'y a donc pas de quoi rire. Il faudrait plutôt trembler, à
l'approche de l'Apocalypse, que Louis d'Anjou fait illustrer dans les
tableaux géants d'une tapisserie vers 1380. Les prédicateurs mendiants, Vincent Ferrier en tête, sèment la terreur. Et pourtant, en
cet « automne du Moyen Age », le rire s'amplifie, au point de couvrir les peurs. Lorsqu'on écoute ce rire, on se rend compte que les
deux phénomènes sont liés. Ce n'est plus le rire ludique des XIIe-
XIIIe siècles : c'est un rire débridé, cacophonique, contestataire,
grinçant, infernal — le rire des joyeux squelettes de la danse
macabre. On ne rit plus pour jouer, mais pour ne pas pleurer, et les
échos de ce rire sont à la mesure des peurs éprouvées.

Ces peurs, Jean Delumeau les a magnifiquement analysées[1]. Il a
aussi très bien montré comment l'Église donnait aux fidèles des
moyens de supporter ces angoisses qu'elle suscitait elle-même en
partie[2]. Processions, bénédictions, intercession des saints, indulgences, nouvelles dévotions ont sans doute aidé les générations de
la fin du Moyen Age à ne pas sombrer complètement dans le désespoir et la névrose collective. Mais, indépendamment de la foi, les
peuples ont aussi été sauvés par le rire. Les Européens du XVe siècle
tentent de se rassurer en riant très fort. Face à la grande peur, le
gros rire. Et si ce rire est débridé, c'est que plus il est bruyant, plus
il peut faire fuir les mauvais esprits, couvrir les rumeurs terrori-
santes, faire oublier — le temps d'un éclat — les dangers qui
menacent. « Car la peur, écrit Bernard Sarrazin, aussi bien que le
rire, peut être un remède à l'angoisse, la peur religieuse, comme l'a
magistralement démontré Jean Delumeau dans *La Peur en Occident*.
Il reste à écrire *Le Rire en Occident* : on aurait alors deux histoires
parallèles des deux imaginaires du rire et de la peur[3]. »

Jean Delumeau note également « une sorte de rivalité entre le rire
et la religion », ou plutôt entre le « sacré sérieux » et le « sacré non
sérieux », pour faire face à l'angoisse. Le *Décameron* en témoigne.
Dans Florence ravagée par la Peste noire, en 1348, nous dit Boccace, les uns prient et processionnent, mais en pure perte : « C'est

en vain qu'on organisa, non pas une fois, mais à diverses reprises, d'humbles prières publiques et des processions, et que d'autres supplications furent adressées à Dieu par les dévotes personnes ; quasi au commencement du printemps de ladite année, le fléau déploya ses douloureux effets dans toute leur horreur et s'affirma d'une prodigieuse façon [4]. » Les autres réagissent par le rire : « Ils affirmaient que boire beaucoup, jouir, aller d'un côté et d'autre en chantant et en se satisfaisant en toute chose, selon son appétit, et rire et se moquer de ce qui pouvait advenir, était le remède le plus certain à un si grand mal. » De même, devant l'avalanche de décès, « bien rares étaient ceux à qui les larmes pieuses ou amères de leurs parents étaient accordées. Au contraire, ces larmes étaient la plupart du temps remplacées par des rires, de joyeux propos et des fêtes ». C'est ainsi qu'un groupe de jeunes gens et de jeunes femmes décide de passer le temps à raconter des histoires, drôles si possible, qui font la trame du *Décameron*.

Ces histoires sont typiquement médiévales. Elles n'annoncent pas un âge nouveau : elles sont le chant du cygne d'un monde finissant, qui sombre dans la dérision en se moquant de lui-même et de ses propres valeurs. Le sacré n'est pas épargné. On prend au contraire un malin plaisir, comme dans les fabliaux, à rire des moines paillards, à ridiculiser les croyances populaires comme le culte des reliques, dans un inventaire à la Prévert : « Il me montra premièrement le doigt de l'Esprit saint aussi entier, aussi sain qu'il fut jamais ; le museau de séraphin qui apparut à saint François ; un des ongles des chérubins ; une des côtes du Verbum Caro mets-toi aux fenêtres ; des vêtements de la sainte Foi catholique ; quelques rayons de l'étoile qui apparut aux trois mages en Orient ; une fiole pleine de la sueur de saint Michel quand il combattit contre le diable ; la mâchoire de la mort de saint Lazare, et d'autres encore [5]. » Tout cela suscite l'hilarité : « Tous rirent beaucoup de frère Cipolla, et surtout de son pèlerinage et des reliques vues et apportées par lui. »

On rit tout autant de l'enfer, dont revient un certain Tingoccio, qui raconte son séjour en une sorte de parodie de Dante : « Mon frère, comme j'arrivai là-bas, j'en trouvai un qui paraissait savoir tous mes péchés par cœur, et qui m'ordonna d'aller en un lieu où j'expie mes fautes au milieu de grands tourments ; là, je trouvai de nombreux compagnons condamnés à la même peine que moi ; et, comme je me tenais parmi eux, me rappelant ce que j'avais fait avec la commère et attendant pour ce péché une peine plus grande encore que celle qui m'était imposée, bien que je fusse en un grand feu très ardent, je tremblais cependant de peur. Ce que voyant, quelqu'un qui était à côté de moi dit : "Qu'as-tu fait de plus que les autres qui sont ici, que tu trembles étant dans le feu? — Oh! dis-je, mon ami, j'ai grand-peur du jugement auquel je m'attends, pour un grand péché que j'ai commis autrefois." Il me demanda alors quel péché c'était. A quoi je dis : "Ce péché fut celui-ci : je couchais avec une mienne commère, et j'y ai tellement couché que j'y ai laissé la peau." Alors lui, riant de cela, me dit : "Va, sot que tu es, ne crains rien; ici, l'on ne tient aucun compte des commères." Ce qu'entendant, je fus complètement rassuré[6]. »

Pied de nez au diable — et en même temps à l'Église, qui l'a créé. Pareilles impertinences se retrouvent dans Chaucer, ou dans les *Cent nouvelles nouvelles*[7]. Rire du diable et de l'enfer, c'est exorciser sa peur. Or le diable est partout, à cette époque. On se moque de lui et il se moque des hommes, dans une grande bouffonnerie tragique. On le représente d'ailleurs souvent en tenue de fou dans les mystères, avec les oreilles d'âne, le capuchon à grelots, la tunique jaune et verte[8]. La fête des fous prend parfois des allures de fête diabolique et, dans le *Mystère de saint Crespin et saint Crespinien,* le fou et le possédé se confondent[9].

RIRE DU DIABLE ET DE L'ANTÉCHRIST

Dans les journées qui précèdent les représentations de mystères, les diableries se multiplient, de plus en plus bouffonnes, parodiques et agressives. Pour le grand spécialiste de l'histoire du diable, Jeffrey Burton Russel, ces diableries deviennent des « parodies sérieuses[10] ». Le monde infernal est de plus en plus tourné en dérision, et Satan, qui mène le bal, est un joyeux drille, qui aime que l'on rie autour de lui. En 1497, Gottschalk Hollen décrit ainsi une *Messe de joueurs* représentée sur scène : « Les joueurs construisent une église de Satan; leurs cardinaux sont les démons du jeu [...]. Leurs églises sont les tavernes et les joueurs sont la commune [...]. L'Épître commence : "L'apôtre Titivillus, prince des ténèbres, aux ivrognes : Frères, soyez ivres[11]." » Dans un mystère de la même époque, on voit Satan accompagné de six fous numérotés, qui célèbrent une messe parodique[12]; dans la *Passion de Troyes,* le fou met sa marotte à la place des idoles, et déclare : « Vela marotte qui domine. » L'entrée de l'enfer est partout présente dans le théâtre : c'est la « chappe Hellequin », gueule d'enfer, dont le nom contamine même certains personnages, comme Harlequin.

Le personnage de Satan se brouille de plus en plus dans ces représentations, dont le sens devient trouble. On le ridiculise, mais en même temps on le plaint, car il apparaît de plus en plus sous les traits d'une victime. Dans les mystères, on assiste à des procès parodiques où les diables sont la partie plaignante, accusant Dieu d'avoir commis contre eux une injustice. Ils sont tournés en dérision, mais on sent confusément qu'ils n'ont pas tort. Moshé Lazar écrit à propos de l'*Advocacie Nostre Dame,* au XIVe siècle : « Dans la confrontation devant la cour suprême de Dieu, Satan ne devrait pas, selon la logique et le droit, perdre le procès ; mais selon les règles du jeu et du scénario, il ne peut en sortir que débouté, dupé, ridiculisé [...]. Satan, conscient de jouer le rôle de l'éternel perdant, toujours vaincu à l'avance selon les règles du scénario, acquiert dans la "divine comédie" une dimension pathétique et même quelque peu tragique[13]. »

En tout cas, tragi-comique. On rit du pauvre diable, bouc émissaire, victime d'un Dieu dont la justice semble assez contestable. Ce qui n'empêche pas de le prendre très au sérieux. La foule participe véritablement à ce qu'elle voit sur scène, au point de pendre l'acteur qui a tenu le rôle de Satan dans la *Passion* de Meaux, tandis que celui qui a joué le diable *Désespoir* se suicide par le poison[14]. Certes, le diable reste foncièrement mauvais ; mais, à la fois victime et responsable, il est l'objet de moqueries et de craintes mêlées. Il fait parfois figure de morosophe, tout en demeurant burlesque ; il rend des arrêts comiques dans des procès parodiques concernant les métiers.

Dans les carnavals, il est de plus en plus présent. A Nuremberg, en 1475, apparaît un nouveau char pendant la parade : l'« Enfer », monté par des démons et des fous. Il devient vite le centre d'attraction, et le grand jeu consiste à le prendre d'assaut, ce qui donne lieu à de joyeux débordements. Bientôt, ces affrontements dégénèrent dans le cadre des luttes religieuses : en 1539, de jeunes patriciens placent sur le char l'effigie d'Osiander, chef des luthériens de la ville, au milieu des fous. Le Conseil de ville interdit alors le cortège du *Schembartläufer.* Même dérive en Suisse, où les autorités tentent de discipliner le carnaval. En Hongrie, où les festivités et mascarades — décrites en 1476 par Hans Seybold — durent presque deux mois, le carnaval est étroitement associé au diable, comme en témoigne en 1502 le franciscain Pelbart Tamesvari dans son manuel de sermons, le *Pomerium.* En 1525, le roi de Hongrie Louis II porte lui-même le masque de Satan, avec cornes de bœuf, bec de cigogne et queue de serpent, tandis que les nobles se déguisent en diables.

En cette fin de Moyen Age, il est aussi beaucoup question de la prochaine venue de l'Antéchrist, précurseur de la fin du monde. La peur s'accentue à partir de la fin du XIVe siècle, stimulée par les élucubrations prophétiques. Dès 1349, le carme William de Blofield écrit à un dominicain de Norwich qu'une rumeur circule : l'Antéchrist a déjà dix ans, et il va régner comme pape et empereur. La même année, le franciscain Jean de Roquetaillade, dans son *Liber secretorum eventuum,* confirme que l'Antéchrist est sans doute déjà né : la peste en est un indice ; d'autres catastrophes suivront, puis il régnera trois ans et demi, de 1366 à 1370, avant d'être tué par le Christ ; viendront alors les mille ans de paix, puis l'assaut de Gog et Magog, vers 2370, et enfin le jugement dernier. D'autres placent le millénium avant l'Antéchrist, mais utilisent également la peste comme signe annonciateur [15]. Un auteur français du milieu du XIVᵉ siècle, méditant sur la multiplication des catastrophes, y voit lui aussi l'annonce de la venue imminente de l'Antéchrist [16]. Un auteur anonyme anglais, en 1356, situe celle-ci en 1400 [17], de même qu'un « devin inconnu » cité par Henri de Langenstein.

Dans le petit peuple, l'affolement se traduit par des mouvements sociaux guidés par une espérance prophétique. Ce sont les flagellants de 1348-1349, qui se fixent sur le chiffre de trente-trois et demi : trente-trois jours et demi de procession, début d'un mouvement qui devait durer trente-trois ans et demi, période où disparaîtraient les ordres monastiques existants et où s'y substituerait un ordre nouveau, pur, détaché des biens terrestres, et durant jusqu'à la fin du monde. En Allemagne, les flagellants s'en prennent au clergé, lui déniant tout caractère surnaturel ; ils contestent le miracle eucharistique, interrompent la messe. Leur autre cible est les Juifs, victimes d'un pogrom généralisé.

Les astrologues s'en mêlent. Selon une prédiction anonyme de 1380-1383, l'Antéchrist est né ; il était annoncé par la conjonction de 1365 : « Jupiter se conjoindra avec Saturne l'an 1365, qui signifiera en cellui an naissance un nouvel prophète. Ce sera Antechrist, qui destruira la foy Jhesu-Christ par trois ans et demi. Et chascun puist appercevoir l'advenement de lui par la division de ces III papes, desquiez l'un est messagé Antechrist [...]. Un autre dist que quant la cité de Paris sera enthamée elle ne demourra pas jusques à XXX ans qu'elle ne soit destruicte [18]. »

Chez certains intellectuels, c'est quasiment la panique : « J'estime qu'il nous reste à peine trois ans jusqu'à ce jour grandement redouté », écrit Nicolas de Clamanges [19]. Une lettre apocryphe du grand maître des hospitaliers de Rhodes déclare que l'Antéchrist est déjà à l'œuvre, et Eustache Deschamps voit dans les malheurs des temps le travail de ses messagers :

> O Antechrist, venu sont ti message
> pour préparer ta hideuse venue ;
> et de la loy Dieu font laissier l'usaige
> faulx prophètes, qui ja vont par la rue,
> villes, citez, païs ; l'un l'autre tue [20].

Le dominicain espagnol Vincent Ferrier laisse derrière lui une traînée d'angoisse. Le 8 octobre 1398, dans une vision, le Christ lui a confié la mission de prêcher l'exemple de Dominique et de François pour obtenir la conversion des foules avant la venue imminente de l'Antéchrist. Il va suivre cette consigne sans relâche, ajoutant des prophéties de son cru. Dans son sermon sur l'Antéchrist du 10 mars 1404 à Fribourg, il annonce que cet agent de Satan va bientôt séduire les fidèles, par de l'argent, des promesses, de faux miracles, des arguments philosophiques, et ensuite torturer ses victimes : « D'abord il vous prendra tous vos biens temporels. Puis il tuera les enfants et les amis en présence des parents. Puis, chaque heure, chaque jour, il vous arrachera un membre après l'autre, pas de façon continue, mais à petit feu. »

Cela ne saurait tarder. En 1403, les indices se multiplient. En Lombardie, Vincent Ferrier reçoit la visite du messager d'un groupe d'ermites qui ont eu la révélation de la naissance de l'Antéchrist. Dans le Piémont, un marchand vénitien lui a raconté que des novices franciscains avaient eu une vision horrible annonçant le même événement. En recoupant les témoignages, le saint conclut que l'Antéchrist approche de l'adolescence : il doit avoir neuf ans. En 1412, il écrit au pape que la catastrophe est imminente, car le schisme est bien la grande division annoncée par saint Paul dans sa seconde épître aux Thessaloniciens. L'Antéchrist va régner trois ans et, après son anéantissement, il y aura quarante-cinq jours avant la fin du monde. Il n'est pas question, chez Vincent Ferrier, d'un millénium de paix[21].

Quelques années plus tard, le Bourgeois de Paris note dans son *Journal,* en 1429, le passage d'un prédicateur franciscain, frère Richard, qui s'inspire du dominicain espagnol et annonce pour 1430 des événements extraordinaires : « Il disait pour vrai que depuis un peu il était venu de Syrie, comme de Jérusalem, et là encontra plusieurs tourbes de Juifs qu'il interrogea, et ils lui dirent pour vrai que Messias était né, lequel Messias leur devait rendre leur héritage, c'est assavoir la terre de promission, et s'en allaient vers Babylone à tourbes, et selon la Sainte Écriture ce Messias est l'Antechrist, lequel doit naître en la cité de Babylone, qui jadis fut chef des royaumes des Persans[22]. »

Devant cette menace imminente, on tremble, bien sûr, mais on trouve tout de même moyen de rire. L'Antéchrist — qui l'eût cru ? — se prête aux travestis carnavalesques. Il est mis en scène en 1331 dans *Le Jour du jugement :* revendiquant ses domaines, il fait frapper monnaie à son effigie. Dans un mandement burlesque, il est dit que tous les peuples doivent utiliser cette monnaie, sous peine de mort. Pendant toute cette période, l'Antéchrist est présenté dans des farces comme un personnage fou, le *fatuus*, qui signifie à l'origine l'« ensorcelé »[23]. Son rôle comique est à nouveau exploité à l'époque de la Réforme, avec par exemple la *Farce nouvelle de l'Antéchrist*. Du côté protestant, le pape est assimilé à un Antéchrist burlesque dans le jeu du *Concile de Trente* (1545)[24]. On le voit également dans des jeux satiriques allemands, comme *Des Entkrist Vasnacht* (1521), *Die Totenfresser,* ou le *Mandement de Lucifer aux prétendus clercs, écrit il y a 140 ans par Nicole Oresme* (1550).

On rit du diable, on rit de l'Antéchrist, et l'on rit aussi de ces groupes que la prédication officielle rend responsables des catastrophes de la période : les Juifs en particulier, mais également les Mores, les hérétiques, les sorciers et sorcières. De nombreux écrits parodiques et d'inversion comique sont de véritables rituels d'exclusion, d'« éradication d'éléments non désirables de la société », écrit Jelle Koopmans, qui ajoute : « Ces parodies sont bien moins gratuites qu'on ne le pense souvent : elles traduisent ouvertement des rituels d'exclusion et elles témoignent d'une vision de ce qui n'est pas à sa place dans la société actuelle[25]. » La liaison rire-diable-exclusion est une des lignes de défense de la culture populaire occidentale au XVe siècle. Le rire est alors un rire de peur.

Les Juifs en sont une cible privilégiée. A Rome, c'est au XVe siècle qu'ils deviennent, à leurs dépens, la première attraction du carnaval, au point que vers 1500 les voyageurs appellent celui-ci la fête aux Juifs. Ils en font doublement les frais : d'une part, on exige d'eux, depuis 1400 environ, cinq cents pièces d'or, contribution étendue par le pape vers 1420 à toutes les communautés juives de ses États ; d'autre part, ils sont physiquement acteurs. La « Compagnie des Juifs » parade en costumes jaune et rouge, et surtout ils doivent participer aux courses des Juifs, que le pape Paul II a créées ou confirmées vers 1470. Sur la plus longue avenue de la ville, qu'on appelle pour cela le *Corso,* après un bon repas, les Juifs, presque nus, ne portant qu'une petite pièce d'étoffe, doivent courir jusqu'au palais du pape. Pour que la chose soit plus drôle, on fait courir aussi des bossus, des boiteux, ou des gros, sous les sarcasmes, les railleries, les plaisanteries de mauvais goût. Humiliation infligée à une communauté pourtant bien intégrée à la société romaine, mais qui est malgré tout perçue comme un élément à part, auquel on fait sentir sa différence par un rire moqueur. Dans les farces et les mystères, les Juifs, associés au diable, sont ridiculisés avec lui. Ainsi, dans la *Passion d'Asfeld,* la danse diabolique est la *Judden dancz ;* le Christ est victime d'un complot judéo-diabolique, et les notes scéniques précisent : « Entre-temps, les Juifs ou les diables dansent », et : « A la fin du chant, les Juifs boivent au cul du veau et mangent l'agneau[26]. » Rire agressif d'exclusion, qui se combine aux pogroms.

RIRE DES SORCIÈRES

Il n'est pas jusqu'à la sorcellerie qui ne soit source de comique. Jelle Koopmans peut ainsi parler de « deux extrémités qui se toucheraient : la joyeuseté de carnaval et la répression de la sorcellerie[27] ». Il est difficile, dans ce domaine, de faire la part du comique volontaire et du comique involontaire. On assiste à des emprunts mutuels entre le répertoire de la farce et celui des manuels « sérieux » à l'usage des inquisiteurs. Ainsi des rituels supposés se dérouler au cours des sabbats se prêtent-ils particulièrement à des scènes bouffonnes, comme le baiser au cul de Satan, ou sous la queue d'un chat ; et, dans l'autre sens, des histoires comiques sont intégrées sérieusement dans les manuels de pourchasseurs de sorcières, pour illustrer les pouvoirs du diable, mais aussi les ruses avec lesquelles on peut l'abuser. Par exemple, le diable dit un jour à un pauvre qu'il va se changer en mule, et qu'il faudra vendre cette mule à l'évêque ; l'affaire est conclue ; l'évêque achète l'animal et monte dessus ; passant près d'une rivière, la mule saute dans l'eau, et noie le prélat[28]. Le fait que l'on retrouve cette anecdote à la fois dans des scènes comiques du théâtre médiéval et dans des ouvrages de démonologie sur les ruses de Satan illustre bien l'ambivalence du diabolique, que l'on peut exploiter pour faire rire aussi bien que pour faire trembler.

L'un des plus célèbres manuels de démonologie du xvᵉ siècle, le fameux *Malleus maleficarum,* ou *Marteau des sorcières,* rédigé en 1484 par Heinrich Kramer et Jacques Sprenger, peut aujourd'hui être lu comme un ouvrage d'un comique achevé, à la fois burlesque et grotesque, ce qui n'était évidemment pas l'intention de ses auteurs. Ceux-ci présentent avec une imperturbable gravité tous les signes qui permettent de reconnaître les sorcières, décrivant leurs pouvoirs maléfiques, la liturgie des sabbats, où les phénomènes d'inversion systématique offrent de troublantes similitudes avec le déroulement des carnavals. On retrouve tout le bric-à-brac des racontars sur les ruses diaboliques, dont beaucoup sont reprises aux histoires extraordinaires de Grégoire le Grand, comme celle de la bonne sœur qui avale un petit démon tranquillement assis sur sa feuille de salade.

Le monde de Kramer et de Sprenger est littéralement grotesque :

tout est illusion, parce que Satan est partout à l'œuvre. Celui-ci trompe nos sens, transformant les hommes en animaux ou les vieilles femmes en jeunes filles ; lui-même peut revêtir toutes les apparences, et il donne aux sorcières d'extraordinaires pouvoirs : elles peuvent se déplacer en volant, provoquer des métamorphoses... Un de leurs tours favoris, qui occupe de nombreux chapitres du manuel — ce qui est assez révélateur des préoccupations des inquisiteurs —, est de « priver l'homme de son membre viril ».

Qu'en font-elles ? Elles mettent ces organes dans une boîte ou dans un nid, où ils grouillent comme de gros vers. Quand on a perdu son sexe, on peut donc aller consulter une sorcière pour en avoir un de rechange ; elle vous présente alors un magnifique plat de couilles dans lequel vous faites votre choix. Les inquisiteurs citent des témoignages, comme celui de cet homme qui avait choisi la plus grosse paire du paquet, et qui ne put l'obtenir car cet imposant pénis était celui d'un prêtre, et donc consacré. Tout cela est raconté en latin, le plus sérieusement du monde : « Les sorcières collectionnent un grand nombre d'organes mâles, jusqu'à vingt ou trente, et les mettent dans un nid d'oiseau ou les enferment dans une boîte, où ils remuent comme des membres vivants, et ils mangent de l'avoine et du blé, comme beaucoup ont pu le constater et comme il est de notoriété publique. On dit que cela est l'ouvrage de l'illusion diabolique. Car un homme a témoigné qu'après avoir perdu son membre, il s'était adressé à une sorcière bien connue pour lui demander de le lui restituer. Elle dit à l'homme amputé de grimper dans un certain arbre et de choisir celui qu'il préférait dans un nid où il y avait plusieurs membres. Et alors qu'il en avait choisi un très gros, la sorcière lui dit : "Tu ne peux pas prendre celui-là" ; ajoutant : "parce que c'était celui d'un curé[29]". »

Le prodige, c'est qu'on puisse écrire des choses pareilles sans rire. Derrière ces élucubrations, nous lisons bien entendu la hantise de la castration et de la puissance virile, d'autant plus que le thème occupe une place disproportionnée dans le manuel. Les auteurs, eux, qui s'adressent à un public très restreint d'exorcistes, sont conscients du fait que ces histoires sont de pures illusions suggérées par le diable, et qui mettent en jeu la fonction reproductrice de l'homme. Ils vivent dans un monde grotesque, où l'on ne peut être sûr de rien en se fiant aux sens. Leur grotesque est un grotesque inquiétant, monstrueux ; c'est le grotesque de l'aliénation suivant W. Kayser, celui des *Tentations de saint Antoine,* que vont illustrer tant de peintres du XVIᵉ siècle, celui des visions de Jérôme Bosch, d'un monde totalement désarticulé, où les éléments du réel se recomposent avec la plus grande fantaisie — c'est le grotesque démoniaque. C'est aussi celui d'Arcimboldo, de ses « têtes composées » de fruits et de légumes, ou du monde exubérant de Bruegel, où se mélangent, dans un grouillement sinistre, la mort, la folie, la monstruosité, et quelques humains affolés.

Dans ce tournoiement étourdissant des formes et des sons, la farce, le mystère et la démonologie se rejoignent en une célébration du diable, de la folie et de la mort, où le grotesque touche au sublime, où l'angoisse éclate de rire. Lorsque tout devient possible pour les sens affolés, rien n'est plus sérieux, et seul le rire peut dissiper l'hallucination. Quand Fouquet, dans ses *Mystères de sainte Apolline,* place un bouffon qui montre son derrière ; quand dans les rues se déroulent les furieuses diableries, et que sur scène se démènent des pantins aux masques zoomorphes ; quand les démonologues racontent comment les diables, plus nombreux que les moustiques, sillonnent les airs en portant chacun un sorcier, qu'ils laissent tomber si d'aventure ils entendent le son d'un *Ave Maria*[30], on doit non seulement « convenir du goût particulier de nos aïeux pour la farce, le bon tour, dans la vie réelle », comme l'écrit Jelle Koopmans[31], mais aussi constater que les hommes du xvᵉ siècle, affolés par les malheurs du temps, ont joué avec leurs peurs. Un jeu qui n'est pas toujours conscient, mais qui toujours débusque l'aspect comique des événements. Quand le monde devient aussi absurde, quand les catastrophes s'accumulent à ce point, que faire d'autre, sinon d'en rire ? Rire de tout, rire de tous, des exclus et des puissants, de la folie et de la mort, de Dieu et du diable. Dans les carnavals, monstres et dragons prolifèrent, images des dangers domestiqués, comme la fameuse tarasque, la bête éponyme de Tarascon, qui apparaît pour la première fois dans une parade de 1465. En 1474 est organisée la première course de la tarasque, à grand renfort de cris et de rires : la dérision l'emporte sur le monstre.

L'IRONIE S'EN PREND A DIEU

Dieu n'est pas épargné par le rire de cette fin de Moyen Age. La tradition des messes, prières et sermons parodiques n'est certes pas nouvelle ; mais, là aussi, le ton change. Face à l'apparente inertie divine devant les catastrophes, le rire devient accusateur. Surtout, ne lève pas le petit doigt pour venir à notre secours, Toi qui peux tout et qui nous aime tellement ! Regarde-nous souffrir ! Tel est le sens des prières parodiques qui voient le jour au xvᵉ siècle. Cette fois, le blasphème n'est pas loin, comme en témoignent ces deux

Pater noster de la fin du XIVe siècle qui, d'un air narquois, félicitent Dieu de rester bien tranquillement au ciel, tandis que les maux de toutes sortes s'abattent sur la terre et que le clergé pille ses ouailles. Personne ne sait ce qu'ont fait les pauvres humains pour mériter un pareil sort, mais le Seigneur a bien raison de ne pas s'en mêler. C'est la leçon du *Pater noster en quatrains* :

> *Pater noster qui es* bien sage,
> tu es digne d'estre loués,
> car lassus as fait ton estage
> et très bien hault t'ies encroès
> *In celis*
> Present en nous tout mal habonde,
> chascun est plain d'orgueil et d'ire.
> Il n'a pas celui en cest monde
> de qui l'on peust proprement dire :
> *Sanctificetur.*
> Car pour le temps qui ores court,
> celui qu'il fault mieulx aprisier
> c'est qui mieux peut flater a court
> et toy jurer et mespriser
> *Nomen tuum.*
> [...]
> Pour ce, se veulz mon conseil croire,
> lassus en hault tu te tendras,
> en paradis, en noble gloire,
> ne ja ci bas ne descendras
> *Et in terra.*
> Je m'esbaïs et me merveille
> pour quoy sommes en tel dengier
> de ceux qui ont robe vermeille,
> qui ne font que prandre et mengier
> *Panem nostrum.*
> Non pas une fois seulement,
> car il n'a jour en la sepmaine
> qu'ils ne nous pillent tellement
> que nous povons passer à peine
> *Cotidianum*
> [...]
> Or ne say ge que avons fait
> ne se tu penses que ce dure,
> quar je ne cuide pas qu'il ait
> gent au monde qui tant endure
> *Sicut et nos*[32].

Même ironie dans le *Patenostre de Lombardie,* datant de la même époque. « Lombard » est alors plus ou moins synonyme de « rapace », « oppresseur ». L'agressivité est patente : « Tu n'es pas

fou, Notre Père, Tu T'es mis à l'abri, là-haut, pendant que les
diables et les Anglais nous prennent *panem nostrum.* »

> *Pater noster,* tu n'ies pas foulz,
> quar tu t'ies mis en grant repos,
> *qui es* monté haut *in celis :*
> quar dès or mais en ce pays
> nulz n'est qui *sanctificetur*
> ne qui riens pense au temps futur
> ne qui prise *nomen tuum.*
>
> [...]
>
> Quar a mal pensent jour et nuyt
> Or te garde bien *in celo*
> sans toy partir, je le te lo;
> quar les dyables saval règnent
> qui tout ravissent et tout prennent
> et en enfer *et in terra.*
> Et sont Anglès auleys dessa
> qui ravissent *panem nostrum*
> et nous donnent maint horion.
> Et ceulx qui nous doivent garder
> ils ne nous font que tourmenter
> sa aval *quotidianum,*
> oster le nostre sans rayson,
> et pas ne disent : *da nobis.*
>
> [...]
>
> Tu fais trop bien qui te tiens la,
> car ceulx qui maintiennent la guerre
> ne vont gaires par nulle terre
> se ce n'est pour avoir *nostra.*
> Or n'avale pas par dessa,
> car se sa dessous tu estoyes
> et deffendre ne te savoyes
> il te feroyent *sicut et nos* [33].

Un *Ave Maria* parodique donne le même conseil à la Vierge : res-
tez là-haut! Ce type de littérature prolifère au xve siècle. On a retrouvé entre autres un *Pater noster des Angloys,* et un *Patenostre de
commun peuple sellon le temps qui court,* très anticlérical, qui dénonce
les prêtres parasites :

> *Pater noster,* que ferons-nous
> entre nous povre laboureur?
> Nous portons tous dessus nous
> ces prestres gentys jeunes et vieux;
> et puis après qui ont tout pryns,
> nous sumes povre suferteux
> envers toy *qui es in celis* [34].

Citons encore l'*Ave Maria des Espaignolz,* l'*Invitatoire bachique,* la *Letanie des bons compagnons,* et plus tard le *Benedictus à la confusion et à la ruine des Huguenotz.* Les sermons joyeux exploitent la même veine. Certains restent de simples parodies ludiques obscènes, tel celui que compose le chroniqueur Jean Molinet sur *Saint Billouard,* sermon à double sens, jouant sur la superposition des niveaux hagiographique et anatomique : il peut être entendu par les chastes oreilles comme la visite réformatrice d'un couvent par le saint, et par les esprits mal tournés comme la visite bienfaisante d'un sexe féminin par un phallus. Molinet, qui vit près de Valenciennes à la fin du xv\ siècle, semble par ailleurs s'être inspiré d'une affaire de possession diabolique qui a eu lieu à proximité.

Mais les sermons joyeux dégénèrent aussi rapidement en critique sociale et religieuse. Ils deviennent des occasions de virulentes satires anticléricales, dont le ton monte au début de la Réforme. Selon un témoin, « quand le luthéranisme commença à Bâle, une femme monta en chaire au faubourg Saint-Jean [...] et débita un sermon joyeux [35] ». Les parodies religieuses prennent également un tour politique, dès le début du xiv\ siècle, avec par exemple la paro-die latine d'un hymne de Venance Fortunat, le *Vexilla regis pro-deunt,* glorifiant l'assassinat de Piers Galveston, favori d'Édouard II d'Angleterre.

LE RIRE AGRESSIF DES SOCIÉTÉS JOYEUSES

Tout cela annonce un nouveau climat, où la peur donne au rire un ton agressif et violent. Le changement se remarque notamment dans les fêtes, qu'elles soient régulières, organisées ou spontanées. L'une de ces dernières peut servir de prototype. A Arras en 1434, au cours d'un hiver particulièrement rigoureux, dont souffre beau-coup la population, celle-ci s'amuse à édifier des personnages de neige et de glace en différents lieux de la ville. On y voit entre autres, dit un texte contemporain, « au quarfour de la rue de Haize-rue, ung prescheur nommé frère Galopin, et faisoit son presche-ment : espoir, désir et pacience. Item, devant les Loé Dieu estoit la dansse machabre où estoient en figure de nege l'Empereur, le roy, le mort et manouvrier. Item, devant la porte de Miolens estoit le roy et Paudesire et son valet. Item, en la rue de Molinel fut fait le grand seigneur de Courte vie, et depuis sa sépulture. Item, au gou-lot de l'abbeye fu fait un homme sauvage et se meschine [servante], qui avoit nom Margotine. Item, devant le Dragon [une auberge], le Grande Puchelle, et tout autour de le tour gens d'armes, et à l'entrée estoit Dangier [36] ».

Ainsi, spontanément, non seulement les Arrageois se moquent du froid, mais ils étendent leur rire à des dangers plus permanents, d'un autre ordre : la danse macabre, qui emporte tout le monde, aussi bien que les dangers de la vie politique d'alors — la Grande Pucelle, c'est Jeanne d'Arc, brûlée trois ans auparavant ; la dérision touche également le clergé, le roi, les seigneurs. Figée dans la glace, c'est toute la société du xvᵉ siècle face à ses peurs et à ses injustices, exposée aux quolibets de la foule. Le rire prend ici des aspects vengeurs. Robert Muchembled commente : « Cette fête spontanée de la neige évacue aussi bien les peurs réelles, du froid et de la mort particulièrement, que les craintes nées de la sujétion aux autorités, au roi, à l'Église. Comme dans la danse macabre contemporaine, au cimetière des Innocents, à Paris, les valeurs officielles, faites d'obéissance à ces puissances, sont critiquées, par rapport à la mort qui nivelle les conditions, mais aussi par la dérision et l'ironie, par le rire [37]... »

Le constat peut être étendu à la plupart des fêtes de l'époque, que Robert Muchembled classe en huit catégories et où il voit poindre une « agressivité, fille de la peur ». Cette agressivité se décharge à la fois par la violence et par le rire. Le carnaval, avec sa licence, ses turbulences, son monde à l'envers, en est l'expression la plus appropriée. Ce qui change, par rapport à l'époque précédente, c'est le caractère beaucoup plus explicite et précis des allusions. La dérision, maintenant, pointe l'index vers des cibles. Ainsi en Allemagne, à la fin du xvᵉ siècle, on voit apparaître dans le cortège carnavalesque les *Läufer*, qui dansent et courent, revêtus d'une grande tunique sur laquelle sont attachés des billets portant les clés de saint Pierre : ce sont les vendeurs d'indulgences, et sur les lettres se trouvent les noms des masques du carnaval.

Dans les carnavals allemands, c'est vers 1400 qu'apparaît le *Fastnachtspiel*, petite pièce comique en forme de farce, qui prend de plus en plus d'importance et dont le caractère satirique s'accentue. Un auteur comme Hans Sachs (1494-1576) en a écrit une centaine. La catégorie des *Meistersänger*, poètes urbains facétieux, compose aussi de petites bouffonneries ou fables burlesques d'un genre original, la *Schwank*, dénonçant les abus : ainsi le *Pfaffe van Kalenberg*, de 1473, relate-t-il les exploits burlesques d'un curé bouffon qui trompe ses paroissiens.

Le chef-d'œuvre du genre est *Till Eulenspiegel*, publié en 1478 : c'est l'histoire d'un héros très populaire, mort au milieu du xivᵉ siècle, qui, rusé, tourne en dérision aussi bien les bourgeois que les prêtres, les seigneurs que les moines, et même le pape, dans une série d'aventures burlesques. Ces farces prennent un tour cruel et amer, et des allures de critique sociale. Le chevalier est présenté comme une sorte de dégénéré peureux, le clerc comme un pédant parasite, le prêtre comme un trompeur. La pression s'accentue sur les réfractaires du rire, dont le sérieux réprobateur est considéré comme une marque d'hostilité à la cause populaire. Si le rire est plus que jamais obligatoire dans le carnaval, c'est parce qu'il devient un signe de ralliement, un emblème de l'appartenance à la grande confrérie de la dérision contre des autorités en faillite. « Ce jeu, écrit Jacques Heers, se prête fort bien à critiquer aussi tous les imposteurs, tous ceux, étrangers ou réticents, qui restent à l'écart des fêtes, les boudent ou les désapprouvent plus ou moins ouvertement. D'où une série bien conformiste également, une gamme bien réglée de petits tableaux moqueurs, pour tourner en dérision, singer les mauvaises manières des grincheux ou des superbes[38]. »

La systématisation du rire public et son organisation en instrument de dérision sociale sont illustrées par l'apparition, à la fin du Moyen Age, des « sociétés joyeuses ». Leur rôle est cependant ambigu. D'une part, il témoigne de la vigueur du mouvement de raillerie subversive qui marque l'époque ; mais, d'autre part, dans la mesure où ce mouvement se coule dans un moule associatif, il est circonscrit, délimité, réglementé, organisé, voire manipulé. On passe de la phase du rire spontané, expression libre de la base, à celle du syndicat du rire. Et alors, tout dépend des rapports de force et des circonstances locales.

L'une des plus célèbres parmi ces sociétés est la Compagnie Folle de Dijon, ou Compagnie de la Mère Folle. Elle apparaît dans un mandement du duc de Bourgogne de 1454, qui confirme son droit d'organiser chaque année la fête des « fous joyeux », et qui interdit à quiconque de s'y opposer :

> Et que joyeux fous sans dangier
> de l'habit de notre chapelle
> fassent la fête bonne et belle,
> sans outrage ou dérision.

Les cinq cents membres de la société sont issus de la bonne bourgeoisie des gens de loi, marchands, maîtres de métiers, et ses activités tournent autour de la célébration de la folie. A sa tête se tenait la Mère Folle, qui était celui « qui s'était rendu le plus recommandable par sa bonne mine » ; entouré d'une cour, il devait être assez fortuné pour financer en grande partie les fêtes. Au cours de celles-ci, les membres ordinaires, qui se disaient « leunatiques, éventez, crochus, almanachs vieux et nouveaux, hétéroclites, joviaux, mélancholiques, curralistes, saturniques, timbrez, fanatiques, gais, colériques », formaient l'Infanterie et défilaient en tenue de fous, la marotte à la main, précédant le chariot de la Mère

Folle. Des notables de la ville, déguisés en vignerons, déclamaient des vers satiriques contre les autorités, civiles et ecclésiastiques, visant des personnages de façon assez précise. Le tout était organisé, et plutôt bon enfant. La composition sociale et la protection ducale semblent des garanties suffisantes contre toute dérive subversive du rire. La compagnie comptera du reste des membres prestigieux, tels qu'Henri de Bourbon, prince de Condé, Henri de Lorraine, comte d'Harcourt, ou l'évêque de Langres. Pour être admis, il faut subir un examen comique, au cours duquel on doit faire preuve d'esprit de repartie, et l'on reçoit alors un brevet en langue burlesque, parodie du jargon juridique.

Le caractère aristocratique est plus marqué encore pour les Chevaliers de l'Ordre des Fous, fondé à Clèves le 12 novembre 1381 par Adolphe de La Marck, comte de Clèves, et trente-cinq seigneurs qui, lors de l'assemblée annuelle, vivent en totale égalité. C'est d'ailleurs le seul élément qui semble justifier leur titre de fous. A Paris, les Enfants sans Souci, qui défilent en tenue de fous le 1ᵉʳ janvier, paraissent tout aussi innocents : quelques chants plus ou moins stupides, des grimaces, des bouffonneries... A Rouen, la confrérie des Coqueluchiers pratique les mêmes activités. Celle des Connards, ou Cornards, qui lui succède dans la même ville, promène son Abbé des Connards, portant crosse et mitre, dans toute la ville. A Évreux, c'est le 11 juin, jour de la Saint-Barnabé, qu'avait lieu la *Facetia Conardorum*. Dans ces cortèges, on satirise les événements marquants de l'année écoulée.

Toutes ces sociétés mettent en scène un contre-pouvoir burlesque, avec leur abbé, prévôt, prince, mère, aux titres comiques : prince des sots, prince des fous, prince de gaieté, prévôt des étourdis, mère folle. Fréquemment, c'est un abbé de Maugouvert — c'est-à-dire de mauvais gouvernement — qui préside, ce qui fournit l'occasion de procès burlesques où la hiérarchie est renversée. Dans le nord de la France, ces sociétés sont particulièrement nombreuses et actives, et elles ont des liens entre elles. L'Abbé de Liesse, dont l'existence est certaine à Arras de 1431 à 1534, et qu'élisent les notables de la ville, gère un budget important — plus d'une centaine de livres — destiné à l'organisation des festivités et des banquets en l'honneur de ses homologues des villes voisines. Lui-même est invité à la fête du Roi des Soz, à Lille en 1497, ainsi qu'à celle du Prince de Plaisance à Valenciennes et à celle du Prince de Jonesse à Béthune. Le 4 février 1494, à Aire-sur-la-Lys, sont réunis l'Abbé de Liesse, le Prince de Jonesse, l'Abbé de Jonesse, le Légat de OultreEawe, le Roi des Grises Barbes, des villes environnantes, pour des joutes burlesques.

Derrière la façade des statuts de ces sociétés, et des comptes rendus très vagues des chroniqueurs, mémorialistes et rédacteurs de journaux personnels, on devine cependant que, dans la réalité, ces manifestations apparemment innocentes peuvent donner lieu à des dérapages et débordements, où resurgit l'élément subversif du rire. Les règlements de police applicables au temps de carnaval, par exemple, laissent soupçonner des troubles. En 1494, on ordonne à tous les étrangers venus participer au Dimanche gras à Arras de laisser leurs armes chez leurs hôtes ; les vagabonds sont priés de sortir, et l'on barre l'accès aux remparts. Période bien difficile pour les autorités, confrontées à un afflux de forains, à une pagaille incontrôlable, à la faveur de laquelle, sous couvert des masques, toutes les friponneries sont possibles. Signe révélateur de cette difficulté à gérer la situation : on se résigne en 1490 à suspendre l'exercice normal de la justice, en demandant aux sergents de ne pas procéder à des arrestations pendant les fêtes. La ville est aux mains de sa dizaine de compagnies joyeuses.

Or celles-ci ne semblent pas se contenter de jouer à brûler des chats et le roi carnaval, ni à promener des géants ; elles dérivent vers une opposition politico-religieuse qui peut, sous couvert du rire anticlérical, tourner à l'hérésie. Dans cette ville d'Arras a été brûlé en 1439 comme vaudois le poète Jean Frenoye, qui avait justement été auparavant l'un de ces souverains de sociétés joyeuses, l'Abbé de Peu de Sens. Les vaudois d'Arras, soupçonnés de former une secte diabolique, célébrant des messes parodiques, étaient d'ailleurs appelés les *buffones*[39]. Des liens entre sociétés joyeuses, hérésie et sorcellerie sont également établis à Cambrai. En 1459, à Langres, est brûlé un autre hérétique, lui aussi ex-Abbé de Peu de Sens, le peintre Jean Lavite. De même, des relations sont probables entre la secte hérétique des Turlupins, importante à Lille dans les années 1460, et une société d'acteurs d'Abbeville.

Avec la Réforme, ces liens se renforcent. A Valenciennes, une société joyeuse, la Principauté de Plaisance, est accusée directement par les autorités d'utiliser le rire et la dérision au service du diable et du calvinisme : « Ces niaiseries-là et folles despences eussent esté aucunement tolérables si l'honneur de Dieu n'y eust esté intéressé ; voire [...] mais le diable dont les intentions ne visent qu'à jouer des tragédies honteuses à Dieu et lamentables aux hommes : prétendoit par ces fadaises d'ouvrir les portes aux sacrilèges de Luther et de Calvin lardant ces comédies et spectacles [...]. Entre-jeux et farces profanes qui mettoient au rabais la dignité des choses sacrées et des ministres de l'Église[40]. » Mêmes accusations contre les Sots de Genève et les Enfants sans Soucy de Guyenne. En 1549, un Enfant sans Soucy de Rouen est arrêté à Noyon et brûlé à Paris[41].

Le rire de la fête n'est pas seulement soupçonné de collusion avec l'hérésie; il peut aussi être un instrument de déstabilisation des autorités civiles. Tous les ans, pendant le carnaval, les Connards de Rouen et d'Évreux, dirigés par leur *Abbas Cornadorum,* ridiculisent les magistrats et tiennent tribunal sous les fenêtres de ceux qu'ils veulent tourner en dérision. Ailleurs, les victimes sont les échevins, les maîtres, les seigneurs. Tout cela, sous l'effet des malheurs du temps, risque de dégénérer. « La subversion du pouvoir, écrit Maurice Lever, est inscrite dans le pouvoir lui-même; l'ordre est fait pour qu'on le détourne, la hiérarchie pour qu'on la renverse, le sacré pour qu'on le profane. Il n'est pas de société qui ne sécrète ses propres genres de transgression[42]. »

DE LA FOLIE NÉGATIVE (BRANT) A LA FOLIE POSITIVE (ÉRASME)

Dans toutes ces manifestations, on aura remarqué l'omniprésence de la folie, qui fascine de plus en plus les hommes de la fin du Moyen Age. Le fou, dans son costume traditionnel, est partout présent, jusqu'à servir de signature ou de marque au bas des quittances d'un peintre allemand, Albert de Horst, qui travaille en 1485 au service du chapitre de la cathédrale de Tréguier. Cette obsession de la folie qui gouverne le monde, dérision suprême d'une société qui a perdu ses repères, d'un monde devenu amèrement risible, culmine entre la *Nef des fous* et l'*Éloge de la folie,* de 1494 à 1509.

Le fou a toujours préoccupé et inquiété l'homme raisonnable, qui a volontiers attribué à la divinité l'origine des dérangements de comportement, nommant par exemple l'épilepsie le « haut mal » ou « mal sacré ». La folie : possession diabolique ou possession divine? Allez savoir! D'où une double attitude à son égard. D'un côté, le respect. Ainsi va-t-on jusqu'à faire dériver le mot « crétin » de « chrétien », et « benêt » de *benedictus;* on parle également au Moyen Age du « fol Jésus » : celui-ci n'a-t-il pas béni les pauvres en esprit, et sa sagesse n'est-elle pas folie pour les hommes? Érasme n'hésite pas à illustrer l'*Éloge de la folie* d'une tête de Christ portant le capuchon à grelots. Le fou peut être le morosophe, celui qui dit la vérité, et c'est un fou que Panurge va consulter pour savoir s'il doit se marier. Folie et mystique entretiennent, pour beaucoup, des liens mystérieux[43].

De l'autre côté, le rejet. Le fou, c'est l'allié du diable, le représentant de l'irrationnel; dangereux, il est le plus souvent exclu, expulsé, parfois en groupes misérables. Ce sont ces errances de

débiles mentaux, qu'en certaines occasions on envoie, avec d'autres
malades, vers des sanctuaires — comme celui de Gheel, sur le Rhin
—, qui sont à l'origine du thème de la *Nef des fous*, que Sébastien
Brant illustre dans un très long poème en 1494, rapidement traduit
et imité. Josse Bade produit une *Nef des folles* en 1497, et Murner
une *Conspiration des fous* en 1511. Le thème littéraire de la nef des
fous est la dérision des hommes qui se disent sages. La folie est utilisée comme un repoussoir : il s'agit de montrer l'absurdité d'un
monde privé de codes et d'interdits, d'un monde qui renie ses
valeurs. Ce monde est fou, et l'on en rit, mais d'un rire qui n'est
pas joyeux.

Le succès du thème est tel que l'on voit apparaître peu après
dans les carnavals allemands un char qui est la nef des fous. A bord,
des figures grotesques ou monstrueuses, désignant parfois des individus précis, ainsi que des diables, dont l'un, tout noir, lance du feu
ou de l'eau. Les diables et les fous sont dans le même bateau. C'est
le navire du Mal. C'est de cette nef infernale que s'inspire Jérôme
Bosch pour son célèbre tableau, même si, comme l'ont établi les
experts, il doit beaucoup à un poème néerlandais plus ancien, de
1413. Dans les carnavals, la nef des fous était finalement prise
d'assaut et incendiée.

Les hommes qui ont abandonné les valeurs traditionnelles sont
fous, et l'on doit se moquer d'eux. Cet aspect négatif de la folie,
objet du rire, bouffonnerie méprisable, on le retrouve en d'autres
circonstances : dans certaines danses macabres, le squelette porte
un habit de fou, et Holbein montre sur une toile un fou qui suit la
mort. Parfois, on oblige certains criminels à revêtir l'habit de fou
pour leur exécution : c'est le cas à Paris en 1530 pour un vicaire
assassin de son curé, et à Rouen en 1533 pour le prêtre Étienne le
Court. Association courante de la folie au mal, au diable, à la mort.
Dans les villes médiévales, le fou est le plus souvent en butte aux
sarcasmes, aux quolibets, aux coups ; nous avons vu que les artistes
des cathédrales le représentent recevant une pierre sur la tête. Bouc
émissaire et souffre-douleur, le fou permet de rire à bon compte des
maux, des dangers et des angoisses. Voilà pourquoi il est si présent
au carnaval, en liberté, défiant la foule ; on se moque de lui et on le
détruit. La folie est misère humaine, et cette misère, on la chasse
par le rire : « Son passage s'inscrit comme une fuite grotesque, une
cavalcade bouffonne, en butte à tous les sarcasmes et aux simulacres de violences. Tout cela, cependant, dans de grands élans
d'allégresse [44]. »

A moins que, dans le carnaval tout au moins, ce ne soient les fous
qui l'emportent. Ils pourchassent les savants, les sages, les censeurs.
Mais, que le triomphe revienne aux fous ou aux sages, la différence

est-elle si grande ? En fait, il n'y a qu'un seul vainqueur : le rire. La victoire de la dérision, sous les traits de la folie, ouvre la voie à la vérité et au bien : c'est le message d'Érasme en 1509 dans l'*Éloge de la folie*, apologie d'un bon usage du rire. Par rapport à Brant, la situation est retournée. Le monde est certes guidé par la folie, mais ici le rire est constructif : il vise à frayer le chemin à la raison. Brant, c'est le rire grinçant du Moyen Age finissant, qui constate le naufrage de ses valeurs ; Érasme, c'est le rire joyeux de la Renaissance, qui montre la folie du monde ancien pour favoriser l'éclosion d'un monde nouveau, raisonnable. Rire désabusé d'un côté, rire optimiste de l'autre : entre ces deux éclats de rire aux accents si différents, on passe du Moyen Age à l'époque moderne.

Érasme sait que la dérision n'a pas bonne presse, surtout dans l'Église. Les censeurs, écrit-il, « clameront que je ressuscite l'Ancienne Comédie, ou Lucien, qui critique et qui se plaint de tout ». Il évoque le souvenir d'Homère, de Virgile, d'Ovide, de Polycrate, de Sénèque et d'autres, qui ont utilisé la dérision avant lui. « Les gens intelligents ont toujours joui du privilège d'exercer leur esprit sur la vie humaine, tant qu'ils gardent le sens de la mesure. » Érasme ne raille pas les individus, mais les vices : le rire est ainsi mis au service de la morale. C'est ce qu'il répète en 1515 dans sa longue lettre à Martin Dorp. Il ne veut blesser personne, contrairement à ses prédécesseurs ironistes — même saint Jérôme s'en est pris avec virulence à Vigilantius. Son emploi de l'ironie ne peut que favoriser le bien : « La vérité de l'Évangile se glisse plus facilement dans l'esprit et s'y implante plus solidement si elle est présentée sous des dehors avenants que si elle était donnée à l'état brut. » Voilà qui reprend tout à fait l'idée des prédicateurs humoristiques médiévaux. Au pire, poursuit Érasme, ce n'est qu'un divertissement innocent, qui d'ailleurs a plu à beaucoup de monde : « Si c'est cela, cher Dorp, que tu appelles de la sottise, tu as un accusé qui plaide coupable ou, en tout cas, ne proteste pas. C'est ainsi que pour passer le temps, pour suivre le conseil d'amis, j'ai été sot, mais cela ne s'est produit qu'une fois dans ma vie. Or, qui est raisonnable à toute heure ? »

La vertu et la vérité ne sont pas nécessairement tristes, et le rire peut contribuer à dissiper le mal : « Cela même qui est raconté est loué par plaisanterie et par jeu sous un masque amusant, si bien que la gaieté du ton exclut toute offense. Ne voyons-nous pas quelle est quelquefois la force même sur de sévères tyrans d'un trait d'esprit agréable et dit à propos ? Je te le demande, quelles prières, quel discours sérieux auraient pu apaiser le fameux roi aussi aisément que le fit la plaisanterie d'un soldat : "Et même, fit-il, si nous n'avions pas été à court de bouteilles, nous aurions dit des choses bien plus affreuses contre toi!" Le roi se mit à rire et pardonna. Ce n'est pas sans raison si deux très grands rhéteurs donnent des conseils sur le rire, Cicéron et Quintilien. » L'argumentation d'Érasme est bien la marque d'un âge nouveau : se référant aux Anciens, il prône un retour à la vertu souriante — ce qui, en 1509, peu de temps avant le début des guerres de religion, témoigne d'un bel optimisme. Cette folie sympathique n'est qu'une fiction instrumentale : il s'agit d'amuser pour éduquer, idée humaniste s'il en fut.

Au début du XVIᵉ siècle, cette idée nouvelle est loin d'emporter l'adhésion. L'ouvrage d'Érasme suscite de vives critiques chez les théologiens qui, à cette époque, combattent les prédicateurs bouffons, comme le franciscain Michel Menot, ou comme le dominicain napolitain Gabriel Barletta, qui poussait peut-être la plaisanterie un peu loin, demandant par exemple à ses auditeurs comment, à leur avis, la Samaritaine avait bien pu reconnaître que Jésus était juif. Il faut bien avouer qu'à part la circoncision, il n'y a guère de signe évident.

LA FÊTE SOUS SURVEILLANCE

Les autorités civiles, religieuses, spirituelles, voient la dérision d'un œil très soupçonneux au XVᵉ siècle. Le grand succès de la spiritualité de l'époque, l'*Imitation de Jésus-Christ,* ne cesse de le répéter : le chrétien doit être toujours sur ses gardes, il doit être conscient de sa misère. Le rire est suspect. Lorsque Jeanne d'Arc, le 24 mai 1431, se met à rire en lisant son acte d'abjuration, les juges pensent que cela trahit sa duplicité. Simple rire de soulagement, selon Salomon Reinach. Révélatrice également, la remarque de Lemaire de Belges qui relate en 1491 la mort de Dunois : « Tel fut, sur un grand mocqueur, la sentence redoubtable de Dieu tout puissant ! »

Dieu punit les railleurs, mais il n'accueille pas volontiers non plus les rieurs au paradis. Comme l'a bien montré la grande étude d'André Vauchez sur *La Sainteté en Occident aux derniers siècles du Moyen Age,* tous les canonisés de l'époque, en particulier les évêques, sont de tristes saints : « Des jeunes gens tristes — Pierre de Luxembourg rappelait rudement à ses proches que "le Christ n'a jamais ri" —, des adolescents déçus par la réalité et qui n'attendent plus rien des institutions ecclésiastiques, tels sont les saints évêques de la fin du Moyen Age dans l'espace français[45]. » La dérision est de plus en plus perçue par les notables comme un vice, caractéristique du petit peuple ou des brigands, tels ces Caïmans qui, raconte le Bourgeois de Paris en 1449, « avaient fait un roi et une reine par leur dérision ». On les met en prison.

Ce n'était certes là que le moindre de leurs méfaits, mais cela indique néanmoins que les autorités sont désormais résolues à réprimer les manifestations collectives du rire, accusé de menacer la paix sociale. Ici se pose l'insoluble question de savoir qui a commencé : les autorités se sont-elles mises à combattre les fêtes populaires tout à fait innocentes parce que la culture de l'élite est en train d'évoluer vers des formes sérieuses et ordonnées, considérant les réjouissances du peuple comme des superstitions ? ou bien les fêtes populaires sont-elles d'abord devenues de telles occasions de troubles que les autorités ont été obligées de sévir ? Autrement dit : les élites ont-elles entrepris de tuer le rire populaire, ou le rire populaire a-t-il entrepris de subvertir les élites, provoquant la réaction de ces dernières ?

Impossible de trancher. On ne peut honnêtement pas établir l'antériorité de tel ou tel agent. Comme bien souvent dans les problèmes socio-culturels, tout est mélangé. S'il faut accorder une priorité, c'est probablement à la peur qu'elle revient. Les crises épouvantables suscitent panique, angoisse, tensions, affrontements : seigneurs et bourgeois craignent les réactions du petit peuple paysan et urbain, et prennent des mesures répressives pour assurer ordre et sécurité ; le petit peuple raille de façon agressive les dominants, dont l'incurie est rendue en partie responsable des crises. Et l'affrontement commence : rire turbulent et moqueur d'un côté, interdiction ou limitation de la fête de l'autre. Ce n'est qu'à partir des Réformes, protestante et catholique, que l'élément proprement culturel entrera en ligne de compte, avec une culture des élites plus raffinée, plus rationnelle et plus austère, condamnant le rire grossier et inconvenant du petit peuple. Pour le moment, il ne s'agit pas du choc de deux cultures, mais de celui des tenants de l'ordre médiéval contre le rire agressif, jugé partiellement dangereux, des fêtes collectives.

Les autorités civiles et religieuses réagissent de concert. A Lille, le conseil municipal interdit les jeux, les danses autour des feux de la Saint-Jean, les plantations de mais, les assemblées de paroisses dès 1382 — interdiction renouvelée en 1397, 1428, 1483, 1514, 1520, 1544, 1552, 1559, 1573, 1585, 1601. Répétition synonyme d'inefficacité, on le sait, mais aussi d'obstination dans la politique de contrôle du rire festif. De façon plus subtile, les autorités tentent aussi de prendre en main les fêtes, pour les transformer en spectacles disciplinés, célébrant l'ordre établi au lieu de le renverser parodiquement.

Le participant devient un spectateur, dont la conduite est surveillée et dictée, et les festivités deviennent une parade rituelle déployant aux yeux de tous les hiérarchies sociales. Le but est alors de remplacer le rire agressif et subversif par un rire de convention, purement ludique. Un peu partout, on assiste à ce double mouvement, aussi bien dans le nord de la France (à Valenciennes, par exemple, les turbulents groupes de jeunesse sont encadrés, et le carnaval se transforme en magnifique spectacle) qu'en Italie. Ainsi, à Florence, les deux aspects se succèdent. A la grande époque des Médicis, le prince — ici, Laurent le Magnifique — fait du carnaval un instrument au service de sa politique, « au service de sa gloire, écrit Jacques Heers, de celle de sa maison et de sa ville, de la paix publique, contre tous les fauteurs de troubles, les ennemis de son pouvoir. Le carnaval florentin de cette époque se présente à nous comme un magnifique exemple de fête joyeuse, populaire, autrefois contestataire, ensuite confisquée pour le meilleur profit de l'homme en place et des siens. C'est alors la fête des louanges et de l'exaltation [46] ».

Vasari a longuement décrit ces fêtes du carnaval florentin et leurs splendeurs, les chars, les costumes. On rit, on plaisante, on s'amuse, mais on ne conteste pas. Il s'agit bien de la politique « du pain et des jeux ». On encourage la recherche du plaisir, on célèbre l'amour, et même une certaine licence, ce qui désamorce toute tentative de contestation sociale. Il y a bien toujours un char des diables, mais c'est un pur décor conventionnel, et il n'est plus question de ces turbulents assauts par des fous et des diables : « Le carnaval médicéen et florentin reste encore, bien sûr, le royaume des fous ; mais, semble-t-il, de moins en moins, par simple référence ou habitude qui tend à se perdre. [...] La folie, érigée en spectacle, ne soutient plus tout le cortège [47]. » Sous couvert de folie, c'est en fait la célébration de la soumission volontaire et conformiste.

Avec Savonarole, qui dirige Florence de 1490 à 1498, ces réjouissances sont encore de trop. Remplacées par des processions, des lamentations et des chants de psaumes, elles disparaissent un temps. Mais le goût du spectaculaire et de l'excessif persiste, et illustre combien le rire est proche des larmes. A partir de cette époque, les Florentins organisent, pendant le carnaval, le défilé du Triomphe de la Mort, avec un immense char tout noir, orné de tous les attributs macabres : ossements, croix blanches, squelettes se dressant dans leurs cercueils à chaque battement de tambour, participants vêtus de noir, portant des masques à figure de mort, brandissant une torche noire et chantant le terrible *Miserere* qui sert de leçon à toutes les danses macabres de l'époque : « Douleur, pleurs et pénitences, ce sont maintenant nos tourments. Cette compagnie de la mort crie pénitence. Nous avons été ce que vous êtes, vous serez morts, tels que vous nous voyez. Et ici rien ne sert, après le Mal, de faire pénitence. »

Étouffer le rire libre en jouant sur l'attrait pour le spectaculaire et le théâtral, c'est un procédé couramment utilisé par tous les pouvoirs, depuis les empereurs romains les plus tyranniques jusqu'aux techniciens de la politique-spectacle démocratique, depuis les jeux du cirque jusqu'à la médiatisation actuelle des événements sportifs. Les pouvoirs du xvᵉ siècle, confrontés à la subversion ravageuse de la dérision, ont spontanément retrouvé la recette. Transformer l'acteur en spectateur tout en lui laissant l'illusion de la participation : c'est aussi ce que saura très bien faire l'Église de la Contre-Réforme avec ses pompes baroques et ses messes à grand spectacle. Au xvᵉ siècle, le mouvement ne fait que commencer. On tente de contrôler, voire d'interdire, les expressions trop turbulentes du rire collectif, ce qui provoque parfois des réactions hostiles.

La fête des fous est particulièrement visée. Les censeurs ecclésiastiques la rattachent aux fêtes païennes, et surtout tentent de la diaboliser : « Ce ne sont point des jeux, ce sont des crimes [...]. Peut-on faire un jeu de l'impiété ? Peut-on faire un divertissement d'un sacrilège ? Personne ne se joue sans danger avec un serpent, personne ne se divertit impunément avec le diable[48]. » Ou encore : « Il est vrai que si tous les diables de l'enfer avaient à fonder une feste dans nos églises, ils ne pourraient pas ordonner autrement... »

Les différentes autorités ecclésiastiques multiplient les condamnations. L'université de Paris, en 1444, déclare que les participants aux fêtes des fous « doivent être traités comme des hérétiques ». Le concile de Bâle, en 1435, interdit cette pratique, tout comme le concile provincial de Rouen en 1445. L'évêque de Reims tente d'en limiter les licences en 1479. Celui de Troyes, en 1445, avait essayé de mettre fin à la fête des fous, mais s'était heurté à une telle résistance qu'il avait dû reculer. Les meneurs sont les chanoines eux-mêmes qui, à cette occasion, improvisent des jeux satiriques le premier dimanche de janvier : « Ceux du chapitre de Saint-Pierre, de Saint-Étienne et de Saint-Urbain firent sur les hauts échafauds un certain jeu de personnages vitupérant et injuriant l'évêque et les plus notables de la cathédrale, qui avaient, en vertu de la Pragmatique, demandé la suppression de la feste. » On y met en scène des personnages allégoriques : « Hypocrisie et faux semblant et feinture que le peuple jugea estre l'évesque et les deux chanoines qui avaient voulu empêcher la fête. » Le rire est, cette fois, bel et bien agressif. La même aventure arrive en 1487 à l'évêque de Tournai. Interdiction tout aussi inefficace contre l'*obispillo* de Gérone en 1475.

Le carnaval fait l'objet d'une surveillance étroite, et les mesures prises l'assimilent au charivari. Dès 1404, le synode de Langres décide : « Que les ecclésiastiques n'assistent et ne jouent point au jeu appelé Charevari, où l'on porte des masques qui ont des figures de démons. Car non seulement nous leur défendons ce jeu, mais nous le défendons aussi à tous les fidèles de notre diocèse sous peine d'excommunication et de dix livres d'amende applicable à nous[49]. » Les autorités civiles prohibent également l'usage des masques : des arrêts des parlements de Rouen et de Paris en 1508 et 1514 en interdisent la vente dans l'enceinte du Palais. Celui de 1508 précise qu'« il est défendu à toutes personnes de porter, vendre ou acheter aucuns faux visages, masques, nez ou barbes feintes, et autres choses déguisantes, sous peine de cent livres ». Se déguiser, c'est tromper à la fois la nature et la police.

Pendant le carnaval, on renforce la surveillance ; les canons des remparts sont maintenus chargés, comme à Agde, Saint-Omer ou Valenciennes. Les conciles provinciaux multiplient les décisions contre les « farces et momeries ». Pour les charivaris, ainsi que l'a remarqué Yves-Marie Bercé, les condamnations ecclésiastiques sont beaucoup plus précoces que les condamnations civiles[50], mais cette pratique, qui visait en fait à maintenir l'équilibre social et matrimonial traditionnel par une sorte d'autodiscipline de la communauté, utilisant la dérision comme une arme, est indésirable à partir du XVe siècle. Pour les autorités, le rire collectif devient suspect, potentiellement dangereux et subversif.

Le Moyen Age se termine sur des rires et des grincements de dents. Rires de la folie et de la dérision, derrière lesquels les élites cultivées voient le ricanement du diable. L'unanimisme médiéval se brise : socialement, religieusement, politiquement, la chrétienté à l'aube de la Renaissance éclate en classes, en confessions et en États rivaux. Les affrontements qui se préparent ne prêtent pas à rire. Dans le siècle de fanatismes qui s'ouvre, l'invective est plus fréquente que l'éclat de rire. Et pourtant, c'est le siècle de Rabelais. Que signifie l'« éclat de rire assourdissant » (selon la formule de Mikhaïl Bakhtine) du moine-médecin en une telle époque ? N'est-il pas incongru, ce Gargantua hilare et bon vivant, dans une Europe où chacun se prépare sérieusement à mourir pour des idées ?

En fait, le rire de Rabelais est un manifeste, comme la Confession de foi d'Augsbourg ou le catéchisme du concile de Trente. C'est le cri de ralliement de tous ceux qui prônent une lecture comique du monde, comme d'autres prônent une lecture protestante ou une lecture catholique. C'est la fondation du parti du rire, qui cristallise immédiatement contre lui les oppositions des gens sérieux de tous bords : « rabelaisien » est une insulte chez les réformés comme chez les catholiques, mais aussi chez les gens raffinés, chez les élèves de Castiglione. Ce rire-là est intolérable. Ce rire gras qui éclate comme un coup de tonnerre, couvrant les invectives sectaires, soufflant les pages des in-folio théologiques et éclaboussant de postillons les faces blêmes des docteurs, est un blasphème, une hérésie — et la plus dangereuse de toutes : l'hérésie comique. Rabelais, pourtant, ne dit rien de plus que les farces et les fabliaux du Moyen Age. Il le dit mieux, c'est tout. Mais il le dit à contretemps. Il rigole, alors que l'heure n'est plus à la rigolade. Voilà ce qui est inexcusable. Du coup, le rire, qui au xve siècle était devenu suspect et grinçant, devient un défi. Le mal est incarné, circonscrit : c'est le rire rabelaisien, le rire bas, obscène, qui ne respecte rien, et qui probablement — assurent ses ennemis — ne croit à rien. « Rabelaisien » et « athéiste » sont désormais des termes associés, et condamnés. De cette époque date véritablement le début de l'affrontement entre partisans et adversaires du rire.

L'éclat de rire assourdissant
de la Renaissance

Le monde rabelaisien et ses ambiguïtés

D'abord, rendons à César ce qui est à César, et à Mikhaïl Bakhtine ce qui lui appartient. Son étude, déjà maintes fois citée dans les chapitres précédents, est évidemment essentielle pour l'époque de la Renaissance. Elle nous servira de point de départ pour poser les problèmes propres au siècle de Rabelais, et si nos conclusions diffèrent des siennes, son travail reste indispensable à la compréhension du rire rabelaisien.

C'est lui qui cite ce passage de B. Krjevski, auquel nous empruntons l'expression-titre de ce chapitre : « Le fracas de l'éclat de rire assourdissant qui a contaminé l'Europe avancée, qui a poussé vers la tombe les fondements éternels du féodalisme, a été une preuve joyeuse et concrète de sa sensibilité au changement de l'ambiance historique. Les éclats de ce rire "historiquement" coloré n'ont pas seulement ébranlé l'Italie, l'Allemagne ou la France (je fais avant tout allusion à Rabelais avec *Gargantua* et *Pantagruel*), ils ont aussi suscité un génial écho au-delà des Pyrénées[1]. »

Cette phrase contient l'essentiel de la thèse de Bakhtine : la Renaissance a été le rejet de la culture officielle du Moyen Age par le moyen du rire populaire, par une « carnavalisation directe de la conscience, de la conception du monde et de la littérature[2] ». Les humanistes ont utilisé la culture populaire comique médiévale comme un levier pour renverser les valeurs culturelles de la société féodale. Par le rire, ils ont libéré la culture du carcan scolastique statique, et introduit une vision du monde dynamique, optimiste et matérialiste. Le révélateur de cette révolution par le rire fut Rabelais, le Marx de l'hilarité, le fondateur de l'internationale du rire, dont l'appel à l'union des rieurs du monde entier préfigure celui que le *Manifeste* lancera aux prolétaires. Le rapprochement n'est

pas fortuit : écrivant dans l'URSS des années 1930, Bakhtine ne
pouvait pas ne pas donner à son ouvrage une allure marxiste, même
si ses positions personnelles intimes font encore aujourd'hui l'objet
de débats[3].

UN RIRE CRÉATEUR

Le rire a un pouvoir révolutionnaire. Mieux : c'est un véritable
démiurge, une puissance créatrice capable de ressusciter les morts,
reprise au Moyen Age dans la culture populaire, où vie et mort se
mêlent de façon inextricable dans un processus indéfini de
décomposition et de renaissance. Le thème est illustré au xvie siècle
par la farce *Les Morts vivants* où, pour guérir un avocat qui se croit
mort, un de ses amis simule l'état de cadavre, tout en faisant des
grimaces désopilantes qui forcent les assistants, et l'avocat lui-
même, à rire. On lui démontre alors que les morts doivent rire pour
ressusciter. Ce qu'il fait, et il guérit. Pour Bakhtine, le thème de la
mort-résurrection par le rire est une transposition dans le registre
grotesque de l'immortalité historique du peuple, et la vision
comique du monde devient ainsi le moyen par lequel la culture
populaire affirme son caractère indestructible et triomphant.
  L'hypothèse est discutable, mais féconde. Élargissons la perspective. Nous voudrions montrer que si le xvie siècle marque un véritable tournant dans l'histoire du rire, celui-ci s'inscrit dans l'évolution culturelle générale de cette époque. La Renaissance repose,
entre autres, sur la contradiction flagrante entre l'humanisme souriant et le fanatisme religieux. Face à ces deux attitudes, le rire
rabelaisien paraît incongru. Entre le sourire fin et de bon ton du
Courtisan de Castiglione et l'austérité impitoyable de Calvin, Rabelais et ses émules, avec leurs débauches de pets et de rots, leurs
grossièretés blasphématoires, font figure de marginaux contestataires, rejetés à la fois par l'ancienne et la nouvelle culture de l'élite.
  Et pourtant, leur « éclat de rire assourdissant » résonne d'un bout
à l'autre du siècle et de l'Europe. Il est en effet le premier essai de
rire total — existentiel, pourrait-on dire. Fruit à la fois de l'humanisme et de la culture populaire médiévale, il raille les anciennes
valeurs dominantes, en utilisant des formes populaires aussi bien
que savantes. Il suscite donc la double opposition des tenants de la
tradition et des partisans d'un humanisme raffiné. Ces derniers, à
l'image d'Érasme, condamnent le gros rire rabelaisien, tandis que
les premiers condamnent le rire tout court, assimilé à l'impiété.
  La Renaissance connaît donc, schématiquement, l'éclatement de

la culture en trois secteurs : le rire, le sourire, le sérieux. Mais, entre la face de carnaval et la face de carême, toutes les nuances et toutes les évolutions sont possibles. Ces trois attitudes ne sont pas nouvelles ; ce qui est nouveau, c'est que désormais elles s'opposent, se condamnent et s'anathémisent mutuellement. Finie, l'époque où l'on pouvait être à la fois dévot et rigolo, appartenir à l'élite des puissants et éclater de rire en rotant. Se conduire comme un porc et garder son prestige social est dorénavant un privilège réservé aux souverains : voyez Henri VIII. Les autres doivent choisir leur camp : l'austérité sans faille des réformateurs religieux, ne recourant au sarcasme que pour attaquer les vices et les hérétiques ; le sourire poli et supérieur du courtisan, maniant la raillerie spirituelle et volontiers méchante ; le rire bruyant de la secte rabelaisienne, prenant la vie comme un carnaval, quitte à camoufler sous les éclats de rire grotesques les bouffées d'angoisse qui s'engouffrent par les trous de l'existence.

Tous les historiens des mentalités en ont fait le constat : c'est au xvie siècle, en particulier avec l'apparition de l'imprimerie, que la coupure entre culture des élites et culture populaire s'élargit de façon décisive. « Le xvie siècle, écrit Yves-Marie Bercé, fut le moment d'une rupture entre une pratique collective exubérante, à la fois traditionnelle et indisciplinée, et, d'autre part, une religion des gens instruits, se voulant purifiée de toute excroissance idolâtre, prétendant revenir à l'essence d'une mythique Église primitive. [...] L'ensemble des gens qui lisaient et écrivaient, ensemble nouveau par son importance, perdit le souvenir des formes de pensée qui l'avaient précédé et qui continuaient, tout à côté, dans les rangs de l'immense majorité qui n'avait pas encore accédé aux prestiges de l'écrit [4]. » Mais la coupure entre culture du rire et culture sérieuse ne coïncide pas avec la coupure entre culture populaire et culture des élites. Le rire, comme façon d'envisager l'existence, se trouve aussi bien dans les élites que dans le peuple. Et le génie de Rabelais est justement d'avoir su réaliser la synthèse entre le comique populaire médiéval à base corporelle et le comique humaniste à base intellectuelle.

Avec Rabelais commence en effet le rire moderne, qui n'est plus tout à fait comique. Ce rire qui, comme le dit Octavio Paz, est « l'ivresse de la relativité des choses humaines, le plaisir étrange de la certitude qu'il n'y a pas de certitude ». Ce rire humaniste est profondément ambigu. Au-delà de la bouffonnerie de surface, Rabelais annonce l'ère de l'absurde, la nôtre, et s'il prend le parti d'en rire, c'est parce qu'il ne servirait à rien d'en pleurer. C'est la marque de tous les rieurs sérieux des temps modernes. C'est aussi ce qui lui vaut dès le xvie siècle la haine des possesseurs de vérité, qui ont compris que son rire est un souffle qui fissure les idoles, qui ébranle les temples de toutes les religions, vraies et fausses, cléricales et laïques.

« Rire charnière, le rire de Rabelais, issu de l'ambivalence carnavalesque, introduit l'ambiguïté de la dérision moderne [5] », écrit Bernard Sarrazin. Les débats d'historiens autour de l'impiété réelle ou supposée de Rabelais montrent à quel point son rire est trouble [6]. Toute son œuvre, du prologue de *Gargantua,* adressé aux « buveurs très illustres, et vous, vérolés très précieux », aux dernières lignes du *Cinquième Livre,* est un immense éclat de rire. Mais de quoi rit-il, et comment fait-il rire ? Il a « voulu prouver qu'on pouvait faire du rire haut avec du rire bas », nous dit Bernard Sarrazin. Rabelais-Janus a un rire à double sens : il utilise les recettes du rire carnavalesque médiéval et en tire un rire philosophique moderne.

Tout est à double sens, à deux niveaux chez Rabelais ; tout peut se lire à l'endroit et à l'envers. D'où son succès dans toutes les catégories sociales ; d'où aussi les interprétations contradictoires de son œuvre. Prenons l'exemple de la façon dont il aborde un des mythes fondamentaux de la fin du Moyen Age : l'enfer. Épistémon, qui y est allé voir, après les très sérieux Ulysse, Énée et Dante, et avant les très comiques Arlequin et Tabarin [7], a assisté à un véritable carnaval : l'inversion y est la règle générale. Les diables sont de « bons compagnons », et Lucifer se montre fort sociable ; quant aux damnés, « l'on ne les traite [pas] si mal que vous penseriez ». Ils occupent un emploi dont l'humilité contraste avec la gloire que chacun a connue sur terre. Il y a d'ailleurs là, pêle-mêle, des personnages historiques de l'Antiquité, de la chrétienté, et des héros mythologiques. Leur présence n'a aucun lien avec leur passé moral. César et Pompée sont goudronneurs de navires, Cléopâtre marchande d'oignons, le roi Arthur dégraisseur de bonnets, Ulysse faucheur, Trajan pêcheur de grenouilles, les chevaliers de la Table Ronde rameurs sur le Styx, Jules II crieur de pâtés, Boniface VIII écumeur de marmites, et ainsi de suite. Nicolas III (tiers), lui, n'est là que pour justifier un jeu de mots : « Nicolas pape tiers estoit papetier. »

Le point commun est le renversement des situations, les orgueilleux étant humiliés par ceux qui furent des petits sur terre. Diogène vit dans le luxe et bâtonne Alexandre qui ne lui a pas préparé ses chausses. Épictète, riche et oisif, s'amuse avec les filles, tandis que Cyrus vient mendier un denier. Jean Lemaire de Belges est là, jouant au pape, se faisant baiser les pieds par les rois et les pontifes, pour leur vendre des indulgences et des dispenses « de ne valoir jamais rien » ; les fous du roi sont ses cardinaux. Villon est là, lui aussi : il fait son marché et, comme Xerxès vend sa moutarde trop

cher, il urine dans son baquet. Dans ce monde grouillant et obscène, les vérolés sont plus de cent millions.

Cette carnavalisation de l'enfer s'inscrit dans une longue tradition de farces médiévales. Si elle fait rire, c'est par son caractère
parodique, par le rabaissement du « haut », qui est ramené à un
grouillement organique. Mais c'est aussi, pour les contemporains
de Rabelais, parce qu'elle rassure : si ce sont là les peines de l'enfer,
elles ne sont pas bien redoutables. C'est le rire du soulagement, qui
ruine les efforts terroristes de la pastorale officielle ; c'est la divine
surprise, le relâchement brutal de tension, dans lequel les analystes
voient une des sources principales du rire. Il exorcise la peur, sans
nier l'existence de l'enfer. Théologiquement, on pourrait même
dire que ce châtiment par inversion n'est pas sans valeur. Mais ce
qui le rend impardonnable, c'est qu'il est présenté par le rire. C'est
autour du rire que s'effectue la division, l'affrontement. Si l'on rit
de l'eschatologie, c'est qu'il n'y a plus rien de sérieux. Le rire apparaît comme l'arme suprême pour surmonter la peur. Qui rit de
l'enfer peut rire de tout. Le rire, voilà désormais l'ennemi, pour
ceux qui prennent tout au sérieux.

UN RIRE DESTRUCTEUR

Le rire peut même nous rendre ici-bas l'ultime service de nous
faire mourir agréablement. Mourir de rire : on en parle depuis
l'Antiquité, et Rabelais conjugue érudition historique et érudition
médicale pour nous rappeler neuf cas classiques, et les explications
de Galien, d'Alexandre d'Aphrodise et d'Avicenne, pour qui par
exemple le safran « tant esjouit le cueur qu'il le despouille de vie, si
on en prend en dose excessifve, par résolution et dilatation super-
flue[8] ».

La popularité de ce thème est manifeste à l'époque de Rabelais.
En 1503, l'humaniste Ravisius Textor consacre un chapitre de ses
morts célèbres aux « morts de joie et de rire » ; en 1507, Batista Fulgosa en rapporte également quelques cas. Dans *Gargantua*, l'épisode de Maître Janotus de Bragmardo est caractéristique : « Le
sophiste n'eust si toust achevé que Ponocrates et Eudemon s'esclaf-
fèrent de rire tant profondément que en cuidèrent rendre l'âme à
Dieu, ne plus ne moins que Crassus, voyant un asne couillart qui
mangeoit des chardons, et comme Philemon, voyant un asne qui
mangeoit les figues qu'on avoit apresté pour le disner, mourut de
force de rire. Ensemble eulx commença rire Maistre Janotus, à qui
mieulx mieulx, tant que les larmes leur venoient es yeulx par la

vehemente concuction de la substance du cerveau, à laquelle furent
exprimées ces humiditez lachrymales et transcoullées jouxte les
nerfs optiques. En quoy par eulx estoit Democrite heraclitizant et
Heraclite democratizant représenté[9]. »

La synthèse des deux figures emblématiques du rire et des larmes
résume toute l'ambiguïté de Rabelais face au drame de la vie et de
la mort, ambiguïté que confirment les rumeurs circulant sur son
propre décès : « Tirez le rideau, la farce est jouée ! » aurait-il déclaré
en ce 9 avril 1553, date de son agonie. Il aurait ajouté : « Je vais
quérir un grand *peut-être*. » Que ce « peut-être » est proche du « Que
sais-je ? » de Montaigne ! Et combien la « farce » annonce le « canular cosmique » d'Alvin Toffler ! Que la vie soit une farce, et qu'on
soit capable de le dire au dernier moment, voilà bien une audacieuse nouveauté dans le monde chrétien. Cela ne suffit pourtant
pas à faire mourir de rire, même si trois ans plus tard l'Arétin,
peintre et poète de réputation athée, y parvient presque : au cours
d'un dîner, il est pris d'un fou rire en écoutant une histoire licen-
cieuse, il en tombe à la renverse de sa chaise, et se tue. Le rire et
l'impiété ont encore une fois une fâcheuse tendance à s'associer. La
plaisanterie qui termine le testament de Rabelais n'est-elle pas une
parodie ridiculisant la charité chrétienne et les œuvres pieuses : « Je
n'ai rien vaillant ; je dois beaucoup ; je donne le reste aux pauvres » ?

Il n'est donc pas surprenant que Rabelais ait été dès le xvie siècle
assimilé à Lucien par les agélastes de tout bord, protestants aussi
bien que catholiques. Sous couvert de nous faire rire, il attaque la
vraie religion, écrit Henri Estienne : « Qui est donc celui qui ne
sçait que nostre siècle a faict revivre un Lucian en un François
Rabelais, en matière d'escrits brocardans toute sorte de religion ?
[...] Sçavons-nous pas que le but de ceux-ci a esté [...], en faisant
semblant de ne tendre qu'à chasser la mélancholie des esprits [...],
de donner des coups de becs à la vraye religion chrestienne ? C'est à
dire de ne croire de Dieu et de sa Providence non plus qu'en a creu
le meschant Lucrèce[10]. » Rabelais est mis à l'Index en 1564, et en
1587 le père J. Benedicti rappelle que celui qui lit ses œuvres « est
excommunié et ne doibt point estre absous s'il ne veut brusler tels
livres et faire penitence[11] ».

Le rire rabelaisien est-il plus impertinent que celui des farces
médiévales ? En apparence, non. Ses « impiétés » ont toutes des précédents qui n'avaient pas choqué outre mesure les autorités. C'est
là-dessus que s'est appuyé Lucien Febvre pour faire de Rabelais un
bon chétien[12]. Mais le contexte est très différent. Avec le déclenchement de la Réforme, les polémiques s'enflamment, les insultes
fusent, et les accusations d'athéisme ratissent très large. On ne peut
plus rire au xvie siècle de ce qui divertissait les foules au xive. Dans

ce climat tendu, lancer coup sur coup cinq pavés hilarants, comme le fait Rabelais, s'apparente à de la provocation systématique. Au milieu des dogmatismes déchaînés, le rire apparaît comme un insupportable blasphème.

Le rire rabelaisien est d'autant plus vivement ressenti que, derrière son érudition antiquisante, il est très moderne. Les allusions géographiques et personnelles sont claires, la satire politico-religieuse affleure nettement. Et ce qui blesse peut-être plus encore les tenants des credo opposés, campés dans une vision statique du monde, c'est que le rire rabelaisien fait surgir une donnée nouvelle, le temps, qui leur suggère que leurs combats sont stériles, parce que dépassés, déjà fossilisés, n'ayant plus de prise sur la vie. Les civilisations aussi peuvent mourir de rire, lorsque leurs valeurs sont devenues sujets de dérision. Le rire rabelaisien, c'est un peu le rire du temps, qui laisse derrière lui le monde médiéval. Comment les papistes et les huguenots lui pardonneraient-ils ? « C'est le temps lui-même, railleur et joyeux à la fois, écrit Mikhaïl Bakhtine, le temps, "le joyeux petit garçon d'Héraclite", à qui appartient la suprématie dans l'univers qui injurie-loue, frappe-embellit, tue-met au monde. Rabelais trace le tableau d'une exceptionnelle vigueur du devenir historique dans les catégories du rire, le seul possible sous la Renaissance, à une époque où il était préparé par le cours altier de l'évolution historique[13]. » Et l'historien russe rappelle fort à propos un passage de Marx illustrant cette phase ultime d'une civilisation : « L'histoire agit à fond et passe par une multitude de phases, lorsqu'elle conduit au tombeau la forme périmée de la vie. La dernière phase de la forme universelle historique est sa comédie. Pourquoi le cours de l'histoire est-il ainsi ? Il le faut afin que l'humanité se sépare joyeusement de son passé[14]. »

La dimension temporelle du rire comique de Rabelais lui confère aussi un aspect grotesque, qui pourrait facilement dériver vers des perspectives inquiétantes. Pantagruel et Gargantua restent bien sûr des figures de la joie de vivre, et l'usage thérapeutique du rire est ici évident pour le médecin Rabelais. Mais qui dit thérapie dit nécessairement maladie. Si le rire guérit, de quoi guérit-il ? Si l'auteur déclare au début de son œuvre que

> Mieux est de ris que de larmes escripre,
> Pour ce que rire est le propre de l'homme,

c'est qu'il prend parti pour le rire. Décision consciente, qui ne cache pas qu'on pourrait aussi bien prendre le parti de pleurer. Il s'agit bien d'un choix : pour Démocrite, contre Héraclite. Ce choix donne à l'œuvre entière un aspect burlesque endiablé, marqué par l'exaltation du « bas », du matériel, du corporel fondamental : manger, excréter, copuler. Rabaisser, réduire le sublime à des fonctions biologiques élémentaires, c'est évidemment très drôle, mais pas franchement optimiste. L'esprit le plus génial dépend en fait de sa digestion.

Que l'étalage du scatologique et de l'excrémentiel, que le recours à la dégradation systématique des fonctions « nobles » soit baptisé « burlesque » ou « grotesque » est très secondaire. Ce qui importe, c'est le sens que l'auteur entend donner à cette pratique. Bakhtine, qui opte pour la version optimiste, écrit : « Lorsque Hugo dit, parlant du monde de Rabelais, *totus homo fit excrementum,* il ignore l'aspect régénérateur et rénovateur de la satisfaction des besoins que l'esprit littéraire européen avait perdu à son époque[15]. » Plus récemment, Dominique Iehl, dans une étude sur *Le Grotesque,* s'oppose aussi à ceux qui, comme Kayser, voudraient chez Rabelais « découvrir, derrière l'élan dynamique, une forme de dérapage, de glissement inquiétant vers l'incohérence. Ce serait certainement une erreur, car la prouesse de Rabelais est d'avoir toujours su conserver au grotesque une tonicité exceptionnelle qui le distingue de toute forme de nihilisme ». Il fait pourtant une réserve significative : « Il n'en reste pas moins vrai que le grotesque rabelaisien est très proche du vertige, qui deviendra la figure du grotesque authentique[16]. »

DU VERTIGE RABELAISIEN AU RIRE TRAGIQUE D'AGRIPPA D'AUBIGNÉ

Ce « vertige » rabelaisien, c'est la version pessimiste et angoissée de son rire. C'est aussi ce qui fait sa modernité. Son personnage le plus humain, c'est Panurge, le médiocre, le superstitieux, le tricheur et, surtout, le peureux. Panurge est terrifié : « Je meurs de mâle peur », dit-il. Il incarne l'homme du XVIe siècle, assailli de terreurs eschatologiques autant que terrestres, mais il incarne aussi, plus largement, l'homme moderne. Géralde Nakam a pu parler de « l'angoisse ontologique de Panurge » : « Panurge n'est plus que peur. Tout l'épouvante : le cachalot, les andouilles, les paroles gelées, les Ganabim. Panurge, certes, représente l'humanité moyenne, [...] mais cette humanité a peur[17]. » Panurge survit à sa peur grâce à ses subterfuges, et surtout grâce à son humour. Peu importe l'anachronisme du terme : la chose est là. Panurge a de l'humour, d'un genre assez noir, qui l'aide à se débattre dans le combat de la vie[18].

L'humour est une qualité rare au XVIe siècle, qui pourtant en aurait bien besoin. Rabelais ne nous épargne pas la liste des atrocités et des maux de son époque : pestes, guerres et massacres sévissent en permanence ; on brûle les gens « tout vifs comme harengs saurs », on fait des barbecues d'hérétiques. La mort est partout, inséparable compagne de la vie : la naissance de Pantagruel cause la mort de sa mère Badebec. Voilà bien l'optimisme du grotesque populaire, dira Bakhtine : la mort engendre la vie. Mais on peut aussi retourner la perspective : la vie porte en elle les germes de mort. « La mort a une réalité physique, dans quelque dimension que Rabelais la présente, mythique ou chirurgicale, écrit Géralde Nakam. Tantôt elle occupe un espace infini de désespoir et de crainte : le désert de sécheresse dans lequel naît Pantagruel dans *Pantagruel,* et, au *Quart Livre,* l'abîme des flots qui menace d'engloutir nos héros dans la tempête sont à l'échelle biblique [...]. La peur tenaille tous les personnages, le feu et l'eau les enveloppent, le néant va les engloutir. Léviathan ou Apocalypse : l'immense dramaturgie de la tempête, au *Quart Livre,* renvoie effectivement à l'angoisse du Néant. Le plus souvent, la mort est détaillée avec une cruauté froide, la précision des dissections et des planches anatomiques. Il s'agit toujours alors de tueries [...]. La vérité hallucinante de la mort est aussi figurée par cette gueule énorme qui s'ouvre aux yeux de l'unique survivant des 660 cavaliers dont 659 sont pris dans la nasse et brûlés. C'est la gorge du géant Pantagruel qui est ici la Gueule de la Mort[19]. »

Quel tableau pourrait mieux illustrer les massacres des guerres picrocholines que l'épouvantable *Triomphe de la Mort* de Bruegel l'Ancien, peint quelques années plus tard ? On y voit d'ailleurs un bouffon terrorisé qui se réfugie sous une table de jeu où trône un crâne. Rabelais et Bruegel, même combat — ce qui donne tout de même à réfléchir sur le rire rabelaisien.

Il y a plus : la mort et le malheur frappent de façon indiscriminée, et semblent même avoir une prédilection pour les innocents, les bons, les doux. Ainsi, la peste tue tous ceux qui se dévouent pour les malades et épargne les méchants : « Les curés, vicaires, prêcheurs, médecins, chirurgiens et apothicaires qui allaient visiter, panser, guérir, prêcher et admonester les malades, étaient tous morts de l'infection, et ces diables pilleurs et meurtriers onques n'y prirent mal. D'où vient cela, messieurs ? Pensez-y, je vous prie[20]. » Problème du mal, qui vient s'ajouter à l'absurdité de tout le reste. N'y a-t-il pas un refuge possible ? L'abbaye de Thélème, « refuge et bastille », pourrait en être un. Vaine espérance. Cette abbaye, qui se trouve en « Utopie », est vouée elle aussi à la catastrophe. Dans ses fondations, on découvre une prophétie annonçant guerres, malheurs et désastres.

Alors, buvons et mangeons, empiffrons-nous à en crever! C'est avec raison que Géralde Nakam discerne dans les excès de table rabelaisiens l'appétit du désespoir, une « boulimie suicidaire » : « La boulimie rabelaisienne, ses envies jamais rassasiées créent le même vertige de désespoir. Les ripailles toujours recommencées de charcuteries et de tripes ne comblent pas le gouffre d'un mal-être, d'un malheur ontologiques : angoisse du sexe et angoisse de mort réunies. Au pays d'Outre et de l'excès, au *Cinquième Livre,* on diagnostique clairement cette boulimie suicidaire : mangeailles sont là crevailles, le dernier souffle est rendu par le bas, dans "le pet de la mort"[21]. » C'est bien pourquoi Panurge « fientait, pissait, rendait sa gorge, rotait, pétait, bâillait, crachait, toussait, sanglotait, éternuait, se morvait comme un archidiacre[22] ».

La réduction ultime, le comble de l'abaissement de la condition humaine se trouve dans l'aboutissement scatologique du *Quart Livre,* où Panurge, terrorisé, a fait ses besoins et fait le matamore devant ses déjections : « Que diable est cecy? Appelez-vous cecy foyre, bren, crottes, merde, fiant, déjection, matière fécale, excrément, repaire, laisse, esmeut, fumée, estront, scybale ou spyrathe[23]? » Mais non, c'est une matière précieuse, du « safran d'hibernie ». La boucle est bouclée : tout se réduit à un tas de merde. « La merde n'est donc pas nécessairement synonyme de gros comique. Comme le manger, le boire, le sexe et la mort même, bref tout ce qui touche au corps, elle est ambivalente. Panurge se conchie de peur de la mort. Tout est matière fécale, décomposition : voilà ce que dit le finale du *Quart Livre*[24]. »

La vision rabelaisienne du monde est un constat de dépit. Toutes ces histoires gargantuesques et pantagruéliques sont absurdes, et l'on peut en rire à gorge déployée, jusqu'au moment où l'on se rend compte que ce monde carnavalesque est le nôtre. Alors, on peut toujours rire, mais d'un rire très différent — le rire de l'impuissance résignée. Un grand éclat de rire au bord du précipice : voilà ce que nous offre Rabelais. Ce rire, il l'offre tout d'abord à ses contemporains, comme antidote aux terreurs et à l'angoisse : si tout se réduit à un tas de crottes, nos peurs sont bien vaines, et mieux vaut en rire.

Rabelais donne le ton du rire moderne, qui est toujours ambivalent. A l'autre bout du siècle, Montaigne s'en fait l'écho, plus discrètement. Montaigne n'aime pas la tristesse : « Je suis des plus exempts de cette passion, et ne l'ayme ny l'estime », nous dit-il dès le deuxième chapitre des *Essais.* Le sage périgourdin est un spectateur amusé de la comédie humaine. Il rit de nos prétendus savoirs : « Nos folies ne me font pas rire, ce sont nos sapiences. » Le plus comique, c'est l'homme lui-même et ses prétentions; aussi sa préférence va-t-elle à Démocrite plutôt qu'à Héraclite, auxquels il a consacré tout un chapitre : « Démocritus et Héraclitus ont esté deux philosophes, desquels le premier trouvant vaine et ridicule l'humaine condition, ne sortoit en publicque qu'avecques un visage mocqueur et riant ; Héraclitus ayant pitié et compassion de ceste mesme condition nostre, en portoit le visage continuellement triste, et les yeulx chargés de larmes [...]. J'ayme mieulx la première humeur ; non parce qu'il est plus plaisant de rire que de plorer, mais parce qu'elle est plus desdaigneuse, et qu'elle nous condemne plus que l'aultre ; et il me semble que nous ne pouvons jamais estre assez mesprisez selon nostre mérite [...]. Nostre propre condition est autant ridicule que risible[25]. »

Particulièrement ridicules sont ceux qui se croient importants, car, « au plus élevé trône du monde, si ne sommes-nous assis que sur notre cul[26] ». Formule magistrale, digne de figurer au fronton des palais royaux et présidentiels. L'ancien maire de Bordeaux le sait bien : l'opinion que nous avons des choses importe plus que les choses elles-mêmes, et l'humour suprême, celui qui témoigne de la véritable sagesse et de l'authentique détachement, c'est de mourir en faisant un bon mot. Et Montaigne nous cite toute une collection de ces bons mots, attribués à des condamnés à mort : celui qui exprime le souhait qu'on l'emmène au gibet en évitant telle rue, parce qu'il y doit de l'argent à un marchand qui pourrait lui faire un mauvais sort ; celui qui demande au bourreau « qu'il ne luy touchast pas à la gorge, de peur de le faire tressaillir de rire, tant il estoit chatouilleux » ; celui qui refuse de boire dans le gobelet du bourreau, car il craint d'attraper la vérole ; celui à qui son confesseur déclare qu'il dînera le jour même avec Notre Seigneur, et qui lui rétorque qu'il n'a qu'à y aller lui-même, car en ce qui le concerne il est en période de jeûne, et ainsi de suite[27].

Rire, pleurer : la différence est plus mince qu'on ne croit, comme l'avait déjà dit Rabelais. Souvent, « nous pleurons et rions d'une même chose » : c'est le titre même du chapitre 37 du livre premier, dont le contenu illustre abondamment le propos. Ambivalence du réel et ambivalence du rire : la prise de conscience de cette ambiguïté est une des caractéristiques de la Renaissance. Le monde est plus complexe que ne l'avait pensé le Moyen Age. Surtout, la réalité est rarement univoque et exclusive : le bien n'est jamais tout blanc, et le mal n'est jamais tout noir ; le comique et le tragique se mêlent bien souvent de façon incongrue. Les humanistes, qui collectionnent les exemples antiques, prennent la mesure de l'ambiguïté fondamentale de l'être. En outre, la science relativise les perspectives. De Colomb à Galilée, le monde s'accroît démesurément : nouveau continent, nouveaux astres. « Le monde n'est qu'un pois, un atome la France », écrit Agrippa d'Aubigné.

C'est d'ailleurs chez ce dernier auteur, désespéré par l'horreur des affrontements religieux de son époque, angoissé par la folie des hommes, que nous trouvons l'expression peut-être la plus saisissante du rire tragique. Dans une vision, Coligny assiste à son propre massacre et à la mutilation de son cadavre, qu'il sait inéluctables, et il en rit :

> ... Coligny se riait de la foule
> Qui de son tronc roulé se jouait à la boule,
> Parmi si hauts plaisirs que, même en lieu si doux,
> De tout ce qu'il voyait il n'entrait en courroux.
> Un jeu lui fut des Rois la sotte perfidie,
> Comique le succès de la grand' tragédie [28].

Ne sommes-nous pas là au bord de la folie? Le monde des guerres de religion est un monde de fous. Ces groupes de fanatiques qui se massacrent à propos de ridicules détails imaginaires, au nom d'une religion d'amour, atteignent le comble de la déraison — déraison mortelle et diabolique. C'est l'Europe entière qui devient une nef de fous. La folie du XVe siècle était encore une folie douce, que le sage et le moraliste pouvaient utiliser pour nous faire rire des défauts et des vices : « Vous riiez et applaudissiez avec un sourire tellement béat qu'en vous voyant autour de moi je pouvais penser que vous étiez ivres de nectar comme les dieux homériques, avec un zest de drogue pour vous faire oublier vos soucis », déclare la Folie aux hommes dans l'*Éloge de la folie* d'Érasme. C'est encore là une folie positive, la folie du « morosophe », le fou-sage, qui peut nous guider en nous montrant le caractère dérisoire de nos actes et de notre vie. Cette folie-là est amusante. Elle peut même avoir de discrets accents rabelaisiens, comme lorsqu'elle rappelle aux hommes qu'ils doivent tous leur existence à la « partie honteuse » de leur être. L'« origine du monde » est bien là : « Je vous le demande : qu'est-ce qui engendre les dieux et les hommes : la tête, la figure, le sein, la main ou l'oreille, toutes parties considérées comme respectables du corps? Absolument pas. Le propagateur de la race humaine est cette partie si ridicule et absurde qu'on ne peut même la nommer sans rire [29]. »

Le thème de la folie, nous l'avons vu, est envahissant au tournant des années 1500. Les sots et les fous sont de plus en plus présents dans la littérature, mais leur rôle est encore positif; spectateurs goguenards, ils se moquent de l'ancien monde, du monde médiéval et scolastique. Vers le milieu du siècle, cette folie douce chavire dans la démence frénétique en passant des livres au monde réel. Les fous furieux qui s'étripent au nom du Christ sont les hérauts d'une ère nouvelle. Ils rient toujours, mais ce rire devient rictus et sarcasme de haine. Michel Foucault l'a très bien vu, mais il situe à notre avis le déplacement un demi-siècle trop tôt : la folie se substitue à la mort, la danse des fous succède à la danse macabre, et sous le capuchon à clochettes se cache le crâne vide ricanant. « La dérision de la folie prend la relève de la mort et de son sérieux. De la découverte de cette nécessité qui réduisait fatalement l'homme à rien, on est passé à la contemplation méprisante de ce rien qu'est l'existence elle-même. L'effroi devant cette limite absolue de la mort s'intériorise dans une ironie continue ; on le désarme par avance ; on le rend lui-même dérisoire. [...] Mais ce qu'il y a dans le rire du fou, c'est qu'il rit par avance du rire de la mort ; et l'insensé, en présageant le macabre, l'a désarmé [30]. »

Cette folie grinçante universelle sert des objectifs multiples et contradictoires. Moralement, son rire est à la fois rire du vice et dérision du vice. Le pécheur est un fou qui rit, du rire du diable, mais en même temps on rit du pécheur. Intellectuellement, cette folie est à la fois auxiliaire et ennemie de la raison. L'homme est fou ; l'homme en rit, et ce même rire peut simultanément être source de sagesse : « Peut-être est-ce là le secret de sa multiple présence dans la littérature à la fin du XVIe siècle et au début du XVIIe siècle, un art qui, dans son effort pour maîtriser cette raison qui se cherche, reconnaît la présence de la folie, de *sa* folie, la cerne, l'investit pour finalement en triompher. Jeux d'un âge baroque [31]. » A la fin du XVIe siècle, le rire de la folie est intégré à la littérature, « signe ironique qui brouille les repères du vrai et du chimérique », conclut Michel Foucault.

LE TRIOMPHE DU FOU DU ROI : LE SIÈCLE DE TRIBOULET-CHICOT

Un personnage incarne ce rôle ambigu du morosophe, qui fait surgir la raison de la folie : le fou du roi, qui connaît son apogée au XVIe siècle, dans toutes les cours européennes. Même le pape en a un : en 1538, à Aigues-Mortes, François Ier offre des toiles d'or et une médaille à Le Roux, « plaisant » du souverain pontife. Les conciles interdisaient pourtant cette pratique aux ecclésiastiques, mais n'interdisent-ils pas aussi les astrologues et les castrats, qui se pavanent au Vatican ?

C'est sous François Ier que le fou royal devient vraiment un personnage central : qui ne connaît le fameux Triboulet, plus célèbre que la plupart des ministres ? Ce fils de paysan, chétif et hébété, dont le vrai nom est Férial, est né près de Blois. Sorte d'avorton voûté, doté de gros yeux et d'un nez proéminent, il avait été engagé très jeune par Louis XII, qui l'avait confié à un gouverneur, Michel Le Vernoy. Ses railleries caustiques, sa fausse naïveté, son solide bon sens font de lui un conseillé très écouté du roi. François Ier lui permet d'assister au Conseil, de donner son avis, de dire à chacun sa vérité, de se conduire avec la plus grande impertinence. Son rôle est d'exprimer la vérité par le rire, par la dérision, en appelant les choses par leur nom, c'est-à-dire en ramenant les sublimes « raisons d'État » à ce qu'elles sont en réalité : de vulgaires calculs d'intérêt. Avec l'affirmation de l'absolutisme, le roi, entouré de conseillers-courtisans, a tendance à perdre le contact avec le réel, et surtout avec les aspects déplaisants du réel. Seul le pseudo-fou peut impunément démystifier, dévoiler les chimères et les faux savoirs. A condition de bien jouer son rôle, éminemment ambigu : qui peut connaître la psychologie exacte de ces êtres hybrides, mi-sages, mi-fous ? Dans quelles proportions sont-ils acteurs et s'assimilent-ils à leur personnage ?

Triboulet, c'est le rire ministre d'État, le rire de la folie-sagesse. Rabelais ne s'y est pas trompé, qui l'a utilisé dans ses folles histoires. Dans le *Tiers Livre*, Panurge donne à Triboulet une tenue de fou, et suit son conseil d'aller consulter l'oracle de la dive bouteille[32]. François Ier possède plusieurs fous, dont le Noir Ortis, converti au christianisme et qui a même prononcé ses vœux de franciscain ; Clément Marot composera son épitaphe. Il y a aussi Villemanoche et Guillaume de Louviers : plus on est de fous, plus on rit, et plus on rit, plus on est sage.

Le successeur de Triboulet est un méridional : Jean-Antoine Lombard, dit Brusquet, né à Antibes vers 1520. Aventurier sans scrupules, il fait une brillante carrière grâce à son habileté et à son audace. Après de rudimentaires études de médecine, il débute comme charlatan : chirurgien dans l'armée française, il invente une potion plus meurtrière que les mousquets ennemis. Condamné à mort par le connétable de Montmorency, il est interrogé par le dauphin, à qui il a l'aplomb de répondre : « Monseigneur, en est-il un seul, parmi ceux que j'ai soignés, qui soit jamais venu se plaindre à vous ? Ne les ai-je pas guéris à perpétuité ? » Voilà bien le type de vérité que l'on attend d'un fou, et que l'on ne tolérera de personne d'autre : guérir un patient d'une maladie ordinaire, lui permettre ainsi de vivre quelques années de plus pour finalement mourir d'une maladie dix fois plus douloureuse, est-ce vraiment de la médecine raisonnable ?

Séduit par sa personnalité, le dauphin, futur Henri II, accorde à Brusquet sa grâce et le conserve comme fou de cour pendant tout son règne. Il jouera également un rôle sous François II et Charles IX. Brantôme a rapporté de nombreuses anecdotes relatives à ses plaisanteries d'un goût douteux, dont la victime est Pierre Strozzi, maréchal de France, qui réplique sur le même registre. Brusquet raconte à deux cordeliers que Strozzi est possédé du démon : ils viennent le surprendre au lit pour l'exorciser, et la séance dégénère en bagarre dans la chambre du maréchal, avec force jurons, sous les yeux de Brusquet, hilare. Il offre à Strozzi un repas grotesque, avec des pâtés contenant de vieux harnais; il fait un trou dans son somptueux manteau avec une broche. Fort du soutien royal, il se permet tout, et la cour se croit obligée de rire de ses malhonnêtetés; il se fait offrir bijoux, objets précieux, obtient la charge lucrative de maître de la poste aux chevaux du roi. Pourtant, ce rieur n'aura pas le dernier mot. Une première fois, Strozzi le dénonce à l'Inquisition, qui le fait arrêter; c'était une blague, et le maréchal le fait libérer. Mais Brusquet a le malheur d'avoir des parents huguenots, et le camp des Guises n'a pas le sens de l'humour : il doit donc s'exiler chez la duchesse de Bouillon, et meurt en 1567 ou 1568.

Autre fou remarquable du règne d'Henri II : un Picard, Thony, c'est-à-dire Antoine, natif des environs de Coucy. Celui-ci est un pur-sang, issu d'une famille spécialisée dans la reproduction des fous : ses deux aînés exercent la même charge, dont l'un au service d'Hippolyte d'Este. C'est un professionnel, dont la formation a été confiée par le duc d'Orléans à Louis de La Grove, dit La Farce, ex-bouffon devenu entraîneur de fous. Détail amusant (?) : Thony se destinait à la prêtrise, avant de se vouer à la bouffonnerie. D'abord au service d'Henri II, il passe ensuite à celui du terrible connétable Anne de Montmorency, qui stimule son humour noir : « Dieu nous garde des patenôtres de Monsieur le Connétable », aurait-il dit face aux grappes d'hérétiques pendus sur ordre d'Anne. Thony reste apparemment en fonction jusque vers 1572, et le connétable en est très satisfait : « A plus de soixante-cinq ans, il découvrait l'envers du monde, sa face dérisoire, et cela, semble-t-il, l'enchantait », écrit Maurice Lever[33].

Contemporain de Thony, l'impertinent Martin Le Bailli, qui se permit de porter le grand collier de l'ordre de Saint-Michel. Sous Charles IX, on trouve aussi Étienne Doynie, Pierre de Provins, Greffier de Lorris. Henri III, outre ses mignons, raffole des fous — qui jouent, comme les premiers, un rôle ambigu. Le côté théâtral du personnage ne peut que séduire un souverain qui, de plus, est très porté sur la raillerie et les mots d'esprit. Aussi accorde-t-il à ses fous une licence assez exceptionnelle, ainsi que de grands honneurs et avantages, scandalisant les ecclésiastiques de son entourage. Pour bien des moralistes religieux, c'est le diable qui parle par le fou du roi, et ils voudraient envoyer au bûcher cet agent de l'Antéchrist comme sorcier. Lorsqu'en mars 1584 le roi anoblit Chicot, les protestations fusent, et lorsque meurt Thulène, le poète de cour Jean Passerat demande à recevoir la même gratification que lui :

> Sire, Thulène est mort, j'ai vu sa sépulture.
> Mais il est presque en vous de le ressusciter :
> Faites de son état un poète héritier :
> Le poète et le fou sont de même nature.

Les prédicateurs de la Ligue sont particulièrement virulents. Après la mort du roi, le curé Jean Boucher stigmatise ainsi son fou Sibilot : « Ce que fut Henri, on peut en juger par cette brute impure, par cet épouvantable monstre de Sibilot. Quoiqu'il n'y ait rien de plus ignoble que cet être, rien de plus enclin à l'ivrognerie et à la débauche, de plus porté à se souiller de blasphèmes, il affichait une joie bruyante en le voyant, le bâton à la main, l'écume à la bouche, comme un chien enragé, les yeux enflammés et furieux, bavant la sanie... » Il est même possible que l'on ait tenté d'assassiner Sibilot, car un compte de 1588 accorde une gratification à un médecin qui a fait « panser Sibilot d'une blessure qu'il a eue ».

Le plus célèbre fou d'Henri III, peut-être en partie grâce à Alexandre Dumas, fut Antoine Anglarez, surnommé Chicot à cause de sa petite taille. C'est encore un méridional, avec toute la verve joyeuse que cela suppose, né vers 1540 à Villeneuve-sur-Lot. Esprit vif, spirituel, railleur, apte à déceler les défauts et les ridicules de chacun ainsi qu'à manier la satire, c'est en fait un militaire, qui a d'abord servi le marquis de Villars, puis Charles IX en tant que messager officiel, puis le duc d'Anjou comme « porte-manteau », chargé de sa garde-robe. Il ne s'agit donc pas d'un professionnel du rire. S'il n'a jamais eu le titre de fou, il en remplit la fonction : le roi le laisse se livrer à ses bouffonneries « quand il voulait », dit Agrippa d'Aubigné. Contrairement à Sibilot, il est assez populaire, car il n'hésite pas à s'en prendre aux mignons. Au milieu de cette cour absurde où tout est dévoyé, il apparaît à beaucoup comme le seul homme de bon sens, dont le rire exprime la vérité, ainsi qu'en témoigne ce pamphlet :

> La roine-mère conduit tout,
> Le duc d'Espernon pille tout,
> La Ligue veut faire tout,
> Le Guizard s'oppose à tout,
> Les princes du sang perdent tout,
> Le cardinal est bon à tout,
> Le roy d'Espagne entend à tout,
> Chicot tout seul se rit de tout.

La vérité, la triste vérité par le rire, seul Chicot peut se permettre de la dire à son « Henriquet ». En décembre 1585, alors que l'autorité royale est au plus bas, que Guise, Damville et Henri de Navarre règnent en Champagne, Languedoc et Gascogne, il déclare crûment à Henri III, d'après le *Miroir des princes* de René de Lucinge : « Tu es le plus malheureux homme du monde, et moi l'autre. Toi, parce que tous tes sujets se moquent de toi, et, pour être né grand roi, tu seras le plus petit qui fût jamais en France, car tandis que tu fais du moine avec tes dévotions, en ouira dire qu'il y a un roi de Champagne, l'autre de Languedoc, l'autre de Gascogne et te mettront du froc sur la tête. Et moi, alors, je serai malheureux, car ils me donneront du pied au cul. »

L'esprit de Chicot ne pouvait que plaire à son presque compatriote Henri de Navarre, qui, devenu Henri IV, prend à son service ce bon compagnon : « Le roi aimait cet homme, écrit L'Estoile, tout fol qu'il était, et ne trouvait rien mauvais de tout ce qu'il disait. » La familiarité de Chicot avec Henri IV est sans bornes. Il appelle le roi « mon petit couillon », « mon petit roi de Bourbon », « le premier hérétique de tous les rois de France », et signe « Superintendant de la Bouffonnerie de Sa Majesté ».

Plus que jamais, le bouffon exprime la vérité, en termes crus, voire cyniques ; il a le privilège de pouvoir dire tout haut ce que tout le monde pense tout bas, ce qui est fort utile au roi pour faire entrevoir la réalité à ceux qui n'auraient pas encore compris ou qui feraient semblant de croire que la politique est guidée par les grands principes et les idéaux moraux et religieux. Si Henri IV pense tout bas que « Paris vaut bien une messe », Chicot se charge de le dire tout haut : pour un roi, peu importe la religion, Dieu et le diable ; seul compte le pouvoir. L'Estoile rapporte ses propos au souverain en 1592 : « Penses-tu pas, monsieur mon ami, que la charité que tu as à l'embrassement de ton royaume doit excéder toute charité chrétienne ? De moi, je tiens pour tout assuré que tu donnerais, à un besoin, les huguenots et papistes aux pronotaires de Lucifer, et que tu fusses paisible roi de France. Aussi bien dit-on que vous autres rois n'avez guère de religion qu'en apparence[34]. » La même année, devant toute la cour, Chicot donne ce conseil au roi : « Monsieur mon ami, je vois bien que tout ce que tu fais ne te servira de rien à la fin, si tu ne te fais catholique. Il faut que tu ailles à Rome, et qu'étant là tu bougeronnes le pape, et que tout le monde le voie, car autrement ils ne croiront jamais que tu sois catholique. Puis tu prendras un beau clystère d'eau bénite, pour achever de laver tout le reste de tes péchés[35]. »

On le voit bien : la fonction de bouffon du roi a sensiblement évolué au cours du XVIe siècle. Le fou, sous couvert de se moquer du roi, est devenu son instrument, son conseiller, son porte-parole. Ce n'est plus un contre-pouvoir par la dérision, c'est un guignol de l'information, un intermédiaire entre le souverain et les sujets, chargé d'expliquer les vrais motifs de la politique royale derrière une façade drôle. Le rire est passé au service du pouvoir; il a pour mission d'exposer les motivations réelles — et peu avouables — de la politique, tout en faisant semblant de les répudier. Mettre la vérité dans la bouche du fou, c'est un moyen de maintenir la fiction de la respectabilité du pouvoir; expliquer la réalité en évitant le cynisme. Le rire est alors devenu un véritable instrument de propagande.

Ce jeu convient très bien à Henri IV. Mais il ne peut fonctionner que si le pouvoir reste lucide. S'il devient sa propre dupe, s'il finit par croire à ses propres motivations nobles, par s'identifier à ses prétextes moraux et religieux, alors le jeu est terminé. Si le Roi Très Chrétien et le Roi Catholique s'imaginent vraiment être Très Chrétien et Catholique, et s'ils veulent vraiment le faire croire aux autres, alors on tombe dans la tragédie. On ne joue plus, on ne rit plus, on se prend au sérieux : il n'y aura pas de place pour un fou de cour chez Louis XIV.

C'est avec Henri IV, dans cette cour baroque et dissipée, que le rôle de bouffon du roi atteint son ultime développement, faisant du rire un auxiliaire de la politique et gardant à cette dernière son aspect de grand jeu, qui n'a pas encore perdu tout contact avec la réalité. C'est encore Chicot qui rappelle au roi cette prosaïque réalité, et qui l'avertit de se méfier des dévots qui se prennent au sérieux, les ligueurs : « Je ne m'ébahis pas (dit-il une autre fois à Sa Majesté en bouffonnant) s'il y a tant de gens qui aboient à être rois, et s'il y a de la presse à l'être : c'est chose désirable; c'est un beau mot que roi de France, et le métier d'en être tel est honnête, car en travaillant une heure de jour à quelque petit exercice, il y a moyen de vivre le reste de la semaine, et se passer de ses voisins. Mais pour Dieu, monsieur mon ami, gardez-vous de tomber entre les mains des ligueurs, car vous pourriez tomber entre les mains de tel qui vous pendrait comme une andouille, et puis ferait écrire sur votre potence : *A l'écu de France et de Navarre, céans a bon logis, pour y demeurer à jamais.* Cela est dangereux pour le passage des vivres[36]. »

Chicot étant mort en 1592, c'est un ancien cuisinier du cardinal de Bourbon, Guillaume Marchand, dit Maître Guillaume, qui prend bientôt la relève. Très laid, farfelu et spirituel, il illustre le rôle nouveau du fou du roi, intermédiaire entre le souverain et le peuple. Installé sur le Pont-Neuf, il lit aux passants de petits écrits satiriques, dont il n'est qu'en partie l'auteur, en vers ou en prose, commentant la politique. C'est une sorte de chansonnier, qui incarne le bon sens populaire. Très apprécié, il fait beaucoup rire même un bourgeois comme L'Estoile, qui collectionne précieusement ses bulletins d'information satirique : « J'ai baillé ce jour à Mᵉ Guillaume, de cinq bouffonneries de sa façon, qu'il portait et distribuait lui-même, cinq sols ; qui ne valent pas cinq deniers, mais qui m'ont fait plus rire que dix sols ne valent. »

Cet oracle du rire, que l'on consulte beaucoup, sait parfaitement utiliser le comique pour désamorcer l'audace de ses propos, comme le rapporte la brochure anonyme intitulée *Remontrance de Pierre du Puis sur le Réveil de Maistre Guillaume* : « Ce qu'il disoit estoit tellement environné de griblettes, d'excuses et d'exceptions, que l'on ne pouvoit luy rien reprocher, sinon qu'il mordoit en riant. » Il se mêle de toutes les affaires politiques, et s'oppose à la fois aux huguenots et aux jésuites. Pour les premiers, son rire est le rire du diable, et le pamphlet anonyme intitulé *Le Lunaticque à Maître Guillaume,* le lui fait savoir : « Tu fais bien de ne pas aimer les réformés : le diable même ne les voit qu'à regret ; car s'ils étaient crus, on retrancherait les fous et les bouffons. » Quant aux seconds, il leur reproche d'avoir attiré le roi dans les « lacs de [leur] amielleuse religion ». Pourtant, il prend le parti du confesseur du roi, le père Coton, qui se trouve en butte à de graves accusations après l'assassinat d'Henri IV ; ainsi compose-t-il un libelle vengeur contre le virulent pamphlet de l'*Anticoton* :

> Cy-gist Monsieur l'Anticoton
> Dans la terre jusqu'au menton
> Par le bras de Maistre Guillaume
> Qui en a purgé ce royaume.

Maître Guillaume, qui a son franc parler, caractérise à sa façon le désordre des mœurs qui règne à la cour : « Nous sommes en royaume de fouterie. » Il s'en prend aux parvenus, aux nouveaux riches, aux bourgeois gentilshommes. Chacun à sa place, dans la pyramide sociale voulue par Dieu et le roi : le bouffon se fait défenseur du conformisme et de l'ordre social, et met la dérision au service du pouvoir. Dans *L'Alphabet moral de Maistre Guillaume,* il écrit :

> Heureux est le sujet qui tient toujours la trace
> que son prince lui marque, et point ne la surpasse.
> [...]
> Nous serons à jamais invincibles en France,
> tant que nous vivrons en bonne intelligence.
> Les ennemis forains ne pourront rien sur nous.
> Mais si, folz insensez, nous venons à desmordre

de ce lien sacré qui nous tient en bon ordre,
sans faute s'en est faict et nous périrons tous.

Ce n'est plus de la bouffonnerie, c'est de la plate morale. Le rire
contestataire du fou est devenu le conformisme sérieux du moraliste. Dès lors, la fonction ne semble avoir plus guère de justification. Le jeune Louis XIII, qui « haïssait naturellement les plaisants
et les bouffons », nous dit son médecin Héroard, s'accoutume pourtant à Maître Guillaume, qui approuve l'assassinat de Concini.
Mais la fonction paraît désormais archaïque, et les derniers titulaires n'auront guère d'importance.

A la même époque, les mésaventures de Nicolas Joubert, « Prince
des Sots », chef de la confrérie burlesque des Enfants sans Soucy,
vont confirmer que les temps changent. Cette confrérie fusionne
avec celle de la Passion, mais le Prince des Sots a toujours l'obligation de faire une entrée solennelle à Paris, l'« entrée sotte », en réga-
lant à ses frais la compagnie. Nicolas Joubert, dit Angoulevent,
voudrait bien s'en dispenser. On le contraint à respecter ses obliga-
tions ; il fait appel. Au cours du procès, en 1606, l'avocat Julien
Peleus tente de justifier la nécessité d'un fou public, « charge non
seulement plaisante, mais grandement nécessaire à l'État. [...]
L'appelant n'est ni farceur, ni joueur, mais c'est le Président, le
Prince et le Monarque des joueurs, comédiens et farceurs ». Peine
perdue. L'âge nouveau n'est pas celui de la farce. Le carnaval a fait
son temps, et le siècle de Louis XIV qui s'ouvre veut du sublime,
pas de la bouffonnerie. Angoulevent conservera sa fonction, mais
elle s'éteindra avec lui.

A la cour, au XVIe siècle, il n'y a pas que des fous : il y a aussi des
folles. Presque toujours, elles appartiennent à l'entourage des
reines et des princesses. L'histoire a retenu au moins Madame de
Rambouillet, à la cour de François Ier, puis la Cathelot, diminutif
de Catherine, qui a fait rire bien des princesses : Marguerite de
Navarre, puis Marguerite de Valois, sa nièce, puis Éléonore
d'Autriche, puis ses filles, Madeleine et Marguerite. Catherine de
Médicis entretient une extravagante ménagerie de guenons, de
nains, de naines, d'animaux exotiques, de musulmanes (une Mau-
resque et une Turque) et de folles, dont deux sont connues : la Jardinière et Jacquette. Sa fille Élisabeth a comme folle une certaine
Legat.

Henri IV, on s'en serait douté, a aussi une folle : la Mathurine,
sorte de dragon hermaphrodite, ex-cantinière de l'armée, dont les
plaisanteries de corps de garde provoquent le rire tonitruant du
Vert Galant. Les courtisans, pourtant mal dégrossis et blasés, sont
écœurés des façons de cette « audacieuse folle, plus impudente que
sotte », s'indigne Pierre Colins. Elle est omniprésente à la cour, et

dîne parfois à la table du roi. Elle est là le 27 décembre 1594, lors de l'attentat de Jean Chastel; dans la confusion — et cela est révélateur des manières délicates de la dame —, le roi croit au début que c'est elle qui lui a cassé une dent en lui donnant une bourrade, comme le raconte encore L'Estoile : « A l'instant le roi, qui se sentit blessé, regardant ceux qui étaient autour de lui, et ayant avisé Mathurine sa folle, commença à dire : "Au diable soit la folle ! Elle m'a blessé !" Mais elle, le niant, courut tout aussitôt fermer la porte, et fut cause que ce petit assassin n'échappât[37]. » La folle a plus de présence d'esprit que les courtisans...

Mathurine touche douze cents livres de gages pour amuser le roi; Maître Guillaume, dix-huit cents, et ces fonds proviennent des Menus Plaisirs. Le fou et la folle ont aussi de nombreux avantages en nature. Un rapide coup d'œil à l'étranger permet de constater que la situation y est identique. En Espagne, on connaît le fou de Charles Quint, Perricquou, et la tradition se perpétue plus longtemps qu'en France : Vélasquez a, au XVIIe siècle, immortalisé les bouffons du roi dans six portraits célèbres. En 1638, on signale que le fou de Philippe IV assiste à une corrida couronne en tête et sceptre à la main. Cette identification du roi et de son contraire se retrouve en Angleterre, où Monarch est le fou d'Élisabeth; à Milan, on choisit comme fou le sosie du condottiere Malatesta, et à Mantoue il s'appelle Primogenitus. Le fou est l'envers du roi, le roi pour rire, destiné à rappeler au souverain sérieux la réalité concrète. Le rire comme équilibre du pouvoir politique : voilà qui est digne du siècle de Rabelais.

RIRE ET NATURE HUMAINE. LE CAS DES INDIENS

L'intérêt pour le rire sous ses différents aspects marque véritablement la Renaissance. Des traités en soulignent la valeur thérapeutique. En 1560, le médecin Laurens Joubert publie le *Traité du ris, contenant son essence et ses mervelheux effeis, curieusement recherchés, raisonnés et observés...* En 1579, le même auteur fait paraître la *Cause morale de Ris, de l'excellent et très renommé Démocrite, expliquée et témoignée par ce divin Hippocras en ses Epîtres.* Il se fonde sur le *Roman d'Hippocrate,* alors très prisé dans les milieux intellectuels, qui expose les vertus du rire. Pour Joubert, rire est « le plus merveilleux » des dons de Dieu; c'est un privilège accordé « au seul homme d'entre tous les animaux, comme étant le plus admirable », et qui lui permet d'avoir une vie sociale et psychologique équilibrée. Ce médecin prend donc le contre-pied de la théorie diabolique du rire;

il en fait un don divin, tout comme Ronsard qui écrit, dans un poème dédié à Belleau :

> Dieu qui soubz l'homme le monde a soumis,
> A l'homme seul, le seul rire a permis
> Pour s'esgayer et non pas à la beste,
> Qui n'a raison ny esprit en la teste.

L'importance du rire dans la culture de la Renaissance est également révélée par une nouveauté : le rire entre dans la « grande » littérature. Confiné aux genres populaires de la farce et de la sotie pendant le Moyen Age, qui ne traitait les sujets nobles — philosophie, théologie, histoire — qu'avec le plus grand sérieux, voici qu'avec Boccace, Rabelais, Cervantès et Shakespeare le rire accède au statut philosophique. Avec les exemples des Anciens, mais en s'appuyant aussi sur les découvertes modernes, on s'aperçoit que le rire peut constituer une vision globale du monde, qu'il peut avoir une valeur explicative et existentielle, qu'il peut se poser en rival de la conception sérieuse et tragique qu'imposait le christianisme officiel. Le rire n'est pas qu'un divertissement, il peut aussi être une philosophie : c'est là l'une des grandes découvertes de la Renaissance, qui donne au rire droit de cité dans la grande littérature.

Les esprits les plus curieux s'interrogent par exemple sur le rôle du rire dans la communication, et c'est pour eux une première remise en cause des absolus de l'époque. Prenons le cas de Jean de Léry, ce calviniste convaincu, qui en 1556 rejoint la petite communauté française de la « France antarctique » établie à l'entrée de la baie de Rio. En 1578, revenu en France, il relate son expérience dans l'*Histoire d'un voyage en terre de Brésil*. Une de ses plus grandes surprises, en arrivant de l'Europe sérieuse et fanatique, a été de constater que les Indiens rient sans cesse. C'est un « peuple fuyant mélancolie », écrit-il : « Ils haïssent les taciturnes, chiches et mélancoliques. » L'état de nature serait-il une hilarité permanente ? « Ils ne s'en font que rire. » Une pirogue s'est-elle renversée, provoquant la panique des Européens ? Ils « se prindrent si fort à rire que comme une troupe de marsouins nous les voyons et entendions souffler et ronfler sur l'eau[38] ». Les Européens font-ils rôtir une poule ? Les Indiens s'attroupent, « se rians et moquant de nous ». Ils rient de ces Blancs qui ne cessent de parler en mangeant, qui ont des vêtements bizarres, etc. Ils rient des événements les plus horribles, comme des actes de cannibalisme. Une fois, Jean de Léry croit qu'on se prépare à le manger, alors que ce n'est qu'une méprise, qui suscite un éclat d'hilarité. Une autre fois, les Indiens s'apprêtent à tuer et à manger une femme ; Jean de Léry, charitable, lui propose de la baptiser avant, mais elle lui rit au nez : « Elle, s'en riant derechef, fut assommée et mourust de ceste façon[39]. » On en fit un joyeux repas. L'auteur a-t-il conscience de l'incongruité de son geste ?

Jean de Léry est perplexe. Que signifie ce rire perpétuel, mystérieux, ambivalent ? Exprime-t-il l'innocence originelle, la joie dionysiaque d'une liberté totale ? Ne traduit-il pas plutôt la perversion satanique d'une humanité qui n'a pas été rachetée du péché originel ? Le rire pourrait aussi être le signe révélateur fondamental de la condition humaine. Dieu a-t-il créé l'homme rieur, ou le rire est-il au contraire le signe de sa déchéance ?

A un niveau moins élevé de spéculation, Jean de Léry perçoit aussi le rôle social du rire. Il lui arrive de rire avec les Indiens, rire complice d'amitié, voire d'autodérision : le rire des Indiens lui fait par exemple comprendre le ridicule des modes vestimentaires européennes. Ainsi le rire du sauvage peut-il être la voix de la raison. Ce peut également être le rire de l'exclusion, du rejet : les Tupinambás alliés des Français, rient des autres peuples indiens. En même temps, Jean de Léry prend conscience du caractère dérisoire des conflits entre Européens : dans la petite communauté blanche perdue sur le continent sud-américain, on se déchire entre partisans et adversaires de la transsubstantiation !

LE RIRE COMME ARME OFFENSIVE. NAISSANCE DE LA CARICATURE

Ce débat nous ramène en Europe où, paradoxalement, les luttes religieuses du XVIe siècle contribuent à un nouvel essor du rire : le rire comme arme satirique de propagande. Cet usage n'est évidemment pas nouveau, nous l'avons vu. Mais il acquiert alors de plus vastes dimensions, par le caractère fondamental des enjeux et la violence des affrontements. L'alliance du rire et de la haine religieuse donne tout son sens à l'expression du rire diabolique.

Lorsque le rire s'en prend au sacré, la conflagration est terrible, car le sacré, c'est le sérieux par excellence, c'est l'intouchable. Le tourner en dérision, c'est le sacrilège et le blasphème, c'est s'attaquer aux fondements mêmes de l'existence. Tel est l'avis de Calvin, invectivant ces « moqueurs » qui « se gabent » aussi bien des réformés que des catholiques ; ils « se rient bien en plaisantant de la sottise et des badinages des papistes », parce qu'en fait ils n'ont aucune religion. Voilà ce qui rend Érasme insupportable aux yeux des fanatiques de tous bords : il introduit la plaisanterie dans la religion. Curieusement, il est même pris à partie à ce sujet par Étienne Dolet, qui n'a pourtant rien d'un bigot. En 1534, dans une lettre à

Guillaume Scève, il traite ainsi le Hollandais de « bouffon », coupable d'humour sacrilège : « Il rit, plaisante, fait des jeux de mots, à propos du Christ lui-même. » L'année suivante, dans le *De imitatione cireroniana adversus Desiderium Erasmus,* il le qualifie de « Lucien » et de « sans Dieu ». Accusations qui laissent perplexe, de la part d'un homme qui sera brûlé en 1546 comme « athée relaps ». Cela signifie simplement que l'intrusion de la dérision dans la religion est ressentie par beaucoup comme une intolérable atteinte au sacré, quel qu'il soit : on ne plaisante pas avec ces choses-là. Le concile de Trente condamne tous ceux qui se servent des épisodes et des paroles de l'Écriture dans « des bouffonneries, des fables, des vanités », *ad scurilia, fabulosa, vana* — condamnation reprise par les conciles provinciaux de Milan en 1565, de Bourges en 1584, d'Aix en 1585, de Toulouse en 1590.

Ces décisions témoignent d'une sensibilité nouvelle. Les autorités ecclésiastiques deviennent plus chatouilleuses, si l'on peut dire, en matière de plaisanteries sur le sacré et sur tout ce qui le touche de près ou de loin. Le Moyen Age était plus tolérant sur ce sujet, mais les temps changent. Les affrontements religieux font prendre conscience de la menace de dérive sceptique et athée que représente le rire, que l'on a tendance du même coup à ériger en contre-religion.

Il est vrai que des indices inquiétants existent. Le peuple se permet des manifestations de dérision qui n'ont plus le caractère innocent d'autrefois : en 1541, à l'issue d'une représentation du *Mystère des Actes des Apôtres,* à l'hôtel de Flandre à Paris, les spectateurs forment des bandes turbulentes, « criant par dérision que le Saint-Esprit n'avoit point voulu descendre », comme l'expose le procureur général ; ils « se mocquoient et publicquement par les rues desditz jeux de joueurs, contrefaisant quelque langage qu'ils avoient oï[40] ». L'Estoile se scandalise de la multiplication des spectacles impies, où des acteurs habillés en ecclésiastiques jouent « choses dissolues et de mauvais exemple ». Il s'offusque de ces « farces, comédies, satyres en latin ou français contenant lascivetez, injures, invectives, convices », suivant les expressions du Parlement. Les Comédiens-Italiens attirent plus de monde que les meilleurs prédicateurs, s'indigne-t-il, et le peuple se presse pour assister à des spectacles tels que cet étonnant ballet des seins animés où les filles « faisoient monstre de leurs seins et poitrines ouvertes et autres parties pectorales qui ont un perpétuel mouvement que ces bonnes dames faisoient aller par compas ou mesure comme une horloge ». Que faisait donc là le respectable L'Estoile ? On peut se le demander... Toujours est-il que le rire semble faire reculer les larmes de la décence outragée et de la religion bafouée, au grand dam des réformateurs. La reine elle-même, Catherine de Médicis, « rioit tout son saoul » aux comédies de « Zany et Pantalon ».

Henri Estienne écrit, dans l'*Apologie pour Hérodote,* que l'impiété progresse par le rire. La Bible est ridiculisée ; on se moque des épisodes invraisemblables et grivois qu'elle contient ; on se gausse des miracles. Les impies pratiquent l'ironie, la moquerie, les « risées et brocards » contre la crédulité des fidèles des deux religions. Ils déclarent « ne croire de Dieu et de sa providence non plus qu'en a cru ce meschant Lucrèce ». Désabusés, déniaisés, ils se moquent du paradis et de l'enfer ; ce dernier, disent-ils, n'est pas plus réel que le loup-garou et ressemble aux « menaces qu'on faict aux petits enfants ». Ceux qui croient en ces fables sont de « povres idiots ». Vers 1538-1540, l'on commence aussi à parler du fameux traité « des trois imposteurs », le *De tribus impostoribus,* qui ridiculise les trois religions révélées : la juive, la chrétienne, la musulmane.

Bref, le divorce se précise entre le rire et la foi. Mais le rire est une arme à double tranchant. Pourquoi ne pas l'utiliser contre le mal, l'hérésie, l'impiété ? Il peut servir à stigmatiser les vices et les péchés, à pourfendre l'adversaire mal-pensant. C'est bien ce que pense Luther, dont le tempérament ardent est parfaitement adapté à la diatribe satirique. D'après lui, Dieu et le diable se moquent l'un de l'autre, rient méchamment de leurs mésaventures mutuelles. Lui-même regrette de ne pas être à la hauteur pour se mêler à ce concert de railleries : « O Seigneur ! Je suis bien trop petit pour me moquer de pareils diables. Je voudrais bien le faire, mais ils sont bien plus forts que moi en raillerie, et ils ont un dieu qui est passé maître en l'art de la raillerie, il s'appelle le diable et le mauvais esprit. » Luther, qui imagine la cour céleste peuplée d'antisémites à son image, prête à Dieu et aux anges un sens du comique aussi raffiné que le sien : « Quand Dieu et les anges entendent péter un Juif, quels éclats de rire, et quelles gambades ! » Le rire n'est ni divin ni diabolique : c'est une arme, et toutes les armes sont bonnes contre les adversaires de la vraie foi.

Sans aller jusqu'aux grossièretés luthériennes, l'auteur anonyme des *Satires chrestiennes de la cuisine papale,* en 1560, pense que le rire peut être mis au service de la vérité : « Et lors me souvient du vers d'Horace : qu'est-ce, dit-il, qui empesche que celuy qui rit ne die vérité ? Ainsi donc je suis venu d'un rien à un tout, comme en riant. Et de faict, il est certain que les diverses accoustumances des hommes, et les diverses natures font que la vérité se doit enseigner par divers moyens : de sorte que non seulement elle peut estre receuë par démonstrations et graves authoritez, mais aussi sous la couverture de quelque facétie[41]. » Un autre protestant, Pierre Viret, partage cet avis : « S'il leur semble qu'il faut traiter telles matières en plus grande gravité et modestie, je ne nye pas qu'on ne sauroit traicter la parolle de Dieu en trop grand honneur et révérence ; mais je voudroye bien aussy qu'ilz eussent la considération, que la parolle de Dieu n'est pas tellement sévère et tetrique, qu'elle n'ait les ironies, farceries, jeux honnestes, brocardz, et dictons convenables à sa gravité et maiesté[42]. »

Calvin n'est évidemment pas d'accord. Pour lui, le rire n'a aucune place dans les affaires religieuses ; à l'entendre, Henri Estienne, avec son pamphlet satirique *Apologie pour Hérodote*, « tournoit à la rabelaiserie » la religion. Rabelais : la bête noire des réformateurs austères, catholiques comme protestants, coupable d'avoir fait l'éloge de la « vertu curative du rire ». Ni les uns ni les autres ne peuvent lui pardonner d'avoir comparé les vertus des *Chroniques de Gargantua* à celles de la Bible et de l'Évangile : ceux qui lisent les *Chroniques* et croient en leur contenu seront prêts à sacrifier leur vie pour elles ; ce livre sauve ; il guérit les maux de dents aussi bien que la vérole et la goutte, et « il en a esté plus vendu par les imprimeurs en deux moys qu'il ne sera acheté de Bibles en neuf ans ».

L'intolérable rapprochement montre une fois de plus, aux yeux des réformateurs religieux extrémistes, que le rire et la foi exclusive sont incompatibles. Un peu partout, en pays catholique comme en pays protestant, le divorce se confirme entre les croyants rigoureux de type puritain, adeptes d'une réforme radicale, intolérante et sérieuse, et les fidèles de type médiéval, qui pratiquent une religion syncrétiste, mêlant sacré et profane, joyeuse et superstitieuse. En Angleterre se développent le dernier quart du xvie siècle des fêtes populaires saisonnières avec danses, pièces comiques et farces tournant en dérision les puritains : la *Merry England* manifeste son opposition au puritanisme, qui invente alors le mot *clown* pour désigner ces rustiques, ces campagnards ignorants et rieurs.

Les luttes religieuses, si tragiques et si sérieuses, contribuent pourtant à l'apparition et au développement d'un genre comique appelé à un bel avenir : la caricature. Techniquement, l'imprimerie, qui permet la diffusion d'un grand nombre d'exemplaires de feuilles volantes, est l'élément décisif. Encore fallait-il maîtriser les règles normatives de la beauté, afin de pouvoir exprimer volontairement la laideur comme antithèse du beau et du bien. Le Moyen Age avait connu les figures grotesques dans les miniatures et les sculptures, façon de se moquer du mal en général, et peut-être aussi de l'exorciser. Dans l'art du portrait, le stéréotype l'emportait, ainsi qu'en témoignent les visages anonymes des rois et des saints dans la statuaire religieuse. Le réalisme, qui naît au xve siècle avec la multiplication des portraits de commande, prépare l'apparition

de la caricature : l'observation précise des particularités individuelles du visage recèle la possibilité d'accentuer tel ou tel trait
caractéristique dans un but comique, et les carnets de Léonard de
Vinci contiennent des études de têtes grotesques, la laideur étant à
ses yeux l'expression du particulier, qui altère les traits de la beauté
et de ses canons universels.

La beauté est œuvre divine et la laideur est l'expression du mal,
suivant la symbolique médiévale. L'art du portrait individualisé
accompagne la grande promotion de l'individualisme qui caractérise la Renaissance. Chaque individu est unique, irremplaçable :
c'est ce qui fait sa dignité, mais aussi sa faiblesse. Il est très révélateur de constater que, dès le départ, la tentation comique est présente ; on s'aperçoit qu'il suffit de très peu de chose pour faire basculer un visage noble dans le ridicule, que le masque de dignité de
chaque homme est d'une extrême minceur et que derrière, toujours
perceptible à l'œil exercé, transparaît le visage grotesque. Personne
n'y échappe : chacun de nous a son aspect ridicule, et tout homme
sérieux a un envers comique.

Dès lors, l'exploitation malveillante de cette réalité est inévitable
dans un contexte de conflit. D'autant plus que le xvie siècle accorde
une grande importance à l'apparence. Le visage révèle le caractère
et la personnalité, car cette dernière façonne nos traits. En vertu de
l'union intime de l'âme et du corps, il est possible de juger l'individu sur sa simple apparence. Déjà Aristote avait établi des corres-
pondances entre des caractéristiques animales et des traits de caractère humains, et les traités de physiognomonie, qui abondent à
l'époque de la Renaissance, reprennent souvent l'essentiel de ses
conclusions — ainsi la *De humana physiognomonia* de Giambattista
Porta, en 1586.

Les premières caricatures gardent encore un aspect très allégorique, qui cherche à dégrader et à désacraliser l'adversaire. Ainsi
lorsque Melanchthon décrit l'« âne-pape », le *Papstesel*, avec un bras
droit en patte d'éléphant qui signifie le pouvoir temporel, et une
poitrine féminine qui suggère la lubricité. En 1546, Lucas Cranach
en réalise une peinture sur bois. Obscénité et violence marquent
également une gravure sur cuivre de 1580, *Le Veau du moine*, où
l'on voit des diables rôtissant des moines à la broche après leur
avoir enlevé quantité d'immondices des entrailles.

Ainsi la caricature naît-elle spontanément de la haine. Avilir,
dégrader, humilier par le rire, qui prend ici toute sa dimension diabolique. Ce n'est qu'à la fin du siècle que la caricature se « civilise »
et se domestique, en Italie, avec celui qui passe pour le véritable
fondateur du genre, Annibal Carrache (1560-1609), créateur d'une
école d'art à Bologne. En 1646, un recueil de ses gravures est

publié par Mosini, qui dans son commentaire explique que le
peintre a fait ses dessins par délassement, par plaisanterie, en char-
geant (*caricare*) les traits : le terme est né. La *commedia dell'arte*,
avec ses masques, contribue à fixer les règles du genre, et lors d'un
séjour à Florence en 1614 Jacques Callot, qui se lie avec l'architecte
et ordonnateur des fêtes Giulio Parigi, met au point sa galerie de
figures grotesques. On s'aperçoit alors que la caricature peut aussi
avoir un côté sympathique, et que l'aspect comique d'un individu
peut revêtir valeur positive : ambivalence du rire, dont la fonction
agressive est ici apparue la première, comme presque toujours.

LES VARIATIONS NATIONALES DU RIRE

En fait, le rire du xvie siècle éclate dans tous les sens : macaronique, picaresque, burlesque, grotesque, humoristique, satirique,
ironique. L'affirmation des tempéraments nationaux s'accompagne
d'une certaine diversification géographique du rire, encore qu'il ne
faille pas exagérer les différences : dans chacun de ces rires, il y a
plus d'universel que de particulier. En Italie, le genre macaronique
et pseudopopulaire apparaît avec un bénédictin, Teofilo Folengo,
dit Merlin Coccaie, auteur en 1517 du roman *Baldus*, qui tourne en
dérision le latin érudit. Aventures cocasses, poétiques, oniriques,
bafouant sans cesse la logique et les nobles sentiments. Affirmation
du trivial et du bas dans une vision folle, monstrueuse, grotesque
du monde — vision en « anamorphose », dit Jean Duvignaud[43].
Cette œuvre, dont s'inspirera Rabelais, illustre la phrase de l'Arétin : « Avec une plume et une feuille de papier, je me moque de
l'univers. »
Cette première littérature macaronique a aussi une valeur sociale
et politique ; c'est le rire acide, corrosif, dénonçant la misère populaire derrière la façade des cours princières de la Renaissance. La
tendance à l'excès et à l'invective correspond à un « besoin de
compensation à la glorification abusive de certaines valeurs religieuses, nobiliaires, monarchiques[44] ». En même temps, cette critique de la société contemporaine est un refus de voir s'effondrer
certaines valeurs.
A la même époque se met en place la *commedia dell'arte,* sorte de
carnaval sur scène, métaphore caricaturale de l'existence, mais de
l'existence à l'envers, avec des valets qui mènent les maîtres. On y
retrouve des traditions de l'atellane, avec ses stéréotypes comme
Pantalone, le père grincheux et sot. Le genre s'impose, bouffon, trivial, burlesque en 1545, avec la formation à Padoue de la première

compagnie d'acteurs professionnels. Les autorités religieuses et civiles tentent vainement d'interdire ces impertinences, qui font rire même les grands.

Au rire macaronique des Italiens, qui garde un aspect ludique, correspond le rire picaresque des Espagnols, qui naît à peu près en même temps. Ce rire est beaucoup plus âpre, grinçant, voire morbide, car il est marqué par le péché originel. *La Vie de Lazare,* en 1554, est une farce moralisatrice, ascétique, presque mystique. Depuis la faute d'Adam, l'homme est un ridicule pantin, que les auteurs picaresques ne se lassent pas d'avilir, de couvrir d'un rire méprisant. De *Guzman de Alfarache* (1599) de Mateo Aleman au *Buscon* (1626) de Quevedo, le *picaro* descend dans l'immonde et le répugnant. Guzman mange des œufs pourris et du mulet crevé ; un porc le fait tomber dans le fumier ; il est enfermé une nuit avec des charognes. Quant au héros du *Buscon,* il est couvert d'excréments, de crachats, de bave. L'homme est réduit, écrit Maurice Molho, à l'état d'« automate physiologique, défécateur et sputateur[45] ». Inversion des hauteurs sublimes de la mystique espagnole ? Disons plutôt complément, revers : pour Thérèse d'Avila et Jean de la Croix, l'homme ne vaut pas mieux que pour Aleman et Quevedo. Il y a du nihilisme chez les uns et chez les autres. Depuis la pomme, l'homme est irrémédiablement maudit, mauvais, perdu, et chacun exprime à sa façon sa haine de la condition humaine, son désir de la déserter, d'en finir avec elle : en perdant son identité dans la fusion avec le divin, ou en l'écrasant dans l'infamie sous un rire diabolique. Ici, pas de compromis pragmatique : nous sommes en Espagne. Si le comique macaronique est un jeu qui se termine par des chansons, le comique picaresque est un jeu qui se termine par une mise à mort : celle de l'humanité. La vie est une corrida, et le rire est le torero, même si Cervantès introduit un peu de sentiment, de tendresse et d'humour.

Tout cela est grotesque, au sens littéraire et artistique du terme. Le mot apparaît à cette époque, avec la découverte, peu avant 1500, des décorations antiques complexes dans le sous-sol, les « grottes » de la Maison Dorée de Néron. Il s'agit bien d'une invention méditerranéenne, qui donne lieu dès le début du xvie siècle à un style plein de fantaisie, d'étrangeté, évoquant le rêve et parfois la folie. La chose existait avant le mot, c'est certain ; mais au xvie siècle elle entre dans le vocabulaire, et acquiert ainsi une véritable autonomie. Et comme rien ne naît par hasard, on peut dire que le rire grotesque est né de la prise de conscience humaniste de l'ambiguïté et de l'ambivalence de l'être. Il correspond à l'apparition d'une nouvelle sensibilité : l'effroi suscité par l'accroissement brutal des connaissances, qui commence à rendre flou le monde rassurant des apparences. Rire d'une tonalité nouvelle, ambiguë, fondé sur le contradictoire : « la prolifération et la dissolution, l'exubérance et l'évanescence. A côté d'un grotesque fondé sur le jeu, l'invention, la combinaison, et où le mouvement de la vie est soutenu par les forces du rire, un grotesque d'aliénation, de dérobade, qui rejoint les formes du songe, où le rire est étouffé par le tragique et devient le signe d'une inquiétante étrangeté[46] ».

Macaronique, picaresque, grotesque — quoi encore ? Burlesque ? Ce découpage du rire en tranches et en catégories figées ne risque-t-il pas lui-même de devenir cocasse ? La manie de la classification peut faire retomber dans les excès scolastiques. La question a été récemment posée à propos du burlesque[47]. A côté des genres précédents, italien et espagnol, on voit en effet paraître en France au XVIe siècle un genre de comique littéraire qui serait typiquement gaulois, et qui s'épanouira dans la première moitié du XVIIe siècle. Jean Emelina le définit comme un genre impertinent, léger, trivial, irrespectueux, outré, élégamment indécent, badin, enjoué, parodique, volontiers iconoclaste, ayant une « fonction de défoulement, d'abord, au sens à la fois populaire et psychanalytique du terme. Le burlesque libère de tout ce qui pèse sur l'individu et la société, parfois de façon désinvolte et élégante, plus souvent de façon grossière. C'est là son aspect le plus décrié. Il est le scandale intolérable du vulgaire et de l'"indécence", c'est-à-dire qu'il ne convient pas[48] ». L'aspect badin, ludique, contraste fortement avec le tragique picaresque et lui confère une allure superficielle et légère qui serait annonciatrice de l'« esprit français ». Certains le voient poindre dès 1520 dans l'*Heptaméron* de Marguerite de Navarre, que Marcel Tetel qualifie de « Décameron travesti[49] ». L'expression montre d'ailleurs qu'il n'y a rien d'hermétique dans les catégories du rire, et la contamination est confirmée par Frédéric Deloffre qui parle, lui, de « macaronique français[50] ».

Le courant s'affirme avec *La Nouvelle Fabrique des excellents traits de vérité. Livre pour inciter les resveurs tristes et mélancholiques à vivre de plaisir,* en 1579, puis avec le *Formulaire récréatif* de Bredin le Cocu, en 1590[51]. Mais le burlesque n'atteint son véritable épanouissement que dans les années 1630-1640, en opposition avec la préciosité ambiante : Voiture, Saint-Amand, Scarron lui donnent ses lettres de noblesse, et en 1649 l'anonyme *Vie de Notre Seigneur en vers burlesques* pousse le genre jusqu'aux frontières du blasphème, en une sorte de préfiguration de *La Vie de Brian* des Monty Python.

AVÈNEMENT DE L'HUMOUR

Nous voilà en Angleterre. La géographie du rire s'enrichit au xvie siècle de ce qui deviendra le plus beau fleuron de la planète comique : l'humour. Si l'époque redécouvre que le rire est le propre de l'homme, elle n'est pas encore pleinement consciente du fait que l'humour est la quintessence du rire. Nous l'avons dit : là encore, la chose existe bien avant le mot, et l'apparition du terme dans l'*Encyclopedia Britannica* de 1771 ne fait que consacrer une forme d'esprit sans doute aussi ancienne que l'humanité.

Dans cette longue histoire, la Renaissance correspond à une étape importante : la prise de conscience de l'existence chez certains individus d'un type de tempérament extravagant, d'une *humeur* capable de surmonter plaisamment les contradictions de la vie et de la nature humaine. Et c'est bien en Angleterre que se produit cette émergence, avec Chaucer déjà, qui présente le narrateur des *Canterbury Tales* comme un homme très conscient de son personnage, dissimulant sous des dehors mélancoliques et un peu embarrassés une malice et une vivacité d'esprit étonnantes. L'humour se précise à l'époque des Tudors et au début des Stuarts, à compter de 1550 surtout, à partir de la vieille théorie médicale des humeurs, débattue par Robert Fludd et le dramaturgiste Ben Jonson par exemple.

Ce dernier donne vers 1600, dans *Every Man out of his Humour,* une première ébauche de définition :

> Ce nom peut par métaphore s'appliquer
> à la disposition générale du caractère :
> par exemple, lorsqu'une qualité particulière
> possède un homme à tel point qu'elle force
> ses sentiments, ses esprits, ses talents,
> leurs flux mélangés, à s'écouler tous dans le même sens,
> alors, oui, on peut dire qu'il y a là un *humour.*

Pour Jonson, cette prédominance d'une humeur dans un individu confère à ce dernier une excentricité, une bizarrerie caractérielle nettement comique. Que l'individu en question prenne conscience de cette originalité et en fasse usage face aux difficultés de la vie, et l'humeur devient l'humour au sens moderne du terme. Plusieurs pays sont alors sur le point de franchir le pas : l'Espagne, où l'excentricité de Don Quichotte est nettement une humeur; la France, où Corneille et Scarron, entre autres, utilisent plusieurs fois l'expression « avoir de l'humeur » dans le sens jonsonien; l'Italie surtout, où l'*umorismo* désigne un système de pensée fondé sur l'extravagance baroque. En 1602 est fondée à Rome l'académie des

Umoristi, regroupant des aristocrates pratiquant l'*umore.* Mais il y avait aussi les *lunaici,* les *estravaganti,* les *in fiammati,* les *fantastici,* les *intronati.*

C'est pourtant en Angleterre que le pas est franchi, discrètement. Il n'y a pas d'acte de naissance de l'humour. Un jour, on se rend compte qu'il est là, en relisant Shakespeare par exemple. N'est-ce pas le gros Falstaff qui en donne l'une des définitions les plus précoces : *a jest with a sad brow* («une plaisanterie dite d'un air triste[52]»)? Définition incomplète, certes ; mais l'un des traits de l'humour n'est-il pas justement d'être indéfinissable? On peut le pratiquer, le reconnaître, mais jamais le décrire. Il n'est pas étonnant que cet outil pragmatique, permettant de surmonter — ou d'esquiver — les difficultés, se soit acclimaté d'abord en Angleterre. « Optimisme triste ou pessimisme gai », il reflète aussi les contradictions de ce pays au XVIe siècle, en particulier l'affrontement entre puritanisme et joie de vivre de la *Merry England.*

Thomas More, qui a laissé la réputation d'un humoriste, en est une première illustration. Son humour vient de l'union des contraires : un tempérament heureux, conscient de la faiblesse de la nature humaine. « Tandis que je vais cherchant à guérir la folie des autres, il faut que je sois aussi fou qu'eux », écrit-il dans l'*Utopie,* et on lui attribue cette prière : « Seigneur, donnez-moi le sens de l'humour. Donnez-moi la grâce de savoir discerner une plaisanterie, pour que je tire quelque bonheur de la vie et que j'en fasse part aux autres. » La déchéance issue du péché originel, qui peut être source de désespoir, est la principale cause d'humour chrétien. Encore faut-il jouir d'un heureux caractère. L'humour a besoin d'un contraste : c'est un regard double porté sur les événements et sur la vie ; le regard simple ne voit que les apparences, et produit inévitablement bêtise ou fanatisme, ou plus fréquemment les deux à la fois.

Le regard humoristique est capable de faire sourire de n'importe quoi — même de la bêtise et du fanatisme. « Doté d'humour, on peut faire une lecture humoristique de textes dépourvus d'humour », écrit Robert Favre[53]. C'est ce que fait par exemple Reginald Scot, un auteur élisabéthain qui, dans sa pièce intitulée *Discoverie of Witchcraft,* cite et traduit des extraits du *Marteau des sorcières* et de la *Démonomanie* de Jean Bodin. Du coup, ces monuments de bêtise sérieuse à sens unique font éclater de rire l'auditoire. Ici, nul besoin d'explication : lues dans un milieu neutre, les histoires du *Malleus* — comme celle du nid de couilles ou celle du jeune homme transformé en âne dont on s'aperçoit trois ans plus tard de la véritable nature quand on le voit s'agenouiller en entendant la cloche de l'élévation — deviennent du pur comique. Les auteurs anglicans de la fin du XVIᵉ siècle ont largement recours à cette ironie au second degré pour ridiculiser les diableries et les superstitions papistes. Les traités de démonologie, qui présentent les sabbats et les agissements des sorcières sous forme de culte inversé, avec une imagination délirante et véritablement carnavalesque, sont pour leurs adversaires d'inépuisables sources humoristiques [54].

Dès le début du XVIIᵉ siècle, la technique humoristique est en place en Angleterre, de façon si parfaite qu'on a parfois du mal à discerner la part du sérieux et celle de la plaisanterie. Prenons le gros essai « scientifique » de Robert Burton, l'*Anatomy of Melancholy,* publié en 1621 [55]. Cette œuvre, qui se présente comme une étude médicale des effets de l'humeur mélancolique, a fait jusqu'à notre époque l'objet de nombreux commentaires très sérieux. Robert Escarpit cependant, dans son petit traité sur *L'Humour* [56], est persuadé qu'il s'agit d'un « canular ». Rappelons que l'auteur avait commencé sa carrière par une comédie en latin sur les charlatans, *Philosophaster* (1606), ce qui peut amener en effet à se poser des questions sur le sérieux de son traité médical. Robert Escarpit, lui, y voit « de parfaits exemples de cette technique humoristique très moderne, qui est dérivée du décalage jonsonien entre les deux natures de l'excentrique et qui consiste à faire passer une remarque manifestement (et caustiquement) aberrante au milieu d'une phrase par ailleurs d'une imperturbable gravité. Ainsi, ayant déclaré que les jésuites cumulent le sacerdoce avec l'exercice de la médecine, Burton ajoute tranquillement : "En ce moment, il y en a un certain nombre qui, *permissu superiorum,* sont chirurgiens, entremetteurs, maquereaux et accoucheurs [57]" ». Bref, il s'agit d'« un canular de grande classe, monté avec tout le sérieux nécessaire [...] d'un bout à l'autre, on y sent le sourire sous cape de Burton ». Du coup, nous sommes portés à relire l'œuvre avec un regard différent, à l'affût des traces de causticité. Burton, suspect d'humour, est-il par exemple sérieux lorsqu'il traite du suicide et qu'il suggère, au milieu de mesures psychologiques de bon sens, un traitement à base de pivoine, d'angélique, d'hypéricacées, qui ont la vertu de faire fuir le diable, ainsi que de bétoine, qui éloigne les mauvaises apparitions [58] ?

Ainsi le mélange étonnant de l'humanisme et des conflits religieux au XVIᵉ siècle a-t-il fait éclater le rire dans toutes les directions : méchant rire sarcastique du fanatique, rire gigantesque et ambivalent du rabelaisien, rire macaronique caricatural et ludique, rire picaresque âpre et morbide, rire grotesque inquiétant, rire burlesque impertinent, rire humoristique subtil et désabusé... Le rire se brise en mille morceaux, et les éclats composent la grande symphonie de l'autodérision, insupportable aux oreilles des réformateurs religieux intransigeants. Cacophonie des rires de l'enfer, ou cris de défi de l'homme face au néant?

LES RECUEILS D'HISTOIRES DRÔLES

Rabelais a donné le ton. Le xvie siècle rit, avec des intonations différentes. Indéniablement, l'éclatement des valeurs traditionnelles a libéré un besoin universel et varié de rire, qui se manifeste entre autres par la multiplication des recueils d'histoires drôles : on fait des provisions de rire pour les moments difficiles. Le recueil de blagues, c'est du rire en conserve, car on n'est pas sûr d'en avoir toujours du frais. Ce type d'ouvrage, n'est-ce pas un peu un signe de pénurie, une précaution devant l'accumulation des menaces ? En effet, les peurs se précisent, les angoisses deviennent plus profondes, les réconforts habituels de la religion se révèlent moins efficaces.

Les histoires drôles ont aussi une autre fonction. Destinées à être racontées entre amis, en petit comité, entre gens de même milieu et de même culture, elles jouent le rôle de ciment social, tout en excluant les autres, les *outsiders,* ceux de l'extérieur, que l'on n'aime pas. Ceux qui rient entre eux le font en général aux dépens d'un groupe social, ethnique ou religieux : blagues antijuives, antipuritaines, antinobles, anticatholiques... On prend également pour cible des défauts, des tares, des vices ; le rire consolide ainsi des préjugés, et contribue à bâtir une sociabilité par exclusion. Une étude sociologique des thèmes d'histoires drôles est un bon indicateur de l'évolution des mentalités.

Méfions-nous toutefois d'une illusion : si les recueils de blagues se multiplient à la Renaissance, c'est aussi pour une raison technique, à savoir que l'imprimerie permet la diffusion de ces petits ouvrages. Pourtant, ils restent longtemps encore manuscrits, minutieusement copiés par des amateurs de bons mots pour leur usage personnel. Le premier recueil de ce genre a été réalisé vers 1450 par l'humaniste Poggio Bracciolini, qui a rassemblé dans son *Liber facetiarum* les blagues, souvent scabreuses, circulant dans le milieu des secrétaires pontificaux à Rome. Blagues en latin, à usage interne, visant des personnes précises, aptes à séduire un public cultivé, elles sont imprimées en 1477 et circulent alors largement en Europe, suscitant des imitations[59].

C'est également des milieux ecclésiastiques que sort le *Schimpf und Ernst* (Rire et sérieux), du moine allemand Johannes Pauli. Il explique qu'il a composé son recueil d'histoires drôles afin que « les moines reclus dans les monastères aient de quoi lire pour se distraire l'esprit et se délasser » : on ne peut pas toujours se confiner dans l'ascèse. Les milieux de l'aristocratie n'échappent pas à ce nouveau besoin. En 1528, dans le deuxième livre du *Courtisan*, Castiglione rassemble de nombreuses histoires destinées à amuser la compagnie ; nous y reviendrons. Considérée ici comme un agrément de la conversation élégante, l'histoire drôle doit donc remplir des conditions de forme et de contenu : finesse et décence, essentiellement. En 1553, l'Anglais Thomas Wilson, dans un manuel sur *L'Art de la rhétorique à l'usage de tous ceux qui étudient l'éloquence*, analyse tous les types de plaisanteries en fonction de ces exigences ; son livre, augmenté en 1567, est un véritable recueil de blagues raffinées.

Moins raffinées, mais beaucoup plus répandues, les *Cent histoires joyeuses (A Hundred Merry Tales)* sont publiées dans l'encombrant format in-folio en 1526 par un groupe d'humanistes anglais sous la direction de John Rastell. Ce dernier, demi-frère de Thomas More, évolue dans un milieu cultivé et spirituel. Son gendre, John Heywood, est l'auteur de plusieurs comédies et recueils d'épigrammes et de plaisanteries, comme son homonyme Thomas Heywood. Rapidement célèbre, l'ouvrage de Rastell est imprimé in-octavo, format plus pratique à transporter dans les réunions entre amis, et ses histoires font le tour du royaume. Shakespeare s'est inspiré de certaines d'entre elles, mais à son époque elles apparaissent un peu usées. On en trouve des traces et des allusions dans *Beaucoup de bruit pour rien, La Nuit des rois, Les Joyeuses Commères de Windsor, La Mégère apprivoisée*. Dans l'obligation de composer rapidement certaines œuvres de commande, le grand William lui-même ne dédaigne pas de piller les *jest books* qui circulent alors en Angleterre pour émailler de quelques bons mots les dialogues de ses comédies[60].

Robert Burton apprécie lui aussi cette littérature, et l'on trouve dans sa bibliothèque l'œuvre d'un émule de Rabelais, le moine-médecin Andrew Boorde, *The Merry Tales of the Mad Men of Gottam* (Les Histoires joyeuses des fous de Gottam). Boorde n'est d'ailleurs peut-être qu'un surnom, issu du vieux français « bourde », signifiant « plaisanterie trompeuse ». Burton a également chez lui *Le Banquet des blagues (The Banquet of jests)*, attribué à Archie Amstrong. Toujours aussi déroutant, Burton écrit pourtant dans son *Anatomie de la mélancolie* que les histoires drôles, loin d'être un remède à l'humeur sombre, ne font que l'aggraver : il se fonde sur le fait que ces plaisanteries ont toujours un aspect méchant, dont sont victimes des individus ou des types sociaux ridiculisés ou humiliés. Elles engendrent, dit-il, des ressentiments et un désir de vengeance pouvant avoir des conséquences dramatiques. Pour autant qu'on le sache, il n'avait lui-même rien d'un amuseur public.

Un des plus riches recueils d'histoires comiques est le très sérieux *Jocorum et Seriorum libri duo,* publié en 1600 par Melander, qui tient à rappeler qu'il s'inscrit dans une longue tradition de savants, dont beaucoup de théologiens médiévaux, qui ont écrit avant lui des histoires pour rire. Il s'agit de donner au genre ses lettres de noblesse et de faire du rire une qualité de l'homme du monde.

LE RIRE DU COURTISAN

C'est déjà ce qu'avait tenté Castiglione. Le *Livre du courtisan,* qui est censé rapporter une libre conversation entre membres de la jeune société raffinée du palais d'Urbin en 1507, est d'ailleurs ponctué de fréquents éclats de rire[61]. La deuxième des quatre soirées est consacrée au rire, sur proposition d'une jeune et jolie veuve, de caractère enjoué, Emilia Pia : « Quand le rire fut retombé, la signora Emilia dit : "Cessez de nous faire rire avec vos plaisanteries, et dites-nous plutôt comment les utiliser, comment les préparer, et tout ce que vous savez sur le sujet." » Le « maître » est Bernardo Accolti, poète pensionné par Jules II et Léon X, une des coqueluches littéraires des cercles à la mode dans l'Italie de la Renaissance. Sur ce sujet, il est le porte-parole de Castiglione.

Après avoir rappelé qu'il est impossible de définir le rire, et que ce dernier est véritablement le propre de l'homme, il lui attribue essentiellement une fonction récréative et divertissante. Conception assez réductrice : le rire du courtisan n'est pas une vision de l'existence, mais une simple récréation. « Tout ce qui provoque le rire exalte l'esprit de l'homme et lui donne du plaisir, lui permettant pour un moment d'oublier les soucis et les tribulations dont la vie est remplie. Ainsi, vous voyez que le rire est bon pour tous, et que celui qui sait le déclencher au bon moment et au bon endroit est digne de louanges. »

Bernardo prend acte de la pluralité des rires : celui des courtisans n'est évidemment pas celui « des idiots et des ivrognes, ou des clowns stupides et des bouffons ». Il doit respecter des limites très précises. D'abord, dans ses cibles : ne se moquer ni des infortunés innocents, qui méritent la pitié, ni des vicieux et criminels misérables, qui méritent la haine, ni de la religion, car cela tourne vite au blasphème. Ensuite, dans la forme : ne pas tomber dans le grotesque, le trivial, le grossier, « nous souvenant toujours de notre dignité de gentilshommes, évitant les mots bas et les gestes indécents, les contorsions grotesques du visage et du corps, mais en ne faisant que les mouvements qui permettent à ceux qui nous entendent et nous voient d'imaginer d'après nos paroles et nos gestes beaucoup plus qu'ils ne peuvent entendre et voir, et ainsi provoquer leur rire ».

Bernardo-Castiglione distingue trois types de plaisanterie : l'histoire de type narratif, avec dénouement comique ; le bon mot ou la bonne remarque, brève et bien placée ; la « plaisanterie en action », le *practical joke* des Anglais, « qui comprend une histoire, un bref commentaire et aussi une certaine dose d'action ». Bernardo fournit de nombreux exemples de chaque type, avec de multiples variantes et sous-catégories. Ces plaisanteries, souvent attribuées à des personnages historiques, semblent tout juste capables de nous faire esquisser un vague sourire de politesse. Or, à chaque fois, Castiglione signale que la compagnie « éclate de rire ». Relativité du comique, sans doute, mais plus généralement évolution de la sensibilité : l'homme du xvie siècle rit et pleure beaucoup plus facilement que nous. « L'archevêque de Florence dit au cardinal d'Alexandrie que l'homme possède trois choses : son corps, son âme et ses biens, mais que ses biens lui sont disputés par les gens de loi, son corps par les docteurs et son âme par les théologiens. » Voilà un bon mot, cité en exemple par Castiglione, qui ne déclencherait pas aujourd'hui l'hilarité. De même certaines anecdotes, qui peuvent encore faire sourire, paraissent-elles un peu usées : « Andrea Coscia rendit visite à un gentilhomme qui, de façon très discourtoise, le laissait debout alors qu'il était lui-même assis ; il lui dit : "Puisque Votre Seigneurie me l'ordonne, je vais m'asseoir pour lui obéir", ce qu'il fit. »

Il faut redoubler de prudence dans les plaisanteries en action, car il est fort délicat de jouer un bon tour à quelqu'un sans le vexer, l'humilier, s'en faire un ennemi, se montrer cruel et méchant. Par mesure de précaution, Bernardo raconte une anecdote dans laquelle il a été la victime : au carnaval de Rome, le cardinal de San Pietro, sachant qu'il aime faire des blagues aux moines, a déguisé l'un de ses serviteurs en frère mendiant ; Bernardino, masqué comme tout le monde, fait croire au faux moine qu'il est recherché par la police et, pour le sauver, le fait monter en croupe sur son cheval. « Pensez-vous donc : quel spectacle c'était, de voir un moine en croupe derrière un masque, sa robe volant au vent, sa tête secouée en avant et en arrière, comme si elle allait tomber ! A cette vue, les nobles commencèrent à nous jeter des œufs », suivant la coutume. Protégé par son déguisement, Bernardo se réjouit de la déconfiture du pseudo-moine, jusqu'au moment où ce dernier, auquel des comparses ont passé des œufs, « faisant semblant de me serrer pour ne pas tomber, m'en écrasa quelques-uns sur la poitrine, d'autres sur la tête, et plusieurs sur le visage, jusqu'à ce que j'en sois tout dégoulinant ». Et le cardinal et ses amis de se tordre de rire à la fenêtre. L'épisode est à peu près aussi drôle que les batailles de tartes à la crème du cinéma muet. Les auditeurs de Bernardo rient tout leur soûl...

Sachant qu'il s'agit là de plaisanteries aristocratiques, on s'étonnera moins des obscénités rabelaisiennes. Ce type de plaisanterie est en fait une tradition italienne qui connaît son apogée entre 1450 et 1550 : la tradition de la *beffa,* la farce, le bon tour, la blague. Les exemples fourmillent en littérature, depuis le *Décameron,* où l'on en a dénombré quatre-vingts références, jusqu'aux soixante-dix cas contenus dans les *Nouvelles* de Matteo Bandello, en passant par les histoires de Sacchetti, Masuccio Salernitano, Sabadino degli Arienti et Antonfrancesco Grazzini[62]. Dans la vie, la pratique de la *beffa* est omniprésente, de la taverne et du carnaval à la cour des ducs de Milan et de Ferrare. Les archives judiciaires sont pleines de ces blagues qui ont mal tourné, donnant lieu à des poursuites. Le goût de la plaisanterie est une des caractéristiques de l'aristocratie italienne du XVIe siècle, qui fait couramment installer dans ses jardins des pièges pour faire des farces aux visiteurs, comme ces fontaines qui se mettent en marche à l'improviste. Les Farnèse font ainsi aménager leurs jardins de Caprarola par Vignola, et les Médicis ceux de Pratolino par Buontalenti.

Les cours princières italiennes de la Renaissance sont extrêmement friandes de farces en tous genres. Le bouffon du pape Léon X est un prêtre, frère Mariano ; celui du duc de Mantoue, Matello, se déguise en moine et parodie les offices. En 1492, à la cour de Milan, la princesse Béatrice d'Este fait pénétrer des animaux sauvages dans le jardin de l'ambassadeur de Ferrare, dont tous les poulets sont tués ; Ludovic Sfrorza, époux de Béatrice, trouve cela très drôle. Près de Viterbe, la famille Orsini fait édifier dans ses jardins une grotte imitant l'entrée de l'enfer, où l'on vient piqueniquer à l'ombre[63]. Le goût du rire dans la péninsule est attesté par l'extraordinaire richesse du vocabulaire concernant la plaisanterie : *baia, beffa, burla, facezia, giuoco, legerezza, pazzia, piacevolezza, scherzo...* Au moins une dizaine d'adjectifs qualifient ce qui est amusant : *beffabile, beffevole, burlesco, faceto, festevole, giocoso, grottesco, mottevole, scherzoso, sciocco...* Les fous de cour italiens sont renommés parmi les meilleurs d'Europe : Diodato, le fou de Béatrice d'Este à Milan ; Fritella, celui d'Isabelle d'Este à Mantoue ; Scocola, celui de Borso d'Este ; et encore Gonella, Dolcibene... Les princes ne collectionnent pas seulement les manuscrits antiques, mais aussi les recueils d'histoires drôles, comme celles du prêtre toscan Arlotto Mainardi ou celles des humanistes Poggio Bracciolini et Angelo Poliziano [64].

La pratique de la *beffa* s'inscrit dans un contexte culturel précis, qu'elle contribue à révéler : un milieu aristocratique qui se veut raffiné, toujours à la recherche de la beauté du geste, dans une atmosphère de compétition et d'exaltation de la *virtù* individuelle. Société où l'affirmation de soi passe par l'abaissement de l'autre — ce qui peut aller jusqu'au sadisme, comme dans certaines histoires de Bandello. L'atmosphère délétère de *Roméo et Juliette* reflète assez bien cette société où le principal moteur de l'action est la haine de la famille rivale. Le rire de la *beffa* est ainsi très souvent un rire d'exclusion, qui peut descendre à un niveau scatologique digne de Rabelais : dans un récit de Bandello, Madonna Cassandra a pour amant un moine; son mari le découvre; il se déguise alors en moine, prend un laxatif avant de coucher avec sa femme, et la couvre d'excréments. C'est dans ce contexte qu'écrit Castiglione, dont on s'explique mieux les efforts pour éviter la trivialité et l'indécence.

A la cour de France, on apprécie aussi les plaisanteries, sauf exceptions rarissimes comme la reine Anne de Bretagne. Son mari Louis XII aime bien rire, et l'on se hasarde parfois à jouer un tour à la souveraine. Brantôme raconte que les ambassadeurs avaient l'habitude d'aller voir Anne en sortant de chez le roi. Ils étaient introduits par le prince de Chalais, seigneur de Grignaux, son premier chambellan, qui était un peu polyglotte. La reine lui demandait de lui apprendre quelques mots aimables dans la langue des ambassadeurs, afin qu'elle puisse les utiliser en compliment. Chalais, qui est un farceur, lui apprend une fois des grossièretés, et en rit avec le roi. Anne, avertie à temps de cette petite « salauderie », comme dit Brantôme, se met dans une colère épouvantable :

« Sur quoy un jour la reyne luy ayant demandé quelques mots en espaignol pour les dire à l'ambassadeur d'Espaigne, et luy ayant dit quelque petite salauderie en riant, elle l'apprit aussy tost : et le lendemain, attendant l'ambassadeur, M. de Grignaux en fit le conte au roy, qui le trouva bon, cognoissant son humeur gaye et plaisante; mais, pourtant, il alla trouver la reyne, et luy descouvrit le tout, avec l'advertissement de se garder de ne prononcer ces mots. Elle en fut en si grande colère, quelque risée qu'en fit le roy, qu'elle cuida chasser M. de Grignaux; et luy en fit la mine, sans le veoir pour quelques jours, mais M. de Grignaux lui en fit ses humbles excuses, disant ce qu'il en avoit faict n'estoit que pour faire rire le roy et luy faire passer le temps, et qu'il n'eust pas esté si mal advisé de ne l'en advertir, ou le roy, comme il avoit faict, lorsque l'ambassadeur eust voulu venir : et ainsy, par les prières du roy, elle s'appaisa. »

Se moquer du souverain est l'apanage du bouffon du roi. Mais le temps des guerres de religion voit se développer la satire politique. Reines et rois deviennent la cible de railleries de plus en plus virulentes, notamment Catherine de Médicis, « femme hommace », et Henri III, « roy femme ou bien homme reyne ». Sous Henri IV, les pamphlets satiriques se multiplient, comme *La Satire Ménippée de la vertu du Catholicon d'Espagne*. Au xvie siècle se diversifie donc le rire, qui éclate partout sans retenue. Signe de vitalité, sans doute, mais qui ne va pas tarder à provoquer une réaction, lorsque les exigences croissantes de civilité et de bienséance rejoindront celles des réformateurs religieux. Déjà, Érasme remarquait dans son *Manuel* de civilité que « l'éclat de rire, ce rire immodéré qui secoue tout le corps et que les Grecs appelaient le *secoueur*, n'est bienséant à aucun âge ». Les artistes de la Renaissance évitent encore de montrer l'homme qui rit : c'est à la fois un manque de maîtrise de soi et une violation des canons de la beauté. Imagine-t-on la Joconde riant aux éclats ? Agrippa d'Aubigné donne ce conseil au prince :

> Sauve ta dignité ; mais que ton ris ne sente
> Ni le fat, ni l'enfant, ni la garce puante ;
> Tes bons mots n'aient rien de bouffon effronté,
> Tes yeux soient sans fisson, pleins de civilité,
> Afin que sans blesser tu plaises et tu ries :
> Distingue le moquer d'avec les railleries[65].

DE RABELAIS A SHAKESPEARE

L'éclat de rire assourdissant de la Renaissance aboutit à Shakespeare, qui a donné l'image la plus complète de la variété et de l'ambiguïté du rire. Il y a bien sûr du rire franc, jovial, récréatif dans ses comédies. Mais le rire authentique, profond, c'est dans la tragédie et le drame qu'on le trouve. La vie est foncièrement une tragédie, pas une comédie, et le « vrai » rire est donc celui qui vient ponctuer ce tissu tragique. Le rire est une réflexion sur la tragédie ; c'est une façon de l'interpréter, d'en voir le sens, ou le non-sens. Et tous les plus grands, de Shakespeare à Hugo, l'ont bien vu : l'homme est grotesque, la condition humaine est grotesque.

Tout être, tout acte, si sublime ou si horrible qu'il soit, a son côté dérisoire. L'absolu n'existe pas ; ou, s'il existe, il est lui-même dérisoire. Richard III, l'incarnation du mal, a son aspect comique, lorsqu'il prend conscience de sa propre inanité, de la dissolution de son être, dont il faisait le centre du monde : « Alors, fuyons... Quoi ! me fuir moi-même ?... Bonne raison ! Pourquoi ? De peur que je ne châtie moi-même... Qui ? moi-même ! Bah ! je m'aime, moi !... Pourquoi ? Pour un peu de bien que je me suis fait à moi-même ? Oh non ! hélas ! Je m'exécrerais bien plutôt moi-même pour les exécrables actions commises par moi-même. Je suis un scélérat... Mais non, je mens, je n'en suis pas un. Imbécile, parle donc bien de toi-même... Imbécile, ne te flatte pas[66]. » Incohérence, inconsistance de la personne, de l'identité même la plus affirmée, qui se dissout comme un rêve, qui se rend compte que la vie n'est qu'un songe. « Mon royaume pour un cheval ! » Comment finir de façon plus dérisoire ?

La rencontre du rire et de la mort est au cœur du théâtre élisabéthain et jacobéen, par le biais de l'étude du suicide en particulier. La plupart des comédies font ressortir le côté grotesque de cet acte. Grandiloquents ou parodiques, les suicidaires sont ridicules, à moins que le suicide ne soit pour eux qu'un stratagème, comme dans *Le Mendiant aveugle d'Alexandrie*, de Chapman. Le suicide est démystifié et, en exposant ses véritables motivations, les auteurs mettent en lumière son aspect souvent dérisoire. Il se confirme ainsi que, pour l'esprit de la Renaissance, on peut rire de tous les sujets ; tout est réductible au dérisoire. Pour Bernard Paulin, qui a longuement étudié cette littérature, « il n'y a pas lieu de manifester de l'étonnement à voir lier les notions de suicide et de comédie. Aucun sujet n'exclut *a priori* la plaisanterie ni même la farce, et le théâtre national anglais nous a habitués à maintes variations comiques sur le thème pourtant essentiellement sérieux de la mort[67] ». Dans *Every Man out of his Humour*, Ben Jonson met lui aussi en scène un suicide, celui de Sordido, au nom évocateur ; ce suicide résulte d'un calcul odieux, qui fait écrire à Bernard Paulin : « Le ton est celui de la farce, qui atténue la sensibilité. Le suicide de Sordido est grotesque, il ne nous émeut pas le moins du monde, d'abord parce que le pendu se conduit en monstre, et ensuite parce qu'il s'identifie à son humeur. Une humeur qui se pend pour un motif ridicule ne nous fait pas verser des larmes[68]. »

Tout se réduit à une bouffonnerie. Le malheureux Hamlet lui-même n'est qu'un pantin, poursuivi par l'illusoire question de l'être. Ce prince inconsistant se fait passer pour fou : c'est dans la bouffonnerie qu'il trouve de la consistance, c'est par elle qu'il espère trouver la vérité. Le rire cache et révèle à la fois.

L'un des sommets du grotesque est la mise en scène du pseudo-suicide de Gloucester dans *Le Roi Lear*. Là se trouve concentré tout le ridicule de l'existence humaine, de *notre* existence, qui nous

conduit, sauf accident, vers la vieillesse et la mort. Quelle image
saisissante de l'humanité ! Le duc de Gloucester, vieux et aveugle,
enfermé dans ses songes et dans son malheur, veut en finir avec la
vie. Il demande à Tom de le conduire au bord de la falaise pour
qu'il saute. Tom est un fou de Bedlam, et ce fou bienveillant
trompe le vieillard, le conduit sur une butte de quelques centi-
mètres, et le saut fatal n'est qu'un saut de puce. Ainsi, dans cette
vie, « les fous conduisent les aveugles », la folie sauve la sagesse, qui
n'est qu'illusion, et conduit au ridicule ; même la fin est ratée. Nous
entrons dans la vie de la façon la plus triviale, nous en sortons de la
façon la plus lamentable, et entre les deux nous gesticulons à mi-
chemin entre folie et aveuglement. N'est-ce pas risible ? Ceux qui
veulent prendre cette comédie au sérieux sont sans doute les plus
ridicules.

Le grand homme du théâtre shakespearien n'est ni Hamlet, ni
Macbeth, ni Henri V, mais bien Falstaff, *Sir* John Falstaff, qui rit,
qui fait rire et dont on rit. Il est odieux, peureux, vantard, grossier
et menteur ; sa devise est : « Mange, bois et amuse-toi, car demain
tu seras mort. » Il est le rire rabelaisien par excellence. Il ne commet
qu'une faute, fatale : il fait confiance à un politicien, il croit en la
parole d'un puissant, en l'occurrence le prince Henri, qui le rejette
d'odieuse façon lorsqu'il devient le respectable Henri V :

« Je ne te connais pas, vieil homme. Mets-toi à tes prières ! Que
les cheveux blancs vont mal à un fou et à un bouffon ! J'ai longtemps vu en rêve un homme de cette espèce, aussi gonflé d'orgie,
aussi vieux et aussi profane. Mais, étant réveillé, je méprise mon
rêve. Tâche désormais d'avoir moins de ventre et plus de vertu ;
renonce à la gourmandise ; sache que la tombe s'ouvre pour toi
trois fois plus large que pour les autres hommes. Ne me réplique
pas par une plaisanterie de bouffon. Ne t'imagine pas que je sois ce
que j'étais. Car Dieu le sait et le monde s'en apercevra, j'ai rejeté de
moi l'ancien homme, et je rejetterai ainsi ceux qui furent mes compagnons[69]. »

Falstaff en meurt. Le prince Henri, devenu roi, rejette et tue le
rire. Cette scène est un peu l'illustration du tournant culturel européen de la fin du XVIᵉ siècle : après avoir flirté avec le rire à l'époque
de la Renaissance, les autorités morales et politiques le rejettent
comme diabolique et imposent un idéal classique de grandeur et de
noblesse. Le ridicule grandiloquent tue le ridicule trivial.
Louis XIV, qui n'a pas lu Montaigne, oublie que dans ses fanfre-
luches il est assis sur son cul, comme tout le monde. Fini de rire :
alors s'ouvre la grande offensive politico-religieuse du sérieux.

CHAPITRE IX

Fini de rire

La grande offensive politico-religieuse du sérieux
(XVIᵉ-XVIIIᵉ siècle)

Dès le milieu du XVIᵉ siècle se fait jour une puissante réaction contre le grand éclat de rire de la Renaissance. Cette réaction vise d'abord les manifestations sociales du rire populaire : carnavals et fêtes diverses sont la cible d'interdictions répétées de la part des Églises et du pouvoir civil. Puis, rapidement, cette offensive s'élargit à l'ensemble des activités culturelles. Le rire devient suspect. Si l'on ne peut nier qu'il soit propre à l'homme, c'est de l'homme déchu qu'il est la marque.

Ce mouvement contre le rire n'est qu'une des conséquences de l'évolution globale de la civilisation occidentale. Soyons sérieux, reprenons-nous ! Tel est le mot d'ordre d'une Europe consciente de la nécessité de restaurer l'ordre menacé par les secousses des découvertes et des réformes. Or le rire, c'est le désordre, le chaos, la contestation. Ce n'est pas en riant que l'on va jeter les bases d'un monde stable et régénéré. La récréation est finie.

D'abord, que cessent toutes les bouffonneries populaires qui mettent le monde à l'envers ! Chacun à sa place, chacun à son poste, au service de Dieu et du roi ! L'alliance d'une Église triomphante et d'une monarchie absolue ne saurait tolérer les turbulences séditieuses du carnaval et de la fête des fous. Même le fou du roi n'a plus sa place auprès d'un souverain de droit divin, directement éclairé par l'Esprit saint. Le rire doit aussi être éliminé des hautes sphères de la culture et de la spiritualité, au profit du solennel, du grandiose, de l'imposant, de la noblesse. L'heure est au majestueux. Les règles de l'éloquence sacrée et civile bannissent tout recours à la plaisanterie. La pastorale condamne rigoureusement la dérision, grave péché contre la charité — sauf peut-être lorsqu'elle vise les ennemis de la foi : la question est débattue. La nouvelle spiritualité est austère. Des calvinistes aux jansénistes, le ton n'est pas à la badinerie, et même les jésuites s'alignent sur la sévérité ambiante. Après tout, nous sommes tous des damnés en puissance : il n'y a pas de quoi rire, sauf pour le diable.

Bien sûr, moralistes, théologiens, agents de l'État savent qu'ils ne peuvent chasser complètement le rire. Au moins, que le rire se discipline ; qu'il se fasse poli, discret, bienséant, distingué, si possible silencieux, et qu'il n'apparaisse que pour des motifs valables : ridiculiser les défauts, les péchés, les vices, réagir à d'innocentes plaisanteries dans un but récréatif. Pour les élites du monde classique et baroque, des Églises protestantes et catholique, le rire peut à la rigueur être un ornement de la vie sociale et culturelle, en se conformant à des règles très précises ; en aucun cas il ne saurait former le tissu de l'existence, qui est profondément tragique, donc sérieux. La simple idée que le tragique puisse être comique constitue une monstruosité, par rapport à cette pensée de l'unilatéral et de l'exclusif.

HARO SUR LE CARNAVAL

Il faut en finir avec le rire obscène et subversif du carnaval et autres fêtes populaires. D'un bout à l'autre de l'Europe, la campagne s'intensifie à partir du milieu du XVIe siècle. Dès 1540, le parlement interdit la mascarade nocturne organisée par l'abbaye des Connards à Rouen, qui prenait une tournure rabelaisienne. L'abbé des Connards, un jambon dans une main, une crosse dans l'autre, suivi des confrères en habit de Momus, au milieu de mille facéties, demandait au parlement le droit de célébrer les jours gras. Dans la procession, on remarquait un pape, un roi, un empereur et un fou, qui se jetaient sur un monde tout rond pour s'en moquer. L'abbé accordait le droit de porter les masques, et ceux qui lui désobéissaient devaient lui baiser le derrière et recevoir un pet en pleine figure. Pulsions et fantasmes se donnaient libre cours ; pendant le repas, un pseudo-moine lisait des passages de *Pantagruel*. Ces réjouissances présentaient de nombreuses similitudes avec celles de Lille ou avec celles de Metz, où un abbé facétieux célébrait un mariage de géants et où le Fol, Jehan, tenu en laisse, dansait sur un chariot en faisant rire la foule ; à Dijon aussi, les fous de la Mère Folle, avec leurs grelots, jouaient au jeu de pet-en-gueule : « métamorphose de la ville devenue son propre théâtre, écrit M. Grinberg. Elle joue sa folie, vue à travers le prisme de sa jeunesse, qui lui renvoie, avec sa complicité, toutes les intrigues, les bassesses, les faiblesses qu'elle porte en son sein[1] ».

Là réside le problème. C'est qu'entre le rire débridé et la violence, la frontière est mince, floue et trop facilement franchie, surtout dans l'atmosphère de conflits religieux qui prévaut alors. Le
carnaval change de ton au XVIᵉ siècle. Le caractère anodin des
divertissements, qui ridiculisaient certaines fonctions et certaines
catégories sociales, de façon cinglante mais très ritualisée, cède parfois la place à des attaques religieuses beaucoup plus grinçantes. En
1521, le carnaval de Wittemberg prend des allures de manifestation
antipapiste. La même année, dans les villes luthériennes, Thomas
Murner devient la cible des quolibets, et à Strasbourg on se moque
du « gros matou ». A Berne, en 1523, Nicolas Manuel organise un
carnaval dirigé contre le pape et le clergé, et diffuse par l'imprimerie l'explication des scènes allégoriques : la dérision devient propagande politico-religieuse. Le mouvement gagne Bâle et Zurich, tandis qu'à Lucerne au contraire on brûle le mannequin de Zwingli.
   Alors, écrit Yves-Marie Bercé, « à l'innocence ancienne succède
le soupçon ». Le pouvoir civil, inquiet, intervient : en 1538, François Iᵉʳ interdit les abbayes de jeunesse, suspectes de propager les
idées de la Réforme. Dans les villes flamandes, l'empereur interdit
la fête du Roi des Sots à Lille en 1540, et un chroniqueur de Valenciennes justifie ces mesures par le fait que ces réjouissances « indui-
soient le peuple à faire esbauderies et dérisions bien souvent de
notre saincte religion ». Son zèle anticarnavalesque a aussi une
motivation sociale : « Comme ces représentations se faisoient par
gens de métiers plus capables d'exciter la risée que la pitié, de sorte
qu'on auroit dit une mascarade spirituelle, c'est pourquoi Messieurs du Magistrat, lorsque beaucoup d'habitans de la campagne
estoient infectés de l'hérésie de Calvin, pour ne leur point donner
l'occasion d'attribuer à l'Église un abus introduit par les peuples,
ordonnèrent de les supprimer[2]. »
   Non seulement les carnavals portent atteinte à la religion catholique, mais encore ils menacent l'ordre public, dégénérant parfois
en conflits armés. Le cas le plus célèbre est celui du carnaval de
Romans, dans le Dauphiné, en 1580, qui se solde par une dizaine
de morts. Affrontement entre confréries, sur fond de luttes sociales
et religieuses : « Au début de 1580, écrit Yves-Marie Bercé, la ville
était divisée en au moins deux partis qui songeaient, l'un et l'autre,
à s'assurer par la force le contrôle de la cité. Serve était le chef d'un
parti des drapiers, implanté dans des quartiers artisanaux et soupçonné de huguenotisme. Un parti de la grand-place, à dominante
bourgeoise mais avec une large clientèle populaire, avait l'appui du
gouverneur Maugiron[3]. » Pendant quinze jours, le carnaval se
déroule normalement, avec les extravagances habituelles, mais la
peur est là, et le rire ne suffit plus à l'exorciser. Une rumeur fait
tout basculer ; l'explosion de violence se substitue à l'éclat de rire.

D'autres éléments concourent à rendre le carnaval suspect. Dans les pays protestants, le puritanisme ambiant ne peut tolérer la licence morale extrême qui accompagne ces fêtes. Les villes calvinistes ne seront pas moins zélées que les catholiques à les interdire. De plus, le monde carnavalesque et ses inversions remettent en cause, tout comme le charivari, des institutions religieuses fondamentales telles que le mariage. Tourner en dérision ces rites sacrés est tolérable lorsque aucune menace sérieuse ne plane sur la religion; désormais, la menace existe, et la contestation par le rire devient donc un allié des forces du mal, que l'on doit réprimer. Ainsi, à Rouen, les Connards ne sont pas mieux traités par les protestants que par les papistes. En 1562, lorsque les premiers se rendent maîtres de la ville, ils en interdisent les manifestations : « Étant chose accoutumée en la ville de faire infinies insolences et mascarades, la semaine précédente le carême, par une compagnie qu'ils appellent les Cornars, tout cela cessa lors, d'un commun accord et consentement du peuple condamnant telles folies et méchancetés, hormis que quelques uns qui furent tantôt rembarrez par le menu peuple, mesmes à coups de pierres. »

Le xvie siècle, c'est aussi le moment où la culture populaire et la culture des élites s'éloignent de façon décisive l'une de l'autre, comme l'a montré Robert Muchembled[4]. La culture des élites, livresque et éclairée, déjà rationnelle, vise à la maîtrise de soi, du corps social et de l'environnement. Pour elle, la fête devient célébration didactique et sérieuse d'un ordre, c'est-à-dire l'inverse de la fête populaire, apparente remise en cause comique de cet ordre. « Les valeurs de sensibilité subjective, de spontanéité personnelle, de goût du plaisir, les fruits de la "nature" étaient refoulés au profit de la "culture", d'une rationalisation volontariste, d'une subordination de tout regard sur le monde à une conception éthique. Dès lors, les fêtes paraissaient suspectes, coupables; elles n'étaient plus désirées. Le comique était remplacé par le didactisme[5]. » La culture populaire, c'est la nature mal comprise, autrement dit la magie, la superstition, voire la sorcellerie, que l'on entrevoit derrière tous ces gros rires paysans. La religion éclairée et les élites sociales ont la même volonté de supprimer le rire carnavalesque.

LES FOUS A L'ASILE

Il est temps de remettre le monde à l'endroit et d'en chasser la folie. La grande dévalorisation de cette dernière commence aussi au xvie siècle, et avec elle est rejetée toute la vision comique et carnavalesque du monde inversé. L'aimable *Éloge* d'Érasme n'est qu'un jeu qui témoigne de la popularité du thème dès le début du siècle, mais pour Brant déjà, en 1494, « l'idée que carnaval est fait pour s'amuser est invention du diable ou bien de la folie [...]. Le bonnet à grelots apporte angoisse et peine, mais jamais de repos ». La diabolisation du carnaval et de la folie est lancée. En 1501, dans ses *Stultiferae naves* (Nefs folles), Josse Bade met en scène une flotte de six navires : celui d'Ève (péché originel) conduit les cinq sens dévoyés qui nous font faire des folies. Suivant le mot de Luther, « le monde à l'envers est un monde pervers », et son ennemi Thomas Murner est d'accord avec lui sur ce point : « Les pieds sont sur le banc, la charrue devant les bœufs. » Pour Quevedo, « tout va à l'envers »; pour Pierre Viret, « ceux qui devroient enseigner et conduire les autres vont de travers, et tout à reculons et à rebours ». Au début du xviie siècle, Giacomo Affinati, publie *Le Monde renversé sens dessus dessous,* où il affirme : « Le péché a introduit une telle confusion dans le monde, qu'on peut justement dire que toutes choses y vont à la renverse. » Agrippa d'Aubigné se lamente : « Comme au monde à l'envers, le vieil père est fouetté de son enfant pervers. » En 1589, dans *L'Hôpital des fous incurables,* le chanoine italien Tomaso Garzoni parle des « folz endiablez et desesperez », qui sont « une infinité d'ennemis de Dieu qu'on a veu de nostre temps commettre toutes les sortes de rapines, de violences, de sacrilèges, d'homicides et de rebellions qu'on sçauroit imaginer [...]. Ils sont dignes de mille gibets »; il assimile la folie à la mort des danses macabres, qui « ne se soucie ny des rois ni des empereurs ». L'ouvrage, onze fois réédité, traduit en allemand, anglais et français, exprime un sentiment fort répandu à cette époque : le monde est fou, tout va à l'envers, et les gens rient de cet univers carnavalesque qui ne peut être que l'œuvre du diable. Les tableaux de Bosch et de Bruegel le suggéraient déjà; des estampes du début du xviie siècle le confirment, multipliant les scènes incongrues, avec des commentaires explicites : « Le monde est renversé, je ne comprends pas », peut-on lire sous l'une d'elles, de 1616. Une autre, de 1635, montre le monde à l'envers entre Démocrite qui rit et Héraclite qui pleure, avec la légende :

> Voyez ce monde retourné
> Aux biens mondains trop adonné,
> Qui pour un rien se veut périr
> Sous ombre d'aveugle plaisir.
> Et Satan qui toujours veille
> Leur promet des biens à merveille
> Sachant que dessous tel plaisir
> Se cache un mortel repentir.

Jean Delumeau, à qui nous empruntons cette citation, commente : « Par où l'on voit comment le passage s'est opéré de la farce et des charivaris au discours culpabilisateur. Même dans les fêtes, la folie et le monde à l'envers pouvaient constituer une façon de remettre à l'endroit des situations de désordre [...]. Mais la culture humaniste et cléricale a dépassé ce niveau de banale régulation des conduites. Elle a extrapolé et dramatisé la situation de folie et d'inversion : elle y a aperçu le péché[6]. »

Selon la majorité des historiens des mentalités (Delumeau, Bercé, Muchembled, Thomas, Davis), les charivaris, abbayes de jeunesse, fêtes des fous et autres carnavals n'étaient en rien subversifs : « Licence n'est point rébellion », observe Nathalie Davis, et la plupart estiment même que ces manifestations de comique populaire renforçaient l'ordre établi, comme nous l'avons vu. Certains membres des classes dirigeantes avaient même l'intuition de ce rôle, tel le légiste Claude de Rubys, qui écrit à la fin du XVIe siècle : « Il est quelquefois expédient de tolérer que le peuple face le fol et se resiouisse, de peur qu'en luy tenant trop grand rigueur, on ne le mette au désespoir[7]. » Malgré tout, il est indéniable qu'une dérive contestataire violente se produit avec les conflits religieux. Inévitablement, l'actualité envahit les fêtes satiriques, et cette évolution se confirme au XVIIe siècle, aboutissant à la Fronde, qui a des aspects de carnaval sanglant.

Les inquiétudes des autorités ne sont donc pas entièrement injustifiées. Il arrive de plus en plus fréquemment que les fêtes dégénèrent en bagarres sérieuses. Le jésuite Mariana pense d'ailleurs que ces violences font partie du plan divin pour faire de l'individu un être social. Par exemple, en 1636, le carnaval de Bourges se transforme en émeute contre des huissiers, tandis qu'à Clermont le commis d'un traitant est assassiné : « Les habitants dudit Clermont, raconte un témoin, masqués, au temps du carnaval, furent en sa maison, enfoncèrent les portes et, ledit commis s'estant sauvé, ils le poursuivirent et le précipitèrent du haut du toit en bas de la rue[8]. » Au carnaval de Bordeaux, en 1651, on exécute Mazarin en effigie. Les masques, les déguisements, le vin facilitent le passage de la folie à la sédition. Sous le règne de Louis XIII, bien des révoltes contre la fiscalité de Richelieu débutent par des fêtes où les individus déguisés, affublés d'un surnom, s'échauffent et s'en prennent aux agents du pouvoir, comme les Lanturlus de 1630.

Tout commence par le rire, et c'est bien ce qui le rend suspect aux yeux des autorités. Ainsi, en 1705 encore, à Guéret, des huissiers sont pris à partie par des habitants travestis en femmes et dirigés par un boucher, Tixerat : « Après avoir bu, estant épris de vin, quelques enfants ayant été chez lui prendre son tambour et passer par la ville, il les suivit comme il a de coustume dans les carnavals et bien souvent estant tambour de la ville, lesquels enfants lui mirent une coiffe de femme sur la teste et passa de cette manière dans les rues en dansant avec lesditz enfants. » Épisode semblable en 1707 à Montmorillon, où les commis des impôts ont le malheur d'arriver pendant le carnaval : ils sont chassés par une troupe d'hommes déguisés en femmes. Le déguisement féminin est particulièrement prisé : ces mégères musclées sont l'incarnation du monde à l'envers, et rendent la fuite de l'intrus plus ignominieuse. En Angleterre, le chef des paysans révoltés contre la pratique des clôtures en 1628-1631 se fait appeler Lady Skimmington, Madame Charivari. Pour Yves-Marie Bercé, « dans leurs commencements au moins, les révoltes populaires du XVIIe siècle français étaient souvent pleines d'espoir. Il s'agissait de rire aux dépens des gabeleurs ou maltôtiers. Leur expulsion prenait la forme de la conduite du bouc émissaire, d'une vexation traditionnelle, sans désespoir et sans tragédie, où n'avaient place que le rire et le vin[9] ».

Il n'y a donc rien d'étonnant à ce que les autorités aient vu dans le rire carnavalesque une manifestation diabolique : « Les diables, pendant le carnaval, retournent comme ils le peuvent la nature de l'homme, puis, s'emparant de lui, le paient de l'enfer », écrit en 1580 un prêtre tchèque, Vavrinec Rvacocsky[10]. Comme en écho, un prêtre de Senlis affirme en 1664 : « Le démon corrupteur, ce calomniateur universel, a gasté et sally nos plus pures traditions, par des scandales publics, par des débauches légitimées. Voulez-vous que j'en touche les exemples les plus grossiers et les plus populaires. N'est-ce pas luy qui a inventé, qui a introduit le carnaval au milieu de la pénitence, dans le temps mystérieux de la septuagésime, qui nous en donne des leçons et des loix[11] ? »

Toutes les fêtes ne dégénèrent pas en révolte, loin de là. Mais, plus que la réalité des choses, ce qui importe en la matière est l'opinion des responsables, et ceux-ci ont indéniablement l'impression d'une montée de la menace subversive au sein des fêtes populaires. N'oublions pas que nous sommes également en pleine psychose de sorcellerie, pratique imaginaire s'il en fut, mais dont les meilleurs esprits de l'époque, tel Jean Bodin, sont convaincus de la réalité. Et, dans une certaine mesure, la phobie de la folie succède au XVIIe siècle à celle de la sorcellerie. Après avoir brûlé les sorciers, on enferme les fous. C'est en 1632 que Vincent de Paul réforme Saint-Lazare pour y accueillir des aliénés; en 1656 est créé l'Hôpital général de Paris, et en 1676 le roi prescrit la création d'un établissement semblable dans chaque ville. Les autorités religieuses collaborent avec les autorités civiles dans cette œuvre du « grand renfermement ». Exigence d'ordre public, de morale et de salubrité. « Si la folie, au XVIIᵉ siècle, écrit Michel Foucault, est comme désacralisée, c'est d'abord parce que la misère a subi cette sorte de déchéance qui la fait percevoir maintenant sur le seul horizon de la morale. [...] Une sensibilité nouvelle est née à son égard : non plus religieuse, mais sociale. Si le fou apparaissait familièrement dans le paysage humain du Moyen Age, c'était en venant d'un autre monde. Maintenant, il va se détacher sur fond d'un problème de "police" concernant l'ordre des individus dans la cité [12]. »

La fête populaire est une certaine folie collective, et le regard posé sur elle par les autorités devient soupçonneux. Elle menace l'ordre public. Ainsi le rire carnavalesque, diabolisé par la religion et accusé de subversion par l'État, est-il combattu par toutes les autorités. « Accusé de paganisme, puis d'immoralité, et enfin de troubler le repos public, le carnaval résiste, s'adapte, meurt et renaît dans la profusion de ses symboles et de ses images [13] », écrit M. Grinberg. Pendant plus de deux siècles, autorités religieuses et civiles s'efforcent d'étouffer — ou, du moins, de discipliner — le rire du carnaval, des fêtes communales et confraternelles, des fêtes des fous. Œuvre de longue haleine, qui se heurte à de vives résistances, et dont les résultats sont inégaux.

QUE LA FÊTE SE TERMINE !

En Allemagne, le fameux *Schembart* de Nuremberg, où l'on brûle en effigie un pasteur très hostile aux réjouissances populaires, a lieu pour la dernière fois dès 1539 ; l'année suivante, on prétexte le manque d'argent pour ne pas organiser la fête. En Angleterre, on peut suivre à Coventry la chronologie de l'arrêt des fêtes : celles de la Saint-George, de l'Ascension, de la Pentecôte, du Corps du Christ cessent entre 1535 et 1547 ; celles de la Saint-Jean et de la Saint-Pierre, en 1549 ; celle du *Hock Tuesday,* célébrant une victoire sur les pirates normands, en 1579 ; les jeux de balle, en 1595. Les prédicateurs puritains attribuent ces divertissements à des déviations papistes. A partir de 1550, les élections du *Mock Mayor* (maire pour rire), du *Bishop of Unreason* (évêque de la déraison) ou encore du *Master of Merry Disports* (maître des plaisirs) disparaissent peu à peu des grandes villes. Les fêtes renaissent quelque peu sous la Restauration, mais la vague méthodiste y met fin à partir des années 1730. Dans le Piémont, les synodes diocésains interdisent à partir de 1592 la pratique du « roi de jeunesse » et de son joyeux cortège, qui entrait dans les églises, à Mondovi, Saluces, Turin, Ivrée, Verceil ; la dernière mention date de 1749. En France, le mouvement est général. Des édits de 1539 et 1561 interdisent les masques. En 1538, ordonnance contre les abbayes de jeunesse.

Dans le Nord, le pouvoir entreprend la lutte contre les fêtes de la dédicace des églises, fêtes appelées *ducasses* ou *kermesses,* et qui, d'après le jésuite Antoine de Balinghem, en 1615, causent plus de treize cents meurtres par an. Dès 1531, Charles Quint tente d'en limiter la durée ; en 1588, Philippe II ordonne que toutes les dédicaces de l'Artois soient célébrées en même temps, le 7 juillet ou le dimanche suivant ; en 1601, les « jeux de moralité, farches, sonnetz, dictiers, refrains, ballades » sont interdits dans tous les Pays-Bas. A Lille, tous les aspects des réjouissances populaires sont la cible de condamnations répétées : la fête des Innocents, la coutume de se moquer des princes (1514 et 1544), de faire des défilés de jeunesse (1520), de planter des *mais* — coutume qui était l'occasion pour la Principauté de Plaisance d'organiser des bouffonneries et cérémonies burlesques dans toutes les villes du Nord, sous la direction d'un Prévôt des Coquins, d'un Capitaine de la Joyeuse Entente ou d'un Gardien de Dame Oiseuse. En 1560, une ordonnance de Philippe II interdit de « chanter, ou jouer, divulguer, ou jouer publicquement, en compaignie, ou en secret, aulcunes farces, ballades, chansons, comédies, refrains, ou aultres semblables escriptz, de quelque matière ou en quelque langaige que ce soit, tant vieulx que nouveaulx, esquelz soyent meslées aulcunes questions, propositions ou faitz concernant nostre religion, ou les personnes ecclésiasticques ». Défendus également, « les jeux muetz, que l'on appelle remonstrances ou représentations par personnaiges ». L'application est stricte : en 1563, sept hommes sont emprisonnés et doivent faire amende honorable, en chemise, pour avoir joué sans autorisation le *Jeu du veau d'or.*

Même évolution à Valenciennes, à Arras, où il est interdit en 1593, 1597 et 1598 « de faire danses, esbatz, masquerades et assemblés publicques avant les rues, tant de jour que de nuict, et que chascun ait à se comporter en toute modestie ». Les réjouissances populaires, que l'on avait dans un premier temps essayé de contenir et de limiter, sont maintenant prohibées. De même, à Lyon, en 1566, les statuts synodaux édictent que « ès jours de fête des Innocens, et aultres, l'on ne souffre ès églises jouer jeux, tragédies, farces et exhiber spectacles ridicules avec masques, armes et tambourins ».

Les prédicateurs populaires redoublent d'anathèmes contre toutes les formes de réjouissances populaires, assimilées à des restes de paganisme. En 1600, le franciscain Philippe Bosquier, né à Mons (1561-1636), publie les *Sermons sur la parabole du prodigue évangélique ;* il y stigmatise les fêtes païennes, qui d'après lui servent

de modèle aux carnavals : « L'idolâtrie étoit pure paillardise en ses
fêtes et sacrifices comme en ses dieux et déesses, desquels je n'en
trouve nuls qui ne furent ou putiers ou putains [...]. Je n'oseroye
déboucher en vulgaire les impudicitez des fêtes de Faunus, ny des
fêtes saturnales et florales, solemnisées par putains toutes nues et
par hommes enfarinez de même [14]. »

Dans l'est du royaume, les fameuses compagnies de la Mère
Folle, dont certains grands personnages ne dédaignaient pas de
faire partie, sont également l'objet d'une répression. A Châlons, où
le prince de Condé était pourtant un Compagnon de la Mère Folie,
le conseil de ville interdit en 1626 les activités de cette société, décision confirmée par le parlement de Paris. A Dijon, une ordonnance
royale de 1630 abolit les manifestations de la Mère Folle, en raison
des « désordres et débauches produits contre les bonnes mœurs,
repos et tranquilité de la ville ». Les dernières velléités cessent en
1650. En Guyenne, le parlement interdit les masques et assemblées
de carnaval en 1636.

L'évolution politico-religieuse de la première moitié du XVIIe siècle condamne irrémédiablement ces manifestations, souvent liées à
une forme d'autonomie municipale que ne tolère plus la monarchie
absolue. Les magistratures ne donnent plus lieu à des élections,
occasions de joyeusetés, mais deviennent des offices vénaux hérédi-
taires. Comme l'écrit Harvey Cox, « le droit divin des rois, l'infailli-
bilité pontificale de l'État totalitaire moderne ont tous fleuri après
que la fête des fous eût disparu [15] ». Les désordres de la Fronde,
dont l'aspect satirique et ludique semble donner raison aux censeurs qui assimilent fête et révolte, ne font que précipiter le mouvement de répression. Déjà, souligne Michel Vovelle, dans les années
1620-1630, le carnaval avait été « non seulement le support, mais
l'expression privilégiée du refus ». En 1630 par exemple, ce sont les
clochettes des fous qui avaient appelé à la révolte les Cascaveous
d'Aix et les Lanturlus de Dijon. Pendant la Fronde, pamphlets,
caricatures, bouffonneries ridiculisent Mazarin et la régente. En
1649, une mascarade présente un « Grand Ballet ou bransle de sottie dansé sur le théâtre de la France par le cardinal Mazarin »;
Momus dirige le chant, et le tout se termine par la mise à mort du
cardinal-Caramantran.

Le rétablissement de l'autorité se traduit par une nouvelle vague
d'interdictions, renforcées par l'esprit janséniste et, au XVIIIe siècle,
par celui des Lumières. Les courants les plus contradictoires dans
l'élite culturelle semblent donc se liguer contre les manifestations
du rire populaire. « La fête populaire, qui avait eu une fonction
rituelle, qui avait parfois donné l'occasion de critiquer la société,
qui avait assuré un équilibre entre le travail et le jeu ou la joie, per-

dait tout son sens, écrit Robert Muchembled. Les autorités étaient hostiles aux débordements qui en résultaient. Les nouvelles valeurs de sérieux, de raison, de travail, d'économie, d'obéissance aux hiérarchies, de respect de la religion, lui étaient antithétiques[16]. »

A l'exigence politique d'ordre s'ajoutent les normes de bienséance sociale, qui rejoignent les interdits théologiques : il est de bon ton pour l'« honnête homme » de ne pas rire, ou du moins de le faire discrètement. Dominique Bertrand, dans sa belle étude sur l'*Histoire du rire à l'âge classique,* a démontré que les traités de civilité sont en accord avec l'idéal religieux d'austérité : montrer les dents et la langue en riant est inconvenant[17]. Sur ce point, il y a unanimité entre catholiques et protestants : aux Pays-Bas, le carnaval est combattu des deux côtés. Au xviie siècle, le catéchisme protestant y explique que « ce damné jour de Bacchus » est une superstition romaine contraire à la parole de Dieu. Pour le pasteur calviniste Peter Brod, qui écrit en 1761, « le jour du Mardi gras, les chrétiens ont des conduites extravagantes et condamnables. Certains portent des habits de l'autre sexe et sont conduits, du fait de leur métamorphose, à se livrer à la luxure. D'autres voilent leur vie et se déguisent en âmes venues de l'enfer. C'est pourquoi on s'accorde pour nommer cette journée : fête des diables[18] ». Même liaison avec le paganisme et le démon chez le catholique espagnol Rodrigo Caro au xviie siècle : « Comme Janus était le compagnon de Saturne, les mois de décembre et de janvier leur furent consacrés à tous deux en même temps ; c'est pourquoi pendant les fêtes de Janus il y avait de tels débordements, des personnages monstrueux et démoniaques, les hommes s'habillant en femmes et se fardant le visage[19]. »

L'esprit des Lumières n'est pas plus favorable aux fêtes burlesques, indécentes, de mauvais goût, reliques d'un âge barbare et grossier, comme les qualifie en 1741 un gentilhomme de Dijon, esprit curieux d'« antiquités », dans ses *Mémoires pour servir à l'histoire de la fête des fous qui se faisait autrefois dans plusieurs églises.*

Là où sévissent des prélats jansénistes, la lutte contre le carnaval témoigne d'une vigueur particulière. A Châlons, l'évêque Vialar, de 1640 à 1680, fait surveiller la ville et les lieux écartés les dimanches, jours fériés et en période de Mardi gras afin de débusquer les éventuels fêtards. Jean-Georges de Souillac, évêque de Lodève de 1733 à 1750, fait de même ; son successeur, Jean-Félix de Fumel, beaucoup plus tolérant, est accueilli par des feux de joie. « Il est temps de nous défaire de ces momeries qui nous rendent ridicules aux yeux des peuples du Nord », écrit en 1774 un ecclésiastique jansénisant. A Rouen, Jacques-Nicolas Colbert envoie en 1687 un questionnaire visant à dépister les charivaris, sociétés de jeunesse et autres « attroupements ridicules ». A Aix, l'évêque Grimaldi, au milieu du XVIIᵉ siècle, interdit les pratiques dérisoires du carnaval local, telle la coutume qu'y ont les paveurs de venir dire leurs vérités aux grands de ce monde. Comme on ne supprime bien que ce qu'on remplace, les ecclésiastiques réformateurs tentent de répandre de nouvelles pratiques destinées à meubler les jours libérés par l'interdiction du carnaval. Dès 1625, le jésuite Balinghem fait *Douze propositions pour passer plaisamment et honnestement les jours des quaresmeaux*. Pour lui, le carnaval est « une erreur qui de longtemps et comme à titre d'héritage de père en fils a pris possession de l'esprit humain [...], une maladie invétérée [...], la damnable coustume d'abandonner en ceste saison toute crainte et respect de Dieu ». Offices religieux, expositions du saint sacrement, prières des quarante heures : voilà de quoi remplacer saintement les rires diaboliques du carnaval.

LES RÉSISTANCES

Il est difficile d'évaluer l'efficacité de ces mesures. Des résistances se font sentir un peu partout, et bien souvent les autorités doivent accepter un compromis. En 1560, le viguier de l'évêque de Fréjus avait été chassé de la cathédrale par des hommes masqués, furieux de l'interdiction de la fête des Innocents. Pour la même raison, Aix en 1583 et Fréjus en 1588 connaissent de véritables émeutes. Au milieu du XVIIᵉ siècle, Pamiers est le théâtre de conflits épiques entre l'évêque Caulet, ennemi acharné des fêtes, et la population, ici soutenue par les consuls et le gouverneur du château de Foix. En 1662, l'évêque fait jeter en prison les joueurs de hautbois et de tambour; en 1663, les fêtards, que protège une escorte fournie par le lieutenant du château, viennent narguer l'évêque sous ses fenêtres, la nuit de la Saint-Jean; le prélat riposte en exposant le saint sacrement; en 1668 et 1669, nouveaux affrontements à Pamiers, Saurat, Tarascon; intervention du parlement de Toulouse; en 1674, l'évêque est contraint par le gouverneur du comté de tolérer des saltimbanques. La liste des heurts est interminable, au début du XVIIIᵉ siècle, à Alet, Castellane, Allans. En 1740, à Montpeyroux (diocèse de Lodève), c'est un mannequin figurant l'évêque, sur un âne, que l'on brûle à la place du roi-carnaval, tandis qu'à côté, à Rives, on va jouer sous les fenêtres du prieur, le tout avec l'approbation du seigneur local.

Dans la seconde moitié du XVIIIᵉ siècle, les parlements multiplient les interdictions, avec une efficacité qui semble limitée. Selon

Robert Muchembled, l'époque connaît même une résurgence de la fête populaire. Un peu partout, des formes spontanées de mascarade subsistent en dépit des condamnations répétées. En Auvergne, les mesures du présidial de Clermont en 1632, des Grands Jours contre les « fêtes baladoires » en 1665 et 1667, sont de peu d'effet. Parfois, une manifestation disparaît, tel le concours de jet d'urine entre garçons et filles à Grasse en 1706, qui offusquait l'évêque. Mais souvent les partisans de la fête passent outre, comme dans le diocèse de Quimper en 1766, où l'évêque voulait interdire le pardon de Saint-Servais à Duault.

La fête se maintient, ou bien alors on arrive à un compromis, en profitant des rivalités entre les différentes autorités, comme nous venons de le voir à Pamiers. Les coutumes locales issues du droit féodal, et qui étaient l'occasion de rires, de bouffonneries et de moqueries, résistent plutôt bien, même si les plus riches peuvent s'en dispenser. Ainsi, parmi bien d'autres, pour le droit de merdouladou, à Tulle : le dimanche avant le carnaval, les nouveaux mariés de l'année doivent jeter une pierre dans un pot rempli d'ordures, en présence des officiers de la justice comtale et sous peine d'une légère amende, dont s'acquittaient facilement les plus aisés. Ainsi, écrit Yves-Marie Bercé : « En s'élevant dans la hiérarchie sociale, l'esprit burlesque disparaissait et seul le principe de la redevance subsistait. Ceux qui ne voulaient pas s'exposer aux rires ou aux huées pouvaient donc assez facilement s'en évader sans rompre la solidarité communautaire. Les mauvais coucheurs et les gens délicats s'abstenaient simplement de paraître dans les rues au jour fixé [20]. »

Dans la plupart des localités, les fêtes populaires se maintiennent à la fin du XVIIIᵉ siècle : fête de l'Arrière, en Picardie, où des jeunes escortent une personne montée à l'envers sur un âne, collectant un droit sur les plus aisés ; fêtes de folie un peu partout ; fêtes de jeunesse ; charivaris. Pour une qui disparaît — comme celle des boulangers et des meuniers, à Vienne, en Dauphiné, avec son cortège burlesque d'hommes nus et enduits de suie, les « noircis », dont on n'entend plus parler à partir du début du XVIIᵉ siècle —, beaucoup d'autres se transforment, et surtout se sécularisent, le clergé se désengageant progressivement de ces manifestations peu conformes à sa nouvelle dignité. Souvent aussi, le rôle du fou se professionnalise : un bateleur offre ses services et est payé pour assurer le spectacle.

Au XVIIᵉ siècle, les autorités doivent encore reculer à plusieurs reprises devant les expressions désordonnées du rire : en janvier 1666, en pleine tenue des Grands Jours de Clermont, qui tentent de discipliner les cérémonies, le Prince de Haute-Folie vient apostropher l'intendant, et un joyeux tumulte est organisé sous ses fenêtres. Le représentant du roi et les magistrats doivent accepter de participer aux festivités : « Le plus court fut de rire avec eux et de se retirer pour n'être point étourdi. » Dans de nombreuses localités, les représentants de l'ordre préfèrent se tenir à l'écart pendant le carnaval, sachant que leur intervention risquerait de déclencher une émeute. Rixes et violences de toute sorte bénéficient d'une relative impunité, et le carnaval constitue ce que nous appelons aujourd'hui un « espace de non-droit » ; le droit du rire y remplace le droit royal et, s'il n'est pas moins impitoyable que lui, il est encore plus injuste. Ainsi, à Gourdon, en Quercy, pendant le « jeu du sauvage » qui a lieu le premier dimanche de carême, le lieutenant général se retire dans sa maison de campagne « pour ne pas rendre la justice illusoire ».

Cette pratique cesse cependant vers 1680. La guerre d'usure entre les pouvoirs et les manifestations du rire populaire collectif se poursuit durant tout le XVIIIᵉ siècle. Lentement, le roi-carnaval cède du terrain au roi absolu. Il recule, non pas tant devant le clergé que devant la puissance accrue des parlements, redoutables machines anti-rire, qui partout s'appliquent à contenir les débordements de la joie populaire et à limiter strictement celle-ci dans le temps : en 1782, par exemple, le parlement de Paris interdit aux Auxerrois de faire déborder le carnaval sur le carême. La lutte est âpre, jusqu'à la veille de la Révolution. Juges, procureurs, membres de la maréchaussée ont fort à faire, car les rieurs ne plaisantent pas : un cavalier est tué en 1754 lorsque les gendarmes tentent d'interrompre un jeu ; en 1767 et 1778, des juges et procureurs fiscaux sont mis en fuite par des fêtards. En 1780 et 1782, le procureur royal au présidial d'Angers veut intervenir dans les désordres qui chaque année marquent la fête de la Nativité de la Vierge à Saint-Florent-le-Vieil ; les gendarmes, mal inspirés, essaient en vain de mettre un terme à l'échauffourée et, comme dans la chanson, doivent battre précipitamment en retraite. En 1781, le procureur de Saint-Gilles-Croix-de-Vie, en Vendée, fait part de son impuissance : « Pour s'opposer à une populace dont l'habitude avait échauffé le cerveau au point de se croire en droit de tuer tout ce qui s'opposeroit à sa licence et qui s'arme toujours à cet effet, je n'ai que le zèle pour le bon ordre sans force pour le seconder. »

Dans ce combat bien réel entre le carnaval et le carême, entre le rire populaire débridé et le sérieux de l'administration, il convient d'éviter les jugements hâtifs et partiaux que notre époque a tendance à porter. Nostalgie d'un passé idéalisé, où la fête populaire donnait la possibilité à chacun d'exprimer librement ses pulsions, dans une sociabilité conviviale proche de la nature et des rythmes saisonniers. Mythe entretenu par un certain folklore, par une recherche artificielle de l'« authentique », et par des préoccupations écologiques point toujours éclairées. Faire du combat entre carême et carnaval une lutte entre la méchante culture des élites, sérieuse et rébarbative, qui utiliserait les pouvoirs civils et religieux pour éliminer la bonne culture populaire, libre et fraternelle, est évidemment une vue de l'esprit. N'en faisons donc pas une lutte entre le bien et le mal, erreur que même l'historiographie contemporaine n'évite pas toujours. Comme l'écrit le procureur de Saint-Gilles, le rire carnavalesque est prêt à tuer : il est agressif, intolérant, violent ; il humilie, dégrade, méprise, brime ; rire de la cohésion étroite de petits groupes, il exclut ; il n'admet pas l'opposition, impose sa loi, persécute les récalcitrants, élimine ceux qui ne veulent pas s'amuser ; tyrannique, il ne tolère pas que certains n'aiment pas la fête.

Ce rire oppresseur et dangereux donne sa pleine mesure dans les charivaris, contre lesquels l'Église tente en vain de lutter depuis le XVe siècle. En 1609, dans son *Livre de la mommerie*, Claude Noirot récapitule les décisions synodales prises contre cette coutume depuis 1404. Leur inefficacité est en partie due au manque de collaboration des autorités civiles, qui n'interviennent qu'en cas de rixes graves ou de mort d'homme. Certes, le parlement de Toulouse admet en 1551 qu'on peut « demander réparation d'injure à ceux qui font les charivaris ; la coutume ne les peut excuser, parce que ces insolences sont contre les bonnes mœurs », mais en fait la justice seigneuriale et royale ne voit pas d'un trop mauvais œil des pratiques qui confortent l'ordre familial et patrimonial.

La jeunesse s'amuse et n'admet pas que l'on fixe des limites à son rire. A partir du moment où l'« on s'amuse », tout est permis. Les archives judiciaires sont pleines des excès des compagnies de jeunesse. Exemple parmi des milliers d'autres : dans la nuit du 1er au 2 novembre 1701, à Arras, des jeunes gens déguisés en arlequins, apothicaires ou grands-pères ont fêté la Toussaint de façon burlesque, avant d'agresser la garde urbaine, blessant un caporal et un sergent. Ils s'amusaient, bien sûr. A Aix-en-Provence, Michel Vovelle signale une série continue de charivaris dégénérant en violences sporadiques qui sont le signe d'une profonde hostilité à l'égard du corps de ville, des cavalcades bourgeoises et des bals distingués. En février 1783, les « masques armés » du Vivarais se révoltent contre les robins et les gens de loi. Dérision et sédition sont plus que jamais parentes.

DISPARITION DE LA FÊTE DES FOUS

La fête des fous disparaît dès le xvııᵉ siècle. Déjà très décriée à la fin du Moyen Age, elle est l'objet d'une répression systématique, d'autant plus efficace que le pouvoir civil n'a pas ici son mot à dire. Organisée par et pour des milieux ecclésiastiques, elle ne peut résister aux nouvelles exigences de décence, d'austérité, de séparation du profane et du sacré, qui s'imposent dans les églises. Des coups mortels lui sont portés au xvıᵉ siècle et, lorsque le parlement de Dijon l'interdit en janvier 1552, elle n'est déjà plus qu'une routine moribonde — même si elle se traîne encore pendant un siècle en certains lieux, comme l'écrit avec réprobation en 1645 le chartreux Mathurin de Neuré à son ami Gassendi : [chez les franciscains d'Antibes], « jamais les païens n'ont solemnisé avec tant d'extravagance leurs fêtes pleines de superstitions et d'erreurs, que l'on solemnise la fête des Innocents à Antibes chez les cordeliers. Ni les religieux prêtres, ni le Gardien, ne vont point au chœur ce jour-là. Les frères laïcs, les frères-coupe-chou, qui vont à la quête, ceux qui travaillent à la cuisine, les marmitons, ceux qui font le jardin, occupent leur place dans l'église, et disent qu'ils font l'office convenable à une telle fête, lorsqu'ils font les fous et les furieux, et qu'ils le sont en effet. Ils se revêtent d'ornements sacerdotaux, mais tout déchirez, s'ils en trouvent, et tournez à l'envers. Ils tiennent dans leurs mains des livres renversez et à rebours, où ils font semblant de lire avec des lunettes dont ils ont ôté le verre, et ausquelles ils ont agencé des écorces d'oranges, ce qui les rend si diformes et si épouvantables, qu'il faut l'avoir vu pour le croire, surtout après qu'aïant soufflé dans les encensoirs qu'ils tiennent en leurs mains, et qu'ils remuent par dérision, ils se sont fait voler de la cendre au visage et s'en sont couvert la tête les uns les autres. Dans cet équipage ils ne chantent ni les hymnes ni les psaumes, ni les messes à l'ordinaire, mais ils marmottent certains mots confus, et poussent des cris aussi fous, aussi désagréables et aussi discordans, que ceux d'une troupe de pourceaux qui grondent; de sorte que les bêtes brutes ne feroient pas moins bien qu'eux l'office de ce jour. Car il vaudroit mieux en effet amener des bêtes brutes dans les églises pour louer leur Créateur à leur manière; et ce seroit assurément une plus sainte pratique que d'en user ainsi, que d'y souffrir ces sortes de gens, qui se mocquant de Dieu en voulant chanter ses louanges, sont plus insensez et plus fous, que les animaux les plus insensez et les plus fous [21] ».

En renonçant à célébrer sa propre dérision, le christianisme perd une dimension essentielle, pour devenir une religion unilatéralement sérieuse. D'autant plus qu'au même moment l'on interdit tous les jeux et comédies dans les églises et les cimetières : décisions des conciles de Bâle (1435), de Rouen (1445), des statuts synodaux d'Orléans (1525 et 1587), de Lyon (1566 et 1577), d'Angers (1595, 1668), parmi tant d'autres.

A chaque fois, on invoque les mêmes raisons : ces pratiques relèvent du paganisme et sont indécentes. Le rire est chassé des églises comme païen et immoral. C'est ce qu'affirment les provinciaux de Sens en 1528, de Cologne en 1536, de Cambrai en 1565 : « Les ecclésiastiques ont accoutumé certains jours de fête, sous prétexte d'une honnête récréation, de faire bien des choses qui, par la licence qu'ils prennent de jour à autre scandalisent extrêmement les fidèles, à cause des boufonneries et badineries qui se pratiquent en certains lieux et en certaines églises et qui sentent plutôt le paganisme que la modestie chrétienne[22]. » Le concile provincial de Tolède, en 1566, rappelle que les églises sont faites « afin que les chrétiens y rendent un culte tranquille et digne de leur piété », et que le rire y est donc interdit. Pour les statuts de Lyon de 1566 et 1577, « l'on ne doit souffrir ès églises jouer jeux, tragédies, farces et exhiber spectacles ridicules avec masques, armes et tambourins, et autres choses indécentes qui se font en icelles, sous peine d'excommunication[23] ». Le concile de Reims en 1583 prohibe les « badineries ridicules », et celui d'Aix en 1585 tous les « divertissements ». Les statuts synodaux de Chartres en 1550 édictent « que ni les écoliers, ni les clercs ou enfants de chœur, ni les prêtres ne fassent rien de fou ni de ridicule dans l'église, et qu'ils ne souffrent pas que personne au monde en fasse aux fêtes de Saint-Nicolas, de Sainte-Catherine et des Innocens, ou à quelque autre jeu que ce soit, sous prétexte de divertissement. Enfin que l'on banisse des églises les habits des fous, qui sont des personnages de théâtre[24] ». Interdictions renouvelées en 1575.

Les processions ne doivent pas non plus être des occasions de rigolade — ce qu'elles sont trop souvent, semble découvrir le concile provincial de Tours en 1583 : « Nous avons appris de bonne part qu'il s'est introduit dans la plupart des paroisses de cette province une mauvaise coutume, qui est qu'on représente des spectacles, on dit des railleries, on danse, on fait des festins, et des actions ridicules, aux processions publiques que les anciens Pères de l'Église ont instituées pour prier Dieu[25]. » Ces rires « sont plutôt capables d'attirer la colère de Dieu ». Ils sont donc interdits, sous peine d'excommunication. En 1549, le concile provincial de Cologne fait un constat identique et ordonne que les processions « se fassent avec ordre, gravité et modestie ; qu'on en retranche les ris, les railleries, les entretiens inutiles[26] ». Même décision à Milan en 1565. En 1642, l'évêque d'Angers constate que les jeunes gens,

« en dérision de la sainte Église », détournent le sens de la procession du Saint-Sacrement : ils y chantent des chants d'amour à leurs maîtresses, « lesquelles se tiennent exposées en public à cet effet[27] » ; que l'on cesse également de rire dans les cimetières, que l'on cesse d'y « faire des railleries et facéties, qu'ils appellent moralités », déclare le synode d'Angers en 1527.

En Espagne, une lutte systématique est entreprise contre les *obispillos,* ces fêtes burlesques au cours desquelles, lors de la Saint-Nicolas et des Saints-Innocents, on élisait un roi donnant des ordres grotesques et prononçant des discours comiques. A Gérone, où l'on peut suivre les péripéties de ce combat, il s'écoule cent cinquante ans entre la première mesure d'interdiction, en 1475, et la disparition effective de la coutume, en 1621 : un siècle et demi pour étouffer un éclat de rire ! En 1541, on réussit à en restreindre la portée : la fête est limitée aux enfants, l'*obispillo* étant le plus jeune des chanteurs, qui contrefait l'évêque ; en 1563, la fête est expulsée de la cathédrale et doit se dérouler à l'extérieur ; en 1566, le concile provincial de Tolède interdit cette pratique qui fait « injure à la dignité épiscopale », et le synode de Cadix en 1591 confirme cette décision. Même un esprit ouvert comme Bartolomé de Las Casas voit dans ces coutumes un vestige des saturnales.

JEAN-BAPTISTE THIERS, TÉMOIN DE LA RÉPRESSION DU RIRE

Un ouvrage exprime exactement les positions du clergé classique du Grand Siècle à l'égard du rire et du divertissement : le *Traité des jeux et des divertissements qui peuvent être permis ou qui doivent être défendus aux chrétiens selon les règles de l'Église et le sentiment des Pères,* publié en 1686 avec toutes les approbations officielles. L'auteur, Jean-Baptiste Thiers, est docteur en théologie et curé de Champrond. Sa position est relativement équilibrée, typique du nouveau clergé formé dans les séminaires à une piété éclairée.

Abordant la délicate question de la raillerie, il fait la part des choses : il est permis de railler, en évitant l'excès, qui est « momerie » ou « bouffonnerie », et le défaut, qui est « grossièreté » ou « rusticité ». Pour rester chrétienne, il faut que la raillerie « soit innocente, et qu'elle ne blesse ni la charité, ni la religion, ni l'honnêteté des mœurs[28] ». Pour bien railler, il faut utiliser des termes élevés et laisser à penser plus qu'on ne dit — ce qui n'est pas un mensonge, car les gens voient bien que l'on plaisante. Il faut être naturel, sans affectation, éviter les ambiguïtés, railler plutôt pour se défendre que pour attaquer, ne pas tomber dans la bouffonnerie par des gestes et des grimaces, se garder de l'arrogance et des mots désagréables, ne pas railler trop souvent, ne pas se moquer des traits que l'on pourrait retourner contre nous, ne pas railler collectivement : « La meilleure raillerie ne vaut rien quand elle choque ou toute une nation, ou tout un ordre, ou toute une communauté de personnes. [...] Car enfin il est d'honnêtes gens en tout pays et de tous métiers, et c'est une grande injustice de faire un crime à qui que ce soit d'un nom qu'il a reçeu ou de sa naissance, ou de sa profession[29]. »

Pour toutes ces précisions techniques, Thiers s'inspire de Quintilien et de Cicéron. Mais il en rajoute. La raillerie ne doit pas être méchante, à l'exemple de Thomas More : celui-ci avait un tempérament malicieux, « mais ses railleries étaient sans fiel et sans aigreur, elles étaient sincères, douces, honnêtes, elles n'avaient rien de rude ni de choquant ». Il ne faut pas railler les gros défauts, ni railler par médisance, ni railler avec des paroles grossières. Il ne faut jamais railler dans une église, car c'est « en faire une caverne de voleurs que de s'y entretenir de choses plaisantes et divertissantes »; à plus forte raison, un prédicateur ne doit jamais railler en chaire.

Et puis, il y a des sujets tabous. Ne jamais railler Dieu ou la religion : « Il ne peut y avoir que des impies qui portent leur bouche jusque dans le ciel. » Ne jamais railler les saints, leur culte, les reliques, les cérémonies de l'Église : « Il n'y a guère que des hérétiques, des Luthers et des Calvins, des Rabelais et des Henri Estiennes, des Boccaces et des Marots, des ministres Du Moulin et ses collègues, qui traitent ainsi les choses de la religion[30]. » Ne jamais railler les Écritures, ni les prières de l'Église. Ne jamais railler ses amis, ni les malheureux, ni les grands, car alors « on se fait tort à soi-même et on s'attire souvent de méchantes affaires ». Ne jamais railler les gens de bien, ni ses parents, ni les souverains. Ces derniers doivent eux-mêmes s'abstenir de toute raillerie, car cela peut leur nuire : Henri IV s'était moqué de la laideur et des amours du capitaine de La Réole, Ussac, qui du coup a livré la place à l'ennemi. Et puis il ne faut pas railler pendant le carême, et surtout pas à l'approche de la mort, qui doit être abordée avec crainte et tremblement : pas question de faire un bon mot de sortie pour soulager sa peur. « Voilà pourquoi on ne sauroit assez blamer ce goguenard qui, se voïant près de rendre l'âme, dit à ceux qui l'assistoient : "Tirez le rideau, la farce est jouée"; et c'est manquer aux devoirs de la piété chrétienne que d'approuver les basses railleries que Montaigne rapporte[31]. »

A part cela, raillez tant que vous voudrez! Thiers ferait-il de l'humour ? Après avoir consacré cinquante pages et sept chapitres à préciser les conditions de la bonne raillerie, il conclut que, de toute

façon, « le meilleur est de ne pas entreprendre de le faire [...].
J'estime donc que nous devons éviter non seulement les railleries
démesurées, mais généralement parlant toutes sortes de railleries ».
Bien sûr, le Christ et les Pères ont quelquefois raillé, mais ce sont là
des cas exceptionnels. Raillons avec modération.

Laissons également de côté tous ces recueils d'histoires drôles :
« On ne doit pas faire grand cas des recueils de bons mots, ni des
livres d'histoires, de nouvelles, de contes, d'aventures, de fables
faites à plaisir et pour le pur divertissement », car « l'esprit de libertinage et d'impiété est ce qui y paroît le plus [32] ». Le chrétien doit
aussi s'abstenir d'assister aux comédies, qui sont absolument pros-
crites aux ecclésiastiques par les statuts synodaux de Troyes
(1529), Lyon (1566 et 1577), Évreux (1644), Agen (1666 à 1673),
Alet (1640), Séez (1674), Besançon (1676), les conciles et synodes
de Milan (1565), Bordeaux (1583), Bourges (1585), Avignon
(1594), Narbonne (1609), Aix (1658 et 1672), Orléans (1664).
Tous ces textes censurent les « bouffons, farceurs, comédiens » qui,
par leurs « plaisanteries vaines », souillent les yeux et les oreilles.
D'ailleurs, « on ne doit pas trouver étrange que les farces, les bouffonneries, les marionnettes, et tous les vains amusements de cette
nature, soient interdits aux véritables fidèles qui font profession de
la religion catholique, puisqu'ils le sont même aux hérétiques que
nous appelons *prétendus reformez*. Car voici ce que porte en termes
exprès un des articles de leur discipline : "Les momeries et bastelle-
ries ne seront point souffertes ; ni faire le roi boit, ni le mardi gras,
semblablement les joueurs de passe-passe, tours de souplesse,
marionnettes [33]." » Tous ces bateleurs et bouffons ont été condamnés par les conciles de Sens (1524), Narbonne (1551), Bourges
(1584), etc.

Les mascarades sont intolérables. Ce sont les restes païens des
saturnales, et le fait de se déguiser est contraire aussi bien à la loi
civile qu'à la loi religieuse. Les ordonnances de François Ier (1539),
Charles IX (1561), Henri III (1579), et un arrêt de la cour de
Rouen en 1508 défendent « à toutes personnes de porter, vendre ou
acheter aucuns faux visages, masques, nez ou barbes feintes, et
autres choses déguisantes ». Cela en effet facilite les actes criminels,
mais permet aussi de se livrer à des divertissements interdits. Se
déguiser est un acte contre nature, surtout si l'on se travestit en une
personne du sexe opposé, car « la nature a revêtu chaque sexe
d'habillements qui leur sont propres [34] ». Affirmation surprenante,
mais à défaut de pouvoir prouver que Dieu créa l'homme en redin-
gote et gilet, Thiers accumule les décisions conciliaires contre les
travestis. Se déguiser en animal est tout aussi infâme : c'est rejeter
l'image de Dieu pour se ravaler au rang de la bête, comme le fai-

saient les païens. En un mot, cela est diabolique. Paradoxalement, se déguiser en religieux ne vaut pas mieux : « Une des plus criminelles mascarades est celle où l'on prend des habits de religieux, ou de religieuse [...]. On en peut dire autant des habits des ecclésiastiques, qui ne sont pas moins dignes de vénération que ceux des religieux ou religieuses, et de ceux des magistrats et de toutes les autres personnes qui méritent d'être respectées [35]. »

Bien entendu, les mascarades sont particulièrement interdites aux ecclésiastiques, comme en témoigne une cascade de textes conciliaires et synodaux cités par Thiers [36]. Ce dernier poursuit par des considérations sur les « folies du carnaval ». Son raisonnement est imparable : il s'agit de préparer le carême, saison des pleurs, craintes et tremblements ; or, ce n'est pas par le rire qu'on se prépare aux pleurs ! « La joie est une mauvaise disposition à la tristesse. » On devrait au contraire s'imprégner de douleur, pour se mettre dans l'ambiance.

Et pourtant l'homme a besoin de se divertir, Jean-Baptiste Thiers en convient, mais « l'homme n'auroit point eu besoin de jeux, ni de divertissements, s'il se fût conservé dans le bienheureux état d'innocence où Dieu l'avoit créé. Car quoi qu'il eût été de son devoir de travailler dans le paradis terrestre, son travail lui eût été agréable [37] ». Notons bien que la punition du péché originel n'est pas le travail, comme on le dit trop souvent, mais le divertissement. L'idéal serait de pouvoir travailler continuellement, en restant toujours sérieux, sans avoir besoin de se reposer et de rire. Mais, hélas ! « la faiblesse de l'homme est si grande depuis le péché que, ne pouvant s'occuper sans cesse à des choses sérieuses, il est obligé de fois à autre de prendre quelque divertissement [38] ». Le rire n'est donc utile qu'en vue « de se rendre capable des occupations sérieuses ». Encore faut-il éviter les divertissements bouffons, et s'abstenir totalement, les dimanches et jours de fêtes religieuses, des « momeries, farces, fables ou prétendues histoires ». Il est donc permis de rire — discrètement — en dehors des jours de travail, des dimanches, des jours fériés et du carême.

AUTEURS SPIRITUELS ET PRÉDICATEURS CONTRE LE RIRE

Généreuse concession. En réalité, Jean-Baptiste Thiers ne fait qu'exprimer l'hostilité générale de la spiritualité classique à l'égard du rire. En dépit de rares exceptions, l'immense majorité des penseurs chrétiens de 1550 à 1800, toutes tendances confondues, condamne le rire, cette tare de l'humanité déchue, ce défi diabo-

lique au Dieu vengeur, terrible et sérieux. Parmi les grands noms de
la Contre-Réforme, Charles Borromée, dans un concile provincial
de 1565, dénonce les pièces de Pâques parce qu'elles provoquent le
rire, et s'indigne contre la façon comique dont on y représente la
vie du Christ. De même, Robert Bellarmin se prononce, dans une
lettre de 1608, pour l'élimination de toute dérision dans les récits
de vies de saints : rire de saint Joseph cocufié par le Saint-Esprit,
par exemple, est un véritable blasphème[39]. Dans ses *Exercices spirituels,* Ignace de Loyola exhorte : « Ne riez pas, et ne dites rien qui
provoque le rire ! » Tandis que Pie V interdit le rire immodéré à
l'église, Sixte Quint fait mettre à l'Index des collections d'histoires
drôles de Domenichi et Guicciardini. Dans un manuel à l'usage des
confesseurs, Hernando de Talavera écrit : « On pèche contre le
sixième commandement en parlant et en riant à l'excès, même si ce
n'est pas aux dépens de son prochain », et en 1605 son compatriote
Gaspar Lucas Hidalgo fustige « le mardi tout en rires ». Saint Jean
de la Croix condamne, dans *La Montée du Carmel,* « la vaine joie
que l'on prend dans les créatures ». Le bénédictin Louis de Blois
(1506-1606), auteur spirituel très lu, donne ce conseil dans son
Guide spirituel : « Si vous ne pouvez vous empêcher de rire, riez
modérément et, pour ainsi dire, religieusement ; que votre ris
mérite à peine le nom de ris. Fuyez les ris éclatants, comme un
grand obstacle au but que vous vous proposez, et comme un précipice où souvent l'âme tombe et se perd. Un ris excessif et désor-
donné viole l'asyle de la pudeur, dissipe l'intérieur, et chasse du
cœur la grâce de l'Esprit saint[40]. » Les *Entretiens spirituels* de Vincent
de Paul recommandent de redoubler de mortifications durant le
carnaval, et d'éviter les « niaiseries » pendant les récréations des
retraites. Grignon de Montfort condamne les « railleries malignes »,
et fait chanter aux jeunes filles :

> Boire, manger, dormir, rire,
> Nous doit être un grand martyre,

à l'égal de la fornication.

De son côté, le curé de Versailles Hébert demande aux pères « de
ne point paraître si gays devant leurs filles ». Pour Guillaume Briçonnet, le dimanche est fait « non pour rire et s'ébattre, mais pour
pleurer », tandis que Bernardin de Sienne répète que « rire et se
réjouir avec le siècle n'est pas d'un homme sensé, mais d'un frénétique » — avis que partage Godeau, évêque de Vence. Léonard de
Port-Maurice affirme en 1750 que Jésus n'a jamais ri ; Philippe
d'Outreman qualifie les réjouissances de « festes des diables ».
D'ailleurs, après la découverte des manuscrits athées de l'abbé

Meslier en 1729, on attribue à ce dernier un sourire diabolique. Derrière le rire, il y a Satan. Telle est bien l'opinion du jésuite Martin del Rio : « Satan se plaist de provoquer les hommes au ris, afin que joyeux et remplis d'allégresse ils se plient à l'impiété[41]. » Son confrère Pierre de Villiers ainsi que le père Senault s'en prennent avec virulence à la comédie, qui provoque un rire dangereux ; et lorsque, en 1694, le père Caffaro fait mine de défendre le rire des pièces nouvelles, parce qu'elles ont été épurées des grossièretés d'autrefois, il est vigoureusement attaqué par des libelles. Les décisions contre la comédie se multiplient : dès 1641, déclaration royale qui vise à en éliminer les éléments triviaux et lascifs ; décision de Sorbonne, en 1694, qui voit dans la dérision une « infamie » ; interdiction des Comédiens-Italiens par Louis XIV en 1697. Le roi, qui au début du règne rigolait ferme devant les pantalonnades, devient sérieux avec l'âge, et cède peu à peu aux pressions du parti dévot et de Madame de Maintenon : « La vieille ratatinée du grand homme, écrit la Princesse Palatine, poussait à la suppression de la comédie. » Louis XIV abandonne la Comédie-Italienne à partir de 1689, et Bossuet, évêque-courtisan qui sait choisir son moment, enfonce le clou dans le cercueil d'Arlequin avec ses *Maximes et réflexions sur la comédie,* en 1694 ; maintenant que le roi ne rit plus, il se déchaîne contre le rire.

Partout, les orateurs sacrés vocifèrent contre la diabolique hilarité. Le jésuite Nicolas de La Pesse, dans son sermon « Sur les dangers d'un fidèle qui ne souffre pas », recommande de rechercher la croix, la douleur, et de fuir le rire[42]. Même tonalité chez son confrère Claude Texier (1610-1687)[43]. Un autre membre de la Compagnie de Jésus, le père La Colombière, anathémise les rieurs : « Malheur à vous qui riez, mais malheur et doublement malheur à vous qui riez maintenant, qui riez dans ces malheureux jours où tout l'enfer est déchaîné, où le prince de ce monde semble avoir recouvré son ancien empire, où les péchés se multiplient à l'infini, où l'on ne distingue plus les fidèles des idolâtres[44]. » Le signe du vrai chrétien, c'est qu'il verse constamment des larmes : « Il faut pleurer sans relâche, il ne faut jamais cesser de pleurer [...]. Il faut pleurer, chrétiens auditeurs, pour apaiser Dieu ; mais, après avoir fléchi sa colère par nos larmes, il faut encore pleurer pour satisfaire à sa justice. Il faut, pour détruire le péché, détester la joie criminelle qu'on a goûtée dans l'usage illicite des biens créés ; mais pour l'expier, ce péché, il faut encore renoncer à la joie innocente que pourraient nous procurer ces mêmes objets[45]. »

Comment peut-on, en effet, ne pas être mort de peur? « Je m'étonne également de vous voir penser aux plaisirs, et de ne pas vous voir mourir de frayeur. » Une seule explication : le diable prend sa revanche en orchestrant les abominations du carnaval : « Quand je vois les fidèles faire retentir toute une ville de leurs ris immodérés, des bruits de leurs festins et de leurs danses lascives ; quand je les vois passer les nuits et les jours dans des excès qu'on ne pardonne pas à des païens, dans des assemblées où le démon préside, où l'idole du monde est seule adorée, comment, me dis-je à moi-même, comment dans si peu de temps un si infâme paganisme s'est-il élevé sur les ruines d'un christianisme si florissant [46] ? »

Le carnaval est la cible d'une cohorte de prédicateurs. L'un des plus virulents est Jean Richard, dit l'Avocat, mort en 1719. En fait, Richard est un laïc, marié, qui compose des dizaines de sermons. Pour lui, le carnaval, « illusion dangereuse du démon », est une célébration satanique, qui met le monde à l'envers ; on s'y ravale au niveau des bêtes ; on y voit les pauvres, qui se plaignent de leur misère, gaspiller, s'empiffrer ; ils « consumment quelquefois en trois ou quatre jours le travail de plusieurs semaines ». Seul le diable peut inspirer cela : « Ce cruel ennemi des hommes, et cet ambitieux usurpateur de la gloire du Créateur veut partager son temps avec lui ; il prétend avoir ses jours comme il a les siens. Pour cet effet, il persuade aux chrétiens que ce sont des jours gras, jours où ce serait un crime de n'en point commettre ; jours où le luxe, la gourmandise, les emportements, les spectacles, les folies, les masques, les impuretés sont des péchés de saison [47]. »

Dans un sermon « Sur les railleries », Richard l'Avocat part des exemples bibliques et évangéliques. Ce sont toujours les méchants qui raillent ; ils ont ri de Jésus, de Paul, et ce rire vient de l'orgueil : « Il rend bouffons, critiques, pointilleux, choquants comme des Démocrites. » « Un railleur est un apostat, un homme inutile au monde, qui a une dangereuse langue, qui met ses frères sous ses pieds par le mépris qu'il en fait [48]. » Toute raillerie, même la plus spirituelle, est mauvaise : « Je parle de ces railleries qui viennent d'un esprit pointilleux, vain, bouffon, précipité, envieux, impie [...] qui, comme s'il était dispensé des lois de la civilité et du christianisme, se moque insolemment de tout, pour faire le spirituel et l'agréable. Je parle de ces railleries habituelles, délicates, adroitement concertées, ménagées à propos par l'amour-propre, débitées d'une manière galante, mais maligne, où entrent le religieux et la dévote, les exercices de piété et nos saints mystères, où, soit pour se satisfaire, soit pour se venger, on se fait un plaisir et une gloire de rire aux dépens de la réputation de son prochain [49]. »

La raillerie peut pousser sa victime à des extrémités, jusqu'au suicide, comme le montrent les cas de Saül et d'Abimélech. Railler, c'est « se réjouir selon l'esprit du démon », et de toute façon chercher à faire rire les autres est malsain : « S'il est peu séant de rire des bouffonneries d'autrui, il l'est encore moins de donner à rire aux autres. » Que les railleurs se méfient, car Dieu se moquera d'eux en les envoyant en enfer : « On meurt pour l'ordinaire en riant et en moquant comme on a vécu : et c'est par ce terrible châtiment que Dieu se venge de l'homme. Vous vous êtes moqué de votre Père : vous en serez moqué. »

Le ton ne change guère dans les sermons du XVIIIe siècle. Dans *Les Petits Prônes ou instructions familières principalement pour les peuples de la campagne,* en 1761, Girard, curé de Saint-Loup, avertit les humbles : on se raconte des histoires drôles, volontiers obscènes, « on s'en rit ; on s'en divertit ; on ne daigne pas s'en confesser ; on y applaudit ; on loue, et on admire ceux qui les profèrent avec plus d'esprit et de bonne grâce ; on les recherche comme des gens d'une agréable conversation. Mais quelle étrange surprise à l'heure de la mort et au jour du redoutable jugement de Dieu, lorsqu'on se trouvera chargé sur ce sujet d'un nombre innombrable de crimes, lorsqu'on verra que ces discours empoisonnés et enchanteurs auront causé la damnation de plusieurs personnes, et en feront périr un bien plus grand nombre dans le temps à venir[50] ». L'enfer est plein de rieurs...

HÉRACLITE ET LE PRÊTRE MODÈLE

Comment peut-on rire dans un monde pareil? C'est la question que pose en 1674 le jésuite Vieira dans son *Plaidoyer en faveur des larmes d'Héraclite.* Celui qui rit de ce qui se passe dans le monde n'est pas un être humain, mais la dernière des brutes insensibles. « J'avoue que le propre de l'être raisonnable, c'est de pouvoir rire ; mais je dis que ce qu'il y a de plus impropre à la raison, c'est le rire. Si le rire indique l'être raisonnable, les larmes dénotent l'usage de la raison. [...] Quiconque connaît bien le monde ne saurait ne pas pleurer, et si l'on rit ou si l'on ne pleure point, c'est qu'on ne le connaît pas. Ce monde, qu'est-il, sinon l'universel rendez-vous de toutes les misères, de toutes les souffrances, de tous les périls, de tous les accidents et de tous les genres de mort? Et à la vue de cet immense théâtre, si tragique, si lugubre, si lamentable, où chaque royaume, chaque ville, chaque famille changent continuellement la scène, où chaque soleil qui se lève est une comète, chaque instant qui passe un désastre, et chaque heure, chaque instant, un millier d'infortunes ; oui, à la vue d'un tel spectacle, quel est l'homme qui ne se sente pas prêt à pleurer! S'il ne pleure pas, il montre qu'il n'est pas raisonnable ; s'il rit, il prouve que les brutes, elles aussi, ont la faculté de rire[51]. »

Vieira avait prononcé ce plaidoyer à Rome, devant les cardinaux, dans une sorte de procès du rire, pour rire. En face, la défense du rire de Démocrite était assurée par le père Cataneo, qui n'eut pas beaucoup de succès. Curieux paradoxe d'un jeu rhétorique, d'une procédure pour rire qui consacre le succès des larmes! Affaire dérisoire et pourtant révélatrice : que dans la capitale du monde chrétien les chefs de cette chrétienté aient organisé ce débat montre au moins leur intérêt pour la question, qui est traitée en profondeur. Le rire, à l'égal des larmes, est ici envisagé comme une attitude existentielle, traduisant une position philosophique globale : puis-je, en tant qu'homme responsable et moral, rire de ce monde en sachant ce qui s'y passe? Avouons que, posée en ces termes, la question est embarrassante; du coup, les ennemis du rire nous paraissent moins risibles.

Bien plus risible, en revanche, est l'acharnement du clergé à bannir toute espèce d'hilarité dans les relations sociales. En 1731, l'évêque de Londres Edmund Gibson voit dans l'ironie la plus grave menace pour la religion[52]; quant au casuiste Jean Pontas, il écrit en 1715 dans son *Dictionnaire de cas de conscience* : « Il est rare et difficile qu'on s'en serve sans péché. » Le prêtre modèle doit veiller à ne pas rire, sans pour autant être triste. C'est ce qu'on entend par une attitude « modeste », comme le précise Tronson, supérieur du séminaire de Saint-Sulpice : « Qu'on s'abstienne d'éclater de rire, aussi bien que de rire trop souvent; mais aussi qu'on ne soit point triste, morne, trop sérieux et trop grave. [...] Elle [la modestie] condamne les paroles de mensonge, de raillerie, de mépris, de bouffonnerie, de flatterie, de vanité, et toutes les autres qui peuvent blesser la bienséance ou faire quelque juste peine à ceux avec qui l'on converse[53]. » Dans son examen de conscience, le séminariste doit se demander : « N'avons-nous point parlé trop haut, et ri peut-être avec éclat? [...] Ne nous sommes-nous point raillés des uns et des autres, surtout de ceux qui ne nous revenaient pas? N'avons-nous point tourné quelquefois en ridicule des actions saintes, des maximes chrétiennes et des pratiques de piété? [...] Ne nous sommes-nous point divertis à y faire des railleries ou des rapports désavantageux au prochain[54]? » Les règlements de tous les séminaires insistent sur le sérieux nécessaire, car « nous ne sommes en ce monde que pour y faire pénitence ». Celui de Tréguier, en 1649, interdit à la récréation « les railleries piquantes, les contestations, les légèretés, les paroles indécentes et les chansons mondaines ».

Massillon, dans son *Discours sur la modestie des clercs,* est plus spécifique : « Nos entretiens doivent toujours être marqués d'un caractère particulier de piété, de gravité, de modestie », car ce qui chez un laïc est bouffonnerie ou « amusement illicite » devient chez un prêtre blasphème. Même entre prêtres, pas de rire, pas de plai-santeries : « Vous devez bannir de vos entretiens la joie profane et immodérée, les basses plaisanteries, l'indécence des discours des gens du monde, et ne pas croire, comme il arrive souvent, que parce que vous n'êtes assemblés qu'avec vos confrères, et qu'il n'y a point de laïque présent qui puisse s'en scandaliser, il vous soit per-mis de vous livrer à des excès de discours et de joie, que vous rougi-riez de vous permettre devant le monde[55]. » A plus forte raison, en présence de laïcs, « nos manières, nos démarches, tout notre lan-gage, tout notre extérieur doit y soutenir la sainte dignité de notre état ; les délassements les plus autorisés dans le monde, les familia-rités les plus usitées, les discours de joie et de plaisanterie les plus reçus y deviennent pour nous des indécences[56] ».

En chaire, « il n'est arrivé que trop souvent que des pasteurs, d'une conversation basse, bouffonne, indécente, ont porté le même langage de la doctrine et de la vérité, et y ont paru plutôt comme des histrions et des bateleurs que comme des ministres respectables de l'Évangile : de sorte que la parole sainte, destinée à confondre les pécheurs, et à consoler et animer les justes, n'est plus dans leur bouche qu'un scandale affligeant pour les uns, et une dérision de mépris et souvent d'impiété pour les autres[57] ».

Massillon aborde là un problème très débattu aux XVIIe et XVIIIe siècles : la place du rire dans l'éloquence, sacrée et profane. Cette place est de plus en plus réduite. Dès 1554, Adrien Turnèbe, dans son *Commentaire* sur l'*Institution oratoire* de Quintilien, désap-prouve le recours au comique chez les avocats, et peu après Pierre de La Ramée, dans le *Ciceronianus,* déplore lui aussi le goût excessif de Cicéron pour la plaisanterie dans ses plaidoyers. En 1612, Antoine de Laval, qui aborde dans ses *Desseins des professions nobles et publiques* la tâche de l'avocat, exclut le recours au comique et au rire, qui dégradent la fonction. Au même moment, le célèbre avo-cat Guillaume du Vair illustre la gravité du magistrat par des dis-cours grandiloquents, rhétoriques, dépourvus du moindre humour. Dès cette époque, le rire est banni du parlement de Paris : « Il n'estoit pas permis d'y rire », témoigne d'Espeisses en 1609. Marc Fumaroli, dans son impressionnante étude sur *L'Age de l'éloquence,* a pu écrire : « L'atticisme ascétique recommandé aux avocats ban-nit aussi impitoyablement que les plus "borroméens" parmi les rhé-teurs ecclésiastiques le recours au rire, au sourire. [...] Pour les avo-cats généraux du XVIe et du XVIIe siècle, le "sel" dont Cicéron savait si bien assaisonner ses oraisons est à bannir de l'enceinte du Palais. Le comique, voire la simple ironie sont à leurs yeux des indécences qui offensent la gravité des juges, et corrompent les mœurs du Palais en y introduisant un style de théâtre, de "comédiens merce-naires", d'"histrions"[58]. »

L'allusion à Charles Borromée est on ne peut plus justifiée. L'archevêque de Milan est très favorable à un style oratoire très sévère, qu'expose en 1585 son secrétaire et confident Jean Botero qui, dans le *Praedicatore Verbi Dei,* exclut tout recours à la plaisanterie. C'est également la position du jésuite Louis de Cressolles, qui dresse le portrait de l'orateur sacré idéal dans le *Theatrum veterum rhetorum* (1620), et de son confrère Nicolas Caussin dans *La Cour sainte* (1624).

LE PÈRE GARASSE ET LA BATAILLE DU RIRE

Or en 1624, précisément, éclate l'affaire Garasse, un éclat de rire suivi d'un éclat de voix qui firent grand bruit dans l'église et le prétoire. Motif de l'agitation : la grave question de savoir s'il est légitime et souhaitable d'utiliser le rire contre les ennemis de la foi. Le père François Garasse, jésuite formé à Toulouse, esprit bouillant, truculent, plutôt brouillon et volontiers outrancier, a publié en août 1623 un volumineux ouvrage de plus de mille pages, *La Doctrine curieuse des beaux esprits de ce temps.* Ce pavé dans la mare est un réquisitoire contre les libertins sceptiques et athées, qui venaient de s'illustrer par la publication en avril d'un écrit anonyme ridiculisant la religion, *Le Parnasse satirique,* attribué à Théophile de Viau. Le sang de Garasse ne fait qu'un tour; il prend la plume, et rédige en trois mois son millier de pages, en se situant sur le terrain de l'adversaire : nous aussi, nous sommes capables de railler et de mettre les rieurs de notre côté! Il dépeint les libertins comme une bande de bouffons débauchés qui se réunissent dans des cabarets ou en la chapelle de l'Isle-du-Pont-de-Bois, à Paris, et qui se livrent à de violentes parodies antireligieuses, sacrilèges, mêlant obscénités et blasphèmes. Se moquant de toutes les pratiques de piété, ils n'hésitent pas à venir en bande rire des sermons dans les églises, et ridiculiser l'austérité des huguenots. Ils se gaussent des absurdités que contient la Bible — et n'ont assurément que l'embarras du choix, entre la baleine de Jonas, les neuf cent soixante-sept ans de Mathusalem, les histoires croustillantes de Loth qui engrosse ses filles avec la bénédiction divine, l'ânesse de Balaam, le serpent parleur du paradis terrestre, dont ces libertins se demandent : « Marchoit-il sur la pointe de la queue en sautillant, voloit-il, ou se dardoit-il comme une flèche animée? » Leur épisode favori de l'Ancien Testament paraît être la queue du chien de Tobie, qui remuait en signe de contentement lors du retour de son maître. Garasse est exaspéré :

« Il semble que cette queue du chien de Tobie soit faite expressément pour entretenir les esprits fainéants des libertins, aussi bien que la queue du chien d'Alcibiade était faite pour entretenir les sots et les fainéants d'Athènes. Car au lieu de songer, de parler, de méditer sur les mystères de leur salut, ils s'amusent à discourir sur la queue du chien de Tobie, comme si c'était une affaire de grande conséquence, et semble que cette queue soit une pierre d'achoppement pour les athéistes, car de cent libertins, quatre-vingts qui se voudront moquer des Écritures commenceront par là leurs risées et feront contre le proverbe qui dit qu'il ne faut jamais commencer par la queue [59]. »

La réponse de Garasse s'inscrit dans la même veine. Si sa *Doctrine curieuse* n'a certainement pas « glacé d'effroi » Théophile de Viau et les libertins, comme l'écrit Marc Fumaroli [60], elle n'a pas non plus fait rire les intellectuels chrétiens : ceux-ci sont scandalisés par la trivialité du ton employé par le jésuite, qui selon eux dégrade la foi. Les attaques contre Garasse viennent donc du camp qu'il prétendait défendre. Aux yeux de ses détracteurs, sa principale erreur a peut-être été de mélanger les genres : vouloir en même temps enseigner doctrinalement et tourner en dérision les erreurs des libertins, c'est commettre une impardonnable faute de goût. Le sujet est trop sérieux pour y mêler le rire. C'est ce qu'écrit au jésuite Guez de Balzac, qui reçoit une verte réplique fustigeant sa préciosité.

L'attaque la plus sérieuse vient du père François Ogier, qui publie en octobre 1623 un *Jugement et censure de la Doctrine curieuse de François Garasse*. Un prêtre, dit-il, ne doit pas s'abaisser à de tels procédés, indignes de sa condition. Grossier, bouffon, paillard, trivial, Garasse n'est qu'un « Rabelais », « un moqueur de Dieu et des hommes », « un maître en bouffonneries et en contes plaisants », et sa façon de polémiquer avec les libertins évoque un dialogue « de bouffons qui font semblant de se quereller en plein marché à coups de marotte pour faire rire davantage le spectateur ». Ogier lui reproche de leur « emprunter leurs mots de gueule et de bordel, ne faire parade que de leurs rencontres mordantes et satiriques ». La raillerie est « indigne de la chaire ou d'un livre qui traite des mystères sacrez de nostre religion ». Elle ravale le prêtre au niveau des « comédiens et basteleurs ». Que le bouffon Garasse écrive des farces pour le peuple, mais qu'il ne se mêle pas de discuter des grandes idées ou des livres élevés comme ceux de Charron : « Garasse, mon ami, les livres de Charron sont un peu de trop haute gamme pour des esprits bas et populaires comme le vôtre. [...] Entretenez-vous, Garasse, à votre ordinaire, avec vos docteurs authentiques, Marot et Mellin de Saint-Gelais, dont vous tirez de si belles preuves, les colloques de Cesarius, ce beau trésor d'exemples, Rabelais [...]. Conservez soigneusement en les lisant votre belle humeur; autrement, le monde y perdrait mille bons mots pour rire; et laissez les œuvres de Charron, trop sérieuses, pour des esprits plus forts et mieux rangés que le vôtre[61]. »

A peine trois mois plus tard, en janvier 1624, Garasse publie trois cents pages dans lesquelles il fait l'*Apologie du père François Garassus pour son livre contre les athéistes et libertins de nostre siècle et response aux censures et calomnies de l'auteur anonyme*. Il y rappelle la vertu de la plaisanterie et du rire dans la défense de la foi. Vaut-il mieux endormir le lecteur ou le faire rire? « Les traits et pointes d'esprit ne se doivent pas qualifier du nom de bouffonneries [...]. Il y a une vertu nommée eutrapélie [...] par laquelle un homme d'esprit faict de bonnes et agréables rencontres qui resveillent l'attention des auditeurs ou des lecteurs appesantis par la longueur d'une escripture ennuyeuse ou d'un discours trop sérieux[62]. » Garasse se défend d'avoir utilisé la bouffonnerie; la gravité du sujet traité exige justement que l'attention soit soutenue par le recours à un style « plaisant ».

Mais, en dépit du poids de ses in-folio — l'intarissable jésuite produit encore en 1625 une colossale *Somme théologique* —, François Garasse a cause perdue : le rire n'a pas sa place dans les questions religieuses. En 1658, le père François Vavasseur, dans son *De ludicra dictione*, tente bien de réhabiliter l'eutrapélie chrétienne, mais en pure perte. Et lorsque le futur évêque Pierre-Daniel Huet essaie d'utiliser le « ridicule » pour déconsidérer le cartésianisme, ses *Nouveaux mémoires pour servir à l'histoire du cartésianisme* tombent complètement à plat. Il y propose une fiction qu'il est le seul à trouver drôle : Descartes n'est pas mort en Suède, et l'on a enterré à sa place un mannequin en carton-pâte; pour préserver sa précieuse tranquillité, le philosophe est allé vivre incognito en Finlande. Au bout du compte, dira d'Alembert, « s'il fallait absolument que le ridicule restât à quelqu'un, ce ne serait pas à Descartes ».

L'affaire Garasse est plus importante qu'il n'y paraît au premier abord. En perdant la bataille du rire, les penseurs, orateurs et écrivains catholiques se privent d'un outil essentiel qui leur fera cruellement défaut dans les grands combats du xviiie siècle. En méprisant cette arme comme grossière et indigne, ils en laissent le monopole à leurs adversaires, qui vont l'utiliser abondamment, en la perfectionnant, en la raffinant, en l'adaptant. Voltaire n'est pas loin. Aussi, au moment même où l'Église se ridiculise par une rupture caricaturale avec la science moderne — l'affaire Galilée date de 1633 —, elle s'ampute de tout un secteur culturel, celui de l'ironie, de la plaisanterie, du rire. En optant pour le pompeux, le pesant,

l'ennuyeux, le sérieux, elle se coupe un peu plus de la culture
moderne civile. L'Église abandonne le rire au diable, qui n'en
demandait pas tant. L'erreur est colossale.

Bien sûr, il y aura encore des curés drôles, des moines paillards,
des vicaires rigolos, des auteurs spirituels, des polémistes et apolo-
gistes railleurs, mais ce seront des francs-tireurs, des marginaux de
la foi, fort mal vus de l'institution. Nous en rencontrerons dans le
chapitre suivant. Selon l'anonyme *Parterre de la rhétorique françoise*
(1659), le rire est tout juste bon pour le peuple. Aux yeux d'Ogier,
l'un des crimes de Garasse est d'avoir, en utilisant la plaisanterie,
rendu possible la lecture de son livre par la « lie du peuple », alors
que ces matières élevées devraient être réservées à l'élite pensante
— et, pour cela, rien ne vaut un in-folio en latin sans la moindre
trace d'humour : « Garasse écrit en un style et d'une façon trop
populaire et des choses capables d'attirer la lie même du peuple à la
lecture de son livre. » Il est peu probable que la « la lie du peuple »
se soit ruée sur les mille pages du père Garasse, même si une
seconde édition paraît l'année suivante. Mais la remarque est significative : l'Église détient la vérité, et la vérité, c'est sérieux.

Nous l'avons vu, les noms qui reviennent le plus souvent dans la
lutte contre le rire sont des noms de jésuites, ce qui surprend un
peu de la part d'un ordre réputé souple, ouvert, apte au compromis. Cette faute de goût leur sera fatale, comme l'a judicieusement
remarqué Marc Fumaroli : « Les jésuites ne réussiront plus à regagner le terrain perdu [...] : l'art d'attaquer sans se rendre odieux
échappera le plus souvent aux disciples de Loyola. Experts de l'art
de l'éloge, et de la célébration, ils se montrèrent régulièrement
maladroits dans l'art du pamphlet. Ils surent se faire admirer, et
parfois craindre : ils ne surent jamais mettre de leur côté le rire des
"honnêtes gens", ce qui, à Paris, à la longue, ne pardonne pas.
Dans la guerre de pamphlets au milieu de laquelle ils vécurent
jusqu'à leur expulsion au XVIIIe siècle, ils ne surent pas trouver le
ton juste. Le spectre de Garasse ne les quitta plus[63]. »

UN RIRE JANSÉNISTE ?

Justement, Garasse est pris à partie en 1626 par une personnalité
marquante de l'époque, l'abbé de Saint-Cyran, qui fait paraître
anonymement trois volumes intitulés *La Somme des fautes et fausse-
tés capitales contenues en la Somme théologique du P. François Garasse.*
Le ton en est extrêmement méprisant. Saint-Cyran n'est pas précisément un boute-en-train. Pour être profond, il faut être ennuyeux,

et la plaisanterie est signe d'ignorance, de superficialité et de vulgarité. Garasse n'est qu'un pitre, un pauvre prédicateur égaré dans
des questions qui le dépassent.

A priori, rien là de surprenant. Saint-Cyran, c'est le jansénisme,
et les jansénistes n'ont pas la réputation d'être des plaisantins. Profonde conviction de la déchéance humaine, forte probabilité de la
damnation, prédestination, négation du libre arbitre, incapacité
radicale à atteindre le bien, le vrai, l'absolu, crainte du Dieu terrible, voilà qui prédispose surtout à un sombre pessimisme,
qu'exprime Pierre Nicole. Selon lui, le chrétien doit imiter son
modèle, Jésus, qui n'a jamais ri : il « a toujours eu sa croix devant
les yeux [...]. Qu'on juge par là quelle satisfaction il pouvoit avoir
dans le monde [...]. Aussi l'on remarque qu'il n'a jamais ri. Rien
n'égala jamais le sérieux de sa vie : et il est clair que le plaisir,
l'amusement, et rien de ce qui peut divertir l'esprit n'y a eu aucune
part. La vie de Jésus est toute tendue, toute occupée de Dieu et des
misères des hommes, sans qu'il ait donné à la nature que ce qu'il ne
lui aurait pu refuser sans la détruire[64] ».

Ce très ancien lieu commun sur le Christ qui n'a jamais ri connaît
une nouvelle vogue au XVIIe siècle. Pour Bossuet, c'est une évidence ;
pour Rancé, un axiome : « Le rire lui a été inconnu[65] », et les *Nouvelles
ecclésiastiques* — l'organe janséniste — n'en doutent pas un instant. En
1739 encore, elles citent l'ancien recteur de l'Université, M. Dupuis,
qui rappelait cette vérité première en déclarant que pour son compte
la conscience des maux de l'Église suffisait à l'empêcher de rire.
Constatant dans un article récent que certains continuent de nos jours
à affirmer sans rire que Jésus n'a jamais ri, Jacques Le Brun écrit justement : « Le fait qu'un argument aussi inconsistant puisse encore être
proposé avec toute l'apparence du sérieux invite l'historien à s'interroger sur la nature des institutions qui le proposent en lui supposant
quelque force de conviction[66]. »

Revenons à Nicole. Puisque Jésus n'a jamais ri, personne ne doit
rire. Il faut donc pourchasser ceux qui suscitent ce honteux gloussement, à commencer bien sûr par les comédiens : « Si le chrétien
se considère comme pécheur, il doit reconnaître qu'il n'y a rien de
plus contraire à cet état qui l'oblige à la pénitence, aux larmes et à
la fuite des plaisirs inutiles que la recherche d'un divertissement
aussi vain et aussi dangereux que la comédie[67]. » Cette dernière est
l'objet d'attaques systématiques, la plus connue étant celle de Bossuet. Mais les auteurs jansénistes participent avec zèle à l'assaut.
Un exemple : Barbier d'Aucour, un avocat ami de Port-Royal, rappelant qu'« Auguste fit mourir un bouffon qui avait fait raillerie de
Jupiter, [... que] Théodose condamna aux bêtes des farceurs qui
tournaient en dérision nos cérémonies », déclare que Molière
mérite le même sort : ce n'est qu'« un impie qui raille le Ciel et qui
se rit de ses foudres[68] ».

A Port-Royal, où les Constitutions interdisent la raillerie et le rire immodeste, les solitaires mènent une vie totalement dénuée de plaisanterie. Pour l'abbé Bremond, qui ne les aime pas, cela vient de leur incommensurable orgueil, qui les empêche de prendre conscience de leur côté ridicule : « Ils réalisent la corruption, mais non pas le ridicule de l'homme déchu ; ils se méprisent très sincèrement, mais la tentation ne leur vient jamais de rire d'eux-mêmes [...] la vie sectaire tue l'humour. Peut-être serait-il mieux de dire que c'est le manque d'humour qui fait les sectaires [...]. Ils seront presque tous ainsi, humblement gonflés de leur propre mérite, ou, et plus souvent, de celui de leurs amis. Ils se font de leur importance, ou personnelle ou corporative, une idée prodigieuse, se prenant au sérieux plus qu'il n'est permis au chrétien honnête homme[69]. »

S'ils voulaient bien se regarder, pense Bremond, ils éclateraient de rire. Ils poussent le ridicule, ou le comique involontaire, jusqu'à affirmer, comme Arnauld d'Andilly, qu'on peut céder à ses passions pour tromper le démon en lui faisant croire qu'il a gagné ! La ruse est commode, et point si rare chez certains mystiques à l'esprit fragile. Voyez Louise de Bellère du Tronchay, une obsédée de la damnation, qui assure être suivie par une troupe de démons en forme de chats, et qui s'inflige des mortifications extravagantes ; atteinte de jalousie maladive à l'égard de Marie-Madeleine qui passe son temps sur sa statue à embrasser les pieds du Christ, elle arrache son effigie en disant : « Donnez-moi votre place, il y a assez longtemps que vous êtes là », et se met à caresser « son » Jésus. Les lettres qu'elle envoie à son confesseur révèlent manifestement, d'après Bremond, une névrose érotique. Cette folle est enfermée à la Salpêtrière en 1677, mais prétend faire semblant d'être folle pour s'humilier. Cas extrême, certes ; mais, nous l'avons vu depuis les Pères du désert, l'excès ascétique aboutit au comique de l'absurde.

Sans doute les jansénistes n'y sont-ils pas sensibles. Pourtant, on rit à Port-Royal. Ainsi, écrit Bremond, « Lancelot, qui n'avait presque jamais ri jusque-là, dès qu'il fut à Port-Royal, prit sa revanche. Il fallut même que Monsieur de Saint-Cyran le rassurât là-dessus, lui apprenant que le fou rire avait parfois une origine céleste[70] ». Lancelot dit lui-même : « Ce n'était que joie parmi nous, et nos cœurs en étaient si remplis qu'elle paraissait même sur notre visage [...]. Je ne m'étais jamais trouvé à une telle fête. »

Sainte-Beuve a aussi parlé d'un solitaire de Port-Royal au tempérament rieur, dans les années 1640-1650 ; il s'agit du médecin Victor Pallu : « Étant médecin, le jour même de sa réception, bonnet en tête, et plus tard en y revenant à loisir dans son jardin de Tours, il avait traité la question du rire, l'avait montré utile et salutaire, et en avait écrit en latin d'assez jolies choses. Rieur par nature, il avait pris, j'imagine, quelque chose de son sujet en lui[71]. »

Le rire de Port-Royal, c'est tantôt le rire du sectaire qui exprime sa certitude de faire partie du petit groupe des élus, tantôt le rire du désespéré pour qui les comportements humains, étant irrémédiablement mauvais, se valent tous — et pour qui il est donc indifférent d'être hilare ou en pleurs. Rires d'extrémistes, c'est-à-dire rires paradoxaux, rires irraisonnés. Sainte-Beuve, qui raisonne et intellectualise, désapprouve et ne comprend pas « ce rire inextinguible de l'homme déchu, du grand homme non restauré, qui prend à la gorge ; ce rire d'Hamlet, dans lequel mourut Molière, dans lequel vieillit, se sèche et maigrit Voltaire[72] ».

Mais le domaine privilégié du rire janséniste, c'est l'ironie polémique. Se situant eux-mêmes hors de ce monde corrompu, les Messieurs ont beau jeu de le tourner en dérision, de faire ressortir le ridicule, le comique, le burlesque, le grotesque, l'absurde des conventions mondaines. Position confortable et efficace : paradoxalement, ce sont les tristes esprits jansénistes qui ont le mieux mis en lumière le comique dérisoire de la comédie humaine. Au niveau le plus élevé, cela donne l'ironie dévastatrice de Pascal.

Leur tâche est facilitée par le fait qu'en face les jésuites ont décidé de ne pas rire, opposant leur optimisme sérieux au pessimisme joyeux de Port-Royal. Surprenantes alliances : la Compagnie de Jésus, plus humaine, plus indulgente, plus souple, parle tristement des moyens du salut, et Port-Royal ridiculise en riant les espoirs des pécheurs. Le rire n'est pas toujours signe d'optimisme ; il est déjà la politesse ou la pudeur du désespoir.

Cependant, le rire ne fait tout de même pas l'unanimité chez les jansénistes. Ainsi, lorsqu'en 1654 Louis-Isaac Lemaistre de Saci répond par un écrit satirique intitulé *Les Enluminures de l'Almanach des jésuites* à un almanach de la Compagnie appelé *La Déroute et la confusion des jansénistes,* il soulève l'indignation des partisans de Port-Royal. Un janséniste anonyme, dans la *Lettre d'une personne de condition,* affirme que le rire n'est pas chrétien, puisque ni les anges ni le Christ n'ont ri ; se fondant sur cette révélation, il oppose le sourire au rire. Là encore, Sainte-Beuve ne peut s'empêcher de s'en mêler, s'emportant contre la « lourde et crasse manière de plaisanterie », la « littérature indigne et burlesque de M. de Saci ». « Le rire vulgaire, dit-il, dont il est ici question, vient du désaccord, du désordre senti sous un certain angle imprévu et par un revers qui se démasque subitement : on éclate. Dans l'harmonie, on chante, on sourit, le visage rayonne, il y a des pleurs d'amour. Si animé qu'on tâche de se figurer un Ciel chrétien, on n'y conçoit pas le rire ; il le faut laisser aux dieux d'Homère en leur Olympe, où il est inextinguible comme leurs désordres et leurs adultères[73]. » Pourtant, le Grand Arnauld a pris le parti des *Enluminures,* montrant que la Bible utilise souvent la raillerie. L'ironie est l'arme des pessimistes, car son acide peut seul ronger les fausses certitudes des optimistes de commande. C'est bien pourquoi Pascal rit, comme nous le verrons.

BOSSUET, OU LA MORT DU RIRE

Bossuet, lui, ne rit pas du tout. Aucune forme d'hilarité ne trouve grâce aux yeux de cet agélaste pathologique, incarnation presque caricaturale de l'expression « se prendre au sérieux ». Lettres, sermons, traités sont sur ce point d'une totale cohérence, et ses *Maximes et réflexions sur la comédie* restent un des piliers de la lutte contre le rire.

A la base de ces piliers, une conviction inébranlable : Jésus n'a jamais ri, et cela non pas par accident, parce qu'il n'y avait pas de blagueur parmi les Douze, mais délibérément, systématiquement, parce que la condition humaine corrompue exige les pleurs, et que la grimace du rire est un masque indécent qui déforme l'image de Dieu. « Jésus [...] a bien pris nos larmes, nos tristesses, nos douleurs et jusqu'à nos frayeurs, mais n'a pris ni nos joies ni nos ris, et n'a pas voulu que ses lèvres, où la grâce étoit répandue, fussent dilatées une seule fois par un mouvement qui lui paraissoit accompagné d'une indécence indigne d'un Dieu fait homme[74]. » Notre nature, c'est la douleur ; le rire, c'est « la déception et l'erreur » ; un beau visage, c'est un visage en larmes ; la laideur, c'est un faciès déformé par le rire.

Contre-preuve : non seulement Jésus n'a pas ri, mais on a ri de lui, durant sa vie et surtout lors de la Passion : « Il faut que l'insulte de la raillerie le poursuive jusque sur la croix et dans les approches même de la mort ; et enfin qu'on invente dans sa Passion une nouvelle espèce de comédie, dont toutes les plaisanteries soient, pour ainsi dire, teintes de sang, dont la catastrophe soit toute tragique[75]. »

La raillerie est donc en soi une attitude odieuse, un péché, une tare sociale qui ronge les relations humaines. C'est l'expression même de l'orgueil : « Qu'est-ce que la dérision, sinon le triomphe de l'orgueil, le règne de l'impudence, la nourriture du mépris, la mort de la société raisonnable, la honte de la modestie et de la vertu ? Ne voyez-vous pas, railleurs à outrance, que d'opprobre et quelle risée vous avez causés au divin Jésus ? Et ne craignez-vous pas de renouveler ce qu'il y a de plus amer dans sa Passion[76]? » La dérision, « c'est le dernier excès et comme le triomphe de l'orgueil[77] ».

Ce sont les ennemis de la foi, les libertins, qui utilisent la dérision, pour « empoisonner les esprits par leurs railleries sacrilèges ». Cela met Bossuet hors de lui, et son outrance est à la mesure de sa vulnérabilité face au rire. La raillerie le désarçonne totalement, car il ne peut comprendre que l'on aborde par le rire une question aussi sérieuse que la foi : « Si vous voulez discuter la religion, apportez-y du moins de la gravité et le poids que la matière demande. Ne faites point les plaisants mal à propos dans des choses si sérieuses et si vénérables. Ces importantes questions ne se décident pas par vos demi-mots et par vos branlements de tête, par ces fines railleries que vous nous vantez, et par ce dédaigneux souris[78]. »

Il est donc du devoir du souverain de réprimer la dérision, la raillerie, le rire. Le roi, image de Dieu, ne rit pas, et surtout ne se moque pas : « Un discours moqueur est insupportable en sa bouche », rappelle Bossuet dans la *Politique tirée de l'Écriture*. Il ne faut pas se laisser aller « à des moqueries insolentes. Il n'y a rien de plus odieux [...]. Au contraire, il est de la bonté du Prince de réprimer les médisances et les railleries outrageuses[79] ». Il convient d'être digne et triste, car, dit Bossuet en citant les Proverbes, « un visage triste arrête la langue médisante ».

Le rire en lui-même, dans son essence et sous toutes ses formes, est mauvais. Maudits soient « les éclats de rire qui font oublier et la présence de Dieu et le compte qu'il lui faut rendre de ses moindres actions et de ses moindres paroles ; et enfin tout le sérieux de la vie chrétienne[80] ». Bossuet ne s'embarrasse pas de nuances : bouffonnerie ou légère plaisanterie, tout ce qui peut contribuer à faire rire est un vice, « une malice particulière dans les paroles, par lesquelles on veut plaire aux autres, [...] ce qui bannit manifestement la bouffonnerie, ou, pour parler plus précisément, la plaisanterie, du milieu des chrétiens comme une action légère, indécente, en tout cas, oisive, selon saint Thomas, et indigne de la gravité des mœurs chrétiennes[81] ».

L'eutrapélie elle-même, cette humeur enjouée de l'honnête homme, ne trouve pas grâce aux yeux de l'Aigle de Meaux. Il commence par faire une analyse très orientée du terme, afin de le réduire purement et simplement à la bouffonnerie — ce qui en déforme grossièrement le sens —, et de condamner ainsi en bloc toute forme de rire : « Les traducteurs ont tourné ce mot grec *eutrapélie*, urbanité, politesse ; *urbanitas* : selon l'esprit d'Aristote, on le peut traduire, plaisanterie, raillerie ; et pour tout comprendre, agrément ou vivacité de conversation, accompagné de discours plaisants ; pour mieux dire, de mots qui font rire. Car c'est ainsi qu'il s'en explique en termes formels, quand il parle de cette vertu dans ses Morales. Elle est si mince que le même nom que lui donne ce philosophe, saint Paul le donne à un vice, qui est celui que notre Vulgate a traduit *scurrilitas,* qu'on peut tourner, selon les Pères, par un terme plus général, plaisanterie, art de faire rire ; ou, si l'on veut, bouffonnerie : saint Paul l'appelle *eutrapelia,* et le joint aux paroles sales ou déshonnêtes, et aux paroles folles : *turpitudo, stultiloquium.* Ainsi donc, selon cet apôtre, les trois mauvais caractères du discours, c'est d'être déshonnête, ou d'être fou, léger, inconsidéré, ou d'être plaisant et bouffon, si on le veut ainsi traduire : car tous ces mots ont des sens qu'il est malaisé d'expliquer par des paroles précises. Et remarquez que saint Paul nomme un tel discours de son plus beau nom : car il pouvoit l'appeler *bomolochia,* qui est le mot propre que donnent les Grecs, et qu'Aristote a donné lui-même à la bouffonnerie, *scurrilitas.* Mais saint Paul, après avoir pris la plaisanterie sous la plus belle apparence, et l'avoir nommée de son plus beau nom, la range parmi les vices : non qu'il soit peut-être entièrement défendu d'être quelquefois plaisant ; mais c'est qu'il est malhonnête de l'être toujours, et comme de profession [82]. »

Il est malhonnête d'être plaisant : tout Bossuet est là. Les tempéraments enjoués sont suspects, et visiblement l'évêque en veut à Aristote et à saint Thomas d'avoir tenté de justifier la bonne humeur. Pour Aristote, c'est normal : c'est un païen ; pour saint Thomas, l'oracle canonisé de la théologie catholique, c'est un peu plus embarrassant. La critique contournée de Bossuet n'en est que plus révélatrice de sa haine viscérale du rire : pour oser s'en prendre à ce monument qu'est le Docteur Angélique, il fallait que son aversion pour la bonne humeur fût bien profonde. Après avoir rappelé que pour saint Ambroise « il faut éviter non seulement les plaisanteries excessives, mais encore toute sorte de plaisanteries », il écrit : « Saint Thomas, pour adoucir ce passage si contraire à l'eutrapélie d'Aristote, dit que ce Père a voulu exclure la plaisanterie, non point de la conversation, mais seulement de la doctrine sacrée : par où il entend toujours ou l'Écriture, ou la prédication, ou la théologie ; comme si ce n'étoit qu'en de tels sujets que la plaisanterie fût défendue : mais on a pu voir que ce n'est pas cette question que saint Ambroise propose, et on sait par ailleurs que, par des raisons qui ne blessent pas le profond savoir de saint Thomas, il ne faut pas toujours attendre de lui une si exacte interprétation des passages des saints Pères, surtout quand il entreprend de les accorder avec Aristote, dont il est sans doute qu'ils ne prenoient pas les idées [83]. »

Bossuet met alors son érudition sélective au service de son obsession. Jésus a dit : « Malheur à vous qui riez » ; c'est clair, et cela devrait suffire à régler la question. Mais pour achever de convaincre les esprits plaisants, notre évêque a relu la Bible, et son regard d'aigle n'y a pas trouvé la moindre justification du rire : « Il est bien certain qu'on ne voit dans les saints Livres aucune approbation ni aucun exemple autorisé de ces discours qui font rire[84]. » Rien ne l'a déridé pendant sa lecture, pas même la queue du chien de Tobie ! Pas une virgule qui ne soit sérieuse dans ce sacré Livre, dont il tire une avalanche de citations soigneusement sélectionnées.

Quant aux autorités humaines, tous les Pères de l'Église ont condamné le rire, affirme le prélat : « Je ne sais aucun des anciens qui, bien éloigné de ranger les plaisanteries sous quelque acte de vertu, ne les ait regardées comme vicieuses[85]. » Nouvelle série de citations, de saint Basile à saint Jérôme et de saint Ambroise à saint Jean Chrysostome, véritable anthologie de la littérature agélaste.

L'affaire est entendue : un chrétien ne doit jamais rire. Le rire innocent n'existe pas. Au mieux, c'est une marque de légèreté coupable ; au pire, une attitude foncièrement diabolique. Le carnaval « est une invention du démon pour contrarier les desseins de l'Église », déclare le *Catéchisme de Meaux*, rédigé par Bossuet. Ces fêtards masqués ressemblent « aux Juifs et aux soldats qui dépouillèrent Notre Seigneur, qui lui bandèrent les yeux et lui firent mille outrages pendant la nuit de sa Passion[86] ». Le seul remède, en ce temps d'abomination, c'est de se réfugier dans les églises pour les prières des quarante heures. Carnaval, « licence effrénée », « infamie de tant d'excessives débauches », « joie dissolue », jours de malheur où les hommes mènent « une vie plus brutale que les bêtes brutes », « ô jours vraiment infâmes, et qui méritoient d'être ôtés du rôle des autres jours ! Jours qui ne seront jamais assez expiés par une pénitence de toute la vie, bien moins par quarante jours de jeûne mal observé[87] »...

Bossuet fulmine aussi contre ceux qui mettent tout leur talent à faire rire ! Maudit soit Molière, la honte du siècle, l'abomination des lettres françaises, l'incarnation du diable, qui, Dieu merci, vient de mourir, « pour ainsi dire à nos yeux », « en jouant son *Malade imaginaire* ou son *Médecin par force*, [...] et passa des plaisanteries du théâtre, parmi lesquelles il rendit presque le dernier soupir, au tribunal de Celui qui dit : "Malheur à vous qui riez, car vous pleurerez[88]" ». Juste récompense pour l'histrion, pour le bouffon « qui remplit encore à présent tous les théâtres des équivoques les plus grossières dont on ait jamais infecté les oreilles des chrétiens ». Digne oraison funèbre.

Si Bossuet s'emporte ainsi contre « les impiétés et les infamies dont sont pleines les comédies de Molière », c'est qu'il avait été outré par une lettre d'un théatin, le père Caffaro, qui avait eu l'impudence d'affirmer qu'on pouvait écrire et représenter des comédies, y assister et rire sans pour autant mettre son âme en danger. Dans une lettre privée du 9 mai 1694, l'évêque fait la leçon au religieux : « Désavouez une lettre qui déshonore votre caractère, votre habit et votre saint ordre [...]. Si vous ne m'écoutez pas, j'appellerai des témoins et j'avertirai vos supérieurs : à la fin, après avoir épuisé toutes les voies de la charité, je le dirai à l'Église, et je parlerai en évêque contre votre perverse doctrine[89]. » Honteux et confus, le père Caffaro, dans sa réponse du 11 mai, demande humblement pardon ; en guise d'excuse, il déclare avoir parlé de ce qu'il ne connaissait pas : « J'assure Votre Grandeur devant Dieu que je n'ai jamais lu aucune comédie, ni de Molière, ni de Racine, ni de Corneille ; ou du moins je n'en ai jamais lu une tout entière. J'en ai lu quelques-unes de Boursault, de celles qui sont plaisantes, dans lesquelles à la vérité je n'ai pas trouvé beaucoup à redire ; et sur celles-là j'ai cru que toutes les autres étoient de même. Je m'étois fait une idée métaphysique d'une bonne comédie[90]. »

En dépit des plates excuses de Caffaro, dont il ne perçoit sans doute pas le comique involontaire, Bossuet compose et publie la même année (1694) ses *Maximes et réflexions sur la comédie*. Sa conclusion est définitive : « Le génie des pièces comiques est de chercher la bouffonnerie : César même ne trouvoit pas que Térence fût assez plaisant : on veut plus d'emportement dans le risible ; et le goût qu'on avoit pour Aristophane et pour Plaute montre assez à quelle licence dégénère naturellement la plaisanterie. Térence, qui à l'exemple de Ménandre s'est modéré sur le ridicule, n'en est pas plus chaste pour cela ; et on aura toujours une peine extrême à séparer le plaisant d'avec l'illicite et le licencieux. C'est pourquoi on trouve ordinairement dans les canons ces quatre mots unis ensemble : *ludicra, jocularia, turpia, obscoena :* les discours plaisants, les discours bouffons, les discours malhonnêtes, les discours sales : non que ces choses soient toujours mêlées ; mais à cause qu'elles se suivent si naturellement, et qu'elles ont tant d'affinité, que c'est une vaine entreprise de les vouloir séparer[91]. »

Une telle absence de sens de l'humour fait de Bossuet un cas exceptionnel. Pourtant, quand Hyacinthe Rigaud fait le portrait du prélat, il éclaire son visage d'un léger sourire, qu'on interprétera comme on voudra : version idéalisée par un artiste indulgent (et courtisan), ou reproduction réaliste d'un sourire niais ? Cruel dilemme. Mais une chose est sûre : si Bossuet a pu occuper une telle place dans la culture, la politique et l'Église du xviie siècle, c'est qu'il est en plein accord avec son temps. Il en exprime l'esprit sans intelligence, mais avec éloquence et un soupçon de caricature. C'est bien souvent la clé du succès et la voie de la célébrité. Qu'un tel adversaire du rire ait acquis une telle autorité est révélateur de l'aversion des responsables moraux de son époque pour l'hilarité.

DISPARITION DU FOU DU ROI

Une époque, qui se dit sérieuse, raisonnable, cartésienne, et qui enferme les fous, ne saurait évidemment tolérer la présence de ces morosophes issus d'un âge barbare, les fous du roi, dont la liste officielle s'arrête, en Angleterre comme en France, au xviie siècle.

Élisabeth aime beaucoup ses fous, mais les contrôle de près. Sous les deux premiers Stuarts, les insolences du bouffon Archie Amstrong finissent par lasser, et il est renvoyé en 1637 à cause de ses impertinences contre l'archevêque Laud, qui n'apprécie pas plus les plaisanteries que Bossuet. En 1630, un recueil anonyme d'histoires drôles avait été publié sous le nom d'Archie Amstrong, *A Banquet of Jests and Merry Tales*. Son successeur, Muckle John, a laissé peu de traces.

Le dernier fou notoire de la monarchie britannique est Thomas Killigrew (1612-1683), qui débute sa carrière comme compagnon de débauche de Charles II pendant son exil en France. Revenu en Angleterre avec le roi à la Restauration, en 1660, il jouit à la cour d'une grande liberté, plusieurs fois signalée par Samuel Pepys dans son *Journal* : c'est « un joyeux coquin, mais gentilhomme que le roi tient en grande estime » (24 mai 1660) ; il rabroue le souverain à propos de sa paresse, sauf dans la débauche (8 décembre 1666) ; il « reçoit une gratification sur la Garde-Robe pour ses capuchons et ses grelots, avec le titre de fou du roi, ou bouffon, et c'est le privilège de sa fonction de pouvoir railler et se moquer de n'importe qui, même des plus grands, sans offense » (13 février 1668) ; Lord Rochester ne peut toutefois s'empêcher de lui donner un coup de poing en février 1669 ; en tant que directeur du théâtre royal, il y entretient une prostituée à vingt shillings la semaine pour les besoins des acteurs (24 janvier 1669). Killigrew est aussi l'auteur de comédies obscènes, dont *Le Mariage du pasteur*, publié en 1664. Son fils Henri, personnage encore plus outrancier, deux fois banni de la cour pour ses excès, semble néanmoins avoir été le fou de Guillaume III en 1694 ; le Hollandais n'a pourtant pas la réputation d'aimer la plaisanterie, et la mention de fou du roi disparaît définitivement à cette date[92].

En France, la fonction tombe en désuétude quelques années plus tôt. Dès le règne de Louis XIII, elle a perdu son sens profond de contre-pouvoir du rire, de monarchie inversée du comique. L'absolutisme de droit divin prétend représenter l'autorité de Dieu sur terre, et ne saurait donc tolérer un quelconque contre-pouvoir. La monarchie absolue, c'est le pouvoir politique qui se prend au sérieux, qui érige en dogme le mythe du droit divin, et qui exclut par là même toute critique comique de l'autorité. Le fou du roi, s'il subsiste, n'est plus qu'un amuseur privé, un clown domestique, dont Maurice Lever résume ainsi l'évolution au XVIIᵉ siècle : « A mesure que l'on avance dans le siècle, on observe une dégénérescence du rire. Privé peu à peu de cet universalisme qui lui permettait, au Moyen Age et à la Renaissance, d'exprimer la vérité primordiale sur le monde et sur l'homme, il perd du même coup son pouvoir libérateur et régénérateur. Dans ce contexte, le territoire du fol se réduit aux dimensions du bon mot, de la boutade ingénieuse, de l'allusion ironique, de l'épigramme soigneusement mouchetée. Mais surtout, le fol "classique" a définitivement perdu son caractère oppositionnel. S'il conserve encore sa faculté critique, il ne l'exerce plus qu'à l'encontre de travers individuels. Sa présence auprès du roi ne remet plus en cause l'ordre du monde ; il n'est plus sa doublure dérisoire, sa vivante caricature, sa puissante image négative. Le monarque absolu peut désormais régner sans entrave : le Grand Perturbateur est bel et bien mort[93]. » Le bouffon de Louis XIII, Marais, en est une illustration. Ce danseur, qui a du talent pour l'imitation, fait rire toute la cour en contrefaisant le vieux duc d'Épernon. Sur scène, il peut être très drôle, comme l'écrit Malherbe le 28 février 1613 lors d'un ballet au Louvre : il danse, déguisé en berger, « avec des bouffonneries si agréables que je croy que jamais je ne vis rire personne comme je vis rire la reyne ». Il fait aussi beaucoup rire le roi si l'on en croit ce que rapporte Tallemant des Réaux : deux musiciens ayant été privés de la moitié de leurs gages, « Marais, le bouffon du roy, leur donna une invention pour les faire restablir. Ils allèrent avec luy au petit coucher danser une mascarade demy-habillez ; qui avoit un pourpoint n'avoit pas de haut-de-chausses. "Que veut dire cela ? dit le roy. — C'est, sire, respondirent-ils, que gens qui n'ont que la moitié de leurs appointements ne s'habillent aussy qu'à moitié." Le roy en rit et les reprit en grâce[94] ». Certaines saillies du fou attestent la persistance d'une verdeur médiévale à la cour : « Marais dit au Roy : "Il y a deux choses dans vostre mestier dont je ne me pourrois accommoder. — Hé ! quoy ? — De manger tout seul et de chier en compagnie.[95]" » Ce genre d'esprit que Louis XIII semble apprécier n'est pas du goût de Richelieu, qui obtient le renvoi de Marais pour manque de respect à la dignité du lieutenant de Dieu sur terre.

Le frère du roi, le duc d'Orléans, a lui aussi son fou, Sauvage, un drôle qui parodie la *Gazette* de Renaudot dans sa *Gazette burlesque,* et qui « tous les jours pour se divertir faisoit quelque imposture ». Une fois, il fait croire qu'une femme est devenue enceinte par la force de l'imagination. « Dans les écoles de médecine, on agita la question, à sçavoir si la force de l'imagination pouvoit suffire pour faire concevoir[96]. » Ses plaisanteries sont du même niveau que celles de Marais : « Il gagea qu'il diroit à Monsieur : l'Aze vous foute [nous dirions : "allez vous faire foutre"], sans qu'il s'en faschast, et voicy comme il s'y prit : dez que Monsieur le voyoit : "Hé bien, Sauvage, lui disoit-il, n'y a-t-il rien de nouveau ? — Si fait, respondit-il, on dit qu'il y a une femme qui esternue par où vous sçavez, et au lieu de Dieu vous bénie, on luy dit : L'Aze vous foute." Monsieur se mit à rire. "Par ma foy, reprit le drôle, j'ay gaigné[97]." »

Le dernier fou du roi en France, l'Angély, est un spirituel valet d'écurie passé au service de Louis XIV vers 1660. Insolent, moqueur, caustique, il se tient derrière le fauteuil du roi pendant les repas, et lance des railleries contre les courtisans présents. Comme il est bien renseigné, on le craint, et la pratique du chantage lui permet d'amasser vingt-cinq mille écus. Même Ménage a peur de lui, comme il l'avoue dans ses Mémoires : « Étant un jour au dîner du roi, où était Angély, à qui je ne voulus point parler, afin qu'il ne dît rien de moi. » L'Angély illustre le glissement de la fonction de bouffon royal, et plus généralement du rire : il n'en conserve que le côté railleur, agressivement moqueur. Sa fin est tout aussi exemplaire : ce rieur pervers est victime d'une cabale de courtisans qui craignent d'être la cible de ses remarques perfides, ce qui les perdrait devant le roi. Il est renvoyé et n'est pas remplacé : au contre-pouvoir du rire succède la servitude volontaire de la flatterie. Louis XIV n'aura personne pour se moquer de lui. Entouré de ministres-serviteurs, de courtisans obséquieux, de prélats-adorateurs, il ne peut qu'oublier qu'il a des limites. Aucun rire pour le rappeler à la réalité, car à Versailles le rire lui-même est enchaîné. On ne s'en sert que contre les ennemis du roi. Le despotisme commence.

Et il n'est pas vraiment surprenant que Voltaire ait approuvé la disparition du fou. L'institution du fou du roi était, dit-il, un vestige des temps barbares : « Nous étions tous un peu barbares, tant que nous sommes, en deçà des Alpes. Chaque prince avait son fou en titre d'office. Des rois ignorants, élevés par des ignorants, ne pouvaient connaître les plaisirs nobles de l'esprit : ils dégradèrent la nature humaine au point de payer des gens pour leur dire des sottises[98]. » Voltaire juge le rire du fou en fonction de ce qu'il était devenu au XVIIe siècle — un pitre trivial — et oublie son rôle médiéval de conscience comique.

A son époque, quelques grands personnages ont encore un bouffon. Pierre-Jean Grosley a vu en 1738 celui du cardinal Fleury, au château de la Muette, travesti en cardinal. La duchesse de Bourbon-Condé, qui a hérité en 1711 de Maranzac, ex-écuyer du Grand Dauphin, s'amuse même à composer un recueil de ses bêtises, diffusé à cinquante exemplaires : les *Maranzakiniana*. Jusqu'à la fin, des acteurs chercheront à attirer l'attention en faisant rire la cour de leurs pitreries, mais cela n'a plus rien de commun avec le rôle de fou du roi. Boutet de Monvel (1745-1811) s'indigne d'ailleurs de voir son collègue Dugazon s'abaisser à faire ainsi le clown : « J'ai vu à la cour de France des fous en titre, quoique la mode en soit, dit-on, passée et que leurs noms ne fussent pas couchés sur l'état de la Maison du roi. J'ai vu un comédien du Théâtre-Français faire ce bas personnage. Je l'ai vu se glorifier du titre de *Cocasse* suivant la cour. [...] J'ai vu Dugazon se permettre devant la famille royale des facéties, des singeries de bateleur, des contes orduriers, des contrefaçons indécentes qu'auraient craint de hasarder [...] tous les fous connus et en réputation dans les temps où l'on n'était pas encore, où l'on ne pouvait être bien délicat sur le choix de ses plaisirs. C'est au dix-huitième siècle que j'ai vu Dugazon et un certain Musson, peintre, employer, pour parvenir, cette indigne ressource. Et ce qui est plus étonnant : je les ai vus réussir[99]. »

HOBBES : LE RIRE, ORGUEIL DU FAIBLE

Le rire de la Renaissance a vécu. Bien d'autres indices le confirment. L'évolution du goût littéraire, par exemple, vers le sérieux puis vers le larmoyant; le mépris dans lequel tombe Rabelais aux XVIIe et XVIIIe siècles. La philosophie elle-même s'interroge à nouveau sur ce curieux phénomène, et remet en cause l'affirmation aristotélicienne du propre de l'homme. Déjà Gassendi, dans ses *Dissertations en forme de paradoxes contre les aristotéliciens* (1649), a tendance à enlever au rire son titre de privilège humain, en montrant que les démonstrations d'Aristote reposent sur des tautologies qui ne prouvent absolument rien. La distinction de nature entre homme et animal est-elle si évidente? Thomas Hobbes, qui examine le rire sous l'angle psychologique, social et moral, rejoint curieusement Bossuet : pour le philosophe athée comme pour l'évêque, le rire est une manifestation de l'orgueil, de la vanité et du mépris des autres.

Dans son traité *De la nature humaine*, Hobbes explique le déclenchement du rire par la découverte soudaine d'une supériorité inattendue, qui nous place en situation de force : « On pourrait donc en conclure que la passion du rire est un mouvement subit de vanité produit par une conception soudaine de quelque avantage personnel, comparé à une faiblesse que nous remarquons actuellement dans les autres ou que nous avions auparavant[100]. » S'y ajoute un sentiment agressif de triomphe, sur les autres ou sur sa position antérieure, si bien que le rire retrouve ses caractéristiques homériques de défi agressif.

Dans le *Léviathan,* Hobbes va même plus loin : le rire est la marque des faibles, des pusillanimes, de ceux qui ont sans cesse besoin de se rassurer en se comparant aux autres : « La soudaine glorification de soi est la passion qui produit ces grimaces qu'on appelle le rire. [...] Elle atteint surtout ceux qui sont conscients de posséder le moins d'aptitudes et qui sont obligés, pour continuer à s'estimer, de remarquer les imperfections des autres hommes. C'est pourquoi rire beaucoup des défauts des autres est un signe de petitesse d'esprit. Car la marque des grands esprits est d'aider les autres à se libérer du mépris, et de se comparer seulement aux plus grands[101]. »

Le rire n'est plus qu'une manifestation méprisable et méprisante de la vanité et de l'orgueil des petits esprits. De vision globale de l'existence, il est devenu procédé intellectuel de critique, instrument destructeur au service de la raison. Pour Rabelais, le monde est rire ; pour Voltaire, le monde est risible. A la Renaissance, tout le monde peut rire, avec des accents différents, car le rire est le propre de l'homme et l'essence de la vie. A l'époque classique, beaucoup ne rient plus : les responsables, les autorités, défendent l'ordre, la grandeur, l'immobilité des institutions, des valeurs et des croyances d'un monde enfin civilisé. Cette attitude exige le sérieux, car le rire, c'est le mouvement, le déséquilibre, le chaos. Le rire est donc repoussé dans l'opposition. Réduit à sa fonction de critique, de moquerie, de dérision, de raillerie, il devient acide. En vieillissant, le vin d'Anjou rabelaisien devient le vinaigre voltairien. Telle est à la fois la cause et la conséquence des jugements sévères que portent sur lui les défenseurs des valeurs établies. Goûtons maintenant le rire nouveau.

CHAPITRE X

Le rire amer du burlesque

L'âge de la dévalorisation comique
(première moitié du XVIIᵉ siècle)

Le grand assaut contre le rire aux XVIIᵉ et XVIIIᵉ siècles a échoué. Non seulement le rire n'est pas mort, mais il n'a même pas reculé. Sans parler du rire individuel quotidien, aussi naturel à l'homme que la respiration, le rire collectif, le rire social continue à retentir en dépit des anathèmes. Mais il se transforme, non pas tant en raison des critiques qu'en fonction de l'évolution culturelle globale.

Cette mutation accompagne le développement de la conscience réflexive de la société. Dans la première moitié du XVIIᵉ siècle, le rire est encore essentiellement une façon de se conduire et de voir le monde ; ce rire existentiel, le plus souvent burlesque, accorde une grande place au corporel. Les exigences nouvelles de raffinement des mœurs, la promotion des valeurs sérieuses, de la pastorale de la peur, de la décence, de l'ordre et de l'équilibre, provoquent une réflexion sur le rire et donc une prise de conscience de sa nature et de ses usages. Dans les élites, l'homme se dissocie peu à peu de son rire, qui devient soit spectacle, soit instrument. L'ironie remplace la bonne blague, l'humour la grosse plaisanterie. A la cour de Louis XIII, on se joue des tours obscènes, dont on rit aux éclats, et l'on se tue en duel ; à celle de Louis XV, on raille finement et l'on assassine par un mot d'esprit. Le rire devient avant tout un instrument de critique, sociale, politique, religieuse.

A l'époque de Scarron, le monde est burlesque et grotesque, c'est-à-dire irrémédiablement absurde, et l'on ne peut qu'en rire ; à l'époque de Voltaire, le monde est tragique et sérieux, et le rire doit servir à le transformer en détruisant les erreurs, les préjugés et les injustices par la dérision. La satire se substitue à la bouffonnerie.

De plus en plus, l'homme utilise consciemment le rire, dans un but précis qui est souvent agressif et destructeur. En maîtrisant cette faculté, il en fait un outil, une arme. En passant à l'ironie et à l'humour, le rire brut perd en naturel; il se civilise, s'intellectualise et se raffine. Il se domestique aussi : ses manifestations collectives sont de plus en plus organisées, encadrées, normalisées. Lorsqu'il n'est pas instrument, il est spectacle : la fête est sous surveillance.

Évolution inéluctable et positive, qui fait du rire une faculté de plus en plus humaine. La nostalgie de l'âge rabelaisien peut faire sourire autant que celle de l'âge d'or, du paradis terrestre ou des fables écologistes. Si Rabelais fait rire, c'est justement parce qu'il n'est que littérature. Une plongée dans son monde serait sans doute beaucoup moins drôle. Ce que l'on commence à comprendre au XVIIᵉ siècle : l'homme doit maîtriser le rire.

TALLEMANT DES RÉAUX, TÉMOIN D'UNE ÉPOQUE BURLESQUE

Au départ, dans les années 1600-1650, prédomine l'atmosphère burlesque. Pour se mettre dans l'ambiance, rien ne vaut une lecture des *Historiettes* de Tallemant des Réaux. On a dit beaucoup de mal de ce gros recueil d'anecdotes, dont l'auteur n'a certes ni le talent ni la profondeur de Saint-Simon. Mais ce qui nous importe ici est l'exactitude des faits rapportés et, de ce point de vue, Antoine Adam a écrit fort justement : « Ceux qui parlent avec dédain de la valeur historique des *Historiettes* feraient bien de nous citer des œuvres analogues où le nombre des erreurs soit si faible et le nombre des "petits faits vrais" si considérable [1]. »

Or ces « petits faits vrais » sont presque toujours comiques, comme si la cour et les grands vivaient dans un rire perpétuel, passaient leur temps à se jouer des tours pendables et à se raconter des blagues obscènes. Choix de l'auteur, bien entendu, mais il n'y a pas de fumée sans feu : ce choix lui-même est une indication, tout comme le fait que Tallemant ait pu rassembler sans peine des centaines d'histoires drôles et véridiques à propos de personnages connus. Saine lecture, ô combien édifiante et démystifiante, à défaut d'être pieuse! Elle nous montre l'envers de la galerie de portraits de l'histoire sérieuse. Mais est-ce vraiment l'envers? N'est-ce pas plutôt le côté authentique de ces hommes et de ces femmes dont la grande histoire ne nous présente que le rôle officiel, donc artificiel et théâtral? Ces ministres, ces prélats, ces abbés, ces courtisans, ces financiers sont de grands gamins, de perpétuels adolescents, qui posent de temps en temps pour la postérité et les livres d'histoire, mais qui entre chaque épisode de la haute politique ne songent qu'à s'amuser. Ils évoluent dans le burlesque, et ressemblent par leur truculence à des personnages de Scarron.

A commencer par le roi, qui n'a rien du triste sire de ses portraits officiels. Pour son enfance, il suffit de se reporter au *Journal* de son médecin, Jean Héroard, dont Tallemant écrit : « Herouard a fait plusieurs volumes, qui commencent depuis l'heure de sa naissance jusqu'au siège de La Rochelle, où vous ne voyez rien sinon à quelle heure il se resveilla, desjeusna, cracha, pissa, chia, etc.[2]. » Louis XIII est gai(y), comme chacun sait, et pas très intellectuel. D'après Tallemant, ses questions métaphysiques se situent plutôt au niveau de la braguette : « Au commencement, le roy estoit assez gay, et se divertissoit assez bien avec M. de Bassompierre. Une fois il luy demanda pourquoy le vit [vieux terme français pour le pénis] tournoit tousjours du costé gauche. "Pourquoi, sire, respondit Bassompierre, le remettez-vous de la main droite dans vos chausses ?" Il a dit quelquefois de plaisantes choses[3]. » Ce bon roi Louis XIII sait s'amuser avec des riens et voir le côté drôle des choses : « Il s'est diverty longtemps à contrefaire les grimaces des mourans. Le comte de la Rocheguyon estant à l'extrémité, le roy lui envoya un gentilhomme pour sçavoir comment il se portoit : "Dittes au roy, dit le comte, que dans peu il en aura le divertissement. Vous n'avez guères à attendre, je commenceray bientost mes grimaces. Je luy ay aydé bien des fois à contrefaire les autres, j'auray mon tour à cette heure[4]". »

Sur la reine circulent de bonnes histoires, comme celle du « plan de la ville ». Une dame de sa maison, jeune mariée, reçoit une lettre de son mari, qui est au siège de La Rochelle et qui lui dit combien il la désire. Pour être sûr qu'elle comprenne, il lui fait un dessin d'« un gros catze en bon arroy » (un pénis en érection). La reine, qui ouvre toutes les lettres destinées à ses femmes, jette un coup d'œil rapide et distrait : « Ayant apperçu quelques traits de crayon, avoit dit : "Asseurément, c'est le plan de la ville. O le bon mary d'avoir tout ce soing-là pour sa femme !" Depuis, on appela cela le *plan de la ville*[5]. » Qu'Anne d'Autriche puisse confondre le plan de La Rochelle avec un sexe en érection était peut-être excusable : on sait qu'avec son mari elle ne voyait guère plus souvent l'un que l'autre.

Dans la galerie des portraits que nous offre Tallemant prolifèrent les personnages truculents, dont beaucoup d'ecclésiastiques. Voici le père André Boulanger (1582-1657), un prêtre augustin au tempérament de bouffon, qui ne peut s'empêcher de raconter des gaillardises : « Il a tousjours presché en battelleur, non qu'il eust dessein de faire rire, mais il estoit bouffon naturellement, et avoit mesme quelque chose de Tabarin dans la mine. Il y taschoit si peu que quand il avoit dit des gaillardises il se donnoit la discipline, mais il y estoit né, et ne s'en pouvoit tenir[6]. » Ses sermons ont souvent un double sens obscène, que l'on guette avec malice : « Il disoit aux dames : "Vous vous plaignez de jeusner ; cela vous fait maigrir, dites-vous. Tenez, tenez, dit-il en montrant un gros bras, je jeusne tous les jours, et voilà le plus petit de tous mes membres" » — le viril compris, bien sûr. Le voici maintenant qui prêche dans un couvent de religieuses, en faisant des allusions imagées à la virginité : « Une novice, dit-il, c'est comme un morceau de bureau [grosse étoffe] ou de papier, sur lequel on commence à desvider les premières aiguillées ; mais, quelque bien qu'on fasse le peloton, il reste tousjours un petit trou qu'on ne sçauroit boušcher. [...] Il disoit que le paradis estoit une grande ville : "Il y a la grand rûe des martyrs, la grand rûe des confesseurs ; mais il n'y a point de rûe des vierges : ce n'est qu'un petit cul-de-sac bien estroit, bien estroit[7]." »

L'abbé Boulanger n'hésite pas à apostropher les fidèles du haut de la chaire. Brodant sur le thème des amants de Marie-Madeleine, « il les habilla à la mode : "Enfin, dit-il, ils estoient faits comme ces deux grands veaux que voilà devant ma chaire" ». Avec lui, les épisodes bibliques les plus solennels perdent de leur dignité. Voici Dieu face — si l'on peut dire — à Moïse, sur le Sinaï : « Quand il parle à Moïse, c'est sur une montagne ; il ne luy monstra pourtant que son derrière, et parla à luy comme une demoiselle masquée. » L'abbé s'arrange toujours pour donner à ses phrases un tour ambigu. Dans un sermon, il se désole de la passion des femmes pour les romans : « A propos des romans, il disoit : "J'ay beau les faire quitter à ces femmes, dès que j'ay tourné le cul, elles ont le nez dedans." »

Évidemment, le père Boulanger n'est pas en odeur de sainteté. Alors qu'il prêche l'avent au faubourg Saint-Germain, une « caballe de moines » se forme « pour le scandalle que ses bouffonneries donnoient », et l'évêque de Paris le fait jeter en prison.

Ce prêtre burlesque est aux antipodes de l'image que les promoteurs de la Contre-Réforme voudraient donner de l'Église. Il est pourtant loin d'être une exception. Les portraits de Tallemant des Réaux ne font que représenter brillamment des centaines d'autres cas dont l'historien trouve la trace dans les épais volumes manuscrits des officialités diocésaines. Non, tous les prêtres du XVIIe siècle n'ont pas le sérieux dont voudraient les revêtir Tronson, Bossuet ou Massillon. Voici, pour le plaisir, un autre exemple d'abbé comique, toujours tiré des *Historiettes* : François Le Métel, sieur de Boisrobert (1589-1662).

Cet ancien protestant, converti au catholicisme en 1621 et devenu chanoine de Rouen, met la Bible en vaudeville, se moque du chapitre, parodie *Le Cid* pour le cardinal de Richelieu : « Pour divertir le cardinal et contenter en mesme temps l'envie qu'il avoit contre *Le Cid,* il le fit jouer devant luy en ridicule par les laquais et les marmitons. Entre autres choses, en cet endroit où D. Diegue dit à son filz : "Rodrigue, as-tu du cœur?", Rodrigue respondoit : "Je n'ay que du carreau." On ne sçauroit faire plus plaisamment un conte qu'il le fait; il n'y a pas un meilleur comédien au monde[8]. »

Athée, homosexuel et pédophile, l'abbé de Boisrobert a droit à vingt pages dans les *Historiettes.* Extraits :

« Il appeloit Ninon *sa divine.* Un jour, il alla chez elle avec un joly petit garçon. "Mais, lui dit-elle, ce petit vilain vous vient tousjours retrouver. — Ouy, respondit-il, j'ay beau le mestre en mestier, il revient tousjours. — C'est, reprit-elle, qu'on ne luy fait nulle part ce que vous luy faites." »

« Le Coudray-Géniers estoit rapporteur d'un procès qu'il perdit. Il se mit à pester contre luy. "L'ingrat, disoit-il, a-t-il oublié le plaisir que j'avois autrefois à le foutre." Ce sera au temps qu'il avoit esté beau garçon. »

« Il disoit l'autre jour à de jeunes gens avec qui il n'a nulle confidence, qu'il estoit tout fatigué d'avoir fait deux coups, l'un à une petite fille, et l'autre au frère de cette petite fille. "Elle estoit pucelle, disoit-il, elle me coustoit vingt pistolles. Le frère ne m'a cousté que deux escus. Pourtant, j'ay pris plus de plaisir avec le frère qu'avec la sœur." »

« Scarron dit que Boisrobert luy dit un jour : "Je suis tout mal basty d'un petit excès. — Hé, de quoy? — D'avoir branlé la pique deux fois ce matin. — Ah, M. l'abbé, vous avez tort, vous en devriez prendre plus modérément une autre fois." »

« Il se vanta à luy-mesme et à d'autres d'une chose encore plus ridicule : "Croiriez-vous, leur dit-il, la gloire que j'ay eue à mon âge. Le laquais de Madame de Piémont [c'est une parente de la gouvernante des filles], un des plus beaux garçons, m'a foutu deux coups le cû", mais il avoit tort de se vanter, car depuis, à la Victoire, il eut besoin d'un lavement. L'apothicaire eut assez de peine à faire entrer ce qu'il falloit dans son cul tant il estoit estroit. »

« En 1661, dans le temps de la mort du cardinal Mazarin, un homme de Nancy s'adressa au Palais, aux diseurs de nouvelles, et leur dit : "Je vous prie, messieurs, dittes-moy si ce qu'on nous a mandé à Nancy est véritable, que Boisrobert s'estoit fait Turc, et que le Grand-Seigneur luy avoit donné de grands revenus avec de beaux petits garçons pour se resjouir, et que, de là, il avoit escrit aux libertins de la cour : 'Vous autres, messieurs, vous vous amusez à renier Dieu cent fois le jour; je suis plus fin que vous : je ne l'ay renié qu'une, et je m'en trouve fort bien[9].'" »

Ajoutons qu'à cette époque, « jouer à l'abbé » est une distraction prisée dans certains milieux, et qui consiste à faire tout ce qu'ordonne celui qui est désigné comme abbé.

Terminons par un mot sur le duc d'Orléans, frère du roi de France. Lui aussi aime la plaisanterie : « Un jour qu'il vit un des siens qui dormoit la bouche ouverte, il luy alla faire un pet dedans. Ce page, demy-endormy, cria : "Bougre ! je te chierai dans la gueule." Monsieur avoit passé outre. Il demanda à un valet de chambre nommé du Fresne : "Qu'est-ce qu'il dit ? — Il dit, monseigneur, dit gravement le valet de chambre, qu'il chiera dans la gueule de Votre Altesse Royale[10]". »

Cette anecdote en rappelle une autre à Tallemant, qui la cite en note : c'est l'histoire d'un conseiller au Grand Conseil du roi, Bugnon, qui, au cours d'une petite fête chez des amis, est pris de diarrhée. N'osant pas sortir, il va dans un placard. « A testons, il rencontra une boiste de pruneaux où il sentit du vuide. Ce fut là qu'il se deschargea de son pacquet. Il estoit encore dans ce cabinet, quand Mme Gaillard y vint. Il se range en un coing, elle y vouloit prendre des pruneaux dans cette boiste ; mais elle y trouva de la marmelade. La voyla à faire du bruit. "Madame, luy dit ce garçon, je suis un tel. Ne me diffamez point, c'est un accident, je suis malade." Cette femme en colère le chassa comme un foireux[11]. »

On ne s'en lasse pas. Mais arrêtons-là l'examen des *Historiettes*. Cette brève revue suffit à situer l'atmosphère rabelaisienne dans laquelle évoluent les classes aisées de la première moitié du xviie siècle. Le rire est au cœur de la vie, au cœur des fonctions élémentaires — l'excrétion, la sexualité. L'homme de cour comme le bourgeois vivent dans le burlesque scatologique et obscène. Cette trivialité vécue, nous la trouvons également comme expression d'une volonté de libération à l'égard des exigences morales et religieuses.

LA RAILLERIE BLASPHÉMATOIRE DES LIBERTINS

L'outrance dans le scatologique et le pornographique n'a plus le caractère naïf et naturel qu'elle pouvait avoir chez Rabelais. Nous venons de le voir, par exemple, avec Boisrobert : il s'agit de choquer et de provoquer, ce qui engendre un rire souvent agressif. C'est le cas notamment pour les libertins les plus audacieux. Cependant, il est remarquable de constater que les plaisanteries les plus blasphématoires continuent à bénéficier d'une grande indulgence dans l'opinion et chez les autorités civiles : jusqu'au milieu du xviie siècle, le rire couvre encore toutes les hardiesses et sert à excuser les actions les plus osées. A condition toutefois que l'origine sociale des acteurs soit suffisamment élevée...

Premier exemple. En 1646, le chevalier de Roquelaure, qualifié par Tallemant des Réaux d'« espèce de fou qui est avec cela le plus grand blasphémateur du royaume », « ayant trouvé à Toulouse des gens aussy fous que luy, il dit la messe dans un jeu de paulme, communia, dit-on, les parties honteuses d'une femme, baptisa et maria des chiens, et fit et dit toutes les impiétez imaginables ». Cela lui vaut une première arrestation, le 17 février 1646. Relâché, il reprend sa vie scandaleuse. Vincent de Paul et les dévots demandent sa tête à la reine, et l'Assemblée du clergé envoie une députation à la cour pour réclamer des sanctions. Roquelaure est enfermé à la Bastille le 15 avril 1646, mais des voix s'élèvent dans l'entourage de Mazarin : on ne fait pas « arrester un homme de condition pour des bagatelles comme cela » ! Prévenu que dans son procès il aurait Dieu contre lui, Roquelaure réplique : « Dieu n'a pas tant d'amys que moy dans le Parlement[12]. » En mettant les rieurs de son côté, le blasphémateur de condition peut espérer s'en sortir, même si Roquelaure estime plus sûr de s'évader.

Second exemple. En Angleterre, au début de la Restauration, un petit groupe d'aristocrates libertins conduits par Sir Charles Sedley se livre à un *practical joke* (un bon tour) fort osé. En juin 1663, ledit Sedley apparaît entièrement nu au balcon du cabaret du Coq, à Londres, et devant une foule hilare commence, rapporte Samuel Pepys dans son *Journal*, « à mimer toutes les postures lubriques et sodomiques imaginables ; insulta les Écritures et prêcha en quelque sorte, depuis cette chaire, un sermon de charlatan, annonçant qu'il avait une poudre miraculeuse à vendre qui verrait courir à ses trousses tout ce qui, dans la ville, avait un con, et un millier de personnes se tenaient sous le balcon pour le voir et l'écouter. Quand il eut fini, il prit un verre de vin, s'y lava la bite, puis le but, puis il en prit un autre et but à la santé du roi[13] ». Or Sedley s'en tire avec une sévère réprimande et la promesse de ne pas recommencer. « On dit qu'ils lui ont fait promettre de se bien conduire sous peine de payer cinq cents livres, car il n'y a pas de loi contre ce qu'il a commis. » Promesse d'ailleurs non tenue, puisque le 23 octobre 1668 le même Sedley se livre avec Lord Charles Buckhurst, futur comte de Middlesex, à l'une des premières séances de *stripping* enregistrées dans les annales : ils courent dans les rues de Londres complètement nus, et font le coup de poing avec la garde venue les arrêter. Cette fois, le roi intervient... pour réprimander les soldats de la garde. Dégoûté, Pepys en conclut qu'il vit dans un monde de fous[14].

En France, les libertins doivent se montrer un peu plus prudents lorsqu'ils se livrent à des plaisanteries blasphématoires, mais certains comme Théophile de Viau osent, écrit un témoin, « tenyr pluzieurs discours d'impietez contre Dieu, la Vierge et les saints ; luy a veu prendre une bible plusieurs foys de laquelle il recherchoit les mots les plus sacrosainctz, lesquels ledit Théophile tournoyt en risée et impiétez[15] ». Le baron Blot, quant à lui, a le front de comparer Marie à Léda, toutes deux ayant été engrossées par un volatile, pigeon ou cygne. Alain Cabantous, dans son *Histoire du blasphème en Occident,* relève l'importance du rire dans « les plaisanteries parfois grivoises tenues à l'encontre d'épisodes ou de personnages bibliques, les moqueries cruelles relatives à l'agonie du Christ, la dérision de certains dogmes chrétiens, mêlés de paillardise et d'épicurisme[16] ».

Ce rire libertin, qui suscite le contre-rire apologétique de Garasse, n'est d'ailleurs pas très joyeux. Il est plutôt décourageant de rire de la bêtise humaine, quand on sait qu'elle est incurable. Conscients de former une élite secrète, méprisant les croyances, superstitions et préjugés de la foule tout en pratiquant un conformisme de façade, les « déniaisés » ne font preuve d'aucun prosélytisme. Ils ne cherchent pas à changer le monde, d'une indécrottable bêtise. Leur rire n'est pas un rire de critique positive ; c'est le rire désabusé de spectateurs que désole le niveau du spectacle, une sorte d'infra-rire, comme celui qu'engendre un comique tellement minable qu'il n'y a pas d'autre solution. En fait, lorsque le comédien descend en dessous d'un certain niveau de bêtise, on ne rit plus de lui, on rit de soi-même, de sa propre bêtise : comment peut-on être assez bête pour perdre son temps à regarder une telle stupidité ? Le rire du libertin érudit des années 1620-1650, c'est un peu cela, avec le sentiment que le monde entier est une « ânerie » digne du plus mauvais comique, comme le résume La Mothe Le Vayer : « Toute notre vie n'est, à bien prendre, qu'une fable, notre connaissance qu'une ânerie, nos certitudes que des contes : bref, tout ce monde qu'une farce et une perpétuelle comédie[17]. »

Rire de lassitude, rire pessimiste du libertin qui n'attend rien du monde ni des autres, et qui soupçonne même la raison humaine d'être contaminée par la folie. « Au début du XVIIᵉ siècle, écrit Michel Foucault, le libertinage n'était pas exclusivement un rationalisme naissant : il était tout autant une inquiétude devant la présence de la déraison à l'intérieur de la raison elle-même, un scepticisme dont le point d'application n'était pas la connaissance, dans ses limites, mais la raison tout entière[18]. »

Le rire est moins sombre lorsqu'il s'adresse à une confession rivale, qu'il s'agit de tourner en dérision. L'usage de la moquerie prolonge les guerres de religion et marque l'époque triomphante de la Contre-Réforme. Aux Pays-Bas espagnols, en dépit des réticences et rappels à l'ordre de leurs supérieurs, des jésuites comme Costerus, Johannes Gouda, Maximilien van Habbeke ou Johannes

David n'hésitent pas à faire les pitres en chaire, à utiliser un langage
très vert, à faire des plaisanteries *(opportuna jocatio)* et à joindre le
geste à la parole pour ridiculiser les protestants et leurs pasteurs[19].
Le catholique Richard Verstegen, établi à Anvers, publie une série
de pamphlets comiques antiprotestants en 1617 et 1633[20].

De leur côté, les protestants ne se gênent pas pour se moquer des
superstitions papistes. Ainsi, en 1635-1636, l'affaire de la possession diabolique des religieuses de Loudun, que les catholiques
prennent tellement au sérieux, déclenche les sarcasmes des Anglais.
Des voyageurs sceptiques se rendent sur place et notent ironiquement tous les signes de supercherie, ce qui a le don d'exaspérer les
jésuites. Par exemple, Thomas Killigrew, déjà rencontré, assiste
aux séances d'exorcisme et remarque que, pendant les interroga-
toires des possédées, « le prêtre ne parle qu'en latin, le diable en
français ». Lorsque l'exorciste demande au démon de vêtir de fer le
corps de la religieuse et propose à l'Anglais de toucher, ce dernier
constate : « Je n'ai senti que de la chair ferme, des bras et des
jambes raidis. » Le duc de Lauderdale, qui est à Paris en 1637,
vient aussi assister aux exorcismes. « Je commençais à suspecter une
fourberie », écrit-il, et lorsqu'on lui montre sur la main de Jeanne
des Anges les noms de Jésus, Marie et Joseph, « miraculeusement »
inscrits, il se rend compte que cela a été fait à l'eau-forte : « Je per-
dis alors patience et j'allai dire à un jésuite le fond de ma pensée. »
Il prie ensuite ce dernier de tenter une expérience : il prononcerait
une phrase en langue étrangère et demanderait au démon possédant la religieuse de la traduire. Confusion du jésuite : « Il me
répondit : "Ces diables n'ont pas voyagé", ce qui me fit éclater de
rire, et je ne pus rien obtenir de plus. » Tour à tour, Lord Willoughby, George Courthop, Charles Bertier témoignent du même
scepticisme, ce qui irrite profondément les exorcistes. Pour John
Locke, qui écrit en 1678, toute cette histoire est un coup monté par
Richelieu avec des religieuses comédiennes.

Nos voyageurs se montrent également très sarcastiques à l'égard
des superstitions ordinaires des catholiques, et en particulier du
culte des reliques. Partout, ils notent la crédulité des fidèles devant
des objets qui sont tous plus ahurissants les uns que les autres : lanterne de Judas, bâton de Moïse, sang du Christ, lait de la Vierge,
poterie des noces de Cana — laquelle n'a rien à voir avec le style de
cette époque, remarque John Locke. Ce dernier, rapportant qu'à
Toulouse on prétend posséder les corps de six apôtres, ironise :
« Cela fait beaucoup, si l'on considère tous les restes qu'on vous
montre ailleurs[21]. »

LA SAINTE RAILLERIE PASCALIENNE

L'un des plus grands railleurs du siècle n'a pourtant rien d'un sceptique ou d'un plaisantin. Le janséniste Blaise Pascal, si conscient du destin tragique de l'homme, a fait preuve dans les *Provinciales* d'une ironie mordante, qu'on pourrait d'autant plus facilement qualifier de voltairienne qu'elle a pour cible les jésuites. Pascal ne se contente pas de se moquer d'eux : dans sa onzième lettre, il entreprend de justifier la moquerie elle-même. Il y a, dit-il, une raillerie chrétienne, charitable, juste, au service de la vérité et du sérieux ; une raillerie décapante qui fait sauter le superficiel, l'inutile, le superflu, le faux ; une raillerie pieuse, grave, sainte en un mot[22]. Pascal, comme tous les jansénistes, adore jouer avec les paradoxes et les apparentes contradictions qui forment le tissu de la condition humaine déchue : grandeur et misère du roseau pensant ! Faire rire pour révéler le sérieux de l'existence est l'un de ces paradoxes.

Prenant le contre-pied des prédicateurs classiques, Pascal affirme que Jésus lui-même a été un railleur : ne s'est-il pas moqué de Nicodème, qui se croyait très savant ? Mieux encore : Dieu le Père s'est moqué d'Adam, du moins si l'on suit l'interprétation donnée par Jean Chrysostome et Hugues de Saint-Victor. Après qu'Adam eut mangé la pomme, écrit Pascal, « Dieu en punition le rendit sujet à la mort et, après l'avoir réduit à cette misérable condition, il se moqua de lui en cet état par ces paroles de risée : "Voilà l'homme qui est devenu comme l'un de nous", ce qui est une ironie sanglante et sensible dont Dieu le piquait vivement[23] ».

Dieu s'est moqué d'Adam après le péché originel ; il se moquera aussi des damnés à la fin : « La sagesse divine joindra la moquerie et la risée à la vengeance et à la fureur qui les condamnera à des supplices éternels. » Le spectacle en effet ne manquera pas de sel, de la part d'un Dieu infiniment bon ! Quel magnifique cadeau pour les libertins ! Mais Pascal ne fait ici que reprendre le thème classique de la pastorale de la peur.

Les Pères de l'Église, les docteurs, les saints du Moyen Age ont eux aussi raillé : Jérôme, Tertullien, Irénée, Augustin, Bernard ne sont-ils pas de grands comiques ? Là encore, la déclaration est un peu hasardeuse, comme nous avons pu le voir, même si Pascal parvient à trouver trois ou quatre passages de ces auteurs justifiant le recours au rire : par exemple, Augustin aurait écrit que « la charité oblige quelquefois à rire des erreurs des hommes, pour les porter eux-mêmes à en rire et à les fuir ».

Donc, conclut Pascal, « ce n'est pas une conduite contraire à celle des saints de rire des erreurs et des égarements des hommes ».

D'où le droit qu'il a de rire des erreurs et des égarements des jésuites : « Quoi, mes Pères, les imaginations de vos auteurs passeront pour des vérités de la foi, et on ne pourra se moquer des passages d'Escobar, et des décisions si fantasques et si peu chrétiennes de vos autres auteurs, sans qu'on soit accusé de rire de la religion ? »

« Qu'y a-t-il de plus propre à exciter à rire que de voir une chose aussi grave que la morale chrétienne remplie d'imaginations aussi grotesques que les vôtres ? » Par exemple, quand les jésuites disent « qu'un religieux n'est pas excommunié pour quitter son habit lorsque c'est pour danser, pour filouter, ou pour aller incognito en des lieux de débauche *(incognitus ad lupanar)*, et qu'on satisfait au précepte d'ouïr la messe en entendant quatre quarts de messe à la fois de différents prêtres » ; « qu'on peut tuer pour éviter un soufflet et une injure, qu'on peut être sauvé sans avoir jamais aimé Dieu [...] qu'un juge peut en conscience retenir ce qu'il a reçu pour faire une injustice ». En se livrant à une énumération un peu facile de certains excès de la casuistique jésuite, Pascal entend illustrer l'une des théories classiques du rire : l'effet de surprise. « Lors, dis-je, qu'on entend ces décisions et autres semblables, il est impossible que cette surprise ne fasse rire, parce que rien n'y porte davantage qu'une disproportion surprenante entre ce qu'on attend et ce qu'on voit. »

C'est donc un devoir pour les chrétiens que de railler la morale relâchée des jésuites. En revanche, la raillerie utilisée par les jésuites est une bouffonnerie blasphématoire, poursuit Pascal, qui s'en prend à la *Dévotion aisée* et aux *Peintures morales* du père Le Moine, à la *Consolation des malades* du père Binet, et bien sûr aux œuvres du père Garasse. Il est vrai qu'il se montre particulièrement sévère sur le point du blasphème, lorsqu'il s'indigne du fait que le père Le Moine ait pu écrire un *Éloge de la pudeur, où il est montré que toutes les belles choses sont rouges, ou sujettes à rougir,* ou lorsqu'il accuse Garasse de joindre « le blasphème à l'hérésie » pour avoir donné cette définition de l'Incarnation : « La personnalité humaine a été comme entée ou mise à cheval sur la personnalité du Verbe. » Ainsi, avec les jésuites, dit Pascal, « l'esprit de bouffonnerie, d'impiété et d'hérésie se rit de ce qu'il y a de plus sacré », et là on ne rit plus.

Pascal n'est donc pas un vrai rieur — on s'en serait douté. Il fait semblant de rire, de se moquer des casuistes, mais ce n'est qu'un masque, qui dissimule mal l'indignation plutôt haineuse de quelqu'un qui, imbu de son propre mérite (« moi qui n'ai parlé qu'avec tant de vérité et tant de retenue », écrit-il dans la même lettre), est persuadé de représenter la « vraie » religion. Pascal a l'étoffe des fanatiques, et il est sans doute heureux pour sa mémoire qu'il n'ait pas eu le temps de mettre en ordre ses *Pensées*. Telles quelles, certaines d'entre elles sont suffisamment inquiétantes.

LE SALUT PAR LE RIRE : L'HUMANISME DÉVOT

Plus franc est le rire de l'humanisme dévot, qui s'épanouit dans cette première moitié du xviiᵉ siècle tout en contrastes. Dans une Église catholique qui s'oriente vers les larmes triomphantes et qui voit le salut dans la tristesse, un groupe d'ecclésiastiques avance vers le Ciel en rigolant. Dans le joyeux cortège figurent des capucins, des bénédictins, des séculiers, et de nombreux jésuites qui ne partagent pas les vues sévères de leurs confrères. Ces optimistes se situent dans le sillage de François de Sales, qui renverse complètement la perspective. Pour lui, ce n'est pas le rire qui est diabolique, mais la tristesse. Satan ne rit pas ; il est triste, et voudrait que tout le monde le soit : « Le Malin se plaît en la tristesse et mélancolie, parce qu'il est triste et mélancolique et le sera éternellement : donc il voudrait que chacun fût comme lui [24]. »

François de Sales a beaucoup parlé de la tristesse, avec une profonde humanité et sans anathèmes. Il sait bien qu'il n'est pas toujours facile de rire : « On est excusable de ne pas être toujours gai, car on n'est pas maître de la gaieté pour l'avoir quand on veut », mais il ne faut pas se laisser aller à la mélancolie. La tristesse peut être salutaire, si elle est provoquée par le regret des fautes, par le sens du péché, mais on ne doit pas s'y complaire ; il faut que le chrétien « se réjouisse de sa tristesse » — admirable formule, aux antipodes de la spiritualité courante du xviiᵉ siècle, qui consiste à s'affliger de la gaieté.

L'évêque d'Annecy, dans son *Traité de l'amour de Dieu*, intitule un chapitre : « Que la tristesse est presque toujours inutile ». Il lui attribue trois causes :

« 1. Elle provient quelquefois de l'ennemi infernal qui, par mille suggestions tristes, mélancoliques et fâcheuses, obscurcit l'entendement, alangourit la volonté et trouble toute l'âme [...]. Le Malin remplissant l'esprit humain de tristes pensées, il lui ôte la facilité d'aspirer en Dieu, et lui donne un ennui et découragement extrême, afin de le désespérer et le perdre.

« 2. La tristesse procède aussi d'autres fois de la condition naturelle, quand l'humeur mélancolique domine en nous ; et celle-ci n'est pas voirement vicieuse en soi-même, mais notre ennemi pourtant s'en sert grandement pour ourdir et tramer mille tentations en nos âmes. [Il profite] des esprits mornes, tristes et mélancoliques, car il les agite aisément de chagrins, de soupçons, de haines, de murmurations, censures, envies, paresse et d'engourdissements spirituels.

« 3. Finalement, il y a une tristesse que la variété des accidents humains nous apporte [...]. Or, cette tristesse est commune aux bons et aux mauvais : mais aux bons elle est modérée par l'acquiescement et résignation en la volonté de Dieu [...]. Au contraire, quant aux mondains, cette tristesse leur est ordinaire, et se change en regrets, désespoirs et étourdissements d'esprit [...]. Le mondain est hargneux, maussade, amer et mélancolique au défaut des prospérités terrestres, et en l'affluence il est presque toujours bravache, esbaudi et insolent[25]. »

La vie dévote a la réputation de rendre triste. François de Sales le sait et le déplore, lui qui pense qu'un saint triste est un triste saint, comme dira Bernanos. On vous dira : « Vous tomberez en quelque humeur mélancolique, vous perdrez crédit au monde, vous vous rendrez insupportable, vous vieillirez avant le temps[26]. » Voilà l'image que la nouvelle dévotion a réussi à donner d'elle-même, au grand dam de François de Sales.

Ce dernier réhabilite l'eutrapélie. Alors que Bossuet l'assimilera à la bouffonnerie, il en fait une qualité de « modeste gaieté et joyeuseté », qui engendre un rire sain et saint, par opposition au rire malsain et mauvais de la moquerie, auquel recourra le Pascal des *Provinciales*. Le rire est bon, mais pas n'importe quel rire : « Quant aux jeux de paroles qui se font des uns aux autres avec une modeste gaieté et joyeuseté, ils appartiennent à la vertu appelée eutrapélie par les Grecs, que nous pouvons appeler bonne conversation ; et par iceux on prend une honnête et amiable récréation sur les occasions frivoles que les imperfections humaines fournissent. Il se faut garder seulement de passer de cette honnête joyeuseté à la moquerie. Or, la moquerie provoque à rire par mépris et contemnement du prochain ; mais la gaieté et gausserie provoque à rire par une simple liberté, confiance et familière franchise, conjointe à la gentillesse de quelque mot[27]. »

Dans la lignée de François de Sales viennent de joyeux jésuites dont le rire sonore en scandalise plus d'un, à commencer par Pascal. Celui-ci s'en prend par exemple à Étienne Binet, un religieux que l'on pourrait presque qualifier de rabelaisien. Né à Dijon en 1569, entré dans la Compagnie de Jésus en 1590, il y fait une belle carrière, devenant provincial de Paris, où il meurt en 1639. Ce bon père est d'une incorrigible bonne humeur. Rire est son maître mot : c'est la meilleure arme contre le diable, qui est un triste sire ; c'est aussi la meilleure médecine, le remède universel pour le corps et l'esprit. Ses œuvres spirituelles le sont dans tous les sens du terme, notamment sa *Consolation et réjouissance pour les malades et personnes affligées,* parue en 1620, qui est un véritable traité de thérapie par le rire.

Cet ouvrage se présente comme un dialogue entre le malade et le consolateur, qui recommande un remède radical, « à la gauloise » :

HISTOIRE DU RIRE ET DE LA DÉRISION

c'est le traitement de « ces simples villageois qui vivent encore à la bonne vieille gauloise ! Car sont-ils malades d'une fièvre bien forte, aussitôt on vous leur présente le plus gras chapon de la maison, on fait provision d'une bouteille du plus fort vin et là, devant un beau grand feu, on vous le fait bien dîner. Le pauvre garçon sue à grosses gouttes et à tant il faut bien, en dépit des médecins, que la fièvre, bon gré mal gré, s'en aille, et bien vite, car le bonhomme ou crève ou guérit bientôt. Aussi bien n'a-t-il pas le loisir d'être longtemps malade. Le lendemain, il va à la charrue ou bien au cimetière. Que sert cela de tant et tant languir et puis au bout mourir[28] ! ». Rien de tel qu'un bon vin de Bourgogne pour se soigner, comme le faisait un ami de Binet, d'ailleurs médecin : « Ce bon médecin de Bourgogne, qui, assailli d'une fièvre bouillante, faisait percer le meilleur vin blanc de sa cave [...] et, à grands coups de verres de vin de Beaune, il vous chassait la fièvre de Chalon[29]. »

Après tout, que sont les maladies ? Des bourrades amicales que Dieu nous donne pour nous faire entrer plus vite au paradis. Alors, pourquoi nous plaindre ? « Le paradis est fait comme la France où nos anciens Gaulois avaient de coutume, étant à la porte de l'église quand le prêtre mariait les fiancés, de charger de coups le nouveau marié ; à force de coups de poing le menaient tambour battant jusques au grand autel. Ce n'était pas par haine ; non, mais par une vieille courtoisie de ce bon temps-là. Car, au reste, ces beaux batteurs étaient les père, frères, parents et amis de ce pauvre battu qui aussi ne faisait que rire sous la grêle de coups ; et, au bout, il leur fallait dire grand merci et leur faire bonne chère. Cette coutume dure encore pour le paradis. La fièvre, la goutte, la pierre, les tristesses, mille maux sont les batteurs qui s'accordent comme maréchaux sur l'enclume, nous martelant les uns après les autres, et ne nous laissent jamais qu'ils ne nous aient poussé dedans le temple du Dieu vivant[30]. »

Souvent, les maladies résident plus dans la tête que dans le corps. Ainsi l'ancien archevêque de Bourges, sous Charles IX, qui était cloué au lit par la goutte et qui entend dire que la ville est prise : « Vous eussiez vu le bon prélat courir à la porte comme un dromadaire, quatre à quatre sauter les degrés. Le voilà : il gagne la grosse tour et vous monte si vite qu'il laissa en mi chemin ses gouttes et ne les trouva onques plus[31]. »

Un des procédés de Binet est de se moquer des médecins, afin de focaliser sur eux la pensée des malades, qui en oublient leurs maux : « Il me semble que, criant contre les médecins, j'épouvante ma fièvre. » Au demeurant, « s'ils font quelque petit coin de cimetière bossu, sans eux tout le monde ne serait qu'un cimetière », et il ne faut pas leur en vouloir : ils ne font qu'avancer de quelques jours la date de notre mort. « Est-ce si grand cas d'en envoyer tous les ans une demi-douzaine en paradis un peu plus tôt qu'ils n'eussent fait d'eux-mêmes [32] ? » Et voilà le malade regaillardi : « Dites, dites, vous voilà en belle humeur. La couleur vous monte déjà au visage. A Dieu ne plaise que je coupe votre discours ! Qui sait si vous guérirez point, disant des injures à votre médecin [33] ? »

A propos de la vie chrétienne, Binet développe également des images physiologiques, parlantes à défaut d'être raffinées. Exemple de sa rhétorique délicate dans *La Fleur des psaumes,* titre trompeur, où il est un moment question d'un mauvais chrétien : n'avez-vous pas de Dieu ? « Si fait, dea, vous en avez un qui se nomme le ventre. Mais tel dieu, tel service. Vos poumons sont son temple ; le foie, son autel, toujours couvert de sang et de voirie ; l'estomac, l'encensoir ; les fumées qui en sortent sont l'encens le plus doux ; la graisse est la victime ; le cuisinier est votre aumônier qui est toujours en service [...] et vos inspirations ne dévalent à vous que par la cheminée ; les sauces sont vos sacrements et les hoquets, vos plus profondes prophéties. Toute votre charité bouillonne dans vos grasses marmites ; votre espérance à l'étuvée toujours couverte entre deux plats [34]. » Cette spiritualité gauloise n'est pas du goût de Pascal, qui ne devait pas davantage apprécier cet autre jésuite rigoleur qu'est Louis Richeome.

Né à Digne en 1544, ce professeur de théologie à Lyon et à Bordeaux — où il meurt en 1625 — a fait un long séjour à Rome de 1607 à 1616. Pour lui, le rire est une excellente chose, un cadeau divin, destiné à nous instruire. Il développe cette idée dans l'*Adieu à l'âme dévote,* où il se révèle un bon observateur de la nature. Dans un esprit providentialiste et finaliste qui annonce les trouvailles cocasses de l'abbé Pluche, il pense que Dieu a créé des choses risibles pour nous fournir des images du monde moral. Ainsi, pourquoi Dieu a-t-il fait les singes, sinon pour nous faire rire ? Tout en eux concourt à cet effet : « Les singes ont une âme folâtre et ridicule ; ils ont le corps tout propre pour faire rire, retiré au portrait de leur âme. Les uns l'ont du tout escoué [sans queue] et pelé en cet endroit ; les autres, comme les guenons, avec une longue et difforme tirasse de queue ; leurs pieds ne sont ni pieds ni mains, semblables néanmoins à tous les deux ; leur face n'est ni visage d'homme ni face de bête, difformément ridée, perlée de verrues, enveloutée de poils follet, la gueule fendue jusqu'aux oreilles, et en somme extrêmement difformes d'une très artificielle et plaisante laideur [35]. »

Si Dieu n'aimait pas rire, il n'aurait pas créé les singes. Leur « plaisante laideur » est aussi une image du côté grotesque des nécessités humaines. Quoi de plus ridicule, par exemple, que des hommes qui mangent? Supposons que les aperçoive une sorte d'extra-terrestre ne sachant pas ce que signifie manger : «Ne dirait-il pas en soi-même : que font-ils donc maintenant [...] écartelant ces corps morts et rôtis; tirant de ces sépulcres de pâte les morceaux de mort et portant toutes ces pièces dans un trou et remuant le menton et les extrémités de ce trou; versant encore dans ce trou les verres ou gobelets? En quelle abîme jettent-ils ces étoffes? Sont-ce des magiciens qui font des tours de leur art[36]?»

Nous sommes laids, cocasses, grotesques, risibles. Nos vêtements sont ridicules, et nos modes absurdes : témoin ces femmes aux habits «déchiquetés, balafrés, mouchetés, bigarrés, vertugadés, haussepliés»... Et que dire de nos prétentions intellectuelles? Les anges et les démons doivent se tordre de rire en nous entendant : «Les thomistes tiennent leur fort et leurs pièces de batterie en une école; les scotistes en l'autre, et chacun pense être le plus fort [...]. Je me suis trouvé souvent aux disputes et ouï subtilement colleter diverses questions et, entre autres, oyant parfois parler, à grandes boutades, de la nature et des actions des anges, me suis représenté les bons anges présents qui, possible, se riaient et portaient compassion à ceux qui parlaient tout autrement de leur essence, de leur façon d'entendre et d'agir que la vérité ne portait. M'a semblé aussi de voir les démons se moquer et se rire superbement, voyant les disputants échauffés en l'escarmouche de leur ignorance, principalement s'ils les voyaient s'enfler de l'opinion de leur savoir[37].»

L'humanité déchue est ridicule, et rien n'interdit d'en rire — au contraire. Un autre jésuite, Pierre-Juste Sautel, né à Valence en 1613, l'exprime de façon particulièrement bouffonne dans des écrits burlesques tels que la *Marche funèbre d'une puce,* en vers latins. De nombreux capucins partagent cette attitude de dérision, qui n'est pas très éloignée de celle des libertins athées : ce monde est une farce. C'est précisément ce qu'écrit le père Yves de Paris (1590-1679) dans sa *Théologie naturelle :* «Le monde nous serait une farce continuelle si nous avions la vue de l'intérieur comme du visage.» Le rire fait de toute façon partie de notre nature : J'en ai vu des personnes, écrit-il, qui, deux ou trois jours après un grand deuil, «en un moment, pour un sujet nullement considérable, éclataient ensemble en un ris involontaire, par un transport de la nature qui vengeait ses droits et se rétablissait en conjurant cette humeur mélancolique, sans attendre les ordres de la raison[38]».

LE DÉMOCRITE CHRÉTIEN ET SES COMBATS

Étienne Binet veut nous faire, dit-il, « crever de rire ». Pierre de Besse s'exécute : « Il faut que je rie, que je gausse, que je bouffonne, et que je me moque de toute chose. » Il publie en 1615 le *Démocrite chrétien*. Rire est une force, une vertu, et Démocrite doit être le modèle des chrétiens : « S'il rit, ne pense pas pour cela qu'il se moque ; car, en riant, il dit les vérités et, faisant le railleur, ne laisse pas d'être sage. [...] S'adonner aux larmes est montrer une lâcheté de cœur et se défier de son courage. Mais rire et se moquer au fort des afflictions, c'est braver les vanités du monde, c'est montrer de la vertu et faire paraître qu'on est homme[39]. »

La dévotion n'exclut pas le rire, elle le stimule même chez certains. L'abbé Bremond a rappelé quelques titres d'ouvrages comiques rédigés ou inventés à cette époque : *La Tabatière spirituelle pour faire éternuer les âmes dévotes vers le Seigneur ; La Douce Moëlle et Sauce friande des saints et savoureux os de l'avent ; Lunettes spirituelles ; Seringue mystique pour les âmes constipées en dévotion*[40]... Fléchier lui-même aurait composé un sermon bouffon, anonymement, dans la tradition médiévale, et plusieurs auteurs ont fustigé la tristesse janséniste : le capucin Jacques d'Autun, dans *Les Justes Espérances de notre salut opposées au désespoir du siècle*, Yves de Paris, ou encore le franciscain François Bonal, qui écrit dans *Le Chrétien du temps* que la charité « n'a rien de commun avec cette noire religion toujours effrayée, inquiète et fiévreuse qui pour faire la vertu austère et fière, érige la mélancolie en titre de perfection et consacre la tristesse comme une chose céleste ; qui d'un pensif, d'un scrupuleux et d'un chagrin veut faire un inspiré, un saint, un prophète ; qui canonise ses peurs et ses vapeurs, ses songes et ses fantômes, ses convulsions et ses maladies, et les débite pour visions, pour oracles, pour révélations et pour souffrances divines[41] ».

Les prêtres français ne sont pas les seuls à se gausser dans les années 1600-1650. Aux Pays-Bas, la réputation de clown du prêtre Petrus Stevens, d'Onssenisse, parvient jusqu'aux oreilles du doyen d'Hulst-in-Zeeuws-Vlaanderen, et les visiteurs de l'abbaye bénédictine d'Affligem en 1634 sont intrigués par les éclats de rire continuels en provenance de l'infirmerie et du dortoir. En 1645, l'évêque de Gand réitère l'interdiction pour les béguines de rire aux éclats et de coucher à deux dans le même lit[42]. Des mystiques sont portés à rire, telle la religieuse Catharina Daneels, à Louvain, « très inclinée à rire, non par vanité ou imprudence, mais par gaieté naturelle », selon sa biographe spirituelle. La mystique flamande Marie Petyt, d'Hazebrouck, rit de ses propres souffrances, et pour Philippe de Néri le rire a un sens religieux. « Ce qui nous fait bien rire vient de l'intérieur et nous chatouille le cœur », écrit le jésuite Adriaen Poirters.

Tout le clergé de cette époque n'est pas triste. Un courant burlesque traverse même une partie de ses rangs, et dans tous les ordres religieux certains revendiquent le droit de rire. Garasse est un peu leur porte-parole : « Il y a dans le commun du monde des esprits si mal faits que, quand ils voient rire un religieux, ils l'estiment un perdu et un réprouvé [...]. Mais, mon Dieu, que voudraient ces gens de nous ? Que nous fussions toujours en larmes ? Que nous gémissions comme les marmousets des voûtes qui font une grimace pleurarde, comme si la voûte les crevait de pesanteur, quoiqu'ils ne portent aucune charge[43] ? »

Garasse et l'humanisme dévot ne sont pas l'Église. Ils représentent un courant, fortement influencé par le burlesque littéraire ambiant, mais déjà contesté, aussi bien par les jansénistes que par la majorité des jésuites, de la hiérarchie, des spirituels, des réformateurs. En fait, il y a une bataille du rire au sein des Églises de la première moitié du XVIIe siècle. Un livre publié à Bruxelles en 1627 illustre bien ce combat, sous la forme d'une parabole : Le Pèlerinage de Duyfkens et de Willemynkens, deux sœurs qui incarnent respectivement le sérieux de la vie religieuse (Duyfkens) et le rire profane (Willemynkens). Au cours de leur pèlerinage vers la Jérusalem céleste, divers épisodes permettent d'exposer les arguments en présence. Willemynkens reprend la vieille position du rire comme propre de l'homme, du rire indispensable comme récréation et pour assurer l'équilibre : « Il faut que je rie de temps en temps pour que mon cœur se sente bien. » On ne peut pas toujours rester sérieux, et d'ailleurs « les gens sont séduits par le rire et préfèrent écouter des chants comiques ». Si nous étions toujours sérieux, « que diraient les gens ? Ils se moqueraient de nous, si nous n'avions pas d'autres distractions que de cueillir des fleurs ». Pour Duyfkens, au contraire, la seule joie licite est celle qui vient du bien et de la religion. Et c'est elle qui l'emporte[44].

La lutte est partout présente. Jordaens peint à plusieurs reprises, dans les années 1630 et 1640, les joyeuses scènes de la nuit des Rois, et le chanoine régulier Peter Croon admet que les festivités liées à cet événement sont légitimes à condition que les plaisanteries et les rires restent dans des limites décentes. Il va même jusqu'à accepter la vieille tradition de l'Évangile de la Quenouille, affirmant que les Rois Mages, quand ils virent Jésus téter Marie, se dirent : « Le roi boit ! », expression devenue le signal des beuveries de la nuit des Rois. A l'abbaye de Stavelot, on n'aime pas les tempéraments mélancoliques, et l'on essaie de faire rire le frère Jacques Rahier[45], tandis que le Bruxellois Joan de Grieck se demande si ceux qui ne rient qu'une fois par mois ont vraiment une âme[46].

Rire ou ne pas rire ? La question est pour la énième fois débattue publiquement et académiquement à l'université de Louvain en décembre 1611, le jour de la Sainte-Lucie. Lors de ces *quaestiones quodlibeticae*, le philosophe et humaniste Erycius Puteanus défend la position de Démocrite : le rire est l'expression de la sagesse. Il retourne contre ses adversaires l'argument du Christ qui n'a jamais ri : si le Christ, Dieu fait homme, a choisi de ne pas rire, c'est justement pour nous montrer que le vrai rire est divin ; il rira quand il aura abandonné sa condition d'homme.

Le rire, attribut divin — certains font de cette affirmation un usage inquiétant : Dieu se moquera des damnés, répètent aussi bien le prédicateur flamand Jacob Moons que l'ermite italien Angelo Maria de San Filippo, parmi beaucoup d'autres. Les avis sont partagés, mais les adversaires du rire dans la religion l'emportent peu à peu. Garasse et ses semblables sont marginalisés, méprisés, rejetés comme d'indignes bouffons, tandis qu'un clergé de plus en plus sévère, incite les fidèles à maîtriser leur hilarité. En 1690 encore, l'évêque de Gand tonne contre « le misérable ver de terre qui a l'impertinence de rire en présence de son Dieu, du Christ humilié », preuve que le combat n'est pas encore tout à fait gagné. Mais de plus en plus les clercs rigoleurs se cachent, tel le bénédictin Adriano Banchieri, qui publie ses récits comiques sous pseudonyme ; et le rire comme manifestation religieuse est repoussé sur certaines franges sectaires, tels les *Ranters* anglais, pour qui le ciel c'est quand on rit, et l'enfer quand on souffre [47].

LES RECUEILS D'HISTOIRES DRÔLES : UNE MODE RÉVÉLATRICE

La force du rire dans la première moitié du xviie siècle et son évolution vers des formes plus raffinées peuvent aussi se discerner dans les écrits laïcs, privés ou publics, et dans les témoignages sur les relations sociales. La raillerie fait des ravages ; on adore se moquer d'autrui, en ces années baroques. Le fait n'est pas nouveau, mais il semble prendre de l'ampleur avec l'usage croissant de l'écrit. On confie au papier ses sarcasmes, dans la correspondance privée, comme le montrent les lettres de Balzac, et même dans les traités scientifiques : le succès de Galilée ne tient pas seulement à ses qualités d'astronome et de mathématicien. Le *Saggiatore*, le *Dialogo*, sont des chefs-d'œuvre de la littérature sarcastique ; le pape lui-même en a ri... jusqu'à un certain point. Que l'on puisse faire de l'humour en physique, voilà une nouveauté révélatrice : pour séduire, pour persuader, il faut faire rire.

Rire, c'est le plaisir des dieux, affirme La Fontaine :

> Qu'un pape rie, en bonne foi
> Je n'ose l'assurer ; mais je tiendrais un roi
> Bien malheureux s'il n'osait rire :
> C'est le plaisir des dieux[48].

Et il est si doux de médire de son prochain, renchérit Quinault :

> Sans la douceur que l'on goûte à médire,
> On trouve peu de plaisirs sans ennui :
> Rien n'est si plaisant que de rire,
> Quand on rit aux dépens d'autrui.

Avec la vogue nouvelle des salons, la reprise de la vie sociale, des dîners, des rencontres dans les milieux urbains nobles et bourgeois, l'art de raconter des blagues se développe. Pour briller en société, rien de tel qu'un talent de conteur comique, et l'on a encore l'esprit très large dans ce domaine. Il est donc utile de se constituer un stock de bonnes histoires. Les recueils d'histoires drôles, les *jest books*, foisonnent à cette époque. Imprimés ou manuscrits, soigneusement recopiés à la suite d'une conversation, ils font partie des livres les plus consultés dans les bibliothèques privées.

Tout homme de bonne compagnie en a un, depuis les personnalités célèbres jusqu'aux bourgeois anonymes. Cet intarissable bavard qu'est Samuel Pepys a rassemblé de nombreux livrets amusants trouvés chez les bouquinistes[49]. L'évêque d'Ely, Moore, léguera sa collection personnelle à l'université de Cambridge. L'érudit William Sancroft (1617-1693) a copié de sa main cent cinq histoires drôles, dont quelques-unes en latin. L'un des plus remarquables collectionneurs du genre est Sir Nicolas Le Strange (1603-1656), qui recopie méticuleusement plus de six cents blagues recueillies au cours de conversations, dont un certain nombre, particulièrement crues, viennent de sa mère ; pour chaque histoire, il indique le nom de celui qui l'a racontée, et il regroupe l'ensemble sous le titre de *Merry Passages and Jests*[50]. Aux Pays-Bas, Constantin Huygens le Jeune (1628-1697), secrétaire privé de Guillaume III, Samuel van Huls l'Ancien (1596-1688) et bien d'autres ont également leur collection[51].

Le recordman est sans doute l'avocat Aernout van Overbeke (1632-1674), à La Haye, qui a laissé non seulement un manuscrit de 2 440 histoires drôles, mais aussi la réputation d'un plaisantin, d'un boute-en-train, d'un impayable farceur. Dans une lettre, il rapporte comment, au cours d'un voyage maritime aux Indes, il n'a pas cessé de faire rire les membres de l'équipage : « J'ai recours à

mes blagues et à mes plaisanteries, et ils se tiennent les côtes tellement ils n'en peuvent plus de rire[52]. » Grâce à ce Hollandais riant,
le voyage paraît plus court, mais on ne sait si le capitaine apprécie
de voir son équipage mort de rire.

Le recueil d'Overbeke, intitulé *Anecdota sive historiae jocosae,*
contient les histoires les plus variées, en hollandais, français, allemand, anglais, espagnol, italien, latin, depuis les blagues les plus
grossières jusqu'aux plus sophistiquées, dont la compréhension
suppose la connaissance de la littérature latine classique aussi bien
que de la Vulgate. On y trouve des histoires anonymes, mais
d'autres mettent en scène des personnages réels, historiques, tels
que Socrate et Henri IV, des magistrats contemporains d'Overbeke, des gens de sa famille. Certaines histoires sont démodées
depuis longtemps; d'autre, au goût du jour et inédites. Un recueil
très éclectique donc, s'adressant à tous les milieux et à toutes les
catégories sociales : « une gamme humoristique remarquable »,
selon Herman Roodenburg qui a survécu à l'étude de ces
2 440 joyaux[53].

Tous les thèmes sont abordés, avec une prédilection pour le sexe,
le mariage, les relations sociales, les défauts féminins. Parmi les
blagues susceptibles de faire se rouler par terre un marin hollandais
vers 1650, il y a celle-ci (déjà racontée, nous précise Herman Roodenburg, par Poggio, Clément Marot et Béroald de Verville dans
Le Moyen de parvenir, en 1610) : une femme se rase le pubis; avant
de faire l'amour, son mari place un petit chausson de bébé au bout
de son pénis, parce que, dit-il, il ne veut pas marcher pieds nus sur
le chaume. Ou encore celle-ci : deux pédérastes, un homme et son
gendre, couchent ensemble à la taverne, innocemment; dans la
nuit, le gendre monte le beau-père qui, furieux d'être réveillé,
s'écrie : « Bon Dieu! Qu'est-ce que tu fabriques? Je t'ai donné ma
fille pour être débarrassé de cela! » Cette « histoire plutôt innocente », selon les termes de Herman Roodenburg, est pour l'époque
extrêmement osée, ce qui explique peut-être qu'elle ait été en partie
barrée par Overbeke. En ce temps-là, on ne plaisante pas avec la
sodomie — du moins pas en dehors de la haute société.

Bien d'autres recueils et collectionneurs ont été répertoriés. Aux
Pays-Bas, l'essor est très net à partir de 1600, et l'on compte vingt-
cinq titres pour le XVIIe siècle, représentant soixante-dix éditions.
Les collectionneurs, qui au XVIe siècle appartenaient à la très haute
aristocratie ou aux milieux intellectuels — tel le secrétaire de Guillaume d'Orange, Marnix de Sainte-Aldegonde —, sont maintenant
plus variés. Dès 1605, un *gentleman farmer,* Dirck Jansz, mentionne
parmi ses livres un *jest book* dans lequel il puise des histoires « pour
instruire et édifier ses enfants », dit son journal. Les histoires drôles

ne sont donc pas toutes cochonnes. Joseph Scaliger se procure avant 1609 un exemplaire du tout récent *Nederlantsche Wechcorter,* livre de blagues très variées. Le pasteur Daniel de Dieu, à Flushing, possède quant à lui vers 1600 un beaucoup plus vieil exemplaire du *Rollwagenbüchlein.* En Angleterre circulent encore des recueils datant des années 1520-1550, comme *A Hundred Merry Tales, The Four Elements, The Merry Tales of the Mad Men of Gottam.* Tous ces livres se trouvent surtout dans les boutiques de bouquinistes, les échoppes de curiosités ou les bagages de colporteurs, ainsi que le note — à une date il est vrai tardive, 1692 — Anthony à Wood. Quarante ans plus tôt, la demande est très forte : un observateur hollandais écrit en 1653 que « de nos jours les meilleurs livres ne se vendent pas [...] les imprimeurs, à ce qu'ils disent, font leurs plus gros profits avec Till l'Espiègle ».

C'est que les recueils d'histoires drôles se veulent aussi un moyen de combattre la mélancolie, le stress version Louis XIII, la maladie à la mode depuis qu'en 1586 Timothy Bright, dans son *Traité de la mélancolie,* l'a présentée comme le produit de la vengeance divine et de la tentation diabolique. Les ravages de la bile noire, décrits par Fernel en 1607 et par Robert Burton en 1621, sont l'explication universelle de la tristesse. En 1637, Huygens prescrit à son mélancolique ami Barlaeus ce merveilleux antidépresseur qu'est le rire : « L'essentiel est que vous trouviez un sujet de rire et de plaisanter », et pour l'aider il lui envoie quelques histoires drôles. De plus, les recueils de blagues se vantent de « raccourcir le temps », d'abréger l'ennui des interminables soirées. Utilisables aussi bien pour le rire solitaire (par la lecture) que pour le rire social (par la conversation), ils permettent par exemple de distraire les compagnons de voyage. En 1609, le *Vermeerderd Nederlandtschen wech-corter* se proclame « très agréable à lire, et utile pour faire passer le temps en voyageant, au lieu de bavarder dans la voiture et les barges ». Parmi les plus répandus de ces ouvrages figurent aux Pays-Bas le *Saint Niklaesgift* (1644), *De gaven van de milde Saint Marten* (1654), *Het Leven en Bedrijf van Clément Marot* et le *De Geest van jan Tamboer* (1656).

Les histoires racontées, comme l'indiquent ces titres, dépassent les frontières. Les blagues cosmopolites illustrent encore l'internationale du rire. Dans une Europe où les individualités nationales sont tout juste en train de naître, l'humour n'a pas de patrie. Les rabelaiseries sont universelles, et les emprunts courants d'un pays à l'autre.

L'ÉVOLUTION DU RIRE AU XVIIᵉ SIÈCLE ET SA SIGNIFICATION

Cependant, les *jest books* sont révélateurs de l'évolution des valeurs culturelles et sociales. On ne rit pas de la même chose en 1600 et en 1700. Déjà, des recueils hollandais de 1661 *(Eerlycke wren)* et 1671 *(De Droeve, ende blyde wereldt)* critiquent la grossièreté de leurs prédécesseurs, et écartent toute histoire relative au sexe. En 1663, un manuel de civilité anglais, *The Refined Courtier, or a Correction of Several Indecencies Crept into Civil Conversation,* demande d'éviter les plaisanteries indécentes. Les blagues concernant le clergé reculent. Vers 1700, elles ne représentent plus qu'un sixième de l'ensemble dans les nouveaux *jest books* anglais. Encore sont-elles très modérées : par exemple, celle du paysan qui au confessionnal, en échange de l'absolution, explique au prêtre comment faire un chapeau de paille; celle où un prêtre bossu est comparé à Zachée dans son arbre; aux Pays-Bas, une histoire raconte comment l'évêque de Gand est ridiculisé par un serviteur qui retire un pot de chambre de sous sa table. Évidemment, c'est moins drôle, mais c'est plus poli, plus civilisé que les grosses farces des années 1600-1650.

La même évolution s'observe à la façon dont sont relus les ouvrages comiques d'autrefois. Les histoires du *Décameron* par exemple sont sérieusement revues et corrigées, dans la manière et dans le contenu. Déjà, elles n'avaient échappé aux foudres du concile de Trente que grâce à une intervention du duc de Florence. Une version expurgée était parue en 1582 : certaines histoires disparaissent, comme celle d'un inquisiteur hypocrite; d'autres sont transformées, comme celle du moine qui se déguise en archange Gabriel pour séduire une vierge. Même Castiglione est expurgé en 1584. L'esprit de la Contre-Réforme exerce une lourde pression sur l'élite sociale et culturelle italienne pour éliminer, ou du moins raffiner, le rire et la plaisanterie. Un manuel de civilité pour courtisans, de Giambattista Giraldi Cinthio, conseille de n'être jamais le premier à faire une plaisanterie, car cela peut passer pour un manque de respect envers le prince. En 1617, dans un autre manuel, *Il Cittadino di repubblica,* le Génois Ansaldo Cebà recommande de modérer les plaisanteries et de les adapter au milieu.

Très révélatrice est aussi l'évolution, en Italie, de la pratique de la *beffa,* ce « bon tour » ou *practical joke* si prisé dans l'aristocratie, comme nous l'avons vu. Au XVIIᵉ siècle, on tend à remplacer la *beffa* par des plaisanteries purement verbales[54]. Castiglione le suggérait déjà, mais la transformation est lente : même des moralistes stricts comme Della Casa, qui en 1558 critique les types les plus inconvenants de *beffa,* admettent que les pauvres humains exilés dans cette vallée de larmes ont besoin de se jouer les tours pour se distraire[55]. Au milieu du XVIIe siècle encore, de nombreux témoignages montrent que l'on continue à se livrer à des plaisanteries plus ou moins drôles. Les voyageurs étrangers en sont souvent les victimes : en 1645, « nous fûmes bien arrosés pour notre curiosité », écrit John Evelyn dans son *Journal* à propos des fontaines de Pratolin[56] ; en 1670, un autre Anglais, Richard Lassels, a eu droit, dans les grottes de Cupidon, aux « sièges arroseurs sur lesquels, en vous asseyant, un grand jet d'eau vous jaillit en plein dans la figure[57] ». Dans le courant comique, les jets d'eau sont des sources intarissables de rire — ne fourniront-ils pas le premier gag cinématographique, l'« arroseur arrosé » ?

Dès le XVIIe siècle cependant, des moralistes, des auteurs de manuels de civilité commencent à trouver tout cela puéril et inconvenant. En 1654, Emmanuel Tesauro traite avec mépris ces « plaisanteries populaires » et prône la plaisanterie verbale, fondée sur une utilisation spirituelle de la langue. Déjà, de nombreuses académies italiennes pratiquent ces exercices tout en finesse, où le jeu de mots occupe une place essentielle. Analysant cette évolution, et constatant qu'elle est contemporaine de l'essor de la caricature chez de grands artistes classiques, Peter Burke suggère que ces manifestations d'un esprit baroque, jouant sur les mots et les images, étaient « une forme de compensation psychologique, une réaction face au rétrécissement du domaine du comique [...] en d'autres mots, c'était le travail d'artistes tout à fait classiques, signifiant qu'ils avaient besoin d'échapper de temps en temps à l'idéalisation, alors que les précédentes formes de détente comique leur étaient maintenant interdites[58] ».

Le baroque comme récréation pour artistes et écrivains classiques fatigués : l'idée a au moins le mérite de réunir ces deux termes trop souvent opposés dans les manuels d'art et de littérature. Ils sont en fait les deux façades, les deux décors indissociables du nouvel ensemble culturel : la civilisation de la Contre-Réforme. Le classicisme en exprime le côté sérieux, solennel et figé ; le baroque, le côté récréatif, vivant et changeant. Toute civilisation a ces deux faces, et l'irrépressible besoin de rire d'elle-même. Ce rire revêt des formes différentes, mais dans son fond il est éternel. Sous l'effet du processus civilisateur analysé par Norbert Elias, il éprouve dans la seconde moitié du XVIIe siècle le besoin de se raffiner. Déjà pointent le *wit* et l'humour, et si le rire plus gras de la Renaissance connaît un relatif renouveau au XVIIIe siècle, c'est davantage sous la forme d'un intérêt archéologique antiquisant et littéraire. C'est ainsi qu'il faut voir les éditions des auteurs comiques italiens du XVIe siècle, les *beffe* de Grazzini en 1756, la vie du prêtre-bouffon Mainardi à Venise en 1763.

Une autre question de fond se pose : le changement de contenu des recueils d'histoires drôles ne révèle-t-il pas une dégradation du sens moral ? Voilà qui, *a priori*, peut sembler paradoxal. En effet, on se moque de moins en moins des vices cléricaux, les blagues blasphématoires reculent, de même que les railleries concernant le sexe, l'infidélité, les déviations sexuelles : n'y a-t-il pas là le signe d'une amélioration des mœurs et de la politesse ? A moins qu'il ne s'agisse au contraire d'une acceptation croissante de ces attitudes : dans la mesure où elles deviennent banales, elles ne font plus rire, et disparaissent donc des recueils d'histoires drôles. De même, le recul de la peur devant certaines menaces, devant certaines institutions, peut aussi expliquer qu'on ne cherche plus à en rire, car le rire est également une sorte d'exorcisme : « Si tu ris, c'est que tu as peur », écrit Georges Bataille. Montesquieu en fera le constat : si l'on se moque moins de la religion, c'est le signe de sa défaite. Il écrit dans *Mes pensées* : « Une preuve que l'irréligion a gagné, c'est que les bons mots ne sont plus tirés de l'Écriture ni du langage de la religion : une impiété n'a plus de sel. » La remarque est peut-être prématurée à son époque, mais elle trouve sa confirmation à la fin du siècle dans cette parole d'un ecclésiastique rapportée par Mercier : « Il n'y a plus que les garçons perruquiers qui fassent des plaisanteries sur la messe [...]. Plût à Dieu qu'il y eût de temps en temps quelques sacrilèges ! On penserait au moins à nous ; mais on oublie de nous manquer de respect[59]. » Voilà qui aurait bien surpris Bossuet et les prédicateurs de la Contre-Réforme : si l'on ne raille plus le sacré, ce n'est pas que le sacré a gagné, c'est qu'il n'intéresse plus. Pire que la raillerie : l'indifférence.

Il faut donc être prudent dans l'interprétation des variations des thèmes comiques. A l'égard de certains sujets, les recueils d'histoires drôles, « dans la mesure où ils sont moins satiriques, peuvent tout simplement signifier une acceptation de l'immoralité », écrit Derk Brewer[60]. Cette impression est renforcée par la tournure cynique que prennent les œuvres des moralistes du règne de Louis XIV. La raillerie ordinaire fait rire de défauts peu répandus, et défend la morale en les ridiculisant ; le cynisme fait rire de vices tellement intégrés dans les pratiques sociales qu'ils passent parfois pour des qualités. L'effet de surprise vient alors de la mise en pleine lumière de leur vraie nature, et le rire qui en découle est amer, presque honteux. La Rochefoucauld (1619-1680) est le maître du genre, avec ses *Maximes* incisives de 1678 : « Ce qui rend la vanité des autres insupportable, c'est qu'elle blesse la nôtre » ; « Nous pardonnons souvent à ceux qui nous ennuient, mais nous ne pouvons pardonner à ceux que nous ennuyons » ; « On aime mieux dire du mal de soi-même que de n'en point parler ». Passer de la raillerie grossière à ce type d'humour ravageur, c'est beaucoup plus qu'un raffinement dans l'expression : c'est faire le constat pessimiste du triomphe de l'immoralité, que les grosses blagues de l'âge burlesque pensaient assommer d'une bourrade.

Madame de Sévigné en est l'étonnante confirmation. Chez elle, l'amoralisme est poussé à un tel point que son cynisme en devient involontaire, presque candide. Ses lettres témoignent sans cesse d'une monstrueuse indifférence devant les situations les plus tragiques. Ainsi au sujet du suicide de Vatel, maître d'hôtel du prince de Condé, en 1671, dont la nouvelle ne gâche nullement le repas qui vient de commencer : « Gourville tâcha de réparer la perte de Vatel ; elle le fut. On dîna très bien, on fit collation, on soupa, on se promena, on joua, on fut à la chasse. Tout était parfumé de jonquilles, tout était enchanté[61]. » Ses propos désinvoltes sur des pendus qui « faisaient une fort vilaine mine » et sur la sauvage répression menée en Bretagne après la révolte de 1675, glissées entre des considérations frivoles sur les ragots de voisinage, le tout sur le même ton badin, constituent un sommet du cynisme aristocratique. A la limite, on leur préfère la prose du duc de Saint-Simon, qui au moins est méchant volontairement. L'odieux papotage de Madame de Sévigné n'est pas drôle, alors que l'on rit des portraits assassins de Saint-Simon. C'est l'indifférence, et non la vertu, qui tue le rire.

A bien des égards, le rire discipliné qui s'impose peu à peu sous le règne de Louis XIV dans l'élite cultivée correspond au contraire à une abdication des exigences morales au profit d'une stabilisation sociale et politique dans un ordre de droit divin. Expliquons-nous. La première moitié du siècle a été extrêmement troublée, la confusion culminant avec la Fronde, la guerre de Trente Ans et la révolution anglaise. Le rire participe alors à tous les combats, exprime toutes les contestations et tous les désordres, exige toutes les libérations : pamphlets et caricatures contre les cardinaux-ministres, bouffonneries théâtrales en Italie et en France, gausseries baroques de l'humanisme dévot, obscénités blasphématoires des libertins, grossièretés scatologiques et sexuelles des milieux de cour, burlesque satirique et parodique du roman, de Scarron à Sorel. Pendant les atroces tueries de la guerre de Trente Ans, l'Europe est prise de fou rire. Jamais l'assimilation du rire au chaos n'a été plus justifiée. Mais ce rire exprime également le vital et le primordial, devant un monde devenu carnavalesque où tout semble à l'envers, où la France catholique et royale soutient une république calviniste contre le Roi Catholique, où un cardinal-ministre est l'amant de la reine, où paysans et bourgeois se révoltent, où des sujets exécutent un roi. Le grand rire baroque et burlesque, c'est la réaction au comique de cette situation. Et ce gros rire est en même temps moral : il dénonce l'absurdité, les excès, les injustices, en raillant, en se gaussant de tous ces importants incapables. Vers 1660, l'Europe n'en peut plus de rire.

Les pouvoirs se ressaisissent, la société se stabilise, les hiérarchies retrouvent leurs bases, les injustices leurs justifications, les hypocrisies leurs masques sérieux. Un ordre nouveau s'établit. Le rire a toujours sa place dans le cadre classique, mais c'est un rire discipliné, convenu, de bon ton, décent, discret, fin. Un rire qui conforte les conventions sociales et politiques, qui défend les valeurs en excluant les déviants et les marginaux : le rire de Molière, de Boileau, de La Bruyère, que même Bossuet apprécie. Bien sûr, ces rieurs savent que le monde est mauvais, mais il faut bien qu'il tourne. Alors, rions des avares, des distraits, des bourgeois prétentieux, des barbons amoureux, rions de tous ces boutons ridicules qui parsèment le corps social, mais ne rions pas du corps lui-même ! Le gros rire burlesque de l'époque de Louis XIII avait une dimension cosmique ; il riait de la vie et de l'homme. Le petit rire poli de l'époque de Louis XIV est un pur divertissement, un petit jeu superficiel, qui raille quelques défauts anodins pour mieux assurer le sérieux des valeurs fondamentales. C'est là toute la différence, en attendant le retour de rieurs plus radicaux.

LE RIRE AMER DU ROMAN COMIQUE

La littérature est l'expression privilégiée de cette reconversion du rire. Le maître mot, dans la première moitié du siècle, en est « burlesque ». Ce terme recouvre des réalités nuancées, mais qui traduisent toutes une vision fondamentalement comique et contestataire du monde. Dominique Bertrand en a proposé une analyse intelligente dans les *Poétiques du burlesque* : « Comique des limites le burlesque a partie liée avec un rire philosophique dans la lignée des cyniques grecs et de Démocrite. Le burlesque transgresse tous les tabous, revendiquant le droit à rire de tout, y compris de la mort et du sacré. L'explosion burlesque au xviie siècle en France illustre à cet égard le décalage radical entre les tentatives officielles de domestication du rire et des pratiques extrêmes, rebelles à l'imposition de normes et de règles. Derrière le rire, c'est la libération de la pensée qui est en cause[62]. »

Cette volonté de libération s'appuie sur le constat de l'absurdité et de la vanité des conventions sociales, des institutions. Elle affirme la primauté du moral sur le social, tout en ayant l'intuition du caractère inéluctable du mal : « Très marquée par un pessimisme chrétien, la dégradation burlesque met à mal les prétentions et l'orgueil excessif de l'homme[63]. » Elle est l'« envers mélancolique de l'humour et du rire », et s'accompagne d'une perpétuelle autodérision, joue fréquemment avec la mort et le macabre, démystifie, relativise, raille les absolus, dénonce l'hypocrisie des apparences. Le burlesque est une attitude typique des périodes de crise des valeurs, où le monde semble perdre son intelligibilité, engendrant un vertige de la pensée. Et « ce vertige passe par le rire ».

La forme et les sujets traités traduisent ce désarroi de la pensée, avec une prédilection pour la réécriture bouffonne des chefs-d'œuvre consacrés, la désacralisation des grands mythes, la dérision et la parodie des épopées sérieuses : sous la plume de Scarron, l'*Énéide* devient ainsi le *Virgile travesti*. Une esthétique triviale, irrégulière, provocante, populaire, déboulonne les idoles; les grands sujets deviennent des farces minuscules.

Cette forme littéraire convient particulièrement aux marginaux de la plume : les Cyrano, Dassoucy, Le Petit... Pour Dominique Bertrand, « on observe une corrélation entre des situations de crise individuelle et la prédilection pour le style burlesque[64] ». Ce dernier permet en effet de régler des comptes et de se livrer à la critique sociale avec la virulence qu'autorise l'usage de la langue populaire. Brébeuf, qui publie en 1650 une parodie du septième livre de l'*Énéide* — décidément malmenée — et en 1656 une autre de la *Pharsale* de Lucain, y glisse des attaques contre les grands :

> Car s'il faut le dire entre nous,
> Les grands ont un cul comme vous,
> Quelquefois galeux comme un autre,
> Et moins honneste que le vostre[65].

La signification sociale du burlesque apparaît aussi dans deux œuvres des trois frères Perrault, composées vers 1648 : les parodies de l'*Énéide* et les *Murs de Troie*. Dans la première, qui se présente comme une libre traduction du texte latin en octosyllabes, on voit la Sibylle en pleine crise d'aérophagie, troublée par Apollon qui lui souffle au derrière, tandis qu'Énée tombe cul par-dessus tête; le suicide de Didon, qui se met « le fer dans le sein », est tout simplement le résultat de l'ingurgitation d'une poudre de fer pour soigner sa vérole, et ainsi de suite. Pour Marc Soriano, qui a soigneusement étudié ces deux textes, la dégradation cocasse que les frères Perrault font subir au texte de Virgile correspond à une volonté de marquer leur distance à l'égard de la culture populaire : faire « peuple », pour mieux mépriser le peuple. Il s'agirait d'une « volonté manifestée par la bourgeoisie après la Fronde de renier ses sympathies populaires et de se rallier au pouvoir central. Réaction qui, chez les Perrault, est d'autant plus franche et plus décidée qu'ils regrettent d'avoir cédé à la tentation inverse[66] ».

Cette interprétation rejoint celle de Mikhaïl Bakhtine, qui voit dans les œuvres burlesques du début du XVIIᵉ siècle un appauvrissement du grand comique rabelaisien, grotesque et populaire. Rabelais est toujours à la mode, mais il est confisqué par les milieux de cour, dont les fêtes utilisent les thèmes et les personnages de romans : bal et mascarade intitulé *Naissance de Pantagruel,* en 1622 à Blois ; ballet des *Andouilles,* en 1628 au Louvre ; *Bouffonerie rabelésique,* en 1638[67]. Dans ce contexte, dit Bakhtine, il y a « dégénérescence » de l'esprit rabelaisien : « C'est d'abord l'apparition d'aspects purement décoratifs et allégoriques abstraits, qui leur sont étrangers ; l'obscénité ambivalente dérivée du "bas" matériel et corporel dégénère en une frivolité érotique et superficielle. L'esprit populaire et utopique, la nouvelle sensation historique commencent à disparaître[68]. »

L'esprit grotesque de la fête populaire dégénère, d'une part, en devenant pur décor et prétexte à débauche dans les milieux aristocratiques ; de l'autre, en étant récupéré par les bourgeois, qui s'affirment à cette époque par un nouveau courant littéraire : le burlesque. Pour Bakhtine, ce nouveau genre se développe dans les dialogues pseudo-populaires comme les « caquets » : *Caquets des poissonnières* (1621-1622), *Caquets de l'accouchée* (1622), *Caquets des femmes du faubourg Montmartre* (1622), *Amours, intrigues et cabales des domestiques des grandes maisons de ce temps* (1625)... Tout cela ne serait que « la dégénérescence des francs propos grotesques exprimés sur la place publique », même si « une petite étincelle carnavalesque brûle toujours dans ce genre[69] ».

Il y a aussi les romans comiques, ceux de Sorel et de Scarron, chez lesquels Bakhtine retrouve d'authentiques éléments carnavalesques, mais qui pourtant ont perdu la valeur universelle de ces derniers : Sorel « était déjà marqué dans une large mesure par des idées bourgeoises limitées », et « les travestissements parodiques de Scarron [...] sont déjà loin des parodies universelles et positives de la culture populaire, et se rapprochent plutôt des parodies modernes, plus étroites et purement littéraires[70] ». Nous rejoignons ici le point de vue de Marc Soriano sur l'*Énéide burlesque* des frères Perrault.

Mais n'y a-t-il pas là une sorte d'illusion comique chez Bakhtine ? N'est-il pas réducteur de voir dans le rire littéraire du XVIIᵉ siècle un simple « processus de rétrécissement, d'abâtardissement et d'appauvrissement progressifs des formes, des rites et des spectacles carnavalesques dans la culture populaire, [...] une formalisation des images grotesques du carnaval[71] » ?

Il y a en effet dans la littérature burlesque qui prend son essor vers 1600 un élément original qui ne doit rien à la culture populaire. Le roman burlesque, c'est l'humanisme déçu, l'expression de l'amertume qui accompagne l'effondrement d'un grand rêve. La confiance en l'homme qui avait marqué la première Renaissance a sombré dans le naufrage des guerres de religion. L'homme est décidément d'une bêtise et d'une méchanceté incurables ; c'est bien « la plus odieuse petite vermine à qui la nature ait jamais permis de ramper à la surface de la terre », comme le dira plus tard Swift. Le roman comique exprime un profond pessimisme ; s'il apparaît en même temps que le jansénisme, c'est qu'il a la même origine que lui : l'homme est mauvais, irrécupérable, détestable. Jansénius et Scarron sont les enfants de la même déception ; l'*Augustinus* et le *Roman comique* sont frères jumeaux. Tous deux écrasent l'homme, par une sorte de dépit amoureux. Le premier se détourne tristement de lui pour replacer ses espoirs en Dieu ; le second piétine joyeusement, férocement, hargneusement l'ancienne idole. Dans les deux cas, il s'agit de rabaisser et d'humilier l'homme : par des pleurs de culpabilité, ou par la raillerie meurtrière. Jansénius qui pleure et Scarron qui rit ont chacun leur façon de traîner l'homme dans la boue.

Bakhtine se trompe : il n'y a pas d'esprit carnavalesque dégénéré chez les auteurs burlesques. Ces gens-là sont tristes, et leur rire est amer. Du carnaval, ils empruntent certes le décor, mais les acteurs n'ont rien à voir avec de joyeux fêtards : ce sont des pantins bêtes et méchants. Le premier à illustrer le genre est l'Anglais Barclay, qui publie en 1603 le roman *Euphormio*, histoire sordide dont l'anti-héros est un pauvre homme lâche, sot, superstitieux, qui multiplie les mésaventures dans les auberges. La faune humaine est décrite sans complaisance : les pauvres sont des coquins ; les riches, des voleurs ; les clercs, des hypocrites ; les nobles, des brutes ignorantes ; les médecins, de dangereux charlatans ; les juges et les magistrats, d'inconscients sadiques. Tout déborde de vice et de filouterie. Le peuple crédule n'a que ce qu'il mérite en faisant confiance à ses maîtres corrompus. L'héritage picaresque est évident.

Du picaresque, il y en a aussi chez Charles Sorel, ce Parisien, fils de procureur, né vers 1600, et qui voudrait être le « Démocrite du siècle », le railleur désabusé. Son ami Guy Patin le décrit comme un « homme de fort bon sens et taciturne », qui « paraît fort mélancolique et ne l'est point ». Sorel admet néanmoins que c'est sa mélancolie qui le pousse à écrire des histoires drôles. Dans la préface de l'*Histoire comique de Francion,* en 1623, il explique qu'il a voulu faire un livre « qui tinst davantage du folastre que du sérieux, de manière

qu'une mélancolique cause a produit un facétieux effet ». Son rire
est bien amer. Ses héros, immoraux, évoluent dans un monde qui
se divise en deux : la masse stupide et les maîtres odieux. « La plus-
part des seigneurs sont plus chevaux que leurs chevaux mesmes. Ils
ne s'occupent pas à un exercice de vertu, ils ne font que remuer
trois petits os quarrez dessus une table. »

L'existence quotidienne est d'une trivialité comique, et face à elle
la raillerie est la seule attitude possible : « On parle des romans
comiques en général, écrit-il dans la *Bibliothèque françoise,* mais on
les divise aussi en satyriques et en burlesques, et quelques-uns sont
cela tout ensemble. Les bons romans comiques et satyriques
semblent plutôt être des images de l'histoire que tous les autres.
Les actions communes de la vie étant leur objet, il est plus facile d'y
rencontrer la vérité. Pour ce qu'on voit plus d'hommes dans
l'erreur et dans la sottise qu'il y en a de portés à la sagesse, il se
trouve parmi eux plus d'occasions de raillerie, et leurs défauts ne
produisent que la satire. »

Le « terrible pessimisme » du rire de Sorel, suivant l'expression
d'Antoine Adam, garde cependant une lueur d'espoir : s'il raille
toutes les catégories sociales, c'est qu'il voudrait apprendre aux
hommes à « vivre comme des dieux », en utilisant leur raison ; si,
dans l'*Histoire comique de Francion,* il assume le rôle du fou, Colli-
net, c'est qu'il souhaite réformer les hommes par le rire. Le rire de
Sorel est un tel défi aux lois et aux conventions que, craignant les
possibles réactions du pouvoir, il publie en 1626 une seconde version, édulcorée, de son roman.

Avec Paul Scarron, autre bourgeois parisien, de dix ans le cadet
de Sorel, le burlesque flirte avec la mort. Cet infirme, paralysé des
deux jambes à l'âge de vingt-huit ans, insomniaqu˄, souffrant mille
maux, nargue la Camarde jusqu'au bout :

> Devant que la mort qui tout mine
> Me donne en proie à la vermine,
> Je chante[72]...

Il se devait de faire une dernière plaisanterie : « Je ne vous ferai
jamais autant pleurer que je vous ai fait rire », dit-il à son entourage,
« par ma foi ! je n'aurais jamais cru qu'il fût si aisé de se moquer de
la mort ». Sans doute aurait-il bien ri s'il avait su que sa veuve allait
un jour épouser le roi, Louis XIV en personne, et faire régner une
austère dévotion à Versailles !

Dans le *Roman comique,* dans le *Virgile travesti,* Scarron se moque
des nobles épopées, des héros parfaits, des rêveries sublimes de
cette pauvre humanité de fous, d'escrocs, d'idiots et de bancals qui
s'imaginent être les rois de la création. « Rire inquiétant, du fait

qu'il se charge d'une densité insoupçonnée », écrit Jean Serroy. « Le burlesque de Scarron, revendiqué comme tel, est le regard de l'homme recroquevillé par la maladie, devenu demi-homme dans sa chaise roulante, regardant le monde d'en bas, et n'ayant plus guère que la ressource d'en rire[73]. »

Le rire de cet infirme est le contraire d'une joyeuse acceptation de sa condition : c'est un rire de défi, de condamnation de ce monde, une proclamation d'athéisme, ou bien alors un cri de haine contre un créateur incompétent. Ce rire devrait résonner aux oreilles de tous les dieux de la terre, poursuivre tous ces démiurges amateurs, ultimes responsables de ce gâchis. Le monde tel que Scarron le voit n'est, en effet, pas à l'honneur d'un dieu quelconque. En 1649, *La Passion de Notre Seigneur en vers burlesques,* probablement composée par Lignères, est une parodie blasphématoire qui fait scandale, et qui pousse le jésuite Vavasseur à publier en 1658 un énorme et pédant traité, *De ludicra dictione,* contre le burlesque.

En ridiculisant la mythologie, le burlesque indispose certains gardiens des valeurs. « D'une part, se moquer des dieux morts peut être considéré comme un moyen de mieux glorifier une religion vivante qui leur a succédé. Mais, d'autre part, toucher à une forme que prend le sacré, même si elle est périmée, c'est toucher au sacré tout entier[74] », écrit V. Gély-Ghédira, qui conclut : « L'humour et le sacré peinent à s'accorder, semble-t-il. » Déjà, dans l'Antiquité, Macrobe s'indignait de ce qu'Apulée ait pu se moquer du mythe de Psyché, et Écouchard-Lebrun fera le même reproche à La Fontaine en 1774.

Le burlesque ne peut évidemment plaire aux défenseurs du sérieux. En 1652, Pellisson condamne la « fureur du burlesque », fléau venu d'Italie, où l'on croit être drôle en disant des choses contre le bon sens et la raison. Scarron lui-même avait hésité, qui déclarait au début de sa carrière : « Si j'avois à écrire contre quelque incommodité du genre humain, ce seroit contre les vers burlesques [...]. Après les mauvaises haleines et les mauvais plaisants, je ne connois point de plus grande incommodité. »

LA FRONDE, APOGÉE ET MORT DU BURLESQUE

Le burlesque, c'est pourtant la libération par le rire. C'est à lui que la Russie doit sa première libération littéraire, dans la seconde moitié du XVIIe siècle. A cette époque, l'esprit burlesque, venu d'Occident, pénètre l'empire des tsars et y trouve un terrain fertile pour se développer : celui de la culture populaire. Se répand alors « un rire particulier, de défense et d'attaque, ce rire qu'on appelle en russe satirique mais qui emprunte ses effets, le plus souvent, au burlesque, et progresse vers l'absurde[75] », écrit Régis Gayraud. Ce rire, on le rencontre dans l'*Abécédaire de l'homme nu et pauvre,* vision amère et caricaturale d'un monde risible, et dans l'*Office pour la taverne,* parodie d'office religieux pour les ivrognes composée en 1666, sans doute par un prêtre[76]. Les parodies bouffonnes de ce genre se multiplient alors ; c'est le départ d'une libéralisation de la littérature, et « ce départ s'accompagne d'un grand éclat de rire[77] ».

En France, le burlesque est le langage des frondeurs, et les années 1648-1652 marquent le retour en force du rire contestataire et subversif. Richelieu avait déjà suscité la verve des satiristes, qui le qualifiaient de « protecteur des bouffons » ou de « charlatan sur son théâtre » ; *La Miltiade* dit encore de lui :

> C'est le ministre des enfers,
> C'est le démon de l'univers.

En 1642, à la mort du cardinal, un pamphlet intitulé *Nouvelles de l'autre monde touchant M. le cardinal de Richelieu* se présente sous la forme d'une dépêche datée « De l'enfer, le 4 décembre 1642, à 10 heures du matin » : deux postillons arrivent de la terre pour annoncer au monde infernal la venue prochaine du cardinal. Le diable, facétieux, lui cède son trône, sur lequel il a fait graver :

> Mon orgueil n'ayant pu m'égaler à un dieu,
> J'ai choisi mon séjour dedans ce riche lieu.

Avec Mazarin, le rire satirique se déchaîne. Les mazarinades sont un des grands moments de la raillerie politique. Sans surprise, c'est Scarron qui donne le signal, avec son pamphlet de 1651 contre le « tyran Jules », intitulé *La Mazarinade* — titre devenu générique pour plus de cinq mille pamphlets recensés[78]. Le burlesque s'y donne libre cours, en octosyllabes de préférence, et Mazarin en voit de toutes les couleurs. Ces quatre vers de Scarron sont révélateurs du ton employé :

> Illustre en ta partie honteuse,
> Ta seule braguette est fameuse.
> Au lieu des vertus cardinales,
> Tu n'as rien que les animales.

Anne d'Autriche a également droit à sa part d'obscénités. Ainsi, dans *La Custode de la reine :*

Peuples, n'en doutez plus,
Il est vrai qu'il la fout.
Et que c'est par ce trou
Que Jules nous canarde.

Cette avalanche de pamphlets révèle la richesse des potentialités burlesques dans tous les milieux sociaux. Quatre années de fou rire, en dépit des violences, des échauffourées, des disettes, de la misère et des tracasseries de toute sorte. Rarement dans l'histoire a-t-on vu une telle débauche de verve comique, de drôlerie, d'hilarité. Oui, la Fronde est vraiment le « triomphe du burlesque ». Un énorme éclat de rire prolongé, dans les rues de Paris ou de Bordeaux ! Les mazarinades, lues en public, déchaînent des tempêtes de rire — rire aux éclats, rire aux larmes, rire à se rouler par terre, rire à pisser dans son froc... ou pire : « Y nou fi tretou chié dans nos brayes a force de rize », dit un personnage des *Agréables conférences de deux paysans de Saint-Ouen et de Montmorency sur les affaires du temps*[79]. Dominique Bertrand a raison de parler du « défoulement comique que les brochures de propagande frondeuses procurèrent à tout un public populaire[80] ».

Le grand vainqueur de la Fronde, ce n'est ni Louis XIV, ni Mazarin, ni les parlementaires : c'est Rabelais, c'est le rire débridé, sans frein. Pour une fois, les grands — roi, reine, ministres, gentilshommes, magistrats, politiciens — sont réduits à leur juste mesure : le néant. Il y a vacance du pouvoir, les autorités sont dispersées, et le peuple rit, le peuple se gausse de ces messieurs qui se croient si importants. Quatre ans de carnaval, préparés par un demi-siècle d'esprit grotesque.

Le rire n'est pas l'apanage des frondeurs ; il fuse de tous côtés. Mazarin en est certes la cible principale, mais les lazzi s'entre-croisent. En étudiant l'une des pièces produites au cours du carnaval de 1649, *Le Ministre d'État, Flambé,* qui décrit le procès burlesque et l'exécution du cardinal, Dominique Bertrand montre qu'on « associe directement désordre et rire : Mazarin est désigné comme un fauteur de trouble, parce qu'il a introduit le carnaval à la tête de l'État. Les éclats de rire sont le signe le plus flagrant de l'indignité du cardinal, à la fois comme homme d'Église et comme homme d'État. [...] La critique sous-jacente à la mazarinade est double : Mazarin se laisse influencer par des farceurs, mais ne tiendrait-il pas lui-même à occuper la place du fou de cour[81] ? »

Mazarin est un bouffon, conseillé par des bouffons, et qu'il faut faire tomber par la bouffonnerie. La Fronde a bien des allures de carnaval. Le pamphlet décrit l'exécution du cardinal comme celle du roi-carnaval. Nous sommes en pleine tragi-comédie, et là encore il y a une étonnante similitude entre ce que l'on voit sur la scène et ce qui se passe dans les rues de Paris. Sous Louis XIII, un spectacle comique comprend en général trois parties : un prologue comique, plutôt obscène, récité à partir de 1609 par le célèbre acteur Bruscambille ; puis une tragi-comédie ; enfin une farce, dans laquelle triomphent de véritables stars de la bouffonnerie, tels Turlupin, Gaultier-Garguille, ou Gros-Guillaume dont Tallemant dit qu'« on ne pouvait s'empêcher de rire en le voyant », et qui mourut — de façon appropriée — pendant le carnaval de 1634.

« Ces farceurs, écrit Antoine Adam, n'étaient pourtant ni des ignorants ni des gens grossiers. Leurs plaisanteries sont souvent ordurières. Elles ne sont pas pour autant populaires. Elles seraient au contraire volontiers pédantes, et ressembleraient plutôt à des plaisanteries de carabins. Il fallait connaître plusieurs langues, et savoir son Aristote, pour en comprendre tout le sens[82]. » De même pour les farces érudites de Tabarin, populaires entre 1619 et 1625. En Italie, à la même époque, se développe un genre similaire, fondé sur la parodie des grandes épopées, avec Allessandra Tassoni, Giambattista Basile, Michelangelo Buonarotti il Giovane. Des pièces comme le *Pentamerone* ou la *Fiera* combinent la verve populaire, l'esprit baroque, la parodie, la contestation politique et sociale.

En France, la tragi-comédie culmine entre 1625 et 1640 : soixante-huit titres entre 1630 et 1639. De jeunes auteurs comme Du Ryer, Auvray, Pichon, Rayssiguier ou André Mareschal, dont les pièces sont jouées par la troupe des Comédiens du Roy, habituent le public à une verve satirique, bouffonne, qui conjugue le sérieux et le drôle, le grand et le dérisoire, et où le solennel se dissout dans le bouffon. C'est là l'esprit d'une époque, celle du burlesque, qui triomphe dans le roman, sur la scène, à la cour, dans les salons où se débitent les blagues salées apprises dans les recueils, et même en partie dans le clergé avec Garasse et ses émules. Même si la tragi-comédie décline après 1640, le public en reste imprégné, et boude longtemps la nouvelle comédie. L'opinion publique, formée au burlesque, est prête à transformer l'épopée des cardinaux-ministres en pantalonnade bouffonne. Si l'*Énéide* peut se réduire à une bagarre de chiffonniers, pourquoi la montée de l'absolutisme de droit divin ne se ramènerait-elle pas aux mésaventures d'un petit morveux prétentieux — le jeune Louis XIV —, ballotté au gré des intrigues d'une mère autrichienne inconsciente et de son amant, un cardinal-guignol italien, tous deux confrontés à un essaim de princes et de parlementaires débiles ? L'aube radieuse du Soleil-Royal, c'est aussi la tragi-comédie burlesque de la Fronde.

Cette dernière est l'apogée de la période chaotique qui suit les guerres de religion. Période d'extravagances, qui a connu tous les excès, de la préciosité au jansénisme et du libertinage à la Contre-

Réforme. Après le cauchemar des conflits religieux, le rire burlesque marque à la fois le soulagement et l'amertume : oui, sous ses dehors pompeux, l'aventure humaine n'est qu'une farce sanglante, et le rire redouble sous la Fronde : comment prendre au sérieux ces pantins enrubannés qui se disputent le pouvoir ?

Mais un éclat de rire ne peut durer éternellement. Le sérieux doit reprendre ses droits. Le chaos d'hilarité que fut la Fronde n'a-t-il d'ailleurs pas préparé l'avènement du despotisme, en suggérant au pouvoir que tout était possible ? C'est ce qu'affirme Guez de Balzac en 1658 : dans *Aristippe, ou de la Cour,* il démonte « le mécanisme qui mène de la bouffonnerie à la tyrannie », suivant la formule de Dominique Bertrand, avec « un prince sensible aux sortilèges de la fiction et du rire ». Mazarin et son entourage, « en bouffonnant, et en alléguant les fables, persuadent tout de bon au prince qu'il n'est point obligé à sa parole, après lui avoir persuadé qu'il n'est pas sujet non plus aux fantaisies et aux visions des législateurs. Voilà comment se font les tyrans ». Voilà comment se font les Louis XIV... La monarchie absolue de droit divin née de la bouffonnerie, enfant du burlesque : même l'Histoire fait de l'ironie !

Pour le nouveau pouvoir, une urgence : remettre chaque chose à sa place, après les soubresauts chaotiques de la période burlesque. Le rire lui-même doit rentrer dans le rang, se discipliner, s'épurer, se moraliser, en un mot se civiliser. Comme pour les jardins, il doit y avoir un rire à la française, qui soutiendra le régime en ridiculisant les fautes, les défauts, les écarts. Mais peut-on vraiment domestiquer le rire ? Intellectualisé, le rire, déguisé en humour acide, ne va pas tarder à ronger à nouveau les bases mêmes du pouvoir et de la société.

CHAPITRE XI

Du rire poli au ricanement

Le pouvoir acide de l'esprit
(xviiᵉ-xviiiᵉ siècle)

Jeune, Louis XIV aime rire — surtout d'autrui. Il n'aime pas qu'on soit triste autour de lui, et on le voit fréquemment, hilare, se tenir les côtes. Il rit de bon cœur en assistant aux comédies de Molière, qui vont dans le sens de sa politique : en raillant les extravagances et les prétentions des nobles comme des bourgeois, le comédien rend service au roi, même si cela fait grincer les dentures aristocratiques. Après la Fronde, tout ce qui peut rabaisser les grands est bienvenu. Quand Molière écrit dans *L'Impromptu de Versailles* que « le marquis aujourd'hui est le plaisant de la comédie ; et comme dans toutes les comédies anciennes on voit toujours un valet bouffon qui fait rire les auditeurs, de même, dans toutes nos pièces de maintenant, il faut toujours un marquis ridicule qui divertisse la compagnie », cela réjouit sans aucun doute le souverain. A la représentation de *L'École des femmes,*

> Qui fit rire Leurs Majestés
> Jusqu'à s'en tenir les côtes,

il se délecte de voir tournés en dérision les vieux maris, et à celle de *Tartuffe* il n'est pas mécontent de voir les dévots soupçonnés d'hypocrisie. Car le Louis XIV des années 1660-1670 n'est pas vraiment un modèle de vertu. En raillant les vieux, les maris trompés, les avares et les censeurs bigots, Molière ne peut que faire rire un roi jeune, séducteur, dépensier et de mœurs légères.

LE POLISSAGE DU RIRE : RABELAIS REVISITÉ

A cette époque, le rire est l'allié du roi. Mais pas n'importe quel rire : un rire policé, soumis, discipliné ; un rire courtisan, qui flatte les goûts et les volontés du souverain. Louis XIV, en dépit de son tempérament enjoué, se méfie de l'esprit. Saint-Simon revient fréquemment sur « cette aversion si grande du roi pour l'esprit ». Un homme spirituel est un homme potentiellement dangereux. Aussi ses relations avec les courtisans les plus doués sont-elles plutôt ambiguës.

Un exemple parmi bien d'autres : le duc de Lauzun, que Saint-Simon décrit comme « plein d'esprit, [...] moqueur et bas jusqu'au valetage, [...] cruel aux défauts et à donner des ridicules, [...] avec cela dangereux aux ministres, à la cour redouté de tous, et plein de traits cruels et pleins de sel qui n'épargnaient personne[1] ». Ce railleur qui sème la panique dans les rangs des courtisans, et dont les bons mots sont sur toutes les bouches, n'hésite pas à l'occasion à égratigner Sa Majesté. A propos des fréquents et ridicules changements de tenue vestimentaire du chancelier Voysin, il répond à des courtisans qui lui demandent des nouvelles de Marly : « "Rien", répondit-il de ce ton bas et ingénu qu'il prenait si souvent ; "il n'y a aucunes nouvelles : le roi s'amuse à habiller sa poupée". L'éclat de rire prit aux assistants, qui entendirent bien ce qu'il voulait dire, et lui en sourit aussi malignement, et gagna la porte[2]. » Louis XIV ayant nommé en bloc plusieurs maréchaux de France, « M. de Lauzun dit que le roi, comme les grands capitaines, avait pris son parti le cul sur la selle[3] ».

Au cours de la désastreuse année 1709, sur une idée de la duchesse de Gramont, la grande noblesse est invitée à porter sa vaisselle d'argent à la Monnaie pour aider à l'effort de guerre. Lauzun n'est pas très enthousiaste, et répond à quelqu'un qui lui demande s'il s'est exécuté : « "Non encore ; je ne sais à qui m'adresser pour me faire la grâce de la prendre, et puis que sais-je s'il ne faut pas que tout cela passe sous le cotillon de la duchesse de Gramont?" Nous en pensâmes tous mourir de rire ; et lui, de faire la pirouette et nous quitter[4]. » Le roi n'apprécie pas, il se méfie du duc, et ne dédaigne pas de rire à ses dépens. En 1701, lorsque Lauzun, dans la suite de Louis XIV, se prépare à entrer chez la duchesse de Bourgogne, « un huissier ignorant et fort étourdi le fut tirer par la manche, et lui dit de sortir. Le feu lui monta au visage ; mais, peu sûr du roi, il ne répondit rien et s'en alla. Le duc de Noailles, qui par hasard avait le bâton ce jour-là, s'en aperçut le premier, et le dit au roi qui malignement ne fit qu'en rire, et eut encore le temps de se divertir à voir Lauzun passer la porte. Le roi se permettait rarement les malices ; mais il y avait des gens pour lesquels il y succombait, et M. de Lauzun qu'il avait toujours craint, et jamais aimé depuis son retour, en était un[5] ».

Les blagues de Louis XIV n'ont rien à voir avec les trivialités de son père. Rabelais, dont raffolait la cour de Louis XIII, est devenu un épouvantail, un monstre incompréhensible de l'ère gothique. Comment a-t-on pu rire de ses obscénités ? se demande en 1690 La Bruyère dans la cinquième édition des *Caractères* : « Marot et Rabelais sont inexcusables d'avoir semé l'ordure dans leurs écrits : tous deux avaient assez de génie et de naturel pour pouvoir s'en passer, même à l'égard de ceux qui cherchent moins à admirer qu'à rire dans un auteur. Rabelais surtout est incompréhensible : son livre est une énigme, quoi qu'on veuille dire, inexplicable ; c'est une chimère, c'est le visage d'une belle femme avec les pieds et une queue de serpent ou de quelque autre bête plus difforme ; c'est un monstrueux assemblage d'une morale fine et ingénieuse et d'une sale corruption. Où il est mauvais, il passe bien loin au-delà du pire, c'est le charme de la canaille ; où il est bon, il va jusques à l'exquis et à l'excellent, il peut être le mets des plus délicats. »

L'incompréhension est totale. Au point que les intellectuels en viennent à se dire que Rabelais doit avoir un sens caché : comment s'expliquer, sinon, son immense popularité d'autrefois ? Il faut donc en faire l'exégèse historico-allégorique. Le premier à avoir eu cette idée saugrenue est le grand historien Jacques de Thou, dès la seconde moitié du xvie siècle. Cet homme sérieux est déjà un peu déconcerté par Rabelais qui, cultivant « une liberté de Démocrite et une plaisanterie outrée », « divertit ses lecteurs avec des noms empruntés, par le ridicule qu'il donne à tous les états de la vie, et à toutes les conditions du royaume ».

Au siècle suivant, l'édition d'Amsterdam (1659) donne en annexe une première liste de clés de lecture, que perfectionne Pierre-Antoine Le Motteux dans son édition anglaise de 1693[6]. En 1752, l'abbé de Mary publie à Amsterdam un *Rabelais moderne, ou ses œuvres mises à la portée de la plupart des lecteurs,* en huit volumes : le texte est submergé par un appareil scientifique qui n'est pas toujours sans mérite, mais qui noie le comique ; la langue est modernisée, et le texte expurgé de ses pires grossièretés. La même année, à Genève, un autre abbé, Pérau, publie une version considérablement amaigrie, qui a perdu toutes ses obscénités, scènes et allusions scatologiques. Il ne reste plus grand-chose, et le Rabelais nouveau, purgé de ses « saletés », n'engendre plus la gaieté. Le texte est devenu tellement innocent qu'en 1776 la Bibliothèque universelle des romans peut en sortir une édition « à l'intention des dames ». A la même époque, Éloi Johanneau et Esmangar produisent une édition érudite en neuf volumes, le *Variorum.*

Enseveli sous l'exégèse, ressuscité sous forme de contes pour fillettes, Rabelais, dénaturé, est métamorphosé en auteur anodin des aventures amusantes de deux bons géants, Gargantua et Pantagruel. Ses obscénités, sa grossièreté, sa vulgarité ne passent plus. Les rieurs du xviiie siècle n'ont plus pour lui qu'un ricanement méprisant, exprimé par Voltaire dans ses *Lettres philosophiques* : « Rabelais dans son extravagant et inintelligible livre a répandu une extrême gaieté et une plus grande impertinence ; il a prodigué l'érudition, les ordures et l'ennui ; un bon conte de deux pages est acheté par des volumes de sottises ; il n'y a que quelques personnes d'un goût bizarre qui se piquent d'entendre et d'estimer tout cet ouvrage, le reste de la nation rit des plaisanteries de Rabelais et méprise le livre. On le regarde comme le premier des bouffons, on est fâché qu'un homme qui avait tant d'esprit en ait fait un si misérable usage ; c'est un philosophe ivre qui n'a écrit que dans le sens de son ivresse. »

Le plus grand rieur du xviiie siècle condamne donc sans appel le plus grand rieur du xvie siècle. Pour Mikhaïl Bakhtine, auquel il faut revenir une fois de plus, cela est dû au « processus de décomposition du rire qui s'est opéré au xviie siècle. Le domaine du rire se rétrécit de plus en plus, il perd son universalisme. D'un côté, il fait corps avec le typique, le généralisé, le moyen, le banal ; d'un autre côté, il fait corps avec l'invective personnelle, c'est-à-dire qu'il est dirigé contre une personne isolée. L'individualité historique universelle cesse d'être la cible du rire. Progressivement, l'universalisme comique de type carnavalesque devient incompréhensible[7] ». Il y a eu « généralisation, abstraction empirique, typisation ».

Tout cela est vrai. Le contexte culturel est totalement différent. Entre Rabelais et Voltaire, il y a eu Bossuet, mais surtout Descartes, Boileau, Molière, Swift, Shaftesbury, et Kant n'est pas loin. Le rire n'est plus un souffle vital, un mode de vie ; il est devenu une faculté de l'esprit, un instrument intellectuel, un outil au service d'une cause, morale, sociale, politique, religieuse ou antireligieuse. Il s'est décomposé en rires, plus ou moins spirituels, en rires fonctionnels, correspondant à des besoins précis. Le rieur généraliste a fait place aux spécialistes, on serait tenté de dire aux professionnels, avec ce que cela comporte de compétences et de dérives. A l'image du sport, où l'amateur cherche détente et santé par une pratique équilibrée, et le professionnel gloire et argent par l'exploit et le record, le rire, à partir du xviiie siècle, a ses athlètes de haut niveau, ses orfèvres du ricanement — sans nuance péjorative — dont Voltaire est le champion, et ses amateurs dont la pratique quotidienne porte maintenant le nom d'humour.

La transition s'est effectuée progressivement, dans la seconde moitié du XVIIᵉ siècle, lorsqu'on est passé du burlesque vulgaire à la Scarron au burlesque distingué à la Boileau. Charles Perrault a exprimé ainsi la différence entre ces deux conceptions : le burlesque, dit-il, est « une espèce de ridicule [qui] consiste dans la disconvenance de l'idée qu'on donne d'une chose avec son idée véritable, de même que le raisonnable consiste dans la convenance de ces deux idées. Or, cette disconvenance se fait en deux manières, l'une en parlant bassement des choses les plus relevées, et l'autre en parlant magnifiquement des choses les plus basses. Ce sont ces deux disconvenances qui ont formé les deux burlesques dont nous parlons. L'auteur du *Virgile travesti* a revêtu d'expressions communes et triviales les choses les plus grandes et les plus nobles, et l'auteur du *Lutrin*, en prenant le contre-pied, a parlé des choses les plus communes et les plus abjectes en des termes pompeux et magnifiques[8] ».

Changement de thèmes et changement de termes. Le second aspect est peut-être le plus important. L'invasion du langage par des termes bas, populaires ou argotiques ne laisse pas, en effet, d'inquiéter l'élite sociale et intellectuelle. Parler comme les coquins, c'est s'acoquiner soi-même, c'est favoriser l'infiltration de la lie du peuple dans la meilleure société. La langue doit rester une barrière sociale, et l'on ne doit rire qu'entre soi. En 1652, Guez de Balzac, dans ses *Entretiens,* s'élève contre la « manière basse et grossière » du style burlesque, qui le fait ressembler aux farces, « vilaines grimaces, postures déshonnêtes, masques difformes et hideux qui donnent de l'effroi aux enfants et de l'admiration au peuple ». Quand la bourgeoisie se met à parler la langue du peuple, la subversion sociale guette. Balzac écrit pendant la Fronde, ce qui donne plus de poids à ses paroles. « Mais c'est peut-être cela, la vérité du burlesque (et la raison de son silence après 1660) : l'inconvenance », écrit C. Nédélec[9]. Le passage du burlesque bas au burlesque distingué, c'est avant tout un changement de langage, dont témoigne en 1674 Bernard Lamy dans *La Rhétorique ou l'Art de parler*[10].

« C'EST UNE ÉTRANGE ENTREPRISE
QUE CELLE DE FAIRE RIRE LES HONNÊTES GENS »

Même conversion sur scène. L'effacement de la tragi-comédie en France au milieu du XVIIᵉ siècle laisse la place à une comédie influencée par l'Italie et l'Espagne, avec d'Ouville, exploitant le thème de l'amour contrarié, apte à séduire un public de jeunes gens rétifs au carcan familial. Mais là aussi le style est jugé trop bouffon, et les situations inconvenantes dans le nouvel ordre social. Thomas Corneille s'élève contre « ces entretiens de valets et de bouffons avec des princes et des souverains »... Qu'on ne s'avise pas non plus de mélanger les bourgeois et les gentilshommes : à chacun son ridicule, à chacun son rire ! La ségrégation du comique accompagne la solidification de la société de classe.

Enfin, Molière vint. « Il n'était pas gai. Il ne l'avait probablement jamais été », écrit Antoine Adam [11] ; « Molière, taciturne, difficile à entraîner hors de la zone de silence où il aimait à s'enfermer », va incarner le comique classique à la française. A cela, outre les aspects purement techniques de son talent, deux raisons majeures. D'abord, son caractère mélancolique. Pour être un grand comique, il faut être sérieux, d'un sérieux proche de la tristesse, qui permet de ressentir en profondeur la misère, la petitesse, la méchanceté, la mesquinerie, la médiocrité de l'homme, et de railler ses défauts en touchant juste, tout en évitant le mauvais goût. La tâche n'est pas facile : « C'est une étrange entreprise que celle de faire rire les honnêtes gens », dit Molière, car les honnêtes gens ne rient pas de n'importe quoi — ils sont trop honnêtes pour cela.

L'autre grand don de Molière, c'est son sens de l'opinion publique : devinant les courants et les tendances, il sait toucher les cordes sensibles — trop sensibles parfois : entre le rire et l'indignation, la distance est aussi faible qu'entre l'honnêteté et l'hypocrisie. Molière met la société sur scène en appuyant très légèrement là où ça chatouille, et le rire jaillit. Il traduit la vie, et le bon traducteur est aussi créateur. « Un auteur comique, écrit Paul Bénichou, suit le courant général du public pour lequel il écrit ; il prolonge et incarne dans les actions qu'il met à la scène les pensées de tout le monde ; il cherche pour sa raillerie l'auditoire le plus vaste [...]. Molière ne peut pas être un "penseur", dans la mesure où il ne saurait être vraiment un partisan ; et l'on bâtira toujours sur le vide quand on prétendra expliquer comme des déclarations de guerre ce qui ne veut être chez lui que la traduction, dans le langage souvent irresponsable du rire, des jugements déjà formés de ses auditeurs [12]. »

Même avec Molière, le rire à la française est concurrencé jusqu'à la fin du XVIIe siècle par un certain rire à l'italienne. Concurrence entre les troupes, mais aussi dans le contenu : on ne vient pas rire de la même chose chez les Comédiens-Italiens du roi, installés à Paris depuis 1661, et chez les Comédiens-Français. Chez les premiers, formés à la tradition de la *commedia dell'arte*, on évolue vers une conception déjà humoristique de la vie, vers un humour désabusé, résigné et volontiers cynique [13]. Un cynisme insidieux, qui se dissimule derrière les mots, qui change les étiquettes pour mieux faire passer le contenu. Notre époque est devenue experte à ce jeu, avec ses « nettoyages ethniques » et ses « traitements de cible », mais déjà au xviie siècle, lorsque Arlequin récapitule ses exploits « dans la médaille » (faux-monnayeur), « dans le régiment de l'arc-en-ciel » (valet), lorsqu'il rappelle qu'il a suivi le roi dans ses galères (en tant que condamné) et qu'il a failli « mourir de courte haleine » (être pendu), que fait-il d'autre qu'excuser ses forfaits en les présentant de façon humoristique ? Un coquin qui a tant d'esprit peut-il vraiment être mauvais ? Le glissement est inquiétant pour la morale, d'autant plus que le blanchiment des escroqueries par le langage devient systématique. Dans une de ces comédies, *Les Aventures des Champs Élysées,* les morts badinent avec détachement sur les filouteries de leur vie passée. La comédie italienne rejoint l'esprit cynique de La Rochefoucauld. Le public rit des ricanements de ces auteurs burlesques qui ont perdu leurs illusions. L'humour apparaît, et sa première couleur est le noir.

Charles Mazouer a récemment écrit : « Il se pourrait bien que l'humour, dont la place reste relativement mesurée à l'Ancien Théâtre-Italien, rende compte en profondeur de l'esprit de ces comédies : détachement enjoué, railleur, à l'égard d'une société mauvaise, cette attitude ludique masque mal une résignation peut-être plus amère et la tentation du consentement indulgent au mal, ou du cynisme. Colombine, la plus attachante humoriste de la troupe, reste l'emblème de cet esprit de la comédie italienne[14]. »

En face, l'esprit moliéresque est plus sérieux, plus moralisateur. Chez les Italiens, on rit de la comédie sociale tout entière, foncièrement mauvaise et inévitable ; chez les Français, on ne rit que de certains types, réputés mauvais, que l'on cherche à exclure par la dérision d'une société globalement bonne. Molière doit beaucoup à Scaramouche, on le sait, et dans son genre c'est un Don Quichotte qui croit encore que l'on peut chasser les vices. Mais ne soyons pas dupes : en dépit de l'interdiction officielle des Italiens en 1697, Arlequin est plus populaire que Molière. Très contesté de son vivant, ce dernier doit une partie de son triomphe posthume à la glorification orchestrée par les manuels de littérature, œuvres de professeurs formés par les humanités et séduits par le décor officiel de la propagande classique louis-quatorzième. Mirage du « Grand Siècle », qui commence à peine à se dissiper grâce aux patients efforts d'historiens qui à la suite de Pierre Goubert ont eu l'audace de braver le mythe, lequel garde quelques adorateurs attardés.

Si l'on veut rire, dans les années 1690, on va donc voir Arlequin, et non pas Molière ; et après 1697, on se presse aux représentations semi-clandestines du théâtre de foire, données par des troupes interdites. Les « entrepreneurs de spectacles », qui ont recours à toutes les ruses pour braver le monopole du Théâtre-Français, perpétuent la tradition burlesque, pleine d'allusions satiriques qu'un public complice salue d'un rire de défi. On va jusqu'à parodier les Comédiens-Français et leurs alexandrins, d'où des réactions violente comme le saccage et l'incendie du théâtre de Holtz, à la foire Saint-Germain, par les Comédiens-Français en 1709. L'édit de 1710, en interdisant « de jouer la comédie par les dialogues, monologues ou autrement », prétend imposer le comique officiel ; mais le Régent, rieur impénitent et intelligent, rappelle les Italiens après la mort de Louis XIV.

Ce conflit entre comique officiel et comique clandestin traduit un affrontement entre deux conceptions de la société et, au-delà, du monde. Le comique officiel, de convention, vise à renforcer la norme sociale en excluant par la dérision les déviants, marginaux et contestataires de tout poil. Il a des cibles bien précises. Sérieux, pédagogique, il montre aux honnêtes gens combien est ridicule un avare, un homme qui cherche à sortir de sa condition, un impie, une femme qui veut être savante, un malade imaginaire... Comme les normes sociales changent, ce comique en subit les aléas. On sait que Molière aurait souhaité être tragédien, et que ses meilleures pièces sont en réalité des tragédies : *Don Juan, Le Misanthrope, Tartuffe* sont-ils vraiment drôles ? Molière prend le monde trop au sérieux, et il croit qu'on peut le changer. C'est un très grand artiste, mais — n'en déplaise à l'Aigle de Meaux — il est de la famille de Bossuet : aux yeux de ces deux hommes, le monde est tragique, mais perfectible ; les vices doivent être poursuivis, par la menace divine selon l'un, par le rire selon l'autre. Lorsque Molière fait rire — ce qui lui arrive tout de même, n'exagérons pas —, c'est qu'il s'en prend à un défaut ou à un vice lié à l'organisation sociale, c'est-à-dire auquel on peut éventuellement remédier, et qui n'est donc pas tragique. Lorsqu'il aborde les grands thèmes et les grandes questions touchant à la condition humaine — Dieu, les autres... —, il n'évite pas la tragédie, car il désespère de pouvoir changer quoi que ce soit.

Le comique clandestin, lui, a une vision globale du monde, et en prend son parti. Le monde est mauvais, et nous n'y pouvons rien : alors, mieux vaut en rire. Ce rire s'adresse au monde entier et à toute la comédie humaine. Rire de spectateur plus que d'acteur, et qui comprend toutes les nuances possibles : de la grosse bouffonnerie burlesque à l'humour le plus délicat, du rire épais au cynisme supérieur.

DU *DIABLE BOITEUX* A L'OPÉRA-COMIQUE : LE SENS DU BIZARRE

Le premier type de comique est beaucoup plus difficile à manier. Il faut être un véritable artiste pour « faire rire les honnêtes gens », et la grandeur de Molière est précisément là. Le second type, plus libre, est plus répandu et plus populaire. L'opposition entre les deux persiste tout au long du XVIIIᵉ siècle. Dès les premières années, le théâtre de foire confirme son succès, avec Alain-René Lesage, un Breton d'origine roturière, formé chez les jésuites de Vannes, et qui livre en 1707 sa philosophie de l'existence avec *Le Diable boiteux*. Ce bon petit diable, c'est Asmodée, qu'un étudiant espagnol délivre d'une bouteille où il était prisonnier, et qui en échange montre à ce dernier toutes les tragi-comédies, manipulées par Satan, qui se jouent sous les toits de la ville — Dino Buzzati reprendra cette idée dans *Le K*. Le monde vu par Lesage est éminemment risible, picaresque, grotesque, burlesque ; chacun poursuit ses chimères, pitoyable et ridicule à la fois. Les hommes ne sont que des pantins avec lesquels joue un diable boiteux et farceur, Asmodée : « Je fais des mariages ridicules, j'unis des barbons avec des mineures, des maîtres avec leurs servantes, et des filles mal dotées avec de tendres amants qui n'ont point de fortune. C'est moi qui ai introduit dans le monde le luxe, la débauche, les jeux de hasard et la chimie. Je suis l'inventeur des carrousels, de la danse, de la musique, de la comédie et de toutes les modes nouvelles de France. En un mot, je m'appelle Asmodée, surnommé le diable boiteux. »

Pour Lesage, le monde lui-même est risible ; et cela, c'est bien la revanche du diable. Vision comique globale, qu'il développe dans ses pièces : *Turcaret, Gil Blas, Arlequin, roi de Serendibh*, une parodie d'*Iphigénie,* ou encore *Romulus* (où Pierrot est le fondateur de Rome et Polichinelle le grand pontife, ce qui ne change rien à l'histoire). Dans *Le Monde renversé*, Arlequin — encore lui — suit Merlin dans un monde enchanté, sorte de rêve utopique où les gens de loi sont honnêtes et les maris pas tous cocus. Lesage mène le combat pour le théâtre de foire, avec *Les Funérailles de la foire*, en 1718, puis le *Rappel de la foire à la vie*.

Lesage est audacieux, mais pas méchant. Son rire est compatissant et sans illusion. Il excelle dans la parodie, y compris celle de l'opéra, avec *La Parodie de l'Opéra de Télémaque*, et en 1724, à la foire Saint-Germain, il crée un « opéra comique ». Mais tout opéra n'est-il pas comique ? Comment peut-on regarder sans rire — ou sans dormir — ces personnages qui s'agitent en chantant des paroles incompréhensibles pour accomplir les actes les plus ordinaires comme les plus graves ? Le grotesque est encore accru par le contenu des intrigues, qui tournent au XVIIIᵉ siècle autour d'ahurissantes aventures mythologiques. A quoi s'ajoutent les décors, la machinerie, les « effets spéciaux » qui provoquent des coups de théâtre ridicules : « J'en ris malgré moi en attendant quelque catastrophe tragique », écrit l'abbé Mably. Les gens sensés ne peuvent que rire de l'opéra, à propos duquel Saint-Évremond déclare : « Une sottise chargée de musique, de danses, de machines, de décorations, est une sottise magnifique, mais toujours une sottise. »

Cette opinion est partagée par bien des esprits éclairés : Addison, Steele, Muratori, Gravina, Maffei, Boileau, La Bruyère, Crescimbeni. Pour eux, il ne faut pas avoir honte de trouver l'opéra grotesque, et l'engouement qu'il suscite dans la haute société du xviiie siècle reste un mystère. Certes, le spectacle était plus dans la salle que sur scène, mais enfin, poursuit Saint-Évremond dans sa *Lettre sur les opéras*, « peut-on s'imaginer qu'un maître appelle son valet, ou qu'il lui donne une commission, en chantant ; qu'un ami fasse en chantant une confidence à son ami ; qu'on délibère en chantant dans le conseil ; qu'on exprime avec du chant les ordres qu'on donne, et que mélodieusement on tue les hommes à coups d'épée et de javelot dans un combat [...] ? Si vous voulez savoir ce que c'est qu'un opéra, je vous dirai que c'est un travail bizarre de poésie et de musique où le poète et le musicien, également gênés l'un par l'autre, se donnent bien de la peine à faire un méchant ouvrage ».

« Travail bizarre », sans doute, mais qui s'inscrit aussi dans le courant bouffon du xviiie siècle. Ce monde irrationnel de gens qui font tout en chantant, c'est la forme aristocratique du burlesque qui traverse tout le siècle. L'« opéra bouffon » n'en est que la version la plus extravagante. Pour Fontenelle ou pour le marquis d'Argenson, burlesque et bouffon ne font qu'un : c'est le comique extrême, qu'ils attribuent aux Italiens. C'est en réhabilitant le côté bouffon de Molière qu'on le rend comique pour tous : tâche à laquelle s'attelle Nougaret dans son *Théâtre à l'usage des collèges*[15].

Voilà qui trahit les efforts du siècle pour redresser l'image et le succès du comique officiel au théâtre. Mais les anathèmes de l'Église contre la comédie étouffent dans l'œuf toute tentative. Dans les collèges jésuites, on fait certes du théâtre, mais il s'agit de pièces sur mesure, didactiques et morales. On se méfie des comédies, auxquelles les maîtres préfèrent les tragédies, exaltant les nobles vertus. Elles apparaissent néanmoins timidement, avec *Le Marché des sciences*, au collège de Chalon-sur-Saône en 1667, pour rompre un peu « l'ennui de voir le sang que la tragédie fait couler sur nos théâtres ». En 1693, on joue la comédie *Diogène* au collège de Caen. La *ratio* des études de 1703 interdit la tragi-comédie, et recommande la plus grande prudence concernant la comédie.

Quelques professeurs jésuites en composent pour leurs élèves, comme le père du Creceau. Un sujet risible est tout désigné : les jansénistes, contre lesquels Bougeant écrit en 1731 *La Femme docteur*[16].

En dehors des collèges, la comédie moralisante se traîne péniblement. C'est une des grandes erreurs des philosophes des Lumières que d'avoir cru à la possibilité d'une « comédie sérieuse » qui, suivant le vœu de Diderot dans les *Entretiens sur le Fils naturel*, présenterait non pas les vices mais les vertus, les devoirs, dans une ambiance de joie optimiste, franche et ouverte. Les quelques tentatives en ce sens se soldent par des comédies larmoyantes qui ne font rire personne. La vertu n'est pas un thème comique, et la bonne humeur forcée est trop artificielle pour engendrer le rire. Rousseau, bien qu'ayant lui aussi un côté *boy-scout*, s'est montré plus clairvoyant que Diderot sur ce point, en critiquant ces comédies morales. Le refus de toute concession à la bouffonnerie, à la farce — que l'*Encyclopédie* réserve à la « grossière populace » —, ne facilite pas l'éclosion d'un théâtre comique éclairé. Pourtant, les philosophes s'y entendent pour susciter le rire — mais c'est le rire de dérision, de raillerie. Ils sont drôles quand ils montrent les dents, ce qui tendrait à renforcer la théorie du rire comme manifestation agressive.

Cependant, en Italie, le Vénitien Carlo Goldoni (1707-1793) réussit l'exploit de créer « un comique qui consiste, plus qu'à susciter le rire ou seulement le sourire, à réjouir le cœur par une confiance profonde en l'existence, en la nature et en la raison[17] ». Goldoni donne un second souffle à la *commedia dell'arte* en mêlant comique de farce et comique en demi-teinte. Cet optimiste met en scène la psychologie en action, de façon aimable, au profit d'une morale individuelle et sociale. Il est vertueux, et pourtant il fait rire — doucement.

Arlequin, lui, n'est pas vertueux, et fait rire franchement le XVIIIe siècle, ce qui finit par provoquer une polémique en Allemagne, où Gottsched voudrait le chasser de la scène, tandis que Lessing prend sa défense. En 1761, Justus Möser, dans son *Harlekin oder die Verteidigung des Grotesk-Komischen* (Arlequin ou la défense du comique grotesque), développe l'idée d'un monde grotesque ayant ses propres lois. Ces débats sont d'ailleurs à l'origine des premiers ouvrages sérieux sur l'histoire du rire, puisqu'en 1788 Flögel, un critique littéraire allemand, publie une *Histoire du comique grotesque*, qui s'ajoute à son *Histoire des bouffons de la cour* et aux quatre volumes de son *Histoire de la littérature comique*.

DE DESCARTES A KANT : LE REGARD MÉFIANT DE LA PHILOSOPHIE

Les philosophes, eux, continuent à s'interroger sur la nature du rire. Le nouvel Aristote, Descartes, qui recrée le monde à partir du *cogito*, se doit de l'éclaircir. Mais son explication se révèle assez décevante et réductrice. Dans le traité sur *Les Passions de l'âme*, qui date de 1649, il donne d'abord une description physiologique du phénomène : le rire est provoqué par un afflux d'air chassé des poumons par une brusque poussée de sang, et ce sang vient lui-même de la rate, qui se dilate, comme chacun sait, sous l'effet d'une surprise plaisante liée à l'admiration ou à la haine. En dépit de son indépendance à l'égard d'Aristote, Descartes reste très influencé par la théorie des humeurs : « Ceux dont la rate n'est pas bien saine sont sujets à être non seulement plus tristes, mais aussi, par intervalles, plus gais et plus disposés à rire que les autres ; d'autant que la rate envoie deux sortes de sang vers le cœur : l'un fort épais et grossier, qui cause la tristesse ; l'autre fort fluide et subtil, qui cause la joie. Et souvent, après avoir beaucoup ri, on se sent naturellement enclin à la tristesse, parce que, la plus fluide partie du sang de la rate étant épuisée, l'autre, plus grossière, la suit vers le cœur[18]. » Extérieurement, cet afflux d'air fait pression sur les muscles de la gorge, du diaphragme et de la poitrine, qui à leur tour « font mouvoir ceux du visage qui ont quelque connexion avec eux ; et ce n'est que cette action du visage, avec cette voix inarticulée et éclatante, qu'on nomme le ris ».

Voilà pour la mécanique du rire. Psychologiquement, il est à dissocier de la joie. Le mécanisme peut être actionné par des causes physiques, comme le fait de recommencer à manger après une longue interruption, ou même « la seule imagination de manger », ainsi que le prétend l'Espagnol Vivés. Le rire peut aussi être provoqué par l'indignation, l'aversion, « et généralement tout ce qui peut enfler subitement le poumon en cette façon cause l'action extérieure du ris ».

Certes, le rire résulte parfois de la joie, mais celle-ci « ne peut toutefois le causer que lorsqu'elle est seulement médiocre », et en outre il faut qu'elle soit mêlée de haine, ou d'admiration, et de surprise. On en a l'illustration avec la moquerie : « La dérision ou moquerie est une espèce de joie mêlée de haine, qui vient de ce qu'on aperçoit quelque petit mal en une personne qu'on en pense être digne : on a de la haine pour ce mal, on a de la joie de le voir en celui qui en est digne ; et lorsque cela survient inopinément, la surprise et l'admiration est cause qu'on s'éclate de rire[19]. » Et il arrive à Descartes de « s'éclater », en se moquant par exemple des autres philosophes : « Leur façon de philosopher est fort commode pour ceux qui n'ont que des esprits fort médiocres », écrit-il dans le *Discours de la méthode*. Voilà de la bonne raillerie, « qui reprend utilement les vices en les faisant paraître ridicules, sans toutefois qu'on en rie soi-même ni qu'on témoigne aucune haine contre les personnes ; elle n'est pas une passion, mais une qualité d'honnête homme, laquelle fait paraître la gaieté de son humeur et la tranquillité de son âme, qui sont des marques de vertu, et souvent aussi l'adresse de son esprit, en ce qu'il sait donner une apparence agréable aux choses dont il se moque [20] ». On peut rire en écoutant les railleries d'un autre, mais il vaut mieux ne pas rire soi-même en raillant, pour ne pas paraître satisfait de soi, et aussi parce que les moqueries pince-sans-rire « surprennent d'autant plus ceux qui les oient ».

Il y a également la mauvaise raillerie, celle des ratés, des infirmes, qui crachent ainsi leur venin par dépit et aigreur : « On voit que ceux qui ont des défauts fort apparents, par exemple, qui sont boiteux, borgnes, bossus, ou qui ont reçu quelque affront en public, sont particulièrement enclins à la moquerie ; car, désirant voir tous les autres aussi disgraciés qu'eux, ils sont bien aises des maux qui leur arrivent, et ils les en estiment dignes [21]. »

Visiblement, pour Descartes, le rire est suspect. Je ris, donc je hais. Processus mécanique qui échappe à la raison et qui se traduit par des grimaces et des bruits dénués de toute dignité, le rire peut facilement devenir inconvenant. La philosophie de la première moitié du xviie siècle rejette les mœurs burlesques et rejoint plutôt le camp des censeurs religieux. Nous avons vu l'hostilité de Hobbes pour cette expression irrationnelle d'amour-propre. Le chancelier Bacon ne se montre guère plus favorable : il soustrait au rire des domaines interdits, comme l'État et l'Église [22], et déconseille aux vieillards cette dépense d'énergie inutile [23].

Une des études les plus poussées du rire au milieu du xviie siècle est celle de Cureau de La Chambre, conseiller du roi et son premier médecin ordinaire. En 1663, dans l'édition en deux volumes de ses *Charactères des passions*, il ne consacre pas moins de cinquante pages au rire. Sa description de l'homme qui rit est sans nuances : c'est une crise, une sorte de delirium, d'hystérie, d'épilepsie, d'une violence inouïe, qui laisse sans force et qui peut même provoquer la mort. Ce passage, rapproché de certains tableaux flamands de l'époque, amène à se demander si le rire au xviie siècle n'était pas plus violent qu'aujourd'hui, et dès lors on s'explique mieux les réticences des moralistes et des manuels de civilité devant cette explosion de sauvagerie :

« La poitrine s'agite si impétueusement, et par des secousses si promptement redoublées, que l'on a de la peine à respirer, que l'on perd l'usage de la parole, et qu'il est impossible d'avaler quoy que ce soit. Une douleur si pressante s'élève dans les flancs qu'il semble que les entrailles se déchirent et qu'elles vont s'ouvrir ; et dans cette violence on voit tout le corps qui se plie, se tord et se ramasse ; les mains se jettent sur les costez et les pressent vivement ; la sueur monte au visage, la voix se perd en sanglots, et l'haleine en soupirs étouffez. Quelquefois cette agitation va à un tel excez qu'elle produit le même effet que les médicamens, qu'elle chasse les os de leurs jointures, qu'elle cause des syncopes, et qu'enfin elle donne la mort. La teste et les bras souffrent les mesmes secousses que la poitrine et les flancs, mais parmy ces mouvemens vous voyez qu'ils se jettent çà et là avec précipitation et désordre, et qu'après ils se laissent aller d'un costé et d'autre, comme s'ils avoient perdu toute leur vigueur ; les mains deviennent lasches, les jambes ne se peuvent soustenir, et le corps est contraint de tomber[24]. »

Voilà notre rieur littéralement « écroulé », épuisé, presque sans vie. On imagine ce que pouvait être une crise de fou rire collectif, à la cour comme à la taverne. Le plus drôle, si l'on peut dire, c'est que l'homme ne sait même pas pourquoi il rit, poursuit Cureau de La Chambre : « Il n'y a rien qui soit plus ridicule que de voir celuy qui se mesle de controller toute la nature, et qui croit estre son confident, ignorer la chose qui lui est la plus propre et la plus familière ; rire à tous momens sans savoir pourquoy, et ne connoistre pas mesme les sujets ny les mouvemens qui forment cette passion[25]. »

Après avoir décrit les symptômes de cet étrange comportement, Cureau de La Chambre entreprend d'en rechercher les causes. Il passe en revue les explications les plus courantes : admiration mêlée de joie, soulagement, constat d'un mal ou d'une difformité sans douleur. Pour lui, trois aspects sont essentiels, qui déprécient beaucoup le rire. D'abord, il est associé à un sentiment de supériorité : nous rions en constatant un défaut ou une faiblesse chez les autres, ce qui suppose un minimum de conscience. « C'est pour cette raison que les enfans ne rient point devant le quarantième jour ; car l'âme qui est toute ensevelie et comme noyée dans cette grande quantité d'humeurs qu'ils ont n'est capable d'aucune connoissance ; mais à mesure que l'humidité se diminue, ses lumières s'augmentent, et elle acquiert ainsi peu à peu la puissance du rire, commençant par le souris, et quelque temps après se rendant capable du ris véhément[26]. »

Il faut ensuite un effet de surprise : aussi les êtres les plus fragiles, les plus candides et les plus ignorants sont-ils le plus facilement surpris, le plus souvent atteints d'hilarité. « Les jeunes et les bilieux rient plustost des défauts d'autruy que les vieux et les sages, parce qu'ils sont naturellement insolens et superbes ; les fous et les igno-

rans ne remarquent pas les bons mots ny les rencontres ingénieuses ; les femmes et les sanguins sont les plus propres au ris que
les caresses demandent, parce qu'ils ont une inclination naturelle à
la flatterie[27]. »

Résultat : les sages, instruits, intelligents et bons, rient peu.
Comme ils savent tout, ils ne sont pas surpris ; et comme ils sont
bons, ils ne sont pas vaniteux. « Les sages rient bien moins souvent
que les autres, parce qu'ils ne sont ny ignorans, ny malicieux, qu'il
y a peu de choses qui leur soient nouvelles, et qu'ils excusent facilement les imperfections[28]. » Inversement, le rire est le propre des
débiles, des ignorants, des sots, des méchants. C'est bien le propre
de l'homme, car les animaux ne peuvent éprouver ce type de surprise plaisante, mais il n'y a pas de quoi en être fier.

Enfin, le rire est une attitude sociale : le solitaire ne rit pas, ou
alors ce n'est pas un vrai rire. « Il est vraysemblable que la compagnie sert de quelque chose à sa production, et que l'âme veut faire
voir qu'elle est surprise[29]. »

Cette conception négative du rire se retrouve peu après chez
Leibniz : dans les critiques qu'il adresse à Shaftesbury, il écrit que
le rire, qui échappe à la raison, tend naturellement à l'excès. Vouloir distinguer entre le rire vulgaire et le rire modéré lui paraît très
aléatoire. Les types de rire ne coïncident pas avec les catégories
sociales : combien de gens, dans l'élite, ont un rire gras, sonore,
vulgaire ? « Le vulgaire a plus d'étendue qu'on ne pense, [car] il y a
quantité de gens polis qui sont peuple par rapport au raisonnement. » Croire que la raison peut intervenir pour autoréguler le rire
est illusoire.

Spinoza est nettement plus favorable. Mais comme Hobbes, il
n'est pas en odeur de sainteté. Pour lui, le rire, qui contribue à un
épanouissement de l'être, est participation à la nature divine. La
jubilation est en Dieu. « Le rire, comme aussi la plaisanterie, est
pure joie ; et par conséquent, pourvu qu'il ne soit pas excessif, il est
bon par lui-même. Et ce n'est certes qu'une sauvage et triste superstition qui interdit de prendre du plaisir[30]. » En revanche, la raillerie, qui participe de la haine, est condamnable : « J'ai mis tous mes
soins à ne pas tourner en dérision les actions des hommes, à ne pas
les déplorer ni les maudire, mais à les comprendre[31]. »

Kant est à peu près du même avis, avec une analyse plus intellec-
tualiste. Au départ, un phénomène psychique : la découverte soudaine d'une absurdité, d'une incongruité, c'est-à-dire d'une réalité
totalement différente de ce qui était attendu. Du coup, la tension
psychique qui s'était mobilisée pour répondre à cette réalité atten-
due se décharge brutalement ; la raison est prise au dépourvu. « Il
faut qu'il y ait, dans tout ce qui doit provoquer un rire vif et écla-

tant, un élément absurde (ce qui fait par conséquent que l'entendement, en soi, ne peut trouver ici aucune satisfaction). Le rire est un
affect procédant de la manière dont la tension d'une attente se
trouve soudain réduite à néant. Cette transformation, qui n'est certainement pas réjouissante pour l'entendement, est précisément ce
qui provoque pourtant indirectement, pour un instant, une joie très
vive [32]. » La difficulté consiste évidemment à expliquer comment un
phénomène psychique peut déclencher une telle réaction physique.
Kant n'y réussit pas vraiment : il parle d'une synergie, d'une harmonie entre corps et esprit, le corps « mimant » ce qui se passe dans
l'esprit — ce qui revient à se payer de mots.

Le rire est positif, affirme Kant; il fait du bien, il a une valeur
thérapeutique. Malheureusement, il est difficile de le provoquer :
« Voltaire disait que le ciel nous a donné deux choses pour équilibrer les multiples désagréments de la vie : l'espoir et le sommeil. Il
aurait pu y ajouter le rire, si le moyen de le susciter chez des gens
raisonnables était simplement aussi facile à trouver, et si l'esprit ou
l'originalité dans la fantaisie, qui lui sont nécessaires, n'étaient pas
aussi rares qu'est répandu le talent de composer des œuvres *casse-
tête,* comme celles des rêveurs mystiques [33]. » Kant oppose lui aussi
le rire bienveillant au rire railleur : « Le ricanement a valeur de
haine », écrit-il.

LE SIÈCLE D'ASMODÉE, LE DÉMON RAILLEUR

Le ricanement, c'est pourtant le rire du siècle. Tout le monde
connaît le ricaneur en chef, Voltaire : or, si celui-ci a acquis une
telle célébrité, c'est parce qu'il est la quintessence d'une époque où
la raillerie est partout! Cette époque n'est d'ailleurs pas plus
méchante qu'une autre : si elle raille, c'est qu'elle croit avoir enfin
acquis la maîtrise de sa destinée. La moquerie généralisée, au
XVIIIe siècle, témoigne d'une société qui, après les doutes de la
« crise de conscience européenne » (vers 1680-1710), pense avoir
trouvé, avec la raison critique, le chemin vers le progrès, la vérité, la
civilisation. La raison est le maître mot; le bon sens prospère, prolifère et rit des frayeurs passées, de ces mirages, de ces brumes qui se
dissipent dans l'aube de l'ère nouvelle. La raison s'éveille et rit de
ses rêves. Et puisque le rire est maintenant policé, elle rit doucement, intelligemment — elle ironise.

Forme intellectuelle du rire, fondée sur une certitude raisonnable, méprisant l'erreur, l'ironie est partout. Après le burlesque
rageur et ravageur, saccageant le monde parce qu'il n'arrive pas à le

comprendre, l'ironie est l'attitude de celui qui a compris — ou cru comprendre — et qui se contente de ricaner des erreurs, parce qu'il sait qu'elles vont tomber. L'ironiste est sûr de lui ; et c'est pourquoi il peut se permettre d'ironiser. Et comme tout le monde est devenu raisonnable et sûr de soi, tout le monde ricane. Rira bien qui rira le dernier.

Les adversaires des Lumières ne sont pas les derniers dans ce concert de ricanements. Voyez l'*Histoire des Cacouacs,* parue en 1757 et racontant la vie de cette tribu orgueilleuse qui n'accepte aucune autorité, qui se gargarise du mot « vérité » tout en enseignant que tout est relatif, qui crache à chaque parole son venin, dont la poche est cachée sous la langue. Irréligieux, les Cacouacs divinisent la nature, et l'un de leurs ouvrages s'intitule : « Plan d'une religion universelle à l'usage de ceux qui peuvent s'en passer, et dans laquelle on pourra admettre une divinité, à condition qu'elle ne se mêle de rien ». Ces êtres bruyants et vantards peuvent être mis en fuite par le sifflet. La moquerie touche juste : les philosophes sont furieux. En 1760, ils sont à nouveau ridiculisés dans la comédie parodique des *Philosophes :* on y voit ainsi le très écologiste Jean-Jacques Rousseau entrer sur scène à quatre pattes, avec une laitue dans la poche. Parmi les plus spirituels des anti-Lumières, l'abbé Fréron est un ricaneur de premier ordre, qui donne du fil à retordre à Voltaire.

Tout le monde raille tout le monde, et l'on est très inventif quant aux procédés utilisés. La vieille parodie burlesque effectue même un retour furtif avec *Homère travesti, ou l'Iliade en vers burlesques,* un péché de jeunesse de Marivaux (1717). L'idée du voyageur étranger qui voit les institutions et les mœurs d'un œil neuf et qui en fait ressortir les côtés ridicules, contraires au bon sens, est un filon brillamment exploité par Montesquieu et ses Persans, Goldsmith et son Chinois, Voltaire et son Huron, Cadalso et son Africain. Le genre utopique, en plein renouveau, permet lui aussi bien des impertinences. Quant au voyage imaginaire, il est développé par l'esprit caustique de Swift ; rien n'échappe à son ricanement dévastateur, qui fait table rase de la culture, des institutions, des croyances, des pratiques, des mœurs de cette « épouvantable vermine » qu'est l'homme. L'ironie de Swift est un nihilisme ricanant qui constitue la pointe extrême de la raillerie au XVIIIe siècle. Mais tous ces railleurs ont une cible privilégiée : l'organisation sociale de leur époque. Les comiques de la génération précédente s'en prenaient aux vices et aux défauts individuels, afin de préserver le corps social. Ceux-ci, au contraire, rient de ce corps social qu'ils jugent mauvais et qu'ils veulent réformer par le bon sens. « Ils dénoncent, écrit Paul Hazard, un présent qui les irrite, mais qu'ils croient qu'on peut changer. Leur ennemi, c'est l'état social, tel qu'ils l'ont trouvé en venant au monde ; qu'on le détruise, qu'on le remplace, et l'avenir sera meilleur[34]. »

L'HUMOUR, VACCIN CONTRE LE DÉSESPOIR

Dès le début du xvIIIᵉ siècle, on discerne nettement la montée de cette contestation sociale par le rire. En Angleterre, en 1713, le médecin et érudit John Arbuthnot fonde le *Scriblerus Club*, le club des gratte-papier, qui engage la lutte railleuse contre la bêtise. Au même moment, on assiste dans ce pays à la prise de conscience de l'humour au sens moderne — indéfinissable — du mot. La première utilisation du terme dans cette acception date de 1682, et Shaftesbury est l'un des premiers à l'expliciter, en 1709, dans *Sensus Communis : An Essay on the Freedom of Wit and Humour*. Deux ans plus tard, dans un article du *Spectator* du 10 avril 1711, Addison distingue le vrai humour du faux humour : « De même que le vrai humour a l'air sérieux, tandis que tout le monde rit autour de lui, le faux humour rit tout le temps, tandis que tout le monde a l'air sérieux autour de lui. » A propos des ouvrages burlesques qui paraissent à son époque, il écrit : « Ces œuvres incohérentes ou délirantes qui circulent parmi nous sous des titres extravagants ou chimériques sont les produits de cerveaux dérangés plutôt que des œuvres d'humour. »

Les Anglais commencent donc à préciser cette notion, qui accompagne l'affirmation de la conscience de soi individuelle, la montée des valeurs individualistes que John Locke défend à la même époque. Humour et sens des libertés vont ensemble. L'homme qui a de l'humour est un homme libre, détaché de lui-même, des autres et du monde. Il est logique que l'humour apparaisse peu après l'*Habeas corpus* et la *Déclaration des droits*. L'humour n'a plus du tout le sens que lui donnait Jonson, celui d'une humeur physique involontaire. Maintenant, c'est une attitude volontaire et consciente, une sorte de philosophie de la vie fondée sur le détachement.

D'autres hommes de lettres anglais tentent de mieux cerner cette qualité évanescente, avec quelques tâtonnements. Ainsi, en 1744, Corbyn Morris consacre un traité aux distinctions entre l'esprit, l'humour, la raillerie, la satire et le ridicule. L'ouvrage témoigne de l'intérêt que l'on porte à ces notions, mais les définitions qu'il propose sont encore floues :

« Un homme d'humour est un homme capable de représenter avec bonheur un personnage faible et ridicule dans la vie réelle, soit en l'assumant lui-même, soit en le faisant représenter par une autre personne, d'une façon si naturelle qu'on pourra, pour ainsi dire, toucher du doigt les bizarreries et les faibles les plus extravagants du personnage.

« Un humoriste est une personne de la vie réelle, obstinément attachée à des bizarreries particulières de son propre cru, bizarreries qui sont visibles dans son tempérament et dans sa conduite.

« Bref, un homme d'humour est un homme capable de représenter et de révéler avec bonheur les bizarreries et les faibles d'un humoriste ou d'autres personnages[35]. »

En 1762, Henry Home donne une définition qui ne fait que reprendre celle de Shakespeare : « Le vrai humour est le propre d'un auteur qui affecte d'être grave et sérieux, mais peint les objets d'une couleur telle qu'il provoque la gaieté et le rire[36]. » On était en droit d'attendre des précisions de l'*Encyclopaedia Britannica* de 1771. Or les auteurs se dérobent, et en guise de définition renvoient à deux termes différents : *fluid* et *wit*. Le premier fait allusion à l'humour au sens jonsonien, qui n'a plus cours. Quant au second, il est assimilable à l'« esprit », au sens d'agilité intellectuelle. Cette faculté est aussi caractéristique du xviiie siècle européen : être *witty*, être spirituel, est une qualité admirée, recherchée, indispensable pour réussir en société. Le *wit* est également une arme, une fine épée ciselée qui, lorsqu'elle fait mouche, peut tuer — parce qu'elle ridiculise, et qu'au xviiie siècle, dans la société aristocratique, le ridicule tue. Il tue politiquement, socialement, et parfois même physiquement, en poussant au suicide. Le mot d'esprit remplace avantageusement le duel.

Le *wit* diffère de l'humour. Les jeunes gens impitoyables du *Hell Fire Club* (Club du feu d'enfer) sont *very witty,* mais n'ont guère le sens de l'humour. Le *wit* est froid, intellectuel, volontiers — mais pas toujours — méchant et méprisant. L'humour ajoute une légère touche sentimentale et d'amicale complicité; il n'est jamais méchant. Le *wit* suscite le ricanement triomphant et agressif; l'humour, le sourire réconfortant. Il y a malgré tout un air de famille, et voici comment Addison établit la filiation : « La Vérité fut la fondatrice de la famille et engendra le Bon Sens. Le Bon Sens engendra l'Esprit *(wit),* qui épousa une dame d'une branche collatérale, nommée Gaieté, dont il eut un fils : l'Humour. L'Humour est donc le plus jeune de cette illustre famille et, descendant de parents aux dispositions si différentes, il est de tempérament ondoyant et divers. On le voit parfois prendre des airs graves et des allures solennelles, parfois faire le désinvolte et s'habiller avec extravagance, de sorte qu'il paraît quelquefois sérieux comme un juge, d'autres fois farceur comme un saltimbanque. Mais il tient beaucoup de sa mère et, quel que soit son état d'âme, il ne manque jamais de faire rire la compagnie[37]. »

L'humour présente au XVIIIe siècle en Angleterre une grande variété de nuances, suivant les doses de pessimisme et de mélancolie ajoutées au traitement. Car l'humour, c'est un peu la vaccination de l'esprit, que l'on immunise en lui injectant des doses modérées de pessimisme affaibli. Entre la vaccine de Jenner et l'humour du docteur Johnson, il y a bien des similitudes. L'un soigne les corps, l'autre les esprits, et ces deux Britanniques contemporains utilisent la même idée. L'humour est une vaccination contre le désespoir. Après le remède de cheval qu'était le burlesque, médicalement assimilable à la saignée, ce nouveau traitement préventif permet d'affronter l'absurdité fondamentale de l'être, de garder le sourire en toute circonstance, de faire face sans crainte et sans illusion. Lucide, réaliste, compatissant et souriant : tel apparaît l'humoriste.

Injecté à forte dose, le pessimisme virulent donne un humour noir et grinçant, tel celui de Jonathan Swift, dont Robert Escarpit a pu dire à juste titre qu'il est « de ceux qui portent leurs épines en dehors et leurs roses en dedans. Pour déceler sa profonde générosité, il faut vaincre l'obstacle de son impitoyable ironie, génératrice d'un tel désespoir métaphysique, d'un tel dégoût de l'univers humain qu'on se demande parfois si la folie qui assombrit les dernières années de Swift n'en est pas la conséquence ou, ce qui serait plus grave, la cause [38] ».

Swift, l'écorché, est un homme de cœur, et c'est sans doute parce qu'il prend l'humanité tellement au sérieux que l'humour est pour lui le seul remède contre le désespoir de ne pouvoir mettre fin au mal. C'est parce qu'il aime tant l'humanité qu'il décrit la sottise criminelle de cette « vermine » sous les traits repoussants des Yahous, et qu'il suggère à ses compatriotes irlandais de manger leurs enfants pour sortir de la misère. C'est aussi pour rabaisser l'orgueil humain qu'il nous rappelle que « les hommes ne sont jamais si sérieux, pensifs ou absorbés que lorsqu'ils sont sur le pot ».

André Breton ne s'y est pas trompé, qui place Swift en tête de liste dans son *Anthologie de l'humour noir* : « Tout le désigne, en matière d'humour noir, comme le véritable initiateur. » « Impassible, glacial, [...] mais sans cesse indigné », Swift est aux antipodes de Voltaire, qui est « en proie à un perpétuel ricanement, celui de l'homme qui a pris les choses par la raison, jamais par le sentiment, et qui s'est enfermé dans le scepticisme ».

L'humour noir de Swift lui vient de son immense amour de l'être humain, de l'individu concret. Il est impossible d'aimer les êtres humains si l'on n'est pas profondément individualiste. Aimer cette abstraction, cette entité, ce concept qu'est l'humanité, le genre humain, est une déclaration purement intellectuelle, qui n'implique aucun sentiment réel. Swift écrit ainsi : « J'ai toujours détesté toutes les nations, professions ou communautés, et je ne puis aimer que des individus. J'abhorre et je hais surtout l'animal qui porte le nom d'homme, bien que j'aime de tout mon cœur Jean, Pierre, Thomas, etc. » Préparant sa propre épitaphe, Swift rappelle justement que son rire visait des vices, des collectivités, mais jamais des individus :

> On peut dire sans doute du Doyen
> Que sa veine était trop satirique.
> Il ne la purgea pas de cet excès :
> Entre toutes, son époque appelait la satire.
> Il ignorait la malveillance,
> Fustigeait le vice, mais épargnait le nom.
> Personne en particulier ne pouvait prendre ombrage
> D'une allusion à des milliers de gens...
> Il ne battait en brèche que les défauts
> Qui affligent le commun des mortels.
> Car il haïssait ces gens indignes
> Pour qui l'humour n'est que raillerie[39].

En 1729, Swift fournit un modèle de l'humour corrosif avec son fameux opuscule : *Modeste proposition pour éviter que les enfants des pauvres d'Irlande soient un fardeau pour leurs parents ou pour le pays, et pour les rendre utiles à la communauté.* L'ouvrage se présente comme un véritable traité d'économie politique, avec des formules et des calculs extrêmement sérieux. La démonstration est aussi imparable qu'imperturbable. L'Irlande souffre de trois maux : la pénurie alimentaire, la pauvreté, la surpopulation. La solution (comment n'y avait-on pas pensé plus tôt ?) est simple : que les pauvres vendent leurs enfants comme viande de boucherie ! Chiffres à l'appui, Swift prouve que les trois problèmes seraient alors résolus. Pour que le système soit performant, il donne des conseils concernant l'élevage, les abattoirs et les recettes de cuisine. Chef-d'œuvre d'humour noir, sans un seul clin d'œil, étant donné l'énormité de la chose. Il s'agit d'attirer l'attention sur la situation dramatique de la population irlandaise, et l'ironie remplace ici avantageusement la diatribe.

Le rire de Swift a parfois moins d'âpreté, mais il vise toujours la bêtise, cause essentielle du mal. Or, est-il plus grande preuve de bêtise que de croire en l'astrologie ? En 1707-1709, Swift fait s'esclaffer l'Europe entière en ridiculisant l'astrologue John Partridge dans un almanach fictif, prédisant le moment précis de sa mort, puis confirmant celle-ci dans un récit circonstancié avec une pseudo-confession dudit Partridge. Voltaire en riait encore en 1752[40].

Swift en vient à souhaiter la folie, afin de ne plus avoir conscience de la bêtise et de la méchanceté. Il voudrait, dit-il, parvenir « à ce degré de félicité sublime qui s'appelle la faculté d'être bien trompé, à l'état paisible et serein qui consiste à être un fou parmi les coquins ». Il est exaucé : à partir de 1736, il sombre dans la folie. Il est rare de pousser l'humour jusque-là.

Goldsmith ne va pas aussi loin : son amertume se traduit plutôt par une méfiance bienveillante, qu'exprime *Le Vicaire de Wakefield*. Parallèlement, Sterne fait preuve d'un humour fantasque et original dans *Tristram Shandy*, Samuel Johnson développe un humour littéraire assez caustique dans ses dialogues avec James Boswell, et Sheridan se cantonne dans un humour de salon assez futile.

L'humour *made in England* s'exporte, mais garde tout au long du xviiie siècle une saveur très *british*. Lorsqu'on le mentionne, on conserve toujours la prononciation anglaise, et en France il faut attendre le *Dictionnaire* de Littré (1873) pour trouver une prononciation à la française. Toujours, on signale qu'il s'agit d'une particularité anglaise. Aux Pays-Bas, Belle van Zuylen écrit en 1765 à son frère, à propos de ses conversations avec des Anglais : « J'ai dans mes folies de cet humour qu'ils ne trouvent guère que dans leur île. » En Allemagne, Lessing rappelle que l'humour est une « importation » anglaise.

En France, si le mot pénètre dès 1725 — à peu près en même temps qu'un autre néologisme anglais, *suicide* —, son utilisation reste très limitée, comme en témoigne cette remarque de Voltaire en 1762 : « Ils ont un terme pour signifier cette plaisanterie, ce vrai comique, cette gaieté, cette urbanité, ces saillies qui échappent à un homme sans qu'il s'en doute ; et ils rendent cette idée par le mot "humeur", *humour,* qu'ils prononcent *yumor,* et ils croient qu'ils ont seuls cette humeur, que les autres nations n'ont point ce terme pour exprimer ce caractère d'esprit ; cependant, c'est un ancien mot de notre langue employé en ce sens dans plusieurs comédies de Corneille[41]. » Voltaire fait erreur sur la marchandise : l'humour n'est pas du tout de la plaisanterie involontaire, bien au contraire.

A la fin du siècle, Madame de Staël décrit l'humour anglais avec un peu plus de précision, mais elle en exagère le côté grave, et en accentue le caractère national. A l'en croire, ce produit est lié au climat morose des îles Britanniques, et ne saurait être adapté ailleurs, comme le cricket : « La langue anglaise a créé un mot, *humour,* pour exprimer cette gaieté qui est une disposition du sang presque autant que de l'esprit ; elle tient à la nature du climat et aux mœurs nationales ; elle serait tout à fait inimitable là où les mêmes causes ne la développeraient pas. [...] Il y a de la morosité, je dirais presque de la tristesse dans cette gaieté ; celui qui vous fait rire n'éprouve pas le plaisir qu'il cause. L'on voit qu'il écrit dans une disposition sombre et qu'il serait presque irrité contre vous de ce qu'il vous amuse. Comme les formes brusques donnent quelquefois plus de piquant à la louange, la gaieté de la plaisanterie ressort par la gravité de son auteur[42]. »

L'humour s'acclimate lentement en France. Le *Dictionnaire de l'Académie,* en 1762, ne voit encore dans l'« humoriste » qu'un médecin partisan de la théorie des humeurs, et un siècle plus tard exactement Victor Hugo, en 1862, évoque encore avec curiosité « cette chose anglaise qu'on appelle l'humour ». Taine, dans ses *Notes sur l'Angleterre,* ne s'y attarde pas : c'est « la plaisanterie d'un homme qui, en plaisantant, garde une mine grave ». Littré définit l'humour comme un « mot anglais qui signifie gaieté d'imagination, veine comique », et l'Académie française ignore superbement le terme jusqu'en 1932. L'*Encyclopédie,* en 1778, avait mentionné le mot, mais ne pouvait que fournir des exemples, sans aborder la question de la définition.

VIVRE ET MOURIR EN RAILLANT

En France, au XVIIIe siècle, on n'a pas d'humour, mais on a de l'esprit. C'est même la chose la plus répandue dans la haute société, où il est indispensable de se montrer spirituel pour réussir. Même les désespérés font de l'esprit, car « la meilleure philosophie, relativement au monde, est d'allier à son égard le sarcasme de la gaieté avec l'indulgence du mépris », écrit Chamfort, qui voit la vie comme un piège, comme un cachot où nous sommes jetés et où l'instinct de conservation nous oblige à rester. « Vivre est une maladie, [...] la mort est le remède », constate-t-il aussi. Il se suicide en 1794.

Senancour, lui, choisit d'assister jusqu'au bout au spectacle grotesque de l'existence : « La vie m'ennuie et m'amuse. Venir, s'élever, faire grand bruit, s'inquiéter de tout, mesurer l'orbite des comètes et, après quelques jours, se coucher là sous l'herbe d'un cimetière : cela me semble assez burlesque pour être vu jusqu'au bout. » La vie est une farce pénible, et mieux vaut en rire : « C'est déjà trouver les choses moins malheureuses que de les trouver comiques », et voilà pourquoi « je cherche dans chaque chose le caractère bizarre et double qui la rend un moyen de mes misères [...]. Je ris de douleur et l'on me trouve gai ». Le rire de Beaumarchais n'est pas plus optimiste : « Je me presse de rire de tout, de peur d'être obligé d'en pleurer », dit Figaro.

Quitter une telle vie n'est donc pas un drame. C'est l'occasion d'un ultime bon mot, histoire de faire un pied de nez à la mort, à la vie, à l'être, et de montrer que le rire a le dernier mot. C'est Fontenelle qui déclare en 1757, à presque cent ans : « Cela ne va pas, cela s'en va... Il est temps que je m'en aille, car je commence à voir les choses telles qu'elles sont. » A son médecin qui lui demande s'il souffre, il fait cette réponse philosophique : « Non, je sens une difficulté d'être. » En 1744, Alexander Pope répond au sien, qui tente de le rassurer : « Ainsi, monsieur, je meurs d'être guéri ! » Samuel Garth, en 1719, préfère quant à lui congédier ses médecins : « Messieurs, laissez-moi mourir de mort naturelle », et après qu'on lui eut administré l'extrême-onction avec l'huile sainte : « Le voyage commence : on a déjà graissé mes bottes. » En 1746, le président du parlement de Bourgogne, Jean Bouhier, demande le silence autour de lui : « Chut ! j'épie la mort. » Le dernier souhait de Saint-Évremond, en 1703 : « me réconcilier avec mon appétit ». En 1709, le peintre hollandais Bakhuysen, anticipant Jacques Brel, prie ses amis de rire et de boire à son enterrement. En 1750, l'abbé Terrasson, qu'un confrère s'apprête à confesser sur son lit de mort, lui montre sa gouvernante : « Confessez Madame Luquet : elle répondra pour son maître. » Même sur l'échafaud, l'esprit ne perd pas ses droits : Bailly répond au bourreau que s'il frissonne, c'est parce qu'il a froid ; et Expilly se plaint d'avoir à comparaître le même jour devant le tribunal des hommes et devant celui de Dieu.

Le maître du calembour, le marquis de Bièvres, auteur en 1771 de l'*Almanach des calembours,* et à qui l'on attribue plus de quatre mille de ces jeux de mots — « ce qui peut cacher toute une philosophie des rapports humains », écrit Robert Favre —, se devait de quitter la vie sur une dernière plaisanterie douteuse. Retiré à Spa, en Belgique, il déclare : « Je m'en vais de c' pas » (!), et, à l'adresse du prêtre : « Remportez vos huiles, je suis cuit ! »

Certains même, les plus acharnés, font de l'humour posthume, montrant par là que le rire est plus fort que la mort. La mode des épitaphes comiques est aussi une marque révélatrice de l'esprit du XVIIIe siècle. Une collection de ces rires d'outre-tombe paraît même en 1782 : le *Recueil d'épitaphes sérieuses, badines, satyriques et burlesques.* Swift en a préparé plusieurs pour lui-même. Mais le plus souvent elles sont composées par d'autres, qui se vengent ainsi sans risque de réplique d'un adversaire disparu. Le *Dictionnaire littéraire* s'élève contre cette pratique, qu'il estime calomnieuse. Mais tel n'est pas toujours le cas, comme pour l'épitaphe du maréchal de Saxe composée par Piron :

> Maurice a fini son destin :
> Riez, Anglais ; pleurez, catins.

Tout cela témoigne au moins d'une chose : un besoin invétéré de railler, de se gausser, de se moquer, de ricaner :

> ... il faut que je rie
> De tout ce que je vois tous les jours dans la vie,

dit au début du siècle un personnage de Regnard. Pour Voltaire, cela devient une raison de vivre : « Je me couche toujours dans l'espérance de me moquer du genre humain en me réveillant. Quand cette faculté me manquera, ce sera un signe certain qu'il faut que je parte », écrit-il à un correspondant. Se moquer du monde, seul moyen d'en surmonter l'absurdité. Chez Voltaire, c'est aussi une maladie, une obsession : « Il y a trois mois que je crève de rire en me levant et en me couchant », confie-t-il à Thierlot le 11 août 1760.

Aux yeux de Voltaire, la raillerie est la meilleure alliée de la raison, « le grand moyen de diminuer le nombre des maniaques », des fanatiques, des enthousiastes, des sectaires : elle les tue par le ridicule. « Comptera-t-on pour rien le ridicule attaché à l'enthousiasme par tous les honnêtes gens ? Ce ridicule est une puissante barrière contre les extravagances de tous les sectaires [43]. » Pour Voltaire, la raillerie est manifestement un substitut de la violence physique : « S'il n'avait pas écrit, il eût assassiné », dit de lui Piron. Mieux vaut ne pas être pris pour cible par ce chasseur de têtes qui ne lâche pas sa proie. Le malheureux Lefranc de Pompignan, entre autres, en a fait l'expérience :

> Savez-vous pourquoi Jérémie
> A tant pleuré pendant sa vie ?
> C'est qu'en prophète il prévoyait
> Qu'un jour Lefranc le traduirait.

L'imprudent Lefranc avait eu l'inconscience de s'en prendre aux philosophes dans son discours de réception à l'Académie française. Le reste de sa vie fut un enfer. Ridiculisé par un déluge d'épigrammes, il n'osait même plus sortir de chez lui.

Alors, quand Voltaire écrit dans le *Dictionnaire philosophique* que le rire est une expression de joie, de gaieté, sans aucun sentiment d'orgueil, de supériorité ou d'agressivité, on reste un peu sceptique : « L'homme, explique-t-il, est le seul animal qui pleure et qui rit. Comme nous ne pleurons que de ce qui nous afflige, nous ne rions que de ce qui nous égaie. Les raisonneurs ont prétendu que ce rire naît de l'orgueil, qu'on se croit supérieur à celui dont on rit [...]. Quiconque rit éprouve une joie gaie, dans ce moment-là, sans avoir un autre sentiment. »

En 1765, dans les *Nouveaux mélanges,* Voltaire publie une *Conversation de Lucien, Érasme et Rabelais dans les Champs-Élysées* : les trois grands moqueurs y comparent les sociétés de leurs époques respectives, ce qui fait ressortir les dangers de la raillerie dans le monde chrétien, dirigé par des fanatiques et des escrocs. Voltaire se montre ici indulgent envers Rabelais — qu'il maltraite ailleurs —, expliquant ses grossièretés comme une tactique délibérée pour attaquer les superstitions ; il lui prête en effet ce propos : « Je composai un gros livre de contes à dormir debout, rempli d'ordures, dans lequel je tournai en ridicule toutes les superstitions, toutes les cérémonies, tout ce qu'on révérait dans mon pays, toutes les conditions, depuis celle de roi et de grand pontife jusqu'à celle de docteur en théologie, qui est la dernière de toutes : je dédiai mon livre à un cardinal, et je fis rire jusqu'à ceux qui me méprisent[44]. »

Dans ce texte comme dans les *Lettres à S.A. Mgr le Prince sur Rabelais et sur d'autres accusés d'avoir mal parlé de la religion chrétienne,* Voltaire attribue à Rabelais des intentions qui n'étaient pas du tout les siennes. Il voit dans ses romans une vaste attaque contre l'Église, dissimulée sous des fables grossières pour des raisons de sécurité. Le railleur voit partout de la raillerie. De même, Voltaire voit en Swift « le Rabelais de la bonne compagnie », et il lui est infiniment reconnaissant « d'avoir osé tourner la religion chrétienne en ridicule[45] », ce qui est une étrange méprise à propos d'un homme qui a écrit, avec son esprit caustique habituel : « Si l'on abolissait le christianisme, quel autre sujet au monde permettrait aux libres penseurs, aux fermes raisonneurs, et autres puits de science, de donner toute leur mesure ? De quelles admirables productions ne devrions-nous pas faire notre deuil ? [...] Nous qui nous lamentons tous les jours du déclin de l'esprit, allons-nous jeter aux orties le plus grand, pour ne pas dire le seul thème qui nous reste ? »

Que le rire voltairien soit avant tout agressif et guerrier, le philosophe nous en donne lui-même la preuve : il ne supporte pas le rire d'autrui à son égard. La moindre moquerie est ressentie comme une blessure mortelle. Ose-t-on parodier sa tragédie *Sémiramis ?* C'est une « satire odieuse », et il en obtient l'interdiction par le pouvoir. L'affaire se répète pour chacune de ses pièces : *Alzirette,* parodie d'*Alzire ; Le Bolus,* parodie de *Brutus ; Les Enfants trouvés,* parodie de *Zaïre.* Crébillon, dont le *Catilina* a été parodié en *Catilinette,* devient son allié et, grâce à la Pompadour, ces intolérables railleries sont censurées.

Ce que Voltaire déteste encore plus, c'est la caricature, qui le laisse totalement impuissant. A un écrit moqueur, on répond par une moquerie ; mais que faire lorsqu'un peintre vous déforme le portrait ? Il est curieux de constater combien notre homme est soucieux de son apparence extérieure — il n'a pas moins de soixante-dix-huit ans lorsque, en 1772, le peintre genevois Jean Huber fait de lui une série de caricatures, par ailleurs remarquables de vérité psychologique : le ricaneur desséché y apparaît dans toute sa splendeur. Voltaire en est malade. Furieux, il écrit à la marquise du Deffand le 10 août 1772 : « Il m'a rendu ridicule d'un bout de l'Europe à l'autre. Mon ami Fréron ne me caractérise pas mieux pour réjouir ceux qui achètent ses feuilles. » Crime de lèse-majesté, suivi d'une gifle quand Jean Huber lui adresse une lettre d'une cinglante ironie, le 30 octobre : « Mais, monsieur, êtes-vous le seul être grave qu'on ait osé peindre sans son aveu ? On a fait de tout temps des caricatures de l'Être suprême. Imitez le bon Dieu, qui n'en a fait que rire. »

En 1775, alors que Voltaire a quatre-vingt-un ans, Huber le caricature à nouveau. Le vieillard écrit le 24 janvier 1776 : « Tout cela est assez désagréable. Un homme qui se tiendrait dans l'attitude qu'on me donne, et qui rirait comme on me fait rire, serait trop ridicule. » Le ricaneur refuse de se voir ricanant ; a-t-il des doutes sur la noblesse du rire, de *son* rire ? Il sait que l'immense majorité du public n'aura de lui que l'image diffusée par ces misérables dessins, et tient à donner l'impression la plus flatteuse possible. A la fin de 1775, Denon fait son portrait à Ferney et le lui envoie. Voltaire lui répond le 20 décembre : « Je ne sais pourquoi vous m'avez dessiné en singe estropié, avec une tête penchée et une épaule quatre fois plus haute que l'autre. Fréron et Clément s'égaieront trop sur cette caricature. » Il prie Denon de ne montrer son œuvre à personne, et lui fait parvenir un modèle de lui-même dans « une posture honnête et décente et une ressemblance parfaite » : qu'il s'en inspire !

SATIRE POLITIQUE ET CARICATURE

Il n'est pas surprenant que ce siècle de ricanement ait connu le véritable essor de la caricature. Au XVIIᵉ siècle, celle-ci hésite encore sur le chemin à suivre. Jacques Callot (1592-1635) perfectionne la technique, en réalisant des portraits grotesques inspirés de la *commedia dell'arte*; ces portraits peuvent prendre une dimension inquiétante, et derrière ces masques Wolfgang Kayser croit même discerner le rire du diable. Mais la vocation railleuse de la caricature n'est pas encore née. Pour les artistes, ce genre reste un pur divertissement, sans fonction précise. Le Bernin s'amuse à caricaturer Innocent XI et, lorsqu'en 1665 il vient à Paris et propose de caricaturer Louis XIV, personne ne sait de quoi il s'agit. Chantelou, qui l'accompagne, explique « que c'étaient des portraits que l'on faisait ressembler dans le laid et le ridicule ». Le premier caricaturiste professionnel apparaît au xviiie siècle : c'est le Romain Pier-Leone Ghezzi (1674-1755), qui exécute une galerie plaisante d'aristocrates, de mécènes, de prêtres et d'artistes.

C'est en prenant une dimension sociale que la caricature devient un art à part entière, et il est assez logique qu'elle reçoive ses lettres de noblesse dans le pays où s'épanouissent au même moment l'humour et le *wit*. William Hogarth (1696-1764) est le Jonathan Swift de la peinture : même verve inventive, même âpreté, même hargne, même amertume devant la bêtise humaine, le mal et l'injustice, même volonté de corriger, par une raillerie froide et sans illusion. Caricature acide qui stigmatise les maux de la société : *Gin Lane, Le Banc des magistrats, L'Époque, La Carrière d'une catin,* ou encore *Crédulité, superstition et fanatisme* où, commente Dominique Iehl, « toutes les ressources du mélange grotesque sont utilisées pour décrire le désordre de l'esprit religieux, dans une église capharnaüm, envahie par les signes sacrés, pleine de visages niais et hébétés, sournois et obstinés, qui sont autant de variantes sur l'inanité de l'extase méthodiste [46] ».

En Angleterre, où le parlementarisme et l'attachement aux libertés font des progrès décisifs au xviiie siècle, la caricature s'attaque déjà à la sphère politique, de concert avec le pamphlet. Hogarth est également l'un des pionniers dans ce domaine, où il travaille en accord avec le satiriste Henry Fielding. Et l'on constate avec surprise que, dans cette société qui se veut raffinée et polie, la verve scatologique et obscène est toujours bien vivante. Le derrière, le *rump,* revient de façon obsédante dans les caricatures : il est énorme, bruyant, nauséabond, rabelaisien. « L'idée de montrer le derrière humain est curieusement persistante dans l'art grossier du xviiie siècle », écrit Peter Thomson, auteur d'un article récent au titre évocateur : « Magna Farta : Walpole and the Golden Rump » (Le Grand Pet : Walpole et le Cul d'Or) [47].

Dans des caricatures peu connues, Hogarth utilise largement l'image du clystère purgeant l'énorme derrière du ministre Walpole, tandis que Fielding se joint à l'attaque contre la famille royale dans sa pièce de 1731, *The Welsh Opera*. Dans la caricature intitulée *Broad Bottoms* (Gros derrières), on voit le roi George et le Premier ministre accroupis, déféquant sur le peuple. Le *rump,* qui rappelle le *Rump Parliament* (Parlement croupion) de l'époque de Cromwell, est aussi associé à l'idée de liberté, et en 1734 un groupe de pairs de l'opposition jacobite fonde le *Rumpsteak Club.*

En mars 1737 paraît une estampe satirique qui fait rire tout

Londres : *La Fête du Cul d'Or*. Ledit cul est celui du roi George II, qui se tient sur un piédestal, nu, vu de dos, lâchant un énorme pet : « Le vent d'est, le vent du sud et le vent du sud-ouest se lèvent en tempête », dit l'inscription — citation de l'*Énéide* — sur le piédestal. Le roi, dont les désordres sexuels étaient bien connus, est représenté en satyre, tandis que la reine Caroline s'apprête à lui faire un lavement d'or liquide. Les courtisans s'émerveillent, et la scène se déroule dans un somptueux décor; sur les draperies brillent des culs d'or brodés.

Deux jours plus tard, Fielding fait jouer sa pièce satirique, *The Historical Register for the Year 1736*. Cette fois, c'en est trop. Le 24 mai, Walpole lit devant les Communes des extraits du manuscrit d'une pièce qu'il attribue à Fielding, et qui n'est peut-être qu'un montage, *The Golden Rump*. Outrés, les députés votent une loi contrôlant la presse, le *Licensing Act,* en dépit d'un discours du comte de Chesterfield en faveur de la liberté.

L'IRONIE, L'ESPRIT ET LA FOLIE

Pourtant, le même Chesterfield, dans sa correspondance privée, se montre très hostile au rire, marque d'une mauvaise éducation, bruit incongru, sans parler de « la grotesque déformation du visage qu'il provoque » : c'est ce que la populace « appelle être joyeux[48] ». Dans une autre lettre, il affirme : « Le rire bruyant est la gaieté de la populace, qui ne s'amuse que de choses idiotes, car le véritable esprit (*wit*) et le bon sens n'ont jamais provoqué le rire[49]. » Conseils d'un grand aristocrate à son fils : fais ce que je dis, pas ce que je fais. Chesterfield a en réalité la réputation d'un plaisantin, au point qu'on lui a attribué la paternité d'un livre de blagues, et il est connu pour ses calembours. Pour Samuel Johnson, ses écrits « enseignent une morale de putain et des manières de maître à danser ». Mais Johnson n'a pas vraiment de leçons à lui donner : « Il rit comme un rhinocéros », dit de lui Tom Davies, ce que Boswell présente de façon plus amène : « un grognement de bonne humeur ». Johnson est capable de surclasser les bateliers de la Tamise dans le registre des insultes ordurières, comme il le fait en octobre 1780. Même contraste chez Goldsmith, qui écrit d'un côté que « le rire sonore trahit un esprit vide », et qui de l'autre défend le rire face à Chesterfield.

Bien souvent, l'occasion fait le larron. Diderot a beau assurer que « la plaisanterie a sa mesure, au-delà de laquelle le plaisant n'est plus un homme d'esprit, mais un impertinent », chacun franchit allégrement la frontière suivant les circonstances. Quant à l'impact de ces impertinences en matière de satire politique et sociale, il est impossible à évaluer. Ce n'est évidemment pas le rire des philosophes qui a renversé l'Ancien Régime. Dans le domaine des mentalités l'effet de la dérision est parfois désespérément nul. Le rire a-t-il à lui seul fait tomber un préjugé, une superstition, une bêtise, une croyance stupide? Des siècles de raillerie n'ont entamé ni l'astrologie ni les fondamentalismes religieux. C'est qu'il faut un minimum d'esprit pour apprécier l'esprit, et ceux qui en ont sont déjà tous convertis; pour les autres, le mur de la bêtise constitue un blindage absolument imperméable à l'ironie. Celle-ci est donc plutôt à usage interne; elle entretient la bonne humeur, permet de supporter la stupidité et d'absorber les coups bas de l'existence. « La vie est une tragédie pour ceux qui sentent, et une comédie pour ceux qui pensent », dit justement Horace Walpole.

Bien sûr, le rire n'est pas synonyme de vérité. Il ne suffit pas d'avoir de l'esprit pour avoir raison. Le venin hilarant de Voltaire a ainsi fait accepter des erreurs, voire des monstruosités; il nous a par exemple légué l'image, totalement fausse, d'un Fréron bête et méchant. Mettre les rieurs de son côté peut être une manœuvre déloyale palliant l'absence de raisons ou d'arguments, et tel est parfois le cas des ricanements du XVIIIe siècle. « Beaucoup de rires agressifs, écrit Robert Favre, ne sont que des rires de revanche, chargés de marquer la capacité humaine de rebondir, de triompher de la méchanceté de nos semblables, mais également des maux ou des imperfections de la société, et parfois même de notre condition[50]. »

L'ironie peut être une protection. Érigée en valeur sociale, elle peut aussi devenir un agent corrosif facteur de décadence. Selon Vladimir Jankélévitch, en effet, l'ironie dissout le tragique de l'existence en découpant celle-ci en petits morceaux qui sont chacun traités par la moquerie. De plus, à force de tourner tout en ridicule, elle aboutit à l'indifférence et à l'indécision : « Cette ironie blasée et trop scrupuleuse ne croit plus à rien; rien ne vaut la peine et le monde n'est que vanité; [...] L'ironiste, c'est l'hésitant. L'ironiste n'ose pas. On ne lui connaît pas de "faible", pas d'injustice marquée, pas d'humaine prédilection; tenant la balance égale entre toutes les formes d'être, il renonce à la partialité de ces initiatives aléatoires qui seules résolvent les alternatives du choix. Le "désintéressement" ironique, ne serait-ce pas de l'"indifférence"? Indifférente, l'ironie l'est également, soit qu'elle ne s'intéresse à rien, soit qu'elle s'intéresse à tout[51]. »

L'ironie systématique ne détruit pas seulement le sérieux de l'existence, mais également la cohérence de la pensée discursive, pulvérisée en une multitude de situations indépendantes. C'est ainsi que « l'esprit de conversation tend à devenir au XVIIIe siècle persiflage mondain, dans le même temps que l'évidence cartésienne dégénérait en phénoménisme ou en solipsisme[52] ». Enfin, les ironistes comme Voltaire sont accusés « d'avoir été de grands escamoteurs, de désosser les grosses questions, de les réduire à des lapalissades ou à des pseudo-problèmes : les plus graves débats, pour l'ironiste, viennent de malentendus sur les mots, et il suffit, n'est-ce pas[53] ? ».

Le diable est ironiste parce qu'il est le grand illusionniste, le grand magicien. Rien n'existe vraiment, rien n'est vraiment sérieux, tout prête à rire. L'ironiste finit par flotter entre réel et irréel, entre authentique et virtuel. Il évacue le contenu objectif, et réduit le monde à des mots. Hegel ne va pas tarder à réagir contre ce « discours sur le discours », cette « logologie ».

Cette omniprésence de l'ironie joue un rôle social essentiel. Le siècle de Voltaire privilégie l'apparence. Perdre la face, être ridicule, c'est cesser d'exister, puisque dans un monde ironiste l'être, c'est le paraître. Je parais être, donc je suis : telle est la nouvelle logique sociale des élites. D'où l'importance de l'esprit, du *wit*, qui permet à la fois de s'affirmer et de ridiculiser l'autre, donc de l'éliminer. Une illustration frappante en est donnée par les *Mémoires* de Saint-Simon. Le petit duc est obsédé par l'esprit ; dans les centaines de portraits qu'il réalise, c'est pour lui le critère fondamental — outre la naissance, bien entendu. Dirk van der Cruysse, auteur d'une remarquable étude sur *Le Portrait dans les Mémoires de Saint-Simon,* a pu établir les statistiques suivantes, et en tirer une courbe de Gauss du caractère spirituel des courtisans selon le jugement du duc[54] : 6,5 % ont « infiniment d'esprit » ; 17 % en ont « beaucoup » ; 65 % en ont, tout simplement ; 5,5 % l'ont « médiocre » ; 2,4 % en ont « peu », et 1,2 % l'ont « au-dessous du médiocre » (les formules utilisées pouvant varier). On comprend que le principal reproche qu'il adresse à Louis XIV soit de ne pas avoir aimé les gens d'esprit...

Pour sa part, Saint-Simon ne s'en estime pas dépourvu, et il faut admettre que ses *Mémoires* ne manquent pas de sel. Ses portraits au vitriol se comptent par centaines, sur les 2 100 recensés dans cette œuvre monumentale ; celui du duc de Vendôme est particulièrement soigné. Grand amateur de bons mots, Saint-Simon n'omet jamais de citer ceux qu'il a entendus. Il possède d'ailleurs dans sa bibliothèque plusieurs volumes de recueils, comme *Scaligerane ou bons mots, Menagiana ou les bons mots de Ménage, La Vie et les bons mots de Santeuil*[55].

Ainsi le duc de Lauzun, dont il méprise la « bassesse », le fascinet-il par sa capacité à faire des mots d'esprit qui laissent ses adversaires médusés : « Il tombait sur tout le monde, toujours par un mot asséné le plus perçant, toujours en toute douceur[56] », se retirant ensuite avec un sourire. La liste de ses victimes est impressionnante, allant du duc d'Orléans au roi lui-même, nous l'avons rappelé. Saint-Simon rapporte quantité de ses saillies, usant de termes qui les assimilent à de véritables coups d'épée : « Ses bons mots étaient toujours fort justes et fort pointus »; ils sont « perçants »; non seulement l'interlocuteur est « mortifié », mais les assistants sont « morts de rire ». Racontés par Saint-Simon, ils n'en sont que plus tranchants et comiques, surtout s'il y ajoute des fantaisies de langage dont on ne saurait dire si elles sont malicieuses ou candides. La meilleure est la fameuse « oraison éjaculatoire », au lieu d'« oraison joculatoire » — terme technique désignant « une prière courte et fervente par laquelle l'âme s'élève à Dieu », dit le *Dictionnaire de l'Académie*. Lapsus? Image irrespectueuse montrant que la prière de Lauzun jaillit comme du sperme? Il s'agit en tout cas d'une des dernières plaisanteries de Lauzun. Malade, celui-ci est guetté dans sa chambre par Biron et sa femme, qui est sa principale héritière et qu'il déteste. Ils sont cachés derrière une tenture afin de surprendre d'éventuelles décisions testamentaires du mourant. « Il voulut l'en faire repentir et s'en divertir d'autant. Le voilà donc qu'il se prend tout d'un coup à faire tout haut, comme se croyant tout seul, une oraison éjaculatoire, à demander pardon à Dieu de sa vie passée, à s'exprimer comme un homme bien persuadé de sa mort très prochaine, et qui dit que, dans la douleur où son impuissance le met de faire pénitence, il veut au moins se servir de tous les biens que Dieu lui a donnés pour en racheter ses péchés, et les léguer tous aux hôpitaux sans aucune réserve. [...] Voilà Mme de Biron éperdue. C'était bien le dessein du testateur de la rendre telle. Il fit attendre les notaires, puis les fit entrer, et dicta son testament, qui fut un coup de mort pour Mme de Biron. Néanmoins il différa de le signer, et se trouvant de mieux en mieux ne le signa point. Il se divertit beaucoup de cette comédie, et ne put s'empêcher d'en rire avec quelques-uns quand il fut rétabli[57]. »

La raillerie fait des ravages dans la haute société : « Personne ne veut être ridicule. On aimerait mieux être haïssable », écrit en 1760 Jacques Abbadie. Cet austère réformé voit dans le rire, avec les accents qu'il a pris au XVIIIe siècle, une agression, une arme criminelle dont la motivation est l'orgueil. Il le condamne sans appel : « Nous sommes ravis de voir abaisser les autres. C'est autant de personnes qui sortent du rang de ceux qui peuvent aspirer à la gloire avec nous : nous prenons surtout plaisir à les voir tournés en ridicule [...]. D'où vient que les hommes qui ne rient jamais de voir tomber une pierre ou un cheval ne peuvent presque s'en empêcher lorsqu'ils voient tomber un homme, puisque l'un n'est sans doute pas plus ridicule que l'autre ? C'est qu'il n'y a rien dans notre cœur qui nous intéresse dans la chute d'une bête, au lieu qu'il y a en nous quelque chose qui nous intéresse tellement dans l'abaissement des autres hommes qu'il n'est point jusqu'à l'image de cet abaissement qui ne nous fasse plaisir. On croit toujours rire innocemment, et l'on ne rit presque jamais sans crime[58]. »

Et pourtant, remarque Abbadie, les hommes font tant de choses ridicules, dont le côté absurde ne les frappe même plus parce qu'ils y sont habitués : quoi de plus ridicule que les contorsions de la danse ou les hurlements de l'opéra ? On pourrait y ajouter l'étiquette de la cour, dont Saint-Simon est si friand, tout ce bal grotesque de ducs enrubannés et emperruqués Et que dire de la flagornerie sans borne qu'exige le culte de la majesté royale ? Un évêque aussi « raisonnable » que Fléchier peut déclarer sans rire à l'adresse du roi : « Votre génie seul est capable de suffire à tout. La source de vos conseils est en vous-même. Vous soutenez le poids des affaires. Nous devons à votre cœur et à votre esprit tant de grands succès ; votre puissance les produit ; votre prudence les prépare. Vous avez tout ensemble la gloire du dessein et celle de l'exécution ; et ce que vous pensez n'a pas moins de grandeur que ce que vous faites. [...] L'Église et les autels n'ont plus que vous pour défenseur. La cause du Ciel est la vôtre ; et tandis que tant de princes armés contre vous se liguent avec tant de peine, intrépide et paisible en vous-même, vous vous unissez avec Dieu[59]. » De telles formules ne se retrouveront, laïcisées, que dans l'URSS stalinienne. La disparition du fou du roi a ouvert la voie à la folie collective de la courtisanerie.

Car la folie rôde toujours, guettant ses proies, derrière le décor raisonnable du siècle. Pour Fontenelle, elle est aussi omniprésente qu'au temps d'Érasme, et il lui fait dire dans son *Pygmalion* :

> Ma domination s'établit toujours mieux
> Les hommes d'à présent sont plus fous que leurs pères ;
>   Leurs fils enchériront sur eux
> Les petits-fils auront plus de chimères
>   Que leurs extravagants aïeux[60].

Prédiction clairvoyante. La folie, au XVIIIe siècle, est moins brutale qu'au XVIe, mais plus insidieuse, protéiforme. Diderot la voit même au cœur de la raison, ce qui est très inquiétant pour les Lumières. *Le Neveu de Rameau* établit un nouveau rapport entre raison et folie, qui engendre un nouveau type de rire. D'une part, la folie est le produit d'une pression de la mentalité collective, qui exclut par la raillerie les extravagants : « On m'a voulu ridicule, et je me le suis fait », dit le Neveu, fou parce que désigné comme tel par l'opinion raisonnable. Mais d'autre part cette folie rejaillit sur les gens « normaux », qui ne peuvent se juger raisonnables que par opposition aux fous. « Sans le fou, écrit Michel Foucault, la raison serait privée de sa réalité, elle serait monotonie vide, ennui d'elle-même, désert animal qui lui rendrait présente sa propre contradiction[61]. » C'est un peu ce qui arrive au roi absolu privé de son fou : sans son contraire, il devient inconscient de ses propres limites.

Il y a plus : ce que Diderot veut montrer, c'est que le fait de désigner des fous crée un lien essentiel avec eux. Montrer et définir des fous en termes rationnels, c'est participer de cette folie : « La raison s'aliène dans le mouvement même où elle prend possession de la déraison[62]. » Vertige, délire existentiel, prise de conscience de la distance et de l'irréductibilité de la vérité rationnelle et du monde réel, vécu. D'où un nouveau rire : un rire solitaire, incommunicable, un rire fou — à défaut de fou rire —, de celui qui comprend que l'on est toujours le fou de quelqu'un, et que l'autre est décidément un fou. Si ce sentiment de la folie relative déborde du domaine intellectuel dans celui des sens et du désir, cela donne le rire sadique. Si celui-ci retentit à la fin du XVIIIe siècle, c'est qu'il s'agit bien d'un phénomène culturel, lié à la généralisation de la raillerie aristocratique qui n'a cessé de monter au cours du siècle. Le ricanement érigé en règle de vie finit par éroder la raison et le sentiment.

Pourtant, Sade a peur de la folie, il a peur de l'internement. Cette époque qui joue avec la déraison craint une contamination à partir des asiles. Des mouvements de panique se produisent, comme en 1780 à Paris, où l'on parle d'infection des esprits à partir de l'Hôpital général. Les ouvrages de médecine d'alors répertorient une forme de folie douce dans laquelle le malade rit ou sourit sans cesse : l'imbécillité. L'« imbécile heureux » a perdu la raison pour une cause médico-morale : masturbation, abus d'alcool, coups, dessèchement du cerveau chez les vieillards. « Les imbéciles ne sont ni agités ni furieux ; rarement sombres, ils montrent un visage stupidement gai et sont à peu près les mêmes, soit qu'ils jouissent, soit qu'ils souffrent », dit en 1785 le *Journal de médecine*, qui conseille : « Il n'est rien de meilleur que d'inoculer la gale, et ce moyen même pourrait être tenté sur tous les imbéciles. » Le siècle des Lumières a des côtés déroutants : des traités de Cagliostro à l'*Insecto-théologie* de Lesser, et de Mesmer à Swedenborg, il paie son tribut à la folie — mais comme on livre des proies au Minotaure, pour qu'il nous laisse en paix. La folie a perdu son aspect bouffon de la Renaissance. Elle ne fait plus rire du tout : elle fait peur. Le rire, lui, s'est rationalisé et intellectualisé. C'est le rire cérébral de la raillerie.

LE « RÉGIMENT DE LA CALOTTE » :
UNE « COMICOCRATIE » CONTRE L'ABSOLUTISME (1702-1752)

Dans la première moitié du XVIIIe siècle, un groupe de plaisantins aristocratiques a pourtant voulu réhabiliter la folie : c'est le « Régiment de la Calotte », une société de rieurs fondée en 1702, afin d'exercer la « police du ridicule » dans la haute société. S'inspirant de la « République de Babin » — une société noble polonaise du XVIe siècle qui avait créé une « République joviale » —, décernant des brevets, ses membres se placent sous le signe de la folie : la « calotte » en question était la chape de plomb que l'on mettait sur la tête des malades mentaux.

Cette joyeuse compagnie aurait voulu que l'on recrée la fonction de fou du roi, en la modernisant. Ce fou disposerait d'un pouvoir réel sur le Conseil, afin d'« écarter par les traits de la satire les mauvais ministres, les vils courtisans et les bas conseillers ». La folie au pouvoir, c'est ce que réclame en 1732 un quatrain calottin :

> Si quelque roi pouvait en paix
> Réunir tous les fous pour conseil,
> Il pourrait à bon droit se dire
> Le plus grand roi de l'univers.

Le Régiment de la Calotte témoigne d'une réaction à la fois culturelle, littéraire et sociale de l'aristocratie. Réhabiliter le rire spirituel pour en faire un instrument de sélection morale : cette éthique du rire s'exerce par l'attribution de brevets burlesques, sarcastiques, qui enrôlent de façon imaginaire de nouveaux membres par la raillerie. Ce qui suppose une écriture spirituelle et de l'érudition, marques de ces beaux esprits. Ces brevets comiques sont rédigés par un petit groupe d'hommes de lettres, en majorité des ecclésiastiques, les « divins abbés », qui se réunissent dans les cafés proches de l'Opéra-Comique. Ces champions de la satire, plus habiles à manier la plume que le goupillon, sont l'abbé Guillaume Plantavit de La Pause, dit « le plus caustique des hommes », auteur des *Lettres d'un rat calottin* en 1727, grand pourfendeur de jésuites (*Politique et intrigues des jésuites*, 1716) et de jansénistes (*Le Jansénisme démasqué*, 1715) ; l'abbé Guyot Desfontaines ; l'abbé de Grécourt, qui dédramatise en 1727 les querelles politico-religieuses dans *Les Rillons-Rillettes, ou la Bulle Unigenitus*, et qui publiera les *Maranzakiniana* en 1738 ; l'abbé François Gacon, plutôt misogyne, auteur de *Nouvelles satires contre les femmes* en 1695 et du *Secrétaire du Parnasse* en 1723. A cette fine équipe de soutanes brodées se joint Pierre-Charles Roy, auteur du *Carnaval de la folie* (1717) et d'un traité *A Momus, philosophe, le jour de sa majorité* (1727) ; c'est à lui que reviendra la tâche délicate de rédiger les brevets pour Voltaire, Fontenelle et Crébillon. Il faut encore y ajouter un ministre, le comte de Maurepas, et quelques autres fines plumes.

Ces artistes de la dérision se fixent pour tâche de restaurer la tradition du rire moral, face aux « importunes leçons d'une sagesse trop austère trop durement enseignée », mais aussi face à l'« indécente joyeuseté », à la « pasquinade » de la farce, au rire grossier du théâtre de foire — de Florent Dancourt à Lesage. Dancourt est particulièrement odieux, ridiculisant dans ses comédies burlesques une noblesse militaire dont les membres se révèlent incapables de se battre, vivent en fanfarons, gaspillent l'argent qu'ils n'ont pas, et épousent des filles bourgeoises pour redorer leur blason. Ces « attaques grotesques » doivent cesser; il faut restaurer le rire fin, distingué, spirituel, épuré, sain, bienséant, moral — noble, en un mot.

Rejetant le rire vulgaire, populaire, bourgeois, le Régiment de la Calotte a le culte du bel esprit, qui est presque un pur esprit, transfiguré par un rire divin jusque sur son lit de mort. Ainsi Emmanuel de Torsac — l'un des fondateurs du Régiment —, dont l'*Éloge historique* assure que « son bel esprit veilla à ce trépas aussi longtemps qu'il le put, lançant ses traits, riant de tout, donnant le modèle d'une inestimable vertu ». Rire salvateur et réactionnaire en même temps, qui s'oppose au rire bas des parvenus, des anoblis. On lit dans le même *Éloge* de Torsac : « Il nous rappelait sans cesse que Momus lui-même pouvait être corrompu, qu'il existe une espèce de dérogeance pour qui accepte de rire avec le commun des mortels. » Torsac avait d'ailleurs eu la brillante idée de faire établir un registre de tous les mots d'esprit de la noblesse authentique depuis Clovis : une sorte d'anthologie des blagues aristocratiques d'origine contrôlée, un *who's who* du rire. Chacun dans le Régiment se cherche une « généalogie comique », espérant trouver parmi ses ancêtres un Triboulet, un Chicot ou un Brusquet, ou plus modestement un Connard ou une Mère Folle.

Les cibles favorites du Régiment sont les anoblis de fraîche date, tel le financier Samuel Bernard, qui reçoit un brevet d'« inspecteur des danseuses du Régiment » :

> De cuistre et manant qu'il était,
> Il sera réputé bien et net
> Honnête et brave gentilhomme.

Le Régiment pratique un véritable racisme du rire, comme l'a montré Antoine de Baecque dans sa remarquable étude sur « les stratégies aristocratiques de la gaieté française », où il écrit à propos de la « comicocratie aristocratique » du Régiment : « Le rire est

devenu un privilège corporel de plus, offert à la noblesse pour signifier sa supériorité par rapport aux grossiers éclats de la roture[63]. » Il
y a donc une façon noble de rire, transmise avec tout le patrimoine
biologique. Aspect inattendu de la réaction aristocratique, qui vise
à préserver la culture nobiliaire des contaminations et qui se traduit
par la parution de nombreux ouvrages, des *Diverses espèces de la
noblesse et des manières d'en dresser les preuves,* de Ménentrier (1685),
à l'*Essai sur la noblesse de France,* ouvrage posthume de Boulainvilliers (1732). Dès le début du siècle, le marquis d'Argenson notait
avec satisfaction : « L'art de la plaisanterie a fait, depuis quelque
temps, d'immenses progrès. Ces vers burlesques de Scarron, qui
réjouissaient nos pères, choquent aujourd'hui notre goût plus
épuré. La plaisanterie était dans son enfance au beau siècle de
Louis XIV; le nôtre est arrivé à la perfection dans la bagatelle.
Autant sommes-nous déchus dans le genre sublime, autant avons-
nous marché dans le frivole[64]. »

A vrai dire, le rire du Régiment n'est pas toujours d'une rare distinction, notamment lors des repas offerts par les grands seigneurs
protecteurs de la compagnie, laquelle prend alors des allures de
société bachique[65]. En mars 1718, l'abbé Plantavit de La Pause dissipe en une seule nuit les trente mille livres dont il vient d'hériter,
en un pantagruélique festin au cours duquel il mange, boit et « fait
bonne plaisanterie ». L'orgie fait grand bruit; les courtisans
accourent, et le Régent lui-même, en fin connaisseur, vient faire un
tour et déclare « n'avoir jamais rien vu de si curieux ».

Le Régiment, qui honnit Rabelais, a donc ses moments rabelaisiens. Parfois, il retrouve aussi la tradition populaire du charivari,
lorsque ses membres vont en bruyant cortège lire le brevet sous les
fenêtres d'un de leurs adversaires. Ils sont pour l'occasion
accompagnés de troupes de choc, les « dragons » du Régiment, pla-
cés sous les auspices du « dieu pet », avec un drapeau qui représente
un enfant pétant. Parmi les victimes de ces « sarabandes » figurent
Madame de Saint-Sulpice, une précieuse; Fagon, médecin de
Louis XIV; Antoine de Parisifontaine, lieutenant des gardes du
corps du roi, qui a défié à la course un jeune enseigne des gardes;
ou encore le procureur Moriau, connu pour ses déboires conjugaux.

Les relations entre ces aristocratiques rieurs et le pouvoir politique sont assez mouvementées. Elles sont excellentes sous la
Régence et au début du règne de Louis XV : farouchement anti-
absolutiste, le Régiment approuve pleinement le retour de la
noblesse au pouvoir, l'éloignement des parvenus du mérite et des
grands commis bourgeois. L'aristocratie doit limiter la monarchie,
à laquelle elle fournit ses conseillers naturels. Il est bon que ceux-ci

soient en même temps des comiques, car « savoir rire, c'est régner »,
et « c'est régner que de savoir rire », écrit le chancelier Maurepas,
membre du Régiment, qui traduit ainsi la devise de Momus, *Cui
ridere regnare erat.* Là où d'autres conseillent *La Politique tirée de
l'Écriture sainte,* il fait l'éloge des « utilités du rire en manière de
gouverner », dans son traité sur *L'Art d'égayer et de simplifier le travail du roi.* Rire pour régner : le roi doit « savoir rire de tout », et utiliser la crainte du ridicule.

Pendant ce temps, le pouvoir s'est effectivement servi de la puissance de dérision que représente le Régiment pour ridiculiser, donc
éliminer, des opposants. Le pouvoir par le rire, et le rire au pouvoir : fait exceptionnel, mais bien réel. Le Régent commande par
exemple un brevet pour ridiculiser le marquis de Brie, ce que
relatent les *Nouvelles calottines* : « Ce fut le Régent lui-même qui lui
donna le brevet pour en faire la lecture publique. Monsieur de Brie
soutint assez bien la gageure jusqu'à un certain endroit. Alors ce
papier tomba de ses mains, ce qui fit rire le Régent et les courtisans
qui l'accompagnaient. "Ce portrait est parfait, puisque vous vous y
reconnaissez", lui dit le Régent. » Le vénérable cardinal Fleury lui-
même demande à Maurepas de préparer un brevet contre l'abbé
Pucelle, conseiller au Parlement : avec un nom pareil, le malheureux abbé se prête à toutes les allusions gaillardes, et son brevet,
intitulé « Rendez-nous Pucelle », est particulièrement soigné. Plus
tard, en 1731, Louis XV proposera la nomination de son mousque-
taire Saint-Martin comme généralissime du Régiment, et en 1744
ledit Régiment participera au concert de louanges pour la guérison
du Bien-Aimé.

Mais l'absolutisme reprend vite ses droits. Ce régime qui n'a plus
de fou n'a plus rien à faire des rieurs. Sous Louis XIV, les relations
sont tendues, car le Régiment tient à sa liberté. Torsac, élu généralissime en 1712, le place sous l'égide de la lune, et dans un projet
de dictionnaire comique il interdit les néologismes en rapport avec
le soleil. Des ministres sont « brevetés », comme le duc de Bourbon,
le prince de Conti, le marquis d'Argenson, mais aussi l'archevêque
de Sens et les lieutenants de police Ravot d'Ombreval et René
Hérault, qualifiés de « gibier de satire » et d'« Aliboron des désopi-
leurs de rate ».

Lorsque Torsac lui-même prend des allures de « despote absolu »
au sein du Régiment — il envoie ainsi des « intendants généraux »
en province —, ses conseillers, en 1716, décident de réunir les
« États généraux de la Calotte » sur le Champ-de-Mars : ces États
reçoivent les doléances et, sous 333 chefs d'accusation, ils suspendent le généralissime et l'envoient comme ambassadeur au pays
des despotes, dans l'Empire ottoman. Cet épisode, relaté par les

Annales du Régiment, est cependant imaginaire et symbolique; il veut montrer que le rire est la « liberté joviale inhérente au caractère français ». Liberté pour l'aristocratie, tout au moins.

Le pouvoir politique, quel qu'il soit, se prend trop au sérieux pour tolérer longtemps un contre-pouvoir du rire. Des membres du Régiment sont emprisonnés. Roy est exilé en 1717; beaucoup plus tard, il sera battu à mort. Plantavit de La Pause est détenu quatre ans aux îles de Lérins, puis au château d'If, de 1743 à 1747. Le Régiment a beau compter de puissants protecteurs — tels le maréchal de Villars, le comte de Charolais, le marquis de Livry, Maurepas, le garde des Sceaux Fleuriau d'Armenonville —, rien ne peut le sauver lorsqu'il s'attaque en 1748 à un gros poisson, la marquise de Pompadour, roturière anoblie et amie des tragédiens. Maurepas ayant composé et fait circuler *Les Poissonnades,* il se retrouve exilé à Bourges, et Pont de Veyle, qu'on soupçonne d'être le coauteur, est incarcéré.

LA RAILLERIE DE SALON

En 1752, après un demi-siècle d'existence, le Régiment s'autodissout, lors d'une dernière fête burlesque, le *Carillonnement général de la Calotte,* sorte d'opéra-comique mettant en scène la folie, qui ne trouve plus personne digne d'entrer au Régiment. Le cortège final est l'enterrement des calottins, victimes du « rire dénaturé » de la farce et des « soupirs » de la tragédie. L'alliance des larmes et du gros rire serait venue à bout du rire distingué.

La tradition, cependant, se perpétue jusqu'à la fin du XVIIIᵉ siècle dans certains régiments d'avoir un bouffon. Les régiments suisses servant en France ont jusqu'en 1792 leur *Lustig* (d'où vient notre « loustic »), un fou qui distrait les soldats, comme le rappelle Paul-Louis Courier : « Il les amuse, les empêche quelquefois de se pendre, ne pouvant déserter, les console un moment de la *schlague,* du pain noir, des fers, de l'insolence des nobles officiers. »

Le Régiment de la Calotte n'est qu'un épisode isolé, de l'esprit foncièrement railleur du siècle. Dans la bonne société, il devient indispensable de se distinguer par des traits d'esprit, des saillies comiques, des remarques narquoises. Faire rire pour exister, et de préférence faire rire aux dépens des autres. Les manuels de civilité tentent de fixer des règles de bonne conduite. Comment donc faire rire en société, intelligemment, spirituellement, et point trop méchamment? En 1695, Morvan de Bellegarde interdit le recours aux trivialités, « qui ne sont bonnes que pour le peuple », et aux

calembours et autres jeux de mots, « puérilités » qu'« il faut abandonner aux Italiens avec les pointes et les équivoques. On n'y sçauroit être trop réservé : on ne les pardonne qu'avec peine aux honnêtes gens, même en badinant dans une conversation libre[66] ». Cet
auteur note déjà la recrudescence de railleries grossières dans les
conversations : « Ce n'est que depuis peu que les personnes de qualité, d'un certain âge, prennent des libertés entre eux, et qu'ils ont
des manières qu'on ne pardonnerait pas à leurs laquais[67]. »

Être habile railleur ne consiste pas seulement à savoir piquer
autrui, mais aussi à savoir esquiver, parer les coups, contrer avec
élégance, pour ne donner aucune prise au ridicule, dont on ne se
relève pas : « Depuis qu'on s'est érigé en ridicule, on n'en revient
guère, parce qu'on ne se sent guère [...]. Nous sommes dans un siècle malin, où chacun cherche à se moquer de son prochain et à le
tourner en ridicule[68]. » Voilà pourquoi Morvan de Bellegarde
compose en 1696 un gros ouvrage, vrai manuel de *self-defence* en
société : les *Réflexions sur le ridicule et sur les moyens de l'éviter*.

Avant tout, ne pas s'exposer inutilement en se mettant en avant,
car « on peut tomber dans le ridicule par les choses mêmes en quoi
on excelle. Un homme qui chante ou qui danse, qui parle ou qui
écrit poliment, qui a quelque talent rare, s'il s'applaudit de son
mérite, s'il se loue, et s'il veut que tout le monde l'admire, il s'expo-
sera à la risée de tout le monde[69] ». Autre règle : ne pas provoquer
inconsidérément l'adversaire ; toute la difficulté consiste à attaquer
sans blesser, et à prendre les coups sans les accuser : « Il faut être
bien hardi pour railler les autres sur leurs défauts et sur leur
conduite : c'est leur donner une espèce de droit de vous railler à
leur tour [...]. La raillerie est d'un usage difficile et même dangereux, si elle n'est accompagnée de certaines circonstances qui en
ôtent l'aigreur et l'amertume. Il faut qu'elle réjouisse les indifférents, sans blesser les intéressez ; ce pas est glissant : le but de la
fine raillerie est de réveiller la conversation ; si vous relevez les sottises ou les faibles des autres, vous les offencez [...]. Les personnes
d'esprit, et qui entendent raillerie, se mettent du côté des rieurs, et
donnent quelque chose à l'intention de celui qui parle. Un homme
tout d'une pièce relève chagrinement ce qu'on dit ; et le dépit qu'il
fait paroître ranime la plaisanterie qui seroit tombée d'elle-
même[70]. »

Stratégie et tactique de fin rieur. La conversation en société est
un vrai combat. Le salon est un champ clos où chacun pour ferrail-
ler se fait railleur, et où l'interlocuteur est un adversaire en puissance. L'arme : le rire ; le coup mortel : le ridicule. Pour se perfec-
tionner dans l'art de railler sans effort, on peut consulter de

nombreux ouvrages : *Bons mots et bons contes, de la raillerie des Anciens et des railleurs de notre temps,* de François de Callières ; *Histoire des choses les plus comiques advenues en Europe,* de Pierre Colins ; *Les Auteurs en belle humeur,* de Gabriel Guéret... On peut aussi trouver des anecdotes à replacer dans les *Recherches historiques sur les fous des rois de France,* de Menestrier, ou dans le *Mémoire pour servir à la fête des fous,* de Du Tilliot.

Il y a bien sûr tous les recueils de bons mots et de blagues, que ne néglige pas Saint-Simon, mais qu'il convient d'utiliser avec modération. Un manuel hollandais de 1735, le *Groot ceremonie-boeck der beschaafde zeeden,* prend l'exemple d'un homme du monde « qui a toujours avec lui un dictionnaire de bons mots, qui l'étudie chaque jour, qui ne se rend jamais en société sans en avoir appris vingt-cinq par cœur, et qui guette la moindre occasion pour en placer un[71] ». Cette remarque montre que l'obsession de paraître spirituel est un phénomène européen, mais elle révèle aussi la vogue de ces petits ouvrages in-octavo que beaucoup prennent le soin de glisser dans leur poche, manuels du parfait petit railleur en société, ou du *teach yourself* la raillerie. Le livre en question conseille de citer les bons mots comme s'ils étaient spontanés et originaux — ce qui laisse à penser que tel était loin d'être toujours le cas.

Le rire spirituel du XVIIIᵉ siècle tente même d'infiltrer le monde de la religion. Non pas contre elle, mais pour elle : en allié, en sauveur. Les religions, bousculées par le rire des libres penseurs, se défendent en effet maladroitement par des in-folio en latin ressassant des arguments d'un autre âge. A l'époque de l'humour et de l'esprit, de la raillerie et du ricanement, elles semblent tout faire pour se rendre ridicules ; aux quolibets de leurs adversaires, elles offrent d'un côté les visages austères, fermés ou exaltés, fanatiques ou pleurnichards du méthodisme, du puritanisme, du jansénisme, du calvinisme des camisards, et de l'autre les faces poudrées et efféminées des abbés de cour débauchés et de certains évêques incroyants ou livrés aux turpitudes, tel le gros et gras cardinal de Bernis, émule de Casanova. La raillerie a la partie facile contre les Églises du XVIIIᵉ siècle, qui ont décidé avec la Contre-Réforme de rejeter le rire. Depuis que les derniers éclats comiques de l'humanisme dévot sont retombés, au milieu du XVIIᵉ siècle, la religion arbore un sérieux imperturbable ; elle n'admet que les larmes et, pour les plus exaltés de ses membres, l'hystérie fanatique — depuis les névrosés des Cévennes jusqu'aux convulsionnaires de Saint-Médard. Voilà qui n'est ni raisonnable ni amusant, au siècle de la raison et de l'ironie.

SHAFTESBURY : L'HUMOUR CONTRE LE FANATISME

Justement, au pays de l'humour, un courant apparaît à la fin du XVIIᵉ siècle qui souhaiterait réintroduire la joie dans la foi. Les platoniciens de Cambridge, comme Benjamin Whichcote, et les théologiens latitudinaires, selon lesquels la nature et la raison n'ont pas été entièrement corrompues, veulent faire de la bonne humeur et de la plaisanterie souriante les bases de la vie religieuse, en lieu et place de la crainte et de la peur. C'est ce que réclame l'archevêque de Canterbury, Tillotson, tout en distinguant entre le *wit* mauvais, qui porte à la raillerie, et cette joie indéfinissable qu'on commence à appeler l'humour et qui nous rapproche de Dieu.

Placer le rire, ou du moins un certain rire, au cœur de la religion : tel est bien l'objectif que poursuit Anthony Ashley Cooper, comte de Shaftesbury (1671-1713), un tempérament remarquable qui, écrit Paul Hazard, « avait beaucoup de raisons d'être optimiste, et une seule, décisive, de maudire la vie ». Riche, cultivé et tuberculeux, Shaftesbury est d'humeur heureuse, ce dont se ressent son style aimable, détendu, sans effort ni contrainte. Et cette bonne humeur, il l'applique aussi à la religion : « La manière mélancolique dont nous nous occupons de la religion est à mon avis ce qui la rend si tragique, et ce qui lui fait engendrer en fait tant de lugubres tragédies dans le monde. Mon opinion est celle-ci : pourvu que nous traitions la religion avec de bonnes manières, nous ne pourrons jamais user à son égard de trop de bonne humeur. »

Shaftesbury croit que la bonne humeur est à la racine même de la foi, et que celle-ci, si elle est authentique, doit donc se manifester dans le rire. Il est conscient de la difficulté : il y a rire et rire. N'est-ce pas le méchant et le vulgaire qui rient plus, le plus fort, le plus joyeusement, le plus ouvertement, sans arrière-pensée ? « L'humeur de la soldatesque quand elle est au comble de la cruauté, et dans l'acte même de la cruauté, sac d'une ville, pillage, brigandage, violences, mort et tortures. Qui est plus joyeux ? Où donc la farce, la bouffonnerie, la plaisanterie est-elle plus parfaite, plus achevée ? Où donc rit-on d'aussi bon cœur et si franchement ? Qui connaît mieux ce rire et s'y plonge davantage ? Chez qui est-il porté à une plus grande perfection, est-il plus *bona fide,* et (comme on dit) du fond du cœur ? Les fous et les simples, ces pauvres gens, comment sont-ils traités ? Le rire en la matière, que vaut-il ? De quelle nature ? [...] Le divertissement d'aller voir Bedlam [...]. Le délassement ordinaire des princes et de leurs semblables : le bouffon de cour, le nain, le singe humain ! [...] Et pourtant, quoi de mieux considéré que ces moqueries ? Est-il un meilleur rire ? Vois la méchanceté de la chose, et juge en conséquence tout autre rire.

Comme il serait donc heureux de pouvoir changer ce rire vulgaire, sordide, exorbitant, affreux, contre celui d'un genre plus retenu, plus docile, qui mérite à peine d'être appelé rire ou qui du moins est une autre espèce[72]! »

Les deux espèces de rire, Shaftesbury tente de les décrire et de les distinguer dans un ouvrage de 1706-1707 resté manuscrit, la *Pathologia sive Explicatio affectum humanorum*. D'un côté, la *jocositas*, moquerie agressive, marque d'orgueil et de supériorité, provoquée par la découverte d'un défaut chez autrui; de l'autre, l'*hilaritas*, sorte d'humour joyeux et amical, engendré par la révélation de quelque chose de bon et de beau. Dans ce texte jusqu'ici peu connu, Shaftesbury décrit pour ainsi dire les deux types de rire à propos desquels s'affrontent les philosophes. On aura reconnu dans la *jocositas* le rire selon Hobbes, et dans l'*hilaritas* un rire proche de celui de Spinoza :

« Car *hilaritas* et *jocositas* ne sont pas la même chose. En effet, l'*hilaritas*, cette sorte de rire modéré qui se laisse maîtriser, est une forme de l'émerveillement, une certaine joie qui naît du spectacle ou de l'examen d'un objet extérieur que nous jugeons beau. Car si nous considérons cet objet comme faisant partie de nous-même, soit naturellement, soit au terme de l'effort qui nous aura permis de le faire nôtre, sur-le-champ une telle joie tombe dans la vantardise, ou dans l'orgueil, s'il s'agit de très hautes qualités. La *jocositas* est une sorte de rire aux éclats, qui ne se laisse pas refréner ; c'est la joie que nous cause l'existence chez l'autre d'une laideur honteuse, qui nous est étrangère, mais comme si elle représentait un bien pour nous. Plaisir ou joie en effet ne se peuvent trouver que d'un objet bel et bon, qu'il le soit de fait ou que nous le prenions pour tel. Or un tel rire n'est ni désir, ni rejet, ni douleur, mais plaisir et joie ; il s'ensuit nécessairement que son objet, à savoir ce ridicule ou ce mal, chez l'autre, est tenu par nous comme bon et beau, de notre point de vue. C'est donc de la malveillance et de la haine que procède un tel rire ; c'est donc une espèce de méchanceté, un plaisir du mal de l'autre[73]. »

Le problème est que ces deux types de rire — le bon et le mauvais — coexistent, et souvent dans la même personne. Tous deux participent de la nature humaine. Vouloir introduire le rire dans la religion ne revient-il alors pas à introduire le loup dans la bergerie, puisque le rire est susceptible de se révéler dévastateur? Tel est l'avis de John Brown, dans ses *Three Essays on the Characteristics* (1751), et de William Wotton qui explique dans *Bart'lemy Fair, or an Inquiry after Wit* (1709) que le rire va éroder l'autorité civile et religieuse, dissoudre les traditions, les rites et les institutions, mettre en danger tout le corps social. Thomas Sprat, lui, craint pour tout le système des croyances. Traumatisés par les railleries de Tindal, Collins ou Toland, les membres du clergé anglican ont peur de rire, et même un esprit indépendant comme Swift dessert la cause du rire dans la religion en ironisant sur l'ironie des libres penseurs dans son opuscule sur *L'Abolition du christianisme* (1708). Quant à Leibniz, nous l'avons vu, il n'est pas convaincu : il pense que la pente naturelle du rire est l'excès, et qu'une fois lancé la raison ne pourra pas l'arrêter. Berkeley est également opposé au maniement du ridicule en religion.

Après avoir mûrement réfléchi à la question, Shaftesbury rédige une longue *Lettre concernant l'enthousiasme,* ce dernier terme étant pris au sens religieux d'exaltation produite par un fort sentiment de participation au divin. En 1708, une occasion s'offre de publier cette lettre, avec les désordres que provoque à Londres le groupe des réfugiés calvinistes cévenols. Cette poignée d'hystériques « inspirés », convulsifs et prophètes de malheurs trouble l'ordre public et sème des bruits alarmants. Va-t-on réprimer? Surtout pas, écrit Shaftesbury : « La répression, qui repose sur la crainte, est le pire des remèdes : c'est nécessairement aggraver la mélancolie du cas, et accroître la cause du dérèglement. Interdire aux hommes des craintes naturelles, et tenter de les étouffer par d'autres craintes, ce ne peut être qu'une méthode vraiment contre nature[74]. » En cas de répression, ces enthousiastes se présenteraient comme des martyrs et se prendraient encore plus au sérieux. Il faut les traiter avec humour et ironie.

Et Shaftesbury élargit le débat. Ce qui produit ainsi des enthousiastes fanatiques, c'est l'absence de rire dans la religion — le rire sous ses deux formes : l'humour et l'esprit *(wit)*. L'humour permet de prendre ses distances par rapport à soi et par rapport aux autres : « Il interdit, écrit Laurent Jaffro, cette forme de coïncidence absolue de soi-même avec soi-même qu'est la bêtise, ou de fusion entre soi-même et l'autre qu'est l'inspiration; il interdit *a fortiori* cette conjonction de bêtise et d'inspiration qu'est l'enthousiasme fanatique[75]. » Quant au *wit*, il est « une expression sociale du développement de l'esprit critique. Il faut la réflexion du rire devant le spectacle du fanatisme[76] ». Ainsi Shaftesbury unit-il *wit* et *humour,* que l'on a tendance à séparer en prêtant à l'un la malveillance et à l'autre la bienveillance. En réalité, la différence tient surtout au fait que le premier est plus intellectuel, et le second plus sentimental.

Voilà pourquoi le rire global ne dégénérera donc pas en gros rire antireligieux. Il s'autorégulera parce que, dans sa dimension critique, il participe de la raison. Loin de s'opposer à elle, il en est l'agent, en ridiculisant ce qui est déraisonnable : « Quel ridicule peut tenir contre la raison? Ou comment un homme de la moindre justesse de pensée peut-il supporter un ridicule mal placé ? Rien n'est plus ridicule que cela précisément. Le vulgaire, assurément, peut avaler n'importe quelle raillerie sordide, simple farce ou bouffonnerie ; mais seul un esprit plus fin et plus vrai peut l'emporter auprès des hommes de sens et d'éducation[77]. »

Dans un autre ouvrage, *Characteristicks,* Shaftesbury revient sur les rapports entre *wit* et *humour ;* il montre que leur usage libre, dans les relations sociales, aboutit à les polir, à les raffiner. Liberté, esprit, humour : c'est un peu la devise de Shaftesbury. Le rire spirituel ne peut se développer sans la liberté : « L'esprit s'amendera dans nos mains, et l'humour se raffinera lui-même, si nous prenons garde de ne pas chercher à le corrompre, ni à le réduire par la violence, les mauvais traitements et les prescriptions sévères. Toute politesse est due à la liberté. Nous nous polissons les uns les autres, et nous émoussons les angles et les arêtes inégales par une sorte de choc amical[78]. » Dans le même texte, Shaftesbury défend « la liberté de railler, la liberté de tout remettre en question, dans un langage décent, et la permission d'éclaircir et de réfuter tout argument, sans offenser l'interlocuteur : telles sont les conditions qui rendent agréables les conversations intellectuelles[79] ». Sans la liberté de rire, de railler et de faire de l'humour, pas de progrès de la raison. Shaftesbury énonce là, en 1711, ce qui sera l'esprit des Lumières.

LE RIRE POPULAIRE VU PAR LES PEINTRES :
ALIBI DE LA BOURGEOISIE ?

Que devient le rire populaire au XVIIIᵉ siècle ? En dépit des pressions exercées par les autorités, le peuple continue à rire. Comme le dira encore sous la Restauration l'avocat Dupin : « Le roi règne, le ministre gouverne et réunit l'impôt, les Français se soumettent mais rient. » C'est l'un des rares plaisirs qui ne soient pas taxés.

On lui attribue des vertus diverses. Un astrologue italien, qui se fait appeler l'abbé Damascène, se vante même en 1662, dans une brochure qu'il vend à Orléans, de pouvoir lire les tempéraments dans la façon de rire : les mélancoliques font « hi, hi, hi », les bilieux « hé, hé, hé », les flegmatiques « ha, ha, ha », et les sanguins « ho, ho, ho ». C'est ce que rapporte le *Dictionnaire de Trévoux* dans son article « rire », où il est également question d'une autre variété d'hilarité : le « rire de Saint-Médard », rire forcé, du bout des lèvres, par allusion au fait que saint Médard, d'après Grégoire de Tours, avait le don de guérir le mal de dents, et qu'on le représentait donc montrant les dents, ce qui lui donnait un air rieur.

Aux Pays-Bas aussi, on s'amuse beaucoup, et le rire hollandais s'affiche sur des centaines de tableaux qui sont autant de témoignages sur les facettes de la gaieté populaire. Contrairement aux artistes français et italiens, qui se consacrent aux sujets nobles et artificiels de la beauté classique, les Flamands, dans la tradition de Bruegel, descendent dans les tavernes, assistent aux fêtes populaires, aux kermesses, et pénètrent dans les intérieurs bourgeois. Leurs toiles débordent de ces mondes grouillants où les êtres hilares, aux mines comiques, s'agitent en tous sens : ils boivent, mangent, dégorgent, dansent, fument, chiquent, crachent, pissent en un tourbillon chaotique qui évoque un grand éclat de rire. Au XVIIe siècle, une multitude de gravures anonymes vient s'ajouter aux compositions de Rubens, de Rembrandt, de Jordaens, de Steen, de Brouwer, de Graat, pour restituer ces scènes de liesse populaire. Monde paysan, artisan, mais aussi bourgeois aisé, comme dans *Le roi boit* de Jacques Jordaens. Le contraste avec le rire méditerranéen est illustré par deux tableaux à peu près contemporains : l'*Homme riant,* de Rembrandt, sorte de Falstaff poilu dont les traits rustiques éclatent d'un gros rire sauvage, et le *Démocrite* de Vélasquez, le philosophe rieur à l'ironie tout intellectuelle, qui pointe un index moqueur vers un globe terrestre, théâtre de la comédie humaine.

Aux Pays-Bas, Jan Steen est l'un des principaux témoins de cette débauche de rire populaire. Il faut dire que le gaillard, qui s'est souvent représenté sur ses toiles, n'inspire pas la morosité. Sur l'*Autoportrait au luth*[80], peint vers 1665 : il apparaît comme une sorte de Falstaff, gras, hilare, avec une face d'ivrogne et un regard qui invite à partager ses plaisirs, qu'on devine peu raffinés ; jambes haut croisées, et pichet sur la table, il est aux antipodes du distingué *Cavalier riant* de Frans Hals. Il y a d'ailleurs de la provocation dans cette attitude, une incitation au gros rire. Car le rire est contagieux. Les peintres et les auteurs de recueils de bons mots le savent, qui au XVIIe siècle aux Pays-Bas ne manquent pas de placer sur leurs toiles ou en début de volume le portrait d'un gai luron, comme celui de l'acteur comique Jan Tamboer, bien connu à l'époque : « Un visage qui rit nous fait rire », dit Horace.

Jan Steen utilise couramment le procédé. Dans la *Joyeuse compagnie sous une pergola,* il est encore là, éclatant de rire, pichet à la main. Le rire et l'alcool sont en effet au centre de sa vie. Après avoir épousé la fille de van Goyen, il tient une brasserie, qui fait bientôt faillite ; il obtient alors une licence pour vendre de l'alcool dans sa propre maison, et sombre dans les dettes. Son tableau intitulé *Maison dissolue,* peint vers 1661, donne une idée de ce que pouvait être son intérieur : un capharnaüm où règne la plus complète insouciance.

Dès ses premiers tableaux, il s'oriente vers le gros comique : un arracheur de dents, un mariage paysan, *La Cuisine maigre* et *La Cuisine grasse*. Il ne dédaigne pas le genre historique, mais c'est pour le traiter par la dérision : *Samson moqué*, *Cérès moquée*. Avant tout, il s'intéresse au comique de la vie quotidienne. Pas un tableau où ne figure un élément comique : grosses blagues, farces, réjouissances. Steen semble un bon témoin de l'omniprésence du rire dans la vie populaire de cette époque. Son contemporain Adriaen Brouwer donne la même image d'une société qui s'amuse bruyamment, comme dans la fameuse scène des *Fumeurs*[81], où la bouche grande ouverte du personnage central, gouffre béant s'apprête à engloutir le contenu d'un pichet, tandis que derrière, un convive, un doigt sur la narine, expulse de son nez la morve et le tabac à priser. La célébrité, à Amsterdam, c'est alors l'auteur comique Jan Tamboer, « Jean le Tambour », de son vrai nom Jan Meerhuysen : il fait hurler de rire les spectateurs, et on lui attribue plusieurs recueils de blagues. Sweerts, Schellinks, Questiers se font un nom par leurs écrits et leurs peintures d'un gros comique. Comique de toilettes publiques par exemple avec Sweerts, dont un tableau sert de modèle à une gravure anonyme, *La Rencontre risquée des inscriptions des toilettes*[82] : scène scatologique du réalisme le plus cru, qui donne une idée de ce que pouvaient être les lieux publics et leurs environs, où chacun fait ses besoins devant tout le monde, dans une ville du XVIIe siècle. Le peuple s'amuse, et les peintres nous le montrent. De Rabelais à Steen, on reste apparemment dans le même monde.

Pourquoi ces peintres et ces auteurs insistent-ils tant sur le comique de la vie populaire? Dans un article sur « les stratégies et les fonctions de la peinture comique au XVIIe siècle », Mariët Westermann a suggéré une réponse. Bien sûr, il y a une explication naturelle qui n'est pas entièrement fausse : la vue de scènes comiques est réjouissante, elle nous détend, elle chasse la mélancolie et sa valeur récréative permet de reprendre des forces pour mieux accomplir nos tâches sérieuses. Mais il y a probablement chez ces peintres, et donc chez ceux qui commandent et achètent leurs tableaux, c'est-à-dire les bourgeois néerlandais aisés, d'autres motivations plus obscures. Deux essentiellement, à la fois complémentaires et contradictoires.

D'abord, représenter des comportements sociaux que réprouvent les nouvelles normes de la politesse peut être un moyen de les condamner : voyez comme ces buveurs, ces fumeurs sont dégoûtants, répugnants, ridicules! Édifier par le contre-exemple : tel est le principe des acteurs comiques qui, dans les années 1670, défendent la pratique du réalisme comique face à la société Nil Volentibus Arduum qui, à Amsterdam, mène campagne pour une moralisation du théâtre dans un esprit calviniste. Sexualité, scatologie, adultère, vol, tricherie, tabagisme, alcoolisme : traiter ces fléaux sociaux par le rire, en en soulignant le ridicule par une exposition publique, est aussi efficace qu'une argumentation sérieuse. Dirck Pers en fournit une illustration dans son *Bacchus wonder-wercken,* juxtaposant un éloge comique de l'alcool et une condamnation sérieuse et argumentée. Montrer pour ridiculiser : la recette sera encore employée sous le Troisième Reich avec l'exposition de l'« art dégénéré ».

Même explication que pour le carnaval : exhiber l'envers pour mieux justifier l'endroit, étaler sur la toile les désordres provoqués par les comportements que l'on veut éliminer. Le premier biographe de Jan Steen, A. Houbraken, au début du XVIIIᵉ siècle, affirme que la « peinture spirituelle » de son héros vise à montrer qu'une vie déréglée conduit à la sauvagerie. La licence de la peinture flamande remplirait donc une fonction morale : renforcer les valeurs bourgeoises en faisant rire des contre-valeurs.

La seconde motivation est plus trouble : « Rire des bassesses de tels bouffons, de plaisirs qu'on ne peut soi-même jamais s'offrir, permet de se délecter de leur spectacle, sans encourir de censure morale[84]. » Le processus de civilisation, de raffinement, l'exigence de dignité, de décence, de respectabilité, qui marquent l'affirmation d'un genre de vie urbain, policé, dont se targue la bourgeoisie, s'accompagnent évidemment de nombreuses frustrations. Les interdits et les tabous se multiplient. Le grand refoulement freudien commence ; la grande poubelle de l'inconscient se remplit de désirs refoulés, tandis que le sur-moi, dopé par la réforme religieuse, bloque les issues. Avoir chez soi un tableau grossier, aller voir des tableaux coquins ou des scènes de beuverie, c'est comme un rêve : une satisfaction symbolique, ou sublimée, de désirs interdits. Il y a deux bons alibis pour rassurer la morale : c'est de l'art, et c'est pour rire. Se régaler la vue et fantasmer devant les scènes de réjouissances débridées des paysans, en pensant qu'ils ont bien de la chance : de cette façon, le rire de la peinture hollandaise peut aussi être une protection hypocrite des valeurs bourgeoises. Ce rire est à la fois refuge, camouflage et libération. C'était déjà en partie le cas pour Rabelais, dont le rire, contrairement à ce que dit Mikhaïl Bakhtine, n'est pas vraiment populaire : Rabelais se sert du populaire pour faire rire une élite cultivée et embourgeoisée, qui entre dans sa fiction pour se décharger de ses tensions par le rire. La peinture comique hollandaise prolonge ce rôle, que reprendront le cinéma et la bande dessinée comiques.

Le comique pictural comme jeu de dupes entre la morale et le désir peut devenir très subtil, comme le montre l'évolution des interprétations d'un tableau de Steen, *La Fille aux huîtres*[85], datant de 1660. Dans un intérieur bourgeois, une jolie jeune fille, souriant gentiment, prépare des huîtres. Elle en tient une à la main, et de l'autre ajoute du sel; légèrement penchée vers la table, elle suspend son geste et regarde le spectateur du tableau. Scène charmante, qui faisait écrire à un auteur en 1873 : « Une Madone ne pourrait être plus belle et plus chaste[86]. » Pendant longtemps, les critiques ont vu dans ce tableau innocent la volonté de Steen de se faire pardonner ses grossièretés, en évoquant, par un décor en arc ogival, une image de la Vierge.

Tout de même, ce regard est insistant, troublant. Il va droit dans les yeux du bourgeois, ce qui pour une fille est plutôt effronté. Et puis il est peu courant de saler une huître, le gélatineux gastéropode étant déjà gorgé d'eau de mer. C'est alors qu'on se rappelle que l'huître est considérée au XVIIe siècle comme un aphrodisiaque, et qu'on se sert du sel pour attraper les oiseaux, qui eux-mêmes sont une métaphore du phallus. De plus, l'expression « n'oubliant pas le sel » est utilisée pour désigner une fille vierge, ce que cette demoiselle n'est visiblement pas. Du coup, c'est toute la scène qui devient salée. Voilà notre Madone transformée en petite vicieuse, dont le regard coquin et le petit sourire entendu sont une invitation provocatrice à des plaisirs suggérés par la façon délicate dont elle utilise ses doigts fins. L'ange devient démon : c'est une nouvelle plaisanterie de Jan Steen, à couper le souffle court du bourgeois au visage déjà congestionné. Car le sel, c'est aussi la métaphore pour un esprit vif et fin : « Voilà de l'art comique réservé aux initiés, écrit Mariët Westermann, et par là il effectue une discrimination sociale, entre les esprits sophistiqués et ceux qui se tapent sur les cuisses[87]. »

CARNAVALS ET FÊTES POPULAIRES : LE RIRE CONTESTATAIRE

Revenons à ces derniers. Si le rire quotidien n'a sans doute pas évolué aux XVIIe et XVIIIe siècles, le rire collectif organisé subit une forte pression de la part des autorités, qui voudraient supprimer ces occasions de désordre. C'est le charivari qui résiste le mieux. Surgissant de façon semi-spontanée, en des lieux et à des dates imprévisibles, il se révèle difficile à contrôler. De plus, les autorités civiles, qui voient là une sorte de mécanisme d'autorégulation de la communauté villageoise, ferment les yeux et coopèrent peu, voire pas du tout, avec les autorités religieuses dans la répression.

Du début à la fin du XVIIIe siècle, des charivaris sont signalés en

France, aussi bien dans le Nord[88] qu'en Bretagne. Ainsi, à Rennes, une procédure est ouverte le 18 juin 1784 à propos d'un charivari qui s'est déroulé quatre jours plus tôt dans la paroisse de Saint-Pierre-en-Saint-Georges, lors du mariage d'un veuf de soixante-trois ans et d'une célibataire de cinquante-quatre ans[89]. Cas semblable en Angleterre, par exemple, où en 1737, à Charing Cross (Londres), un homme de plus de soixante-dix ans épouse une fille de dix-huit ans : « un grand *skymmington* héroïco-burlesque » a été organisé[90]. Le mouvement part toujours de la jeunesse, mais la communauté adulte est présente et approuve. Le rire turbulent reste le moyen de sanctionner des conduites qui mettent en danger le marché matrimonial local, ou qui vont contre l'ordre conjugal traditionnel (mari maltraité, par exemple). Mais on note en Angleterre une progression des charivaris visant les maris qui battent leur femme. Le rire suit l'évolution des sensibilités.

Les compagnies de folie, en tant que groupes permanents bien localisés, sont des cibles plus faciles pour les autorités, et elles disparaissent rapidement au cours du XVIIᵉ siècle. Une des dernières manifestations est rapportée par Esprit Fléchier, à Clermont, en 1666. Arrive « une troupe de jeunes gens, dont les livrées, mêlées de jaune et de vert, paraissaient un peu extravagantes », écrit l'évêque. Ils font un bruit épouvantable, avec tambours et flûtes. L'intendant veut faire arrêter le cortège. Peine perdue. Il fait venir les meneurs. « Deux ou trois de ces messieurs, s'étant détachés du gros, montèrent dans la salle de l'intendant et, le saluant d'une manière tout à fait folle : "Sache, lui dirent-ils, que nous sommes les officiers du prince de Haute-Folie, qui allons imposer le tribut ordinaire à un seigneur étranger qui vient enlever la plus belle nymphe de son royaume. Nous avons nos voix." A peine eut-il achevé ces mots que tous les tambours, entrant dans la cour, firent un si grand bruit qu'on ne pouvait plus s'entendre dans la maison. Le plus court fut de rire avec eux, et de se retirer pour n'être point étourdi[91]. »

Ainsi, les autorités sont encore obligées de reculer devant la parade comique et de rire avec les fous. Mais ce n'est plus qu'une tolérance, qui ne tient que par un rapport de forces précaire. D'ailleurs, les anciens admettent que ce n'est plus comme autrefois. « Hélas !, explique un vieil homme à Fléchier, les princes de la Folie de notre temps faisaient bien d'autres magnificences ; et ce qui nous réjouit aujourd'hui nous aurait fait pitié dans nos jeunes ans, et ne nous divertit présentement que par le souvenir des choses passées. » Le refrain est connu ; on l'entend encore aujourd'hui. Mais en 1666 il correspond à une réalité : les compagnies de folie sont sur le point de disparaître. Tout comme le roi n'a plus de fou, les municipalités congédient les leurs. La ville a besoin d'ordre et de sérieux.

Le cas du carnaval est plus délicat. Montré du doigt par tous les prédicateurs comme une occasion de débauche et d'irrespect, il évolue et s'adapte. A partir de la seconde moitié du XVIIᵉ siècle, il se coupe en deux : le carnaval aristocratique se sépare du carnaval urbain. Sous la forme de bals masqués, il devient fête privée, enfermée dans l'espace des salons — telles les mascarades de l'intendance de Caen, vers 1700, à Nantes à partir de 1729 —, ou fête de cour, de plus en plus pesante et glissant vers le pur spectacle. Le carnaval urbain lui-même commence à éclater : en Provence, les notables et leurs violons se différencient du petit peuple et de ses tambourins.

Michel Vovelle, qui a étudié *Les Métamorphoses de la fête en Provence de 1750 à 1820,* constate que cet éclatement du carnaval s'accompagne d'une dérive contestataire à caractère social : « Cette fête, à dominance juvénile, apparaît souvent chargée de contestations et révélatrice des tensions de la société rurale[92]. » La montée du rire de classe se précise et, si les évêques tolèrent difficilement ces folies, ils réussissent parfois à les codifier, comme à Arles ou aux Saintes-Maries. On brûle toujours Caramantran, et les originalités locales se perpétuent : cavalcade célébrant Bacchus à Châteaurenard, danse du pas de la reine de Saba par les travestis à Vitrolles et à Tarascon.

De nombreuses autres fêtes provençales persistent jusqu'à la fin de l'Ancien Régime : variétés de charivaris, comme la promenade du vieux Mathurin, le mal-marié, dans sa brouette, à Trets ; le jugement d'un mari battu et ridicule le premier jour de carême, aux Saintes-Maries ; la promenade d'un mari battu par sa femme, à califourchon sur un âne, regardant vers la queue. La tradition de la dérision se poursuit : le jour des Rameaux, à Marseille, on fait croire aux gavots, travailleurs saisonniers venus des Alpes, qu'on distribue gratuitement des pois chiches à l'église des Chartreux, et l'on se gausse de ceux qui se présentent. En mai a lieu la fête de la « belle de mai » — rôle tenu par une vieille édentée —, au cours de laquelle des jeunes filles parées font la quête. Pour la Fête-Dieu, à Aix, un étrange défilé mêle Momus, dieu de la satire, qui se moque des passants, Bacchus, des Juifs, des diables, des lépreux, des innocents, des vauriens de la ville qui se traînent dans la poussière en mimant les souffrances, et, en queue de cortège, la « mouert », la mort, qui crie « hohou » pour effrayer le peuple. Le rire, le diable, la mort : trio bien connu, association sulfureuse dans laquelle chaque partenaire neutralise les deux autres. Le sens général de ce cortège burlesque est d'exorciser les forces mauvaises par le rire.

En Provence, à la fin de l'Ancien Régime, on compte une fête tous les dix jours en moyenne à Marseille, en ne considérant que les fêtes officielles, et des fêtes sauvages surgissent un peu partout, qui recourent aussi à la dérision comme exorciste. Ainsi, à Cadenet en 1745, les catholiques déterrent un protestant, « Montagne », et le traînent sur la claie dans une farandole dérisoire, en chantant : « Pauvre Montagne, tu n'iras plus au prêche à Lourmarin. »

Le besoin de dérision semble s'accroître, au XVIIIᵉ siècle aussi bien dans le peuple que dans les élites, ce qui trahit, comme à la fin du Moyen Age, la montée d'une crainte diffuse, non pas tant religieuse cette fois que politique et sociale. Culture populaire et culture des élites se rejoignent dans un besoin de ridiculiser pour sécuriser. Il faut neutraliser par l'ironie la crainte de l'autre, la crainte des autres.

Le carnaval romain, tel que le décrit Goethe en 1788, prend de plus en plus nettement des allures antijuives : dans la mascarade de la *Giudiata,* on détruit symboliquement la communauté judaïque, tandis que dans le rituel des *Moccoletti* chacun porte un cierge allumé et cherche à éteindre celui du voisin en lui lançant cette menace inquiétante : « A mort qui ne porte pas de feu ! » Il y a aussi une parodie de rixe au couteau et d'accouchement d'une créature informe, outre les habituelles obscénités, courses de polichinelles, élection d'un roi comique, le tout au milieu des rires et de la plus grande liberté. « Le carnaval de Rome, écrit Goethe, n'est pas proprement une fête que l'on donne au peuple, mais que le peuple se donne à lui-même. [...] Point de procession brillante à l'approche de laquelle le peuple doive prier et s'étonner : ici on se borne à donner un signal, qui annonce que chacun peut se montrer aussi fou et aussi extravagant qu'il voudra, et qu'à l'exception des coups et du poignard, presque tout est permis[93]. » Mikhaïl Bakhtine voit là le signe de l'« indestructibilité du peuple », qui forme « un tout triomphalement joyeux et ignorant la peur ». Disons plutôt que le rire est là pour exorciser, refouler une peur latente qui se cache sous les rituels dérisoires des *Giudiata,* des *Moccoletti* et des rixes.

Les carnavals espagnols sont tout aussi ambigus. Au cœur du carnaval madrilène se déroule le rite de l'« enterrement de la sardine », immortalisé par le tableau de Goya. Cérémonie dont le burlesque étrange est renforcé par les teintes sombres et rougeoyantes, les visages hideux et grimaçants que l'artiste a donnés aux personnages. Il s'agit d'une mascarade, avec de faux prêtres qui chantent des psaumes funèbres, portent des bannières extravagantes, arrosent la foule d'eau bénite pompée dans des pots de chambre avec des seringues ; des gamins dansent à reculons devant le cortège et injurient les vieilles femmes. Au cimetière, on enterre la sardine dans une boîte de nougats, et l'on brûle une outre de vin déguisée en pantin, qui tenait dans sa bouche la sardine. Il reste un grand mannequin en carton d'une vieille femme à sept jambes ; on lui en coupe une par semaine jusqu'au Samedi saint, et là on lui coupe la tête. La signification de tels gestes demeure mystérieuse. Bien sûr, les érudits de l'élite cultivée ne sont jamais à court d'explications, et là encore l'ironie revient au premier plan. Il s'agirait à nouveau d'un rite d'inversion : « Appeler une chose par son contraire, afin de faire surgir ce qu'on aime sous le masque de ce qu'on déteste, est le propre du burlesque populaire toujours à double tranchant[94]. » On parle d'« ironie en tant que révolte contre l'austérité[95] ». Reste à savoir si les participants sont vraiment conscients de ce rôle qu'on leur fait jouer.

On peut en dire autant du rite de décapitation de *Pero Palo,* à Villanueva de la Vera, dans la province de Cáceres : un pantin de bois de trois mètres de haut, en habit sombre et plastron blanc, poursuit les hommes avant d'être jugé et décapité. Pour certains, il s'agirait du diable, qui cette fois est vaincu par le rire. Interprétation renforcée par le fait qu'en 1752 l'Inquisition, qui suspectait jusque-là une hérésie, acquitte les organisateurs et participe même aux frais de bannière et tambours.

Quel que soit le sens profond — s'il y en a un — de ces manifestations, il reste indéniablement un aspect tangible : la contestation par le rire. Agitation, licence, monde à l'envers, libération de pulsions et de désirs interdits par les normes morales : le paysan se défoule physiquement au carnaval comme le bourgeois se défoule mentalement devant un tableau coquin. Que tous ces rires, sonores ou entendus, gras ou sous cape, participent en dernier ressort à la consolidation de l'ordre social, moral et politique, en jouant le rôle de soupape de sûreté, est peut-être vrai. Cependant, écrivent Pier Giovanni d'Ayala et Martine Boiteux, cette « exaltation du monde à l'envers, qui installe le désordre dans une allégresse effrénée, [est] toujours menaçante pour l'ordre établi[96] ». Il arrive que les soupapes ne soient pas suffisantes.

Et cela d'autant plus que les valeurs et les institutions, rongées par un siècle de ricanement dans les élites cultivées, sont affaiblies. A la fin du XVIIIe siècle, il y a conjonction du rire populaire, qui n'a rien perdu de son aspect contestataire, et du rire aristocratique, marque d'une ironie croissante à l'égard des valeurs traditionnelles. La rencontre du rire émotionnel et du rire cérébral va se traduire par le grand éclat du grotesque romantique.

Le rire et les idoles
au XIXe siècle

La dérision dans les combats politiques, sociaux et religieux

Avec la Révolution commence une longue période de combats politiques, sociaux, religieux, mais aussi nationaux et bientôt idéologiques. Il ne s'agit plus seulement de débats d'idées, mais d'affrontements furieux, souvent sanglants. Des forces nouvelles font irruption dans la mêlée, et dans le déchaînement des passions retentissent davantage d'invectives que d'éclats de rire. On ne ricane plus, on hurle sa haine. Le rire retrouve sa vieille vocation d'insulte, d'agression verbale et visuelle, d'exclusion et de moquerie humiliante, qui entretient le moral de chaque camp, comme au temps d'Homère.

De Rivarol à Hébert, les sarcasmes fusent et volent bas, on lance des quolibets aux têtes sanglantes promenées au bout des piques, et l'on danse la farandole autour de la guillotine. La Révolution prend parfois les allures d'un grand carnaval, avec ses mascarades antireligieuses. La liberté d'expression permet l'essor de la caricature, et la verve comique du peuple et des pamphlétaires se réveille, comme au temps de la Fronde. Le rire libéré participe à la grande mêlée révolutionnaire, et l'on ne pourra plus le renfermer dans sa boîte. La vie politique au XIXe siècle, qui avance de façon chaotique vers la démocratie, a besoin de la dérision, parce que le débat libre ne peut pas se passer de l'ironie. Rire et démocratie sont indissociables, alors que les régimes autoritaires, à pensée unique, ne peuvent tolérer cette prise de distance que crée le rire.

Le rire de combat, le rire partisan, connaît donc une extraordinaire renaissance au XIXe siècle. Ce sera l'objet de ce chapitre. Mais déjà pointe un rire plus profond, plus moderne, plus vaste, un rire qui englobe tous les autres, qui englobe tout, rire de Démocrite pour les uns, rire diabolique pour d'autres, rire du non-sens, rire de

l'absurdité, héritier du grotesque romantique. De ce rire philosophique, nous parlerons au chapitre suivant.

LES ARISTOCRATES, PARTI DU RIRE (1789-1790)

La Révolution aurait pu être une fête. Il n'en fut rien. Les nouveaux acteurs de la vie politique sont gens très sérieux. Quand on
dirige l'histoire en marche, on ne plaisante pas. Le ton est donné
dès la réunion des États généraux. Le 6 juin 1789, le tiers état se
dote d'un code de conduite pour les débats à venir, qui spécifie
l'interdiction de rire en séance. On se croirait revenu au temps des
règles monastiques : les membres doivent rester impassibles,
comme il convient à la dignité de la représentation nationale[1] ; des
censeurs sont chargés d'y veiller. Pour ces bourgeois sérieux, le rire
évoque la frivolité et la raillerie hautaine de l'aristocratie. Pour
aborder les graves problèmes de réforme, cette insouciance n'est
plus de mise, et un correspondant affirme sa confiance : « Croyez-
moi, cher ami, cette nation qui est si joyeuse, si spirituelle, si amicale, si prompte au rire, est capable d'efforts sérieux [...].
Lorsqu'elle se fixe des buts importants [...] une telle nation n'est
nullement frivole et rieuse. Bien au contraire, elle est capable de se
hisser au sommet du sérieux tout autant que de se plonger dans les
plus sublimes discussions[2]. »
Les toutes nouvelles libertés d'expression et de presse jouent également, dans un premier temps, contre le rire : puisqu'il n'est plus
nécessaire de dissimuler, nul besoin de recourir à cette subtile ironie qui sous l'Ancien Régime agrémentait les débats des philosophes. Chacun peut exposer sans détour ses arguments. La Révolution n'est pas la Fronde, ce n'est pas une révolte pour rire. Le
petit peuple est donc prié lui aussi de faire taire son gros rire épais :
un peu de dignité, le moment est historique ! Et puis, ces carnavals,
ces mascarades, ne sont-ils pas des restes de fanatisme, des rites
grossiers et superstitieux, intolérables dans une France éclairée et
régénérée ? Partout, les nouvelles autorités tentent d'interdire les
fêtes traditionnelles. Par exemple, le *Journal de la Sarthe* en
avril 1791 fait ressortir le ridicule de la fête des bouchers au Mans,
qui avait lieu lors des Rameaux et où rompaient des lances « treize
meuniers habillés de fer, coiffés de vieilles marmites, armés de
grandes gaules de trente pieds de long, courant comme des fous sur
de mauvais chevaux, représentant les treize apôtres du Seigneur ».
Ces bêtises-là n'auront plus lieu : « Cette institution tenait à
l'Ancien Régime féodal. » Ailleurs, ce sont les dragons et les géants

qui doivent disparaître, pour devenir bientôt un objet d'étude de la part des premiers folkloristes. Ainsi, Graouilly de Metz présente en 1807 une conférence intitulée : *Observations sur l'usage où l'on était à Metz et dans plusieurs autres villes de promener l'image ou le mannequin d'un monstre ou d'un dragon, en réjouissance de la prétendue victoire remportée sur ce monstre par un saint libérateur de la ville affligée par cet animal.* Il y déclare que cette fête est « ridicule dans le siècle éclairé où nous vivons ».

Au début de la Révolution, le rire est nettement dans le camp des aristocrates, qui accusent les patriotes de tuer la « gaieté française » en se prenant au sérieux. L'ironie fine et distinguée se pratique à la cour et dans les salons. C'est ce que rappelle Madame de Staël : « On a vu des hommes autrefois réunir l'élévation des manières à l'usage presque habituel de la plaisanterie ; mais cette réunion suppose une perfection de goût et de délicatesse, un sentiment de sa supériorité, de son pouvoir, de son rang même, que ne développe pas l'éducation de l'égalité. Cette grâce tout à la fois imposante et légère ne doit pas convenir aux mœurs républicaines ; elle caractérise trop distinctement les habitudes d'une grande fortune et d'un état élevé [3]. »

L'usage permanent de l'ironie dans la haute société d'Ancien Régime a fini par accréditer l'idée selon laquelle le « savoir rire » est une qualité strictement noble, synonyme pour les aristocrates de bonnes manières et pour les bourgeois de superficialité, d'insouciance coupable. Ce sont donc les premiers qui utilisent d'abord la raillerie dans les débats révolutionnaires. A l'Assemblée, le vicomte de Mirabeau, contre-révolutionnaire notoire, acquiert rapidement la réputation d'« organe très joyeux de l'aristocratie ». Contre son frère et contre les orateurs du Tiers, il mène une « guerre du rire », qui choque profondément ses sérieux adversaires, comme lorsqu'il réclame en janvier 1790 une Déclaration des droits des chevaux. Surnommé « Riqueti-la-tonne », il rédige en 1790 un journal qui donne un compte rendu humoristique des débats à la Constituante : *Les Dîners, ou la vérité vient en riant.* Il s'y engage à instruire ses lecteurs en les faisant rire, et en parodiant les séances de la « Comédie nationale ».

Au cours de l'hiver 1789-1790, un déluge de pamphlets humoristiques raillent l'Assemblée, présentée comme un spectacle comique, qui se réunit dans la salle du Manège. Dans son premier numéro, *Le Spectacle de la Nation* annonce : « Les grands comédiens de la salle du Manège vont jouer aujourd'hui *Le Roi dépouillé*, un ancien spectacle comique très apprécié. » *La Chronique du Manège, La Grande Ménagerie, Les Chevaux du Manège, Le Livre nouveau des charlatans modernes, Il est possible d'en rire, Almanach des méta-

morphoses nationales : autant de publications satiriques contre l'Assemblée. Des parodies bibliques satirisent « les nouveaux apôtres de la liberté ».

Dans ce genre, la meilleure feuille est *Les Actes des Apôtres,* journal créé en novembre 1789 par un groupe de satiristes soutenus par Gattey, imprimeur au Palais-Royal, et qui se présentent comme « les esprits les plus joyeux de tout le pays, héritiers du marquis de Bièvre », l'inventeur du calembour. Des plumes acides collaborent, comme Rivarol, Palissot, Sabathier. Grâce aux talents du graveur Weber, une caricature est publiée dans chaque numéro.

Le rire contre-révolutionnaire descend même dans la rue, lorsque les *Actes des Apôtres,* dans un article daté du « jour des Rois », au début de 1790, se font le défenseur du carnaval, alors que la municipalité de Paris interdit l'usage des masques, par crainte des troubles et des complots. Les *Actes,* annonçant le « cirque national du travesti », dirigé par le « masque sérénissime », Condorcet, affectent ironiquement d'exprimer le point de vue des patriotes, écrivant que certains individus malintentionés avaient proclamé que la Révolution ne durerait pas, parce qu'elle était triste et sévère, et qu'elle avait chassé la gaieté, qualité essentielle de l'esprit français ; au contraire, cette Révolution allait montrer qu'elle restait fidèle à l'esprit comique, en organisant une mascarade.

Les *Carnavals politiques* et le *Grand Bal costumé patriotique* du Mardi gras 1790 donnent une description comique des masques que pourraient porter les chefs patriotes : Le Chapelier en majordome, Talleyrand en « grippe-sou », le duc d'Orléans en « prince du sang », le docteur Guillotin en « serrurier portant sa nouvelle machine », l'abbé Grégoire en rabbin. « Déguisements révélateurs », dit la feuille, tandis que le pamphlet intitulé *L'Exil de Mardi gras à l'Assemblée nationale* reproche ironiquement à celle-ci d'interdire le carnaval au peuple pour se le réserver à elle seule, dans ses séances comiques.

Des railleries du même style fleurissent au début de 1791, où quelques nouveaux personnages apparaissent dans le défilé des masques du *Carnaval jacobin,* tel Robespierre, déguisé en fantôme, avec « un long habit blanc et un voile sur la tête », dont on annonce l'arrivée à l'avance afin qu'il ne fasse pas peur. Les publications insistent à nouveau sur le fait que l'aristocratie incarne l'esprit français, gai, spirituel, façonné pendant des siècles de « bonne monarchie », indéracinable, par opposition à ce « bonheur décrété par nos nouveaux souverains, je veux dire le Directoire des jacobins ».

Le rire fin, ironique, l'esprit léger et gai de l'aristocratie, contre le bonheur grave, sérieux, des patriotes, à la Jean-Jacques Rousseau : voilà l'image caricaturale que voudraient présenter les contre-révolutionnaires, qui s'érigent donc en authentiques défenseurs du rire. Situation de courte durée : le rire est une arme trop précieuse pour que les patriotes, qui comptent dans leurs rangs des esprits verts et vifs, en laissent le monopole à leurs adversaires.

TACTIQUE DU RIRE PARLEMENTAIRE A LA CONSTITUANTE

Retournons à l'Assemblée nationale. A la suite de son règlement interne du 6 juin 1789 interdisant le rire, elle ne parvient à garder son sérieux que pendant quarante-huit heures. Le 8 juin, le premier fou rire gagne les bancs des députés, à propos d'une remarque ironique d'un représentant du Languedoc reprochant à Malouet de ne pas respecter l'agenda des délibérations. Antoine de Baecque, dans une étude sur « L'hilarité parlementaire à l'Assemblée constituante », a comptabilisé 408 crises de rire en vingt-huit mois de travail, soit une moyenne de 14 par mois. C'est beaucoup, si l'on considère les résolutions sérieuses du départ, mais peu, si l'on songe à la durée des sessions. La Déclaration des droits de l'homme et la Constitution de 1791 n'ont certes pas été élaborées au milieu des éclats de rire de 945 comiques : les députés se laissent aller trois fois par semaine en moyenne, ce qui n'a rien d'excessif. Il peut s'agir d'un rire de détente, provoqué involontairement par la maladresse d'un orateur ou par une proposition incongrue. Ainsi, le 3 août 1789, un membre du bas clergé, après s'être excusé de son inexpérience, suggère que l'Assemblée se consacre à la religion et qu'elle se dote d'un chapelain à qui chaque député irait se confesser avant et après chaque proposition de loi; à ce moment, note le *Moniteur universel*, « l'Assemblée éclata d'un bruyant éclat de rire », ce qui n'empêcha pas le bon prêtre de détailler son projet devant des centaines de bourgeois voltairiens qui se tenaient les côtes, jusqu'au moment où le président interrompit la séance. Même éclat de gaieté lorsque, le 7 août, l'évêque de Chartres vient très dignement proposer un décret sur la chasse, laquelle devrait se pratiquer avec des armes non meurtrières. L'abbé Grégoire fait aussi rire à ses dépens quand il insiste pour lire à l'Assemblée des lettres anonymes qu'il a reçues, alors que les députés, qui n'en ont rien à faire, lui opposent à chaque fois en chœur un « non » catégorique, et finissent par scander : « Brû-lez-les, brû-lez-les, brû-lez-les-lettres ! »

Ce type de rire récréatif représenterait, d'après Antoine de Baecque, un peu moins de la moitié des crises d'hilarité à l'Assemblée. Dans les autres cas, le rire se révèle moins innocent. Il peut être provoqué par une remarque ironique sans méchanceté, comme celle qui vise Malouet le 8 juin, ou par des railleries, genre où excelle le comte de Mirabeau. Mais le sérieux revient vite. Les parenthèses d'hilarité sont brèves et, si un orateur tente de les prolonger indûment, il se fait rappeler à l'ordre, même s'il s'agit d'un ténor comme Mirabeau : « Je demande si nous sommes réunis ici pour une séance d'épigrammes et si la tribune est une scène », lui lance le 26 septembre 1789 le député Lavie. Beaucoup craignent une dérive humoristique qui ferait perdre de vue la raison, seul guide reconnu des travaux de l'Assemblée.

Cependant, cette première Assemblée nationale de l'histoire de France a intégré l'usage du rire, de façon quasiment naturelle. Contrairement à ce qu'affirment les aristocrates, la pratique de la fine plaisanterie sous l'Ancien Régime n'était pas l'apanage de la noblesse. La plupart des députés du tiers état sont des gens d'esprit, habitués aux conversations de salon, et la maîtrise de l'ironie, acquise tout au long du XVIIIe siècle, trouve ici son accomplissement. À l'Assemblée, le rire n'a rien d'un élément de distraction : c'est un facteur d'ordre, sanctionnant les irrégularités de conduite, les maladresses, les violations du règlement, les propos incongrus. Bien loin de l'avilir, il sert la dignité de l'Assemblée, et il empêche aussi les individualités les plus fortes de prendre un ascendant excessif : une brève remarque spirituelle peut rappeler ces grands hommes à un peu plus de modestie. Si sérieux et intelligents soient-ils, ils ne peuvent que capituler devant le rire de neuf cents députés. « Le rire, écrit Antoine de Baecque, était exceptionnellement autorisé parce qu'il restaurait l'ordre et injectait une dose d'humilité, et il servait d'antidote naturelle à l'*hybris* des hommes au pouvoir[5]. » Le rire remet à leur place les orateurs trop pompeux. Il sert aussi à faire diversion, par l'utilisation fréquente de la parodie — surtout biblique — et des citations latines.

Les députés patriotes comprennent très vite l'usage qu'ils peuvent en faire. Une plaisanterie bien placée peut permettre à un nouveau venu de se faire reconnaître de ses pairs, dans la tradition de l'ironie de salon. Pour séduire, il faut faire rire. Le vicomte de Mirabeau, qui l'avait vu dès le départ, suscite très vite des émules dans le camp d'en face, où l'on a rapidement saisi le danger qu'il représente face à des gens sensibles à l'esprit. Le 19 septembre 1789 a lieu une passe d'armes entre les deux frères ennemis, Mirabeau l'aîné, le patriote, dénonçant la tactique de Mirabeau le cadet, le contre-révolutionnaire : « Ce membre obstiné utilise de joyeuses plaisanteries pour nous diviser, et si la gaieté est une sainte tradition de l'esprit français, la division en est une désastreuse. »

Face au rire de division des aristocrates, qui se reposent sur quelques individualités, le rire des patriotes est un rire de cohésion, visant à renforcer la solidarité du groupe parlementaire en raillant un membre de l'opposition. Le double rôle classique du rire, qui unit et qui exclut, fonctionne ici à plein. Le 28 août 1789, on discute la question du veto royal. Deux orateurs royalistes sont successivement réduits au silence par une remarque caustique lancée dans la salle, suggérant qu'on les envoie tous les deux dans leur régime favori, le despotisme, à Constantinople. « Cette repartie sarcastique força immédiatement l'orateur à s'asseoir, sur un fond de rire général. »

Les patriotes de l'Assemblée ont donc su très tôt utiliser un rire tactique au service d'une stratégie sérieuse. Le parlementarisme ouvre un champ nouveau au rire et aux rieurs. C'est ce que discerne très bien en janvier 1790 un pamphlet au nom évocateur, *Le Régiment de la Calotte* : « Je crois que la gaieté, loin de nuire aux opérations qui doivent assurer notre liberté, servirait au contraire à maintenir chacun dans ses devoirs, à dérouter les intrigues, à prévenir les prétentions de l'orgueil et surtout à châtier les mauvais citoyens en dénonçant d'une manière ironique leur turpitude et leur bassesse. » De nombreuses brochures du printemps 1789 conseillent également de se servir du rire face aux « visages méprisants » des nobles et aux « visages vides » du clergé.

Pour certains, le joyeux tempérament français est tout aussi opposé à l'absolutisme qu'à la république. Le despotisme n'autorise pas la joie. La république est le règne de l'austère vertu, du bonheur sérieux, avec lequel on ne plaisante pas. Seule la monarchie tempérée, limitée, permet une libre expression de la gaieté. C'est ce qu'écrit à la fin de 1788 un ex-jésuite, Joseph-Antoine Cérutti, dans *Les Avantages et les origines de la gaieté française*. Pour lui, le Français est foncièrement gai, ne peut s'empêcher de plaisanter, et ne reste jamais sérieux très longtemps. Première esquisse d'un mythique « tempérament national » qui donnera dans la seconde moitié du XIXᵉ siècle l'« esprit gaulois », débrouillard, égrillard et joyeux.

Il n'est pas surprenant que Rabelais connaisse alors un regain d'intérêt. Mais on le repense d'une façon utilitaire et réductrice. Ses impertinences sont vues comme autant d'attaques contre la monarchie et l'Église. En 1791, Guinguené publie *De l'autorité de Rabelais dans la révolution présente et dans la Constitution civile du clergé*. Pour lui, les bâfreries de Gargantua et les extravagantes dépenses somptuaires de Pantagruel sont des satires contre le train de vie des rois. Les personnages rabelaisiens baissent souvent culotte ; de là à en faire des précurseurs des sans-culottes, il n'y a qu'un pas, que Guinguené franchit abusivement. Il est vrai qu'au même moment Hébert n'hésite pas, lui, à annexer « le sans-culotte Jésus » !

LA CARICATURE, INSTRUMENT DU RIRE RÉVOLUTIONNAIRE

Avec la Révolution, le rire trouve encore un autre moyen d'expression : la caricature. Le procédé n'est pas nouveau, nous l'avons vu, mais il connaît une véritable explosion quantitative, tandis que le contenu subit des changements essentiels. La caricature politique, apparue sous la Ligue et développée sous la Fronde, était jusqu'au XVIIe siècle assez complexe, empruntant des éléments à la culture populaire — avec procédés d'inversion carnavalesques, accent mis sur le corps et les fonctions naturelles — pour les mettre au service d'un message très élaboré. Parfois inspirée de gravures allégoriques, elle s'adressait à un public encore limité et averti, et au XVIIIe siècle faisait l'objet d'un commerce clandestin pour collectionneurs.

Avec la proclamation de la liberté de la presse, à la fin d'août 1789, la caricature envahit littéralement Paris et les grandes villes françaises. Antoine de Baecque en a réuni un corpus de plus de six cents, qui permet de dégager les tendances principales[6]. Ces dessins commentés ne sont pas des œuvres naïves. S'ils utilisent des éléments populaires, des thèmes carnavalesques et de mascarades, c'est afin de toucher un large public, comprenant des artisans, des ouvriers illettrés et même de riches paysans. Typique à cet égard est la fameuse caricature montrant l'inversion des trois ordres, avec le triomphe du paysan, qui déclare : « J'savions bien que j'aurions not tour. » Carnavalesque et pédagogique à souhait, elle met en scène des types collectifs. Mais les cibles individuelles sont également nombreuses, car les combats révolutionnaires permettent à quelques fortes individualités de se dégager dans chaque camp, de faire figure de *leaders* — idoles pour les uns, monstres pour les autres. Et la caricature, c'est la destruction des idoles par le rire, leur réduction à l'état de pantins : « La dérision induit ici un important processus de marginalisation, d'exclusion morale, politique et sociale. Elle attribue de façon très concrète, par le jeu du dessin, une valeur dégénérescente au personnage de l'adversaire. Elle élabore des portraits ridicules, construisant à travers eux le négatif de la nouvelle société qu'elle se rêve [...]. Conjurant le mal, la caricature permet à l'*homo novus* révolutionnaire de se représenter différent et supérieur, définitivement fort et vertueux[7]. »

La fonction essentielle de la caricature révolutionnaire est la désacralisation, l'abaissement des anciennes valeurs, des anciens maîtres, des anciennes idoles : monarchie, noblesse, clergé sont précipités dans un flot de scatologie et d'obscénités. Cette fonction est clairement définie par une motion du Club des jacobins : « On occupera tous les dessinateurs à faire les caricatures les plus déshonorantes contre les ennemis des jacobins. M. Gorsas sera chargé de prêter son génie burlesque à la confection de ce projet. » De même, en septembre 1793, le Comité de salut public demande à David d'« employer ses talents et les moyens qui sont en son pouvoir pour multiplier les gravures et les caricatures qui peuvent réveiller l'esprit public et faire sentir combien sont atroces et ridicules les ennemis de la liberté et de la république ». Selon le Comité, cette « sorte d'écriture parlée et colorée, convenant à merveille aux illettrés », est une arme de propagande très efficace auprès des sans-culottes.

C'est encore la vertu guerrière du rire qui est exploitée, dans le prolongement de la tradition de dérision du XVIIIe siècle. Le grotesque de désacralisation fonctionne à plein contre le clergé, en montrant des moines, des abbés, des évêques dans les postures les plus indécentes et les plus obscènes. Après l'affaire de Varennes, des caricatures d'une violence inouïe s'acharnent contre la monarchie et contre le roi, lequel se trouve réduit, par un processus rabelaisien, à l'état d'un simple organisme physiologique, d'un corps qui ne sert plus qu'au transit de la nourriture. « Le meurtre du père est rythmé sur le mode d'un grotesque impur et accusateur. Le pantin Louis XVI est devenu roi de carnaval, roi impuissant, roi goinfre et buveur, roi-porc : le corps du roi est alors promené par la caricature à la tête d'une mascarade généralisée. Ce corps royal, autrefois essentiellement ouvert au sacré, devient un corps à "trous grotesques" ; la bouche par où s'empiffre *Le Gourmand,* la bouche encore par où il vomit, enfin l'anus, constamment suggéré par les références à la "margouillis"[8]. »

Où l'on voit que le grotesque rabelaisien, loin d'être cette fête populaire joyeuse célébrant les fonctions fondamentales et le cycle éternel et optimiste naissance-croissance-génération-mort — comme le décrivait Mikhaïl Bakhtine —, est porteur d'un comique violent, agressif, haineux, contre ces mêmes fonctions et ce même cycle, puisque l'avilissement suprême consiste à réduire l'ennemi à ces fonctions.

Du côté des contre-révolutionnaires, on utilise également beaucoup la caricature, même si, pour Boyer de Nîmes, c'est un outil déloyal et ignoble. En 1792, dans son *Histoire des caricatures de la révolte des Français,* il cherche à montrer que « tous les moyens sont bons quand on a voulu renverser l'autel et le trône ». A ses yeux, la caricature révolutionnaire est plus ou moins le résultat d'un complot huguenot, et il se refuse à y voir le moindre élément comique. On lui coupe la tête en 1793. Beaucoup de contre-révolutionnaires ont pourtant le sens de l'humour, mais leur tâche est plus difficile. Ils ne peuvent rivaliser dans l'obscène, le scatologique, la violence, la désacralisation; leurs dessins ont du mal à exploiter la réalité du moment, et ne peuvent guère qu'anticiper sur une éventuelle revanche, laquelle ne peut faire rire qu'un public limité[9].

C'est à l'étranger que la caricature contre-révolutionnaire produit ses meilleures œuvres, car le rire se charge ici d'un sentiment antifrançais. De plus, en Angleterre travaillent alors de véritables professionnels de la caricature, dont le génie caustique, acerbe et virulent est adapté à cette époque de guerre. Trois artistes se distinguent par leur agressivité teintée d'amertume. Citons d'abord Isaac Cruikshank (1756-1810), dont le nom grinçant est très suggestif et dont les dessins contre la Révolution, contre Napoléon, contre les tares de la société et de la politique anglaises ont parfois une couleur sinistre. James Gillray (1757-1815) est un tempérament particulièrement sombre; il faut dire que ce fils de croque-mort irlandais, invalide de guerre, n'a pas beaucoup de raisons de voir la vie en rose. Il décharge son humour acide contre la Révolution française, contre Bonaparte, contre les tares de son propre roi-fou, George III, contre les débauches du prince de Galles et de James Fox, en soutenant la politique de William Pitt. Et puis, las de ce monde de fous, il se suicide en 1815. Son contemporain Rowlandson (1756-1827) supporte quant à lui la vie jusqu'au bout, grâce au regard cynique qu'il porte sur elle; ses caricatures, dénuées de tout aspect moral, sont caractéristiques de la tournure grinçante prise par l'ironie dans ces années troublées. Pendant plus de vingt ans, de 1792 à 1815, l'Europe est plongée dans une guerre générale d'une ampleur sans précédent. Les principes révolutionnaires ébranlent tous les régimes en place, diffusent des idées subversives pour l'ordre social. De tels bouleversements répandent une profonde inquiétude, et le rire a tendance à se concentrer sur deux pôles agressifs : le rire partisan, qui se moque de l'adversaire politique et social, et le rire cynique, qui se moque de tout et de tous.

Le romantisme naissant ajoute à ce dernier une teinte diabolique, particulièrement sensible dans les œuvres de Goya (1746-1828), « premier grand metteur en scène de l'absurde », selon Malraux. Ses caricatures, empreintes de fantastique et d'angoisse, dépassent le contexte concret de son époque et visent à l'universel. Chez lui, bouffons, sorciers, bourreaux, victimes, jeunes et vieux se mêlent dans une cacophonie diabolique, « le carnaval de la vie se transforme en carnaval de la mort[10] », et son grotesque est tellement sombre et oppressant que le rire reste bloqué au fond de la gorge.

D'un bout à l'autre de l'Europe, la caricature se répand, profitant bientôt de la mise au point du procédé de la lithographie par Aloys Senefelder (1771-1834). Elle est révélatrice d'un gauchissement grotesque de la vision du monde. Elle dégrade, elle avilit; elle est l'aspect visuel du rire de désacralisation. Réductrice, elle fait ressortir le ridicule de la comédie politique et sociale. Elle fait descendre les héros de leur piédestal, et nargue l'orgueil humain. Les pouvoirs en place la supportent difficilement. En France, devant le déferlement, un censeur des caricatures est établi en 1789 — sans effet. Une véritable guerre de caricatures se déroule à partir de 1791. Le 21 juillet 1792, un décret ordonne des poursuites contre les auteurs de ces dessins diffamatoires. La vertu au pouvoir répugne à ces méthodes grotesques. Sous le Directoire, la caricature s'oriente davantage vers la satire des mœurs. Napoléon, dont le physique se prête si bien à la caricature, ne peut tolérer cette atteinte au sérieux de son régime, et la censure se durcit. Mais rien n'arrêtera désormais la dérision en image : « La caricature, qui pendant des siècles avait été un jeu, devenait un monde », écrit Malraux.

L'esprit satirique de la noblesse s'était déployé au XVIIIᵉ siècle dans l'ironie verbale et intellectuelle des salons; celui de la bourgeoisie trouve son moyen d'expression dans la caricature de presse au XIXᵉ siècle. Daumier, né en 1808, va bientôt lui donner ses lettres de noblesse.

LA MASCARADE RÉVOLUTIONNAIRE, OU LE RIRE MENAÇANT

La Révolution, c'est aussi une résurgence du rire populaire, qui éclate dans les fêtes improvisées, spontanées, se situant dans la droite ligne du carnaval, et associant violence et dérision. Par exemple, en mai 1790, à Marseille, le peuple s'empare du fort Saint-Jean, massacre le commandant et promène ses intestins au bout d'un bâton, en criant : « Qui veut de la fraîchaille ? » Derrière, une longue farandole s'organise, dans laquelle tout le monde rigole. La scène est typique de cette « contamination de la fête et de la mort », dont parle Michel Vovelle[11]. Défoulement collectif, violence et rire sont intimement associés, et la farandole endiablée, spontanée, joyeuse, égalitaire, est la forme d'expression corporelle idéale pour ce type de débordement. Sauvage et inquiétante comme la danse macabre, elle exprime aussi la solidarité des participants par son allure de chaîne humaine, emportée par le rire. Sans chef, elle serpente au hasard, image d'une humanité ivre et folle. Chacun y est un simple élément de la chaîne, sans responsabilité, sans maîtrise sur son destin, pris en charge par l'ensemble et ballotté au gré des mouvements du groupe. Danse sauvage, elle s'oppose au bal populaire organisé, où l'individu retrouve la première place. Pour Michel Vovelle, « la farandole assume son rôle de support formel spontané de la fête contestataire, dans la tradition du carnaval et du charivari [12] ». Les autorités en perçoivent bien le caractère subversif et égalitaire : la municipalité de Marseille interdit la farandole le 2 août 1792.

Mesure illusoire. Partout où éclate une mascarade, surgit la farandole. A Tulle, elle se combine à une procession burlesque où les participants sont affublés d'ornements sacerdotaux, parodiant un enterrement du clergé : sur le cercueil, un bonnet carré, un missel, deux oreilles d'âne. Et l'on rit aux éclats. La farandole mêle violence, rire et mort. Elle permet aussi de refouler la peur, car chacun y est anonyme et intégré dans le tout. Et c'est bien le rire qui conduit la danse, rire chaotique et sans but, qui soûle, étourdit et exorcise ainsi la violence, la peur et la mort.

Le rire, c'est en effet la différence essentielle entre la fête révolutionnaire officielle et la fête révolutionnaire spontanée. Si celle-ci « se distingue du modèle idéal que diffusent les organisateurs, c'est avant tout par la place qu'elle consent à la dérision », écrit Mona Ozouf [13]. Pour ce type de fête, on recherche tous les éléments qui peuvent provoquer le rire, comme à Pau où la société populaire demande de « présenter le ridicule des présidents, conseillers, avocats, prêtres, huissiers, procureur ». Caricature vivante, la mascarade ridiculise en exagérant les traits physiques : ainsi, à Montignac, le roi Ferdinand est représenté comme un nain, précédé de deux enfants porteurs de marottes [14].

Plus fréquemment, on utilise la figuration animale. L'âne et le porc sont à l'honneur dans les mascarades antireligieuses, où resurgit spontanément l'esprit de la fête des fous : cheval revêtu d'une étole, âne mitré et portant les habits épiscopaux, participants déguisés en prêtres, femmes infligeant la bastonnade aux saints et aux saintes, pseudo-évêque faisant mécaniquement le geste de bénédiction, d'aspersion d'eau bénite, d'encensement; à Sainte-Énimie, en Lozère, ce sont des dragons qu'on habille en prêtres [15].

Autant d'éléments que le Moyen Age avait connus avec la fête de l'âne et la fête des fous. Si ces éléments réapparaissent dans un contexte foncièrement anticlérical, et généralement antireligieux, n'est-ce pas l'indice que déjà au Moyen Age les mêmes manifestations avaient la même signification, simplement moins consciente? Mêmes causes, mêmes effets, et *vice versa*. On ne peut qu'être frappé par les similitudes entre la fête des fous du XIV\e siècle et la mascarade de 1793. Si l'on s'accorde sur le caractère antireligieux de la seconde, pourquoi le conteste-t-on à la première?

Le rire de la mascarade antireligieuse exorcise la peur suscitée par l'audace blasphématoire de la fête. C'est un blasphème, un défi

à Dieu qui n'existe pas, mais qui fait malgré tout trembler. Des siècles de pastorale de la peur ont laissé des traces dans les esprits.
L'apogée du mouvement se situe pendant la grande campagne de
déchristianisation qui va de vendémiaire à ventôse an II (1793).
Les participants ont conscience de la portée sacrilège de leur geste,
et sont un peu comme des enfants qui, la nuit, fanfaronnent en bra-
vant les revenants. Il faut faire du bruit et rire très fort pour chasser
la peur. Pour Michel Vovelle, il s'agit d'une « thérapeutique de la
dérision, la mascarade, empruntant aux pratiques populaires en
voie d'éradication, comme le charivari, leurs langages comme leurs
accessoires : le mannequin, l'âne mitré, le cortège burlesque ; enfin,
passage sans transition de la violence à la joie, de l'exécution à la
farandole [16] ».

De son côté, Mona Ozouf a souligné cet aspect d'exorcisme que
l'on décèle sous le rire de transgression antireligieux. On rit pour se
rassurer ; les rapports, qui font état du soulagement général,
témoignent d'une certaine inquiétude. La mascarade « ne va pas,
même chez les terreurs de village, sans un obscur sentiment de braver le ciel, qui se lit dans mille témoignages. Les sociétés populaires
retentissent alors de congratulations éperdues : il ne s'est rien
passé ! la foudre n'est pas tombée sur la tête des profanateurs ! Dieu
n'a pas fait de miracle en faveur des statues arrachées de leur socle !
A cette satisfaction bruyante se mesure l'ambiguïté d'un blasphème
qui recèle comme un appel, la peur tapie dans la fanfaronnade, le
sens très vif de la transgression scandaleuse [17] ».

La fête médiévale des fous se déroulait avec l'aval du clergé, ce
qui constituait un paratonnerre idéal, un garant d'impunité au cas
où ce sacré, que l'on ridiculise parce qu'on n'y croit pas vraiment,
aurait malgré tout du pouvoir. La mascarade est plus risquée,
puisqu'il n'y a plus de paratonnerre. Le rire n'en est que plus fort et
plus grinçant, car il doit aussi rassurer.

La mascarade politique, contre la monarchie et les pouvoirs
civils, revêt également ce caractère de défi, de transgression risquée, mais sur un plan purement humain, donc plus facilement
maîtrisable. Le rituel est tout naturellement carnavalesque : on promène sur un âne un mannequin du tyran, dont on fait le procès et
que l'on brûle au milieu des rires, comme à Nice en 1792, le 20
pluviôse, à Grasse et à Monaco quelques jours plus tard. Le transfert de Caramantran, le roi-carnaval, à Louis XVI est tout indiqué,
et sur ce canevas de base on brode, on varie, on diversifie, avec plus
ou moins d'imagination, mais toujours dans un but de dérision : à
Arles, le 3 octobre 1793, un sans-culotte est ficelé sur un âne pour
jouer le rôle du contre-révolutionnaire, abreuvé de quolibets ; à
Marseille, le 29 avril 1792, un chariot de Bacchus est tiré par vingt-

deux ânes, symbolisant l'aristocratie ; on avilit la famille royale avec une prostituée jouant le rôle de Marie-Antoinette, vêtue de guenilles, à moins qu'on ne préfère utiliser une chèvre pour figurer l'« exécrable compagne » du roi, qui lui-même est représenté par un porc auquel on jette excréments et fumier. Le rituel est parfois plus élaboré, lorsque les instigateurs ont un peu plus de culture : à Morteau, le cortège comprend un mannequin de la reine entre deux docteurs de Sorbonne, mais aussi « le cardinal Collier et Madame Valois-Lamothe, un gros groupe d'aristocrates à longues oreilles », des ânes mitrés, des allégories du temps et du destin, et l'effigie de Louis, qui sombre dans le fumier sous « les ris et les grâces [18] ». Le rire de la fête spontanée est souvent lourd de menaces : ainsi lorsqu'on promène le mannequin de « Louis le Raccourci », « comme si le mannequin burlesque, banni, lapidé, noyé, brûlé, telle une victime sacrificielle, devait en annoncer d'autres [19] ».

Les mascarades sont beaucoup plus nombreuses dans les régions à forte tradition carnavalesque comme le Sud-Ouest, ce qui illustre bien la continuité du phénomène. La Révolution est alors vécue comme la réalisation de ce monde à l'envers auquel le carnaval annuel avait préparé les esprits. Dans ce sens, pour ces populations, la Révolution est une fête, un carnaval grandeur nature. « L'archaïsme culturel était plus fort que l'innovation révolutionnaire », écrit Mona Ozouf [20].

Du coup, c'est la vie qui devient une fête permanente ; une société de la désacralisation, fondé sur le rire de dérision, se met en place. C'est le vieux rêve de l'âge d'or, du pays de cocagne, de la fête perpétuelle, qui resurgit. Tous les textes qui rendent compte des banquets populaires insistent sur « les ris et la joie », omniprésents. Les problèmes sont absorbés dans la fête permanente.

Cette aspiration repose sur la pratique continuelle de la dérision, c'est-à-dire le refus des idoles. Elle dépasse le partage entre révolutionnaires et contre-révolutionnaires, car ces derniers recourent exactement aux mêmes méthodes, comme dans la caricature : cortèges parodiques contre les jacobins, exécution de mannequins représentant des chefs montagnards, sur un monceau de certificats de civisme. A Blois, le 25 thermidor an VI, dit un rapport, on eut « le plaisir de brûler Robespierre sous des traits difformes et cette caricature fit rire les gens aux éclats ». A Vic-le-Comte, en l'an III, dit un autre, « il y a tous les soirs fête joyeuse ; on lie un jacobin, on le promène avec tambour et fifre par toutes les rues ; on chante et on danse ; on s'arrête un instant devant la maison des jacobins et nous leur faisons peur ; c'est leur tour d'aller à la lanterne ». A Paris, en pluviôse an III, on brûle un mannequin « à forme de jacobin » et l'on place ses cendres dans un pot de chambre, avant de les jeter à l'égout.

Cette utilisation systématique de la dérision peut avoir une valeur pédagogique, surtout lorsqu'elle est organisée par la bourgeoisie : il s'agit de mettre en scène les aspects ridicules de l'Ancien Régime pour mieux inspirer le mépris à leur égard. A Pau, lors de la fête de la Raison, on fait défiler des ânes revêtus de robes de magistrats, « imitant par leur marche lente les allures graves des ci-devant présidents à mortier », dit le procès-verbal, qui ajoute : « On vit des attributs, des caricatures, qui représentent aux yeux du peuple le triomphe de la liberté sur l'esclavage. »

Cet aspect est cependant rare dans la fête spontanée, qui a plutôt un sens d'anticipation. Sous des dehors provocants, menaçants et burlesques, elle annonce le monde futur, celui qu'on anticipe et qu'on souhaite. Rire et violence sont intimement mêlés. Que l'on brandisse les tripes d'un gouverneur ou la tête d'un ci-devant aristocrate au bout d'une pique, la violence est crue, et les rires qui l'accompagnent font songer à ceux qu'émettaient les Tupinambás cannibales avant de manger leurs congénères, et qui avaient tant surpris Jean de Léry au XVIe siècle. Ce rire diffère-t-il de celui qui agitait les fanatiques des guerres de religion lorsqu'ils éventraient, mutilaient, coupaient les organes génitaux, jouaient à la balle avec les têtes ? Comme l'a bien vu Mona Ozouf, une interprétation inspirée de la théorie de René Girard serait ici inapplicable : il ne s'agit nullement de jouer la violence, de la parodier, de s'acharner sur des boucs émissaires afin de prévenir et de détourner la violence sociale réelle. Au contraire : il y a dans ces mascarades une véritable incitation à la violence, et une menace à l'égard des ennemis de la Révolution. La violence avertit et anticipe, et le rire qui l'accompagne est un rire dévalorisant, déshumanisant, qui réduit l'adversaire à l'état d'objet méprisable. Ce rire est guerrier, homérique.

Il n'est pas surprenant que les autorités s'en méfient. Les gouvernements révolutionnaires combattent le carnaval avec autant d'énergie, et aussi peu d'efficacité, que l'Église : « Le carnaval est salué par les commissaires avec la même impuissance désolée que jadis par les curés ; dans le rappel de l'échec des autorités ecclésiastiques à discipliner le carnaval, les commissaires trouvent du reste une justification personnelle, puisque "la foudroyante éloquence des prédicateurs n'a pu elle-même ébranler le règne du carnaval[21]". » Pour Mona Ozouf, la lutte des autorités contre le carnaval et contre les mascarades qui en sont le prolongement s'explique par deux raisons. D'une part, la fête spontanée contredit l'utopie rationnelle que ces autorités tentent de mettre en place ; ce rire sauvage est contraire à l'ordre requis par une société idéale de petits propriétaires austères et sérieux. D'autre part, ces fêtes expriment un esprit d'indépendance, d'insubordination, qui peut nourrir une résistance politique. L'effigie du carnaval, que l'on va brûler, peut servir de support pour matérialiser tous les ennemis du peuple, lesquels peuvent très bien demain être les chefs d'aujourd'hui. Déjà, à Marvéjols, en Lozère, on a habillé cette effigie en prêtre constitutionnel.

Le rire en liberté est décidément trop dangereux. Partout où cela est possible, la Révolution tente de mettre fin aux fêtes qu'elle n'a pas organisées elle-même. A Tarascon, la fameuse sortie du dragon, la tarasque, est laissée en 1790 aux mains des paysans des alentours; en 1791 et 1792, la fête est très discrète; sous la pression des autorités patriotes locales et de celles d'Arles, elle disparaît en 1793 et 1794, pour renaître en partie en 1795, puis ouvertement en 1802. Sous le Consulat et l'Empire, les autorités civiles et ecclésiastiques, tant bien que mal réconciliées par le Concordat, collaborent contre les fêtes populaires, reliques des superstitions d'autrefois et dangers pour l'ordre public. Mais les résistances populaires sont vives. Le préfet et l'évêque ont beau conjuguer leurs efforts, la volonté de réjouissance l'emporte souvent. En 1808, l'évêque de Cambrai est abandonné par son escorte de jeunes gens parce qu'il interdit violons et ménétriers dans l'église; il a désormais droit à son effigie grotesque dans les cortèges : on se venge par le rire de l'interdiction de rire, et le tribunal ne trouve personne pour témoigner de cet affront. Le jardin du curé de Fourmies est dévasté pour le même genre de motif. Les ducasses de Flandre, fêtes patronales, reprennent de plus belle et se prolongent sur trois ou quatre jours. Dans les campagnes du Nord, l'imbrication des fêtes religieuses et des divertissements profanes a survécu à deux siècles d'efforts de l'Église visant à séparer le profane et le sacré, et à dix ans de persécutions par l'administration révolutionnaire [22].

Cependant, la tendance à la folklorisation est très nette à partir de l'Empire. Les attaques ont eu au moins pour résultat de rigidifier, de formaliser la fête populaire, qui perd de sa spontanéité et renforce sa dimension de spectacle au détriment de la participation vivante, de l'intégration à la vie « réelle ». La fête devient un élément rapporté, rajouté, dont on ne discerne plus vraiment la fonction vitale; un élément extérieur, un folklore-spectacle, qui aurait fini par se détacher et par disparaître si le tourisme ne s'en était emparé au xxe siècle. La domestication du rire festif populaire a commencé. Même une attitude compréhensive comme celle de l'évêque de Saint-Brieuc, Caffarelli, sous l'Empire, trahit une nouvelle conception : il faut laisser au peuple ses fêtes, si cela peut lui faire plaisir; après tout, elles l'occupent, le consolent et lui évitent de chercher d'autres idoles plus dangereuses. Déjà se fait discrètement jour l'idée que le rire peut devenir l'opium du peuple : « Le peuple a attaché plusieurs événements heureux de sa vie à des idées et à des sentiments religieux. Il est intimement convaincu que c'est Dieu qui fait croître ses moissons, qui bénit ses travaux par des récoltes abondantes, et il veut l'en remercier aux jours que ses pères ont marqué pour cela. Pourquoi affligerait-on ce peuple en leur représentant des idées plus ou moins philosophiques? Pourquoi lui ôterait-on les seules consolations qu'il ait? Pourquoi affaiblirait-on les idées religieuses dont il est animé? Croirait-on qu'il en deviendra alors plus soumis [23] ? »

LA FÊTE OFFICIELLE : LE RIRE, OPIUM DU PEUPLE?

Si les fêtes traditionnelles réapparaissent dès l'Empire, c'est que les fêtes officielles créées par la Révolution ont échoué car elles n'ont pas su trouver un ancrage dans le rire. Lourdement pédagogiques, empesées, rigides, elles veulent donner une image stable et durable de la société future — matérialiser l'utopie, en quelque sorte. Elles utilisent l'abstraction pour ériger de nouvelles idoles, la Patrie, la Liberté, la Raison; elles cherchent à sacraliser le profane, à montrer le monde à l'endroit tel qu'il devrait être. Elles sont donc l'inverse des fêtes populaires traditionnelles, qui abattent les idoles, renversent l'ordre établi, se moquent des valeurs.

La fête officielle rejette le rire et la dérision; pour « conjurer la décadence, cette maladie des sociétés, pour régulariser le temps de la Révolution [24] », elle doit être sérieuse, vertueuse, austère et, inévitablement, ennuyeuse. Dans une très belle thèse complémentaire sur *Les Fêtes révolutionnaires à Angers de l'an II à l'an VIII* [25], Benjamin Bois a décrit le caractère sérieux des nouvelles célébrations. Le journal angevin *Les Affiches* du 12 août 1793 insiste sur la nécessité d'abandonner la « gaieté folle » des anciennes fêtes : « L'heure est critique; la gaieté folle qui présidait autrefois à nos fêtes civiques a fait place à un sentiment réfléchi qui caractérise l'homme régénéré et qui convient à l'austère républicain. O vous que le fanatisme a rendus les malheureux instruments de ses fureurs, écoutez le cri de l'humanité et voyez si c'est la servir que de déchirer le sein de la Patrie [26]. »

Même le 14 juillet, dont Jean-Pierre Bois a magnifiquement retracé l'histoire [27], ne porte pas à rire. Le 14 juillet 1790, on chante des hymnes patriotiques grandiloquents de Chénier et de Desaugiers, on s'embrasse, on pleure, mais on ne rit pas. Momus, dieu de la raillerie, fait cependant une apparition incongrue dans une très médiocre pièce allégorique de Joseph Aude, jouée au Théâtre de la

Fédération, *Le Journaliste des ombres, ou Momus aux Champs Élysées,* mais il ne déclenche pas pour autant l'hilarité. Il faudra attendre presque un siècle, et un contexte tout à fait différent, pour que le 14 juillet devienne une fête joyeuse, parce qu'alors elle aura pris la dimension d'un mythe, et qu'elle aura renoué avec une certaine forme de dérision et de remise en cause des hiérarchie sociales. A partir des années 1880, il y a en fait deux 14 juillet : la fête officielle avec ses discours et ses défilés, et la fête populaire avec ses bals turbulents, ses jeux volontairement absurdes et son atmosphère égalitariste, facteur de licence morale. A côté du 14 juillet sérieux, le 14 juillet du rire : « L'autre temps de l'immense fête patriotique est le temps populaire, toujours laissé à l'initiative des municipalités ou de quelques républicains imaginatifs. Ici, l'essentiel est la joie. Tous les récits de fête du 14 juillet insistent sur la gaieté républicaine, qui est synonyme de fraternité spontanée, d'effacement momentané des différences sociales, de convivialité accueillante. C'est le simple plaisir de rire et de s'amuser ensemble : c'est la fête, "le jour où les cœurs se livrent à la joie, où toutes les mains se serrent", écrit *Le Temps*[28]. » Et Jean-Pierre Bois donne quelques exemples des jeux qui sont alors pratiqués : « A Fontaine-les-Croisilles, une cavalcade ; à Hermies, une course de baudets et un concours de fumeurs, un jeu de cocottes et un jeu de ciseaux ; à Waugentin, le jeu de la ficelle d'abondance, une course en sac, le jeu du seau ; à Courcelles-le-Comte, le jeu des cruches cassées ; à Vendin-le-Vieil en 1886, la course aux grenouilles, le jeu du sabot, le jeu de la casserole, le concours de café chaud offert aux dames, enfin le clou de la fête, un concours de menteurs qui provoque toujours la plus grande hilarité[29]. »

Cette hilarité retrouvée dans la fête est due à la présence de la dérision, ici dans les jeux, et à la suppression momentanée des barrières sociales, l'une et l'autre vécues comme une parenthèse dans le cours de l'année : abolition temporaire du rationnel et de l'ordre normal, qui contribue à renforcer ces deux valeurs. La parenté avec le carnaval est manifeste.

Au XIXᵉ siècle, le jeu politique se complique, et du même coup les techniques de gouvernement se perfectionnent, se raffinent. Les émules de Machiavel étudient les moyens de diriger efficacement les masses, qui ont pris conscience de leur importance. Les méthodes grossières de l'intimidation et de la répression sont encore largement employées, mais les régimes parlementaires recourent aussi à des solutions plus subtiles, et le slogan romain « du pain et des jeux » fait un retour en force. Ce vieux procédé, mis au point dans un régime despotique antique, va trouver son plein épanouissement dans les États démocratiques modernes. Comme

« opium du peuple », le rire peut se montrer encore plus efficace que la religion. Déjà, les préfets de la Restauration et de la Monarchie de Juillet discernent très bien l'utilité des charivaris et du carnaval pour le maintien de l'ordre public et des bonnes mœurs. Claude Tillier écrit sous la Monarchie de Juillet : « C'est une des grandes joies du carnaval, c'est la comédie du peuple et, tout en le faisant rire, il lui donne de bonnes leçons. C'est d'ailleurs un moyen de répression très efficace de ces petits scandales que la loi ne peut atteindre et le charivari est un auxiliaire utile, en bien des occasions, du procureur du roi [...]. Je suis le censeur des mœurs publiques, le croque-mitaine des maris qui s'enivrent et des femmes qui battent leur mari ; pour un petit scandale que je donne à vos administrés, je leur en épargne un gros [30]. » Sous la Restauration, le sous-préfet de Marmande écrit au ministre de l'Intérieur à propos des charivaris : « Au fond de ces justices populaires, on rencontre peut-être une certaine moralité. Les jeunes gens de la ville, pour lesquels un divertissement semblable est toujours nouveau, se réunissent chaque soir, rendent témoignage de la censure publique et accomplissent l'usage invariablement établi [31]. »

Complet renversement : ces fêtes turbulentes, pourchassées pendant des siècles, sont maintenant récupérées par les pouvoirs comme auxiliaires de l'ordre public, comme mécanismes d'autorégulation de la société. Au cours du XIXe siècle, en effet, les cibles des charivaris évoluent : on s'en prend de moins en moins aux maris soumis, et de plus en plus aux maris qui battent leur femme. Yves-Marie Bercé en a fait le constat pour la France, et E.P. Thompson pour l'Angleterre. Le témoignage suivant date des années 1840, dans le Surrey : « Dès qu'il fit nuit, un cortège se forma. Venaient d'abord deux hommes avec d'énormes cornes de vache ; puis un autre avec une grande et vieille poissonnière pendue au cou [...]. Puis arriva l'orateur de la bande, et ensuite une compagnie bigarrée munie de cloches, gongs, cornes de vache, sifflets, bouilloires, crécelles, os, poêles à frire [...]. A un signal, ils s'arrêtèrent et l'orateur se mit à réciter une série de vers de mirliton [...] commençant par :

> There is a man in this place
> Has beat his wife!!
> Has beat his wife!!
> It is a very great shame and disgrace
> To all who live in this place,
> It is indeed upon my life!!!

« Alors tous les instruments de la parade se déchaînèrent, accompagnés de huées et de hurlements. Un feu de joie fut alors allumé, autour duquel toute la compagnie dansa comme s'ils étaient fous. On pouvait entendre le vacarme à trois kilomètres. Après une demi-heure, on demanda le silence, et l'orateur s'avança une nouvelle fois vers la maison, exprimant le souhait qu'il n'aurait pas à revenir et invitant le mari au redressement moral[32]. »

En 1904 encore, dans le Cambridgeshire, un mari ivrogne et brutal subit un charivari de deux heures avec poêles à frire et bouilloires, qui l'oblige à s'enfuir définitivement. Le rire turbulent se montre ici plus efficace que le juge de paix.

Cependant, le charivari peut aussi revêtir des aspects de contestation des autorités publiques, soit contre des décisions de justice, soit dans le cadre des luttes sociales. En Angleterre, ceux qui refusent de contribuer aux quêtes de jeunesse, comme celle dite des « bœufs de labour », s'exposent à de désagréables représailles bouffonnes[33]. De même ceux qui, par leurs dénonciations, provoquent des condamnations judiciaires jugées trop lourdes : une femme victime d'un viol et dont l'agresseur est exécuté (1817), un propriétaire ayant fait condamner un jeune garçon qui lui avait volé des œufs (1878). Des policiers, des prédicateurs, des gardes-chasses, des percepteurs, des recruteurs de l'armée subissent parfois le même sort[34].

La dérision populaire turbulente trouve un nouveau champ d'application avec les conflits sociaux. Des manifestations carnavalesques, au cours desquelles on brûle des mannequins représentant les magistrats, ont lieu en Angleterre dans les périodes d'agitation radicale (années 1790), pendant les émeutes de 1819 qui suivent le massacre de Peterloo, pendant celles qui accompagnent la discussion du Reform Bill de 1832, ou encore lors des agitations paysannes de 1870. Les non-grévistes « jaunes » constituent aussi une nouvelle cible. Le rire populaire festif de contestation entre ainsi dans les conflits modernes.

Les gouvernements, qui comprennent désormais le parti qu'ils peuvent tirer de la fête, n'hésitent pas à en faire usage. Mais ce sont généralement des échecs, car si l'on peut créer une fête, le rire ne se décrète pas, et une fête sans le rire ne saurait être populaire. Le cas alsacien, entre 1870 et 1914, est éclairant. A partir de 1871, les autorités allemandes, pour se concilier l'opinion publique de la nouvelle province, mettent en œuvre une stratégie culturelle fondée sur la création de fêtes et de sociétés carnavalesques. Associant démonstration de force, glorification du Reich et liesse populaire du carnaval, elles espèrent favoriser l'intégration par le rire. En vain : ces fêtes, trop officielles, deviennent de simples parades auxquelles on assiste sans participer. Les contre-fêtes des opposants francophiles, à partir de 1900, de même que les monômes étudiants contestataires, n'ont guère plus de succès : « Ce culte de la patrie perdue paraît trop grave pour utiliser, au moins publiquement, les ressorts de la satire, de la dérision ou du blasphème », écrit Marie-Noëlle Denis [35].

Pourtant, la question alsacienne suscite un déferlement de caricatures, françaises et allemandes. Ainsi lors de l'affaire de Saverne, en 1913. Un officier prussien, Forstner, ayant fait des déclarations provocatrices, le gouvernement impérial craint des troubles et opère un déploiement de forces exagéré, hors de proportion avec l'incident, ce qui renforce l'hostilité alsacienne. En Allemagne, le journal satirique *Simplicissimus* ridiculise le gouvernement avec une caricature où l'on voit Poincaré décorer Forstner de la Légion d'honneur pour service rendu à la France, et où la Prusse est un énorme porc-épic qui dévore les fourmis alsaciennes en leur disant : « Il faut m'aimer, espèces de voyous ! »

LA SATIRE POLITIQUE, DE L'IRONIE A LA MYSTIFICATION

C'est certainement dans la satire politique que le rire a trouvé au XIXᵉ siècle son terrain de prédilection. Les débats parlementaires, les débuts de la démocratie, la liberté de la presse créent les conditions idéales d'un grand débat d'idées où l'ironie est appelée à jouer un rôle essentiel. Sainte ironie, libératrice des peuples, à laquelle Proudhon adresse, dans la *Confession d'un révolutionnaire,* un hymne étonnant : « L'ironie fut de tout temps le caractère du génie philosophique et libéral, le sceau de l'esprit humain, l'instrument irrésistible du progrès. Les peuples stationnaires sont tous des peuples graves : l'homme du peuple qui rit est mille fois plus près de la raison et de la liberté que l'anachorète qui prie, ou le philosophe qui argumente [...]. Ironie! vraie liberté, c'est toi qui me délivres de l'ambition du pouvoir, de la servitude des partis, du respect de la routine, du pédantisme de la science, de l'admiration des grands personnages, des mystifications de la politique, du fanatisme des réformateurs, de la superstition de ce grand univers et de l'adoration de moi-même. »

Le XIXᵉ siècle offre une multitude d'exemples de l'utilisation du rire dans la satire politique. En France apparaît une presse satirique dont les titres évocateurs, *Le Grelot, Triboulet, Polichinelle, Le Charivari, Le Rire,* suggèrent qu'elle prend la relève du fou du roi. Face ou à côté du pouvoir — démocratique aussi bien qu'autoritaire, puisque la France a connu en un siècle tous les types de régime —, le journaliste satirique renoue avec la tradition du morosophe : il dit sa vérité en faisant le fou. « Sa » vérité, car il ne suffit pas d'être spirituel pour avoir raison. Ces Triboulets modernes sont indispensables : une république démocratique a autant besoin de fous qu'une monarchie absolue, car derrière la démocratie, façade de liberté, il y a l'État moderne, puissance despotique, idole sans visage, Léviathan sans tête, anonyme et omniprésent. *Big Brother* a besoin d'un frère comique, pour que le rire lui rappelle qu'il n'existe que par et pour les citoyens.

La satire politique a cependant ses limites et ses ambiguïtés : elle ridiculise l'adversaire, mais en même temps elle désamorce les crises et peut ainsi contribuer à la tolérance des abus. Ce qu'avaient bien perçu les censeurs ecclésiastiques d'autrefois, selon lesquels il ne faut pas rire des fautes graves, qui doivent soulever l'indignation. Le risque est de voir le rire remplacer la légitime colère et la révolte. Lors du scandale de Panama, par exemple, on se gausse des « chéquards » brocardés par les caricatures : cela ne concourt-il pas à minimiser la gravité de la corruption parlementaire, et donc la faire entrer progressivement dans les mœurs ? La satire politique « pratique l'offensive en utilisant les forces du comique et du ridicule. Avec la même ambiguïté, car elle libère une critique que le rire désamorce », écrit Georges Balandier[36].

L'humour engagé trouve en France un aliment inépuisable dans les continuels changements de régime à partir de 1830, puis dans les crises de la Troisième République. C'est à la fin de l'année 1830 que l'éditeur-journaliste Charles Philipon fonde *La Caricature,* dont il annonce le but le 28 avril 1831 : « *La Caricature* ne cessera pas d'être le miroir fidèle de notre temps de moqueries, de déceptions politiques, de singeries et de parades religieuses, monarchiques ou patriotiques. » Le ton est donné, et la Monarchie de Juillet va avoir toutes les peines du monde à juguler l'esprit satirique. Dans la seule année 1832, la cour d'assises prononce soixante-neuf condamnations de caricaturistes. La caricature politique atteint sa maturité et devient un art à part entière avec le Marseillais Daumier (1808-1879), l'un des collaborateurs de *La Caricature* : loin de déformer, ses dessins font ressortir la réalité psychologique des personnages, avec une expressivité grotesque qui n'a rien de rabelaisien mais qui évoque plutôt la conception tragique de Kayser.

Débordée, la monarchie bâillonne la caricature par la loi de 1835. Philipon fonde alors *Le Charivari,* et s'oriente vers la critique sociale, qu'il développera encore avec le *Journal pour rire* en 1848 : la bourgeoisie, les modes, l'art moderne, les salons artistiques sont les cibles principales. La caricature a indéniablement contribué à dévaloriser la Monarchie de Juillet. Grâce à elle, Louis-Philippe passe à la postérité comme une poire.

Sous la Seconde République, la liberté de la presse retrouvée permet le renouveau de journaux satiriques, souvent éphémères. En 1848-1849, dans *La Revue comique à l'usage des gens sérieux,* Nadar présente en bande dessinée la *Vie publique et privée de Môssieu Réac,* offerte à la dérision publique. Le journal, auquel collaborent Arago, Balzac et Nerval, s'en prend avant tout à Thiers et à Louis-Napoléon [37]. Ce dernier aura lui aussi une meute de caricaturistes à ses trousses, avec de nouvelles publications comme *Le Rire* (1867) ou *La Lanterne* (1868).

La caricature élargit encore sa gamme avec le portrait-charge, dont les grosses têtes n'ont pas nécessairement valeur de dérision. Gill, c'est-à-dire Louis Gosset de Guines, qui meurt fou en 1885, en est le meilleur représentant. L'art n'échappe pas à la corrosion désacralisante de la caricature. En 1865, par exemple, Paul Hadol publie dans *La Vie parisienne* un dessin parodique de *L'Angélus* de Millet, montrant deux paysans à corps de cheval, avec en légende : « Prions, mes frères, pour les pommes de terre malades. »

La satire pénètre même la publicité naissante. L'utilisation d'un personnage illustre pour vanter les mérites d'un produit est une idée ancienne. Quand il s'agit d'un personnage du passé, l'esprit est en général bon enfant : ainsi pour Napoléon Iᵉʳ associé au cognac, au camembert, à l'eau de Cologne, au tabac, bientôt à la bicyclette et au réfrigérateur. Mais quand il s'agit d'une personnalité vivante, le ton peut devenir grinçant, comme souvent sous la Troisième République. La palme revient à une affiche d'Eugène Ogé, imprimée en 1899 : « Si vous toussez, prenez *Suprêmes Pilules* du docteur Trabant. » On y voit une vieille femme enrhumée, assise dans un fauteuil, à qui un homme barbu, portant fusil et éperons, propose les pilules miracle. La vieille femme est la reine Victoria, et l'homme le président du Transvaal, Kruger. Nous sommes en pleine guerre des Boers, où les Anglais sont en difficulté et « prennent la pilule ». Ce clin d'œil malicieux d'Ogé à un public français anglophobe depuis l'affaire de Fachoda n'est pas apprécié du gouvernement, qui multiplie les efforts pour se rapprocher de Londres. La préfecture de police interdit l'affiche. Qu'un petit dessin publicitaire humoristique mette en danger la future Entente cordiale en dit long sur le pouvoir attribué à la dérision.

Bien d'autres exemples jalonnent l'histoire de la Troisième République jusqu'en 1914 : une affiche de 1888 fait de la réclame pour la « liquidation » du stock d'un magasin de vêtements où les mannequins sont des présidents du Conseil et des parlementaires, dont le courant boulangiste exigeait la « liquidation » ; de nombreux prospectus mettent en scène des présidents et des souverains, faisant directement allusion aux événements de l'heure. Analysant cette production, qui souvent réunit familièrement des chefs d'États prêts à se faire la guerre, Anne-Claude Lelieur et Raymond Bachollet y voient une « volonté collective des Français de conjurer les périls à venir [...]. Cet effet de distanciation amusée contraste avec la gravité des sujets effleurés, car si l'on parle si souvent de paix, c'est que la guerre a eu lieu ou va bientôt se déclencher ; car si les grands de ce monde ont dans ces images des rapports amicaux, on sait qu'en réalité certains se haïssent cordialement, qu'ils symbolisent des intérêts divergents et sont, dans ce sens, des dangers potentiels[38] ». C'est à nouveau mettre l'accent sur l'ambiguïté de la dérision en politique : le rire endormira peut-être la crainte des Français, mais il n'empêchera pas la guerre mondiale d'éclater. La publicité humoristique utilisant les hommes politiques cesse d'ailleurs à partir de la guerre de 1914-1918. Ces responsables-coupables, ces Guillaume II, Clemenceau, Pétain et autres George V ne sont pas drôles. Peut-on encore plaisanter avec des gens qui ont fait tuer de huit à dix millions d'hommes sous les meilleurs prétextes du monde ?

Dès la fin du xixᵉ siècle, la satire politique devient plus grinçante et plus profonde. Les titres de la presse humoristique se multiplient, attestant la généralisation de l'esprit de dérision. *La Caricature,* fondée en 1880 par Robida, qui reprend un titre célèbre, ironise sur le progrès technologique et le monde mécanique qu'il nous prépare. *Le Rire* de Félix Juven, *L'Assiette au beurre* de Schwarz et Joncières, *Le Cri de Paris* de Natanson, *Le Courrier français* de Roques, poursuivent dans la veine politique, avec un accent inquiétant. *Le Chat noir* de Salis, *Le Mirliton, Le Sourire,* fondé par Alphonse Allais en 1899, sont apparemment plus légers, mais sous ces dehors de divertissement ils contribuent à saper les bases mêmes de la raison, ce qui va beaucoup plus loin que la simple satire politique. Jonglant avec l'absurde, dans lequel le monde va bientôt sombrer, ces intuitifs du non-sens fondamental de l'univers sèment le doute, illustrant la formule d'André Breton : « Il n'est rien qu'un humour intelligent ne puisse réduire en éclat de rire, pas même le néant. »

Leur goût très prononcé pour la mystification est révélateur. C'est encore André Breton qui en analyse ainsi la portée : « Il ne s'agit de rien moins que d'éprouver une activité terroriste de l'esprit, aux prétextes innombrables, qui mette en évidence chez les êtres le conformisme moyen, usé jusqu'à la corde, débusque en eux la bête sociale extraordinairement bornée et la harcèle en la dépaysant du cadre de ses intérêts sordides, peu à peu. » Le xixᵉ siècle est

riche en mystifications. Cela commence avec la fabrication de
faux : faux autographes de grands hommes, fausses chartes, faux
incunables, supercheries de toute sorte. Dans la série des faux historiques, Courtois et Letellier réussissent à tromper des centaines
de bourgeois sous la Monarchie de Juillet en fabriquant des quittances du XIIe siècle prouvant que leurs ancêtres avaient participé à
la croisade. Letellier a un atelier fort bien équipé, d'où sortent à la
demande des lettres de Luther, Calvin, François Ier, Henri II,
Diane de Poitiers, Henri III, Racine, La Fontaine... Le champion
indiscuté dans ce domaine est un ex-employé de Letellier, Vrain-
Lucas, qui exploite l'incroyable crédulité du mathématicien Michel
Chasles, membre de l'Institut et grand amateur de pièces historiques : en neuf ans et pour 140 000 francs-or, il lui vend vingt-sept
mille documents, allant des lettres de Marie-Madeleine et de
Lazare le ressuscité à une correspondance entre Socrate et Euclide,
en passant par des manuscrits de Jules César, Dagobert, Charlemagne... Il fournit même à Chasles une lettre de Blaise Pascal
prouvant que ce dernier a découvert la gravitation universelle, et
Chasles en fait l'objet d'une communication retentissante à l'Académie des sciences !

Autre grand mystificateur, Paul Masson (1849-1899) se spécia-
lise quant à lui dans l'histoire contemporaine, avec la publication
des mémoires intimes de Boulanger et de Bismarck. Dans le
domaine artistique, une des plus célèbres affaires est montée en
1910 par Roland Dorgelès, qui fait exposer au Salon des Indépen-
dants une toile attribuée à un peintre italien, J.R. Boronali, *Le soleil
s'endormit sur l'Adriatique.* Critiques, admirateurs et détracteurs lui
consacrent des articles enflammés. Trente-sept ans plus tard, dans
Bouquet de Bohême, Dorgelès révèle que la toile a été peinte par les
mouvements de la queue d'un âne... Humour « fin de siècle » que
n'aurait pas renié un artiste comme Toulouse-Lautrec (1864-
1901), dont Natanson disait : « [Il] aimait à rire. Il aimait à rire aux
éclats. A rire aux larmes », et dont les œuvres affichent l'aspect caricatural de la vie sociale et du monde du spectacle. Derrière tous ces
rires, on discerne des hommes qui prennent leurs distances avec le
monde, avec la vie, avec les valeurs, avec les idoles. Certes, il ne
faut pas surestimer l'importance de cette vision ironique de la politique, des arts, de la culture : au premier coup de clairon, l'Europe
entière va se précipiter comme un seul homme dans les tranchées
pour procéder au massacre méthodique et patriotique. Mais les
semences sont là ; elles vont germer dans le sang des poilus pour
faire éclore le rire de l'absurde.

LES VARIÉTÉS DE LA SATIRE SOCIALE EUROPÉENNE

On constate la même évolution dans le reste de l'Europe — de la Suisse, où Rodolphe Toepffer (1799-1846) crée des gags cocasses « toujours animés par la hâte et constamment à la recherche de quelque chose[39] », à l'Italie, où s'illustre le *Fiscietto* (1848). En Allemagne s'épanouit d'abord la caricature romantique, fantasque, spirituelle, pleine de diables, avec Voltz et Geissler. Elle développe des thèmes voisins des diableries de Le Poitevin (1806-1870), Grandville (qui meurt fou en 1847), Gustave Doré — dont le génie cocasse donne naissance à un monde magique, plein de survivances médiévales et d'angoisses face à une nature foisonnant d'esprits terrifiants — et Robert Seymour, caricaturiste de Dickens, qui se suicide en 1836. Outre-Rhin, la satire politique commence véritablement avec les *Fliegende Blätter,* fondés en 1845 et qui s'inspirent du *Charivari,* puis avec le *Leuchtkugeln,* créé en 1848 à Munich, et le *Berliner Charivari.* Mais elle ne s'épanouira qu'en 1896, avec la parution de *Simplicissimus,* d'Albert Langen, à Munich : extrêmement caustique et décapant, le journal s'en prend à tous les dogmatismes et obscurantismes, ainsi qu'au militarisme de Guillaume II. Son rire est très amer, et son univers, noir et inquiétant. En 1902 y entre le caricaturiste Olaf Gulbranson.

Au cours du XIXe siècle s'opère en Allemagne une réflexion sur le rôle du rire, de la dérision et de l'humour dans la société et la politique. Dès le début du siècle, la haute société berlinoise se targue d'un sens inné de l'humour, et le *berliner Witz,* l'esprit berlinois, jusque-là attribué aux classes populaires, devient un ingrédient obligé de la conversation de salon. En 1840, un voyageur anglais remarque avec un certain agacement cette tournure d'esprit des Berlinois, cette assurance de posséder un sens de l'humour supérieur : « Ils ont beaucoup de malignité et de drôlerie sournoise ; un air caustique ; ils veulent avoir le dernier mot, et sont persuadés de mettre les rieurs de leur côté contre leurs antagonistes, de classe supérieure ou inférieure, cultivés ou sans éducation[40]. »

Berlin, « patrie de l'esprit », comme le proclament les guides, voit se développer dans les années 1840 une polémique sur le rire. Pour beaucoup, il est une soupape de sécurité qui permet au peuple d'exprimer pacifiquement son mécontentement. Soupape bénéfique pour les uns, parce qu'elle garantit le maintien de l'ordre, et néfaste pour les autres, parce qu'elle réduit la tension révolutionnaire. Le premier point de vue est celui de Gustav Kühne qui, dans *Mein Carneval in Berlin 1843,* demande aux autorités de laisser s'exprimer l'esprit satirique du peuple, qui est comme un *Luftloch,* un « trou d'air », lui permettant d'extérioriser sans dégâts ses frustrations. Aux yeux du communiste Ernst Dronke, en revanche, la satire politique est méprisable, car le Berlinois croit qu'il suffit de rire d'une injustice pour la faire disparaître[41]. Theodor Mundt les met tous deux d'accord, en 1844, en affirmant que l'esprit satirique berlinois peut aussi bien pousser à la révolte que calmer les excités[42]. Pour d'autres, le rire peut également être un élément de cohésion sociale, par le partage d'une même culture. Dans une population berlinoise qui en 1840, d'après les recensements, compte déjà plus de 85 % d'alphabétisés parmi les adultes, l'impact d'une littérature satirique risque d'être très sensible. Les lois de 1819 imposaient d'ailleurs une censure très stricte de ces publications.

Comme sous l'Ancien Régime en France, ces lois eurent pour effet de stimuler la verve humoristique, qui camoufle la critique sous des dehors de divertissements anodins, dans les almanachs, les affiches, les petits livrets de devinettes et de mots d'esprit. L'attitude de la police à leur égard reflète le dilemme exposé ci-dessus : tolérance assez large pour permettre un exutoire, interdiction assez stricte pour éviter une contamination en profondeur. Un personnage comique revient constamment dans cette littérature illustrée satirique et suspecte : *Eckensteher* Nante. L'*Eckensteher*, littéralement « celui qui se tient au coin », est le surnom donné au travailleur journalier, qui attend quotidiennement l'embauche, caricaturé sous les traits d'un ouvrier massif, paupières lourdes, lèvres épaisses, impudent et nonchalant, coiffé d'une casquette, sorte de bouledogue narquois à l'esprit vif et au langage argotique. Nante, diminutif de Ferdinand, est un prénom très fréquent dans les milieux populaires. *Eckensteher* Nante, avec son gros bon sens, est connu dans toute l'Europe centrale. Il apparaît en 1832. Création littéraire des satiristes professionnels, il s'adresse aux classes moyennes montantes, qui se situent par rapport à lui. « Rire *avec* Nante permettait aux Allemands de se façonner une robuste culture politique hors d'atteinte de la répression ; mais rire *de* Nante laissait prévoir les limites de la révolte dans l'Allemagne prérévolutionnaire [...]. Bientôt il devint un symbole du peuple allemand tout entier, personnifiant les espoirs, les craintes et les fantasmes de la classe moyenne au sujet du petit peuple[43]. »

Au départ, la popularité de Nante doit beaucoup au talent comique de l'acteur Friedrich Beckmann, qui joue le rôle dans une comédie à Berlin. Rapidement, il devient le centre d'une multitude d'anecdotes et de petites histoires illustrées, dont beaucoup sont de simples prétextes à jeux de mots et à plaisanteries sans prétention. Dans le *Nante als Fremdenführer,* en 1840, il compose un traité de *viel-o-sauf-ische* (philosophie), littéralement « beaucoup à boire », qui lui vaut le titre de « docteur en sagesse humaine ». Dans une autre histoire, bousculé par une jeune fille, il lui lance : « Eh! mademoiselle, vous vous mettez bien en avant, ne seriez-vous pas une fille du meneur parisien George Sand, pour ignorer ainsi votre sexe[44] ? » Mais la plaisanterie va souvent beaucoup plus loin. En 1847, année de crise profonde, de disette et de misère dans le peuple, Albert Hopf stigmatise le paternalisme philanthropique des patrons libéraux allemands, ainsi que les stériles discussions des politiciens : un groupe de riches propriétaires a fondé un club pour discuter de la misère des pauvres; les séances ressemblent beaucoup à celles de la Diète prussienne. Comment soulager les pauvres? Il ne faut pas qu'ils aient plus de deux enfants, dit l'un; au contraire, dit un autre, cela va faire baisser les revenus des baptêmes; si on les paie trop cher, ils deviennent arrogants, et alors il faut lever des amendes, dit un troisième qui se vante de verser à ses ouvriers un salaire ridicule. Arrive Nante et son ami, pour « représenter le paupérisme ». Scandale : « Ce sont des prolétaires; nous n'allons pas admettre de telles créatures dans un club comme le nôtre[45]. »

Dans une autre histoire, en 1843, l'auteur utilise le subterfuge du rêve. Nante rêve qu'un commissaire de police a rêvé qu'il était suspect d'un crime, et qu'aux protestations de Nante il aurait répondu : « Le rêve d'un commissaire de police est une raison suffisante pour établir un soupçon. » Les rapports de police, qui subsistent, montrent que cette dernière a bien vu l'intention satirique, mais qu'elle a décidé de ne pas réagir parce que la plaisanterie ne toucherait pas vraiment le petit peuple[46].

Eckensteher Nante disparaît vers le milieu du siècle. Son importance réside dans le fait que les classes moyennes allemandes peuvent à la fois critiquer le pouvoir et les défauts de la société par son intermédiaire, et se situer par opposition à la classe ouvrière qu'il représente. C'est à la fois un rire de critique politique et de cohésion sociale. Pour risquer une comparaison récente, Homère Simpson est un peu l'*Eckensteher* Nante américain des années 1990 : vulgaire et répugnant, incarnant les défauts d'une certaine société, anti-héros que l'Américain moyen peut désavouer tout en se retrouvant en lui.

Curieusement, c'est en Angleterre, patrie de l'humour, que ce dernier perd au XIXe siècle son caractère de satire politico-sociale mordante. Les descendants de Swift évoluent soit vers un conformisme spirituel, soit vers un dandysme légèrement provocateur, qui a pourtant plus de profondeur qu'il n'y paraît. Le premier courant est parfaitement illustré par le célèbre magazine satirique *Punch*, fondé en 1841. Le projet en est ambigu, puisqu'il prétend s'inspirer de l'agressivité satirique française (ce que suggère son sous-titre de *London Charivari*) et de la *commedia dell'arte* (avec son titre de Polichinelle) tout en rejetant le comique populaire, inconvenant et, pour tout dire, *shocking*. Mark Lemon, qui en est le directeur de 1841 à 1870, déclare que son journal sera « sans grossièreté, sans sectarisme, sans blasphème, sans inconvenance ni méchanceté », et sans « ces déplaisants sujets qui constituent le fond de boutique des humoristes français ». Autant dire qu'il s'agira d'un humour aseptisé, d'un conformisme hautain, adapté aux salons victoriens et à l'ambiance feutrée de la bibliothèque des Lords. Il ne faut pas compter sur lui pour s'attaquer au gouvernement de Sa Majesté. Ses cibles favorites sont l'arrogance des domestiques, les revendications féminines, les parvenus, les pauvres, les ouvriers, les étrangers — en particulier le pape et Bismarck —, ainsi que le malheureux prince consort, Albert. La haute société, bourgeoise et aristocratique, y est flattée dans ses préjugés, ses goûts et son hypocrisie, et elle se retrouve dans les dessins de Leech et Doyle. La parodie littéraire y occupe une place importante. *Punch,* c'est le rire des bienpensants et la satire de luxe, qui n'a plus rien à voir avec Swift ou Hogarth. C'est aussi une véritable institution, l'humour supérieur de l'*establishment made in England,* la Rolls Royce de l'ironie à l'anglaise qui, lors de son cent cinquantième anniversaire, célébré en 1991 par une grande exposition à Londres, peut encore se vanter d'un tirage de 33 000 exemplaires.

En dépit des apparences, l'humour de Charles Dickens est tout aussi inoffensif. Sa critique sociale, très limitée, revêt un caractère à la fois sentimental et détaché, esthétique. L'illustration de ses livres par Seymour et Cruikshank a au départ donné une illusoire impression d'agressivité. En réalité, écrit Robert Escarpit, « à la différence des romanciers du xviiie siècle, il ne participe pas lui-même au jeu. Son humour, tout extérieur, ne trouble ni son confort intellectuel, ni son confort sentimental. Grâce à lui, dit Stephen Potter, "le mot *humour* devait bientôt acquérir son acception moderne, c'est-à-dire quelque chose qui provoque un amusement paisiblement analytique, la capacité immédiate de ressentir cet amusement". On voit ici l'humour littéraire rejoindre à notre époque le *sense of humour,* mais il le rejoint dans une atmosphère toute différente de celle du xviiie siècle. Le mot important est "paisible" (*quiet*) : l'inquiétude métaphysique délibérément voulue par Swift n'est plus qu'une légère et souriante amertume chez Sheridan et un scrupule sentimental chez Dickens [47] ».

L'humour satirique, on le trouve en Angleterre chez des personnalités plus isolées, comme Charles Lamb, que l'on compare parfois à Montaigne, se retirant dans sa tour — au sens figuré — pour commenter d'une plume acerbe la comédie qui se déroule tout autour. Byron, à l'inverse, sort de sa tour pour combattre sur le terrain ; son humour un peu fantasque, allié à une vive sensibilité, aboutit à une « gaieté mélancolique » qui a largement échappé à ses contemporains. A la fin du siècle, Aubrey Beardsley (1872-1898) est beaucoup plus sombre, et ses caricatures donnent dans le morbide et l'érotique.

UN HUMOUR FRANÇAIS ? LE RIRE GAULOIS ET POIVROT

Cette variété des humours anglais, dont on a bien du mal à saisir les éléments communs, amène à poser la question des humours nationaux — débat qui se greffe sur le grand affrontement idéologique du XIXe siècle : internationalisme contre nationalisme. La seconde moitié du siècle voit l'affirmation des blocs nationaux, cultivant leur différence, vantant la supériorité de leurs valeurs culturelles respectives, méprisant volontiers les voisins. Pour les milieux patriotiques, la façon de rire reflète la qualité de la culture autochtone. Chaque nation a ses démons propres, et ceux-ci inspirent un rire spécifique, qui illustre le tempérament supposé du peuple en question. Chaque nation se fabrique un rire, et l'oppose au rire vulgaire des autres nations. Rire gaulois et impertinent du Français, rire lourd et bruyant de l'Allemand, rire fin et supérieur de l'Anglais : autant de clichés et de mythes volontairement entretenus comme témoignant du génie national. A l'inverse se développent des rires plus spécifiques des catégories sociales, sans frontières cette fois : rire des banlieues ouvrières, fondé sur un jargon argotique, du cockney londonien au titi parisien ; rire des salons de la petite bourgeoisie de province, aux lourdes blagues et aux allusions lestes, volontiers anticlérical ; rire de la grande bourgeoisie, qui se veut raffiné, discret, subtil, cultivé ; rire des militaires ; rire des aristocrates ; rire clérical... Rires nationaux (ou nationalistes) d'un côté, rires de classe de l'autre ? Rires de droite, rires de gauche ? Rires ethniques ou internationale du rire ?

L'existence d'un humour spécifique aux groupes nationaux relève largement d'un mythe sciemment entretenu. Bien entendu, chaque groupe humain alimente son sens du comique à des éléments propres à son histoire et à sa culture, qui rendent parfois le rire incommunicable d'un groupe à l'autre. Mais ce ne sont là que des différences superficielles. Les ressorts de fond, eux, sont identiques d'un pays à l'autre : rires agressifs, narquois, amicaux, amers, joyeux, méprisants, etc.

Prenons l'exemple du « rire gaulois », création de l'esprit cocardier de la fin du XIXe siècle. Sa montée correspond nettement à l'affirmation progressive d'un supposé tempérament national qui s'insinue même dans l'art et l'histoire. En 1844, dans son *Dictionnaire raisonné de l'architecture française,* Viollet-le-Duc écrit à propos des fantaisies de la statuaire gothique du XIIIe siècle : « Le vieil esprit gaulois perçait à travers le christianisme. » La relecture de l'histoire de France se fait à la lumière des préjugés nationalistes de l'heure : nos ancêtres les Gaulois étaient de futés petits débrouillards, bien plus malins que les lourds légionnaires romains, tout comme le fantassin français de 1870 ridiculise le lourd soldat teuton. Dans les deux cas, le Français est battu à plate couture, mais il retourne sa défaite par son esprit comique, triomphant de son vainqueur par le rire. Le rire est la façade derrière laquelle il se réfugie lors de ses désastres militaires réguliers. Et ce rire, c'est le « rire gaulois », qui se nourrit à la fois de nationalisme et d'anticléricalisme. Même ceux qui ne l'aiment pas contribuent à accréditer son existence, tel Renan qui évoque en 1856 « l'esprit gaulois, esprit plat, positif, sans élévation [...] destructeur de toute noblesse et de tout idéal ». D'autres en font un drapeau : un journal républicain s'intitule *L'Esprit gaulois* en 1881-1882. Même le grand historien de la littérature Gustave Lanson tente de le définir en 1912 : cet esprit est « fait de basse jalousie, d'insouciante polissonnerie et d'une inintelligence absolue de tous les intérêts supérieurs de la vie ». Pendant la guerre, la presse et la propagande, qui alors ne font plus qu'un, attribuent d'office aux poilus ce sens de l'humour bien français, qui leur permet de supporter d'un cœur léger la vie dans les tranchées.

Attitude rabelaisienne, tempérée par un gros bon sens et égayée par beaucoup de malice, cet esprit gaulois idéal, tel qu'il existe dans l'imaginaire français, a été fort bien décrit par Joseph Bédier : « Sans arrière-plan, sans profondeur ; il manque de métaphysique ; il ne s'embarrasse guère de poésie ni de couleur ; il n'est ni l'esprit de finesse, ni l'atticisme. Il est la malice, le bon sens joyeux, l'ironie un peu grosse, précise pourtant, et juste. Il ne cherche pas les éléments du comique dans la fantastique exagération des choses, dans le grotesque, mais dans la vision railleuse, légèrement outrée, du réel. Il ne va pas sans vulgarité ; il est terre à terre et sans portée ; Béranger en est l'éminent représentant. Satirique ? Non, mais frondeur, égrillard et non voluptueux, friand et non gourmand. Il est à la limite inférieure de nos qualités nationales, à la limite supérieure de nos défauts. Mais il manque à cette définition le trait essentiel, sans lequel on peut dire que l'esprit gaulois ne serait pas : le goût de la gaillardise, voire de la paillardise [48]. »

Cet archétype, né dans la seconde moitié du XIXe siècle, n'en finit pas de mourir. « L'explication de sa longévité réside, je crois, écrit David Trotter, dans l'idéologie nationaliste qui a besoin, pour sa survie, de créer et de répandre des caractéristiques et des stéréotypes nationaux[49]. » Ces stéréotypes, on le voit, ne sont pas nécessairement flatteurs ; ils servent avant tout à marquer la différence avec l'étranger, et à renforcer la solidarité nationale autour de quelques thèmes « bien de chez nous ».

Le rire occupe une place importante dans cette mythologie nationale qui se crée. Une variante de bas étage est la catégorie de l'« humour poivrot », auquel Élisabeth Pillet a consacré une étude[50]. France, pays du vin et des ivrognes : tout ce qui peut servir de signe de reconnaissance vient enrichir le costume national. Dans un pays où le nombre de débits de boissons augmente de 34 % entre 1879 et 1904, où la vigne est un des piliers de l'économie, le « poivrot », le « pochard » se charge d'une teinte patriotique, sympathique, qui se traduit par une floraison de chansons d'ivrognes, illustrant un type de comique très particulier, à base de scatologie, de trivialité, de vulgarité, de dérision provocatrice. Le compositeur-interprète Paul Bourgès, dit « le roi des poivrots », est l'auteur de nombreux succès, entre 1880 et 1900, tels que *Le Meilleur Biberon,* classé dans le genre peu littéraire de la « berceuse œnophile ». Parmi les grands « tubes » de l'époque, on compte *La Soularde, Vive le pinard* — alliance pittoresque du comique poivrot et du comique troupier —, *Elle aimait les chopines, Je suis pocharde, La Grève des poivrots...*

Le poivrot se vautre dans la fange, pue, vomit, crache, pisse, pète. Son humour malodorant rejoint la vogue très populaire du pétomane, qui divertit le café-concert, où les clients lisent le *Journal des merdeux.* Cet étalage d'une scatologie de bas étage déconcerte le lecteur actuel. S'agit-il d'une volonté provocatrice face à l'étouffante morale bourgeoise de l'époque ? Du prolongement de l'attitude carnavalesque du monde à l'envers, en un temps où le carnaval a perdu sa fonction traditionnelle ? D'une réaction contre les campagnes antialcooliques qui se développent alors ? D'une recherche de libération chez le bourgeois qui s'encanaille au café-concert en se mêlant au peuple ? Sans doute un peu de tout cela à la fois.

Comme le bourgeois du XVIIe siècle qui se rinçait l'œil devant les tableaux de Steen pour atténuer ses frustrations, le bourgeois du XIXe siècle se donne le grand frisson de partager les plaisirs vulgaires de son ennemi de classe, et de balayer ses valeurs guindées le temps d'une chanson d'ivrogne. Car, dans ces couplets ravageurs, rien n'échappe à la dérision ivre. Le nihilisme du poivrot est aussi destructeur que les bombes de Ravachol. Tout y passe : la famille, la religion, la police, l'État, le gouvernement, le travail, la culture, la paix, la guerre, la patrie même, encore qu'il y ait des poivrots patriotes : *Quand j'suis gris, j'suis tricolore,* dit le titre d'une chanson, ce qui est d'ailleurs très ambigu : faut-il être soûl pour se sentir patriote ?

Pour Élisabeth Pillet, ce comportement s'inscrit dans la tradition carnavalesque : « Comportements aberrants, scatologie, rejet des responsabilités, dérision de toutes les valeurs, monde à l'envers, discours parodique, hyperbole, jeux de mots : toutes ces caractéristiques rattachent la chanson d'ivrogne au comique carnavalesque. On pourrait aussi proposer de ces procédés comiques une lecture psychanalytique — comme le fait Daniel Weyl à propos du comique de Chaplin : le comique en tant que régression jubilatoire à un stade présocial[51]. » Considéré par les responsables comme un exutoire inoffensif de l'esprit révolutionnaire, le rire d'ivrogne est largement accepté jusqu'à la fin du siècle, avec la bénédiction du lobby des marchands de vin.

La montée d'un courant antialcoolique se met à faire reculer le comique de poivrot à partir de 1900. L'opinion, sensibilisée par les études médicales, les manuels scolaires, les romans réalistes, les drames relatés dans la presse quotidienne, la crainte de la dégénérescence du peuple français, commence à trouver les ivrognes beaucoup moins comiques. L'alcool prend sa dimension de fléau public. S'il continue à faire rire, ce n'est plus du même rire qu'autrefois. Ce qui fait encore rire, ce ne sont plus les paroles et les chansons inspirées par l'alcool, c'est l'aspect extérieur de l'ivrogne, devenu pantin dérisoire. On ne rit plus du fond, mais de la forme, et alors disparaît la différence entre un ivrogne français et un ivrogne étranger.

HUMOURS NATIONAUX OU INTERNATIONALE DU RIRE ?
OSCAR WILDE ET MARK TWAIN, MÊME COMBAT

Si l'on parle d'un rire français, gaulois et poivrot, on a tendance à attribuer à l'Anglais une culture de l'excentricité et du non-sens, qui correspondrait à sa forme d'humour. En réalité, il y a en Angleterre, nous l'avons vu, une grande variété d'humours, et cette qualité est là aussi sciemment cultivée, avec une dérive manifeste vers le *nonsense,* sensible déjà avec le *Book of Snobs,* publié en 1848 par Thackeray. L'histoire ajoute sa propre touche d'ironie, puisque la même année Marx publie son *Manifeste du parti communiste.* Le choc du snob et du prolétaire suggère que l'humour anglais s'éloigne des réalités sociales pour devenir un jeu de l'esprit, une fantaisie intellectuelle un peu vaine et suffisante. Avec le *Book of Nonsense* d'Edward Lear, en 1846, on avance vers une exploration rationnelle de l'absurde, et la combinaison des deux aboutit au dandysme, dont Oscar Wilde (1856-1900) est la plus brillante illustration.

Tout est paradoxal dans ce personnage, qui est du monde tout en n'étant d'aucun monde. Admiré et recherché dans les salons de l'aristocratie victorienne, il en est rejeté avec horreur et jeté en prison pour homosexualité. Il voit le monde avec un réalisme impitoyable : « Dans l'univers des faits, les méchants ne sont pas punis, ni les bons récompensés. Le succès est réservé aux forts, l'échec aux faibles. » Ce monde ressemble d'ailleurs à un mauvais brouillon : « Je crois parfois que Dieu, en créant l'homme, a quelque peu surestimé ses capacités. » Il se situe donc au-delà du bien et du mal, dans un cynisme absolu, qui n'épargne ni les personnes ni les principes : « Je préfère les personnes aux principes, et je place au-dessus de tout les personnes sans principes. » Il définit du reste le cynisme comme le fait de « savoir le prix de toute chose et de ne connaître la valeur d'aucune ».

Son esprit étincelant cultive le paradoxe, qu'il met au service de cette vision décapante de la société, de la morale, de la religion, des sentiments, dans des formules assassines qui sont autant de coups de couteau à la bonne conscience. Faire une sélection dans cette mine de citations est toujours déchirant. Il en ressort un tableau très sombre de la comédie humaine, et le sourire cynique de ce Nietzsche de salon va même plus loin que le grand rire de son contemporain allemand : si tous deux méprisent la morale, Zarathoustra met son espoir dans le surhomme ; pour Oscar Wilde, il n'y a pas de surhomme. Il n'y a qu'un ramassis d'individus, qui arrivent à vivre ensemble tant bien que mal en tempérant leur égoïsme par une hypocrisie qui est la morale. L'humour de Wilde est aussi féroce que celui de Swift — mais un Swift dénué de sentiment. Pas la moindre indignation ; un simple constat, en spectateur, d'un relativisme absolu : « Une vérité cesse d'être vraie quand plus d'une personne croit en elle. » Aucune valeur n'est épargnée : « Que pensez-vous de l'art ? demanda-t-elle. — C'est une maladie. — L'amour ? — Une illusion. — La religion ? — Le succédané mondain de la foi. — Vous êtes un sceptique. — Jamais de la vie. Le scepticisme est le commencement de la foi. » L'amour ? « La seule différence entre un caprice et une passion éternelle, c'est que le caprice dure un peu plus longtemps. » L'engagement politique ? « Je n'ai pas le moindre désir de changer quoi que ce soit en Angleterre, si ce n'est le climat. » D'ailleurs, « les classes laborieuses devraient avoir à cœur de nous donner le bon exemple. Où irons-nous si ces gens-là perdent eux aussi le sens moral ? » Le respect dû aux personnes âgées ? « La jeunesse actuelle est absolument mons-trueuse. Elle n'a aucun respect pour les cheveux teints. » La compassion ? « Les tragédies des autres sont toujours extrêmement mesquines. » La fidélité conjugale ? « Le seul charme du mariage est de rendre le mensonge absolument indispensable aux deux parties prenantes. » Et la mort ? « Passons maintenant à des détails de moindre importance. Vos parents sont vivants ? — Je les ai perdus tous les deux. — Tous les deux ? Mais c'est de l'étourderie. »

Une telle désinvolture est une armure sans faille pour traverser la jungle de la vie. Pure façade, ou authentique réalisme poussé à l'extrême ? Simple armure protégeant un être de chair, ou véritable créature en acier de Sheffield ? Nul ne le saura jamais. Cette conception d'un rire supérieur qui permettrait de surmonter les problèmes de l'existence en leur enlevant toute dimension senti-mentale, en les dissolvant dans un rire cynique, marque certaine-ment les classes dominantes britanniques de la fin du XIXᵉ siècle. Mais, là encore, en faire un attribut national est exagéré. Cette atti-tude relève davantage d'un esprit fin de siècle las et désenchanté que d'une mentalité nationale. La *gentry* britannique, qui a rejeté Oscar Wilde en son temps, cherchera plus tard à se l'approprier. Mais Wilde est un phénomène de classe et de mentalité universel, typique d'une époque plus que d'un pays.

Cette impression est renforcée par l'examen de l'évolution du comique aux États-Unis pendant ce XIXᵉ siècle. Ce *melting pot* du rire offre un raccourci saisissant de l'histoire du sens comique. La naissance du rire américain est intimement liée à l'épopée nationale de la conquête de l'Ouest, mine d'épisodes cocasses, mis en scène par Caroline Stansbury Kirkland (1801-1864) et Augustus Long-street (1790-1870). Les récits épiques du *Narrative of the Life of Davy Crockett of the State of Tennessee,* paru en 1834, ne sont pas sans rappeler les grotesques plaisanteries des chevaliers médiévaux, le « gab » carolingien. Le burlesque est omniprésent, en alternance avec le sérieux d'un bon sens très terre à terre : « Sous l'anecdote exagérée et burlesque, à la verve bouffonne et crue, perce un bon sens paradoxal mais lucide », écrit Cyrille Arnavaon[52].

La seconde moitié du siècle voit s'épanouir cette veine comique, dans un picaresque truculent, déconcertant, par l'adjonction de composantes hétéroclites : ironie des proverbes indiens, bonhomie chaleureuse des Noirs, trivialité du pionnier européen, puritanisme déplacé du quaker, patois et style express de la frontière. Tout cela forme un mélange débridé, anti-intellectualiste, pour public popu-laire, qui est à la base du rire de Seba Smith (1792-1868), William

Thompson (1812-1882), George Harris (1814-1869), David Ross Locke (1833-1888), Charles Farrar Browne (1834-1867), Bret Harte (1836-1902) [53].

Et puis voilà qu'au milieu de ces gais lurons du Far West surgit Mark Twain (1835-1910), dont on a voulu faire l'incarnation de l'humour américain. En réalité, cet homme du peuple, qui a fait un peu tous les métiers — dont celui de pilote sur le Mississipi, qui lui vaut son surnom de « deux brasses juste » *(Mark Twain)* — et qui a joué avec toute la gamme du rire grâce à un remarquable talent naturel, rejoint Nietzsche et Wilde dans un rire fin de siècle international, issu d'un constat de *nonsense* pessimiste.

Pour lui, l'humour est la voie privilégiée de compréhension du monde : « L'humour, écrit-il, ne doit pas faire profession d'enseigner ni de prêcher, mais il doit faire les deux s'il veut vivre éternellement. Quand je dis éternellement, je veux dire trente ans [...]. J'ai toujours prêché, aussi il y a trente ans que je dure. Si l'humour venait à moi de lui-même et sans que je l'invite, je l'acceptais dans mon sermon, mais je n'écrivais pas le sermon pour le plaisir de faire de l'humour [54]. »

Cet humour, qui est une philosophie, est de plus en plus sombre ; et plus il devient sombre, plus il a besoin d'humour pour surmonter le désespoir. Voilà pourquoi les plus pessimistes sont souvent les plus humoristes. Un tempérament heureux n'a pas besoin de faire de l'humour : son rire est naturel. Un tempérament triste doit se fabriquer lui-même sa raison de vivre, s'il n'a pas le courage du suicide : l'humour est fréquemment la bouée de sauvetage des désespérés. Tel semble être le cas de Mark Twain, dont les dernières réflexions, bien loin de trahir son œuvre passée, en sont une explication, suggérée déjà par *What is Man?* en 1906, et qui devient claire avec la publication posthume de 1916, *The Mysterious Stranger*.

L'œuvre est un conte humoristique. Un inconnu arrive dans une petite ville autrichienne au XVIᵉ siècle. Il a des pouvoirs miraculeux et témoigne d'une complète insensibilité morale. C'est le neveu de Satan. Il agit en se conformant à la seule logique : il tue un enfant, car il sait que celui-ci deviendra par la suite un infirme ; il rend un homme fou, car cela lui évitera d'être conscient du destin atroce qui l'attend. Ces gestes font déjà ressortir l'absurdité de la condition humaine, même en ce qu'elle semble avoir de plus respectable : guérir quelqu'un d'une maladie, n'est-ce pas lui permettre de mourir plus tard d'une maladie encore pire ? Cette absurdité serait insupportable si Dieu existait. Heureusement, Dieu nous a donné une grande marque d'humour en envoyant le neveu de Satan pour nous annoncer qu'il n'existait pas : « Il n'y a pas de

Dieu, pas d'univers, pas de race humaine, pas de vie terrestre, pas de paradis, pas d'enfer. C'est tout un rêve, un rêve grotesque et fou. Rien n'existe que toi. Et tu n'es qu'une pensée, une pensée errante, une pensée inutile, une pensée orpheline qui erre, désespérée, à travers les éternités vides[55]. » Nous voilà rassurés : notre odieuse condition ne procède pas d'une volonté consciente, ce qui serait le comble de la perversion. Alors, puisque notre monde absurde résulte du hasard, nous pouvons en rire. C'est bien ce qu'en conclura beaucoup plus tard un autre Américain, Alvin Toffler : « Il nous faut nous incliner devant l'évidence : nous faisons partie intégrante d'un fantastique canular cosmique, et cela ne nous empêche nullement d'un tirer gloire, d'apprécier la cocasserie de la situation, d'en rire et de rire de nous-mêmes[56]. » La révélation d'un monde absurde sans cause libère le rire.

Humour américain? Non. Humour philosophique fin de siècle, humour d'une intelligence qui, après avoir tout examiné, revient à son point de départ et constate qu'elle a tourné en rond : le monde est incompréhensible. Cet humour de l'absurdité est international. Il rapproche les déçus de la religion et les déçus du scientisme. Il n'y a pas plus d'humour américain, anglais, allemand, français, belge ou juif qu'il n'y a de tristesse américaine, anglaise, allemande, française, belge ou juive. Il y a des types d'humour correspondant à différentes psychologies, nourris d'expériences différentes, et qui se retrouvent d'un pays à l'autre. Qu'ils utilisent des langues et des éléments de leur culture nationale n'introduit qu'une différence de forme. Mark Twain, Oscar Wilde, Frédéric Nietzsche, André Breton sont universels.

L'ÉGLISE DU XIXᵉ SIÈCLE CONTRE LE RIRE

Entre la religion et le rire, les relations ne s'améliorent pas au XIXᵉ siècle. Dans l'Église catholique en particulier, les visages n'ont jamais été plus renfrognés. Les portraits et photographies d'évêques et de prêtres sont éloquents : c'est à qui présentera le visage le plus sévère, à qui portera le regard le plus dur sur le monde qui l'entoure. L'Église, cernée, critiquée, confrontée à la montée des sciences et de l'athéisme, se raidit, se crispe sur ses valeurs, et répond au monde moderne par l'anathème.

Plus que jamais, le rire est diabolique. Dans son *Esquisse d'une philosophie*, en 1840, l'abbé Félicité de Lamennais se livre à une diatribe féroce contre toutes les formes du rire, qui pour lui sont odieuses ou stupides. Le rire est foncièrement mauvais ; il exprime l'égoïsme et l'orgueil. « Toujours il implique un mouvement vers soi et qui se termine à soi, depuis le rire terrible de l'amère ironie, le rire effrayant du désespoir, le rire de Satan vaincu et résistant encore, et s'affermissant dans son inflexible orgueil, jusqu'au rire dégradé de l'idiot et du fou, et jusqu'à celui qu'excite une naïveté inattendue, une niaise balourdise, une bizarre disparate[57]. » Le rire est une expression de mépris ou de haine ; c'est aussi une expression d'amour-propre. Lamennais débusque même l'orgueil dans le fait de rire de soi-même : « Quiconque rit d'un autre se croit en ce moment supérieur à lui par le côté où il l'envisage et qui excite son rire, et le rire est surtout l'expression du contentement qu'inspire cette supériorité réelle ou imaginaire. On rit de soi-même, il est vrai, c'est qu'alors le moi qui découvre le ridicule en quelqu'une des régions inférieures de l'être se sépare de ce dont il rit, s'en distingue, et jouit intérieurement d'une sagacité qui l'élève dans sa propre estime[58]. »

Enraciné dans le mal, le rire enlaidit le visage : « Jamais le rire ne donne à la physionomie une expression de sympathie et de bienveillance : tout au contraire, il fait grimacer les visages les plus harmonieux, il efface la beauté, il est une des images du mal, non qu'il l'exprime directement, mais il en indique le siège[59]. » Voilà pourquoi il est impensable que le Christ ait ri : « Qui pourrait se figurer le Christ riant ? » « Le sourire même ne commence à poindre qu'à une moins haute élévation, car il se lie également, dans son origine, au sentiment de l'individualité. » Tout au plus peut-on accepter un léger sourire de Marie à son enfant, concession à la faiblesse humaine.

Le rire, c'est la revanche du diable. Partout où il retentit, il y a le péché. C'est aussi pourquoi, s'il faut vraiment qu'il y ait des pièces de théâtre, la comédie est si inférieure à la tragédie : la première nous montre la bassesse de l'homme, la seconde ses sentiments nobles. Particulièrement odieuse est la comédie grecque : « Prodiguant le sarcasme, la moquerie, la dérision amère, elle n'épargnait, ne respectait rien[60]. » Maudit soit Aristophane ! S'il n'est pas sûr que Jésus n'ait jamais ri, tel est fort probablement le cas des frères Lamennais, dont les portraits sont l'image même de la sombre austérité, comme s'ils portaient sur leurs épaules toute la misère du siècle.

Mais Lamennais n'est pas l'Église. Il s'en est même fait exclure. Alors tournons-nous vers son contemporain qui, lui, a été canonisé : Jean-Marie Vianney, curé d'Ars. Un des signes de sa sainteté, d'après le procès de canonisation, est le fait qu'il avait reçu le « don des larmes », et les témoignages abondent qui le montrent pleurant à tout propos[61]. Il ne fait pas bon s'amuser dans sa paroisse : « C'est

la corde par laquelle le démon traîne le plus d'âmes en enfer »,
dit-il. A l'annonce d'un charivari, il sort du presbytère et disperse
tout le monde. Les bals et les fêtes profanes sont évidemment pros-
crits, et le bon curé fait régner un véritable terrorisme moral dans la
paroisse : « Je l'entendis un soir, dit l'abbé Pelletier au procès de
canonisation, s'élever avec véhémence contre la foire de Ville-
franche où la foule avait coutume de se rendre par attrait pour les
divertissements profanes. L'auditoire était atterré[62]. » Les banquets
de mariage sont interdits ; quant aux tentatives pour jouer de la
musique et rire après les travaux agricoles, elles sont anathémisées
en chaire. Jean-Marie Vianney s'y entend pour culpabiliser son
monde. Le jour de la Saint-Sixte 1830, quelques danseurs et musiciens se présentent ; personne n'ose sortir. « A la prière du soir,
M. le curé fit sa petite homélie habituelle. Il pleura. On pleura avec
lui. Et plusieurs de nos jeunes écervelés comprirent leur sottise en
voyant leurs mères ou leurs sœurs revenir de la prière avec des yeux
rougis par les larmes[63]. »
  Le curé d'Ars régente également les tenues vestimentaires. Il
impose aux jeunes filles un horrible bonnet qui cache mieux leurs
cheveux. « Nous avions l'air de petites vieilles », dépose l'une
d'elles[64]. Il ne se prive pas d'ironiser sans la moindre charité sur les
plus innocentes marques de coquetterie : « Un jour, dit Marthe
Miard, il me rencontra un peu mieux mise qu'à l'ordinaire [elle
portait une robe de mousseline de couleur assez voyante]. Au lieu
de me dire comme de coutume : "Bonjour, *mon enfant*", il me fit un
salut profond en ajoutant : "Bonjour, *mademoiselle*." J'en eus bien
honte.
  « La petite Jeanne Lardet exhibait fièrement une jolie collerette
neuve. "Veux-tu me vendre ta collerette ? lui demanda en riant
l'abbé Vianney. Je t'en donnerai cinq sous. — Eh ! pour quoi faire,
monsieur le Curé ? — Je la mettrai à mon chat[65]." » La pauvre
gamine en est elle aussi toute honteuse.
  Pendant quarante ans, le curé tyrannise ainsi sa paroisse. En
outre, il est obsédé par le diable, qu'il croit voir à tous les coins de
rue et jusque dans son lit. Le rire est banni. Pourtant, on attribue à
Jean-Marie Vianney une « malice délicate ». Mais dans sa bouche,
dit l'abbé Trochu, la raillerie elle-même était sanctifiée : « Ces
reparties ne blessaient personne [!], parce que la malice blanche
qu'elles renfermaient était tempérée par le ton plein d'enjouement
et l'expression gracieuse du visage[66]. »
  Des curés d'Ars, il y en a des milliers au XIXe siècle, pour qui le
rire est un crime, ou du moins une présomption de culpabilité. Une
affaire révélatrice : en 1833, à Taulé, dans le Finistère, le recteur
Kervennic demande la mutation de son vicaire, l'abbé Bramoullé.
Motif : il rit, il est joyeux, il a toujours l'air content de son sort.

Conduite éminemment suspecte pour un jeune prêtre de trente ans, à qui l'on a pourtant appris au séminaire à toujours avoir l'air triste. Il sourit même en donnant la communion ! Le recteur fait part à l'évêque de son étonnement et de ses soupçons, dans une lettre qui en dit long sur la mentalité du clergé paroissial de l'époque :

« J'ai cru m'apercevoir que plus je demande de lui (comme de me remplacer auprès d'un malade, de donner une instruction ou un sermon), que plus les fidèles, par leur nombre, le retenaient longtemps au confessionnal, plus il était gai et paraissait content : rien ne paraît capable de ralentir son zèle ou de l'émousser. [...] Il est toujours content de prêcher, il a même le désir de le faire plus souvent que je ne l'en prie ; en cela n'y aurait-il pas de la vanité, de la présomption, une envie démesurée de paraître ? Il est toujours content d'aller à mes malades. [...] De là il semblerait croire que tout le monde l'admire. De là, me semble-t-il, cette trop grande assurance à se produire [...], ces manières trop enjouées et trop familières avec les fidèles et mille paroles indiscrètes qu'il lui arrive de dire. Je lui ai fait sentir que je le désirais plus timide, plus grave, plus réservé et plus prudent[67]. »

Le recteur a essayé de remettre son vicaire dans le droit chemin de la tristesse. Il lui a fait la leçon, car certains paroissiens sont venus se plaindre : « Vous vous êtes si habitué à plaisanter et à rire dans les maisons et dans les voies publiques avec les personnes de votre connaissance que, dernièrement, des personnes qui aiment la religion m'ont dit que vos manières sont scandaleuses et si scandaleuses que vous riez même quelquefois en donnant la communion ; vous l'aurez fait sans doute sans y penser[68]. »

Un dossier est alors ouvert à l'évêché de Quimper, où il se trouve toujours. A la requête de l'évêque, le joyeux vicaire s'explique dans une lettre du 2 juillet, où il demande pardon à ses confrères : « Si, quelquefois, j'ai eu le malheur de les attrister [par ma gaieté], ils n'ont pu l'attribuer qu'à mon caractère qui, comme vous le savez, est très gai. » Aveu fatal. Le rire de Bramoullé restera un rire de vicaire : toute promotion lui est interdite. Pas question de confier la responsabilité d'une paroisse à quelqu'un qui sourit en donnant la communion ! Muté à Plouarzel, puis à Clohars-Carnoët, Bramoullé est interdit en 1839 et meurt en 1840, âgé de trente-sept ans.

Des larmes, des torrents de larmes : voilà ce que l'Église promet à ses fidèles au XIXᵉ siècle, et ce dès l'enfance. Témoin ce discours de rentrée scolaire adressé à des collégiens par Mgr Baunard, en 1896 : « Mes chers enfants, vous pleurerez. J'ai beau vouloir le contraire et vous souhaiter des jours sans nuages, quoi que j'en aie, vous pleurerez. Vous pleurerez, vous souffrirez, parce que c'est la condition de notre nature déchue, pécheresse, et conséquemment de notre nature punie. Vous pleurerez parce que c'est la loi de notre nature rachetée, mais rachetée par la croix. Vous pleurerez parce que c'est l'arrêt prononcé par l'Esprit saint à chaque page des livres sacrés, parce que c'est la promesse de Jésus-Christ à tous ses disciples de l'avenir[69]. » Il y aura bien sûr des récréations, comme au collège, où l'on pourra rire, mais ce ne sera que pour mieux travailler ensuite : « Lorsque je vous vois rentrer de votre récréation le teint animé et coloré, après avoir bien joué, bien couru, bien sauté, et bien ri, ri même des coups reçus comme des coups rendus, j'estime qu'une vie nouvelle vient d'être infusée dans vos veines, et je me réjouis de penser que vous allez ensuite la répandre dans le travail, comme une libation, au service de Dieu[70]. »

Le rire, simple parenthèse tolérée dans la vie chrétienne comme tribut versé au péché originel : c'est bien ainsi que le perçoit le dominicain M.-A. Janvier, dans son *Exposition de la morale catholique*. Certes, l'Église, contrairement aux puritains, « n'approuve pas cette morale qui, considérant le sourire comme illicite, l'épanouissement comme coupable, ajoute à nos tristesses, rend la vie désespérante et insupportable[71] » ; « elle nous fait un devoir de nous délasser quelquefois ». Elle a même prévu des fêtes. Mais le rire doit être bref et discret. Pas de gauloiseries, car seul le mauvais chrétien se réjouit des « plaisanteries grivoises » : « Quand il a la triste fortune de les entendre, d'y découvrir un sens imprévu de libertinage, il est heureux et sa joie éclate en un rire qui exprime toute la licence de son âme[72]. »

En 1840, P. Scudo avait esquissé une théologie du rire comme manifestation de l'antagonisme entre les attraits opposés du bien et du mal que Dieu a mis en nous. Le rire témoigne de notre imperfection ; il traduit un désordre, la prise de conscience d'un comportement non conforme à la norme, une « déviation à la règle commune ». Les titres de chapitres sont éloquents : « Le rire n'est jamais innocent » ; « Le rire n'exprime pas le bonheur ». Il est une joie maligne, qui manifeste notre sentiment de supériorité à la vue des défauts de nos semblables[73].

Cette hostilité fondamentale du christianisme à l'égard du rire, Feuerbach la situe dans l'essence même de cette religion — religion de la souffrance, de la douleur, centrée sur un Christ crucifié que chacun doit imiter en « portant sa croix ». Souffrir amène à se tourner vers Dieu ; rire en détourne pour s'occuper du monde. Souffrir, c'est avoir du cœur ; rire, c'est être insensible. Souffrir, c'est ressentir sa dépendance ; rire, c'est éprouver de la plénitude, de l'autosuffisance. Le rire est donc un rival direct de Dieu, comme tout ce qui peut nous faire trouver en nous-mêmes notre satisfaction. « La religion chrétienne, écrit Feuerbach, est la religion de la souffrance. Les images du crucifié, qui encore aujourd'hui s'offrent à nous dans toutes les églises, nous présentent non pas le sauveur, mais seulement le crucifié, le souffrant. Les autocrucifixions elles-mêmes parmi les chrétiens sont la suite, dont le fondement psychologique est profond, de leur intuition religieuse. Comment celui qui a toujours présente à l'esprit l'image d'un crucifié n'aurait-il pas du plaisir à se sacrifier lui-même ou autrui? [...] Les chrétiens les plus profonds, les plus authentiques ont dit que le bonheur terrestre détourne l'homme de Dieu, alors qu'au contraire le malheur, la souffrance et les maladies le ramènent à Dieu, et sont donc les seuls qui conviennent aux chrétiens. Pourquoi? Parce que dans le malheur l'homme est disposé uniquement pratiquement ou subjectivement; dans le malheur il ne se rapporte qu'à ce qui est nécessaire, dans le malheur l'homme ressent Dieu comme un besoin. Le plaisir, la joie sont cause d'expansion pour l'homme; le malheur, la douleur le font se contracter — dans la douleur l'homme nie la vérité du monde[74]. »

« TUONS-LES PAR LE RIRE » :
LA DÉRISION ANTICLÉRICALE ET ANTIRELIGIEUSE

Si les chrétiens aiment la souffrance et se complaisent dans l'autoflagellation, le XIXᵉ siècle leur apporte de quoi alimenter leur morosité. Anticléricaux et libres penseurs ne leur épargnent aucun sarcasme. Ils ont trouvé leur terrain d'attaque idéal : le rire, beaucoup plus efficace que les arguments philosophiques. « Tuons-les par le rire » : tel est le slogan de Léo Taxil, un des chefs de file de la libre pensée. Eugène Pelletan appelle à constituer le « grand parti des rieurs », pour désacraliser les dogmes, l'Écriture et les croyances.
La méthode la plus courante est la dévalorisation blasphématoire, qui ravale le sacré au niveau du trivial. C'est le « comique de dégradation », qui pour Alexander Bain est l'essence même du comique : « L'occasion du rire, c'est la dégradation d'une personne ou d'un intérêt ayant de la dignité, dans des circonstances qui n'excitent pas quelque émotion plus forte[75]. » Le rire provient alors d'un soudain sentiment de délivrance, de soulagement : « Les attributs solennels, stables des choses exigent de nous une certaine rigidité, une certaine contrainte; si nous sommes brusquement délivrés de cette contrainte, la réaction, l'hilarité, suit[76]. » C'est le rire libérateur — fonction que lui reconnaît à la même époque le philo-

sophe A. Penjon : selon lui, le rire jaillit lorsque la liberté de l'esprit fait « une brusque intervention qui dérange le convenu, qui bouscule l'ordre et introduit un pur jeu là où le sérieux se croyait sûr de durer[77] ».

Le rire anticlérical et antireligieux vise à libérer l'esprit non seulement dans la forme, mais aussi dans le contenu. Pour cela, il doit être chargé d'agressivité ; c'est un rire guerrier : « Faites rire, parce que le rire tue. Ensuite, nous pourrons penser », dit le journal *La Raison* du 25 mai 1902. Et l'on ne peut pas tuer sans faire mal. D'ailleurs, même Éric Blondel admet que « de grands chrétiens n'ont pas cru indigne de railler cruellement » : nous en avons vu des exemples avec Pascal et le curé d'Ars.

Le rire est donc une tactique de bonne guerre dans l'offensive antireligieuse. Les cibles ne manquent pas : les prêtres, les récits bibliques, les mystères de la foi, le culte, et jusqu'à Dieu lui-même, « le Vieux d'en haut », « le vieux pion des nuages », criblé d'éclats de rire. Il est vrai que l'Église du XIXᵉ siècle, par son refus de tout compromis avec le monde moderne, fournit des munitions à ses adversaires. Le maintien de la croyance en la vérité littérale de la Bible, d'Adam et Ève à l'arche de Noé, et de Mathusalem à la baleine de Jonas ; l'attachement superstitieux à des détails ridicules, gravement discutés comme des points essentiels de la foi par la Congrégation des rites ; l'attitude effarouchée devant la moindre innovation technique[78] ; la persistance de croyances populaires aux miracles, aux apparitions et aux reliques ; les excentricités de certains ecclésiastiques sujets à des obsessions, comme le curé d'Ars et ses diables ; le raffinement ahurissant de la casuistique, de la morale, de l'enseignement sur l'enfer et de certaines croyances gratuites telles que les indulgences, tarifées comme des comptes d'apothicaire : autant de sujets de dérision généreusement offerts aux anticléricaux et aux antireligieux, qui ne se privent pas de les exploiter.

D'innombrables documents, discours, sermons, traités théologiques et moraux de cette époque contiennent d'ailleurs en eux-mêmes leur propre comique, involontaire, qui ne nécessite aucun commentaire sarcastique pour déclencher l'hilarité. Révélateur est ce cas signalé par Jacqueline Lalouette : devant une invocation à la Sainte Croix qui détaille les protections variées contre des fléaux — allant de la foudre à l'épilepsie — correspondant à chaque type de prière, un fidèle anonyme, sans doute plus éclairé que les autres, a cru qu'il s'agissait d'un texte provocateur d'un libre penseur, destiné à ridiculiser la religion. Aussi a-t-il écrit au bas de cette invocation : « Que dites-vous de cette prière qu'on répand ici? Je crois pour ma part que c'est l'élucubration de quelque franc-maçon ou libre penseur, imaginée pour tourner en ridicule la religion[79]. » Il s'agit pourtant d'une prière tout à fait sérieuse...

Et qu'aurait pensé notre fidèle éclairé s'il avait pu lire cette lettre d'un curé finistérien, Plassart, recteur du Faou et grand collectionneur de reliques authentiques, adressée à son fournisseur habituel, Le Scour :

« J'accepte avec joie le médaillon renfermant les fragments de la colonne de la Flagellation, du berceau, de la grotte, de l'agonie, du sépulcre de N.S.J.C. et de la table de la Cène. Cela nous convient d'autant mieux que notre église, comme vous le savez, est dédiée au Sauveur. Il ne nous manquerait plus maintenant, pour compléter cette précieuse collection, que quelques parcelles de la lance, de la couronne d'épines, du suaire, car nous avons la vraie croix. Je suis aussi enchanté des reliques des Apôtres, et de sainte Marguerite, qui est en grande vénération dans le pays. J'aurais été bien aise d'avoir sainte Barbe, mais je ne veux pas vous faire manquer à votre engagement. Je recevrai avec plaisir les reliques de sainte Monique, à laquelle j'ai une dévotion particulière. J'aurais été bien aise d'en avoir aussi de saint Augustin, si l'on en avait pu trouver, mais je crains qu'elles ne soient toutes retournées en Afrique. Saint Ambroise est aussi de mes saints de goût, ainsi que saint Corentin, saint Guénolé et saint Paul Aurélien [...]. J'aurais bien voulu pouvoir mettre les reliques de saint Antoine dans le socle de la statue que l'on porte en procession, mais je ne vois pas que ce soit faisable [...]. Au reste, nous avons aussi saint Sébastien et saint Roch que l'on porte en procession, et dont nous avons les reliques que l'on porte séparément. Je voudrais bien trouver aussi les reliques de saint Eutrope, évêque de Saintes, martyr que l'on porte aussi en procession, et auquel on a une grande vénération[80]. » Nous ne sommes pas au XIIe siècle, mais bien en 1857, et l'auteur est un prêtre qui a fait ses études de philosophie et de théologie.

Les différentes composantes du mouvement antireligieux ont donc la partie facile pour se gausser de l'Église et de la foi en général. Des journaux satiriques comme *La Calotte* ou *Les Corbeaux,* des comédies comme *La Soutane* ou *Un calotin dans l'embarras,* ridiculisent le clergé. Les dogmes chrétiens sont tournés en dérision, en particulier l'incarnation, la trinité, la transsubstantiation, l'immaculée conception. La Bible est une source inépuisable de plaisanteries, qui donne lieu à la rédaction de nombreux petits livres comiques inspirés de la *Bible folichonne* et de la *Bible amusante pour les grands et les petits enfants.* Le culte et les pratiques sont l'objet de railleries sans fin. La vie des saints, et surtout des saintes, est prétexte à plaisanteries pornographiques. Lorsque Benoît Labre (1748-1783), l'ascète du XVIIIe siècle qui avait vécu dans la plus complète pauvreté et la plus totale saleté, est canonisé en 1881, c'est un déchaînement, un immense éclat de rire dans toute la presse de la libre pensée, à propos du « pou canonisé », de l'« illustre crasseux », du « vénérable salaud », de l'« honorable saligaud », du « traîne-savate », de l'« ignoble fainéant », de l'« immonde lazzarone », du « nouveau Daniel tombé dans la fosse aux poux », du « mendiant couvert de vermine », de la « boule de crasse, table d'hôte à poux, garde-manger des punaises, miasme volontaire, fumier odorant ». On compose des prières d'invocations, telle celle-ci : « Seigneur, qui avez accordé à votre serviteur Benoît Joseph Labre la grâce insigne de vivre comme un porc, faites que nous puissions toujours entretenir sur nos corps une nombreuse société de petites bêtes dégoûtantes qui nous conduiront à la vie éternelle [81] ! » Jacqueline Lalouette, à qui nous empruntons ces citations, fournit beaucoup d'autres exemples savoureux [82]. L'occasion est en effet trop belle de fustiger l'obscurantisme clérical érigeant en modèle de chrétien ce défi aux règles élémentaires de l'hygiène. On imagine combien les mystiques, et notamment les religieuses, vierges et amantes de Jésus, ont pu stimuler la verve des humoristes de la libre pensée.

Derrière les excès blasphématoires du rire antireligieux, faut-il voir aussi une forme d'exorcisme d'une peur inconsciente, comme dans la mascarade révolutionnaire ? Peur engendrée par les conséquences possibles de ce meurtre du père. Alfred de Musset y voyait « le paroxysme du désespoir ». L'hypothèse n'est pas à exclure dans certains cas, mais elle fait également partie de la stratégie de récupération menée par des apologètes de l'époque, pour qui « les uns aiment, les autres haïssent, tous confessent », comme le dit le journal *Le Catholique* le 23 avril 1881.

Parfois, le clergé contre-attaque. Ainsi que l'avaient montré Pascal et quelques autres, l'usage de l'ironie est licite contre les péchés et contre les ennemis de la foi. Les campagnes de caricature contre Darwin, accompagnées de sarcasmes à l'adresse de l'homme-singe, trahissent une vigueur comique décuplée par l'indignation. Bien des sermons et des traités d'apologétique sont également pleins d'invectives railleuses, pas toujours très charitables.

Dans ce climat d'affrontement, des conférences contradictoires sont organisées entre deux champions, l'un défendant la libre pensée, l'autre la religion. Le rire fait partie de la panoplie de ces gladiateurs dont la verve ne recule pas devant les outrances verbales et le langage populaire, dans des réunions dignes du guignol ou de la *commedia dell'arte*. Quelques vigoureux prêtres s'y taillent une solide réputation de jouteurs, tels les abbés Garnier et Naudet, répondant à la raillerie par la raillerie, dans une surenchère de sarcasmes. L'abbé Garnier, qui a traité Émile Combes de « casserolard », est particulièrement redouté, au point que les libres penseurs préfèrent souvent ne pas l'inviter. En 1894, le *Bulletin* de la Libre Pensée rend ainsi compte d'une réunion contradictoire tenue au Mans : « L'abbé Garnier, qui assistait à la conférence avec un nombreux état-major, a essayé de réfuter les arguments du brillant orateur qui l'avait précédé ; mais, suivant son habitude, il a obtenu un vif succès de gaieté pour la façon grotesque avec laquelle il développe ses idées. » Quant à Naudet, un adversaire lui rend cet hommage : « Il ne manque ni d'esprit, ni de verdeur, ni surtout d'aplomb, ce petit prêtre râblé friand de la lutte. Il se sent d'ailleurs porté par ses amis qui "font un sort" à chacun de ses mots et lui décernent à chaque riposte une ovation supérieurement réglée [83]. » Le journal *Le Flambeau* lui reproche ses « expressions populacières », comme si le langage vulgaire était réservé aux mécréants. Les conférences contradictoires se terminent souvent soit en pugilat, soit en franche rigolade, où chacun estime avoir mis les rieurs de son côté — à preuve ce témoignage d'un vieux « bouffeur de curés » cité par Jacqueline Lalouette : « Les représentants des ratichons ne parvenaient pas à contrer nos orateurs. Ils provoquaient parfois de franches rigolades. De toute façon, ils ne sortaient jamais vainqueurs de ces discussions. Ils s'en sont rendu compte et ils ont cessé de nous contredire. Ils ont compris que le public venait là certes pour nos conférenciers, mais aussi pour rire à leurs dépens [84]. »

Le vrai vainqueur, c'est finalement le rire, qui réunit cléricaux et anticléricaux dans une saine gaieté dépassant les enjeux de départ. De ces joutes humoristiques, viriles et un peu frustes, naît parfois comme une complicité entre les orateurs et entre les spectateurs. Le débat devient une sorte de jeu, de comédie, une préfiguration des duels entre Don Camillo et Peppone. Rire mutuellement de l'autre, c'est encore créer un lien avec lui.

Mais ces réunions sont mal vues par la hiérarchie catholique, qui se scandalise de ce mélange des rires. Un rire catholique est déjà incongru en soi ; si en outre il se mêle au rire athée, voilà qui devient franchement dangereux. On ne doit pas exposer la foi au rire des mécréants. Cette méfiance à l'égard de toute hilarité fait que le rire est plus ou moins annexé par les incroyants. Olivier Bloch y voit même un trait distinctif du matérialisme, depuis le rire de Démocrite jusqu'aux « ah ! ah ! » que Lénine inscrit en marge des formules idéalistes de Hegel : « Le rire matérialiste, écrit-il, est un rire démystificateur qui s'en prend aux croyances, illusions et préjugés courants, dénonce les songes, sornettes et élucubrations des mages, mystiques ou constructeurs de systèmes : la complicité des matérialistes entre eux, c'est celle qui unit les esprits libérés de tous ces prestiges pour en appeler contre eux, sinon à la conscience commune, du moins à la conscience lucide et rationnelle[85]. »

Ce rire destructeur d'idoles est un rire philosophique, un rire méthodique. Mais il n'est pas le seul. Jamais jusque-là les philosophes ne s'étaient autant intéressés à ce phénomène. Lorsque Bergson publie en 1899 dans la *Revue de Paris* trois articles qu'il réunit ensuite dans un volume intitulé *Le Rire,* il se situe dans un courant qui, depuis Hegel, a consacré tout au long du siècle des dizaines de volumes à cette question. Au XIXᵉ siècle, le rire devient un pouvoir qui s'attaque aux idoles. Il prend aussi une dimension philosophique, et devient un sujet d'étude très sérieux pour les philosophes.

CHAPITRE XIII

Philosophie du rire
et rire philosophique au XIXe siècle

Les débats sur le rire, du grotesque à l'absurde

Le XIXe siècle n'est pas une époque particulièrement joyeuse. Pour les masses de prolétaires soumis à un traitement épuisant et dégradant, promis à une mort prématurée, pour des bourgeois raidis dans leurs préjugés austères et obsédés par leurs affaires, pour des classes moyennes à la vie encore bien difficile, pour une paysannerie sans cesse confrontée à la concurrence des produits américains, pour des peuples saisis par la fièvre révolutionnaire et par les démons du nationalisme, l'heure n'est pas à l'hilarité.

Et pourtant le rire est là, surtout sous sa forme satirique, le rire de combat, comme nous venons de le voir. Ce rire séduit, intrigue, dérange, provoque la colère ou l'admiration. Il devient même pour certains une règle de vie, la mesure de l'existence, lorsque le sentiment de l'absurde l'emporte sur toutes les illusions. Pour d'autres, il est un objet d'étude, irritant ou séduisant suivant le cas, que chacun intègre dans son système de connaissances et sa vision du monde. Il n'est pas un philosophe de quelque importance qui n'ait abordé le problème au XIXe siècle, signe de l'accession du rire au rang des comportements fondamentaux.

HEGEL, LE SÉRIEUX DIALECTIQUE,
ET KIERKEGAARD, LE RIRE DU DÉSESPOIR

Hegel ouvre le siècle par une note franchement négative. C'est dans son *Cours d'esthétique* qu'il a le mieux exprimé sa méfiance à l'égard du rire. Ayant encore en tête les ricanements du XVIIIe siècle, il veut réhabiliter le sérieux, c'est-à-dire la croyance dans le caractère essentiel des choses. L'ironie lui est insupportable, car elle s'attaque à tout ce qui est grand, noble, divin, sérieux ; elle ruine l'essentialité et rend impossible toute construction intellectuelle. L'ironiste, écrit-il, s'installe à la place de Dieu, de l'Esprit, et « jette ensuite des regards condescendants sur le reste de l'humanité, dont il décrète qu'elle est bornée et vulgaire puisqu'elle persiste à voir dans le droit, le souci des bonnes mœurs, etc., quelque chose de consistant, de contraignant et d'essentiel [1] ».

L'ironiste nie l'existence d'un en-soi, et affirme « la vanité de tout ce qui est positif, éthique et substantiel en soi, la nullité de tout ce qui est objectif et de tout ce qui vaut en et pour soi ». Tout lui paraît vain et nul, et par là même il est une sorte de caisse vide. De plus, entièrement centré sur son harmonie intérieure, l'ironiste refuse l'action, ce qui « engendre la forme maladive de la belle âme et son alanguissement nostalgique [2] ». L'ironique rabaisse tout, détruit tout, et manque de caractère : « L'ironique, en tant qu'individualité géniale, consiste dans l'autoanéantissement de tout ce qui est souverain, grand et noble. [...] Cela implique d'ailleurs que non seulement ce qui est droit, conforme aux bonnes mœurs et véridique n'est pas à prendre au sérieux, mais que toute supériorité, toute excellence, se réduit finalement à rien dès lors qu'en se manifestant dans des individus, des caractères, des actions, elle se réfute et s'anéantit elle-même, n'étant ainsi rien d'autre qu'ironie sur elle-même [3]. »

Et Hegel de conclure ironiquement : « Telle est la signification générale de la divine et géniale ironie, de cette concentration en lui-même d'un Je pour qui tous les liens sont rompus et qui ne peut vivre que dans les délices de la jouissance de soi. Cette ironie doit son invention à Monsieur Friedrich von Schlegel, et beaucoup d'autres à sa suite en ont ressassé le baratin ou nous en rebattent aujourd'hui encore les oreilles [4]. »

L'esprit satirique ne séduit pas davantage Hegel. Dans une brève revue de la littérature romaine, qui a porté cette faculté à son apogée, il regrette que même Horace « se contente de rendre ridicule ce qui est mauvais ». Quant à Lucien, qui traite les dieux avec une « désinvolture joyeuse », il le trouve « ennuyeux » et constate que, « malgré ses plaisanteries et ses railleries », la beauté des dieux grecs a survécu. A ses yeux, la satire est un genre révolu, parce qu'il n'y a plus de principes fermes et que, lorsqu'on ne croit plus en rien, la satire n'a plus de prise.

L'humour le laisse dubitatif, et il en a une conception assez mesquine. Parlant de Jean-Paul, en qu'il reconnaît « un humoriste qui a du succès », il situe son humour dans « les rassemblements baroques qu'il opère avec les choses objectivement les plus éloignées, et par sa façon de mettre dans le même sac et d'agiter des objets dont la relation est quelque chose de parfaitement sub-jectif[5] ». Il appelle aussi humour le fait de « faire des farces et des plaisanteries sur soi-même et sur ce qui existe autour de soi », ce qui est une opinion peu flatteuse. D'ailleurs, écrit-il, la plupart du temps, « il arrive que l'humour devienne insipide, quand le sujet se laisse aller à la contingence de ses trouvailles et de ses blagues qui s'enfilent les unes aux autres et digressent ainsi à l'infini en ratta-chant ensemble avec une bizarrerie délibérée les choses les plus hétérogènes[6] ». Les Français ont peu d'humour, mais les Alle-mands en ont un peu plus — ce qui pour Hegel n'est pas néces-sairement une qualité.

Le grotesque l'intéresse davantage, parce qu'il y voit une image en rapport avec sa propre philosophie. Le grotesque, c'est l'anti-dialectique, c'est le choc indéfini et perpétuel de la thèse et de l'antithèse qui ne parvient jamais à la synthèse, qui reste suspendu dans l'indéfinition inquiète. Mélange des contraires, dislocation, perpétuation des contrastes, le grotesque est le contre-pied de la logique. Il s'agit donc d'un phénomène intrigant, irritant, sans doute mauvais, et pas forcément risible : « L'imagination [dans le grotesque] ne s'affirme que par des distorsions. Elle chasse les formes particulières hors des frontières précises de leur qualité propre, les disperse, les modifie dans le sens de l'indéterminé, leur prête une ampleur démesurée tout en les disloquant, et n'exprime la tendance à la conciliation des contraires que sous forme d'une impossibilité de conciliation[7]. »

La dialectique hégélienne, c'est *le* système philosophique défini-tif, absolu, qui absorbe tout l'être en une grandiose synthèse qui explique tout, qui a réponse à tout. Hegel en est persuadé, et il est sérieux. Si « tout le réel est rationnel et tout le rationnel est réel », alors le rire, qui est bien réel, a sa place dans l'ensemble — mais une place un peu encombrante. Le rire, c'est l'antisystème, difficile à caser dans un système. Et visiblement Hegel ne trouve pas cela drôle.

Sören Kierkegaard n'est pas non plus réputé pour sa jovialité. Pourtant, il a de l'ironie et de l'humour une opinion très positive. L'ironie, il l'entend au sens socratique, comme un moyen non pas de détruire les valeurs, mais de les éprouver. Elle « renforce ce qui est vain dans la vanité », et permet de dégager ce qui est essentiel. Elle est une sorte de feu purificateur, un test, une épreuve. La sainte ironie devrait même être un privilège du mystique, de celui qui s'enracine en une réalité supérieure à l'homme, et qui seul aurait le droit de se moquer des opinions humaines.

L'ironie permet ainsi de passer au stade éthique. Ensuite,

l'humour prend le relais et permet d'accéder au stade religieux : « L'ironie est une culture spécifique de l'esprit et suit l'immédiateté. Puis vient l'homme éthique, puis l'humoriste, et finalement l'homme religieux[8]. » En effet, le stade éthique reste très imparfait parce qu'il tente de fonder l'existence humaine sur les seules ressources humaines. L'humoriste, lui, dépasse ce stade parce qu'il a conscience du caractère problématique du monde ; il sent qu'il y a une réalité supérieure, une transcendance, qu'il ne comprend pas et qui l'amène à prendre ses distances à l'égard du réel. Il n'est ni angoissé ni désespéré, mais il demeure suspendu, incertain, en position de passage, réduit à « constater l'absurde ». Seul l'homme religieux, qui accède à la connaissance du divin, dépasse ce stade. L'humour est ainsi une voie d'accès vers le sérieux absolu, Dieu.

C'est à un autre joyeux drille de la philosophie, Arthur Schopenhauer, que nous devons une analyse très poussée du rire. Celui qu'Éric Blondel surnomme « le plus sinistre des philosophes rieurs[9] », l'homme qui a écrit que « nous sommes quelque chose qui ne devrait pas être », s'est en effet beaucoup intéressé au rire. Le pessimisme n'est nullement l'ennemi du rire, bien au contraire. Plus le monde paraît une réalité absurde et déplacée, plus on peut en rire. Schopenhauer affirme : « Dans cette existence dont on ne sait si l'on doit rire ou pleurer, il faut bien faire à la plaisanterie sa part », et de fait il ne manque pas d'humour, estimant ainsi que « la vie est une affaire dont le revenu est loin de couvrir les frais ».

C'est dans *Le Monde comme volonté et comme représentation* qu'il se livre à un examen approfondi, presque clinique, du mécanisme du rire. Il le fait d'une manière tellement péremptoire qu'on peut se demander si elle n'est pas ironique. « Le rire n'est jamais autre chose que le manque de convenance — soudainement constaté — entre un concept et les objets réels qu'il a suggérés, de quelque façon que ce soit ; et le rire consiste précisément dans l'expression de ce contraste. » On attend des explications, mais en vain : « Je ne m'arrêterai pas ici à raconter des anecdotes à l'appui de ma théorie, car elle est si simple et si facile à comprendre qu'elle n'en a pas besoin[10]. »

Pourtant, il revient sur la question dans les « Suppléments », pour nous donner une définition encore plus obscure que la première : « L'origine du ridicule est toujours dans la subsomption paradoxale et conséquemment inattendue d'un objet sous un concept qui lui est par ailleurs hétérogène, et le phénomène du rire révèle toujours la perception subite d'un désaccord entre un tel concept et l'objet réel qu'il sert à représenter, c'est-à-dire entre l'abstrait et l'intuitif[11]. » Le non-philosophe égaré à la page 772 du *Monde comme volonté et comme représentation* reste perplexe. Mais cette fois Schopenhauer vient à son aide et lui fournit une cascade d'exemples, « afin, écrit-il modestement, de démontrer d'une manière incontestable qu'enfin, après tant de tentatives stériles, la vraie théorie du ridicule est établie et que le problème posé par Cicéron, et abandonné par lui, est définitivement résolu ». Dira-t-on encore que Schopenhauer n'a pas le sens de l'humour ?

Approfondissant ensuite sa théorie du rire comme découverte soudaine d'une incongruité, il en explique la sensation plaisante par le fait que le rire réside dans une confrontation entre l'intuition et la pensée abstraite, qui se solde par une victoire de l'intuition ; or « l'intuition est la connaissance primitive, inséparable de la nature animale ; en elle se représente tout ce qui donne à la volonté satisfaction immédiate ; elle est le centre du présent, de la jouissance et de la joie, et jamais elle ne comporte d'effort pénible[12] ».

Si le rire est le propre de l'homme, c'est parce qu'il manque à l'animal la raison et les concepts généraux. Ce qui n'empêche pas le chien d'exprimer sa joie par « un frétillement si expressif, si bienveillant, si foncièrement honnête. Comme ce salut, que lui inspire la nature, forme un heureux contraste avec les révérences et les grimaces polies des hommes[13] ! » Où l'on retrouve la queue du chien de Tobie, qui agaçait tellement le père Garasse... Pour Schopenhauer, remuer la queue est un signe de joie bien plus naturel que la grimace du sourire.

Il poursuit par une remarque judicieuse, à savoir que seuls les gens sérieux savent rire : « Plus un homme est capable d'une entière gravité, et plus franc sera son rire. Les hommes dont le rire est toujours forcé et affecté ont un fond moral et intellectuel très médiocre[14]. » En effet, « le sérieux consiste dans la conscience de l'harmonie complète du concept, ou pensée, avec l'intuition, ou réalité. L'homme sérieux est convaincu qu'il pense les choses comme elles sont, et qu'elles sont comme il les pense », si bien que le constat d'une divergence entre cette conviction profonde, de nature intellectuelle et abstraite, et l'intuition d'une réalité qui s'y oppose, provoque un éclat de rire. Pour bien rire, il faut être un homme de conviction, croire fermement à quelque chose, et constater brusquement qu'on s'est trompé. Certes, ce rire est plutôt amer : « Ce qu'on appelle les éclats de rire moqueurs semble crier triomphalement à l'adversaire vaincu combien les concepts qu'il avait caressés sont en contradiction avec la réalité qui se révèle maintenant à lui. Le rire amer qui nous échappe à nous-mêmes, quand nous est dévoilée une réalité terrible qui met à néant nos espérances les mieux fondées, est la vive expression du désaccord que nous reconnaissons à ce moment entre les pensées que nous avait inspirées une sotte confiance dans les hommes et dans la fortune, et la réalité qui est là devant nous [15]. » Celui qui ne prend rien au sérieux, qui ne croit en rien et qui rit de tout est un vulgaire pantin, dont le rire n'a aucun sens. En quelque sorte, il n'y a que deux rires : le rire bête et le rire triste. Schopenhauer a choisi le second, et il reproche à ses contemporains d'avoir choisi le premier : « "Des mots nobles, un sens vil", telle est la devise de l'admirable époque où nous vivons ; celui qu'on nomme aujourd'hui humoriste, autrefois on l'eût appelé polichinelle [16]. »

Schopenhauer accuse son époque de galvauder le terme d'« humour » : « Le mot "humour" est pris aux Anglais pour distinguer et désigner une espèce toute particulière de risible, se rapprochant du sublime et que l'on a observée d'abord chez eux, mais ce terme n'était pas destiné à qualifier toute plaisanterie et toute farce, comme les lettrés et les savants le font aujourd'hui généralement en Allemagne. » Pour lui, l'humour est l'inverse de l'ironie. Alors que cette dernière est la plaisanterie qui se cache derrière le sérieux et vise autrui, l'humour est le sérieux qui se cache derrière la plaisanterie et vise l'humoriste lui-même. Schopenhauer a conscience de vivre dans un monde qui déjà est « humoristique », c'est-à-dire où tout le monde rit de n'importe quoi et dont l'hilarité n'est plus qu'une expression de la bêtise. Le rire authentique, c'est celui du philosophe qui constate le non-sens de la vie confronté à la volonté de vivre, l'« insurmontable conflit du vouloir-vivre et de l'impossible justification de l'existence humaine [17] ».

NIETZSCHE ET LE RIRE DU SURHOMME

Si le rire de Nietzsche n'est pas le rire désespéré de Schopenhauer, il découle pourtant du même constat : l'homme découvre sa solitude dans un univers qui n'a pas de sens préétabli. Alors que nous avions cru pendant des siècles qu'il y avait un pilote aux commandes et que celui-ci nous emmenait vers une destination connue, voilà qu'on nous apprend que « Dieu est mort », ou plutôt qu'il n'a jamais existé, et que nous sommes à bord d'un bateau ivre qui ne va nulle part. C'est, en effet, à mourir de rire !

C'est d'ailleurs ce qui attend « Zarathoustra le rieur » : mourir de rire, à force de voir les hommes s'attarder sur leurs vieilles croyances. Les dieux eux-mêmes sont morts de rire : « C'est ce qui arriva lorsqu'un dieu prononça lui-même la parole la plus impie, — la parole : "Il n'y a qu'un seul Dieu ! Tu n'auras point d'autres dieux devant ma face !" — Une vieille barbe de dieu, un dieu coléreux et jaloux s'est oublié ainsi. C'est alors que tous les dieux se mirent à rire et à s'écrier en branlant sur leurs sièges : "N'est-ce pas là précisément la divinité, qu'il y ait des dieux — qu'il n'y ait pas un dieu [18] ?" »

Le rire de Zarathoustra parcourt le monde, renversant les idoles : « Je leur ai ordonné de rire de leurs grands maîtres de la vertu, de leurs saints, de leurs poètes et de leurs sauveurs du monde. Je leur ai ordonné de rire de leurs sages austères [...]. La petitesse de ce qu'ils ont de meilleur, la petitesse de ce qu'ils ont de pire, voilà ce dont je riais. Mon sage désir jaillissait de moi avec des cris et des rires [19]. » Ces rires sonnent le « crépuscule des idoles », et « qui rira le mieux aujourd'hui rira le dernier ».

Le grand souffle de l'éclat de rire nihiliste traverse l'œuvre de Nietzsche. Ce rire détruit : « Ce n'est pas par la colère, c'est par le rire que l'on tue. » Ce rire destructeur, c'est peut-être l'avenir du monde, après le grand carnaval universel, après l'apocalypse d'hilarité : « Nous sommes prêts, comme jamais époque ne le fut, pour un carnaval de grand style, les éclats de rire et la folle allégresse d'un Mardi gras de l'esprit, les cimes transcendentales de la suprême bêtise et de la raillerie aristophanesque qui bafoue l'univers. Peut-être découvrirons-nous là justement le domaine de notre invention, celui où nous aussi pouvons encore être originaux, par exemple comme parodistes de l'histoire universelle et comme polichinelles de Dieu ; peut-être, si rien d'autre aujourd'hui n'a d'avenir, notre rire, justement, en a-t-il, lui [20] ! »

Les dieux eux-mêmes sont espiègles : « Il semble que, même pendant les actes sacrés, ils ne puissent s'empêcher de rire. » Quant aux philosophes, leur valeur se mesure à la qualité de leur rire. Si Nietzsche n'aime pas l'agélaste Hobbes, il place au sommet « ceux qui sont capables de rires dorés » ; et s'il admire tant Chamfort, c'est parce qu'il y voit un « penseur qui jugea le rire nécessaire comme un remède contre la vie et qui se croyait presque perdu le jour où il n'avait pas ri [21] ».

Le rire est « un remède contre la vie » : voilà ce qui en fait la grandeur pour Nietzsche. Alors que le « maître de morale » « ne veut à aucun prix que nous nous mettions à rire de l'existence, ni de nous-mêmes, ni de lui », le surhomme proclame : « Apprenez à rire de vous-même, comme il faut rire », « et que toute vérité qui n'amène pas au moins une hilarité nous semble fausse », « car dans le rire tout ce qui est méchant se trouve ensemble mais sanctifié et affranchi par sa propre béatitude », et « rire, c'est se réjouir d'un préjudice, mais avec bonne conscience [22] ». Le rire est au-delà du bien et du mal ; il purifie ce qu'il touche. « O vous, hommes supérieurs, apprenez donc à rire [23] ! »

Cette « belle humeur » (*Heiterkeit*) que prône Nietzsche s'enracine dans notre souffrance : « L'homme souffre si profondément qu'il a *dû* inventer le rire. L'animal le plus malheureux et le plus mélancolique est, comme de bien entendu, le plus allègre. » Nous sommes face à notre propre absurdité. « Comment l'homme peut-il prendre plaisir à l'absurde ? Aussi loin en vérité qu'il y a du rire dans le monde, c'est là le cas[24]. » Le rire et le pessimisme vont ensemble, s'entretiennent mutuellement. C'est parce que nous prenons conscience de notre condition désespérée que nous pouvons rire sérieusement, et ce rire nous permet de supporter cette condition. Voilà pourquoi « il vous faudrait apprendre à rire, mes jeunes amis, si toutefois vous vouliez absolument rester pessimistes ; peut-être bien qu'alors, sachant rire, vous jetteriez un jour au diable toutes les consolations métaphysiques, et d'abord la métaphysique[25] ».

Ce rire de qualité n'a évidemment rien de vulgaire : « Quand l'homme rit à gorge déployée, il surpasse tous les animaux en vulgarité » ; mais « plus l'esprit devient joyeux et sûr de lui-même, plus l'homme désapprend le rire bruyant ; en revanche, il est pris sans cesse d'un sourire plus intellectuel, signe de son étonnement devant les innombrables charmes cachés de cette bonne existence[26] ». Bonne existence ? Nous avions cru comprendre le contraire. C'est que, écrit Nietzsche, « il y a aussi beaucoup plus de comique que de tragique dans le monde ; on rit bien plus souvent que l'on est ému ».

Le rire fait partie de la vie, il aide à conserver l'espèce et, en dépit du retour périodique des « proclamateurs du but de la vie » — ces tragiques messies créateurs d'idoles sérieuses —, l'humanité finit toujours par « revenir à l'éternelle comédie de l'existence » : « Il ne faut pas nier qu'à la longue le rire, la raison et la nature ont fini par se rendre maîtres de chacun de ces grands maîtres en téléologie : la courte tragédie a toujours fini par revenir à l'éternelle comédie de l'existence et les vagues du "rire innombrable" — pour parler avec Eschyle — finiront par couvrir de leurs flots la plus grande de ces tragédies. Mais malgré tout ce rire correcteur, somme toute, la nature humaine a été transformée par l'apparition toujours nouvelle de ces proclamateurs du but de la vie, elle a maintenant un besoin de plus, précisément celui de voir apparaître toujours de nouveau de pareilles doctrines et de pareils maîtres de la "fin". [...] Et, toujours de nouveau, l'espèce humaine décrétera de temps en temps : "Il y a quelque chose dont on n'a absolument pas le droit de rire !" Et le plus prévoyant des philanthropes ajoutera : "Non seulement le rire et la sagesse joyeuse, mais encore le tragique, avec toute sa sublime déraison, font partie des moyens et des nécessités pour conserver l'espèce[27] !" »

L'espoir, s'il y en a un, réside dans l'alliance du rire et de la sagesse, qui constituera le « gai savoir » : « Peut-être y a-t-il encore un avenir pour le rire ! Ce sera lorsque la maxime "l'espèce est tout, l'individu n'est rien", se sera incorporée à l'humanité, et que chacun pourra, à chaque moment, accéder à cette délivrance dernière, à cette ultime irresponsabilité. Peut-être alors le rire se sera-t-il allié à la sagesse, peut-être ne restera-t-il plus que le "gai savoir"[28]. »

Le rire pessimiste de Nietzsche aboutit donc à un « grand oui accordé à l'existence », car « la volonté pessimiste ne craint pas de se nier elle-même, parce qu'elle se nie avec joie ». Le rire et le silence, voilà la vie :

> Il est beau de se taire ensemble,
> plus beau de rire ensemble, [...]
> Si j'ai bien fait, nous nous tairons,
> Si j'ai mal fait, nous rirons[29].

C'est aussi la leçon d'*Humain, trop humain*, que tire Pyrrhon : « L'Ancien : "Hélas ! mon ami ! Se taire et rire. Est-ce là maintenant toute ta philosophie ?" Pyrrhon : "Elle ne serait pas la plus mauvaise[30]." »

L'œuvre de Nietzsche est parsemée d'aphorismes sur le rire. Voltigeant en tous sens, ils donnent le vertige, et semblent parfois se contredire. Il en ressort une impression générale de nostalgie et une volonté de rire envers et contre tout, parce que le rire est la seule planche de salut, la rédemption : « J'ai canonisé moi-même mon rire. Je n'ai trouvé de nos jours personne d'autre assez fort pour cela. » L'homme accablé par des siècles de peur, d'oppression morale et sociale, aspire au rire libérateur : « L'être recroquevillé, tremblant de peur, se détend, s'épanouit largement — l'homme rit. »

BERGSON ET LA MÉCANIQUE SOCIALE DU RIRE

Hegel ne veut pas rire, Schopenhauer ne peut s'empêcher de rire, Nietzsche veut rire, mais aucun des trois n'est vraiment joyeux. Bergson, lui, regarde rire les autres et s'intéresse au phénomène en tant que technicien. Il cherche à démonter le mécanisme secouant l'homme qui rit : comment cela fonctionne-t-il ? Il se penche très tôt sur la question puisque, jeune professeur de philosophie de vingt-cinq ans, il fait le 18 février 1884 à Clermont-Ferrand une conférence intitulée : « Le rire. De quoi rit-on ? Pourquoi rit-on ? » Formé à l'École normale supérieure en même temps que Durkheim, il est comme lui marqué par la dimension sociale des comportements humains. En 1897, Durkheim publie *Le Suicide*, montrant que ce geste est la conséquence d'un relâchement du réseau des solidarités sociales. Trois ans plus tard, Bergson publie *Le Rire*, où il apparaît que d'une certaine façon le rire est la contrepartie du suicide : c'est une réaction inconsciente qui vise à maintenir l'homogénéité du tissu social en sanctionnant les comportements déviants.

Le petit livre de Bergson surgit au cœur d'une polémique sur le rire. Depuis le milieu du siècle, les traités se sont multipliés pour tenter d'expliquer ce singulier comportement. Sans remonter jusqu'au livre de D. Roy, *Sur le rire* (1814), l'année 1854 voit paraître deux ouvrages importants. D'une part, dans l'*Essai sur le talent de Regnard et sur le comique en général*, A. Michiels esquisse déjà une théorie sociale du rire, qui serait la sanction des écarts de comportement par rapport à un idéal de perfection ; les comportements sociaux seraient hiérarchisés, et engendreraient le rire en fonction de leur éloignement par rapport à cet idéal. D'autre part, L. Ratisbonne s'intéresse surtout à l'humour, de plus en plus considéré comme la forme moderne du rire. Le terme commence à être utilisé pour désigner toute forme de comique, et Ratisbonne tente à son tour d'en définir les contours, associant le plaisant, le sérieux et le bienveillant : l'« humouriste », comme il l'appelle, « plaisante volontiers sur des matières qu'on regarde comme graves et disserte gravement sur des choses en apparence légères. Car, pour lui, à un certain point de vue où il se place, tout dans la vie et la vie elle-même, c'est à la fois chose plaisante et grave, légère et sérieuse. L'humouriste [...] raille la barque de l'existence qui erre à l'aventure, mais sa plaisanterie n'a rien d'insultant pour les passagers : il est à bord comme eux[31] ».

En 1862, dans *Les Causes du rire*, L. Dumont définit le risible comme « tout objet à l'égard duquel l'esprit se trouve forcé d'affirmer et de nier en même temps la même chose ». L'année suivante, dans un article sur « Le rire, le comique et le risible dans l'esprit et dans l'art », paru dans la *Revue des Deux Mondes*, C. Levêque voit dans le rire une sorte de rappel à l'ordre.

En 1885, dans *Les Émotions et la volonté*, A. Bain fournit une explication originale : le rire est une réaction psycho-physiologique à un constat de « discordance descendante ». C'est une décharge d'énergie qui se produit lorsque nous constatons brusquement une dégradation ou une dévaluation d'une personne, d'une idée ou d'un objet habituellement respecté et exigeant le sérieux. Le sérieux nécessite une mobilisation d'énergie, une concentration psychique ; l'objet du respect étant, pour une raison ou pour une autre, dégradé, le surplus d'énergie mobilisée devient inutile et se libère d'un seul coup : « L'occasion du rire, c'est la dégradation d'une personne ou d'un intérêt ayant de la dignité, dans des circonstances qui n'excitent pas quelque émotion plus forte [...]. Considérons maintenant la dégradation risible comme une délivrance de contrainte. Sous ce point de vue, le comique est la réaction du sérieux. Les attributs dignes, solennels, stables des choses exigent de nous une certaine rigidité, une certaine contrainte ; si nous sommes brusquement délivrés de cette contrainte, la réaction d'hilarité s'ensuit [32]. »

La même théorie est développée en 1891 par H. Spencer dans la *Physiologie du rire*. Le rire marque le passage brutal d'un état de tension psychique à un état de détente : « Ce rire naît naturellement quand la conscience, après avoir été occupée de grands objets, est réduite à de petits, c'est-à-dire seulement dans le cas de ce qu'on appelle une discordance descendante. » Spencer en donne comme illustration le clown qui s'apprête à accomplir une acrobatie périlleuse, et dont les préparatifs aboutissent à un geste anodin.

En 1886, A. Michiels perfectionne sa théorie dans *Le Monde du comique et du rire,* et A. Penjon, dans un article sur « Le rire et la liberté », en revient à une conception psychologique [33] : le rire, pour lui, est la manifestation d'un affranchissement de l'esprit, qui dénoue la trame préconçue des événements et des pensées, qui devient « pur sentiment de vivre, sans raison et sans but », délivré du joug de la raison, pure fantaisie, pure liberté, qui rompt l'ennui de l'uniformité. En 1895, dans « Pourquoi rions-nous [34] ? », C. Mélinand insiste sur le rôle de l'insolite, du difforme, de l'étrange, du baroque.

Ce ne sont là que quelques-unes des productions sur le rire au moment où Bergson reprend la question. Toutes sont influencées par l'esprit positiviste de l'époque, et voient dans le rire un événement-réflexe, sans intentionnalité [35]. Bergson ne nie pas ces aspects psycho-physiologiques, mais il est aussi marqué par l'essor de la sociologie et par le renouveau de la spiritualité, ce qui l'amène à élaborer une théorie du rire comme manifestation de l'élan vital.

Le rire est avant tout pour lui un « geste social », qui vient sanctionner un comportement potentiellement menaçant pour la cohésion du groupe. Ce comportement, c'est en tout premier lieu la raideur des gestes, qui traduit une mécanisation de l'attitude. La vie en société exige de chacun une attention toujours en éveil et une souplesse d'esprit et de corps pour s'adapter aux nécessités du moment. « Toute raideur du caractère, de l'esprit et même du corps sera donc suspecte à la société, parce qu'elle est le signe possible d'une activité qui s'endort et aussi d'une activité qui s'isole, qui tend à s'écarter du centre commun autour duquel la société gravite, d'une excentricité enfin. Et pourtant la société ne peut intervenir ici par une répression matérielle, puisqu'elle n'est pas atteinte matériellement. Elle est en présence de quelque chose qui l'inquiète, mais à titre de symptôme seulement — à peine une menace, tout au plus un geste. C'est donc par un simple geste qu'elle y répondra. Le rire doit être quelque chose de ce genre, une espèce de geste social. Par la crainte qu'il inspire, il réprime les excentricités, tient constamment en éveil et en contact réciproque certaines activités d'ordre accessoire qui risqueraient de s'isoler et de s'endormir, assouplit enfin tout ce qui peut rester de raideur mécanique à la surface du corps social[36]. »

D'où la fameuse formule : le comique est « du mécanique plaqué sur du vivant ». Elle s'applique aussi bien au comportement humain qu'aux phénomènes naturels que l'on réduirait à une mécanique. Bergson l'illustre par l'histoire de cette dame que Cassini avait invitée à venir observer une éclipse et qui, arrivée en retard, déclare candidement : « M. de Cassini voudra bien recommencer pour moi. » L'automatisme du comportement est source de comique, dès lors que l'on porte l'attention sur lui — ou sur une réglementation automatique de la société, comme dans cette remarque à propos d'un crime commis dans un train : « L'assassin, après avoir achevé sa victime, a dû descendre du train à contre-voie, en violation des règlements administratifs. » Le déguisement fait partie de la transformation qui ravale un être humain à l'état de machine, en simplifiant son apparence et en la réduisant à quelques traits qui poussent la logique d'un caractère jusqu'à l'extrême. Tout ce qui dans l'aspect extérieur contribue à déshumaniser ou à évoquer un déguisement est donc comique. L'exemple que donne Bergson montre à quel point il est tributaire de son époque : « Pourquoi rit-on d'un nègre? Question embarrassante, semble-t-il, puisque des psychologues tels que Hecker, Kraepelin, Lipps se la posèrent tour à tour et y répondirent diversement. Je ne sais pourtant si elle n'a pas été résolue un jour devant moi, dans la rue, par un simple cocher qui traitait de "mal lavé" le client nègre assis dans sa voiture. Mal lavé! Un visage noir serait donc pour notre imagination un visage barbouillé d'encre ou de suie[37]. »

« Nous rions toutes les fois qu'une personne nous donne l'impression d'une chose » : Sancho Pança lancé en l'air comme un ballon, Münchhausen devenu boulet de canon. « Une situation est toujours comique quand elle appartient en même temps à deux séries d'événements absolument indépendantes, et qu'elle peut s'interpréter à la fois dans deux sens tout différents[38] » : c'est le quiproquo. Quant au comique de la caricature, il ne vient pas de l'exagération, mais du fait que l'on pousse jusqu'au bout de sa logique une simple velléité que l'artiste a su saisir dans le visage. En cela, comme le remarquait déjà Baudelaire, la caricature a quelque chose de diabolique. Le caricaturiste « réalise des disproportions et des déformations qui ont dû exister dans la nature à l'état de velléités, mais qui n'ont pu aboutir, refoulées par une force meilleure. Son art, qui a quelque chose de diabolique, relève le démon qu'avait terrassé l'ange [39] ».

Toujours, « le rire est véritablement une espèce de brimade sociale ». Ce n'est jamais un plaisir purement esthétique. Il comporte « l'intention inavouée d'humilier, et par là, il est vrai, de corriger ». Il sanctionne beaucoup plus l'insociabilité que l'immoralité : le misanthrope Alceste est parfaitement vertueux, mais sa raideur insociable le rend comique. Le rire, qui est une sanction, n'est ni sentimental ni émotionnel. « Le rire est, avant tout, une correction. Fait pour humilier, il doit donner à la personne qui en est l'objet une impression pénible. La société se venge par lui des libertés qu'on a prises avec elle. Il n'atteindrait pas son but s'il portait la marque de la sympathie et de la bonté [40]. »

Sanctionnant tout ce qui s'écarte de la norme sociale, le rire est un instrument de conformisme, et le comique évolue nécessairement avec la culture ambiante. Si celle-ci vante le non-conformisme, c'est du coup l'attitude « normale » qui devient comique : celle du « Français moyen » par exemple, réduit à l'état de mécanique standardisée, comme c'est le cas à la fin du XXe siècle, où l'on tend à valoriser les écarts par rapport à la norme. Se conduire différemment, c'est ne plus être une machine : la théorie de Bergson peut ainsi se retourner contre l'homogénéité sociale.

Bergson étudie également les diverses formes du comique verbal, du calembour à la parodie. On retiendra notamment ses définitions de l'ironie et de l'humour, qu'il conçoit comme des termes opposés : l'ironie consiste à parler de ce qui devrait être en feignant de croire que c'est ce qui est, et l'humour traite ce qui est comme si c'était ce qui devrait être. D'où l'on glisse d'ailleurs facilement au cynisme...

Le livre de Bergson suscite des réactions. En 1902, James Sully, un disciple de Spencer, publie *An Essay on Laughter,* traduit en français en 1904 (*Essai sur le rire*), où il reproche au philosophe français de négliger certains aspects du comique qui n'entrent pas dans sa théorie, tel l'excès de spontanéité et de liberté, qui engendre le rire quotidien ; Bergson lui répond dans la *Revue philosophique.* Toujours en 1902, Dugas publie une *Psychologie du rire* où il rappelle, en citant un ouvrage plus ancien de Ribot, qu'en dépit de la multitude des études le rire continue à narguer philosophes, psychologues, sociologues, médecins : « Il n'est pas de fait plus banal et plus étudié que le rire, il n'en est pas qui ait eu le don d'exciter davantage la curiosité du vulgaire et celle des philosophes, il n'en est pas sur lequel on ait recueilli plus d'observations et bâti plus de théories, et avec cela il n'en est pas qui demeure plus inexpliqué ; on serait tenté de dire avec les sceptiques qu'il faut être content de rire et de ne pas chercher à savoir pourquoi on rit, d'autant que peut-être la réflexion tue le rire, et qu'il serait alors contradictoire qu'elle en découvrît les causes. »

FREUD : LE RIRE COMME ÉCONOMIE D'ÉNERGIE ET L'HUMOUR COMME DÉFI

Si les causes du rire restent si mystérieuses, ne serait-ce pas parce qu'elles se situent au niveau de l'inconscient ? Bergson lui-même, en affirmant que « le comique est inconscient » et que le rire est incontrôlé, invite à chercher dans cette direction[41]. Déjà, Sigmund Freud s'intéresse à la question, et dès 1905 il publie à Vienne *Le Mot d'esprit et ses rapports avec l'inconscient*[42]. Le contenu de l'ouvrage déborde assez nettement les limites étroites du titre. Freud témoigne d'abord de l'importance prise par le sens du comique dans la vie sociale contemporaine, et plus particulièrement par le mot d'esprit : « On pourrait faire valoir le charme particulier, la fascination, exercés par l'esprit dans notre société. Un mot d'esprit nouveau fait presque l'effet d'un événement d'ordre général ; on le colporte de bouche en bouche comme le message de la plus récente victoire[43]. » Or, en raison de « l'étroite solidarité des diverses manifestations psychiques », l'étude du mot d'esprit permet d'éclairer d'autres domaines de la personnalité. Tout le monde n'a pas de l'esprit ; cela nécessite des aptitudes particulières, liées au besoin de communiquer. Par ailleurs, le mot d'esprit requiert la complicité de l'autre ; il s'agit d'un geste social, dont l'une des qualités essentielles est la concision.

La forme supérieure en est l'humour, qui obtient le résultat maximal avec la plus grande économie de moyens. Car le principal obstacle à un effet comique est l'existence d'un affect pénible : douleur, mal quelconque, physique ou moral. « Or, l'humour nous permet d'atteindre au plaisir en dépit des affects pénibles qui devraient le troubler ; il supplante l'évolution de ces affects, il se met à leur place[44]. » L'humour empêche le déclenchement de l'affect pénible, il nous fait faire l'économie d'une dépense affective, et c'est en cela que réside le plaisir qu'il procure. Freud revient constamment sur le condamné à mort que l'on amène à la potence le lundi matin, et qui déclare : « Voilà une semaine qui commence bien ! » Il court-circuite en quelque sorte son accablement, sa douleur psychique, sa peur : « Le plaisir de l'humour naît alors, nous ne saurions dire autrement, aux dépens de ce déclenchement d'affect qui ne s'est pas produit ; il résulte de l'épargne d'une dépense affective[45]. » D'autre part, l'humour n'a pas même besoin d'un partenaire : l'humoriste peut jouir seul de son humour.

Freud cite maints exemples d'« humour de gibet », dont plusieurs se trouvent d'ailleurs déjà chez Montaigne : c'est ce qu'il appelle de l'« humour de grand style ». Une des variétés les plus efficaces d'humour est cependant l'« humour de pitié épargnée », dont il prend des exemples chez Mark Twain, qui raconte des anecdotes sur son frère : employé sur un chantier de travaux publics, celui-ci est projeté à une certaine distance par l'explosion prématurée d'une mine... et on lui retire une demi-journée de salaire « pour s'être éloigné de son chantier ». Notre humour quotidien est le plus souvent de ce type : il nous économise une colère. Il y a aussi l'humour « par économie d'indignation », tel celui que produit Falstaff : le répugnant personnage pourrait être odieux, mais il n'est que comique, parce qu'il ne se prend pas au sérieux, qu'il n'a pas d'illusions sur lui-même, et que ses victimes ne méritent aucune pitié.

L'humour est en même temps un processus de défense, qui empêche l'éclosion du déplaisir. Contrairement au processus de refoulement, il ne cherche pas à soustraire à la conscience l'élément pénible, mais il transforme en plaisir l'énergie déjà rassemblée pour faire face à cet affect pénible. Comique, mot d'esprit, humour : ces trois sources de rire reposent sur une épargne, sur la satisfaction de faire une économie. C'est la conclusion de Freud : « Nous voilà donc arrivés au terme de notre tâche, après avoir ramené le mécanisme du plaisir humoristique à une formule analogue à celle du plaisir comique et de l'esprit. Le plaisir de l'esprit nous semblait conditionné par l'épargne de la dépense nécessitée par l'inhibition ; celle du comique, par l'épargne de la dépense nécessitée par la représentation (ou par l'investissement) ; celle de l'humour, par l'épargne de la dépense nécessitée par le sentiment. Dans les trois modes de fonctionnement de notre appareil psychique, le plaisir découle d'une épargne ; tous trois s'accordent sur ce point : ils représentent des méthodes permettant de regagner, par le jeu de notre activité psychique, un plaisir qu'en réalité le développement seul de cette activité nous avait fait perdre[46]. » Le rieur s'économise, en quelque sorte, et il rit parce qu'il s'économise, alors que l'homme triste s'affaiblit. Ces conclusions rejoignent en partie les récentes études psycho-physiologiques sur le caractère bénéfique du rire sur la santé.

En 1928, Freud publie dans *Imago* un petit texte sur l'humour, qui sera ajouté en appendice au livre sur *Le Mot d'esprit*. Approfondissant les idées précédentes sur l'épargne, il voit dans l'humour la forme la plus achevée de triomphe du moi. L'humour a « quelque chose de sublime et d'élevé », qui « tient évidemment au triomphe du narcissisme, à l'invulnérabilité du moi qui s'affirme victorieusement. Le moi se refuse à se laisser entamer, à se laisser imposer la souffrance par les réalités extérieures, il se refuse à admettre que les traumatismes du monde extérieur puissent le toucher ; bien plus, il fait voir qu'ils peuvent même lui devenir occasions de plaisir[47] ».

Dans l'arsenal des défenses psychiques contre la douleur, Freud énumère la névrose, la folie, l'extase, l'ivresse, le repliement sur soi-même. L'humour est l'arme la plus sublime, car, contrairement aux autres, elle maintient la santé psychique et l'équilibre, et elle est source de plaisir. Par l'humour, *je* triomphe, *je* suis invulnérable : « L'humour ne se résigne pas, il défie, il implique non seulement le triomphe du moi, mais encore du principe du plaisir, qui se trouve ainsi moyen de s'affirmer en dépit de réalités extérieures défavorables[48]. » Il accomplit cet exploit en plaçant l'accent psychique sur le *surmoi,* lui permettant ainsi de contrôler sans difficulté le *moi,* qu'il traite comme un enfant afin de le rassurer : « L'humour semble dire : "Regarde ! Voilà le monde qui te semble si dangereux ! Un jeu d'enfant ! Le mieux est donc de plaisanter[49] !" »

Les théories philosophiques du rire éclairent des aspects variés et complémentaires de ce comportement, mais aucune ne réussit véritablement à le cerner de façon globale, car le mot « rire » recouvre des réalités extrêmement diverses, voire contradictoires. *Le* rire n'existe pas : c'est une illusion. Il y a *des* rires, dont le seul point commun est une manifestation physique. Or celle-ci peut traduire toute une variété de sentiments, d'idées et de volontés.

D'autre part, les philosophies du rire s'intéressent logiquement à la personne du rieur. Or, excepté le cas particulier de l'humour, le rieur est rarement celui qui fait rire — sauf quand il rit de ses propres blagues. Celui qui cherche à faire rire utilise consciemment des moyens en vue d'une fin, et bien souvent cette fin n'est pas le rire ; le rire n'est qu'une transition. Lorsque je me moque de quelqu'un, mon but est de l'humilier, et pour cela je fais rire de lui. Tous les types d'ironie et de raillerie visent un but qui se situe au-delà du rire. Et ce but est plus révélateur des mentalités que le rire lui-même.

LE « RIRE MEURTRIER » DE JEAN-PAUL

Le xixe siècle, nous l'avons vu dans le chapitre précédent, utilise le rire pour renverser les idoles. Mais il l'utilise aussi pour exprimer une certaine vision du monde. Alors, ce n'est plus la philosophie qui s'empare du rire, c'est le rire qui devient une philosophie. Dans la première moitié du siècle, le monde interprété par le rire, c'est la vision du grotesque romantique; dans la seconde moitié du siècle, c'est la vision de l'absurdité dérisoire. Il y a entre les deux une continuité et une progression.

C'est, en Allemagne, dès la seconde moitié du xviiie siècle qu'apparaît — ou se réveille — la vision grotesque du monde. D'abord avec des œuvres d'histoire et de critique littéraire, comme la *Geschichte des Grotesk-Komischen* de Friedrich Flögel et le *Harlekin oder Vertheidigung des Grotesk-Komischen* de Justus Möser (1761), mais aussi au théâtre, qui redécouvre Shakespeare grâce à la *Dramaturgie de Hambourg,* de Lessing, en 1769. Le mouvement du *Sturm und Drang* s'inspire de ce mélange du sublime et du bouffon, de ce tourbillon vital à la fois grandiose et cocasse qui caractérise le théâtre élisabéthain, mais en le tirant nettement sur le noir. Les incertitudes et les anxiétés de l'époque donnent naissance à un grotesque véritablement inquiétant, où le rire devient âpre et derrière lequel pointent les cornes du diable. Les pièces de Jakob Lenz (1751-1792) en constituent une bonne illustration, avec *Der neue Menoza* (1774), où les intrigues se mélangent dans un imbroglio jamais résolu, et *Der Hofmeister*, où le grotesque vient de l'inconsistance essentielle des personnages, qui sont à l'image de l'homme : des pantins.

Cette idée est développée à la génération suivante par Georg Büchner dans *La Mort de Danton* (1835), drame tout entier résumé dans cette réplique : « Nous sommes tous des marionnettes, dont les fils sont tirés par des puissances inconnues. » Si la théorie de Bergson est exacte, alors les personnages de Büchner doivent être très drôles : ne sont-ils pas de simples mécaniques qui récitent leur leçon et suivent leur destin en faisant croire qu'ils en sont maîtres? En fait, si comique il y a, il est si intimement mêlé au tragique qu'il faut se forcer pour en rire. Ces malheureux automates de Büchner n'ont ni repos ni refuge : la vie est partout, la vie et la mort grouillent, prolifèrent, et le néant n'existe plus. « Il n'y a plus de vide, c'est un foisonnement sans fin. Le néant s'est suicidé, la création est sa plaie, nous sommes les gouttes de son sang, le monde est le tombeau où il pourrit[50]. »

Dans *Woyzeck* (1836), nous retrouvons les hommes-pantins, jouant leur pathétique comédie, se coulant dans des moules, et un pauvre homme qui, bafoué par tous, cherche désespérément le sens de tout cela. Nous voilà dans le grotesque existentiel, quotidien, qui ne peut engendrer qu'un rire amer, tout comme *Les Veilles de Bonaventura,* texte anonyme de 1804 qui passe en revue les grands problèmes de l'humanité et donne de celle-ci l'image d'un monde de fous. Sorte d'*Éloge de la folie* poussé au noir, « l'œuvre, qui évoque souvent le grotesque du monde, est grotesque par l'amalgame des tons et des perspectives, et par son cynisme désespéré, qui débouche sans cesse sur le néant[51] ».

Christian Grabbe (1801-1836), lui, compose en 1822 une véritable comédie-farce, intitulée *Plaisanterie, satire, ironie et signification cachée,* qui fait évoluer de médiocres représentants des diverses catégories sociales autour d'un diable de pacotille. Comédie de la bêtise universelle. Nous sommes bien dans la période de l'« humour maladif », comme Friedrich Schlegel le dit dès 1800. Même Goethe n'y échappe pas, avec le portrait de l'inconsistance psychique qu'il donne en 1809 dans *Les Affinités électives.*

C'est le déroutant Johann Friedrich Richter (1763-1825), plus connu sous le nom de Jean-Paul, qui apporte l'explication de ce très étrange sens de l'humour grotesque dans l'Allemagne des alentours de 1800. Son roman *Siebenkäs,* publié en 1796, peut servir de point de départ. Il raconte la très émouvante histoire d'amour entre Lenette, jeune femme aimante, attachante, simple, qui ne voit guère plus loin que le quotidien immédiat, et son mari Siebenkäs, un artiste épris d'infini, d'absolu, tourmenté par les grandes questions sur le sens du monde. Ces deux êtres s'aiment sincèrement, mais ne peuvent se comprendre. Les efforts de Lenette pour rendre heureux son mari sont voués à l'échec : elle ne peut dépasser l'étroitesse du cadre quotidien et pense qu'il suffit d'être une bonne ménagère et une bonne épouse pour faire le bonheur de Siebenkäs, tandis que celui-ci est sans cesse irrité par les détails matériels de la vie de tous les jours : la brosse et le balai sont pour lui de véritables « instruments de la passion ». C'est tout le problème des limites de la condition humaine, de la tension entre le fini et l'infini. Cette tension est source de grotesque et de situations cocasses, burlesques pourrait-on même dire, par le décalage permanent entre le noble et le trivial. L'humour permet d'atténuer la tension jusqu'au moment où Siebenkäs bascule dans le fantastique. Le Christ vient révéler que Dieu n'existe pas : « Nous sommes tous des orphelins, vous et moi, nous n'avons pas de père. »

C'est ce que Jean-Paul appelle l'« humour meurtrier », qui s'applique non pas à tel ou tel aspect de la réalité, mais à la réalité entière. C'est la « ridiculisation du monde entier ». Dans sa *Poétique ou Introduction à l'esthétique* de 1804, Jean-Paul distingue entre le rire classique, moralisateur, prosaïque, et l'humour subversif, nihiliste, qui est celui du romantisme allemand. Car, en dépit des apparences, il conserve le rire : un rire peu joyeux, mais qui se justifie par le constat qu'« en présence de l'infini tout est petit et comique ». Ce rire ne vise ni à dénoncer ni à réparer ; il résulte du spectacle de l'inanité universelle, du sublime renversé — ce que Bernard Sarrazin exprime ainsi : « Dieu est remplacé par Ubu. Cette fois, le ciel est bien vide, la bouffonnerie est totale, l'absurdité absolue. On pense au carnaval médiéval ; mais les signes sont vides : c'est une mascarade, et le retournement carnavalesque n'opère aucune régénération. Plus une once de sacré : Dieu est mort, vive Ubu ! [...] Faut-il en rire ou en pleurer[52] ? » Question de tempérament...

Jean-Paul connaît aussi le rire simplement joyeux, ordinaire. Il en a donné l'exemple dans la *Vie du joyeux maître d'école Maria Wuz*, en 1790, mais le « rire meurtrier » est beaucoup plus révélateur de la mentalité romantique de son époque.

LE RIRE, CHEVAL DE TROIE DE L'ENFER, ET REVANCHE DU DIABLE

Le démon est au cœur du grotesque romantique. Revoilà donc Satan, Belzébuth, plus vivant et plus rigolard que jamais. Après chaque fausse sortie, il resurgit de sa boîte pour effrayer et pour faire rire[53]. *Les Veilles de Bonaventura* expliquent même que le rire est la grande revanche du diable, son cheval de Troie. Le narrateur raconte le mythe suivant : Satan a envoyé sur terre le rire sous le masque de la joie, et les hommes, évidemment, l'ont accueilli à bras ouverts ; c'est alors qu'il a retiré son masque et révélé son véritable visage, qui est la raillerie, la moquerie, la satire — cette façon dévalorisante de voir le monde et les autres, c'est-à-dire de mépriser la création. Et par cette raillerie, l'esprit diabolique prend sa revanche sur Dieu : « Y a-t-il au monde moyen plus puissant que le rire pour s'opposer à toutes les avanies du monde et du sort ! L'ennemi le plus puissant est horrifié devant ce masque satirique et le malheur lui-même recule devant moi si j'ose le ridiculiser ! Et quoi d'autre, que diable, que la raillerie, cette terre, avec son sentimental satellite la lune, mérite-t-elle donc ! »

Le rire ironique, moyen de se venger du monde. Ce rire, dit Mikhaïl Bakhtine, a changé de nature depuis Rabelais. Son aspect régénérateur a disparu au profit de sa fonction libératrice. Libératrice parce que désormais le monde fait peur, et que seul l'humour ironique peut délivrer de la peur. Le monde grotesque romantique est effroyable, monstrueux. Le percevoir à travers le rire le rend sup-

portable. Et le diable lui-même, le diable romantique, est grotesque, en ce sens qu'il est à la fois terrible et bouffon, faisant peur
et faisant rire. Pour Bakhtine, « dans le grotesque romantique, le
diable incarne l'épouvante, la mélancolie, le tragique. Le rire infernal devient alors sombre et méchant[54] ». C'est par exemple le diable
de Victor Hugo, qui est une force destructrice, même si, dans la
Préface de Cromwell, il est associé à la bouffonnerie et si, dans *La Fin
de Satan,* il est finalement « récupérable ». « Parmi les nombreuses
incarnations du diable dans l'œuvre de Victor Hugo, il n'en est
aucune qui provoque le rire », écrit Max Milner[55]. Pourtant, il est
question dans *Les Misérables* de « ce lugubre rire du forçat, qui est
comme un écho du rire du démon ». Max Milner remarque, dans
un article sur « Le diable comme bouffon » : « Les affinités entre le
diable et le bouffon remontent très haut, plus haut que la naissance
du diable chrétien, pourrait-on dire[56]. » Les romantiques cultivent
cet aspect : dans le *Second Faust,* Méphisto apparaît en bouffon.
Mais surtout ils font jouer au diable le rôle de guide, de commen-
tateur, de spectateur ironique de la comédie du monde. Il montre à
l'homme la pitoyable agitation de l'humanité, comme le fera
Madame Belzébuth dans *Le K.* En 1831, Balzac, dans *La Comédie
du diable,* fait dire à ce dernier : « L'histoire est une plaisanterie permanente dont le sens échappe », et dans l'*Ahasvérus,* d'Edgar Quinet, Belzébuth regarde avec ennui la marche du monde : la pièce
est décidément mauvaise, indigne de son auteur qui a, comme dira
Oscar Wilde, « un peu surestimé ses capacités » : « La faute en est au
sujet ; la création ennuie. Ni en haut, ni en bas, ni au loin, ni
auprès, personne n'en veut plus. » Le néant est nettement supérieur.

Pour mieux souligner le caractère dérisoire de l'existence, les
diables jouent parfois eux-mêmes la comédie humaine, en enfer,
histoire de distraire les damnés en leur prouvant qu'ils n'ont pas
perdu grand-chose. C'est ce qui se passe dans la *Gallerie der Teufel,*
de Cranz, et dans la *Panhypocrisiade,* de Népomucène Lemercier,
en 1819 : on y voit les démons jouer une comédie sur la vie de
Charles Quint, et montrer que les hommes l'emportent sur les
diables en matière de scélératesse.

Même idée dans cette œuvre de jeunesse de Gustave Flaubert,
Smarh, terminée en 1839. Satan emmène l'ermite pour une visite
guidée du monde, dont il n'a aucun mal à faire voir les insuffisances. C'est décidément un grand carnaval, un carnaval qui provoque la nausée : « La vie ? Ah ! par Dieu ou par le diable, c'est fort
drôle, fort amusant, fort réjouissant, fort vrai ; la farce est bonne,
mais la comédie est longue. La vie, c'est un linceul taché de vin,
c'est une orgie où chacun se soûle, chante et a des nausées. » Et le

rire de Yuk est bien le rire du diable, « un rire long, homérique, inextinguible, un rire indestructible comme le temps, un rire cruel comme la mort, un rire large comme l'infini, long comme l'éternité ». C'est là le rire moderne, le rire sérieux — le rire « meurtrier », dirait Jean-Paul. Rien à voir avec le rire ancien, simple et joyeux, celui d'Aristophane, que regrette Flaubert, par l'intermédiaire du dieu Crépitus dans *La Tentation de saint Antoine* : « J'étais joyeux. Je faisais rire ! Et, se dilatant d'aise à cause de moi, le convive exhalait toute sa gaieté par les ouvertures de son corps[57]. » Le diable de Flaubert désenchante le monde, et transforme le rire joyeux en rire sérieux ; c'est le grotesque triste, « le comique arrivé à l'extrême, le comique qui ne fait pas rire[58] ».

Ce rire du diable romantique annonce directement le rire contemporain de la dérision généralisée face à un monde de non-sens. Il ne reste plus qu'une étape à franchir : celle de la disparition du diable lui-même, qui nous laissera seuls avec notre rire, un rire tellement omniprésent qu'il sera sans objet et menacé de disparaître à son tour. Ce que Bernard Sarrazin résume ainsi dialectiquement : « Thèse : la diabolisation médiévale du rire, le rire du diable ; antithèse : le bouffon rit du diable, rire humaniste ; synthèse : le rire du diable-bouffon, rire noir et grotesque du romantisme qui débouche au XXᵉ siècle sur la dérision généralisée du rire médiatique. Ce serait alors la fin du rire [...]. On peut en effet se demander si, dans notre société "euphorique" qui rit de tout et de rien [...] le rire ne va pas s'autodétruire, et on se prend à regretter avec Pierre Lepape "le temps heureux où l'on pouvait encore jouer avec le diable" parce que le diable existait et que "le rire est lié à l'insurrection[59]". »

BAUDELAIRE : « LE RIRE EST SATANIQUE, DONC HUMAIN »

« Le rire est satanique, il est donc profondément humain », écrit Baudelaire dans son traité *De l'essence du rire*[60], qui est presque une étude psychanalytique du phénomène. Diabolique et humain, le rire n'est en aucun cas divin. La preuve : Jésus n'a jamais ri.

On est d'abord surpris de voir Baudelaire reprendre l'argumentation et les propres termes de Bossuet. Mais il leur donne vite un tour très personnel. Le rire, c'est un peu le pépin de la fameuse pomme du jardin d'Éden, le fruit diabolique par lequel Satan se venge à la fois de Dieu et des hommes. Le rire devient instrument de sa vengeance, car il exprime la suffisance humaine, l'orgueil de la créature : « Ce qui suffirait pour démontrer que le comique est un des clairs signes sataniques de l'homme et un des nombreux pépins contenus dans la pomme symbolique, est l'accord unanime des physiologistes du rire sur la raison première de ce monstrueux phénomène. [...] Le rire, disent-ils, vient de la supériorité [...]. Aussi, il fallait dire : le rire vient de l'idée de sa propre supériorité. Idée satanique s'il en fut jamais ! Orgueil et aberration ! [...] Remarquez que le rire est une des expressions les plus fréquentes et les plus nombreuses de la folie[61]. »

Ni le rire ni les larmes n'existaient dans le paradis terrestre, puisque tous deux expriment la douleur ; mais si « l'homme mord avec le rire [...] il séduit avec les larmes ». Le rire exprime le mal et l'agression ; il déforme le visage des méchants lorsqu'il se fait rictus. « L'école romantique, ou, pour mieux dire, une des subdivisions de l'école romantique, l'école satanique, a bien compris cette loi primordiale du rire [...]. Tous les mécréants du mélodrame, maudits, damnés, fatalement marqués d'un rictus qui court jusqu'aux oreilles, sont dans l'orthodoxie pure du rire. Du reste, ils sont presque tous des petits-fils légitimes ou illégitimes du célèbre voyageur Melmoth, la grande création satanique du révérend Maturin[62]. » Quant au rire vulgaire : « Quel signe plus marquant de débilité qu'une convulsion nerveuse, un spasme involontaire comparable à l'éternuement, et causé par la vue du malheur d'autrui ? »

De toute façon, le sage ne rit pas, et « les livres sacrés, à quelque nation qu'ils appartiennent, ne rient jamais ». Le rire, le rire diabolique, nous vient avec l'intelligence, qui décuple notre sentiment de supériorité, et voilà pourquoi les motifs du comique augmentent avec le degré de civilisation. Plus l'homme est civilisé, plus il a de raisons de se croire supérieur, et plus il prend conscience de l'abîme entre sa grandeur et sa misère ; or, « c'est du choc perpétuel de ces deux infinis que se dégage le rire ». Bien sûr, les Anciens riaient parfois pour des riens, comme ce Crassus mort de rire en voyant un âne manger des figues, « mais ce comique n'est pas tout à fait le nôtre. Il a même quelque chose de sauvage, et nous ne pouvons guère nous l'approprier que par un effort d'esprit à reculons, dont le résultat s'appelle pastiche[63] ».

« La puissance du rire est dans le rieur, et nullement dans l'objet du rire. » Rien n'est comique en soi-même. C'est l'intention mauvaise du rieur qui voit du comique ; celui qui rit n'est pas l'homme qui tombe, sauf si celui-ci a acquis « la force de se dédoubler rapidement et d'assister comme spectateur désintéressé aux phénomènes de son moi. Mais le cas est rare[64] ». N'y a-t-il pas des rires innocents ? Le rire de l'enfant ? Encore faudrait-il prouver que les enfants sont des êtres innocents. Regardez-les : ce sont « des bouts d'hommes, c'est-à-dire des satans en herbe ». D'autre part, il ne faut pas confondre la joie et le rire.

Il apparaît donc bien difficile de dérider Baudelaire. Or voilà, raconte-t-il, qu'il s'est tordu de rire devant les pitreries d'un clown anglais. C'était « une ivresse de rire », dit-il. Pour lui, ce spectacle atteint en effet le « comique absolu », qui relève des artistes supérieurs et qui réside dans le grotesque : « Les créations fabuleuses, les êtres dont la raison, la légitimation, ne peuvent pas être tirées du code commun, excitent une hilarité folle, excessive et qui se traduit par des déchirements et des pâmoisons interminables. » Le grotesque engendre le rire — du moins celui de Baudelaire — parce qu'il atteint l'essence des choses, dévoile la nature profonde de l'être. Le grotesque est une plongée violente à travers le monde des apparences, un trou dans le décor, qui révèle de façon fulgurante la dérisoire et satanique réalité. Il ouvre sur « quelque chose de profond, d'axiomatique et de primitif qui se rapproche beaucoup plus de la vie innocente et de la joie absolue que le rire causé par le comique de mœurs ».

Selon Baudelaire, les Français ont peu de dispositions pour ce comique absolu, que l'on trouve davantage dans le tempérament grave, profond et volontiers excessif des Allemands. Les Espagnols ont un grotesque sombre, les Italiens un comique innocent, les Anglais un comique féroce, les Français un comique « significatif » ordinaire, fondé sur l'idée de supériorité de l'homme sur l'homme.

Aux yeux de Baudelaire, le modèle du grotesque, du comique absolu, est Hoffmann. Pour celui-ci, l'ironie est « le symptôme d'un esprit profond », qui démasque ce qu'il y a de brut et de bestial en l'homme, exploite le fantastique et élabore des personnages qui sont à la fois des automates diaboliques et des êtres vivants responsables, tel ce monstrueux Ignaz Denner, chef de bande criminel et incarnation du diable. Le courant noir est développé dans *Les Élixirs du diable,* ou dans *L'Homme au sable,* cet être mythique qui arrache les yeux des enfants. Le petit Nathanaël en est obsédé jusqu'à la folie. Plus tard, il s'éprend de la belle Olympia, fille du docteur Spalanzani, et découvre qu'elle est un automate. Nathanaël finit par se suicider.

Où est le rire dans tout cela? Il est, paraît-il, dans le choc entre la fantaisie et l'effroi. Le vrai comique, selon Hoffmann, c'est le grotesque; à l'entendre, c'est ce qui rend drôle un personnage comme Harpagon : « Qui donc, en plein rire, ne serait pas saisi d'un profond effroi au spectacle de l'avare qui, dans une démence sans espoir, se saisit de son propre bras pour attraper le voleur qui lui a volé sa cassette [...]. C'est par là que l'avare de Molière est un personnage vraiment comique[65]. » Le rire de Hoffmann témoigne surtout d'une dérive du sens comique, dévoyé par le grotesque romantique vers le fantastique, l'horrible et la folie. Cette direction est

pour le rire une impasse, un cul-de-sac, comme le montre le cas
d'Edgar Poe, l'un des grands maîtres du grotesque fantastique.

Qu'y a-t-il encore de comique dans ses récits de mort, d'horreur,
de satanisme? Une mince pellicule de cocasse dans l'agitation des
pauvres pantins, des bouffons humains destinés à être broyés par
les forces maléfiques. Le roi et les courtisans adipeux de *Hop Frog*
pourraient être drôles si on ne les sentait inexorablement absorbés
par la mécanique qui conduit au bal des Ardents. Demeure-t-il un
soupçon de comique dans *Le Masque de la mort rouge* et dans les
Histoires extraordinaires? Quand l'élément inquiétant domine à ce
point dans le grotesque, il étouffe le rire. Le rire romantique grotesque aboutit ici à une aberration; il débouche sur l'horreur pure.
L'intérêt et la qualité de cette littérature ne sont évidemment pas en
cause, mais elle n'a plus rien à voir avec le rire. Nous sommes ici
chez de vrais fous; or la folie n'est drôle que lorsqu'elle est simulée.
Le rire moderne se tient toujours au bord du précipice, et parfois il
tombe dans l'abîme. C'est le sort de Barbey d'Aurevilly, de Hans
Ewers, de Lovecraft et de quelques autres.

Revenons à Baudelaire, dont la conception d'un « comique
absolu » est à l'origine de cette dérive : «J'appellerai [...] le grotesque comique absolu, comme antithèse au comique ordinaire,
que j'appellerai comique significatif. Le comique significatif est un
langage plus clair, plus facile à comprendre pour le vulgaire, et surtout plus facile à analyser, son élément étant visiblement double :
l'art et l'idée morale; mais le comique absolu, se rapprochant beaucoup plus de la nature, se présente sous une espèce une, et qui veut
être saisie par intuition. »

Cette opposition entre les deux comiques, Baudelaire la retrouve
dans la caricature. Charlet, c'est le comique superficiel : il « a toujours fait sa cour au peuple. Ce n'est pas un homme libre, c'est un
esclave : ne cherchez pas en lui un artiste désintéressé[66] ». En
revanche, Daumier a su faire de la caricature un « art sérieux ».
Chez lui, le diable est toujours caché quelque part : « C'est un tohu-
bohu, un capharnaüm, une prodigieuse comédie satanique, tantôt
bouffonne, tantôt sanglante, où défilent, affublées de costumes
variés et grotesques, toutes les honorabilités politiques[67]. » Hogarth
fascine Baudelaire : « Le talent de Hogarth comporte en soi quelque
chose de froid, d'astringent, de funèbre. Cela serre le cœur. Brutal
et violent, mais toujours préoccupé du sens moral de ses compositions, moraliste avant tout[68]. » Goya a su introduire le fantastique
dans le comique. Enfin, Bruegel est le type même de l'artiste dont
les drôleries sont manifestement inspirées par le diable : «Je défie
qu'on explique le capharnaüm diabolique et drôlatique de Bruegel

le Drôle autrement que par une espèce de grâce spéciale et satanique. [...] Comment une intelligence humaine a-t-elle pu contenir
tant de diableries et de merveilles, engendrer et décrire tant
d'effrayantes absurdités [69]? »

Baudelaire n'est pas seulement théoricien du rire. Derrière ce
visage tourmenté, il y a un esprit capable de faire de l'humour, et il
le prouve en politique. Alors que beaucoup de poètes romantiques
s'engagent sérieusement dans les affaires de leur temps, il se refuse
à prendre position et se réfugie derrière un écran de fumée humoristique, brouillant les pistes et tenant plusieurs langages à la fois.
De façon déroutante, il critique et loue tout le monde : socialistes,
républicains, bonapartistes... Il reproche ainsi à Proudhon de ne
pas être un dandy : « La plume à la main, c'était un bon bougre,
écrit-il à Sainte-Beuve ; mais il n'a pas été, et n'eût jamais été,
même sur le papier, un dandy ! C'est ce que je ne lui pardonnerai
jamais. » Comment voir là autre chose qu'une déclaration
d'humour ?

Les relations de Baudelaire avec les classes populaires et avec la
bourgeoisie sont marquées par cet esprit caustique, qui lui inspire
ce cri provocateur : « Assommons les pauvres ! », auquel répond
comme en écho, un siècle plus tard, l'apostrophe de Jean Gabin
dans *La Traversée de Paris* : « Salauds de pauvres ! » Expressions
d'une rude tendresse qui, par le défi, voudrait inciter le peuple à
prendre en main sa destinée. Comment le dandy Baudelaire pourrait-il autrement s'adresser au peuple ? L'humour sert ici à briser
l'incommunicabilité.

Avec la bourgeoisie, la provocation est inversée ; elle utilise la
voie, tout aussi ironique, de la flagornerie : « Vous êtes la majorité,
— nombre et intelligence ; — donc vous êtes la force, — qui est la
justice. [...] Vous êtes les amis naturels des arts, parce que vous êtes
les uns riches, les autres savants. [...] C'est donc à vous, bourgeois,
que ce livre est naturellement dédié ; car tout livre qui ne s'adresse
pas à la majorité, — nombre et intelligence, — est un sot livre [70]. »
Cet éloge du bourgeois, dans la dédicace du *Salon de 1846,* s'ajoute
à une paternelle proclamation d'intention dans le *Salon de 1845 :*
« Et tout d'abord, à propos de cette impertinente appellation, le
bourgeois, nous déclarons que nous ne partageons nullement les
préjugés de nos grands confrères artistiques qui se sont évertués
depuis plusieurs années à jeter l'anathème sur cet être inoffensif qui
ne demanderait pas mieux que d'aimer la bonne peinture, si ces
messieurs savaient la lui faire comprendre, et si les artistes la lui
montraient plus souvent [71]. »

LE RIRE ANTIBOURGEOIS

Le pauvre bourgeois est le bouc émissaire de tous les humoristes romantiques, réalistes et socialistes. Entre Baudelaire, Musset, Flaubert, Villiers de L'Isle-Adam, Daumier, Proudhon, il en voit de toutes les couleurs. Pendant que d'autres rient, il se remplit les poches. Le rire moqueur a trouvé une autre cible, qui s'ajoute à la politique et à l'immoralité : la médiocrité, jointe à l'hypocrisie, à l'autosatisfaction et au conformisme bien-pensant. Quelle proie facile pour le jeune dandy, pour le poète bohème, hirsute et drogué, pour l'intellectuel imbu de son savoir et de son esprit! Le rire ironique du XIXᵉ siècle prend des allures de contestation sociale. Des visages suffisants croqués par Daumier au *Tribulat Bonhomet* dévoré tout cru par Villiers de L'Isle-Adam, en passant par *Bouvard et Pécuchet,* le bourgeois est un plat de choix pour l'esprit satirique, qui a tendance à s'identifier à la jeunesse, à la générosité, à l'idéalisme. La bourgeoisie n'a pas de défenseurs sur ce terrain. Ses valeurs sont exposées dans les sermons et les prêches, sur le mode sérieux; le bourgeois, même voltairien, a conclu une alliance tactique avec Dieu : on Lui rend sérieusement les honneurs dus à son rang divin, et en échange Il s'occupe de l'ordre social. En face, il n'y a plus qu'à s'allier au diable, maître de la subversion grâce à son arme secrète, le rire.

Les romantiques réhabilitent Rabelais. Il fallait s'y attendre : quelle figure de proue pour effaroucher le bourgeois! Hugo salue en lui l'« Homère du rire », l'« Homère bouffon », le prince de la « moquerie épique ». Le problème pour cette intelligentsia est de conserver sa respectabilité, sans se compromettre avec le rire vulgaire du peuple. Tous font la différence entre le gros rire bête et le rire fin, spirituellement ironique et profond — le leur. Victor Hugo exprime poétiquement ce contraste : « Le calembour est la fiente de l'esprit qui vole. Le lazzi tombe n'importe où; et l'esprit, après la ponte d'une bêtise, s'enfonce dans l'azur. Une tache blanchâtre qui s'aplatit sur le rocher n'empêche pas le condor de voler[72]. »

Sainte-Beuve, lui, oppose la littérature officielle, sérieuse, aux conversations privées, plus libres, où l'on peut rire, railler, se moquer des œuvres sérieuses : « Il y a deux littératures : [...] une littérature officielle, écrite, conventionnelle, professée, cicéronienne, admirative; l'autre orale, en causeries de coin de feu, anecdotique, moqueuse, irrévérente, corrigeant et souvent défaisant la première, mourant quelquefois presque en entier avec les contemporains[73]. » En conséquence, il faut s'amuser entre soi, mais garder son sérieux en public et dans ses écrits. Après tout, ce sont les bourgeois qui les achètent, et il faut bien vivre. Ce que Baudelaire exprime cyniquement : « Le bourgeois — puisque bourgeois il y a — est fort respectable ; car il faut plaire à ceux aux frais de qui l'on veut vivre. » Ainsi font les journalistes, remarque Balzac : ces menteurs professionnels, auteurs de pompeux articles qui défendent avec sérieux des opinions pour le public, tiennent entre eux de gais conciliabules. Ne sont-ils pas admirables, « tous les paradoxes insensés, mais spirituellement démontrés, par lesquels les journalistes s'amusent entre eux, quand il ne se trouve là personne à mystifier [74] » ? Baudelaire regrette le temps des joyeuses réunions littéraires de l'époque des libertins du XVIIᵉ siècle. Maintenant, chacun est de son côté, et le poète, « quelquefois, est très fatigué par le métier ». Alors, il boit et fume. Un déficit de rire, que viennent combler l'alcool et la drogue.

Le rire en liberté et le rire libérateur, les romantiques l'ont largement pratiqué. Pour Novalis, l'ironie est une façon de dominer la matière : « L'ironie consiste en la gravité la plus profonde unie au goût de la plaisanterie et de la vraie gaieté. Elle n'est ni moquerie, ni mépris, ni persiflage, rien de ce qu'on a coutume de désigner habituellement sous ce nom d'ironie. Loin d'être une vertu purement négative, elle est essentiellement positive. Elle représente chez le poète la faculté de dominer la matière. » Théophile Gautier, lui, a rêvé d'un rire délirant qui serait liberté totale, simple plaisir de dire des bêtises et de s'en réjouir : « Tout se noue et se dénoue avec une insouciance admirable : les effets n'ont point de cause, et les causes n'ont point d'effet ; le personnage le plus spirituel est celui qui dit le plus de sottises, le plus sot dit les choses les plus spirituelles [75]. »

Ce qui ne signifie pas que l'on puisse rire de tout. Le même Théophile Gautier écrit en 1841, après avoir vu la féerie burlesque sur *Les Amours de Psyché* : « En général, nous n'aimons pas à voir traiter irrévérencieusement quelque mythologie que ce soit. » Pour lui, les dieux de la mythologie correspondent à des réalités profondes que l'on ne doit pas tourner en dérision : « Ces symboles d'un sens si profond n'ont jamais pu être complètement abolis : ils tiennent leur place dans nos mœurs, dans notre poésie, dans notre peinture, et dans notre statuaire. »

Les rires romantiques sont variés, souvent tristes, mais toujours ironiques, car l'ironie est pour cette génération le mode essentiel de relation entre l'homme et le monde, la reconnaissance du fossé infranchissable entre le sujet et l'univers. L'ironie ne pourrait exister si l'homme coïncidait avec le monde. Pour Schlegel, elle prend la forme de l'« humour maladif ». Balzac illustre ce rôle essentiel du rire ironique dans le conte étrange de *Melmoth réconcilié,* en 1835. C'est l'histoire d'un homme, Melmoth, qui signe un pacte avec le diable : en échange de son salut éternel, il reçoit la connaissance absolue et l'action infaillible. Le don se révèle empoisonné, car il engendre « une intuition nette et désespérante » du mystère universel, il provoque « cette horrible mélancolie de la suprême puissance à laquelle Satan et Dieu ne remédient que par une activité dont le secret n'appartient qu'à eux ». Par la connaissance absolue, l'homme ne fait plus qu'un avec le monde, et alors le rire devient impossible. Melmoth se débarrasse du don du diable en le remettant à quelqu'un qui veut bien le payer de son salut éternel, et le don passe ainsi de mains en mains. Il finit par échoir à un clerc amoureux, qui le dissipe dans une orgie dont il meurt. Le don du diable s'est dévalué, évanoui : fin dérisoire d'une histoire ironique, avec au bout la grotesque intervention d'un savant allemand, disciple du mystique Jakob Boehme, démonologue ridiculisé par des clercs facétieux. Tout se termine par un éclat de rire, le rire de Balzac, qui recouvre ainsi sa peur, lui qui est hanté par le problème du mal, par celui des limites de la connaissance, et par la conscience de la mort. Si Balzac rit, c'est pour ne pas devenir fou : « A trop y fixer son esprit, il craignait de franchir, comme Louis Lambert, la frontière qui sépare la vision raisonnable de l'hallucination démente. S'il rit alors, ce rire rend un son bien inquiet, bien inquiétant[76]. »

Le rire romantique, c'est la consolation de l'homme prisonnier d'un monde qu'il persiste à aimer malgré tout. Le monde est misère, souffrance, chaos, et l'on ne peut y échapper. Alors, le rire protège contre l'angoisse et exprime celle-ci en même temps ; il est joie et protestation. Le grand mystère est celui de la mort, qui nous regarde en ricanant, avec ses orbites vides ; le néant nous fixe dans les yeux, avec un sourire de défi. Que faire ? Rire ou perdre la face. Pour Chateaubriand, les dents de la mort, dans ce sourire agressif, semblent nous inviter à rire de la vie : « De quoi ricanent-elles ? Du néant ou de la vie [...], qui n'est qu'une sérieuse pantalonnade ? »

Aux *Mémoires d'outre-tombe*, Musset répond par les *Mémoires d'outre-cuidance*, où l'on voit que le rire romantique peut aussi servir à se moquer de ses confrères : « Je suis le premier homme du monde ; Napoléon est un crétin ; [...] je suis le plus grand poète, non pas de mon temps, fi donc ! mais de tous les temps », écrit-il, singeant l'orgueilleux Malouin.

Gérard de Nerval utilise également le rire comme un refuge. Il fait partie de cette jeune génération qu'ont déçue les résultats de la révolution de 1830 et qui s'enthousiasme pour le burlesque et la facétie afin d'oublier sa désillusion et son désenchantement. Dans les années 1831-1833, Gautier publie *Les Grotesques*, Balzac les *Contes drolatiques*, et Nerval les *Contes et facéties*. Ces jeunes romantiques s'identifient à l'esprit de la Fronde, tournant en dérision, pêle-mêle, la bourgeoisie, la bureaucratie, les poncifs littéraires, le

pouvoir de l'argent, la société matérialiste. Pour F. Sylvos, il y a là
un « rabaissement carnavalesque du pouvoir » : « Le burlesque ner-
valien convertit l'échec social en choix éthique. Prévenant l'autosatisfaction, il constitue une forme de distance, remédiant à tout
enlisement, à toute momification de l'esprit [...]. Sourire en contre-
point, le burlesque se superpose aux accents lyriques du désespoir.
[...] Le burlesque déguise la mélancolie d'un écrivain toujours déçu
dans ses espoirs politiques, échouant à la scène comme à la ville,
incapable de faire le deuil de l'image maternelle[77] ».

HUGO ET « L'HOMME QUI RIT »

Et puis il y a Hugo, le grand Victor Hugo et ses visions fulgu-
rantes qu'il fixe en formules immortelles, comme des clichés ins-
tantanés volés à l'intimité de l'être. Plus peut-être que les analyses
des philosophes, ses intuitions géniales ouvrent sur la nature du
rire. Le poète lui attribue un rôle démiurgique ; il voit dans « la
création un immense éclat de rire ». Ce rire est-il divin ou diabolique ? Voilà qui reste un mystère. « Je ris avec le vieux machiniste
Destin », écrit-il, et toute son œuvre illustre cette ambiguïté du rire,
qui est au cœur de la vie. A vrai dire, le rire hugolien a presque toujours un écho sinistre et rougeoyant comme l'enfer. Témoin le rire
lubrique, qui rabaisse au niveau de l'animal et qui fait que « le vieux
faune riait » ; témoin les rires de mépris qui accablent la laideur,
comme ces dieux du Parnasse qui se moquent du satyre poilu,
cornu et boiteux dans *La Légende des siècles* : « Ainsi les dieux riaient
du pauvre paysan. » Au spectacle de la misère du monde,
« qu'entendez-vous toujours ? un long éclat de rire ».

Le rire a toujours un aspect impitoyable ; il rejette, il exclut, il
agresse. Même le rire simplement taquin peut receler un côté diabolique. En effet, comme le remarque Robert Favre, « le taquin a
besoin de la patience de ses victimes, il table sur elle, mais il est lui-
même fort peu patient[78] ». Voyez Voltaire, qui ne peut supporter les
moqueries des autres. Montesquieu rapporte dans ses *Pensées* :
« Quelqu'un racontait tous les vices de Voltaire. On répondait toujours : "Il a bien de l'esprit !" Impatienté, quelqu'un a dit : "Eh
bien ! c'est un vice de plus." » Et que dire du rire de transgression,
que Victor Hugo lui-même a beaucoup utilisé contre le cléricalisme
ou contre Napoléon III, ce rire de la satire politique et sociale, le
sarcasme ravageur, ce « grotesque triste », à la Flaubert, qui « ne fait
ni rire ni sourire, mais produit un comique glacé, crispé » ? Et
encore ce rire de supériorité, cette marque par excellence de

l'orgueil, qui chez certains se fige en rictus hautain : « L'homme n'a pas de marque plus décisive de sa noblesse qu'un certain sourire fin, silencieux, impliquant au fond la plus haute philosophie », écrit Ernest Renan. Le rire jouisseur du sceptique Tholomyès, dans *Les Misérables,* est un peu la synthèse de tous ces rires : « Tout n'est pas fini sur la terre, puisqu'on peut encore déraisonner. J'en rends grâce aux dieux immortels. On ment, mais on rit. On affirme, mais on doute. » On meurt, mais c'est en constatant que « la farce est jouée ».

L'homme qui rit est une parabole sur l'ambiguïté satanique du rire. Le petit Lord Gwynplayne, enlevé à sa famille, a été défiguré : les joues ont été fendues dans le prolongement de la bouche, et son visage affiche un rire immobile, monstrueux, effrayant. Ainsi le rire est-il une déformation hideuse du visage, que seul son caractère passager rend supportable ; en un éclair apparaît la face du diable, qui s'efface à peine entrevue. Le rire figé, c'est la laideur, le masque de la mort et de Satan, « le sombre masque mort de la comédie antique ajouté à un homme vivant », « la tête de l'hilarité infernale », écrit Hugo. Défiguré par le rire, Gwynplayne est exposé aux rires impitoyables et méprisants des autres, de la populace comme des lords. Après bien des péripéties, il retrouve son rang, mais l'amour lui est interdit. Il se venge de la société et se suicide. Le rire conduit à la destruction et à la mort. Si la création est « un immense éclat de rire », et qu'elle est divine, cela signifie-t-il que Dieu se moque de nous ? A moins que, comme le croyaient les manichéens, ce monde soit l'éclat d'un rire démoniaque.

Quoi qu'il en soit, le monde est grotesque, mélange intime de beauté et de laideur, de joie et de souffrance, d'espoirs et de peurs. Le rire qui naît de la prise de conscience de ce grotesque ne saurait donc être pur. Il vient du sentiment profond de la scission de l'être, et c'est pourquoi l'art, qui reproduit la vie, trouve sa plus parfaite expression dans le grotesque. Hugo en a fait la théorie dans la *Préface de Cromwell.* Pour lui, le sens du grotesque est né lorsque s'est brisée l'unité originelle du monde grec. Alors est apparu l'esprit moderne, fondé sur le déchirement entre l'âme et le corps, l'esprit et la matière, le comique et le tragique : « Dans la pensée des modernes, le grotesque a un rôle immense. Il y est partout ; d'une part, il crée le difforme et l'horrible ; de l'autre, le comique et le bouffon [79]. »

Au passage, Hugo rend hommage à Rabelais, qui « a fait cette trouvaille : le ventre... Il y a du gouffre dans le goinfre. Mangez donc, maîtres, et buvez, et finissez. Vivre est une chanson, dont mourir est le refrain ». C'est Shakespeare qui a créé le drame moderne en mêlant « le terrible et le bouffon », Shakespeare qui

« tantôt jette du rire, tantôt de l'horreur dans la tragédie », tout comme Hugo se plaît à rapprocher les contraires, Quasimodo et Esmeralda[80]. Rappelant le mot de Napoléon : « Du sublime au ridicule, il n'y a qu'un pas », il l'illustre par de nombreux exemples historiques du petit et du grand chez les hommes illustres. Les formules ne manquent pas, qui ramassent sous une forme saisissante la grandeur et la petitesse de la condition humaine, depuis la parole du juge dans l'*Histoire d'un crime* : « A mort, et allons dîner », jusqu'à l'expression de l'angoisse moderne dans un humour de gratte-papier : « D'où vient-on ? Où va-t-on ? A quelle heure on mange ? »

Le grotesque de l'existence engendre, pour Hugo, une dialectique du rire et de la tristesse. Au sein même de la tragédie, le rire a toujours sa place : « Comment concevoir un événement, si terrible et si borné qu'il soit, où non seulement les principaux acteurs n'aient jamais un sourire sur les lèvres, fût-ce de sarcasme et d'ironie, mais encore où il n'y aura, depuis le prince jusqu'au confident, aucun être humain qui ait un accès de rire et de nature humaine[81] ? » A l'inverse, ceux qui passent leur temps à rire du monde sont profondément tristes : Démocrite et Héraclite sont des jumeaux inséparables. « A force de méditer sur l'existence, d'en faire éclater la poignante ironie, de jeter à flots le sarcasme et la raillerie sur nos infirmités, ces hommes qui nous font tant rire deviennent profondément tristes. Ces Démocrites sont aussi des Héraclites. Beaumarchais était morose, Molière était sombre, Shakespeare mélancolique[82]. »

Victor Hugo est la plus brillante incarnation du rire grotesque romantique, rire de ces générations marquées par les déchirures révolutionnaires, et qui ont une conscience aiguë de la dualité de l'être, de l'irréparable brisure entre le réel et l'idéal, le fini et l'infini ; aigles cloués au sol par les dérisoires exigences de la vie quotidienne et qui aspirent à s'envoler vers le soleil. Leur rire est largement de l'autodérision, un rire de dépit, qui cherche à s'anoblir en s'inventant une origine diabolique. Le recours à Satan leur donne l'illusion que le monde garde un sens ; Dieu ou le diable, ce qui compte, c'est l'existence d'une force créatrice et directrice du monde. Le problème du mal a provoqué la faillite de Dieu ; l'univers providentiel a été mis en liquidation et racheté par Satan — ce qui semble plus logique, à voir comment va le monde. Le rire, condamné par l'Église, devient instrument de la revanche du diable.

Mais celui-ci, à son tour, vieillit. L'esprit positiviste et scientiste ne cesse alors de progresser. Destructeur de mythes, il ruine les croyances diaboliques aussi bien que divines, et le sort de ces deux super-héros est lié : quand « Dieu est mort », le diable n'en a plus pour longtemps. Bien sûr, leurs fantômes vont encore planer pendant des siècles, véhiculés par des mots de plus en plus vides de sens. La mort du diable n'est pas la mort du rire, mais elle annonce l'ère du non-sens, de l'absurde, du nihilisme. Si le monde n'est ni divin ni diabolique, si le « pourquoi ? » n'a plus de sens, quelle rigolade ! Dans la seconde moitié du xixe siècle émerge le rire du non-sens absolu. Le monde n'est plus grotesque, il est insensé. Le grotesque n'a plus la cote. En 1894, l'*Histoire de la satire grotesque* de Schneegans a des allures d'éloge funèbre ; selon cet auteur qui y voit une conception vulgaire, le grotesque est « l'exagération de ce qui ne doit pas être[83] ». La transition du rire romantique inspiré par le grotesque au rire surréaliste inspiré par l'absurde se discerne déjà chez Dostoïevski, dont les personnages restent suspendus entre sublime et monstrueux. L'homme, lit-on en 1864 dans *Les Mémoires écrits dans un souterrain*, est dans « un gâchis fatal, un gâchis puant, une mare de boue, formée de ses hésitations, de ses soupçons, de son agitation ».

Si l'on rit encore, c'est un peu du rire du condamné à mort, qui fascine d'ailleurs Dostoïevski. Un rire de désintégration. Désormais, chaque nouvelle découverte révèle à l'homme combien il est petit, combien il n'est rien. Darwin le réduit à un descendant de primate, Einstein et Planck cassent la belle mécanique cosmologique et physique, Freud dévalorise ses élans en ouvrant la poubelle de l'inconscient : « Quelle rigolade devrait accompagner Œdipe quand il découvre qu'il a tué papa et couché avec maman ! » écrit Jean Duvignaud[84]. Jusqu'où descendra-t-on ? Whitehead constate au début du xxe siècle : « Les progrès majeurs de la civilisation sont des processus qui, presque à coup sûr, détruisent les sociétés au sein desquelles ils se produisent. » Si le monde n'est pas né d'un éclat de rire divin, se pourrait-il qu'il meure dans une explosion de rire apocalyptique ?

RIRES FIN DE SIÈCLE : ZUTISTES, FUMISTES ET J'MENFOUTISTES

Comiques de l'absurde, nihilistes du burlesque, Fumistes, Zutistes, Incohérents et autres Hirsutes font de la fin du xixe siècle une apothéose du rire insensé. *Fin de siècle* : c'est le titre d'un hebdomadaire créé en 1891 et qui se fixe comme programme de se moquer de tout. Il se dit « j'menfoutiste », et parmi ses collaborateurs figurent Alphonse Allais, Jules Renard, Georges Courteline, Tristan Bernard. Rapidement s'y ajoutent *Le Rigolo, Le Sourire, La*

Vie drôle, La Gaudriole, La Vie pour rire, Paris comique, La Chronique amusante. Le siècle s'achève dans le rire, et dans la dérision. Dès octobre 1878, Émile Goudeau avait fondé avec quelques étudiants du Quartier latin le club des Hydropathes, qui publie une revue du même nom. Nous voilà en plein canular. Les Hydropathes s'inventent une étymologie fantaisiste — animal aux pattes de cristal —, alors que le terme désigne des gens que la consommation d'eau rend malades. Le club ne dure que deux ans, mais on en retrouve ensuite les membres dans des associations telles que les Hirsutes et les J'menfoutistes. En 1882, l'un d'eux, Jules Lévy, organise le salon artistique des Incohérents, tandis que Charles Cros fonde les Zutistes.

Les Incohérents défraient la chronique pendant une dizaine d'années, cultivant la mystification et la parodie. A l'exposition de 1884, par exemple, figure un tableau intitulé *Le Porc trait par Van Dyck* : on y voit le peintre, de dos, qui trait un porc, « de sorte, dit le catalogue, qu'on ne peut dire si le portrait du porc trait relève de l'art ou du cochon ». En 1882, Jules Lévy expose chez lui, entre autres, une parodie de *L'Enfant prodigue* de Puvis de Chavannes : *L'enfant prodigue retiré dans le désert apprend aux porcs à déterrer les truffes.*

L'Institut, qui n'est pas réputé pour son sens de l'humour, réagit violemment contre cette dévalorisation de la culture sérieuse. Jules Lévy refuse de polémiquer, car ce serait là trahir l'idéal j'menfoutiste ; il se borne à répondre qu'il n'a jamais eu la prétention de faire de l'art. Pour Daniel Grojnowski, c'est « une avant-garde qui avorte » ; d'après cet auteur, « effrayés par leurs propres incartades, peu désireux de s'engager davantage dans le processus de désintégration qu'ils avaient enclenché, de déboucher sur une esthétique de la table rase et de la terre brûlée [85] », les Incohérents reculent. Mais, si l'expérience s'arrête, c'est surtout, précise Grojnowski, faute de résistance dans le public. Intégré comme défenseur de la bonne humeur, cet esprit provocateur est désamorcé.

Ce qui tendrait à prouver qu'il existe en cette fin de XIXᵉ siècle un courant d'opinion acquis au comique, courant plus vaste que des phénomènes d'avant-garde. L'humour et le sens du non-sens s'insinuent partout. Pirandello, dans *Essences, caractères et matières de l'humorisme,* définit ce dernier comme la volonté de dire en même temps une chose et son contraire, en défiant l'ordre et les synthèses. Rien n'est à l'abri de ses atteintes, pas même les grands mythes de l'humanité que Théophile Gautier défendait encore comme porteurs de vérités éternelles. Plus les mythes sont nobles, plus ils invitent à la parodie, que Laforgue a poussée jusqu'aux ultimes limites acceptables pour l'époque, en des récits où « la parodie et l'ironie tendent à se fondre en un composé instable qui prend en charge toutes les sortes d'incertitudes. [...] Laforgue y exploite les mythes de la culture occidentale, des histoires exemplaires avérées par la tradition. Mais il le fait dans un propos de suspicion. D'où leurs tonalités mêlées, d'où aussi les réticences de nombreux lecteurs qui hésitent à s'engager dans ces déambulations au bord du gouffre [86] ».

L'essor de la presse quotidienne, dont les tirages atteignent alors des sommets inégalés jusqu'à aujourd'hui et qui touche l'ensemble des classes moyennes — en pleine expansion, et possédant un minimum de culture classique et livresque grâce à la gratuité de l'enseignement —, contribue beaucoup à populariser l'usage des bons mots, maximes comiques, histoires drôles, fables express, parodies de vers classiques.

L'*Album zutique* s'en donne à cœur joie. Ainsi, dans une parodie de *Tristan et Iseut,* Tristan déclame-t-il des vers monosyllabiques :

> Est-ce
> là
> ta
> fesse ?

La Mort des amants, de Baudelaire, y devient *La Mort des cochons* sous la plume de Léon Valade et Paul Verlaine. La strophe suivante du poème ·

> Nous aurons des lits pleins d'odeurs légères,
> Des divans profonds comme des tombeaux
> Et d'étranges fleurs sur des étagères,
> Écloses pour nous sous des cieux plus beaux.

se transforme en :

> Nous reniflerons dans les pissotières,
> Nous gougnotterons loin des lavabos
> Et nous lécherons les eaux ménagères
> Au risque d'avoir des procès-verbaux.

Le *Sonnet des seins,* d'Albert Mérat, descend d'un cran dans l'anatomie pour devenir le *Sonnet du trou du cul* de Verlaine et Rimbaud. L'inintelligibilité du monde est exprimée dans des formules brèves qui font tomber le couperet du non-sens sur les fausses évidences et qui désarticulent la logique, depuis le constat d'Erik Satie : « La mer est remplie d'eau. C'est à n'y rien comprendre », jusqu'à celui de Joseph Prudhomme : « Je n'aime pas les épinards.

Heureusement! Car, si je les aimais, j'en mangerais; or, je les
déteste.» La dialectique se mord la queue. Les Zutistes et leurs
semblables tirent à vue sur tout ce qui est logique, évident, noble,
transcendant. Ils font partout des trous dans le tissu des fausses évidences qui nous entourent, et ces trous débouchent sur des énig-
mes. Les formules journalistiques modernes se prêtent à ce travail
de mites; le défilé rapide et hétéroclite des nouvelles brèves fait ressortir le non-sens de la comédie humaine, l'incohérence de cette
fourmilière dérisoire. Le mélange des genres désintègre la logique,
disqualifie la notion d'importance. Félix Fénéon, journaliste au
Matin à partir de 1906, est un maître du genre : « Il a su introduire
par effraction le fait divers dans le territoire des Belles-Lettres et,
du même coup, dans l'ère du soupçon[87]. »

Les affaires apparemment les plus dramatiques n'échappent pas
à la dévalorisation comique. L'affaire Dreyfus, par exemple,
devient sous la plume d'Alphonse Allais l'*Affaire Blaireau,* histoire
d'un braconnier injustement arrêté. Le récit, cocasse, sur le mode
badin, ne prend pas position sur le fond de l'affaire. Pour Daniel
Grojnowski, « la question des droits de l'individu ne se pose pas
pour celui qui substitue à des impératifs éthiques le principe d'une
équivalence fondatrice d'équivoques. [...] Alphonse Allais, fidèle à
son anarchisme fumiste, brouille les pistes et bredouille une histoire
d'erreur judiciaire passablement inepte qui se boursoufle et dont le
héros, au terme de sa mésaventure, envisage d'ouvrir, en face du
tribunal, un petit café qu'il nommera : "Au rendez-vous des innocents". [...] Il choisit de faire apparaître le néant dont les diverses
opinions s'enflent comme autant de baudruches. [...] Est-ce à dire
qu'aucun jeu n'en vaut la chandelle, qu'il faille prôner une indifférence de principe envers tout ce qui advient, en vertu d'un "à
quoi bon?" qu'a revendiqué à la fin du siècle dernier le groupe
éphémère des J'menfoutistes[88] ? »

Beaucoup répondraient, il y a un siècle, par l'affirmative. Ainsi
les collaborateurs du *Grand-Guignol,* créé en 1897 par Oscar Méténier, spécialisé dans les pièces d'horreur, mêlant l'épouvante à la
farce, ne reculant ni devant le mauvais goût ni devant la déviance
ou l'hystérie, et pratiquant la dérision universelle. Parmi eux,
Georges Courteline, l'homme qui voudrait se promener avec un
chapeau sur lequel serait écrit : « Je ne crois pas un mot de toutes
ces histoires », et qui s'en explique ainsi : « Quelles histoires?
Toutes ces histoires? Les hommes, les femmes, les amis, la sagesse,
les vertus, l'expérience, les juges, les prêtres, les médecins, le bien,
le mal, le faux, le vrai, les choses dont on nous dit : "Faites-les",
celles dont on nous dit : "Ne les faites pas", *et coetera, et coetera.* Je
me retiens, parce que j'ai gardé, je suis assez bête pour ça, le souci

du qu'en-dira-t-on, la peur de me faire remarquer des gens que je ne connais pas[89]. »

Courteline, qui a une vision totalement désenchantée du monde, se dit adepte du « je crois parce que c'est absurde ». Et c'est non seulement absurde, mais odieux : « En fait de paradoxe sinistre, l'imagination la plus dévergondée ne fera jamais mieux que la vie. » D'où la causticité de l'humour courtelinesque qui, pour Marcel Schwob, rejoint le comique des Anciens, dans des pièces où le rire est « total[90] ». Courteline a observé l'homme à la loupe ; il a reconnu en lui l'« infâme petite vermine » qu'avait diagnostiquée le docteur Swift. « Courteline entretient certes à l'endroit de l'humanité un pessimisme fondamental qu'il laisse surtout échapper sur le tard dans les sentences de sa *Philosophie ;* mais il se targue d'abord d'être un observateur sagace et lucide. [...] L'homme, continuellement pris en flagrant délit de jobardise et d'imbécillité, n'en mène pas large face aux événements que sa propre bêtise amplifie jusqu'au désastre. [...] Toutes les valeurs se trouvent ainsi subverties, surtout celles qui à l'époque s'affirment comme les fondements mêmes de la société : les militaires, les bureaucratiques, les judiciaires, les conjugales[91]. »

Le « rire assassin » de Courteline se rapproche de l'humour noir dont fait preuve Joris-Karl Huysmans dans *A rebours.* On y voit un personnage qui ressent une angoisse d'être au monde et qui cultive des tendances morbides, dans une ambiance humoristique noire et grinçante, où la peur voisine avec le rire sans gaieté. « Lorsqu'il atteint ce point d'incandescence, écrit Daniel Grojnowski, l'humour ne s'en tient plus à des bouffonneries qui se prononcent sur un ton grave, il accède à l'absolu qui fascinait les romantiques[92]. »

Entre ce rire noir et le rire loufoque des Zutistes, il y a un grand point commun : le sentiment du non-sens de l'univers et le caractère indéterminé, indécidable, des choses. Entre dépression et fantaisie, l'homme fin de siècle flotte, sans repères, riant de tout et de rien, car « le déplacement des tabous remodèle l'aire des transgressions et transforme les raisons de rire[93] ».

Le Paris de la Belle Époque est bien la capitale du rire. Depuis les lois de 1881 sur la liberté de la presse, rien n'arrête plus la verve bouffonne des auteurs comiques, qui raillent à tort et à travers. Pour qualifier cette humeur loufoque, un terme est apparu qui fait fureur : « fumisme ». Les « fumistes » sont des gens qui se moquent de tout. Le périodique *Je m'en foutiste* exprime leur point de vue, recherchant délibérément la transgression, la violation des règles du bon goût, de la décence, des tabous. Dès janvier 1880, Alphonse Allais félicite Sapeck, « grand maître du fumisme », d'avoir « osé jeter au nez des bourgeois de la rive gauche le premier éclat de rire qu'on ait entendu depuis la guerre ». En 1882, Émile Goudeau définit le fumisme comme « une folie intérieure qui se traduit à l'extérieur par d'innombrables bouffonneries », « une sorte de dédain de tout », un rire insensé, fou, qui éclate à propos de rien et qui, à Paris, recouvre tout. Le « fumiste » entre bientôt dans le très sérieux Littré, et est ainsi consacré comme phénomène culturel. On applique même le mot aux écrits délirants, incompréhensibles, de Mallarmé et de Rimbaud.

Le fumisme est un peu l'anarchisme en littérature. Antibourgeois, anticonformiste, antimercantile, antilogique, hostile à tous les credo, à toutes les religions, il pratique la mystification et le soupçon généralisé. Pour Paul Bourget, en 1880, cette forme d'esprit est l'équivalent français du nihilisme russe et du pessimisme allemand. C'est, écrit-il dans *Le Parlement* du 10 octobre 1880, la marque du « vieux monde qui s'ennuie ».

Ce vieux monde, les fumistes le quittent par une dernière irrévérence. Le 1er novembre 1907, Alfred Jarry meurt à trente-quatre ans en réclamant un cure-dents et en répétant : « Je cherche, je cherche, je cherche. » Jules Renard, pour qui « rien ne sert de mourir, il faut mourir à point », le suit en 1910. Sur son journal, le 6 avril, dernière page, après avoir uriné dans son lit, il écrit : « Ça séchera dans les draps... » Quand, le 28 octobre 1905, Alphonse Allais, atteint d'une phlébite, annonce sa mort pour le lendemain, c'est un éclat de rire ; personne n'y croit. « Vous trouvez ça drôle, moi je ne ris pas. » Le rire n'est-il pas le plus beau chant funèbre d'un humoriste ? La mort, ironique, enlevait au monde les fumistes à la veille de l'apothéose de la fumisterie : la guerre de 14-18.

Pour ce siècle qui eut le culte de l'humour, le dernier passage est le test suprême de la drôlerie. Tirer sa révérence avec un bon mot, quelle élégance ! Ceux qui restent conscients jusqu'au bout ne s'en privent pas, de l'avocat Brillat-Savarin qui reçoit l'extrême-onction avant le réveillon et qui constate : « Je vais avoir un *Dies irae* aux truffes », jusqu'à Hector Berlioz qui meurt en déclarant : « Quel talent je vais avoir demain ! », en passant par Heinrich Heine qui s'en va avec confiance dans la miséricorde divine : « Il me pardonnera, c'est son métier. »

Ce siècle se devait de se terminer par une note d'humour noir. L'occasion en est fournie par le décès du président de la République, Félix Faure, le 16 février 1899, au Palais de l'Élysée, dans les bras de sa maîtresse, pour avoir abusé d'un aphrodisiaque à la cantharide, presque aussi meurtrier que l'actuel Viagra. La solennité du lieu et de la fonction, jointe au caractère dérisoire du fait, provoque une cascade de plaisanteries et de bons mots dignes

d'une époque qui a vénéré la cocasserie de l'absurde. C'est le quiproquo entre le prêtre qui arrive en demandant : « Le Président a-
t-il encore sa connaissance ? », et le valet qui répond : « Non, elle est
partie par la petite porte » ; la candeur de la veuve : « C'était un si
bon mari ! » ; la mauvaise humeur du président du Conseil apprenant la nouvelle : « Nom de Dieu ! C'est le second qui me claque
dans les mains ! » (le premier avait été Sadi Carnot, assassiné) ; les
remarques qui fusent au passage du convoi funèbre : un « Tiens !
voilà les cocus » ayant salué les professeurs de Sorbonne venus en
corps avec leur robe jaune, le recteur Gérard réplique : « Ce n'est
qu'une délégation » ; les phrases assassines des journalistes, déco-
rant la maîtresse du président du titre de « pompe funèbre », et ironisant sur le grand homme : « Il voulut être César et ne fut que
Pompée », pour finir par cette cruelle épitaphe : « En entrant dans le
néant, il a dû se sentir chez lui[94]. »

Feu d'artifice fin de siècle, qui clôt par un éclat de rire funèbre
une époque qui a fait du rire un phénomène de société, qui en a
exploré la nature psychologique, sociologique, philosophique,
esthétique, qui l'a haï et qui l'a adoré, qui en a usé et abusé, et qui a
légué au xxᵉ siècle un monde déjà rongé par la crise du sens[95].
L'esprit fumiste a fait du rire une idéologie. Au même titre que le
nationalisme et le communisme, le fumisme est un système global
de pensée, d'explications et de solutions : la pensée du non-sens,
les explications par l'absurde et les solutions canulardesques. Idéologie dont Daniel Grojnowski résume ainsi le contenu : « Le fumiste
se dérobe aux débats d'idées, il ne désigne pas en clair une cible. Il
adopte une posture de retrait qui établit une indistinction généralisée. Il intériorise l'universelle bêtise, en postulant le caractère illusoire des valeurs et du beau [...]. L'idéologie du rire — du rire à
tout prix, y compris celui du ricanement, du renoncement à l'idéal
— imprègne les productions les plus remarquables du groupe. Le
fumiste explique sur le mode de la blague le travail de deuil qu'une
génération de "jeunes" transmet aux différents courants de la
"modernité"[96]. » Élargissant les perspectives, cet auteur ajoute :
« Premiers proférateurs d'une crise du sens, les humoristes de la fin
du xixᵉ siècle ont conçu le risible hors des normes de leur temps. Ils
ont refusé de jouer un rôle de faire-valoir pour explorer les terri-
toires de l'absurde. Ils ont réalisé (après l'avoir quelque peu
dépouillé de ses implications sataniques) le comique "absolu" qu'a
pressenti Baudelaire. Non sans inquiétude, ils témoignent d'une
déroute qu'ils nous invitent à partager[97]. »

Les fumistes de la Belle Époque passent le relais à leurs successeurs du xxᵉ siècle en riant sous cape. Le monde qu'ils leur offrent,
tout enrubanné, sort tout droit de la boutique des farces et attrapes.

A la fois boîte à malices et boîte de Pandore, le cadeau contient de quoi alimenter le rire pendant encore cent ans. L'ouverture de ce colis piégé en 1914 donne le ton de l'infernal xxe siècle, ce siècle où l'on meurt de rire.

CHAPITRE XIV

Le XXe siècle, mort de rire

L'ère de la dérision universelle

Le XXe siècle est mort. Vive le XXIe! On ne regrettera pas beaucoup le défunt, marqué par le déchaînement de tous les excès possibles. Tout a été dit sur ce siècle et sur ses horreurs. Mais ce siècle qui n'en finissait pas de mourir a trouvé dans le rire la force de se moquer de ses maux, qui ne furent pas que des maux d'esprit : guerres mondiales, génocides, crises économiques, famines, pauvreté, chômage, intégrismes, terrorismes, entassement des taudis, menaces atomiques, dégradations de l'environnement, haines nationalistes... Et pourtant, d'un bout à l'autre, un long éclat de rire a retenti. Le fou rire a commencé à quatorze ans, et il n'a pas cessé. Il a fini par devenir un rire nerveux, incontrôlable. Le monde a ri de tout, de ses dieux et de ses démons, et surtout de lui-même. Le rire a été l'opium du XXe siècle, de Dada aux Monty Pythons. Cette drogue douce a permis à l'humanité de survivre à ses hontes. Elle s'est insinuée partout, et le siècle est mort d'une overdose — une overdose de rire, lorsque, celui-ci ayant tout réduit à l'absurde, le monde s'est retrouvé face à son non-sens originel.

Le rire est devenu la respiration et le sang de la société humoristique qui est la nôtre. Pas question de lui échapper : le rire est obligatoire, les esprits chagrins sont mis en quarantaine, la fête se veut permanente. Du monde politique aux médias et du collège au club du troisième âge, la tenue de comique est de rigueur. L'humour universel, standardisé, médiatisé, commercialisé, mondialisé, conduit la planète. Mais ce rire est-il autre chose qu'un rictus obligé? Lorsqu'il n'y a plus de sérieux, peut-il encore y avoir du rire? Le monde *doit* rire pour camoufler la perte du sens. Il ne sait plus où il va, mais il y va en riant. Il rit pour se donner une contenance. Ce rire-là n'est pas un rire de joie, c'est le rire forcé de l'enfant qui veut se rassurer dans le noir. Ayant épuisé toutes ses certitudes, le monde a peur, et il ne veut pas qu'on le lui dise ; alors il fanfaronne, il se veut *cool* et *soft*, il rit bêtement de n'importe quoi, juste pour entendre le son de sa propre voix. C'est en ce sens que le xxᵉ siècle est mort de rire, et qu'en même temps il annonce la mort du rire.

LE SIÈCLE DES CATASTROPHES ET DU RIRE

Le xxᵉ siècle l'a prouvé : il est possible de rire de tout, et d'une certaine façon cela est heureux. Deux guerres mondiales n'ont pas anéanti le sens du comique. En 1914-1918, on rit dans la guerre et contre la guerre. Les histoires gauloises des poilus font le tour des tranchées. Le bourrage de crâne, les planqués, la nourriture, tout est prétexte à plaisanteries. Même le poisson d'avril n'est pas oublié. Parmi des centaines de témoignages, citons cette lettre du capitaine Castex, du 1ᵉʳ avril 1915 : « Voici le 1ᵉʳ avril, qui nous fait songer aux blagues à faire, à un jour, en somme, de rire : les temps ont changé ! Mais, malgré la gravité des circonstances, les loustics de la compagnie ont trouvé moyen de faire avaler le poisson à quelques-uns de leurs camarades, naturellement pas aux plus débrouillards. Et le rire ici n'a pas manqué, tu peux le penser. Jusqu'à un sergent que ses camarades m'ont envoyé sous prétexte que je le demandais. Tu peux croire qu'il a été bien attrapé : on a bien ri[1]. »

« On a bien ri ! » Nouveau fou rire entre 1939 et 1945. Cette fois, c'est le tour des civils. La France, ridiculisée sur les champs de bataille, se venge par l'humour des chansonniers. Martini fait le salut hitlérien en l'accompagnant des paroles suivantes : « Jusque-là ! Nous sommes dans la merde jusque-là ! » A un soldat allemand qui a du mal à enfiler sa manche : « Hein ! C'est difficile à passer, la Manche ! » Au théâtre, on se tord de rire quand, dans une pièce de Labiche, survient un personnage nommé Adolphe. Sous l'occupation, les spectacles comiques se multiplient : rire de la situation donne l'impression de la dominer. Le comique n'est pas toujours volontaire : ainsi des communiqués officiels à but de propagande déforment-ils la réalité de façon grotesque, ou bien des coïncidences se révèlent cocasses, comme la représentation d'*On ne saurait penser à tout* à la Comédie-Française le 9 juin 1940. La propagande manie parfois lourdement l'humour, tel ce tract gaulliste qui annonce : « En exclusivité, les tournées Laval présentent le grand fantaisiste de la radio nationale, Philippe Henriot, dans son numéro étourdissant de fou rire. Une seule représentation. » En 1943, Max

Bonnefous, ministre du Ravitaillement, fait publier un recueil de dessins humoristiques relatifs au rationnement, au marché noir, aux procédés de débrouillardise les plus courants : faire rire la population de ses propres malheurs pour l'aider à les supporter[2].

Beaucoup plus noir est l'humour du *Crapouillot*, dans lequel Henri Jeanson commente ainsi la décision de Vichy d'exécuter les avorteuses : « Les maréchaux, octogénaires ou non, aiment qu'on laisse venir à eux les petits enfants. Ils ne tolèrent pas qu'on les tue dans l'œuf. Les enfants, selon les militaires, doivent être tués à point. A vingt ans. Pas avant[3]. »

Même dans les camps de concentration, il arrive qu'on entende des rires. Odette Abadi, détenue à Birkenau, rapporte que les prisonnières y jouaient *Le Malade imaginaire*. Un jour, des délégués de la Croix-Rouge viennent faire une inspection : « Cette visite d'inspection nous a fait beaucoup rire, avec une grande amertume[4]. » Les extrêmes se rejoignent. Les déportés sont ici rattrapés par le sentiment du cocasse. Leur rire est authentique, mais il est plus physique que moral : rire d'automates, nerveux, mécanique, comme celui de ce rescapé de la catastrophe minière de Courrières, en 1906, resté enterré pendant vingt jours avec douze cents camarades morts. Quelques survivants sont remontés : « L'un d'eux se met à rire, écrit un journaliste du *Temps*, mais d'un rire effrayant, lugubre. Ce fantôme gai s'appelle Némy[5]. »

Autre grand moment comique du siècle : les procès staliniens. Même là, on assiste parfois à des intermèdes de fou rire, irrépressible, contagieux, plus fort que l'autorité du président du tribunal. Artur London raconte dans *L'Aveu* une scène mémorable, grand-guignolesque :

« Pendant sa déposition, Sling, en gesticulant, n'aura pas le temps de retenir son pantalon — trop large à cause de sa maigreur — qui tombe en tire-bouchon sur ses pieds. Le spectacle comique de notre camarade en caleçon déclenche parmi nous un rire homérique, hystérique. Notre ami Sling pouffe de rire tout le premier en relevant son pantalon et a bien du mal à poursuivre sa déposition.

« Clementis est l'un de ceux qui rient le plus. Il tente en vain de se calmer en serrant, à l'en casser, sa pipe entre ses dents. Slansky en pleure... et son corps en est tout secoué. Le seul à rester imperturbable est Geminder.

« Le rire gagne l'assistance et les membres du tribunal. Le procureur dissimule son visage derrière un journal largement ouvert. Les membres du tribunal plongent la tête dans leurs dossiers. Les gardiens glapissent en essayant de se retenir.

« Ce rire, dont l'accident arrivé à notre camarade n'a été que le prétexte, permet un défoulement collectif aux acteurs de la tragédie épouvantable qui est en train de se jouer.

« Le président se voit dans l'obligation de suspendre l'audience[6]. »

L'Afrique, le continent à la dérive, le continent de tous les malheurs, l'Afrique des guerres de colonisation, des guerres tribales, des tyrans sanguinaires, des génocides, de la misère, de la lèpre, du sida et de la mouche tsé-tsé, l'Afrique est capable de rire d'elle-même. Une telle accumulation de catastrophes excède les capacités de lamentation, remarque Boniface Mongo. On ne peut plus que s'asseoir et rire[7].

Au nord de l'Afrique, l'Algérie, qui a tant souffert depuis un demi-siècle, prouve que le rire est vraiment indestructible. Même dans les années 1990, malgré le déchaînement des fous furieux de Dieu, il s'est maintenu dans la vie publique, grâce en particulier à des journaux satiriques comme *El Manchar* ou *Baroud*, à quelques chaînes de radio comme « Radio-Cip » ou « Sans-Pitié », et à des spectacles comme ceux de Fellag, qui expliquait en avril 1991 : « Dans cette époque d'intolérance, de fermeture, de peur et d'angoisse, moi j'essaie d'apporter l'anarchie originelle. J'essaie de désamorcer par la folie, qui n'est pas si folle que ça. C'est pour ça qu'on me prend pour le diable[8]. » La folie du rire contre la folie meurtrière. Le journal *Alger républicain*, qui publie l'interview, ajoute : « Il déclare le plus sérieusement que si le pouvoir coupe les gens en deux à force de leur faire serrer la ceinture, lui, il les plie en quatre et ils sont contents. » Déjà, le 31 décembre 1990, le même journal, dans un article intitulé « Défendre le rire », écrivait : « Un Algérien qui a perdu le sourire et le sens de l'humour devient, par les temps qui courent, fatalement, une proie facile aux prédateurs de l'inquisition. » Mais les temps sont durs. En mars 1993, *El Watan* constate : « Les Algériens rient de moins en moins. »

La littérature s'en mêle, avec une adaptation de *Farenheit 451* à la situation algérienne par Aziz Chouaki. En 1990, dans une nouvelle, *Rire*, il raconte comment, à l'unanimité, les partis politiques avaient décidé d'éliminer le rire, pourchassant et exécutant les comiques, détruisant les livres et films drôles, et emprisonnant enfin le rire dans un bocal. Au bout d'un siècle, « le rire était complètement aboli dans l'inconscient de l'Algérien ». Un groupe d'irréductibles, dirigés par un Grand Maître, réussit à récupérer le bocal, et à l'ouvrir. Alors « on entendit un son ténu d'abord, puis de plus en plus perceptible. Comme un énorme éclat de rire. Entendant cela, Maître Hamid Bekkaï rit pour la première fois de sa vie et rendit l'âme plein de grâce et heureux.

« Sortant du bocal à profusion, le rire, Pandore, doucement, animait les fleurs, les oiseaux, les arbres, les îles. Puis, de plus en plus, le rire majestueux et ample : les villes, les maisons, les rues, les enfants, les hommes... les étoiles[9]. »

Au cinéma, en 1998, Roberto Benigni aborde par le rire le thème de la Shoah, dans *La vie est belle*, et en 1999 Tom Shadyac, dans *Docteur Patch*, traite de la thérapie par le rire, tandis qu'un humoriste de la télévision fait une blague sur les trisomiques. La pauvreté, qui regagne du terrain dans les pays riches et qui concerne des dizaines de millions de personnes, n'échappe pas non plus à l'humour. Par un renversement burlesque, l'Espagnol Rafael Azcona décrit ainsi le « nouveau pauvre » : « Il essayait de le cacher, mais cela se voyait : c'était un nouveau pauvre, un peu snob et prétentieux, sentant encore la bourgeoisie. Il étalait trop sa misère : sa crasse, ses loques étaient trop criardes, son regard trop minable. [...] Il me regardait par-dessus son épaule d'un air de mépris sans deviner que sous mes haillons décents battait le cœur d'un pouilleux, qui comptait des mendiants professionnels dans sa famille jusqu'à la septième génération[10]. » Bref, à chaque catastrophe, à chaque malheur, s'élève un rire. Il est souvent très minoritaire, et de plus ou moins bon goût, mais il est là.

LE RIRE, « RÉVOLTE SUPÉRIEURE DE L'ESPRIT » (ANDRÉ BRETON)

Le rire du XXe siècle est humaniste. C'est un rire d'humour, de compassion, et c'est en même temps un « rire de revanche », face aux revers accumulés par l'humanité au cours du siècle, face aux batailles perdues contre la bêtise, la méchanceté, le sort. Dès 1922, après la débâcle que fut la Première Guerre mondiale pour l'esprit humain, Tristan Derème posait la question :

> Comment faut-il encor ce soir que je sourie
> Lorsque j'entends crouler le monde autour de moi,
> Et quand l'espoir suprême où j'avais mis ma foi,
> Je le vois s'effeuiller comme une primevère ?
> Garçon, apportez-moi du fiel dans un grand verre[11].

Du fiel et de la tendresse. Chacun fait son mélange, et les proportions varient selon les humours. Comme l'écrit Georges Bataille, « l'humour seul répond toutes les fois qu'est posée la question dernière sur la vie humaine », et sans lui les souffrances du siècle eussent été encore plus insupportables. Pour exorciser les angoisses de l'homme moderne, l'humour a fait des merveilles ; il en a sauvé plus d'un du désespoir. C'est « une étincelle qui voile les émotions, répond sans répondre, ne blesse pas et amuse », d'après Max Jacob ; « une révolte supérieure de l'esprit », d'après André Breton. Au terme de chaque catastrophe, tous les talents se sont unis en une grande fraternité humoristique. Après 1914-1918, Jules Romains, Jean Giraudoux, Jacques Prévert aussi bien que le Tchèque Jaroslav Hasek et l'Allemand Erich Kästner. Après 1939-1945, Pierre Daninos plaisante sur les malheurs des Français, Giovanni Guareschi sur les affrontements entre l'Église et le communisme, avec Don Camillo et Peppone, Georges Mikes sur les déplacements de populations.

Ce sont les malheurs du siècle qui ont stimulé le développement de l'humour, comme un antidote ou un anticorps face aux agressions de la maladie. Il pénètre tous les domaines, tous les corps de métiers. Il prend des formes variées, que Robert Escarpit, après L. Cazamian, a tenté de classer[12] : humour par arrêt de jugement philosophique, par arrêt de jugement affectif, par arrêt de jugement moral, par arrêt de jugement comique. Dans chaque cas, « on obtiendra un effet comique en transposant l'expression naturelle d'une idée dans un autre ton », suivant la formule de Bergson. Un point commun : à chaque fois, le jugement est suspendu, laissé à l'appréciation du lecteur, qui a donc en plus la satisfaction d'utiliser son intelligence. L'humour sociologique requiert la participation active de l'auditeur, sa complicité. Il engendre une sympathie, venant de la solidarité ressentie face aux malheurs et aux difficultés du groupe social, professionnel, humain. C'est alors qu'on perçoit la dimension défensive de l'humour, arme protectrice contre l'angoisse. Au niveau le plus élevé, comme dans *Animal Farm* de George Orwell, cet humour fait même l'économie du rire ; il procure un soulagement intellectuel un peu triste, qui peut se traduire par un simple sourire fraternel.

La dimension de l'humour comme défense collective apparaît notamment dans les humours professionnels, réactions d'autodérision d'un groupe, qui ont pour but de marquer son originalité, sa différence, de renforcer l'esprit de corps en le vaccinant contre ses propres défauts par le rire. Chaque corporation a son registre de blagues à usage interne : le monde de la médecine, celui de la justice, celui de l'enseignement et tant d'autres, sans oublier les plaisanteries cléricales qui émaillent les réunions de presbytères, et dont beaucoup effaroucheraient les paroissiens.

UNIVERSALITÉ DU RIRE : LA VERSION DES ANTHROPOLOGUES

Un exemple révélateur de cet humour corporatiste : le monde des anthropologues. Cette profession, qui se prête particulièrement à l'usage du rire, est cependant fort réticente à en faire état dans les ouvrages destinés au « grand public ». Rares sont les anthropologues qui, à l'image de l'Anglais Nigel Barley, dans *The Innocent Anthropologist : Notes from a Mud Hut*[13], acceptent de rapporter les aspects comiques de leur métier. Le choc permanent des cultures est pourtant une source essentielle du rire, et celui-ci constitue fréquemment le premier moyen de communication : « Je serrais des mains, je riais tant que je pouvais, et je ne comprenais pas un mot de ce qu'ils disaient », écrit l'ethnologue Hans Fischer[14] à propos de son arrivée chez les Papous. Le rire est partagé, et redouble lorsque l'anthropologue tente de parler la langue de ses hôtes. Entre eux, les anthropologues se racontent des plaisanteries classiques, sur les conseils que l'on donne aux jeunes : « Emportez plein de confiture et des tennis à bon marché (elles sèchent plus vite) » ; « écrivez tout et tenez-vous à l'écart des femmes ». Ils savent tous qu'une famille Pueblo se compose du père, de la mère, de trois enfants et d'un anthropologue.

En juin 1956, la très sérieuse revue *American Anthropologist* publie un article d'Horace Miner sur « Les rituels corporels du Nacirema[15] ». Cette tribu indienne peu connue, dont l'ancêtre mythique est Notgnihsaw et qui a une organisation économique très élaborée, se distingue par d'étranges rites corporels qui prennent chaque jour un temps considérable et qui se déroulent dans une pièce consacrée à cette fonction. Ces rites sont ordonnés par des sorciers qui les consignent en langage secret d'une écriture incompréhensible. L'article en donne la description détaillée.

Ce canular à propos de l'*American* (Nacirema), de son ancêtre *Washington* (Notgnihsaw) et de son obsession narcissique de la toilette et de la santé se situe dans la tradition des Persans de Montesquieu, et du monde inversé. Il provoque des réactions diverses dans la profession, beaucoup manifestant leur indignation devant une plaisanterie de mauvais goût qui risquait de porter atteinte à la crédibilité de la discipline[16]. Celle-ci, d'après Henk Driessen, a longtemps eu la réputation d'être aux mains de « salauds arrogants, ennuyeux et grossiers, expliquant des évidences[17] », et dénués de tout humour. C'est à partir des années 1970 que l'intérêt pour la diversité ethnique du rire s'est développé, donnant lieu en 1985 à une première grande publication, *Humour and Laughter : An Anthropological Approach*, par M.L. Apte.

Depuis, l'anthropologie a beaucoup contribué à faire prendre conscience de l'universalité du rire, mais aussi de la diversité de ses significations à travers le monde. La géographie du rire qui se dégage de ces études peut aussi servir à illustrer le rôle particulier de l'humour dans le monde occidental contemporain, par comparaison avec la place qu'il occupe dans ce qui reste de sociétés traditionnelles.

Tous les peuples de la terre rient, et l'élément comique le plus courant est le sexe. Des Nambikwaras du Brésil (étudiés par C. Lévi-Strauss) aux Hopis d'Arizona (D. Talayeseswa), en passant par les Guayakis du Paraguay (P. Clastres), les Murias de l'Inde (V. Elvin) ou les Kalash du Pakistan (J.-Y. Loude et V. Lièvre), on a le sexe gai. Les Trobriandais (J. Malinowski), les Crees du Canada (H.A. Norman) ont un humour très codé. Les Kanaks, qui d'après Maurice Leenhardt semblent peu avoir le sens de l'humour, utilisent le rire comme une soupape permettant de relâcher la tension créée par une pression sociale très forte[18]. Ce rire peut exceptionnellement engendrer une épidémie, comme ce fut le cas au Tanganyka en 1962 : apparue le 3 janvier dans une école, la contagion se propage durant deux ans et demi. Le mal est sérieux : on éclate de rire pendant des heures, parfois des journées entières, et jusqu'à seize jours pour un des « malades ». La vie publique est perturbée, et des écoles fermées pour cause de rire. Médecins et psychologues diagnostiquent une « hystérie collective », telle qu'il y en eut peut-être au Moyen Age avec la « danse de Saint-Gui »[19].

Le rire accompagne fréquemment les rites funèbres : à Madagascar, où les amis du défunt doivent se conduire de façon grotesque et se moquer de lui; aux Marquises, où les rires se mêlent aux mélopées funèbres, comme autrefois en Sardaigne ou chez les Esquimaux, quand les vieillards riaient avant d'être mis à mort. De même au Mexique, où le macabre et le bouffon se mélangent, afin de dédramatiser le deuil et de faciliter le passage à une vie plus heureuse. Chez les Kissi de Guinée, un allié de la famille du mort vient parodier ce dernier : c'est le *bora*, qui fait rire tout le monde par ses gestes grotesques.

Dans les groupes isolés, de petite taille, comme chez les Bochimans du Kalahari, les Balinais de la région de Saba, ou même dans certaines régions reculées de Tunisie, d'Indochine, de Chine, d'Amazonie, le rire accompagne les occupations quotidiennes : pêche, corvée d'eau, repos, tissage, nourriture de la volaille. Pour Jean Duvignaud, « il est probable que les sociétés de faible échelle ("uni-segmentaires") soient plus proches de l'allégresse joyeuse qui accompagne les gestes fonctionnels de la vie[20] ».

Au contraire, les groupes plus complexes codifient le rire, et d'après le même auteur « il existe sans doute des cultures joyeuses et des cultures graves, voire moroses ». Il cite par exemple les Arapesh de Nouvelle-Guinée, qui feignent l'agressivité et la violence. Les Japonais de l'époque Heian auraient également « fait du rire une chose secrète, cachée. Il est possible que certaines cultures aient exclu le rire et le comique de leur comportement quotidien[21] ».

Les cas sont rares et peu probants. En revanche, les grandes religions-philosophies de l'Extrême-Orient attribuent un rôle très positif au rire. Ce dernier, qui exclut toute agressivité ou volonté dégradante, favorise le détachement à l'égard de l'être. Détachement qu'exprime dans les caricatures le sourire ironique. Ceux qui se prennent au sérieux sont écartés par le rire, mais sans aucune intention méchante, comme l'écrit Claude Roy : « On ne peut mettre en doute la volonté caricaturale de toute la tradition d'iconographie *tch'an* et *zen* qui s'étend de la Chine du xᵉ siècle à l'école Zenga japonaise du xviᵉ au xviiiᵉ siècle. La caricature ici ne s'attaque pas aux puissants et aux "méchants". Elle se veut au contraire louangeuse, amicale, pour ne pas dire hagiographique. Ce sont les saints et les sages, les maîtres et les moines qui sont soumis à ces flèches sans blessure, aux traits de l'ironie et à l'ellipse narquoise du traité cocasse [22]. » A la même époque, la peinture japonaise d'inspiration zen utilise également le rire comme signe de détachement à l'égard d'un monde promis au néant : « Ces méditatifs qui ont laissé glisser d'eux toute trace de colère, de rancœur ou de méchanceté rient en contemplant, dans le sourire d'une caricature enjouée, leurs maîtres eux-mêmes, et le monde. L'existence de celui-ci n'est pas en eux tout à fait assez pesante pour qu'ils puissent la prendre au sérieux [23]. »

Loin de ces préoccupations philosophiques, d'autres rires ont une fonction de mise à l'écart, d'exclusion, par la moquerie à l'égard de celui qui est différent. Une telle fonction joue parfois à l'intérieur de la société en question : on fait ressortir la différence en l'imitant, pour attirer sur elle les quolibets. D'autres fois, ce rire frappe l'étranger et son comportement bizarre. Déjà, en 1904, James Sully écrit que l'Africain, en « s'égayant à nos dépens, se montre réellement supérieur à nous. Son bon sens est peut-être capable de découvrir les énormes folies dans lesquelles l'Européen éclairé montre, soit en matière d'habillement, soit sur d'autres points, une obstination si comique [24] ». De même, le rire des Mélanésiens qui accueille les explorateurs n'est pas nécessairement un signe de bienvenue : il peut au contraire s'agir d'une marque d'hostilité, de la part d'un peuple perturbé.

Pitreries et moqueries rituelles ont également cours dans la plupart des sociétés traditionnelles, souvent réglementées en fonction des liens familiaux. Le rire de simulation, les danses bouffonnes font partie de ces rites, et se rattachent fréquemment à des mythes comiques, malheureusement peu étudiés par des ethnologues trop sérieux. Ces mythes bouffons qui font rire les Indiens, rappelle Pierre Clastres, exorcisent leurs peurs tout en expliquant les mystères de l'être et l'origine des codes de conduite : « Un mythe peut à la fois parler de choses graves et faire rire ceux qui l'écoutent [...]. Il n'est pas rare que les cultures confient à leurs mythes la charge de distraire les hommes en dédramatisant en quelque sorte leur existence[25]. »

Le rire multifonctionnel joue un rôle tellement important dans ces sociétés qu'il dépend souvent de véritables professionnels, parfois même formés dans des centres d'apprentissage, comme en Polynésie, en Nouvelle-Zélande, chez les anciens Incas ou chez les Aztèques. Les exemples passés et présents abondent : chez les Égyptiens, les riches envoyaient chercher des Pygmées, qui avaient une réputation de comiques ; au Cambodge, lors de la fête du « retrait des eaux », il y avait un clown dans chaque barque ; les Esquimaux décernent le titre d'amuseur après un authentique concours ; aux Samoa, en Tasmanie, les chefs ont leur bouffon, qui peut se permettre une grande liberté ; au Sri Lanka, le légendaire Andari avait été, paraît-il, un bouffon très intelligent ; en Afrique existent des groupes de griots, dont certains sont des amuseurs publics ; dans les Andes, les Danzantes ont pour fonction de faire rire[26]...

Le rôle de ces clowns rituels est essentiel pour comprendre la place du rire dans ces sociétés. Selon nombre d'ethnologues, leur existence s'explique par la nécessité de réduire par le rire la tension engendrée par les cérémonies. Explication un peu courte, estime Laura Makarius, pour qui le clown rituel est le correspondant terrestre du dieu farceur, le *trickster*. Son rôle serait donc en réalité de « satisfaire aux besoins et aux désirs de la collectivité » en violant les tabous et les interdits par le rire, la plaisanterie, la farce[27]. L'auteur prend l'exemple significatif des *Koyemshis*, de la tribu indienne des Zunis. Ils incarnent le héros mythique Shiwelusiwa et les neuf enfants qu'il a eus à la suite de rapports incestueux avec sa sœur. Résultats de la violation d'un tabou fondamental, ils sont très laids, mais ils ont des pouvoirs extraordinaires sur la pluie, la fertilité, les oracles. Alors, dans la tribu, portant des masques hideux et des foulards noirs, ils se conduisent en bouffons, ridiculisent les gens et se permettent toutes les plaisanteries, couvrant ainsi par le rire la transgression du tabou. Pour Jean Cazeneuve, « les *Koyemshis* représentent à la fois le sérieux et le risible, le beau et le laid, le sacré et le profane, le respect et l'irrespect, la licence et la moralité[28] ». Parfois, ils ont une conduite inversée, ils parlent à l'envers, comme les sorciers du monde chrétien. Le rire et la peur sont ici intimement liés ; le rire met le monde à l'envers, justifiant la transgression, refoulant la faute, et du même coup évitant la culpabilisation. Ces clowns sont des « personnages symboliques ne devant leur existence qu'au besoin d'évoquer quelque chose qui doit être en même temps refoulé ».

Puisqu'ils représentent sur terre le *trickster*, c'est vers lui qu'il faut maintenant se tourner. Laura Makarius, qui a consacré une étude à ce dieu-bouffon, le décrit ainsi : « Le héros mythique transforme la nature et parfois, faisant figure de Démiurge, apparaît comme le Créateur, mais est en même temps un pitre, un bouffon à ne pas prendre au sérieux. Il arrête le cours du Soleil, pourfend les monstres et défie les dieux, et en même temps est le protagoniste d'aventures obscènes dont il sort humilié et avili [...]. Il dispense des médecines qui guérissent et qui sauvent, et introduit la mort dans le monde [...]. Le farceur malicieux est trompé par le premier venu, l'inventeur d'ingénieux stratagèmes est présenté comme un idiot, le maître du pouvoir magique est parfois impuissant à se tirer d'embarras. On dirait que chaque qualité ou chaque défaut qui lui est attribué fait automatiquement appel à son opposé. Le Bienfaiteur est aussi le Malin, le malintentionné [29]. »

Qui n'aura reconnu dans ces lignes la figure familière de notre Satan, le diable populaire, farceur, trompeur et trompé, inquiétant et amusant à la fois ? Et le rôle qu'il joue dans les sociétés « primitives » peut éclairer celui qui est le sien dans la civilisation occidentale. Le *trickster* est un « gaffeur », et c'est aussi le violeur malintentionné des interdits, comme Manabozo chez les Algonkins ou Legba au Dahomey. En quoi il se révèle très utile, parce que la répétition ritualisée de ses transgressions permet d'en effacer, ou d'en circonscrire, les effets maléfiques. Dans la fête, retour au chaos originel et recréation du monde, les transgressions du *trickster* sont rejouées, donc permises, et cela fait rire, d'un rire qui neutralise la peur. Ce dieu farceur, qui joue des tours, endosse la responsabilité ; on peut se moquer de lui comme il se moque de nous. Le rire exorcise l'angoisse.

C'est bien pourquoi chaque société a besoin du rire. Et au XXᵉ siècle plus que jamais. Mais les sociétés modernes n'ont pas de *trickster* ; elles ne croient plus aux êtres mythiques farceurs. Alors, il leur faut se façonner un comique national ou ethnique. Nous en avons vu les premières tentatives au XIXᵉ siècle. Elles n'ont guère résisté au temps : même l'humour anglais n'est plus qu'un cliché folklorique... Dans les faits, les styles de comique suivent l'inévitable pente de la mondialisation : les séries comiques s'échangent de plus en plus entre pays, et l'« humour anglais » est un produit étranger correspondant à l'image qu'il voudrait donner de l'Angleterre.

Le cas de l'humour juif est plus débattu. D'un côté, le repliement des communautés sur elles-mêmes pendant des siècles a pu favoriser le développement d'un esprit comique particulier ; mais, d'un autre côté, l'intégration de nombreux Juifs dans la société ambiante a contribué à estomper les différences. En outre, il y a à l'intérieur du monde juif des courants plus ou moins ouverts à l'humour. Par exemple, le mouvement hassidique, né en Ukraine au XVIIIᵉ siècle, le pratique nettement plus que les Séfarades. De plus, beaucoup d'« histoires juives » n'ont rien à voir avec l'humour juif, et sont plutôt des histoires sur les Juifs.

Malgré tout, il est un domaine qui semble au cœur du sens comique juif : la religion. Ce peuple est traumatisé depuis des milliers d'années par le poids terrible de la théologie biblique, qu'il continue à traîner avec lui. La base d'un humour juif, c'est justement le scepticisme, la critique de la religion, qui a été un fardeau encombrant. Se croire le peuple élu est une prétention bien lourde à porter. « Seigneur, tu nous as choisis entre tous les peuples. Pourquoi fallait-il que tu tombes justement sur les Juifs ? » Woody Allen exprime là l'essence de l'humour juif : un moyen de se libérer d'une foi étouffante dont on est fier — c'est dans cette tension que réside le comique. Muriel Klein-Zolty l'a bien montré dans une étude sur les milieux juifs alsaciens au début du siècle : « L'humour sert en effet de masque ; il permet d'exprimer l'inavouable sous une forme socialement acceptable et de se libérer des étreintes d'une culture qui est par ailleurs valorisée. L'humour a ainsi un aspect libérateur, mais également catalyseur ; les histoires n'ont pas fonction de porter atteinte aux fondements de la société juive, mais à la régénérer en exorcisant les conflits [30]. » La religion est la cible favorite ; on se moque d'elle, mais amicalement. « L'humour est un procédé de désacralisation, de désenchantement parodique : il implique le doute, le scepticisme et la précarité ; pourtant, il ne véhicule aucune intention sacrilège ni blasphématoire. »

Le rire est bien ici dans son rôle de libérateur et d'exorciste de la peur. Il permet de respirer un peu en prenant ses distances — prudemment — avec une foi accablante. Quantité d'histoires juives expriment le scepticisme, sur Dieu ou sur les miracles, ainsi que la critique des rabbins et des rites. Beaucoup abordent aussi les persécutions, d'une façon un peu ambiguë : comme mécanisme de défense, d'exorcisme de la peur, et en même temps d'autodérision — les psychanalystes parlent à ce propos d'« exhibitionnisme masochiste ». En riant de ses propres malheurs, le peuple juif les retourne, suivant le procédé carnavalesque bien connu. Il s'affirme en se niant : « Un Juif rencontre à la terrasse d'un café un de ses amis en train de lire *Der Stürmer*, journal violemment antisémite. "Comment peux-tu lire une telle horreur ?" lui dit-il. Son ami lui répond : "Quand je lis un journal juif, je ne trouve que des nouvelles tristes et des catastrophes. Partout de l'antisémitisme, des persécutions ; des portes qui se ferment aux Juifs qui veulent quitter leur pays. Dans ce journal, au contraire, j'apprends que nous dominons le monde, que nous tenons entre nos mains la banque, la finance, la presse. C'est autrement réconfortant[31] !" »

L'HUMOUR, « POLITESSE DU DÉSESPOIR »

Ainsi l'humour, largement diffusé, aide-t-il l'homme du XXᵉ siècle à exister, à survivre aux catastrophes... à moins qu'il ne conduise l'humoriste à sa propre perte. A force de flirter avec l'absurdité humaine, il arrive que l'on perde la raison. L'humour, c'est aussi, selon Chris Marker, « la politesse du désespoir ». C'est un exercice de haute voltige qui consiste à faire le malin au bord du gouffre du non-sens — et parfois l'on tombe dedans. On sait que les amuseurs professionnels ont souvent la réputation d'être des gens tristes : Molière, Daumier, Gavarni, Hogarth, Swift en sont quelques exemples, et Balzac a ainsi décrit le plaisantin Bixiou : « sombre et triste avec lui-même, comme la plupart des gens comiques ».

Beaucoup d'humoristes sont devenus fous, tels les caricaturistes Grandville et Louis Gosset de Guines, dit Gill ; beaucoup d'autres se sont suicidés, de James Gillray et Robert Seymour à Achille Zavatta, en passant par Jacques Vaché, ami d'André Breton et l'un des précurseurs du dadaïsme. Étudiant nantais, enrôlé dans l'armée française pendant la Première Guerre mondiale, blessé en Champagne et soigné à l'hôpital de Nantes, Vaché incarne cette précarité de l'humour extrême. Dans ses *Lettres de guerre*, en 1917, il définit l'« umour » comme « une sensation de l'inutilité théâtrale et sans joie de tout, quand on sait ». Vaché survit à la guerre ; il a été témoin du comble de l'absurdité et de la bêtise humaine, et il va jusqu'au bout de sa logique de l'absurde : « J'objecte à être tué en temps de guerre », écrit-il. Il attend donc l'armistice pour se suicider, en février 1919, à l'hôtel de France, à Nantes. Le geste est magnifique, et il serait malvenu de s'en indigner après l'hécatombe patriotique de 14-18.

Le côté suicidaire de l'autodérision apparaît également dans le mythe alsacien de Hans Schnokeloch (Jean du Trou aux Moustiques). Ce personnage de la culture populaire, né au XIXᵉ siècle, est périodiquement réutilisé pour incarner l'indécision de la culture alsacienne face aux changements continuels auxquels elle est confrontée : dès que le héros obtient ce qu'il désirait, il le déteste et désire l'inverse. Cet exercice d'autodérision est ambigu : « La conjonction des désirs du héros et de leur réalisation perverse le conduit à la folie. Suicidaire, traître et fou, tel est le personnage tragique et dérisoire qui a hanté l'imaginaire alsacien », écrit Ève Cerf[32].

En 1925 se suicide à Saint-Brieuc un philosophe méconnu, qui avait été professeur de Louis Guilloux : Georges Palante. Ardent défenseur de l'individualisme, c'est aussi un grand ironiste, auteur d'une des plus fines analyses de cette attitude dans *La Sensibilité individualiste*. On comprend, à le lire, combien l'ironie est proche de la conscience du néant. Pour Palante, l'ironie, qui « est une des principales attitudes de l'individu devant la société », est proche de la tristesse, car elle célèbre la défaite de la raison, et donc notre propre défaite. Elle est fondée sur un dédoublement de l'être en acteur et spectateur, pensée et action, idéal et réalité, et surtout entre intelligence et sensibilité : « Les âmes qui sont capables d'une telle dissociation sont celles où domine une intelligence très vive, étroitement unie à la sensibilité [...]. C'est parmi les sentimentaux que se recrutent les ironistes. Ils cherchent à se libérer de leur sentimentalisme et comme outil emploient l'ironie. Mais le sentimentalisme résiste et laisse percer le bout de l'oreille à travers l'intention ironiste[33]. »

L'ironie a un double aspect, selon que domine en elle l'intelligence ou la sensibilité : « L'ironie est la fille passionnée de la douleur; mais elle est aussi la fille altière de la froide intelligence[34]. » Déjà, Heine la comparait au champagne glacé : son apparence froide recouvre l'essence la plus brûlante. Elle peut également reposer sur un conflit au sein de notre sensibilité, lorsque par exemple l'instinct individualiste cherche à tuer en nous l'instinct social, à la suite d'une profonde déception.

L'ironie, pour Palante, est la marque des contradictions de notre nature. Le moi se perçoit en perpétuelle contradiction, « il se rit de lui-même, de sa propre incertitude et de son propre néant ». L'ironie ne peut être que pessimiste, car son principe « réside dans la contradiction de notre nature et aussi dans les contradictions de l'univers ou de Dieu. L'attitude ironiste implique qu'il existe dans les choses un fond de contradiction, c'est-à-dire, au point de vue de notre raison, un fond d'absurdité fondamental et irrémédiable. Cela revient à dire que le principe de l'ironie n'est autre que le pessimisme[35] ». Et le pessimisme n'a rien à voir avec la situation sociale et physique de l'individu. On peut être bien portant, riche et pessimiste, donc ironiste. Il suffit pour cela d'avoir une conscience aiguë des contradictions de l'être, des dysharmonies cachées. L'ironie est individualiste et antisociale, car elle indique nécessairement un retrait du monde. Elle engendre un « sourire méphistophélique », mais certainement pas le rire, qui est « vulgaire et plébéien ».

Georges Palante admire l'ironie et méprise le rire : « Le rire est grégaire, bestial. Il est le ricanement heureux des imbéciles triomphant de l'intelligence par un accident et un hasard. Le rire est l'arme des lâches coalitions grégaires[36]. » Le rire est une manifestation sociale, alors que l'ironie est un état d'âme individuel, « la fleur funéraire qui fleurit dans le recueillement solitaire du moi ».

L'ironie est aristocratique et romantique, étrangère à l'esprit classique, naturaliste ou rationaliste. Le peuple ne peut y accéder, parce qu'il y voit un orgueil de l'intelligence, et les femmes non plus, parce qu'elles méprisent l'intelligence. Pourtant, à côté de l'ironie intellectuelle, celle de Voltaire, il y a une ironie sentimentale ou émotionnelle, celle de Swift. Elle est très différente du cynisme, qui est l'égoïsme absolu, pour qui tout est illusion, sauf moi. « L'ironie recouvre un fond d'agnosticisme, une hésitation douloureuse et résignée, un inquiet pourquoi sur le fond des choses ; le doute même qu'il existe un fond des choses ; la question d'Hamlet : être ou ne pas être ? Le cynisme est un état d'âme tranchant et simpliste[37]. »

L'ironie est ennemie du dogmatisme, et le dogmatisme est par nature optimiste. Donc « les esprits simplistes et dogmatiques ont l'ironie en abomination. Beaucoup la regardent, ainsi que le pessimisme, son compagnon, comme une tare intellectuelle [...]. Aux yeux du rationaliste, du dogmatique et de l'optimiste, l'ironiste est, comme le pessimiste, un aigri, un ambitieux ou un sentimental déçu, ou encore c'est un malade, un neurasthénique[38] ».

NÉCESSITÉ DE L'IRONIE DANS LE MONDE CONTEMPORAIN

L'humour et l'ironie se généralisent au XXᵉ siècle, mais l'une et l'autre sont plutôt des constats d'impuissance, des conduites permettant de surmonter l'amère prise de conscience de l'absurdité du monde, de l'homme, de la société. En ce sens déjà, ce siècle qui rit de tout peut être celui de la mort du rire, d'un certain rire.

L'humour, écrit Keith Cameron, « a de tout temps été une source de consolation et une défense contre l'inconnu et l'inexplicable. L'existence même de l'homme peut être considérée comme une plaisanterie ; sa signification est mal définie et difficile à justifier en dehors de la religion[39] ». L'humour moderne met plus mal à l'aise que celui des siècles passés, car il porte non plus sur tel ou tel aspect de la vie, mais sur la vie elle-même et sur son sens, ou son absence de sens. Quant à l'ironie, elle passe aux yeux de beaucoup pour indispensable, de nos jours, dans les questions sociologiques.

Charles Lemert affirme en 1992 que « l'ironie est aujourd'hui une attitude unique et nécessaire pour une théorie sociale », et que « le postmodernisme est une théorie générale ironique[40] ». D'autres, comme C.I. Glicksberg et W.C. Booth, s'inquiètent en revanche des effets dévastateurs de l'ironie et de sa présence quasiment obligée dans la pensée actuelle[41].

Vladimir Jankélévitch, dans un ouvrage célèbre, a bien distingué l'ironie du rire : l'ironiste prend consciemment des risques, « car le rieur bien souvent ne se dépêche de rire que pour n'avoir pas à pleurer, comme ces poltrons qui interpellent bruyamment la nuit profonde pour avoir du courage ; ils croient qu'ils préviendront le danger rien qu'en le nommant, et ils font les esprits forts, dans l'espoir de le gagner de vitesse. L'ironie, qui ne craint plus les surprises, *joue* avec le danger. Le danger, cette fois, est dans une cage ; l'ironie va le voir, elle l'imite, le provoque, le tourne en ridicule, elle l'entretient pour sa récréation[42] ». Comme l'humour, l'ironie ne peut être vraiment appréciée que si elle s'accompagne d'un sentiment de sécurité, mais elle n'est jamais absolue : « L'ironiste est comme un acrobate qui se livre à des rétablissements vertigineux au bord de la crédulité et ne tient, en bon funambule, que par la précision de ses réflexes et par le mouvement[43]. »

Pour Jankélévitch, l'histoire a vu une succession de périodes ironistes et de périodes très sérieuses, et les exemples de grands ironistes qu'il fournit, ceux de Socrate et de Jésus, confirment que cela peut mal tourner. L'ironiste est en porte à faux, car il n'adhère jamais complètement au présent. Il effleure les problèmes, ne s'engage jamais à fond, et ne risque pas le désenchantement, puisqu'il ne fait vraiment sienne aucune valeur. C'est là une conduite économique et diplomatique qui normalement permet d'éviter le désespoir. L'homme sérieux est fragile et vulnérable, car il affronte le destin en face, en un combat où il s'engage totalement, s'exposant aux coups du sort ; prêt à mourir pour des idées, il refuse la fuite. L'ironie, au contraire, permet de ruser avec la vie : « Ceux qui écoutent ses conseils ont toujours dans leur vie une ligne de retraite où ils se replieront, le moment venu, pour n'être pas surpris par la malchance. Jamais on ne les attrape : on voudrait les prendre en flagrant délit de désespoir... mais comment faire ? Leur désolation est déjà consolée ! Où est leur vraie personne ? Leur vraie personne n'est pas là, elle est toujours ailleurs, à moins qu'elle ne soit nulle part[44]. »

L'ironiste n'est pas immoral : bien au contraire, il oblige l'immoralité à se débusquer en imitant les défauts, en les provoquant, en parodiant l'hypocrisie, d'une façon telle qu'on ne puisse pas y croire. Le rire de l'ironiste est toujours calculé, intellectualisé, réfléchi. Comme Palante, Jankélévitch pense que l'ironie « s'oppose au comique indiscret, cordial et plébéien », et qu'« entre la traîtrise de l'ironie et la franchise du rire il n'y a guère d'accord possible ». Le rire n'a pas d'arrière-pensée, il ne simule pas ; l'ironie est « un rire à retardement, et aussi rire naissant, vite étranglé ». Elle est « au-delà du pessimisme et de l'optimisme ». Elle raille le détail au nom du tout. Elle redonne à chaque épisode l'importance qui lui revient : dérisoire, dans un ensemble qui n'est qu'un « vaudeville diabolique ». « L'ironie dégonfle la fausse sublimité, les exagérations ridicules, et le cauchemar des vaines mythologies. » C'est aussi « une pudeur qui se sert, pour tamiser le secret, d'un rideau de plaisanteries ». L'ironie n'est pas le persiflage : dans le fond, elle prend les choses au sérieux, mais dissimule sa tendresse.

Le problème, c'est qu'à la fin du xx⁰ siècle l'ironie se généralise, se démocratise. L'ironie a de grandes qualités lorsqu'elle est maniée par une élite sceptique qui regarde narquoisement le monde tourner, pendant ses longs moments de loisir. L'élite peut se permettre d'être ironique tant que le peuple continue à faire tourner la machine. Les choses se gâtent à partir du moment où le peuple cesse de croire aux valeurs et devient ironique à son tour. C'est bien ce qui se passe aujourd'hui, et sans doute le phénomène se développera-t-il encore.

Dans une contribution de 1993, Robert W. Witkin montre qu'au cours de l'histoire l'ironie a été déconstructive. Dans le dualisme entre l'inférieur et le supérieur, elle sape le supérieur au nom des besoins de l'inférieur ; lorsque le supérieur est abattu, un nouveau dualisme se reforme, et l'ironie reprend son travail de sape. Elle a fini par tout relativiser : religion, État, raison, valeurs, et l'homme lui-même. Elle a détruit tous les éléments de transcendance, en les historicisant, et l'histoire elle-même est considérée comme une « entité transcendantale non existante », au même titre que la « postérité ».

L'esprit moderne coïncide de moins en moins avec le monde ; il ne « colle » plus au réel ; il ironise sur tout, parce qu'il virtualise tout, et la frontière entre virtuel et réel est de plus en plus floue. Ainsi l'attitude ironique devient-elle quasiment obligatoire — question de survie pour l'esprit humain, qui doit consciemment se détacher de ce nouvel environnement, au risque d'être absorbé par lui. « Si nous prenions vraiment les choses pour ce qu'elles sont, alors la vie moderne ne comporterait plus ni absurdité ni ironie », écrit Witkin⁴⁵. Mais alors nous serions avalés par le monde ; l'ironie est indispensable pour maintenir nos distances à l'égard de l'environnement de plus en plus virtuel qui nous entoure. Qui n'est pas ironique vis-à-vis d'Internet sera mangé par Internet.

RIRE ET RELIGION : LA RÉCONCILIATION ?

A présent, plus un seul domaine n'a échappé à l'humour ou à l'ironie. Tous les tabous, toutes les idoles, toutes les valeurs ont subi à un moment ou à un autre les atteintes désacralisantes de l'esprit comique. Le XXe siècle a tout adoré et tout brûlé.

L'ironie généralisée est donc non seulement un fait, mais encore une nécessité du monde contemporain. Elle ne perd pas pour autant son ambiguïté, qui continue à susciter des interrogations[46]. L'ironie peut aller du froid cynisme au chaleureux humour. Pour Jankélévitch, l'humour ajoute « une nuance de gentillesse et d'affectueuse bonhomie » à l'ironie, qui peut être cinglante, agressive, fielleuse, misanthrope. « L'humour, c'est l'ironie ouverte. » Pour Robert Escarpit, l'humour est la phase affective de l'ironie.

En 1960, il écrivait : « La religion semble encore indemne. Espérons pour ceux qui tiennent à elle qu'elle ne le restera pas longtemps, sans quoi elle mourra. Dans notre monde tendu jusqu'au point de rupture, il n'est plus rien qui puisse survivre à trop de sérieux. L'humour est l'unique remède qui dénoue les nerfs du monde sans l'endormir, lui donne sa liberté d'esprit sans le rendre fou et mette dans les mains des hommes, sans les écraser, le poids de leur propre destin[47]. » Depuis, l'épidémie de rire a largement atteint la religion — en tout cas le christianisme, car l'islam (du moins celui des « barbus ») continue à se prendre tragiquement au sérieux. En 1979, Khomeyni lançait encore l'anathème contre la plaisanterie, en des termes que n'aurait pas reniés Bossuet. Mais si Allah-sans-visage reste imperturbable, sa réplique judéo-chrétienne se décide enfin, nous assure une partie de ses fidèles, à se dérider. Ses conseillers en communication — rabbins, pasteurs, prêtres — l'ont persuadé qu'à notre époque le chef ne peut demeurer populaire s'il n'est pas *cool* et s'il n'a pas le sens de l'humour.

Depuis une trentaine d'années, on découvre donc que Dieu est un grand humoriste, qu'il sait rire et qu'il aime voir rire autour de lui. Plus question du Dieu terrible et vengeur : non seulement le Dieu *new look* sait plaisanter, mais il lui arrive même de rigoler. Témoin Pierre Perret : « Si jamais le bon Dieu existe, j'espère vraiment qu'il se marre, qu'il se fend la pêche en écoutant mes chansonnettes. Si Dieu n'a pas d'humour, où va-t-on, je vous le demande[48] ! » Que Dieu ait de l'humour, Ami Bouganin le confirme dans *Le Rire de Dieu*[49]. Et tel Père, tel Fils : Jésus n'est pas le dernier à faire de l'Esprit, comme le montre Didier Decoin dans *Jésus, le Dieu qui riait*[50].

A lire ces ouvrages, à entendre les sermons actuels, on se demande s'il s'agit bien de la même religion que celle de saint

Augustin, de saint Bernard et de Bossuet! Rire est maintenant salutaire, et les prêtres donnent l'exemple : la bonne humeur est de
mise dans les réunions paroissiales, et à la sortie des messes il est
recommandé d'afficher un large sourire. Certains vont même
jusqu'à jouer les bouffons, comme « Gab, le clown de Dieu », ce
prêtre de Montceau-les-Mines qui endosse l'habit du clown
Auguste et qui fait passer son message à travers le rire[51]. Parlant de
la « Bonne Nouvelle du rire qui est gratuit, cadeau, bonheur partagé », il n'hésite pas à recourir à la raillerie, contre les sectes par
exemple. Pour lui, nul doute que le Christ a dû rire, et il propose
un audacieux rapprochement : le clown Auguste « est celui qui
prend des tartes à la crème et des coups de pied au derrière. C'est
l'idiot, le mal-aimé, l'exploité, celui qui porte la misère du monde.
Mais il est heureux et il rend son public heureux. *Ce clown n'est pas
sans me rappeler le Christ...* Avec le Christ, la mort n'a pas le dernier
mot, puisqu'il y a la Résurrection. Au cirque, avec les clowns, c'est
pareil : la mort n'a jamais le dernier mot, puisque tout finit toujours
dans le rire[52] ».

Une telle comparaison eût été inimaginable il y a un demi-siècle.
Pourtant, il y a presque cent ans, des humoristes catholiques
d'avant-garde commençaient à donner une image souriante de
Dieu le Père. En 1908, Gilbert Chesterton publie *L'Homme qui
était Jeudi*, sorte de parabole où Dieu apparaît comme le Grand
Humoriste ; sa meilleure preuve d'humour est de faire semblant de
ne pas exister, de rester hors d'atteinte des interrogations
humaines, d'avoir créé un monde apparemment absurde et cruel,
pour éprouver la foi de ses serviteurs. Dans ce conte, Dieu, c'est
Monsieur Dimanche, chef mystérieux d'une organisation terroriste
dont les membres portent les noms des jours de la semaine. On
découvre peu à peu que ces membres appartiennent tous à la
police, y compris le chef, qui demeure une énigme et révèle à ses
fidèles qu'il est à l'origine de toute cette plaisanterie : « Je vous ai
envoyés au combat. J'étais assis dans le noir, là où ne vit nulle créature, et je n'étais pour vous qu'une voix qui vous commandait le
courage et exigeait de vous une valeur au-delà de la nature
humaine. Vous avez entendu la voix dans l'ombre, et vous ne l'avez
plus jamais entendue ensuite. Le soleil dans le ciel la niait, la terre
et l'air la niaient, toute la sagesse humaine la niait. Et quand je vous
ai retrouvés à la lumière du jour, je l'ai niée moi-même. [...] Mais
vous étiez des hommes. Vous n'avez pas oublié votre honneur
secret, bien que le cosmos tout entier se fût transformé en une
machine de torture pour vous l'arracher[53]. »

Ne serait-ce pas là la seule réponse possible au problème du mal,
ce casse-tête théologique devant lequel tous les plus grands intellec-

tuels chrétiens ont dû avouer leur incompréhension? Car la solution traditionnelle, celle d'un péché originel, n'est à l'évidence
qu'un paravent destiné à cacher pudiquement l'ignorance des théologiens. Tous les ecclésiastiques honnêtes en conviennent. Alors, si
l'on veut réellement concilier l'existence d'un Dieu infiniment bon
et infiniment puissant, et celle des maux épouvantables qui
frappent l'humanité depuis les origines, ne doit-on pas admettre
aussi que Dieu est infiniment farceur? S'il est vraiment Dieu
d'amour, il doit également être Dieu d'humour. Dieu est humoriste
ou il n'est pas.

Dans l'entre-deux-guerres, un autre catholique, Evelyn Waugh,
cherche lui aussi à mettre le rire au service de la foi, en en faisant la
voie du salut face à la tentation du désespoir métaphysique. Car, si
le mal est bien présent, visible par tous, Dieu est en revanche le
grand absent, que seule la grâce du rire peut faire exister. C'est le
rire qui sauve.

Récemment, le dominicain Christian Duquoc a même avancé
une hypothèse fort audacieuse sur la présence de l'humour au cœur
de la doctrine catholique[54]. Pour lui, tout d'abord, les fidèles font
preuve d'un grand sens de l'humour à l'égard des enseignements de
l'Église. On ne peut qu'acquiescer : les historiens, tel Philippe
Ariès, ont déjà fait remarquer qu'en écoutant les sermons terroristes sur l'enfer, « la société occidentale en a pris et en a laissé », et
que « les moralistes les plus exigeants le savaient et en tenaient
compte en forçant les doses ». Il suffit de relire les déclarations
désabusées des prédicateurs des XVIIe et XVIIIe siècles pour s'en
convaincre[55]. Vers 1680, le père Fromentières s'étonne que les
chrétiens « ne sèchent pas déjà de peur », et le père Loriot se dit
« dégoûté ». On a beau essayer de les terroriser, ils semblent rester
indifférents. Même le diable devient une espèce d'épouvantail
comique. Cette réaction humoristique peut toutefois se retourner
contre la foi, comme en témoignent les expressions relevées par
Yves Lambert dans ses enquêtes de sociologie religieuse en Bretagne contemporaine : « On a eu le crâne bourré de ça, l'enfer, le
purgatoire et tout ça, dit une commerçante retraitée. Maintenant,
ils n'en parlent plus ; il ne doit plus y en avoir. — L'enfer, oh ! je ne
sais pas si ça existe encore, lance un autre. — L'enfer? Ah! oui, à
c't'heure, il n'y en a plus ; ils ne veulent plus croire en l'enfer. —
Qu'est-ce qu'on a pu nous faire marcher avec ça[56] ! » Ici, c'est le
clergé qui est accusé d'avoir recouru à la plaisanterie, et les ex-
fidèles ne semblent pas apprécier d'avoir été pris pour des idiots.

Pourtant, d'après Christian Duquoc, l'histoire doctrinale de
l'Église n'est qu'une longue trame humoristique, qu'il faut prendre
comme telle. Témoin toutes ces décisions conciliaires, synodales et

papales, proclamées à grand fracas — avec anathèmes contre ceux qui s'y opposeraient —, puis abandonnées et contredites par d'autres décisions tout aussi « sérieuses ». On ne compte plus les reniements et les contradictions dans l'enseignement d'une Église qui prétend néanmoins avoir toujours tenu le même langage. Un tel aplomb ne prouve-t-il pas que la hiérarchie catholique a le sens de l'humour ? Évidemment, souligne le père Duquoc, la trace des reniements est soigneusement effacée : les recueils officiels des textes passés « n'ont généralement publié que ce qu'ils jugeaient soutenir la continuité et ont exclu tout ce qui aujourd'hui serait jugé invraisemblable ou scandaleux par beaucoup de chrétiens [57] ». Et il cite quelques exemples : décrets contre les Juifs, condamnation à l'enfer de tous les non-catholiques, condamnation formelle de l'œcuménisme, « décrets jugés aujourd'hui surréalistes de la commission biblique ». La liste pourrait être indéfiniment rallongée des anathèmes contre le modernisme, contre la liberté de la presse, contre la liberté de conscience, contre l'égalité, contre la démocratie... Bref, on pourrait aujourd'hui anathémiser quasiment toutes les prises de position du pape et des évêques actuels en appliquant les anathèmes du passé. Sur presque tous les problèmes économiques, sociaux et culturels, l'Église d'aujourd'hui dit exactement l'inverse de ce qu'elle disait au XIXᵉ siècle. En soi, cela n'a rien d'étonnant : il faut bien vivre avec son temps. Là où le comique apparaît, c'est lorsque les responsables affirment la continuité, l'unité de pensée de l'Église depuis deux mille ans. N'est-ce pas là de l'humour ? Le père Duquoc en est persuadé : « Le magistère laisse tomber en désuétude nombre de décisions prises dans des conciles malgré les répétitions souvent faites que les décrets établis doivent garder force de loi [...]. Il rappelle sans cesse qu'il faut parler et agir en continuité avec les prédécesseurs de sainte mémoire. Il n'en est rien : on peut établir une liste étonnante des décisions tombées dans l'oubli [...]. *J'appelle humour ces détachements successifs des responsables catholiques disant par ailleurs vénérer la tradition [...].* L'occultation du passé, tout en le célébrant, est la forme spécifique d'humour des hommes au pouvoir [...]. Le magistère est dans une situation autre que celle du peuple chrétien en raison de son statut de responsable et de détenteur du pouvoir, mais il est dans une condition analogue à la sienne par rapport à la vérité qu'il ne possède pas [58]. »

Le père Duquoc ne s'arrête pas là : « Je pousserai mon hypothèse plus loin : le style souvent hyperbolique, incantatoire ou déclamatoire de beaucoup de documents officiels, style éloigné de la sobriété juridique ou de la rigueur philosophique, a pour fin de signifier dans l'écriture elle-même que le contenu doit être entendu avec souplesse et légèreté [...]. L'humour du pouvoir en église est discret : il faut savoir l'interpréter [...]. L'humour volontaire ou involontaire des responsables est toujours en retard sur l'événement [...]. Le magistère, malgré son style souvent péremptoire, déclamatoire ou hyperbolique, n'est enfermé ni dans la tristesse ascétique, ni dans le sérieux sans faille. Il trahit une légèreté si subtile à l'égard de son passé que beaucoup la manquent [...]. Un magistère catholique qui ne serait pas habité par cet humour singulier, au second degré, risquerait de céder au fanatisme [59]. » Et le dominicain de conclure que, le magistère ayant un rôle prosaïque à remplir, « il ne peut s'y tenir avec authenticité et vérité qu'en ne se prenant pas trop au sérieux ».

Ainsi, quand les papes ou les conciles anathémisaient, excommuniaient, menaçaient de l'enfer, ils ne se prenaient pas trop au sérieux! Le père Duquoc ne serait-il pas, lui aussi, un plaisantin? Ou alors, on peut se demander à qui accorder la palme de l'humour : à Jean-Paul II qui condamne en bloc la contraception en sachant très bien qu'il ne sera pas entendu, ou à la foule des fidèles qui se précipitent pour l'écouter et s'empressent de faire le contraire de ce qu'il dit? Dernier gag en date : la réhabilitation de Luther, l'archi-hérétique, damné pour l'éternité, excommunié, diabolisé. Après avoir déchaîné pendant des siècles d'atroces guerres de religion contre ses partisans, proclamer maintenant que frère Martin était finalement un bon chrétien peut sembler comique.

Et comment ne pas admirer l'humour du pape et des cardinaux à propos de la « troisième prophétie de Fatima »? Ce texte, écrit en 1944 par Lucie Dos Santos, qui avait assisté en 1917 aux apparitions de la Vierge, et transmis au Vatican en 1957, a été tenu ostensiblement secret jusqu'en 2000, ce qui a contribué à alimenter les rumeurs les plus folles et les plus catastrophistes. Après quarante-trois ans d'un insoutenable suspense, les autorités vaticanes révèlent enfin le contenu de la « vision », où il est question d'un « évêque en blanc », qui monte sur une montagne au sommet de laquelle il y a une croix. Pour cela, il traverse une ville en ruine jonchée de cadavres, et, « parvenu au sommet, prosterné à genoux au pied de la grande croix, il fut tué par un groupe de soldats qui tirèrent plusieurs coups avec une arme à feu et des flèches. Et de la même manière moururent les uns après les autres les évêques, les prêtres, les religieux et religieuses ».

Que faut-il le plus admirer, de l'humour des papes qui ont si longtemps tenu secret ce texte banal comme si le sort du monde en dépendait, de l'humour du pontife qui se décide vingt ans après à y voir une prophétie de son assassinat manqué, ou de l'humour du cardinal Ratzinger, qui, dans une conférence de presse du 26 juin

2000, explique sérieusement qu'il s'agit là d'un texte « mystique », « fruit d'une réelle perception d'origine supérieure et intérieure [...] une exhortation à la prière comme chemin pour le salut des âmes, un appel à la pénitence et à la conversion »? Les fidèles apprécieront certainement. Henri Tincq, lui, dans *Le Monde* du 28 juin 2000, ne parle pas de « mystique », mais de « mystification ». Le haut clergé aurait-il aussi maîtrisé la pratique du canular?

VERS UNE FOI HUMORISTIQUE?

Indéniablement, l'Église fait de gros efforts pour se réconcilier avec le rire. La tâche n'est pas facile, après avoir enseigné pendant des siècles que le rire était diabolique. Encore une belle preuve d'humour! Beaucoup restent cependant sceptiques, et le rire blasphématoire antireligieux garde toute sa virulence. Le seul tableau où l'on voit le Christ rire aux éclats est celui du surréaliste Clovis Trouille, intitulé *Le Grand Poème d'Amiens* et datant de 1942 : dans le déambulatoire de la cathédrale, Jésus, en petite tenue de crucifié, couronne d'épines en tête, éclate de rire, en levant les yeux vers les voûtes et, au-delà, vers le ciel. Ce rire est celui d'un homme qui découvre un peu tard la supercherie, la mystification dont il a été l'agent et la victime. Ce Christ est bien seul dans la cathédrale, et son rire est amer — à moins qu'il ne soit diabolique.

Le thème de la Passion est d'ailleurs, depuis le début du siècle, une source d'inspiration burlesque fréquemment exploitée par les caricaturistes. La volonté de dénaturer cet épisode, qui pour les fidèles est au cœur même du sacré, illustre combien le rire a brisé au XXᵉ siècle toutes les entraves. De Prévert aux caricaturistes de *Hara-Kiri*, en passant par Max Jacob, Jarry, Apollinaire, Max Ernst, beaucoup se sont essayé au burlesque de la désacralisation. Quelques exemples : *La Passion considérée comme une course de côtes*, de Jarry ; *La Vierge corrigeant l'Enfant Jésus devant trois témoins* (Breton, Éluard, Ernst), de Max Ernst, en 1926 ; la célèbre caricature de Serre où l'on voit Jésus se prendre les mains dans les stigmates des pieds en faisant un plongeon... En avril 1973, un photomontage paraît en couverture d'*Hara-Kiri* : le Christ crucifié, la face contre la croix, montrant ses fesses, avec en titre : « La face cachée du Christ », et en légende : « Dernière minute : à l'occasion de Pâques, le pape excommunie Jésus-Christ. Motif : a accepté de montrer son cul dans un mensuel pornographique en vente partout. » Scandale, et campagne du lobby catholique : il est interdit de rire de ces thèmes sacrés. Réponse ironique de François Cavanna, collaborateur de la revue : « Eh bien voilà, la preuve est faite : Jésus-Christ n'a pas de dos. Car s'il en avait un, il aurait aussi, forcément, des fesses. »

En fait, le rire de provocation illustre ici de façon flagrante combien, en dépit des enseignements théologiques les plus officiels, l'Église a du mal à assumer intégralement l'Incarnation. C'est une très vieille histoire, puisque déjà le gnostique Valentin niait que Jésus ait pu avoir un anus : il mangeait, certes, mais il n'avait pas besoin d'évacuer. Jésus était vraiment homme, affirme la théologie, et pourtant l'on ne veut pas entendre parler de ses « parties honteuses », ni bien sûr de ses pulsions sexuelles. Or, sans elles, Jésus n'est pas vraiment homme, et nier leur existence dans sa personne est une hérésie. Le rire peut ainsi servir à débusquer les refoulements dans la conscience collective des chrétiens[60]. De même, dans *La Vie de Brian*, film comique parodiant la vie du Christ, les Monty Pythons utilisent le rire pour poser des questions fondamentales sur la crédulité populaire, le fanatisme, l'instinct grégaire et moutonnier. Au-delà du blasphème, le rire décapant peut aider le chrétien lucide et honnête à scruter les bases de sa foi.

Cela vaut pour tous les épisodes fondateurs de la croyance religieuse. Dans *La Bible parodiée*, Bernard Sarrazin a bien montré comment une relecture humoristique des Écritures pouvait contribuer à clarifier la situation : le rire peut tuer la foi, ou la revivifier en y introduisant l'humour. « Quand sont tombés les tabous de l'écrit, et que Dieu ne va plus de soi, alors l'ironie détruit la foi, ou bien l'humour s'allie avec elle. Car la lecture dialogique de la Bible, lecture séculière, est toujours plus ou moins une lecture ironique ou humoristique[61]. » Il semble bien, en effet, que l'ironie et l'humour soient de plus en plus indispensables à la foi religieuse dans le monde contemporain. Si le croyant s'obstine à maintenir la vérité ontologique des enseignements traditionnels dans un monde de plus en plus étranger à cette culture, il dérive inéluctablement vers l'esprit de secte, fondé sur la coïncidence parfaite entre l'esprit et ses croyances. Dans le monde contemporain, la foi nécessite au contraire une distanciation entre l'esprit humain et le contenu de la « révélation »; or, cette prise de distance, seul l'humour peut l'apporter.

Un abîme phénoménal a toujours existé entre les Écritures et les interprétations qui en étaient données. Depuis les Pères de l'Église, on a fait dire absolument tout et son contraire à la Bible, depuis les interprétations allégoriques les plus délirantes jusqu'aux plus littérales, non moins ahurissantes. Certains commentaires d'épisodes bibliques par Origène, Grégoire le Grand ou même Augustin relèvent de la pure folie. En fait, on pourrait dire qu'inconsciemment la lecture de la Bible a toujours été hautement fantaisiste et ironique. L'exégèse moderne a accompli un énorme effort au xxᵉ siècle pour maintenir le « sérieux » de cette lecture, en étudiant le contexte culturel, social et politique du monde hébraïque ancien. Mais en définitive, écrit Bernard Sarrazin, « le structuralisme biblique, intelligence désabusée, voulait — croyait pouvoir — arracher le texte aux obscurités fallacieuses de son histoire, aux écrans successifs des lectures, bon alibi pour reculer indéfiniment le sens par peur d'être floué[62] ».

La Bible n'ayant pas un sens absolu, valable pour tous et pour toutes les époques, la lecture détachée est la seule capable d'en dégager les questions fondamentales pour la culture contemporaine. Pratiquer une lecture ironique de la Bible, c'est provoquer le texte, le questionner, le confronter aux interrogations actuelles — c'est le faire vivre. De plus en plus de croyants en ont conscience : prendre des libertés humoristiques avec l'Écriture, c'est une façon moderne de vivre l'existence d'un Dieu à la fois présent et absent. La foi d'aujourd'hui doit être humoristique, avec toute la souplesse que cela implique, ou devenir sectaire. Le rire est devenu, dans le domaine religieux, le feu purificateur. A son contact, la foi mal assurée meurt; la foi sans intelligence devient le sérieux sectaire et fanatique.

En l'an 2000, la division entre croyants et incroyants est certainement moins importante que la division entre sérieux et humoristes. Il y a des sérieux sectaires, intégristes et rationalistes, comme il y a des humoristes athées et croyants. Le rire sépare les hommes beaucoup plus que les credo. Lorsque François Cavanna, dans *Les Écritures* (Paris, Belfond, 1982), réécrit le récit de la création, il fait crûment ressortir des problèmes qui devraient interpeller les croyants :

Alors voilà :
Au commencement, Dieu créa la contradiction.
Ça, c'était une bonne idée.
Maintenant, ça peut partir.
C'est parti.
                              [...]
Ce n'était pas une réussite.
Dieu vit cela. Il se dit en son cœur : « Beuark! »
Il aurait bien voulu que cette saleté n'eût jamais existé.
Mais cela, il ne le pouvait pas.
                              [...]
Dieu comprit, mais un peu tard, que l'idée de création est un piège
                                                            [à dieux.
S'il avait su, il serait resté tranquille.
Et puis il se dit que ce qui était fait était fait,
Autant en prendre son parti.

Lorsque le monde est créé, il faut le boire.
Bof.
Et Dieu décida qu'il ferait semblant d'être toujours aussi puissant
[qu'avant,
Et il eut bien raison.
Car personne ne s'est aperçu de rien.
Sauf les mécréants et les ricanants, mais ceux-là comptent pour du
[beurre.

De même, lorsque Woody Allen réécrit le dialogue entre Abraham et Dieu, son interprétation humoristique vaut bien des traités théologiques qui ont essayé de justifier l'épisode du sacrifice d'Isaac :

« Seigneur, ... on ne sait jamais quand tu plaisantes. »
Le Seigneur tonna : « Aucun sens de l'humour! C'est incroyable!
— Mais cela ne prouve-t-il pas que je t'aime? J'étais prêt à tuer mon fils unique pour te montrer mon amour... »
Et le Seigneur parla, en sa grande sagesse :
« Ça ne prouve qu'une chose : que des crétins suivront toujours les ordres, si imbéciles soient-ils, pour peu qu'ils soient formulés par une voix autoritaire, retentissante et bien modulée[63]. »

Ce type d'humour était déjà pratiqué au Moyen Age, avec *Le Jeu d'Adam*. Au XXᵉ siècle, il a été utilisé par Valéry Kolakowski, Supervielle et bien d'autres; il est devenu une nécessité pour mettre croyants et incroyants face à la relativité de leurs positions respectives.

DE DADA A L'HUMOUR NOIR D'ANDRÉ BRETON

Le constat peut être étendu à toutes les valeurs et à toutes les « vérités ». Aucune n'a échappé, au cours du XXᵉ siècle, aux assauts du rire. Les plus fragiles ont sombré dans le ridicule, et bien peu surnagent encore aujourd'hui, après le passage des grands cyclones d'hilarité que furent Dada, l'humour noir, le surréalisme et leurs succédanés.

« Nul n'a poussé plus avant que les dadaïstes dans la voie de la subversion », écrit Michel Sanouillet[64]. Fondé sur une dérision universelle exploitant le sens de l'absurde, Dada s'inscrit dans un contexte très particulier : la déroute de l'humanisme à la suite de la Première Guerre mondiale. Ayant « un sens inné de la psychologie des masses », il utilise largement la presse, déclenchant la fureur des patriotes et des nationalistes. Mais sa base culturelle et son public restent trop étroits, pour qu'il puisse exercer une influence durable : « Le mouvement dada n'exista que par et pour son public, naquit de sa résistance et mourut de sa désaffection [...]. La flambée dadaïste s'éteignit d'elle-même[65]. »

De plus, le phénomène dada n'est pas sans rappeler la mentalité de secte : un petit groupe de fanatiques de l'absurde, méprisant tout le reste et réservant le salut aux seuls initiés. *Credo quia absurdum* : Dada aboutit à cette contradiction de reformer une sorte d'Église, en prenant le rire trop au sérieux. Comme le remarque Robert Favre : « La tentation chez Dada est de rire de tout, avec un esprit sérieux, de méthode, qui diffuse le nihilisme. Avec le risque de nous mener au terrorisme, au totalitarisme. On reste dans le cercle étouffant d'une élite qui exploite la dérision comme d'autres font leur fonds de commerce de l'humanisme ou du pessimisme. Le rire est remplacé par un rictus, ou par le sourire de connivence entre initiés[66]. »

La position dadaïste est intenable sur une longue période, et la plupart de ses adeptes glissent rapidement vers d'autres horizons. C'est le cas de l'Alsacien Hans Arp, né en 1886, esprit inquiet, angoissé, qui s'en prend à l'humanisme et à l'admiration béate de l'homme pour lui-même. L'homme est à la fois « crapaud » et « surhomme », écrit-il ; il ne parvient pas à faire quelque chose de grand sans que cela soit monstrueux. En vrai dadaïste, Arp tourne tout en dérision, mais cela ne le délivre nullement de l'angoisse face au néant : « La plupart du temps, cependant, je crois descendre et descendre dans un parachute sans espoir d'atterrir. La terreur de ne jamais toucher le sol, ni de trouver repos même après la mort — car la mort n'a même plus l'apparence d'un court sommeil —, cette terreur me serre le cœur avec force. »

Il ne suffit donc pas de rire de tout pour être délivré. Encore faut-il que ce rire soit authentique. Ce n'est qu'après avoir surmonté le choc de la mort accidentelle de sa femme, en 1943, qui lui avait fait perdre le rire, que Hans Arp, « réapprenant à vivre, a réappris l'humour[67] ». Cet humour, c'est l'humour noir, le « seul commerce intellectuel de haut luxe », d'après André Breton.

Ce dernier répond en effet exactement à l'angoisse d'Arp, en écrivant dans la préface de sa célèbre *Anthologie de l'humour noir* : « Il ne peut être question d'expliciter l'humour et de le faire servir à des fins didactiques. Autant vouloir dégager du suicide une morale de la vie. "Il n'est rien, a-t-on dit, qu'un humour intelligent ne puisse résoudre en éclats de rire, pas même le néant..., le rire, en tant que l'une des plus fastueuses prodigalités de l'homme, et jusque dans la débauche, est au bord du néant, nous donne le néant en nantissement[68]." » L'humour noir exorcise la grande peur de l'homme moderne athée : la peur du néant. Le recul de la foi religieuse au xxᵉ siècle rend indispensable ce recours à l'humour. Breton et Arp se demandent d'ailleurs si l'acte fondateur de l'humour noir n'a pas été le suicide de Jacques Vaché, dans les circonstances que nous avons rappelées.

Breton a longuement mûri son travail sur l'humour noir. Il a réfléchi sur les débats intellectuels autour de l'humour au xixᵉ siècle, qui était plutôt une attitude d'homme de bonne compagnie. Après la guerre et le suicide de Vaché, il note « l'apparition d'un humour métaphysique et ce qu'il exige d'incidence avec le tragique éternel ». Engageant les zones profondes de l'être, cet humour doit à la conception hégélienne de la subjectivité, et aux études freudiennes sur les réactions de défense et l'économie d'énergie du sujet, qui est à la fois acteur et spectateur. Pour Breton, l'humour noir est une expression noble de l'esprit humain, qui lui permet de dominer les malheurs de l'existence et les convulsions de l'histoire. Il s'agit d'une victoire à la fois sur la bêtise et sur la sentimentalité, comme il l'écrit en 1939 : « L'humour noir est borné par trop de choses, telles que la bêtise, l'ironie sceptique, la plaisanterie sans gravité... (l'énumération serait longue), mais il est par excellence l'ennemi mortel de la sentimentalité à l'air perpétuellement aux abois [69]. » Le Mexique, « avec ses splendides jouets funèbres », est « la terre d'élection de l'humour noir ». Le xxᵉ siècle en a un besoin vital car, note Max Ernst dans les *Cahiers d'art*, la quantité d'humour noir est « en proportion inverse des possibilités de bonheur » — et si un siècle a été loin du bonheur, c'est bien celui-là.

Mais les partisans du triste sérieux veillent. André Breton se préparait à publier son œuvre au début de 1941 ; l'époque s'y prêtait. Les autorités de Vichy, jugeant que ce livre est la « négation de l'esprit de révolution nationale » et qu'il comporte des aspects subversifs, l'interdisent. Il ne paraîtra qu'en 1945, et alors d'autres voix s'élèveront, comme celle de Raymond Queneau, estimant ces plaisanteries déplacées au regard de la sombre réalité de l'époque.

C'est là le sort permanent du rire au xxᵉ siècle. En s'attaquant à tout, en pénétrant partout, il dérange et scandalise, jusque dans les années 1970. Les vieilles valeurs agressées se rebiffent contre ces sacrilèges, car le rire s'en prend à tout ce qui faisait le décor de l'ancien monde. En 1919, Marcel Duchamp s'attaque au symbole de la beauté artistique : la *Joconde*. Dans une chromolithographie, il l'affuble de moustaches et d'une barbichette, et intitule le tableau d'un sigle irrespectueux à connotation sexuelle : *L.H.O.O.Q.* Il s'en explique ainsi : « Cette Mona Lisa avec des moustaches et un bouc est la combinaison du *ready-made* et du dadaïsme iconoclaste. L'original, je veux dire le *ready-made* original, est une chromolithographie bon marché sur laquelle j'ai inscrit, en bas, quatre lettres qui, prononcées comme des initiales en français, produisent un jeu de mots très risqué à propos de la Gioconda. » Le rire s'en prend au plus fameux sourire de l'Occident.

Prévert, lui, s'attaque au respect. Dans *Le Veilleur de nuit du Vatican*, il écrit :

> Respecté
> voilà le grand mot lâché
> le respect
> et le veilleur de nuit s'esclaffe
> le respect
> il s'esclaffe comme une girafe
> il se tord comme une baleine.

D'autres, par un gonflement absurde et parodique du moi, font éclater l'individualisme. Jacques Lacan, ce bouffon sérieux, entoure ses cours d'un cérémonial tellement excessif qu'ils deviennent une parodie de l'autorité professorale, mêlant l'ésotérisme de l'expression, les calembours, les lapsus, les néologismes, dans un charabia incompréhensible où le « délire paranoïaque rejoint la parole du fou », selon Maurice Lever. Cet « excédent de sacré » qui tue le sacré par le rire, c'est également le procédé du génial Salvador Dali, le grand mystificateur hallucinogène dont l'ego hypertrophié et paranoïaque atteint le sommet de la dérision parodique et burlesque.

LE SIÈCLE D'UBU ET SON REFLET THÉATRAL ET CINÉMATOGRAPHIQUE

Ubuesque! Le siècle qui vient de finir fut ubuesque. Lorsque Alfred Jarry présente *Ubu roi* en 1896, il anticipe sur ce qu'allait être l'exercice du pouvoir livré à la médiocrité au XXe siècle. Il conçoit sa pièce de façon que le public s'y voie comme dans un miroir, avec tout son grotesque, sa vanité, sa vulgarité, sa férocité, sa bêtise. Et ledit public n'a pas apprécié : « Il n'est pas étonnant que le public ait été stupéfait à la vue de son double ignoble qui ne lui avait pas encore été présenté », écrit Jarry. Qu'Ubu, qui provoquait la colère en 1896, fasse rire un siècle plus tard est révélateur. Entre les deux, quelques générations qui ont perdu peu à peu leurs illusions. On est passé du sérieux à la dérision.

Jarry a donné le coup d'envoi, et pas seulement avec l'odieux Ubu. Son théâtre a montré ce qu'est un monde insensé, où tout tourne à vide — la science *pataphysique* comme la philosophie et ses concepts creux. Ce monde au sens indécidable, c'est bien le nôtre. Et le comique moderne, c'est bien le comique de l'indécidable, qui laisse le sujet suspendu, incapable de se déterminer. Daniel Grojnowski l'a ainsi défini : « Sa signification apparaît problématique par ambiguïté ou par défaut. Il place le destinataire en position basse, il le laisse dans le désarroi. Car il procède d'une vision des choses où le bien et le mal, le noir et le blanc se confondent. Cette indétermination traduit non une cécité, mais une indifférence, une incroyance ou une désespérance. Si le comique moderne n'est pas réservé aux seuls initiés, il s'adresse de manière privilégiée à des publics qui en acceptent la part obscure ou déroutante. Parvenu à son point de perfection, il tend à accomplir ce dont rêvait Flaubert : "un comique qui ne fait par rire"[70]. »

Grojnowski esquisse une classification des types de comique : d'abord, les plus simples, au « double sens explicite » (calembours, jeux de mots, quiproquo) ; ensuite, le stade plus élaboré du « double sens implicite » (satire, ironie, parodie, caricature) ; enfin, le comique moderne, celui du « double sens problématique » (humour, mystification, non-sens). Ces trois formes de comique moderne marquent le xxᵉ siècle ; elles n'ont pu progresser que lentement, en suivant le recul des tabous.

Le rire du xxᵉ siècle, écrit de son côté Jean Duvignaud, témoigne de notre « disponibilité au rien » ; il est une percée vers l'inaccessible, qui « bouleverse les données du bricolage patient et sécuritaire des croyances et des mythes[71] ». Ce type de rire n'a évidemment plus rien de rabelaisien, voire de populaire. Il est la bouée de sauvetage pour des générations qui ont vu se réaliser toutes les folies, qui ont vu s'effondrer toutes les valeurs, et qui refusent malgré tout le suicide. « Le rire est une revanche sur ce qui accable et blesse l'esprit. Il affirme le refus du désespoir, une façon de croire en l'homme malgré l'homme[72]. » Le rire ou la mort : c'est un peu le dilemme du monde contemporain, après avoir épuisé toutes les justifications sérieuses de la vie.

Le rire moderne participe aussi très largement au désenchantement du monde. Mais ce qu'il désacralise, c'est le sacré traditionnel, dogmatique, précis, défini, répertorié, classé, glosé et enseigné ; le sacré des intégristes, des dogmatiques, des possesseurs de vérités, des totalitarismes. Dans son incertitude et son indécision, le rire moderne entretient pourtant un autre genre de sacré. Pour Freddy Raphaël et Geneviève Herberich-Marx, « le rire signifie essentiellement la capacité, qui définit la seule science valable, de toujours remettre nos présupposés et nos assertions. Il témoigne du refus de nous réfugier dans des croyances pour combler nos désirs et apaiser nos angoisses. Il affirme la prééminence du concept d'*incertitude*.

[...] Parce que l'humour est aussi quelque part affrontement à la limite et à la mort, la culture du rire, qui valorise le trivial, le bouffon et le burlesque, participe du jeu avec le sacré[73]. »

Ce rire moderne, le théâtre est particulièrement apte à l'exprimer : plus encore qu'autrefois, le théâtre et la vie ont en effet tendance à se confondre. « Le monde entier est une scène », avait dit Shakespeare, et cela vaut plus que jamais. Nous sommes tous des comédiens jouant un rôle, et les comédiens jouent la vie avec parfois plus de conviction que nous n'en mettons dans l'existence « réelle ».

Déjà, le théâtre expressionniste d'avant 1914 met en scène une humanité sinistrement grotesque, d'un comique dérisoire avec Carl Sternheim (1878-1942), dont La Culotte dépeint la triomphante médiocrité. Tandis que les pièces de Frank Wedekind (1864-1918) virent au grinçant, celles de George Kaiser (1878-1945) montrent la parodie universelle à l'œuvre dans le monde : tout est faux-semblant et farce sinistre, qui conduisent le héros de Du matin à minuit (1916) au suicide. Après les guerres, le théâtre expressionniste frise le nihilisme. Chez Friedrich Dürrenmatt (1921-1990), le monde devient tellement grotesque et inhumain que le tragique est dépassé : il ne reste que le rire de l'absurde, auquel Martin Esslin consacre en 1971 une grande étude, intitulée le Théâtre de l'absurde.

Vaste matière, car illustrée par les meilleurs dramaturges du siècle. Bertolt Brecht pratique un grotesque de la distanciation, qui éclate par exemple dans la suffisance comique des prélats de La Vie de Galilée. Eugène Ionesco, lui, donne dans le grossissement et le paroxysme : « faire un théâtre de violence : violemment comique, violemment dramatique », écrit-il dans Notes et contre-notes. Exagérant les traits, il caricature l'humanité sans pourtant la trahir. Samuel Beckett la transforme en jeu d'automates débiles. Devant ces pièces, « on rit sans trop savoir pourquoi », observe Dominique Iehl. Sans doute parce que le rire est la seule réaction possible devant le constat d'un pareil désastre du sens, et aussi parce que dans ce théâtre, dit Ivan Goll (1891-1950) — auteur lui-même d'œuvres grotesques —, « la monotonie et la bêtise des hommes sont si énormes qu'on ne peut y remédier qu'avec des énormités ». Énormes, Les Mamelles de Tirésias le sont en effet dans cette pièce dadaïste d'Apollinaire en 1917 ; énormes, les bêtises du teatro grottesco italien et de Luigi Pirandello ; énormes, les difformités dans le théâtre autrichien d'Ödön von Horváth (1901-1938) et de Thomas Bernhard qui, dans Une fête pour Boris (1970), nous montre des culs-de-jatte qui s'entre-tuent dans un « rire terrible ». Dans Un auteur peu commode, on tue d'une balle dans la tête tous les spectateurs qui rient à contretemps, et à la fin il n'en reste plus un seul.

Théâtre de la désintégration, qui est bien à l'image du xxᵉ siècle, en décomposition. Ionesco déclare : « Il ne faut pas uniquement intégrer. Il faut aussi désintégrer. C'est ça la vie. C'est ça la philosophie. C'est ça la science. C'est ça le progrès, la civilisation. » Cela va jusqu'à la perte de l'identité, comme dans *La Cantatrice chauve*. Les principes mêmes de la raison disparaissent.

Après ce rire nihiliste, le théâtre contemporain présente aussi un rire de résurrection, un rire qui fait table rase de toutes les valeurs afin de laisser le terrain libre à un nouvel essor de l'individu. Dans *Les Variations Goldberg*, en 1991, George Tabori utilise le burlesque : on assiste aux répétitions d'une troupe de théâtre qui, à Jérusalem, met au point une pièce représentant les grands épisodes bibliques. La confusion est constante entre la répétition et la pièce elle-même, le réel et la parodie, le théâtre et la vie — atmosphère propre à un humour débridé et faussement blasphématoire. On y trouve même le rire du Christ : « Mr. Jay [Jéhovah], donnant ses instructions au centurion : "Vous lui tendez l'éponge trempée dans du cannabis, pour soulager les douleurs, il refuse et gémit. Vous lui demandez : Tu as mal ? Il répond : Seulement quand je ris." »

Commentant cette pièce, Gérard Thiériot écrit : « Le rire, auquel le Christ lui-même nous invite, est essentiel à la compréhension de la Passion du Fils de l'homme, et, par-delà, de tous ses frères humains.

« Le burlesque interroge notre xxᵉ siècle, désigne la funeste et absurde tragédie de l'homme, qui ambitionne le bien et gagne le néant[74]. »

Ainsi voit-on « s'affirmer une forme spécifique du grotesque, pessimiste, dévastatrice, nihiliste, convenant particulièrement à un monde qui paraissait avoir perdu ses repères[75] ». Mais, « tout bien pesé, et jusque dans l'apparence du blasphème, le burlesque honore le sacré et sauve l'humanité[76] ».

C'est là où le rire de la comédie moderne, ce rire éminemment sérieux et grave, peut jouer un rôle thérapeutique. Il n'a rien d'un divertissement ; il s'agit d'un traitement de choc pour esprits fin de siècle neurasthéniques et désabusés. C'est un rire nerveux, qui devrait provoquer une réaction salutaire, à moins qu'il ne laisse complètement abattu. Le théâtre contemporain n'a plus ni comédie ni tragédie : il joue des « pièces », qui sont des morceaux de vie tragi-comiques et grotesco-burlesques. C'est la fin de la grande ségrégation entre le noble tragique et le vulgaire comique qui durait depuis les Grecs. Et le théâtre étant à l'image de la vie, cette transformation reflète la grande évolution accomplie au xxᵉ siècle, qui a vu le rire envahir progressivement tous les domaines et se mêler intimement à toute l'existence, sous la forme d'une dérision latente et généralisée.

Récent analyste de la comédie, Michel Corvin écrit : « La comédie classique est une histoire de fous qui s'achève aux "petites maisons"; la comédie moderne est encore une histoire de fous, mais peut-être n'est-ce pas tout à fait une illusion de croire qu'elle peut se soigner. Le théâtre retrouverait par là la fonction cathartique, morale au sens large du terme, qu'il a longtemps cru avoir : le réflexe comique qui met brutalement le spectateur à distance du risible était, aux temps classiques, trop rapide et trop définitif pour que la leçon soit perçue autrement que comme une greffe extérieure à la structure même de l'œuvre. La comédie moderne, qu'elle soit de Tchékhov ou de Vinaver, brasse thématique et structure, personnages et langage dans une telle homogénéité qu'il devient impossible au spectateur de s'en sortir à bon compte par un rire libérateur. Là est peut-être pour la comédie le meilleur signe qu'elle est redevenue un art "sérieux"[77]. »

Le xxe siècle a aussi été le siècle du cinéma; et le cinéma, c'est le triomphe de la dérision. Moins d'ailleurs par le succès des films comiques que, plus profondément, par sa structure même : par quelle aberration les hommes se pressent-ils dans des salles obscures pour regarder avec avidité des images et des histoires dont chacun sait qu'elles sont totalement factices, truquées, tronquées, pour s'émouvoir devant des virtualités qui, dans la vie réelle, les laisseraient indifférents ou les feraient fuir ? Et plus l'homme est à la recherche de l'« authentique », plus il va au cinéma, comble de l'inauthentique; plus il critique les injustices sociales, plus il enrichit le *star system*, producteurs, acteurs, metteurs en scène et autres agents de l'illusion. C'est que le cinéma lui apporte le nécessaire détachement à l'égard du monde, la nécessaire distanciation qui lui permet de jouir pleinement de ses propres émotions. La peur y est agréable, les larmes douces, et le rire total, car ils sont complètement dissociés de l'existence du spectateur; ils ne sont pas lestés par les pesanteurs de la vie.

Prise de distance totale par rapport à la vie, le cinéma réalise donc les conditions idéales du rire, qui résulte toujours du constat d'un écart, à l'égard de soi comme à l'égard des autres. Le rire y est donc plus pur. L'illusion y est plus complète qu'à la lecture ou au théâtre. Quant au contenu et aux procédés du comique, ils sont les mêmes que dans la vie et dans les arts traditionnels. Dès les débuts du cinéma, le rire est présent et l'on y retrouve les catégories habituelles, illustrées par quelques interprètes qui ont contribué à faire du rire un outil universel au xxe siècle. C'est le cinéma qui a montré que l'on pouvait rire de tout, et que tout avait un aspect risible : la misère, la guerre, la bêtise, la dictature, la gloire, la mort, la déportation, le travail, le chômage, le sacré. La carrière de Charlie Cha-

plin est parfois prise comme exemple des divers types de comique :
d'agressivité, d'autodérision, de détournement de sens des objets,
allant jusqu'au « nihilisme », dit Jean Duvignaud qui ajoute : « On
ne rit pas de Chaplin, on rit de ce que, présentant au cours d'une
fiction l'image, commune à chaque individu du public, d'un échec
secret, il nous permet de faire l'économie de l'angoisse[78]. » Du
comique populaire de Louis de Funès au comique intellectuel de
l'absurde des Monty Pythons, en passant par le comique de la
parodie historique de Rowan Atkinson dans la série de *Blackadder*,
le cinéma a prouvé au XXᵉ siècle qu'il suffisait de changer quelques
détails pour faire surgir le côté dérisoire du monde, et que la tragédie était souvent une comédie qui s'ignorait. Tout dépend, en fait,
de la façon dont on la regarde.

RIRE ET ART MODERNE

Ce rire moderne de l'indécision se retrouve dans toute la littérature, comme dans les arts du spectacle. Woody Allen permet de
faire la transition, lui dont tout le comique repose sur l'absence de
transition, sur le choc du sacré et du profane, du sublime et du trivial : « Non seulement Dieu n'existe pas, mais essayez d'avoir un
plombier pendant le week-end ! » Woody Allen, le petit Juif parfaitement américanisé, jongle avec la métaphysique, la religion, la
mort, l'érotisme, et montre, sans avoir l'air d'y toucher, que tout
cela peut être très drôle[79].
Ce que confirme un personnage d'Élie Wiesel : « Je rêve, me
dis-je [...]. Je me trouve en face de la misère nue et je ris. Je
contemple assis l'injustice au comble de sa laideur et je ris [...].
Tout tourne et retourne dans ma tête qui gonfle et gonfle, la voilà
caricaturale : je me tords en la voyant. » Car le XXᵉ siècle n'a pas
inventé que les ordinateurs et la bombe atomique. Pour supporter
tout le reste, ses atrocités et ses inepties, il a inventé le rire sans joie,
celui que Beckett décrit ainsi dans *Watt* : « Le rire sans joie est le
rire dianoétique, de derrière le groin... c'est le rire des rires, le *risus
purus,* le rire qui rit du rire, qui contemple la plaisanterie suprême,
en un mot, le rire qui rit — silence, s'il vous plaît — de ce qui est
malheureux. » C'est aussi le rire de la toupie Odradek, de Kafka :
« rire qu'on peut produire sans poumon, un rire qui ressemble à
peu près aux feuilles mortes ». Rire engendré par l'indéterminé, par
le grotesque du monde et de la société. Rire devant la destinée
humaine, qui fait dire à Céline : « Quelques milliards de nœuds
d'atomes, qui à peine serrés commencent à se dénouer, après avoir

crié leur nom d'hommes : y a-t-il rien de plus bouffon ? Croyez-moi : le monde est drôle, la mort est drôle. » C'est le même rire qui agite Jacques Rigaut, pour qui « la vie ne vaut pas la peine de la quitter », et Cioran, pour qui « on se suicide toujours trop tard ». Pour ce dernier, il faut voir « sa vie et celle des autres [comme] un jeu de ficelles qu'il tirera pour rire, dans un amusement de fin des temps ». Rire de Serge Gainsbourg, selon qui « la laideur est supérieure à la beauté en cela qu'elle dure » ; rire de Pierre Desproges, rongé par son cancer, auteur d'un livre-programme : *Vivons heureux en attendant la mort*; rire aussi de Georges Fourest, qui, dans l'« Épître falote et testamentaire pour régler l'ordre et la marche de mes funérailles », demande qu'on peigne son cadavre en multicolore et que son cercueil soit suivi par sa « négresse blonde », nue.

Même un homme de lettres apparemment guindé et sérieux comme Saint-John Perse se révèle un malicieux mystificateur, auteur d'une « autobiographie » qui n'a rien à voir avec sa vie, affublé de noms de plume qui cachent sa véritable identité d'Alexis Léger jusque sur sa tombe, où il partage « le rire savant des morts[80] ». Saint-John Perse se définit poétiquement comme « l'homme aux yeux calmes qui rit [...] et du bord immobile du cil [...] nous a fait plus d'une promesse d'îles[81] ». Pratiquant l'autodérision, il voit en l'homme une créature inachevée, un Narcisse dérisoire, qui devrait éclater de rire en s'apercevant dans un miroir : « Je n'ai jamais pu éventer cet arrière-goût de soi sans entendre aussitôt crever en moi un énorme fou rire. Il faut n'avoir jamais regardé, en s'habillant, le mot "homme" écrit sur son visage[82]. » Le rire seul nous permet de survoler notre misère : « O rire, gerfaut d'or sur nos jardins brûlés[83] ! »

Pour Mireille Sacotte, qui a étudié ce rire de Saint-John Perse, il s'agit d'« un rire équivoque. Est-ce le rictus du squelette sans lèvres qui rappelle au passant que tout est vanité, et celui-ci rit à son tour d'un rire cynique ? Est-ce la certitude qu'en dépit de la mort "nos œuvres vivent loin de nous dans leurs vergers d'éclairs", à jamais fécondes, et le passant s'en va tout joyeux porter la bonne nouvelle à d'autres ? [...] Le rire, le cri, universels, disent le renoncement avec la divinité syncrétique qui dicte ou qui inspire les grands textes sacrés[84] ».

Mourir de rire : c'est bien ce qui caractérise l'art contemporain, canular généralisé qui se vend à prix d'or. Des recherches acousmatiques à la sculpture du n'importe-quoi et à la peinture du n'importe-comment, le fou rire est le seul guide autorisé dans la cacophonie des recherches esthétiques. Rire d'autant plus fou qu'il se prend plus au sérieux. Qu'un bruit de casseroles puisse s'écouter dans le recueillement et qu'une toile entièrement bleue (ou d'une quelconque autre couleur) puisse être contemplée avec un respect admiratif, voilà qui illustre bien que nous avons atteint le sommet de la dérision. Ce que Yasmina Reza a fort bien mis en scène dans son *Art*. Apogée de la mystification, dont les Fumistes et les Incohérents d'il y a un siècle n'auraient même pas rêvé...

Certes, il a fallu de longs et pénibles efforts pour en arriver là. L'expressionnisme a joué son rôle dans la conquête de l'absurde, et James Ensor (1860-1949) est le grand initiateur du rire moderne en peinture. *L'Entrée du Christ à Bruxelles*, c'est vraiment l'irruption de l'humanité du xxᵉ siècle : un carnaval généralisé, où tout le monde rit de désespoir, où le rire est un masque qui cache — bien mal — la peur. Dans cette foule bigarrée, tous les rires sont présents, du plus stupide au plus halluciné, sans oublier le rire de la mort, là, au milieu de ces êtres hébétés, fantomatiques, grégaires — troupeau lamentable qui ne sait ni pourquoi il est là, ni où il va. Trois siècles après Bruegel, revoici le peuple en fête, mais le rire est devenu grimace. La fête est là, omniprésente, obsessionnelle, mais sans objet : la fête pour la fête, la fête pour oublier ; où l'on fait semblant de rire pour ne pas pleurer. Il y a bien un prétexte, comme toujours : ici, c'est l'arrivée du Christ belge, à qui d'ailleurs personne ne prête attention. Derrière chaque masque des rieurs d'Ensor, il y a *Le Cri* d'Edward Munch.

Les masques, le Christ déchristianisé, on les retrouve chez Emil Nolde, avec *Le Christ raillé* (1909). Le Christ n'est plus qu'un roi de carnaval, et les masques camouflent la perte du sens. Si ce rire éclate au moment même où Nietzsche claironne la mort de Dieu, ce n'est pas un hasard. C'est le rire embarrassé des hommes qui se retrouvent avec le monde sur les bras sans trop savoir quoi en faire. Il ne reste plus qu'à « voir sombrer les natures tragiques et pouvoir en rire », selon la formule de Nietzsche. Sachant que l'avion est sans pilote, les passagers n'ont plus qu'à faire la fête en attendant qu'il s'écrase. « Ce rire carnavalesque sans régénération ne cherche pas à purger les passions, écrit Bernard Sarrazin. Le nouveau bouffon se sait et sait le monde incurable : autant en rire[85]. »

La peinture du xxᵉ siècle brode sur ce thème, avec le grotesque plus ou moins satanique d'Alfred Kubin (1877-1959), le grotesque de désagrégation et de décomposition de Max Ernst, le grotesque d'avachissement d'Yves Tanguy ou de Salvador Dali, le grotesque d'automates hideux, sadiques et démantibulés de George Grosz et d'Otto Dix, le grotesque sans nom des galeries d'art contemporain, où l'on touche du doigt le néant. Derrière ces créations, consciemment ou non, il y a l'ironie et la dérision. Une ironie qui ne cherche même plus à désacraliser (plus rien n'est sacré), qui tourne sur elle-même, qui est autodérision. Avec le *pop art* par exemple, Andy

Warhol étale cyniquement l'absence d'esprit créatif, par la répétition indéfinie des modèles fournis par la culture médiatique de consommation : « Cette forme ultime de la dérision moderne, contre-culture d'un *underground* très superficiel n'a pas attendu longtemps pour entrer consacrée au musée de la culture de masse. Dans la tradition de l'ironie distante, ce dandysme vulgaire consacre la culture du cliché[86]. »

Il n'y a même plus besoin de caricaturer, puisque le monde est devenu une caricature : « Aujourd'hui, le dessin d'humour est un miroir », écrit dès 1974 un caricaturiste moderne. La même année, Ronald Searle, Claude Roy et Bern Bornemann prennent acte : « L'analyse critique des problèmes du monde par l'ironie et la satire garde aujourd'hui encore son entière signification. Et les dessinateurs actuels ont un pouvoir incomparable d'invention de nouveaux moyens d'investigation. Ne serait-ce que sur le plan de la compréhension visionnaire : avatars et malheurs de la société de masse, hyperdéveloppement de la technique, difficultés de communication, atteintes à la "qualité de la vie" dont les agressions sont journalières et continues... longue en serait la liste. Avec l'emploi du non-sens, de l'absurde, de la distanciation grotesque, certains dessinateurs montrent bien un monde qui, comme le dit André François, paraphrasant Malraux, est devenu lui-même une caricature[87]. »

Chacun avec son propre style, Effel, Dubout, Peynet, Chaval, Siné, Sempé, Plantu illustrent l'éclatement contemporain du savoir, des tâches, des rôles, faisant surgir l'absurdité de l'ensemble à travers le côté dérisoire de ses aspects particuliers. Si « l'histoire de la caricature est l'histoire de la conscience de la société », ainsi que l'affirme un connaisseur, Ronald Searle, force est de constater que la société contemporaine a pris conscience du non-sens de l'existence, et qu'elle a décidé d'en rire. Que pouvait-elle faire d'autre ?

Que l'absurde lui-même, qui autrefois était sujet de scandale, soit devenu l'un des principaux moteurs du comique actuel — comme le montrent, entre autres, les sketches de Raymond Devos, des Monty Pythons ou de Rowan Atkinson — en dit long sur l'évolution culturelle contemporaine. La révélation de l'absurdité comme composante fondamentale de l'être, qui est une des marques du XXᵉ siècle, a immédiatement trouvé sa réplique : le rire est venu boucher ce trou béant dans le tissu de l'existence. Le XXᵉ siècle est véritablement mort de rire ; ce dernier a révélé sa capacité universelle à défier l'être et le néant. Mais, en contrant partout le sérieux, il a changé de nature. Ce rire généralisé est un rire en mutation. Un rire trop utilitaire pour être vraiment joyeux[88].

CHAPITRE XV

Le xxe siècle : mort du rire ?

La revanche posthume du diable

Le rire est en danger, victime de son succès. Alors qu'il s'affiche partout, de la publicité à la médecine, de la politique-spectacle aux émissions de variété, des bulletins météo à la presse quotidienne, la grande menace universelle de ce début de xxie siècle plane sur lui : la commercialisation. Le rire, comme la viande de bœuf, est un produit de consommation, doublé d'un produit miracle dont la valeur marchande est inestimable. Déjà, enregistré, étiqueté, imprimé, filmé, il se vend dans le monde entier ; des professionnels en assurent la promotion, la diffusion, et même le service après-vente pour les personnes cafardeuses. A la fois produit et argument de vente, il devient l'indispensable attribut de l'homme moderne, presque aussi utile que le téléphone mobile. « Faire la fête » est devenu l'obsession majeure. Tout y est prétexte : anniversaires sans signification, pseudo-événements sportifs, culturels ou politiques — fête de la bière, du vin, des poireaux, des mères, de la musique, des charrues, du jambon, des arbres, du livre, du nouvel an, de tout et de rien. Le rire, qui est bien entendu censé accompagner ces fêtes, est devenu l'antistress infaillible. On lui reconnaît de miraculeuses vertus thérapeutiques. Gilles Lipovetski a trouvé un nom pour cette société contemporaine qui baigne dans le culte de la décontraction amusée : la société humoristique. Société dans laquelle le rire est aussi bien une recette électorale, un argument publicitaire, une garantie d'audience pour les médias, qu'une incitation à l'action charitable, comme l'a illustré l'association *Comic Relief* et sa campagne des nez rouges.

Reste à savoir si ce rire commercialisé n'est pas un rire frelaté, comme celui que produit le protoxyde d'azote, ou « gaz hilarant », bien connu des adeptes des *rave parties*, si l'accoutumance à cette drogue n'a pas des effets secondaires inquiétants, si le rire obligatoire ne risque pas de tuer le vrai rire, le rire libre. Rire de tout, c'est s'accommoder de tout, abolir le bien et le mal au bénéfice du *cool*. Ultime revanche d'un diable moribond, qui submerge le monde d'un déluge de dérision?

DIVERSIFICATION DE LA SATIRE POLITIQUE

Le domaine de la vie politique illustre parfaitement le problème. Traditionnellement, cette activité relative aux aspects vitaux et aux intérêts fondamentaux de la société évoluait dans un cadre solennel et sérieux. Le rire était uniquement du côté des opposants; c'était une raillerie plus ou moins subversive, et en tant que telle pourchassée ou étroitement surveillée par le pouvoir. Ce partage s'est renforcé au XXe siècle sous les régimes totalitaires, machines inhumaines dénuées de tout humour. Dans *1984*, George Orwell montre comment la dictature de *Big Brother* a remplacé le rire par l'agressivité, qui s'exprime au cours des séances de haine organisée. «Le pouvoir n'a pas d'humour, sans quoi il ne serait pas le pouvoir», écrit Maurice Lever. L'humour devient un instrument de lutte contre le pouvoir. *Le Dictateur* de Chaplin en est un témoignage marquant. Nous avons dit comment le régime de Vichy interdit le travail d'André Breton sur l'humour noir, et pendant longtemps encore les manifestations d'irrespect envers l'armée, la patrie ou l'hymne national ont fait l'objet de poursuites. Les lobbies d'anciens combattants ne permettent pas qu'on touche à «leur» guerre, et surtout qu'on en rie. Serge Gainsbourg, quand il met la *Marseillaise* sur un air de *reggae*, s'expose à des clameurs indignées.

Dans les pays de l'Est, jusqu'en 1990, l'exercice de la dérision est soigneusement encadré par le pouvoir. Staline tolère le *Krokodil*, qui lui sert à ridiculiser les adversaires désignés: Américains, bourgeois, mauvais ouvriers. Lors des tentatives de réforme du système par ses successeurs, la caricature est utilisée pour fustiger les fléaux sociaux et les tares de l'administration, mais une loi de septembre 1966 prévoit des peines allant jusqu'à trois ans de camp pour des plaisanteries antisoviétiques. La population ne perd pourtant jamais son sens de l'humour, comme en témoignent tant d'histoires qui diffusent des images négatives du pouvoir, de la censure et même de l'idéologie: «Quelle est la différence entre la presse écrite et la presse parlée? — Dans un journal, on peut empaqueter les harengs»; «Qu'est-ce que le capitalisme? — C'est l'exploitation de l'homme par l'homme. — Et le communisme? — Juste le contraire». Dans ce contexte, le rire est le dernier espace de liberté.

Dans les démocraties occidentales, l'usage de la dérision en politique, bénéficiant d'une large tolérance, ne cesse au contraire de progresser. Mais cette progression se révèle vite ambiguë. A la différence de la tradition antique, le théâtre pratique peu la satire politique directe : il préfère la critique sociale et philosophique, ne faisant qu'égratigner les hommes politiques concrets. La comédie contemporaine est relativement peu liée à l'actualité. C'est donc dans la caricature, l'écrit et les médias audiovisuels que se situe la dérision. Celle-ci ne peut d'ailleurs agir qu'indirectement, par la médiation de l'opinion publique.

Prenons l'exemple de la guerre d'Algérie. Le pouvoir français se trouve en position de vulnérabilité, car la guerre n'engage pas la nation entière ; elle divise les Français, dont beaucoup ne sont pas concernés, alors que d'autres y sont violemment opposés. Le gouvernement ne peut donc se permettre de censurer systématiquement les critiques, comme au temps des grands conflits patriotiques. Aussi l'humour satirique va-t-il pouvoir s'exprimer sans retenue, exploitant même à son profit les cas de censure. La dérision, qui rejoint l'humour noir et l'humour de l'absurde, se fait crue, dure, grinçante. Le « bête et méchant » magazine *Hara-Kiri*, interdit à l'affiche, reprend l'esprit de Swift lorsqu'il suggère par exemple « d'engraisser les petits Arabes pour les vendre comme viande de boucherie ». Cavanna, Bosc, Cabu, Siné se déchaînent dans de féroces caricatures antimilitaristes. Chacun a son style : Bosc, l'humour du silence, dépouillé et intemporel ; Siné, l'humour de pantins mécaniques ; Cabu, l'humour de l'absurde[1].

La dérision dans le domaine politique s'est largement diversifiée. La tradition de l'ironie mordante, spirituelle, mais toujours politiquement correcte, est illustrée en France par *Le Canard enchaîné*, véritable institution intégrée dans les rouages de la vie politique. La dérision provocatrice, volontiers méchante et agressive, apparaît véritablement avec la création en septembre 1960 d'*Hara-Kiri*, qui veut lutter contre la bêtise par l'absurde ; dans cette lignée s'inscriront *Charlie Hebdo* et de nombreux magazines plus ou moins éphémères, souvent ancrés à l'extrême gauche et qui séduisent un temps les étudiants de première année. Des caricaturistes féroces y travaillent au vitriol et ne reculent devant aucune trivialité, dans un univers sans tabous. L'audiovisuel, après les classiques chansonniers, s'est doté d'équipes de marionnettes et de guignols, caricatures animées des personnalités dont on parle, et dont le langage de vérité tranche agréablement avec les mensonges officiels de leurs modèles. Bref, la vie politique « sérieuse » a désormais un double comique et caricatural, dérision permanente qui décrypte par le rire le sens des événements publics.

LA POLITIQUE-SPECTACLE ET LA DICTATURE DU RIRE

Or le recours systématique à la dérision n'a pas eu du tout les effets que l'on aurait pu en attendre. La raillerie politique généralisée, loin de déboucher sur la subversion, a plutôt contribué à banaliser les pratiques qu'elle dénonce. Les milieux politiques ont en fait réussi à phagocyter le comique, en devenant eux-mêmes comiques. Certains hommes et certaines femmes politiques paraissent plus grotesques que leurs marionnettes : pour les uns, c'est un don naturel ; d'autres y arrivent à force de travail et grâce aux avis éclairés de leurs conseillers en communication. Contrairement aux Robespierre et aux Lénine, les « grands » hommes de la seconde moitié du xxe siècle ont su manier l'humour et en faire un instrument de prestige : on connaît les bons mots de Churchill et de De Gaulle, la jovialité de Khrouchtchev et le grotesque d'Eltsine. En 2000, le président Clinton va jusqu'à faire enregistrer une vidéo dans laquelle il réalise un solo de clown.

La démocratie moderne a au moins retenu cette leçon de l'histoire : un pouvoir qui n'accepte pas la raillerie est un pouvoir menacé, méprisé, voué à disparaître. On ne raille que ce qui inspire encore du respect ; le comble du mépris est l'indifférence. « Les sociétés malades, les institutions moribondes se raidissent et se sacralisent : elles se sentent à la merci d'un ridicule », écrit Éric Blondel[2]. Les démocraties modernes ont accepté le contre-pouvoir du rire, parce qu'elles en ont mesuré l'utilité. Même Madame Thatcher déclare admirer l'émission satirique *Yes Minister* à la BBC, ce qui amène John Wilkins à s'interroger : « Est-ce qu'elle appréciait l'émission parce que ses attaques contre la fonction publique et l'*establishment* politique coïncidaient avec les siennes ? Ou parce que les commentaires comiques sur les politiciens étaient une soupape bienvenue ? Il y avait là en tout cas une émission programmée par une chaîne nationale qui était louée pour sa franchise comique à une époque de censure sans précédent sur la BBC. Peut-être, d'un point de vue de psychologie politique, était-ce bénéfique pour son image de montrer qu'elle avait le sens de l'humour[3] ? »

Le caricaturiste, l'intellectuel railleur, le comédien parodique ne font que reprendre le rôle du bouffon du roi. Or le fou du roi n'a jamais mis en danger la monarchie, bien au contraire. L'humoriste politique contemporain ne menace pas davantage les politiciens en place, et ceux-ci se gardent le plus souvent de sévir. « Me croyez-vous assez bête pour envoyer Sartre au poste ? » déclarait aux journalistes le préfet de police Maurice Grimaud alors que le philosophe venait de haranguer les ouvriers de Billancourt en grève, en ridiculisant le pouvoir.

Le rôle joué par Coluche dans la France des années 1980 illustre le détournement de la dérision politique. Le personnage a tout pour irriter et provoquer les gens sérieux : son physique ingrat de petit gros — contraire à tous les canons de la mâle beauté moderne —, sa tenue vestimentaire outrageusement dépareillée, sa démarche grotesque, sa voix de fausset, son langage ordurier. On conçoit que cette caricature ambulante ait pu être insupportable à quelques pompeuses altesses assez dénuées d'humour pour ne pas même se rendre compte de leur propre incongruité : Son Altesse Sérénissime le prince Rainier II de Monaco le fait ainsi interdire d'antenne sur RMC. Le comique de Coluche est un comique de transgression intégrale, qui vise à la fois les responsables et le troupeau des gouvernés : corruption et mensonges des uns, bêtise incurable des autres. Lorsque l'humoriste annonce son intention de se présenter à l'élection présidentielle de 1981, et qu'il est crédité de 12 % des intentions de vote, il provoque un sursaut d'indignation chez les politiciens, qui se drapent dans leur dignité outragée : ce bouffon enfreint toutes les règles, ce n'est plus du jeu! « En renvoyant aux autres candidats le reflet dérisoire de leur propre candidature, en offrant aux électeurs une image renversée de l'institution, il s'est amusé à fausser les règles, à brouiller les cartes, à détraquer les mécanismes; et, ce faisant, il a mis en péril le fondement même du jeu », écrit Maurice Lever[4].

Mais même Coluche finit par être digéré par le système. Son rire grinçant et son nez rouge sont devenus des éléments inoffensifs intégrés à la culture politico-médiatique contemporaine, référence pour ceux-là mêmes dont il dénonçait les pratiques. Le rire de Coluche, rire du comédien, n'a rien changé à la vie politique, parce que désormais celle-ci assume sans complexe son rôle de comédie. L'inéluctable médiatisation en a fait un spectacle, et le rire ironique trouve ici ses limites : comment peut-il railler efficacement des politiciens qui s'affichent eux-mêmes comme des clowns? Clowns sérieux quand ils protestent de leur intégrité, la main sur le cœur, au milieu des mises en accusation, des affaires d'emplois fictifs ou de détournements de fonds; clowns sérieux, encore, quand ils s'accusent mutuellement d'incompétence, de mensonges et de fraudes; clowns comiques quand ils viennent se mêler au peuple, serrer des mains, goûter aux plats du terroir. Grâce à la communication médiatique, les hommes politiques assurent eux-mêmes leur promotion par le rire. Ayant en face d'eux une société humoristique, ils cultivent leur image d'humoristes. Quand la comédie du pouvoir est devenue le pouvoir de la comédie, le rire a gagné — mais cette victoire à la Pyrrhus n'a aucun sens.

La vie politique peut donc sans risque majeur perpétuer ses pratiques, conforter la norme, grâce à la complicité des citoyens-spectateurs. Par un renversement complet, la capacité de rire est devenue l'un des critères de la respectabilité et de la popularité. Pour réussir une carrière politique, il faut posséder un solide sens de l'humour, savoir se montrer désinvolte, sans prétention, être capable de partager le rire du peuple. Révélatrices sont à cet égard les émissions télévisées dans lesquelles on invite une personnalité que l'on va questionner sur ses goûts, sur ses loisirs — sur tout ce qui en fait un citoyen ordinaire. Elle sera jugée avant tout sur sa capacité à supporter et à contrer la dérision, à provoquer elle-même le rire. Le principe, écrit Paul Yonnet, est « qu'un décideur, un homme d'influence, un habitant de la planète politique, un homme du sérail, un homme d'État, un grand financier, accepte l'assimilation à ses semblables par le partage du rire des autres sur soi ou à propos de soi, qu'un homme de pouvoir accepte d'annuler cette distance qui ne faisait plus de lui un homme comme les autres. On voit immédiatement fonctionner un type de rire propre aux sociétés démocratiques : la comparution des invités politiques devant ce tribunal du rire n'a en effet rien d'innocent, puisque de la souplesse du politique à se sortir de ce jeu de rôle, de sa rapidité à se ranger avec bienveillance à la gymnastique du brocard et du duel pour rire, de sa sincérité visible dans l'annulation de la distance pour apparaître un individu comme les autres, il résulte en retour un surcroît de légitimité politique, un bonus de sympathie [5] ».

Il s'agit là, dit Paul Yonnet, d'un « rire de contrôle », d'un examen de passage prouvant que le sympathique candidat est vraiment digne de la confiance du peuple. Le rire a gagné. « Le rire, découvrant en son principe les moyens non plus simplement d'instruire ou de refléter la société, mais de la transformer ou de la conserver, contribue décisivement à l'installation du nouvel ordre moral médiatique [6] ».

Un consensus humoristique s'établit ainsi. Au lieu d'avoir face à face le monde politique sérieux et sa caricature satirique, on a deux versions comiques : le comique *soft* et décontracté d'un côté, le comique *hard* et cynique de l'autre. Les deux ne s'opposent pas, mais se complètent. Du coup, la caricature guignolesque perd tout rôle subversif; elle renforce le modèle en désamorçant la critique sérieuse. En exposant cyniquement et sur le mode du rire la sombre vérité, elle rend vaine la dénonciation et produit dans le public une accoutumance contestable. Elle propage ainsi les comportements, les pratiques, les modèles, les normes qu'elle est supposée critiquer, et fait oublier les débats d'idées. « La médiatisation ouvre par définition à une représentation comique de la vie [7]. » Où l'on retrouve le rire-opium du peuple.

Ce qui amène aussi à se poser la question du rôle satirique des médias. « Le ton de dérision peut-il garantir le bien-fondé du raisonnement suivant : celui qui dépiste le mensonge dit nécessairement la vérité[8]? », se demande Roselyne Koren. Suffit-il de faire rire pour avoir raison? Là encore, nous assistons à une dérive dans ce sens. Un usage dévoyé du rire, qui en fait un substitut du raisonnement et de la preuve. La vérité n'est pas nécessairement du côté des rieurs. « Qui sait si la vérité n'est pas triste? » écrivait Renan. Or la société humoristique a mis en application l'aphorisme d'Oscar Wilde : « La vérité est purement et simplement une question de style. » La dérision, qui tend à remplacer l'argumentation, a acquis un pouvoir excessif de séduction. Le journaliste qui, sous couvert du « devoir d'irrespect », pratique le jeu de la connivence et de l'insolence joue le rôle du fou du roi — un fou un peu trop malin pour être toujours impartial, car « le rôle de fou du roi est un rôle ingrat : malheur à celui par qui les vérités arrivent, malheur au trouble-fête qui relativise les discours officiels[9] ».

Le jeu politique, tout en trompe l'œil et en clins d'œil, est dénaturé par l'aspect théâtral qu'a introduit l'irruption de la télévision. Place au spectacle! Le candidat, doit jouer une comédie devant des électeurs que rien ne rebute plus que la tragédie, et ses partisans doivent scander des « slogans au schématisme débile », selon l'expression de Maurice Lever. Tout doit passer sous les fourches caudines de la plaisanterie, afin que, par « les téléthons, l'"abbé-pierrisme" et les insurrections acnéiques de la bonté[10] », les maux de la planète deviennent supportables.

En juin 1996, Olivier Mongin écrit dans la revue *Esprit* : « Hier, l'inversion carnavalesque et sa capacité de métamorphose faisaient trembler les hiérarchies et troublaient les formes de domination, aujourd'hui le rire vient les cacher, il est une tromperie destinée à ne rien faire bouger. Que chacun reste à sa place en faisant semblant de changer, de se métamorphoser : telle est la dure loi du comique quand la télévision s'en empare et que les animateurs de télévision règnent en seigneurs intouchables sur le secteur public. »

L'OBSESSION DE LA FÊTE TUE LE RIRE

Sur six milliards d'êtres humains, il y en a trois milliards qui sont pauvres, deux milliards qui ne mangent pas à leur faim, cinq cents millions qui sont à l'hôpital et dans les hospices. Puisque notre société du début du XXIᵉ siècle ne peut résoudre ses maux et qu'elle se refuse à les regarder en face, elle veut à tout prix « faire la fête ».

Mais pas une fête passagère : une fête perpétuelle, existentielle, ontologique. L'obsession festive est un autre signe du triomphe ambigu du rire.

« La fête s'accouple avec le rire. L'un et l'autre brisent le circuit établi entre la reproduction sociale et l'adhésion des hommes au cours d'une jubilation matérielle où l'excès d'énergie ou le dynamisme propre à l'espèce s'ouvre sur la prémonition utopique d'une existence infinie où l'homme ne serait plus confiné dans les cadres sociaux. Que les sociétés cherchent ainsi d'une manière inopinée et à l'occasion de célébrations rituelles, inscrites dans une chronologie cosmique ou sociale, une "extase" qui les arrache "au clair-obscur de la vie quotidienne", que les individus trouvent dans le rire une "nouvelle donne" qui, pour une seconde périssable, les entraîne au-delà de leur culture, voilà qui nous éloigne du supplice et de la tragédie[11]. » Pour Jean Duvignaud donc, qui tente un *Essai d'anthropologie de la fête*, le rire et la fête s'associent nécessairement parce qu'ensemble ils permettent d'arracher l'individu à son triste quotidien, pour lui ouvrir un « ailleurs » ensoleillé : « Le rire n'est pas le contraire du tragique. Il est "autre chose"... Le rire est une virtualité inutile, un jeu, une utopie. »

Mais la fête, tout comme l'amour ou le bonheur, ne se décrète pas. Il ne suffit pas de décider de faire la fête pour que la fête ait lieu. Les fêtes, qui surgissent actuellement de partout, ne ressuscitent pas l'esprit de la fête archaïque. Celle-ci constituait, comme l'a montré Nietzsche, un point d'équilibre exceptionnel, fragile, entre ce qu'il appelait le pôle apollinien, fait de sérénité et de sublimation dans son aspect cérémoniel, et le pôle dionysiaque, qui est une libération de violence et d'imaginaire. La fête archaïque rejouait les origines par une répétition cyclique du modèle, recréant le monde, dans une tension sacrée. Elle était « un phénomène limite exceptionnel, à la fois institution sociale légitimée à l'intérieur d'un espace et d'un temps, et expérience collective de négation institutionnelle où se donnent libre cours les phantasmes individuels à la recherche de ce qui transcende l'ordre de la société immanente et que l'on peut appeler, par commodité provisoire, le sacré[12] ».

Le paradoxe est que la société moderne voudrait faire de ce « phénomène limite exceptionnel » un mode d'existence permanent, une façon d'être, un substitut d'ontologie. Déjà, le judéo-christianisme, en brisant la conception cyclique de l'histoire et en lui substituant la durée linéaire irréversible, avait changé la nature de la fête : celle-ci ne pouvait plus être recréation, mais simplement commémoration. De plus, l'homme « faustien » prend alors son destin en main ; il se tourne vers l'avenir. La fête nouvelle est aussi préfiguration du futur ; d'« énergie de recueillement d'un sacré transcendant », elle passe à « une volonté faustienne de création d'idoles immanentes, fonctionnant comme substitut de l'archaïque sacré[13] ». Ainsi s'exprime Jean-Jacques Wunenburger, auteur il y a un quart de siècle d'une remarquable étude sur *La Fête, le jeu et le sacré*, où il montre comment cette aspiration actuelle à la fête permanente repose sur une illusion.

D'abord parce que la véritable fête suppose une rupture, une discontinuité, une mise entre parenthèses de la norme, qui est impossible aujourd'hui dans le cadre de sociétés tellement complexes qu'on ne peut interrompre complètement le cours normal des choses. C'est aussi ce que pense André Varagnac : « Il nous faut désormais inclure trop de nous-mêmes dans des vues politiques et sociales pour que nous ayons le goût profond de ces fêtes de naguère où, après avoir puissamment peiné sans réfléchir, nos pères aspiraient simplement à rire de tout leur être[14]. » Même à l'époque archaïque, il y avait certes des fêtes laïcisées qui ne visaient qu'à satisfaire le besoin de rencontres humaines, de dépenses sociales; ainsi Émile Durkheim observa-t-il en Australie des rites « uniquement destinés à amuser, à provoquer le rire par le rire, c'est-à-dire, en somme, à entretenir la gaieté et la bonne humeur dans le groupe[15] ». Mais ces fêtes purement ludiques restaient, malgré tout, exceptionnelles.

D'autre part, « alors que dans la fête archaïque le bouffon concentrait en lui l'excès qu'il aurait été dangereux de confier à chaque acteur, à présent chacun devient bouffon et, délaissant ou oubliant souvent les rites, se livre à l'improvisation de mimiques grotesques, réalisant par là plus des intentions individuelles que des visualisations de symboles nés d'un consensus archaïque[16] ». Les fêtes modernes s'éparpillent, se fractionnent, aboutissant à « un activisme panludique » qui tend à faire de la vie elle-même une fête — ce qui est un non-sens, puisque la fête est justement ce qui s'oppose au quotidien par la liberté, la suppression des tabous.

Ce syncrétisme du quotidien et du festif a commencé par le mythe des vacances, temps privilégié d'ivresse, où chacun recrée sa vie dans une expérience festive. Puis cela a été étendu à la vie de tous les jours, avec la multiplication des initiatives visant à faire de l'existence un jeu perpétuel qui se sont traduites par la prolifération des fêtes, festivals et réjouissances de toute sorte, mais aussi par l'organisation d'« animations », de jeux, de célébrations — du dixième anniversaire de l'hypermarché local à la semaine commerciale du centre-ville. L'emprise de l'économique est ici évidente : la société de consommation doit être une société euphorique. L'homme heureux achète, et le rire est un puissant argument de vente : « Par la surproduction et la surconsommation, le monde des objets utiles sera élevé au rang du monde ludique : dès lors consommer tout et rien, pour rien, pour la pure forme, deviendra une vraie fête[17]. »

Pour Guy Debord, « cette époque qui se montre à elle-même son temps comme étant essentiellement le retour précipité de multiples festivités est également une époque sans fête. Quand ses pseudo-fêtes vulgarisées, parodies du dialogue et du don, incitent à un sur-plus de dépense économique, elles ne ramènent que la déception toujours compensée par la promesse d'une déception nouvelle[18] ».

Autre contradiction de cette atmosphère de fête permanente : sa crédibilité dépend d'une participation unanime. La fête moderne est donc obligatoire. Pas question de faire la mauvaise tête, la grise mine, l'esprit chagrin et rabat-joie. Les récalcitrants, ceux qui ne trouvent pas cela drôle ou qui n'ont pas envie de rire, sont ostraci-sés, montrés du doigt, car rien n'est plus intolérant qu'un groupe de rieurs. La tyrannie du rire est impitoyable.

La télévision en donne une triste image avec la part croissante des émissions à ambiance comique, où un public est rassemblé autour d'un plateau avec pour seul rôle d'applaudir au signal et d'éclater d'un rire convenu à toutes les fines plaisanteries des ani-mateurs. Et quand on ne peut pas avoir de public, on enregistre les rires. Déjà, en 1975, dans *La Culture du psy, ou l'effondrement des mythes*, François Laplantine dénonçait « un ludisme absolument dégradé (tiercé, concours radiophoniques), une TV cafardeuse qui provoque un engourdissement hypnotique, des clubs de vacances qui sont en fait, selon le mot de Gérard Mendel, "des cliniques d'oubli", un usage massif du tabac et des tranquillisants, des occupations totalement débiles et d'une monotonie atroce, bref autant de moyens à nous procurer simplement un supplément de félicité sensorielle qui correspond au niveau de l'inconscient à une régression dont le caractère résolument psychotique ne fait aucun doute et permet à notre société de survivre sans qu'aucune cata-strophe psychiatrique ne s'étale ouvertement au grand jour[19] ».

Créer une fête totale, simulation de la fête archaïque : voilà qui a parfois été tenté en organisant de vastes spectacles avec sons, cou-leurs, projection d'images qui doivent permettre à chacun de s'oublier et de se recréer. La vogue des *happenings* dans les années 1960 et 1970, qui consiste à provoquer une ivresse festive par un acte créant une situation inattendue, déstructurante, cho-quante, procède de la même idée, tout comme les *rave parties* actuelles. C'est toujours la perte de l'individualité qui est recher-chée. « Dans ces hystéries modernes de la consommation, écrit Jean Brun, se cachent les substituts des désirs de métamorphoses qui ont donné naissance à tant de mythes ; en consommant sans cesse davantage des éléments nouveaux, selon un rythme toujours plus accéléré, l'homme dionysiaque cherche à assimiler tout ce qui n'est pas lui et à conférer à tous les instants les dimensions exubérantes d'une existence tentaculaire dont les machines lui donnent une première promesse[20]. »

Ce « panludisme festif » crée une fête qui est sa propre fin, qui voudrait devenir un mode d'existence, faire de la vie un jeu, une gigantesque rigolade. Il s'agit de métamorphoser l'homme en refusant une société de la banalité aliénante, un quotidien sans jeu. C'est un projet prométhéen, à moins que ce ne soit un « projet diabolique, qui définit le mieux le champ ludique contemporain[21] ».

La volonté de retrouver la fête archaïque se lit dans l'usage des masques, déguisements, travestis, peintures corporelles, mais aussi dans la destructuration de la pensée, l'effacement de la frontière entre réel et irréel, par le comportement hallucinatoire ; d'où l'importance de l'alcool et, de plus en plus, de la drogue. Une fête sans alcool est devenue inconcevable ; l'alcool favorise l'explosion du moi, qui « s'éclate » littéralement, se dissout dans la totalité de la foule grégaire, dans la « communion » de l'être collectif : foules en délire des stades, des manifestations, processions et cortèges divers qui se soûlent de bruits et de slogans incantatoires, des révolutions, des concerts de musique rock ou techno.

Sous ces comportements de régression grégaire à l'état préconscient, les sociologues discernent névroses et angoisses de l'être contemporain. François Laplantine parle d'« euphorisation diffuse qui camoufle mal l'immensité de notre angoisse et de notre détresse psychique[22] ». Pour De Felice, « les accès de fièvre grégaire ne sont pas autre chose que des maladies qui menacent de déchéance et de mort l'organisme qu'elles attaquent[23] ». Jean-Jacques Wunenburger, évoquant l'exemple significatif du *Décameron*, se demande si la fête contemporaine ne cache pas « une sorte de névrose de l'optimisme qui cacherait dans son délire ludique une régression narcissique débouchant sur un comportement de catastrophe, par suite d'un rêve impossible[24] ». Selon A. Stephane, « derrière toute cette excitation, il y a l'ennui qui attend, embusqué... et derrière la "fête maniaque", la crise dépressive guette[25] ».

Car ces comportements infantiles sont voués à l'échec. Il s'agirait ni plus ni moins de réaliser l'utopie, d'effacer la différence entre le rêve et le réel, en investissant l'imaginaire, en mettant la sensibilité corporelle en accord avec une illusoire force vitale qui, par l'intermédiaire du jeu, porterait l'homme à la limite de lui-même. Mais le réel est têtu : on ne peut s'en débarrasser ; chassé par la porte, il revient par la fenêtre. Et faire reposer la fête sur l'illusion de la fusion du réel et du rêve, c'est courir à la désillusion. Dès le départ, d'ailleurs, la fête est en porte à faux. L'homme moderne voudrait se créer des mythes, il parle de « moments magiques », mais les mythes et la magie ne se décident pas. L'homme moderne ne peut que feindre d'y croire. Il tente de se recréer du sacré après avoir tout désacralisé : « La fête contemporaine, dénuée de toute superstructure telle que le mythe, laisse le jeu fantastique s'approprier des sens immanents et contingents, de sorte que sous le couvert d'une libération et d'une désacralisation on ouvre le jeu à toutes les resacralisations possibles [26]. » On assiste donc à une quête fétichiste de sacré. N'est-il pas ironique de voir ces foules laïcisées vivre la fête techno comme une véritable messe ? « Le sacré moderne, écrit Jean-Jacques Wunenburger, comble la différence entre l'homme et les possibles, et réifie l'expérience en un activisme optimiste [27]. » Mais « l'homme moderne n'est plus à même de conceptualiser cette expérience dans une perspective sacrée, ni non plus de l'insérer dans un cadre institutionnel ». Alors, il a beau vouloir se dépouiller des couches inhibitrices accumulées par la civilisation, comme s'y appliquait Antonin Artaud, sa nouvelle quête des origines se révèle tout aussi aliénante, car on ne peut pas faire disparaître le passé et le réel. La nouvelle fête est une coquille vide ; c'est le jeu pour le jeu. Soigner l'absurde par l'absurde ne peut pas mener très loin — ou, plutôt, cela risque de mener à la catastrophe. Rien n'est pire que l'imagination au pouvoir, si celle-ci s'affranchit de la raison : « Il ne s'agit pas d'interdire à l'imagination de faire progresser le monde, mais de l'empêcher de venir au pouvoir pour tyranniser la logique [28]. »

Et le rire, dans tout cela ? Il est tout simplement menacé de mort, alors qu'on le voyait triomphant. A moins que l'on appelle encore « rire » les clameurs et vociférations des foules et les tics nerveux d'individus plongés dans un état second. D'ailleurs, de quoi rirait-on ? S'il n'y a plus de différence entre le rêve et le réel, si la normalité a disparu, de quoi pourrait-on encore rire ? Le rire se fonde sur un décalage : si tout est risible, le rire perd son ressort. « Quelques générations encore, et le rire, réservé aux initiés, sera aussi impraticable que l'extase », écrivait Cioran. La fête grégaire étouffe l'individu, seule base d'un humour authentique.

RIRE ET FÊTE CONTEMPORAINE : LE DIVORCE

La fête est, par essence, collective et anti-individualiste ; l'individu s'y perd dans le groupe. La fête était jadis associée au rire en raison de son caractère exceptionnel, qui permettait d'établir un décalage avec la norme. L'extension de la fête à la vie entière, vécue comme un jeu, met fin — même de façon illusoire — à ce décalage, brisant du même coup le lien entre rire et fête. La fête obligatoire et perpétuelle, qui se présente comme la solution collective à l'angoisse d'un monde qui a perdu son sens, rend impossible la forme individuelle du rire qu'est l'humour. Celui-ci jonglant avec le sérieux et le dérisoire, comment faire de l'humour dans un monde où tout est dérisoire? Or l'humour est une réaction bien plus efficace que la fête pour affronter le réel.

Les renouveaux artificiels de fêtes traditionnelles ne changent rien au dilemme. Le carnaval traditionnel, il est vrai, semble se survivre, en particulier en Espagne où Julio Caro Baroja décrit par exemple dans la province de Cuenca ces processions, avec un membre de la confrérie des âmes du purgatoire qui est déguisé en diable, se livre à des pitreries, contrefait le curé et frappe les femmes[29]. A Almonacid, le jour de la Saint-Blaise, il y a des « diables danseurs ». Dans la province de Cordoue, les hommes sont déguisés en bouffons et exécutent la danse des fous. En Aragon, les *zamarrones*, déguisés en démons, dansent le jour de la Saint-Antoine et frappent les gens, « semant la panique tout en faisant rire ». Pour la fête de la Purification de la Vierge, dans certains villages circule la *botarga*, sorte de monstre mi-animal, mi-diable, prend en chasse femmes et jeunes filles, et accomplit mille facéties. « A Retiendas, la *botarga* incarne ce bouffon qui accompagna la Vierge lors de sa première sortie, après sa délivrance, afin qu'elle ne ressentît point de honte[30]. » A Burgos, la *botarga* s'appelle le *colacho*; il échange insultes et moqueries avec les spectateurs.

Partout, le caractère macabre de ces fêtes traditionnelles s'accentue. La liaison fortement soulignée entre démonisme, folie et mort a, pour Julio Caro Baroja, « un caractère fort inquiétant, même du point de vue de la psychologie général ». A ses yeux, « le fait d'associer l'acte de se masquer à des violences, à des plaisanteries grossières, à des actes comiques et à des actes tragiques, le désir de changer de personnalité et de passer du rire aux pleurs, et *vice versa*, des notions de vie, de mouvement et de lubricité à des notions de mort et de destruction[31] », est révélateur d'une déformation du carnaval, qui le dissocie des sources du rire.

Le même constat s'impose ailleurs. Les vieilles festivités celtiques d'Halloween, commémorant peut-être la mort sacrificielle d'un roi pendant la fête de Samain, connaissent un renouveau et une extension qui sont probablement plus qu'un phénomène commercial. Sans doute les participants n'ont-ils aucune idée du sens de ces bouffonneries macabres, mais c'est bien l'association du rire et de la mort qui se fait jour à travers le pantin de *Jack o'Lent*.

En Pologne, la mort et le diable tiennent les premiers rôles à Zir-viec, où l'on joue pendant la semaine de Noël les « Hérodes ». En Moldavie, le diable est toujours présent dans les carnavals. En Slo-vénie, « mort et dérision de la mort se mêlent intimement dans les rituels carnavalesques », écrit Clara Gallini[32]. Même chose dans le nord de l'Italie, où par exemple à Tufara, aux confins de la Lucanie et des Pouilles, on organise la « mascarade du diable » le dernier jour du carnaval. Accompagné de deux personnages vêtus de blanc et de rouge, représentant la mort, le diable va de maison en maison à la recherche de Carnaval. On fait le procès de celui-ci sur la place du village; il est fusillé et la mort l'emporte. Dans le folklore tradi-tionnel sarde, l'association du rire et de la mort est très ancienne. Ainsi, lors d'un décès, juste après la complainte funèbre, on se moque du défunt et on échange des quolibets. Lorsqu'un paysan était piqué par une tarentule, il fallait le faire rire — signe que la vie reprenait; à cette fin, on dansait l'*argia* autour du malade, en se déguisant, en se livrant à des mimiques sexuelles, en lançant des obscénités, des railleries agressives contre n'importe qui, y compris contre le malade, jusqu'à ce qu'il rie. La dérision exprimant ici le pouvoir du groupe, elle peut s'adresser à tout individu et a pour effet d'exorciser : « Le fait de rire d'une personne dans un rituel col-lectif peut donc constituer un instrument d'intégration, et non d'expulsion[33]. »

Or cette signification sociale d'intégration recule de plus en plus au profit d'un sens très ambigu du macabre, du morbide. Martine Boiteux le remarque en Italie : « Si dans certaines régions réapparaît plus nettement l'idéologie de la mort avec ses signes et ses sym-boles, partout en Italie triomphe le règne de l'ambigu : brouillage des sexes et des âges, des rôles sociaux et des catégories esthétiques, et surtout des temps, dans une débauche de bruit et de lumière[34]. » Pour cette historienne, si le carnaval reste un phénomène de masse, qui prend même de l'ampleur, c'est qu'on assiste à la montée des peurs, des tensions, de la crise des valeurs; la foule cherche dans la folie collective du carnaval à combler le fossé entre un quotidien préoccupant et le rêve utopique de fête perpétuelle. « Derrière ce *revival*, cette renaissance du carnaval, se cache justement cette forme d'opposition culturelle par laquelle on essaie d'annuler la suture entre la fête et le quotidien[35]. »

Même constat de dérive au Tyrol et en Suisse. Au Tyrol, le car-naval était associé à l'idée de rajeunissement : à Tramain, des per-sonnages vêtus de blanc et de noir chassaient les vieilles femmes, que figuraient des mannequins rembourrés de paille et dispersés dans le village. On les rassemblait sur la place, on les abreuvait de quolibets, puis on les hissait sur une machine infernale qui les précipitait dans l'entonnoir d'un moulin... d'où ressortaient de jeunes et jolies filles aussi vivantes que souriantes. Pouvoir rajeunissant du rire! En Suisse, le carnaval populaire renaît depuis les années 1970, mais d'une façon parfois troublante. Au son des *Guggen*, la foule déguisée circule, mais ne dit pas un mot — « signe de la solitude et des besoins des habitants d'une grande ville », écrit Paul Hugger, qui s'interroge : « Pourquoi donc le carnaval exerce-t-il une telle fascination sur l'homme moderne? La réponse, formulée d'une façon succincte, pourrait être : le carnaval est, avec des exceptions locales, bien entendu, l'unique événement calendaire qui touche à l'essence originelle de la fête, qui est de former un contraste avec la vie de tous les jours, d'être un temps où d'autres valeurs sont importantes, où les normes habituelles n'ont pas cours[36]. » En l'occurrence, le carnaval contemporain sert un double objectif : exorciser les peurs fondamentales, comme celle de la mort, en les incluant dans la fête perpétuelle, et résoudre des conflits particuliers dans l'unanimisme du rire.

Dans les deux cas, le rire, considéré comme un pur instrument, perd son aspect libératoire pour l'individu. Il devient une mesure d'hygiène sociale visant à restaurer l'ordre public et le moral de la population. Utilisé sur commande, il est standardisé et finalement inefficace. Deux exemples illustrent ces deux utilisations. En Alsace, les commerçants de Strasbourg lancent en 1957 une opération de promotion du carnaval afin d'endiguer la violence, et surtout de favoriser les ventes. L'échec est patent. De 1973 à 1977, des associations de jeunes de banlieue organisent à leur tour le « carnaval des voyous », dans l'espoir de canaliser l'opposition entre le centre bourgeois francophone et la banlieue pauvre dialectophone — intégrer les marginaux dans la communauté du rire, comme autrefois dans la ville pré-industrielle le carnaval canalisait la violence populaire en lui donnant une possibilité d'expression ritualisée. Mais la violence urbaine actuelle n'a pas grand-chose à voir avec celle de la société traditionnelle. L'expérience de « carnaval des voyous » a tourné court au bout de quelques dizaines de vitrines brisées et de voitures incendiées[37].

Second exemple : la forme carnavalesque prise en 1977 par le mouvement de contestation des valeurs et idéologies de la société libérale capitaliste dans les universités italiennes. Le mouvement, dit des « Indiens métropolitains », pose comme objectif la transformation de la vie en fête perpétuelle, incluant la mort : « Vive la mort, mort à la mort! » dit un slogan, et un autre proclame :

> Vous voulez nous faire vivre
> en rampant et en pleurant;
> mieux vaut se lever
> et mourir en riant.

Nous retrouvons ici l'idée de dérision universelle : le rire comme refuge suprême et refus des illusions idéologiques. Mais là encore ce rire volontaire, utilitaire et planifié, se fige très vite. La fête contemporaine voudrait apprivoiser le rire ; or celui-ci ne peut vivre qu'à l'état sauvage, en liberté.

La fête contemporaine est en pleine dérive, et ce à l'échelle planétaire. Telle est bien l'impression qu'a ressentie Jean Duvignaud après avoir parcouru le monde : « La forme des fêtes se dissout dans la communication planétaire, mais le moteur qui en est le principe, le dépassement de l'être qu'on est et de l'utopie du futur poursuivent leur travail de taupe. Les fêtes émergeront sous un aspect que nous ne soupçonnons pas encore. Et cela, on l'attend avec curiosité[38]. » Pour le sociologue, nous en sommes à l'époque des « quasi-fêtes », c'est-à-dire des rassemblements informels, libres, où tout et tous se mélangent, comme ce fut le cas aux funérailles de Sartre en 1980 : « La déambulation n'est pas silencieuse ni recueillie : on bavarde, on se retrouve, on rit [...] une réunion d'hommes et de femmes qui, apparemment, n'ont rien en commun, seulement la capacité d'être, pour un moment, plus que ce que l'on est, là, autour du fantôme d'une liberté infinie. Bref moment d'utopie : l'esprit confondu avec la vie sociale. Une demi-fête[39]. »

Ces demi-fêtes, sans rites, sans signification particulière, qui ont perdu toute référence à un sens originel, inquiètent René Girard, qui y voit une menace pour la paix sociale. A ses yeux, la fête traditionnelle était la commémoration de la crise sacrificielle d'origine, acte fondateur de l'ordre social canalisant la violence sur la victime émissaire. « La fête a perdu tous ses caractères rituels et elle tourne mal en ce sens qu'elle retourne à ses origines violentes ; au lieu de tenir la violence en échec, elle amorce un nouveau cycle de vengeance[40]. » Les exemples foisonnent, de la violence des stades à la violence des manifestations de protestation. Déjà, la fête ne se conçoit plus sans un « service d'ordre » imposant, qui ne réussira pas toujours à contenir la violence latente. La simple pression démographique est d'ailleurs un phénomène qui accroît la menace ; elle modifie le psychisme individuel et collectif.

Le rire authentique est ainsi évacué progressivement de la fête ; s'y substitue le masque du rire, figé, artificiel et obligatoire. Les foules hilares sont bien telles que les a peintes le visionnaire Ensor : des foules qui cachent leur angoisse derrière un rictus, dans un tourbillon où la mort et le diable se mêlent aux humains effarés, prêts à s'entre-tuer. Écoutons encore René Girard : « Derrière les apparences joyeuses et fraternelles de la fête déritualisée, privée de toute référence à la victime émissaire et à l'unité qu'elle refait, il n'y a plus d'autre modèle en vérité que la crise sacrificielle et la violence réciproque. C'est bien pourquoi les vrais artistes, de nos jours, pressentent la tragédie derrière l'insipidité de la fête transformée en vacances à perpétuité, derrière les promesses platement utopiques d'un "univers de loisirs"[41]. »

ÉTUDES CONTEMPORAINES SUR LE RIRE : DIABOLIQUE OU ANGÉLIQUE?

Philosophes, psychologues, sociologues, ethnologues, historiens du XXᵉ siècle ont continué les études de leurs aînés sur le rire, un peu comme on se penche sur le chevet d'un mourant. Leurs diagnostics sont très variés, ce qui correspond à la diversification actuelle des rires. Le rire est partout, mais ce n'est pas partout le même rire. Moins diffus, il était autrefois plus facile à circonscrire.

Alain, dans ses *Propos*, se heurte au classique problème de la définition. Physiquement, écrit-il, « le rire consiste à hausser beaucoup de fois les épaules », sous l'effet d'une surprise plaisante[42]. Le fou rire est très bon pour la santé ; le rire est sans doute le propre de l'homme, mais le ridicule aussi, et le comble du ridicule est de croire que l'on sait quelque chose. L'homme intelligent doute, et l'expression du doute, c'est le sourire. De plus, « sourire, hausser les épaules, sont des manœuvres connues contre les soucis ». Le sourire a des effets physiologiques calmants.

Le rire, lui, protège contre le malheur. C'est un vertu typiquement française, selon Alain. Le 7 janvier 1933, celui-ci se demande à quoi peut encore servir la France : « A quoi? A conserver le courage de rire. A fatiguer la peur. Tout homme d'importance veut faire peur. Mais nous n'avons pas fini de rire[43]. » Pourtant, même l'optimiste Alain note que le rire, qui a tout envahi, n'a pas encore touché le domaine militaire : « On s'est moqué de tout ; on ne s'est pas moqué du militaire », et le militaire à son tour envahit tout, « mais peut-être carnaval est mort[44] ».

Le bon sens est-il encore suffisant dans un siècle de duplicité généralisée? Dans ce siècle, écrit Michel de Certeau, l'intellectuel doit être un rieur, afin d'inventer des façons de penser autrement. C'est le mérite que cet auteur reconnaît par exemple à Michel Foucault : « Ses trouvailles sont les événements d'une pensée qui est encore à penser. Cette inventivité surprenante de mots et des choses, expérience intellectuelle d'une désappropriation instauratrice de possibles, Foucault la marque d'un rire. C'est sa signature de philosophe à l'ironie de l'histoire[45]. » Entre l'histoire et l'historien, entre la pensée et l'intellectuel, il doit y avoir l'ironie complice, le rire de l'intelligence.

Les intellectuels du xxᵉ siècle ont rendu hommage au rire; ils ont cédé à son charme; ils ont reconnu son pouvoir. Disparues, les réticences de certains philosophes du xixᵉ siècle. Sartre, il est vrai, lui reproche de renforcer le conformisme bourgeois en désarmant les accidents et les absurdités qui menacent sa domination; mais il lui reconnaît un pouvoir. En 1928, E. Dupréel lui attribue un rôle social sélectif : « Les sociétés font usage du rire, soit pour ordonner l'activité de leurs membres, soit pour rivaliser les unes avec les autres. Enfin le raffinement des esprits a rendu possible un rire désintéressé qui, loin de n'être qu'un instrument social, distingue et isole quelques esprits supérieurement doués, et dispense à un petit nombre de subtiles satisfactions [46]. » Pour Dupréel, la conception évolutionniste du rire, développée par James Sully dans son *Essai sur le rire*, qui distingue des rires primitifs et des rires évolués, est fausse. A ses yeux, les deux types de rire sont « le rire d'accueil et le rire d'exclusion ».

Par ailleurs, il établit une importante distinction sexiste : la féminité exclut le comique. Pas de femmes-clowns, pas de femmes-bouffons. Un bref examen du monde des comiques professionnels du *show business* actuel lui donne raison. Même déguisée en homme, la femme n'est pas drôle, alors que l'homme déguisé en femme fait rire. Seule la vieille femme, celle qui justement a perdu sa féminité, peut faire rire. Dans le jeu de la séduction, le rire supplée à l'absence de charme. Son emprise est comparable au charme physique : celui qui rit ne résiste plus. Robert Favre a analysé les multiples expressions du rire. Sous la forme de « bouffon », « folâtre », « cocasse » (de « coquard », c'est-à-dire « étrangeté bouffonne »), il est associé à la folie, comme dans « badin » (d'un mot vieux-provençal signifiant « nigaud »); le « drôle » (d'un terme néerlandais voulant dire « petit bonhomme inquiétant ») a également une nuance irrationnelle. La « malice » évoque le Malin, le diable; la « parodie », la tromperie caricaturale; la « boutade » et la « pointe » — surtout si elle est « caustique », c'est-à-dire brûlante —, l'attaque. Le « pitre » viendrait de « piètre », et le « clown » a en anglais une origine rustique. L'« ironie » est interrogative. D'autres termes sont des évocations animales : la « saillie », « ricaner » (de l'ancien français *rechaner*, « braire »), « railler » (de l'italien *ragliare*, désignant aussi un cri animal), « glousser ». Les évocations corporelles sont nombreuses, surtout dans le vocabulaire argotique : « se dérider », « se bidoner », « se boyauter », « se dilater la rate »; métaphores alimentaires avec la « farce », la « gouaille » ou les plaisanteries « salées ». « Gai » est issu d'un mot vieux-germanique signifiant « impétueux »; et « goguenard », de « gogue » (réjouis-

sance). « Marrant » est une antiphrase qui provient du vieux français « se marrir » (s'ennuyer)[47].

Le rire peut donc être associé à une multitude d'éléments positifs
ou négatifs. Marcel Pagnol, dans ses *Notes sur le rire*, écrit : « Le rire,
c'est une chose humaine, une vertu qui n'appartient qu'aux
hommes et que Dieu, peut-être, leur a donnée pour les consoler
d'être intelligents. » En effet, si l'homme est le seul animal qui rit, il
est aussi le seul à savoir qu'il va mourir. Et si le rire existait pour
consoler de cet amer savoir? Robert Favre explique ainsi comment
il a pu passer de *La Mort au siècle des Lumières* au *Rire dans tous ses
éclats* : « Après avoir montré des hommes du XVIIIᵉ siècle capables de
se moquer des morts et d'ironiser sur le martyre ou sur le suicide
héroïque, après que mon père fut mort subitement en lisant une
comédie de Labiche, après le fou rire d'une de mes filles parce que
quelqu'un, à l'issue de l'enterrement de ma mère, lui disait gauche-
ment : "A la prochaine!", il m'a paru possible de passer de l'étude
de la mort à celle du rire sans fuir la réalité. Car le rire n'est pas une
échappatoire : il est une façon de faire face, de se situer, de s'affirmer prêt à affronter les menaces, les incongruités ou les maussade-
ries, et tout aussi bien les horreurs de la vie quotidienne[48]. »

Robert Favre, qui étudie avec subtilité l'ambivalence du rire,
sans en oublier les aspects sataniques[49], cite ce mot d'Aragon :
« Riez gens sans amour qu'à rire tout incline », dresse un bilan globalement positif : « Les ennemis du rire manquent de souplesse, ils
sont manichéens, intégristes, ils se méfient de la liberté. [...]. Mais
le rire de jeu manifeste la maîtrise sur soi-même comme sur sa
parole, une distance critique qui assure l'inaliénable, l'invincible
liberté intérieure. L'éclat de rire est donc aussi la revanche par
excellence, la revanche de la liberté sur toute raideur[50]. »

Parmi les ambiguïtés du rire, il y a sa propension au despotisme.
Les rieurs exigent que l'on rie, ce qui est une contradiction manifeste : rien ne tue davantage le rire que l'obligation. « Le goût de la
plaisanterie est volontiers égoïste et despotique [...]. On peut imaginer cette forme de tyrannie : obliger à rire sur commande[51]. » Or, le
rire requiert la liberté absolue; le rire *est* liberté. Éric Blondel l'a
bien montré dans *Le Risible et le dérisoire* : « Le rire est mystérieux
comme la liberté et profond comme le bonheur[52]. » C'est bien
pourquoi il inquiète les gens sérieux qui s'enferment dans la cage
de leurs certitudes. Le rire brise les cages, et une fois lâché, peut
s'attaquer à tout; comme une tornade désacralisante, il abat les
dieux et les idoles. Il est « virtuellement diabolique », surtout sous
sa forme agressive d'ironie, avec son arme de pointe qu'est le
cynisme. Sous sa forme humoristique, il est « l'arme de la liberté

intérieure » : « Par un effort surhumain, l'humour devance le rire d'autrui, la moquerie, les écartant d'un revers de rire, en mettant les rieurs de son côté. Il est détachement. Ce serait un rire jaune s'il était forcé, mais il est liberté, victoire sur soi et le monde, joie d'un rire démystificateur et spontanément distancié : courage de la liberté tragique[53]. »

Le rire n'est pas que liberté destructrice, écrit Éric Blondel. Rire de quelqu'un ou de quelque chose, c'est lui témoigner de l'intérêt, le prendre en pitié, tel qu'il est. Qui aime le plus le monde, de celui qui — militant, puritain, révolutionnaire, religieux — veut le purifier, le rendre idéal, imposer l'utopie par le fer et le sang, ou de celui qui en rit parce qu'il se sent partie prenante de la comédie tout en refusant de s'y investir? Rire, c'est affirmer que l'on n'est pas tout à fait de ce monde tout en étant malgré tout dedans. Le rire peut être considéré comme une sorte d'amour désespéré de la vie. C'est « l'étreinte touchante et voluptueuse de ce qui est voué à la décomposition », affirme Thomas Mann avant de se suicider. Ainsi, comme la liberté, le rire est fragile. Il n'est pas loin de la tristesse et de la souffrance; « il danse sur l'abîme ».

Tous les intellectuels du XXᵉ siècle ont perçu son ambivalence. Albert Camus, dans *La Chute*, attribue à l'acte fondateur du christianisme une valeur ironique : Jésus « voulait qu'on l'aime, rien de plus. Bien sûr, il y a des gens qui l'aiment, même parmi les chrétiens. Mais on les compte. Il avait prévu ça, d'ailleurs, il avait le sens de l'humour. Pierre, vous savez, le froussard, Pierre, donc, le renie : "Je ne connais pas cet homme... je ne sais pas ce que tu veux dire... etc." Vraiment, il exagérait! Et lui fait un jeu de mots : "Sur cette pierre, je bâtirai mon Église." On ne pouvait pas pousser plus loin l'ironie, vous ne trouvez pas? Mais non, ils triomphent encore! "Vous voyez, il l'avait dit!" »

Le personnage central de *La Chute*, Clamence, dont l'aventure commence alors qu'il croit entendre un éclat de rire, exerce l'auto-ironie sur son passé, et l'humour sur son présent. Puis il passe à la dérision généralisée, et se rend compte que l'ironie est omniprésente, diabolique. Elle guette même le suicidé. Milan Kundera a repris cette idée, de façon plus manichéenne, dans *Le Livre du rire et de l'oubli*. Le rire est d'abord satanique, parce que le diable refuse au monde divin un sens rationnel. La découverte de cette perte de sens est la première source du rire : « Les choses soudain privées de leur sens supposé, de la place qui leur est assignée dans l'ordre prétendu des choses (un marxiste formé à Moscou croit aux horoscopes), provoquent chez nous le rire. A l'origine, le rire est donc du domaine du diable. Il a quelque chose de méchant (les choses se révèlent soudain différentes de ce pour quoi elles se faisaient passer), mais il y a aussi en lui une part de bienfaisant soulagement (les choses sont plus légères qu'il n'y paraissait, elles nous laissent vivre plus librement, elles cessent de nous oppresser sous leur austère sérieux) [54]. »

Ce rire diabolique est à la fois méchant et libérateur. Mais les anges ont inventé un contre-rire, divin, qui se réjouit de l'ordre du monde. Et pour désigner les deux rires opposés, les hommes n'ont qu'un seul mot, d'où la confusion. Les deux types de rire, le bon et le méchant, dans une perspective sécularisée, dans l'opposition des deux grotesques : celui de Mikhaïl Bakhtine et celui de Kayser. Bakhtine reproche à Kayser de n'avoir vu que le grotesque romantique, celui dans lequel le rire est une expression de la peur, ou plutôt un moyen de vaincre cette dernière : « La peur est l'expression extrême d'un sérieux unilatéral et stupide vaincu par le rire [55] », ce qui rejoint la formule de Georges Bataille : « Si tu ris, c'est que tu as peur. » Pour Kayser, le rire est bien d'essence satanique : « Le rire mêlé de douleur emprunte en passant au grotesque les traits du rire moqueur, cynique et enfin satanique. » Au contraire, le rire grotesque de Bakhtine unit la vie et la mort dans une dialectique sans fin. C'est le grand rire populaire rabelaisien, désormais abâtardi.

LE RIRE, AGRESSION RITUALISÉE, SELON KONRAD LORENZ

Du côté de la psychanalyse, le rire est toujours vu comme une économie d'énergie et une décharge de tension, par une sorte de compromis entre le « ça » et le « surmoi ». Le surmoi permet la satisfaction symbolique anticipée de la pulsion à demi repoussée, satisfaction qui est bien entendu source de joie et qui permet de réduire la tension nécessitée par le refoulement. Dans l'humour, il y a en plus la satisfaction d'une restauration narcissique du moi, dont l'intégrité se croyait menacée. Dans un article de 1973, Jean Bergeret précise que les pulsions concernées sont l'agressivité et la sexualité, et que le caractère subversif du rire réside dans la mise en cause jubilatoire de l'autorité. Le rire est phénomène à la fois de sublimation et de fantasme [56].

La même année, Jean Guillaumin insiste sur l'aspect exclusivement psychique et socio-culturel du rire. Dans le rire, il y a toujours distanciation entre un observateur et un observé, et l'observé est toujours vécu comme humain. La présence d'un tiers est également nécessaire comme complicité rassurante et valorisatrice pour l'ego du rieur. Car le rire est toujours plus ou moins une forme d'agression, et une forme de lutte entre pulsions de vie et de mort[57]. Pour Ernst Kris, le rire serait une technique ludique de défense contre des affects pénibles liés à des conflits antérieurs du moi[58]. Les théories de Spitz, Golse, Puyuelo tournent autour de ce thème[59].

De leur côté, psychologues et éthologues ont étudié les mimiques du rire, ce mode de communication non verbal, exprimant des messages affectifs mais aussi l'agressivité. La gamme descriptive est aussi riche que la gamme sémantique. Dans toutes les langues, une pléthore d'expressions à la phonétique suggestive rend compte des infinies nuances du rire[60], et le classement des types de rire est d'une extraordinaire richesse, du sourire au fou rire et du ricanement au rire sénile, en passant par le rire maniaque, le rire aux larmes, le rire jaune, le rire bête, le rire aux éclats, le gros rire, le rire forcé, le rire gras, le rire triomphant, le rire silencieux[61]. Apparaissant chez l'enfant entre deux et quatre mois, en fonction de son développement psycho-affectif et de sa maturité cognitive, il est dès le plus jeune âge une réaction de détente après une courte tension, libérant un sentiment de sécurité psychique. C'est pour l'enfant une première façon de se situer dans le monde et de tester ses pouvoirs.

Physiologiquement, c'est un phénomène réflexe vital, sur lequel la volonté a peu de prise. Contrôlé par la bouche, il est un mode de communication prélinguistique déjà codé, les voyelles utilisées (ha, ha, ha, hi, hi, hi, ho, ho, ho, hu, hu, hu) ayant une signification déjà étudiée dans les ouvrages du XVIIe siècle. Ce que le XXe siècle a apporté, en revanche, c'est la quasi-certitude de l'existence d'un centre du rire dans le cerveau, même s'il reste une hésitation quant au lieu précis. Jusqu'à une époque récente, on situait ce centre dans le cortex cérébral droit, région des activités de synthèse, par opposition au côté gauche, région des activités logiques et analytiques. Un neurologue californien, Itzhak Fried, a cependant émis l'hypothèse d'une localisation dans le « gyrus frontal supérieur gauche », qui est aussi le siège de la personnalité ; le cortex frontal reçoit les messages et décide des réactions, tandis que le système limbique, qui lui est connecté, ajuste l'intensité de ces réactions. L'idée de « tempéraments » rieurs ou sérieux pourrait ainsi se trouver justifiée. Le rire, en tout cas, n'est pas uniquement une question psychique. On peut faire rire, sans aucun contexte comique, par une simple excitation électrique de la région voulue du cortex. Des expériences ont été faites en ce sens en Californie. Sous l'effet de l'excitation électrique, l'environnement prend pour le sujet une allure comique. De quoi remettre en cause certaines conceptions philosophiques et ouvrir la porte à d'hilarantes manipulations.

A la jonction du psychique et du physiologique, le rire peut aussi, pense-t-on, avoir des effets thérapeutiques. Déjà, au IIᵉ siècle, Galien remarquait que les femmes gaies guérissaient plus vite que les femmes tristes. Aujourd'hui, les centres de gélothérapie se multiplient sur tous les continents. Le rire libère des catécholamines, neurotransmetteurs qui mettent l'organisme en état d'alerte et augmentent la production d'endorphines, lesquelles diminuent la douleur et l'anxiété. Le rire soulève le diaphragme, accélère la circulation sanguine, favorise l'apport d'oxygène ; il facilite même l'érection, et réduit l'insomnie. Après le rire, les effets du stress sont amoindris pendant une certaine période. La thérapie par le clown est déjà utilisée depuis quelque temps dans les cliniques pour enfants [62], mais les traitements et les sessions pour adultes se multiplient, avec des associations comme « Le Rire médecin » à Paris. Des cas de guérison retentissants, tel celui de Norman Cousins aux États-Unis, contribuent beaucoup à populariser ce type de traitement dans les pays anglo-saxons. Mais attention : pas d'excès ! L'overdose de rire peut tuer : c'est ce qui est arrivé en 1988 à un spectateur du film *Un poisson nommé Wanda*, des Monty Pythons. Ces derniers avaient d'ailleurs créé un sketch surnommé « le gag qui tue » : il s'agit d'un message hilarant dont on ne peut supporter la charge comique, plus efficace que le cyanure.

Il est un aspect du rire sur lequel les chercheurs ont beaucoup insisté au XXᵉ siècle : le rire comme agression. A la base de ce constat, la mimique du rire, qui nous fait montrer les dents de la même façon qu'un animal se sentant menacé et se préparant à se défendre. Déjà, Darwin avait souligné combien l'expression de la joie chez les primates évoquait un rire rudimentaire. La ressemblance avec certains cris d'animaux — mouette, cheval, âne, poule, mouton —, que le vocabulaire du rire humain a d'ailleurs annexés, plaide aussi en faveur d'une origine commune de ce mode de communication prélinguistique. Seul l'homme aurait franchi, grâce à ses compétences vocales et à la complexité de ses relations sociales, la frontière entre le gloussement et le rire. Encore que le rire « bête » demeure de loin le plus répandu...

Reste à savoir si, chez les animaux, le jeu qui consiste à montrer les dents conserve toujours une motivation agressive. C'est la théorie que développe Konrad Lorenz dans *L'Agression* [63]. Lorenz explique les réticences de beaucoup d'intellectuels à le suivre. D'abord, l'agression est un instinct vital, très positif, tourné vers la protection de la vie, et qu'il ne faut donc pas diaboliser. Ensuite, l'attraction-répulsion que l'homme éprouve à l'égard du chimpanzé, qu'il voit comme un être humain dégradé, l'empêche « de se connaître lui-même, en lui voilant le fait qu'il est un produit du devenir historique[64] ». On sait quels cris d'horreur émanèrent de la dignité humaine bafouée lorsque Darwin publia sa théorie. Lorenz, reprenant l'idée de l'homme-image de Dieu, écrit : « Si je croyais l'homme l'image définitive de Dieu, je désespérerais de Dieu. » Il faut donc, pour comprendre notre comportement, accepter de regarder celui des animaux, et surtout des animaux sociaux, car c'est l'émergence du stade social, se surajoutant à l'instinct, qui apporte le mal. La société humaine est très proche de « celle des rats qui, eux aussi, sont à l'intérieur de la tribu fermée des êtres sociables et paisibles, mais se comportent en véritables démons envers des congénères n'appartenant pas à leur propre communauté[65] ». La capacité de nuire chez l'homme a été accrue par l'acquisition de la pensée conceptuelle et du langage verbal.

Étudiant le comportement animal, Lorenz constate qu'il existe un mécanisme d'inhibition qui l'empêche de se déchaîner contre les frères de race. Ce mécanisme consiste à ritualiser l'agression, en la détournant de son objet. De nombreux exemples existent dans la vie sociale consciente, des tournois au sport et au dévouement charitable. La psychanalyse a par ailleurs suffisamment mis en évidence les mécanismes de sublimation des pulsions agressives et sexuelles. Le rire est une de ces conduites.

L'agression est indispensable à l'action humaine, estime Lorenz. Sans elle « se perdrait beaucoup de l'élan avec lequel on s'attaque à une tâche ou à un problème, et du respect de soi-même sans lequel il ne resterait plus rien de tout ce qu'un homme fait du matin au soir, du rasage matinal jusqu'à la création artistique ou scientifique. Tout ce qui a un rapport avec l'ambition, l'ordre hiérarchique et de nombreux autres types de comportement indispensables, disparaîtrait probablement aussi de la vie de l'homme. De même disparaîtrait très probablement avec l'agression une faculté très importante et typiquement humaine : le rire[66] ! » En effet, « le rire s'est probablement développé par ritualisation à partir d'un mouvement de menace réorienté, tout comme le cérémonial de triomphe. Pareil à ce dernier et à l'enthousiasme militant, le rire fait immédiatement naître, entre les participants, un fort sentiment de camaraderie, joint à une pointe d'agressivité contre les *outsiders*[67] ». Les types de rire dépendent des proportions de sentiments d'union et d'exclusion qu'ils contiennent.

Le rire, ritualisation de l'agression, est nettement plus élevé que l'enthousiasme, car il ne perd jamais le sens critique et le contrôle rationnel sur soi. Il sert à dépister le mensonge, et sa forme satirique est particulièrement bien adaptée à notre époque. Konrad Lorenz a de très belles pages sur le rôle futur de l'humour dans le monde : « Je crois que l'humour exerce sur le comportement social de l'homme une influence qui, en un sens, est absolument analogue à celle de la responsabilité morale : il tend à faire de notre monde un lieu plus honnête et donc meilleur. Je crois que cette influence augmente rapidement et, en entrant de plus en plus subtilement dans nos processus de raisonnement, se mêle plus intimement à eux et avec des effets encore plus proches de ceux de la morale[68]. » Pour Lorenz, « humour et connaissance sont les deux grands espoirs de la civilisation ». Il y ajoute « une pression sélective dans une direction désirable », ce qui inquiète certains, peut-être dénués d'humour, ou traumatisés par le terme de « sélection ».

Que le rire soit essentiellement une ritualisation de la pulsion agressive ne pourrait-il pas expliquer en partie le recours moins fréquent au rire chez les femmes ? Quoi qu'il en soit, rire et larmes sont liés à la condition précaire de l'être humain, et manifestent deux types de réaction opposés : l'ouverture et le repli sur soi. Le rire a un aspect narcissique : c'est une victoire, un triomphe sur un conflit latent, intérieur ou extérieur, avec dévaluation de l'objet risible. Il a aussi un aspect social essentiel, et c'est pourquoi depuis bien longtemps le rire a été dans toutes les sociétés ritualisé, codifié, organisé en spectacles — depuis le *trickster* jusqu'à la vedette comique du *show business*, en passant par le clown et le carnaval.

Si le rire collectif a besoin d'être ainsi réglementé, n'est-ce pas là encore en raison de sa nature agressive et subversive ? Bien sûr, il est déjà un rite, mais un rite individuel, qu'il faut faire entrer dans des structures. Chaque société, chaque époque a construit les siennes. Diversité et omniprésence du rire sont les garants de son importance primordiale pour l'humanité. Éric Smadja a par exemple suggéré que le peuple des Iks, au nord-ouest de l'Ouganda, décimé par les famines et les épidémies, avait survécu grâce à son rire. Dans cette société, un rire est prévu pour chaque occasion, pour chaque catégorie sociale : « Devant la déchéance humaine, la réalité prégnante de la mort et son danger permanent auxquels sont exposés les Iks, surtout les enfants, le rire affirme triomphalement la vie et cherche à dénier la mort. La dérision à l'endroit de la déchéance des vieux peut être une forme de protection contre les affects pénibles inhérents. Le rire et la dérision constitueraient alors un instrument psychosocial de survie (psychique) des Iks[69]. » Seul remède contre l'angoisse par laquelle nous glissons lentement dans la mort, l'éclat de rire serait un éclat de vie.

BANALISATION ET MÉDIATISATION DU RIRE
DANS LA SOCIÉTÉ HUMORISTIQUE

A voir le rire s'afficher partout en ce début de XXIᵉ siècle, nous devrions être rassurés sur notre avenir. Mais le constat se révèle aujourd'hui contradictoire. « On ne sait plus rire », « personne ne rit plus »; entend-on couramment. Pourquoi donc cette impression d'un monde triste au milieu de rires omniprésents ?

C'est que le rire tourne à vide; il n'est plus que feu de paille généralisé dans une société de consensus mou. Ce qui faisait autrefois la vigueur du comique, c'était le contraste avec le sérieux : sérieux de l'État, de la religion, du sacré, de la morale, du travail, de l'idéologie. Ce contraste est aujourd'hui fortement atténué au profit d'un monde plat, celui de la « société humoristique » dont Gilles Lipovetski a donné une belle description dans *L'Ère du vide*[70] : « Un nouveau style décontracté et inoffensif, sans négation ni message, est apparu, qui caractérise l'humour de la mode, de l'écriture journalistique, des jeux radiophoniques, de la pub, de nombreuses BD. Le comique, loin d'être la fête du peuple ou de l'esprit, est devenu un impératif social généralisé, une atmosphère *cool*, un environnement permanent que l'individu subit jusque dans sa quotidienneté[71]. »

Tout doit être traité sur le mode humoristique : titres et sous-titres de la presse, slogans des manifestations, bulletins météorologiques, vulgarisation scientifique, publicité, bande dessinée, cinéma, pédagogie... Même les films les plus violents ou les plus sombres se targuent d'un côté humoristique — un clin d'œil au spectateur qui lui fait comprendre qu'il ne faut pas trop y croire. Le nouveau modèle humain, le héros postmoderne, est hyper-performant tout en restant émotionnellement détaché; il accomplit ses exploits comme un jeu. La place croissante de l'image de synthèse accentue encore l'aspect purement ludique du spectacle.

Pour faire passer un message, le ton léger est de rigueur. Surtout pas d'agressivité! L'humour bête et méchant, se vautrant dans l'obscène et le scatologique, tel que l'affichent certains magazines et certaines bandes dessinées, confirme lui-même cette tendance : la férocité caricaturale ne choque même plus, parce qu'elle n'est pas prise au sérieux. Les excès du grotesque, qui ont été crescendo au cours du XXᵉ siècle — dans un acharnement désespéré et un vertige de la dégradation — chez Arrabal, Michaux, Artaud, Céline ou Günter Grass, traduisent la rage impuissante devant l'absurdité universelle. Mais cette banalisation du grotesque a elle-même été intégrée dans la vision désinvolte du monde. L'homme contemporain en a pris son parti : à quoi bon se taper la tête contre les murs ?

Même Reiser, *Fluide glacial* et leurs semblables ont été phagocytés par la société humoristique.

Celle-ci n'a nullement pour but de désacraliser. Qu'y aurait-il encore à désacraliser? Le sacré a vécu, au point que même « l'incroyance postmoderne, le néonihilisme qui prend corps n'est ni athée ni mortifère, il est désormais humoristique », écrit Gilles Lipovetski[72], qui schématise ainsi les trois âges du rire : un rire médiéval ambivalent, qui mêle sacré et profane, destruction et renaissance, dans une optique bakhtinienne; un rire classique, civilisé, qui opère de l'extérieur par la critique et la satire des contre-valeurs; un rire contemporain, subjectif et ludique. Bernard Sarrazin, qui pourtant critique Lipovetski, admet que le rire éthique, satirique et recréateur a vécu, et que le rire actuel, neutre, est celui de la mort des dieux et des valeurs, ce qui lui enlève toute force corrosive : « La laïcisation risque de banaliser cette dérision devenue trop facile, la transgression ne faisant plus de mal à personne. Quand cesse le conflit des valeurs parce que tout se vaut, qu'il n'y a plus ni Dieu ni diable, que devient le rire[73] ? »

L'opposition entre foi et athéisme illustre cette remarque. Source de comique par les satires mutuelles qu'elle engendrait — comique d'autant plus fort qu'il s'enracinait dans des convictions fondamentales et qu'il était soutenu par un zèle de prosélyte —, cette opposition n'existe plus que dans des milieux extrêmement restreints. L'indifférence a succédé à l'affrontement[74]. Les plaisanteries se sont donc taries. « Il n'y a pas de solution parce qu'il n'y a pas de problème », disait déjà Marcel Duchamp, ce qui aboutit au constat de Cioran : « Être moderne, c'est bricoler l'incurable. » Comme lui, l'homme moderne se veut lucide, et la lucidité c'est le soupçon généralisé. Tout flotte dans une indétermination propice à la badinerie généralisée, mais certainement pas au rire.

Le rire aurait-il plus d'avenir en se tournant contre les valeurs actuelles? Milan Kundera a exploré cette voie : après avoir ri de la bureaucratie communiste, il rit de la bêtise de la culture médiatique occidentale. Mais la cible se dérobe à tout instant. Les valeurs anciennes, bien définies et solides comme un roc, donnaient prise à une franche dérision, comprise par tous et sur de longues périodes. Nous voilà maintenant au royaume de l'éphémère, dont la mode est comme le porte-drapeau[75]. La raillerie sera donc aussi volatile que ses objets. Les difficultés de l'art comique le montrent bien : les grands comiques sont aussi rares que les grands philosophes. Sur scène, les « comiques » brodent sur les thèmes faciles et rebattus du moment : racisme, corruption, bavures policières... Les meilleurs jonglent sur les mots, comique formel qui se démode moins vite. La

distance entre comique populaire et comique intellectuel a considérablement diminué, démocratisation oblige : le premier est désormais « déniaisé », et le second, qui a perdu de sa superbe, se rabat
sur des sujets médiatisés.

Comme pour la violence et le sexe, la médiatisation ne supprime
pas le rire : elle le standardise, et le diffuse sous une forme banale.
L'absurdité de l'existence est devenue une banalité ; tout le monde
sait qu'Ubu est roi, et c'est à peine si cela fait encore sourire. Bernard Sarrazin rappelle cette prophétie de Marcel Schwob, en 1893 :
« Le rire est probablement destiné à disparaître. On [...] ne voit pas
pourquoi, entre tant d'espèces animales éteintes, le tic de l'une per-
sisterait. Cette grossière preuve physique du sens qu'on a d'une
certaine dysharmonie dans le monde devra s'effacer devant le scepticisme complet, la science absolue, la pitié générale et le respect de
toute chose. » Bel exemple de clairvoyance, qui aboutit un siècle
plus tard à ce constat de Bernard Sarrazin : « Le rire est en danger ;
car le rire suppose une connivence et une exclusion, une relation
tribale, des valeurs communes. Dans l'unanimité médiatique, le
rire de la tribu des téléspectateurs n'est plus que mimétique. Tel est
bien le monde plutôt désespérant d'une dérision généralisée et sans
croyance à partager[76]. » Guy Chouraqui se montre plus catégorique
encore : pour lui, l'humour est mort, « mort de rire, mort des rires
faciles ou factices, mort des rires consensuels ou préenregistrés, des
rires vulgaires ou racistes[77] ».

Derrière cette cacophonie de rires organisés se tient, on le sait, le
nouveau tyran, qui se moque éperdument des valeurs morales :
l'audimat, lui-même agent du dieu suprême qu'est l'économie.
Certes, le comique qui se vend bien est celui que demande le
public. Il se produit donc une osmose entre les tendances profondes et l'intérêt bien compris, aboutissant à un comique de
supermarché dont on vante le « caractère libératoire et oxygénant »
dans un monde peu propice à l'exercice du rire. « La vertu cardi-
nale du rire est en effet d'être en prise avec le réel, attitude qui
semble de moins en moins répandue ; l'homme libéré des
contraintes matérielles par le progrès technique a, en effet, développé les fonctions abstraites et symboliques du cerveau. Le rire
apporte aussi à l'intelligence fluidité et jeu, pratiques qui gênent
toutes les théories du déterminisme, du conditionnement ou de
l'apprentissage mécanique[78] », écrit Simone Clapier-Valladon.
Science et technologie mettent en place un monde de la certitude,
de la détermination, de l'incontestable qui ne prête pas à rire. Mais
plus les tâches techniques sont maîtrisées, moins on perçoit le sens
global de la machine universelle. C'est par là que s'introduit la dérision, « l'humour rejetant le sérieux pontifiant et l'idéologie pesante

qui furent de bon ton depuis une vingtaine d'années. On aurait tendance à ne tirer de la philosophie de l'absurde ni message ni désespoir, mais une vision amusée de l'existence[79] ».

Une vision amusée qui est le meilleur garant de la survie de l'ensemble. A chaque époque, le rire a été une réaction instinctive d'autodéfense du corps social, face aux menaces potentielles de la culture. Le rire a en partie pour but de relativiser ces menaces, de désamorcer la tension, par une sorte de psychanalyse sociale, en mettant cyniquement au jour tous ces interdits de moins en moins tabous qui menacent de faire sauter le vernis de la civilisation. Révéler le non-dit pour en rire, afin de le déconsidérer d'avance et de lui faire perdre son sérieux. Pour Paul Yonnet, c'est la raison pour laquelle le comique, notamment sur la scène, consistera à « être cynique, amoral, grossier, ordurier, anticlérial, s'avouer cruel, porté sur la bibine [...], qu'on est obsédé sexuel [...], qu'il est normal de tricher pour arriver à ses fins, qu'on a le droit de l'homme de détester l'islam, [...] de se moquer des Arabes et des Juifs comme on se moque des paysans normands, [...] que l'idée de Dieu c'est quand même gonflé et la preuve qu'on peut vraiment dire n'importe quoi, etc.[80] ». Dire l'interdit en l'exagérant de façon burlesque pour conforter la norme.

FIN DU RIRE ?

La société humoristique a renoncé à l'agression physique, mais la pression morale qu'elle exerce sur l'individu est considérable. « C'est pourquoi, dans une assemblée riant, rien n'est moins facile que de conserver la liberté de ne pas rire. [...] Il faut prendre le risque de s'isoler du groupe en rompant son homogénéité. Voilà pourquoi le rire solitaire est et demeure un signe négatif suggérant au minimum l'asociabilité, au pire l'anormalité pathologique[81]. »

Sous ses dehors hédonistes et narcissiques, la société humoristique se révèle profondément anti-individualiste. Elle flatte l'individu pour mieux le neutraliser. Ce que fait très bien l'humour contemporain : « C'est le Moi qui devient une cible privilégiée de l'humour, objet de dérision et d'autodépréciation [...]. C'est l'Ego, la conscience de soi qui est devenue objet d'humour, et non plus les vices d'autrui ou les actions saugrenues », écrit Gilles Lipovetski. C'est qu'en effet le Moi est le dernier refuge du sacré. Tout ayant été désacralisé, il ne reste plus à l'homme qu'une seule chose en laquelle il puisse croire : son individualité. Et le rire, qui se nourrit du sacré en le raillant, a donc désormais le Moi comme cible privilégiée.

Et la société encourage cet humour d'autodérision, car ce rire est en même temps un mode d'autorégulation de l'individualisme, ultime menace contre la cohésion sociale, constate Paul Yonnet : « Le rire de nos contemporains serait à la fois un baromètre de l'individualisme, son garde-fou et son meilleur allié[82]. »

Le rire d'autodérision, fondé sur l'introspection, à la manière de Woody Allen, stigmatise les particularités et tend à l'uniformisation. Seul l'individu « lisse », « transparent », dépourvu de personnalité, ne donne plus prise au comique. L'idéal actuel de l'humanité semble bien être la fourmilière. Tout nous y conduit, à commencer par la pression du nombre. Quand nous serons dix milliards, imagine-t-on que chacun pourra se comporter comme au temps où nous étions deux milliards ? Sauf pour quelques privilégiés, l'espace de liberté — nécessairement réduit, en dépit d'une illusoire possibilité de choix virtuels — devra accepter des limites étroites qui ne toléreront guère la fantaisie. La société actuelle, qui feint de voir dans l'individualisme la source de tous les maux, est déjà bien avancée dans la voie de la mondialisation et de la globalisation. Plus rien aujourd'hui ne peut se faire individuellement, depuis le travail de groupe à l'école jusqu'aux divers lobbies. Obsession de la communication, multiplication des réunions, pression sociale accrue : « Comment ne pas voir au travers de ces différentes sensibilisations au psychodrame, à la dynamique de groupe, à toutes ces psychothérapies mises sur pied aux États-Unis, souvent en quelques mois, à ces techniques modernes de la "communication", l'empreinte d'une pensée pseudomystique qui frise parfois le délire[83] ? »

Le rire a sa place dans cet essor de la grégarité. Un rire inoffensif, désarmé, désamorcé ; un rire cordial, *fun*, décontracté et pour tout dire, « convivial ». Être drôle, et juste assez original pour ne pas choquer. Déjà, on voit poindre une humanité nouvelle (sinon le retour des invertébrés) : « changement anthropologique, la venue au jour d'une personnalité tolérante, sans grande ambition, sans haute idée d'elle-même, sans croyance ferme. L'humour qui nivelle les figures du sens en clins d'œil ludiques est à l'image du flottement narcissique, lequel se révèle ici encore un instrument démocratique[84] ».

Ainsi, « avec le procès humoristique, le Moi se dégrade en pantin ectoplasmique », écrit Gilles Lipovetski. L'autre ne choque plus, quoi qu'il fasse et quoi qu'il raconte : il amuse et, à la rigueur, il intrigue. Les conflits sont par avance désamorcés ; la capacité à la révolte, annihilée. Plus d'agressivité, plus d'empoignades. Les mouvements politiques et sociaux s'expriment surtout dans des fêtes. « La coexistence humoristique, voilà ce à quoi nous contraint un univers personnalisé; autrui ne parvient plus à choquer, l'originalité a perdu sa puissance provocatrice, ne reste que l'étrangeté dérisoire d'un monde où tout est permis, où tout se voit et qui n'appelle plus qu'un sourire passager[85].» Étaler son intimité sur Internet à l'intention du monde entier est le dernier degré de cette désacralisation humoristique volontaire de l'individu.

Cet humour doit être parodique et spectaculaire. Se donner en spectacle est une des caractéristiques de l'hédonisme de masse dans la société humoristique. La vie politique en est un exemple privilégié. La musique et l'art moderne aussi bien que la mode et la publicité se présentent eux aussi comme du ludique, de l'amusant. La publicité a abandonné le pédagogique et le sérieux; le spot doit être un clin d'œil malicieux, qui séduit en faisant sourire, en prenant une distance humoristique avec le produit à vendre. La mode joue à la mascarade, mélange les genres, fait du bleu de travail ou de la vareuse Mao une tenue capitaliste très chic. Les différences sont ainsi effacées, assimilées, dissoutes.

Pour Francis Fukuyama, le principal moteur de l'histoire humaine réside dans le besoin de reconnaissance qu'éprouve chaque individu et qui, pour Hegel, siège dans une partie de l'âme, le thymos. Chacun a besoin d'être reconnu par les autres comme un être humain avec sa dignité. C'est ce besoin qui se trouverait à la base des conflits socio-économiques, qui sont tous des répétitions sur un registre différent du fameux conflit dialectique maître-esclave. Ces conflits débouchent à notre époque sur la mise en place du système libéral démocratique, qui donne enfin toute satisfaction au thymos. Ce modèle, déjà établi en Europe occidentale et aux États-Unis, va s'étendre au monde entier; dès lors, le but étant atteint, ce sera véritablement la « fin de l'histoire ». Dans cette optique, la société hédoniste peut être perçue comme la façon démocratique de satisfaire le besoin thymique de reconnaissance, chacun affirmant son originalité superficielle et éprouvant pour celle d'autrui une curiosité amusée. S'il reste encore quelques pôles de résistance où des gens sérieux mènent des combats d'arrière-garde, le rire désacralisant devrait bientôt en finir avec eux. Toutes les valeurs ayant perdu leur gravité, la société humoristique de consommation comble les aspirations à la liberté et à l'égalité.

Certes, il faut en rabattre sur les conceptions classiques en matière de dignité humaine, et Fukuyama admet lui-même que « si demain les passions isothymiques tentent d'éliminer les différences entre le laid et le beau, de prétendre qu'un cul-de-jatte n'est pas seulement l'égal spirituel mais aussi physique d'une personne ayant tous ses membres[86] », ce sera la fin de la civilisation. Mais la société humoristique n'en est-elle pas déjà là? N'évoque-t-elle pas déjà ces

« derniers hommes » qu'annonçait Nietzsche, ces hommes qui riront de tout et s'estimeront heureux avec leurs petits plaisirs? « On travaillera encore, car le travail distrait. Mais on aura soin que cette distraction ne devienne jamais fatigante. [...] On sera malin, on saura tout ce qui s'est passé jadis; ainsi l'on aura de quoi se gausser sans fin. On se chamaillera encore, mais on se réconciliera bien vite, de peur de se gâter la digestion. On aura son petit plaisir pour le jour et son petit plaisir pour la nuit; mais on révérera la santé. "Nous avons inventé le bonheur", diront les Derniers Hommes, en clignant de l'œil [87]. »

La société humoristique marque-t-elle la fin du rire? Entre ses fêtes obligatoires, ses renouveaux carnavalesques artificiels, son humour décontracté, son rejet du sérieux et sa fantaisie badine, y a-t-il encore de la place pour le rire? En prenant son parti de l'absurdité de la situation, n'a-t-on pas coupé court à toute tentative comique? Le pronostic de Gilles Lipovetski n'est pas très optimiste, mais nous y souscrivons : « C'est avec la société humoristique que commence véritablement la phase de liquidation du rire : pour la première fois, un dispositif fonctionne qui réussit à dissoudre progressivement la propension à rire. [...] L'indifférence et la démotivation de masse, la montée du vide existentiel et l'extinction progressive du rire sont des phénomènes parallèles : partout c'est la même dévitalisation qui apparaît, la même éradication des spontanéités pulsionnelles, la même neutralisation des émotions, la même auto-absorption narcissique. [...] C'est bien autre chose qu'une discrétion civilisée qu'il faut reconnaître dans l'atrophie contemporaine du rire, c'est véritablement la *capacité* de rire qui se trouve entamée, exactement comme l'hédonisme a entraîné un affaiblissement de la volonté [88]. »

Les témoignages des premiers manuels de civilité, au XVIIe siècle, laissent à penser que le rire de cette époque était une véritable tempête, accompagnée de gesticulations sans retenue, en comparaison de quoi le rire moderne est à peine une esquisse d'hilarité. Au début du XXe siècle encore, les vaudevilles de Feydeau devaient s'interrompre, tant la tornade des rires se révélait bruyante. L'homme a maîtrisé son rire, comme il a maîtrisé ses larmes. Ce n'est pas seulement une question de contrôle de son corps; c'est aussi parce que les sujets de rire se dérobent, parce que le sérieux se dérobe. Le rire dépérit à cause du manque de sérieux. Ce qui faisait rire, c'était largement la bêtise supposée des autres et de leurs idées, de leurs comportements, la surprise née des chocs culturels. Dans un monde où tout est respectable, la composante agressive du rire a été éliminée; du coup, le rire, dévitalisé, ne montre plus les dents.

Il semble être partout, mais il n'est plus qu'un masque. Le virtuel se mêle au réel, et celui-ci n'est lui-même considéré que comme un décor. Rien n'est donc vraiment sérieux, ni vraiment comique. Le rire volontaire, dosé et calculé, remplace de plus en plus le rire spontané et libre, car il faut bien jouer la comédie. Si l'on organise des fêtes, il faut bien s'amuser, même si l'on n'en a pas réellement envie. Mais le vrai rire, lui, se réfugie à l'intérieur de chacun; il devient un phénomène de conscience, que ne possèdent plus que des privilégiés, et auquel on donne le nom trop galvaudé d'humour.

Conclusion

Le rire a-t-il une histoire, ou traverse-t-il les siècles sans histoire? Il est bien temps de se le demander. Il est probable que nous rions aujourd'hui comme on riait il y a trois ou quatre mille ans devant tous les petits incidents cocasses de la vie quotidienne. Dans ce cas, il y a une grande permanence du rire, comme expression d'une joie simple et source de bienfaits sur le corps et l'esprit.

Autrefois comme à l'heure actuelle, le rire a une multitude de significations possibles, de la raillerie sarcastique qui exclut à la complexité amicale qui rapproche; il peut être bon, mauvais ou neutre. Aucun témoignage ancien sur le rire ne nous est incompréhensible. En tant que phénomène naturel, le rire semble avoir peu évolué, sinon dans le sens d'un plus grand contrôle par l'esprit. C'est là le sort commun de tous les comportements qui se situent au carrefour du physique et du psychique. Nous rions moins fort et de façon moins débridée que nos ancêtres, ce qui ne surprendra personne.

Mais, au-delà de ces altérations de forme superficielle, c'est la place du rire dans la vie et dans la société qui a changé, ainsi que le discours sur le rire, la façon dont il est interprété, analysé, perçu. Le fait qu'à toutes les époques de nombreux traités lui ont été consacrés montre au moins que toutes les sociétés lui accordent une place importante, et la manière dont il a été majoritairement perçu est révélatrice des grandes variations de mentalité.

Il n'y a jamais eu unanimité à son sujet, ce qui rend difficile l'interprétation de son histoire. Contrairement à ce qu'on entend trop souvent, les motifs d'hilarité n'ont guère changé. Nous rions aujourd'hui à peu près des mêmes choses qu'autrefois: Aristophane, Plaute, les farces médiévales, Rabelais ou Molière sont tou-

jours drôles, et probablement Coluche, Louis de Funès ou Woody
Allen feraient-ils rire les Grecs et les Romains pour peu qu'on
informe ceux-ci des grands thèmes de notre civilisation. Les techniques ont varié, mais nous rions toujours pour nous moquer, pour
calmer notre peur, pour manifester notre sympathie, pour renforcer
nos liens et pour exclure. Le simple énoncé de ces motifs montre
que le rire est pluriel. *Les* rires sont très différents et l'ont toujours
été. Toutes ces précautions visent bien entendu à relativiser la
brève synthèse que nous suggérons.

Il nous semble possible de schématiser l'histoire du rire en trois
périodes : rire divin, rire diabolique et rire humain — ces expressions n'étant, cela va de soi, que des images. Pour dire vite, l'Antiquité a une conception divine du rire, dont les mythologies attribuent parfois l'origine aux dieux. Qu'ils l'aient créé ou non, ces
derniers rient, et leur « rire inextinguible » est la marque de leur
liberté suprême. Certains sont même de véritables farceurs, comme
le *trickster* des mythologies primitives, qui exprime une conscience
aiguë du côté comique du monde. La conception du rire est alors
largement positive. Rire, c'est participer à la recréation du monde,
dans les fêtes dionysiaques, dans les saturnales, qui
s'accompagnent de rites d'inversion simulant un retour périodique
au chaos primitif, nécessaire à la refondation et donc à la stabilité
des normes sociales, politiques, culturelles. Dans les relations
sociales, le rire est ressenti comme un élément de cohésion et de
force face à l'ennemi, comme le montrent les rires homériques ou
spartiates ; il est aussi un frein au despotisme, avec les bouffonneries rituelles des défilés triomphaux à Rome, ou les satires politiques d'Aristophane ; il est enfin un instrument de connaissance,
qui débusque l'erreur et le mensonge, sur le modèle de l'ironie
socratique, des railleries des cyniques, de la dérision des vices chez
Plaute ou Térence. Si les dieux rient, c'est qu'ils prennent leurs distances avec eux-mêmes et avec le monde. Ils ne se prennent pas au
sérieux. Et si les hommes rient, c'est pour eux une façon de sacraliser le monde, de conforter les normes en se moquant de leur
contraire. C'est aussi une manière d'endosser le terrible carcan du
destin, de l'exorciser en l'assumant.

A cette conception positive du rire, le christianisme substitue une
conception négative. Le rire n'est plus divin, mais diabolique.
S'appuyant sur le fait que « Jésus n'a jamais ri », les théologiens
bâtissent une vision agélaste du salut. Dieu, unique et plénitude
immuable, coïncidant parfaitement avec son essence, est le sérieux
par excellence. Il a créé le monde une fois pour toutes, ce qui exclut
les réjouissances festives à base d'inversion, comme le carnaval, de
moins en moins toléré. Le chrétien doit imiter le Seigneur, et se

conduire avec le plus grand sérieux. La perspective de l'enfer doit lui inspirer crainte et tremblement.

Dans le monde créé par Dieu, chaque être avait sa perfection particulière ; l'essence coïncidait avec l'existence. Nulle possibilité de distanciation, et donc de rire. Si le rire existe maintenant, c'est à cause du péché originel, qui a déréglé la création ; l'homme ne coïncide plus avec lui-même. C'est le diable qui a provoqué cette fissure, par laquelle s'introduit le rire. Le diable est le rieur, le moqueur, éternellement distant de lui-même, de ce pour quoi il avait été créé. Toujours « à côté de ses pompes », il rit bêtement, méchamment ; il rit de lui-même et du monde, à jamais incapable de faire coïncider son en-soi et son pour-soi. Et ses suppôts l'imitent. Diabolique, le rire est laid, il secoue le corps, il est indécent, incorrect, grotesque ; il est mauvais, il exprime l'orgueil, la raillerie, la moquerie, le mépris, l'agressivité ; et il est signe de faiblesse, qu'il faut bien tolérer — de façon modérée — à titre de récréation de l'homme déchu. Notons que dans le christianisme comme dans le paganisme le rire est lié à l'idée de récréation, mais dans une optique tout à fait différente : le rire païen associe l'homme à l'œuvre créatrice divine du monde entier ; le rire chrétien n'est qu'un palliatif, une drogue purement humaine permettant de se refaire temporairement une santé afin de reprendre le pénible chemin de la vie. Voilà pourquoi les règles monastiques, très hostiles au rire lui-même, admettent des moments de détente et d'innocente plaisanterie, concession à la faiblesse de la créature déchue.

Le rire est donc bien, dans cette perspective, une revanche du diable. Le rire antique sacralisait le monde ; le rire diabolique le désacralise. Dans les relations sociales, il est instrument de subversion, ainsi dans les fabliaux, les farces, les parodies religieuses, le carnaval, la fête des fous, le charivari. Si ces expressions sont largement tolérées, au moins pendant le Moyen Age, c'est là encore en tant que soupapes de sécurité, dans une optique négative. Malgré tout, le rire peut être mis au service du bien : on peut le retourner contre le mal, en raillant le péché, et c'est ce que font certains prédicateurs.

Au rire divin et positif de l'Antiquité, puis au rire diabolique et négatif de l'Europe chrétienne jusqu'au xvie siècle, succède progressivement le rire humain et interrogatif issu des crises de conscience de la mentalité européenne, à l'origine de la pensée moderne. La remise en cause des valeurs, la montée des peurs, de l'inquiétude et de l'angoisse, le recul des certitudes, s'accompagnent d'une généralisation ambiguë du rire, qui s'insinue par toutes les nouvelles fissures de l'être et du monde. Comme un navire en détresse à la coque trouée, l'humanité s'emplit de rire.

Au fur et à mesure que les valeurs et les certitudes s'effondrent, elles sont remplacées par le rire. Ce n'est pas lui qui les fait tomber. La dérision n'a pas de prise sur les croyances et les idéologies ; celles-ci sont imperméables à toute ironie. Même la raison ne peut pas grand-chose contre elles. La bêtise est un blindage invulnérable, capable de protéger les croyances les plus absurdes. Seul le temps use les certitudes. Et c'est quand elles commencent à s'effriter qu'interviennent efficacement le rire et la raison. Car le rire ne peut s'introduire que par les fissures, pour les élargir.

C'est ainsi que le xviiie siècle a ricané de la religion, de l'absolutisme ; au xixe siècle, satire et caricature ont agrandi les brèches des gouvernements monarchiques autoritaires, ont participé aux luttes sociales, politiques et économiques ; au xxe siècle, elles ont contribué au recul des idéologies. Et peu à peu le rire s'est insinué dans les failles ouvertes par la philosophie au sein de la conscience humaine individuelle. L'humour est toujours sur les talons du doute. Il apparaît lorsque les sciences humaines montrent la faiblesse et la complexité de l'être humain. Celui-ci commence à rire de lui-même, à se moquer de ses anciennes prétentions, à ne plus trop se prendre au sérieux, tout en se témoignant une certaine tendresse. Puis c'est au tour de l'être lui-même, de l'existence, qui, ayant perdu son sens, devient objet de dérision. Le rire s'est engouffré par toutes les brèches ouvertes par les sciences dans les certitudes humaines.

C'est ainsi qu'il finit à l'heure actuelle par tout recouvrir, dans une société humoristique où tout baigne dans une dérision amusée. Certes, il demeure des îlots de sérieux par-ci, par-là — intégrismes et fanatismes de tout poil —, mais ils ne sont sérieux qu'à leurs propres yeux ; le reste du monde les ignore ou les regarde avec curiosité. Le rire moderne est incertain, parce qu'il ne sait plus trop sur quoi se fixer. Il n'est plus affirmation ni négation, mais plutôt interrogation, flottant sur l'abîme où les certitudes ont fait naufrage.

La vigueur du rire d'autrefois venait de son sérieux. Il était mis au service de certitudes contre d'autres certitudes. Le rire moderne a perdu son sérieux, et donc sa vigueur ; il ne sert plus à rien, sinon à faire rire. Pure détente, il est devenu tissu de l'existence, recouvrant les interrogations et les peurs contemporaines. Véritable revanche du diable : le rire a remplacé le sens de la création. Celle-ci était sérieuse ; elle est devenue un jeu, un « canular cosmique ». Mieux : un jeu qui se reproduit lui-même, en écho, avec l'ère du virtuel.

Le rire moderne est là pour masquer la perte du sens. Il est plus indispensable que jamais. Autrefois, il colmatait les insuffisances, les défauts — emplâtre que l'on collait sur les petites plaies de l'existence. Maintenant, c'est l'existence elle-même qui est défaillante. Seul le rire, injecté à haute dose, peut la maintenir en vie artificielle, sous perfusion. Soyons honnêtes : l'humanité rit jaune, et pas seulement parce qu'elle se compose pour moitié d'Extrême-Orientaux. L'éclat de rire de l'an 2000 fut moins un cri d'enthousiasme que la clameur d'un monde qui cherche à se rassurer en faisant du bruit dans le noir. Inutile de revenir sur la liste des maux et des catastrophes accablant ces six milliards d'individus qui gesticulent désespérément sur leur minuscule planète, qui ne savent même pas pourquoi ils sont là, et qui n'ont qu'un seul but : passer le temps comme ils le peuvent, en jouant au foot, en écrivant des livres, en faisant progresser le chiffre d'affaires d'une société, en cultivant leur jardin, en effectuant le tour du monde en solitaire ou en regardant la télévision — n'importe quoi en attendant la fin, que les progrès de la médecine ne cessent de repousser. Une motivation est certes avancée : préparer le monde pour la génération suivante, qui fera de même pour la suivante, et ainsi de suite. Mais quelle importance, puisque aucun de nous ne le verra ! Cette vérité est insupportable, et seul le rire permet de supporter l'insupportable, en le déguisant, en s'en moquant, en plaisantant. Le rire est indispensable parce que, plus que jamais, nous sommes face au vide. Bientôt, chaque homme aura un téléphone portable et un écran du *web* ; chacun pourra tout savoir sur chacun, satisfaire virtuellement tous ses fantasmes — et il n'en étreindra que mieux le vide.

Voilà pourquoi la fête se généralise, et tend à devenir la trame de l'existence. A l'époque des certitudes et des croyances, la fête pouvait être cantonnée à certains moments significatifs liés à ces croyances, qu'elle entretenait du même coup. Au fur et à mesure que reculent ces certitudes et ces croyances qui donnaient des raisons de vivre, la fête avance et occupe le terrain. Elle se substitue aux raisons de vivre, elle est le sens ultime : faire la fête pour faire la fête, parce que plus rien d'autre n'est crédible. La fête devient totalitaire, quasiment obligatoire, car ceux qui refusent d'y participer rappellent, par leur simple présence, que nous dansons sur du vide.

La fête meuble l'existence. L'humour la rend conviviale et complète le décor. « Si tu ris, c'est que tu as peur » ; « L'humour est la politesse du désespoir » ; « Rire pour ne pas pleurer » — autant de formules que l'on ne veut pas entendre. On ne les réfute pas, on les refoule. Elles sont pourtant rassurantes : elles justifient magnifiquement le rire, comportement plus que jamais nécessaire. Dans notre situation, quelle autre attitude que le rire pourrait nous protéger du désespoir ? Même l'Église catholique, qui l'a si longtemps combattu, vante aujourd'hui ses mérites : elle aussi a besoin de l'humour pour expliquer à ses fidèles les subtilités de ses évolutions doctrinales... Quelle belle revanche sur le diable! L'Église a toujours su s'adapter, tôt ou tard, et l'humour serait digne d'être élevé au rang de quatrième vertu théologale.

Humour absolument indispensable au XXIe siècle, qui sera humoristique ou ne sera pas. Sans humour, comment les dix milliards d'individus qu'on nous promet pour 2050, croulant sous leurs déchets et étouffant dans leur pollution, pourront-ils supporter la vie? L'homme n'a pas fini son évolution; s'il veut survivre, il lui faudra s'adapter... et rire. Génétiquement modifié ou non, il aura besoin d'une bonne dose d'humour.

Notes

CHAPITRE PREMIER : **Le rire inextinguible des dieux**

1. Cité par S. Reinach, *Cultures, mythes et religions*, éd. Bouquins, Paris, 1996, p. 147.
2. *Iliade*, XXI, 389.
3. *Hymne homérique. A Hermès*, I.
4. *Iliade*, XXI, 408-420.
5. *Ibid.*, I, 600.
6. *Odyssée*, VIII, 300-347.
7. Traduction de D. Arnould, dans *Le Rire et les larmes dans la littérature grecque d'Homère à Platon*, Paris, 1990, p. 214.
8. Voir un exposé des différentes interprétations dans D. Arnould, *op. cit.*, p. 214-217.
9. G. Devereux, *Baubô, la vulve mythique*, Paris, 1983, p. 31.
10. Cité par C. Picard, « L'épisode de Baubô dans les mystères d'Éleusis », *Revue de l'histoire des religions*, 1927, p. 232.
11. M. Delcourt, *Hermaphroditea*, Bruxelles, 1966, p. 20.
12. D. Arnould, *op. cit.*, p. 216.
13. *Ibid.*, p. 221.
14. Suétone, *Vies des douze Césars*, « Caligula », 57.
15. Pausanias, IX, 39, 13.
16. S. Reinach, *op. cit.*, p. 147.
17. *Odyssée*, XX, 345-346.
18. *Ibid.*, XVIII, 100.
19. S. Reinach, *op. cit.*, p. 155-156.
20. *Odyssée*, XX, 301.
21. *La République*, I, 337a.
22. Scholie à I, 337a de *La République*.
23. R. Caillois, *L'Homme et le sacré*, Paris, 1950, éd. Folio, p. 158.
24. *Ibid.*, p. 158.
25. G. Balandier, *Le Pouvoir sur scène*, Paris, 1980.
26. J.-J. Wunenburger, *La Fête, le jeu et le sacré*, Paris, 1977, p. 148.
27. *Ibid.*, p. 104.
28. F. Frontisi-Ducroux, « Le jeu des autres et du même. Rituels de travestissement dans le monde grec ancien », dans *Carnavals et mascarades*, sous la dir. de P.-G. d'Ayala et M. Boiteux, Paris, 1988.
29. *Ibid.*
30. R. Girard, *La Violence et le sacré*, Paris, 1972, éd. Pluriel, p. 180.
31. *Ibid.*, p. 191.
32. *Ibid.*, p. 192.

33. *Ibid.*, p. 202.
34. *Ibid.*, p. 203.
35. H. Jeanmaire, *Dionysos*, Paris, 1951.
36. *Mythe et tragédie*, II, Paris, 1986.
37. J.-C. Carrière, « Carnaval et politique », dans *Carnavals et mascarades, op. cit.*
38. F. Lissarrague, « Why Satyrs are good to represent ? », dans J.J. Winkler et F.I. Zeitlin, *Nothing to do with Dionysos ?*, Princeton, 1990.
39. P. Sauzeau, « Le regard de Dionysos », *Europe*, n° 837-838, janv.-fév. 1999, p. 31.
40. *Ibid.*, p. 32.
41. P. Easterling, « Un spectacle pour Dionysos », *Europe*, janv.-fév. 1999.
42. B. Seidensticker, « Palintonos Harmonia. Studien zu komischen Elementen in der griechischen Tragödie », *Hypomnemata*, 72, 1982.
43. J. Jouanna, « Le sourire des tragiques grecs », dans *Le Rire des Anciens, Actes du colloque international de Rouen et Paris*, Paris, 1998.
44. J. Wilkins, « Abusive Criticism and the Criticism of Abuse », dans *Humour and History*, sous la dir. de K. Cameron, Oxford, 1993, p. 54, note 2.
45. J. Duvignaud, *Rire et après. Essai sur le comique*, Paris, 1999, p. 79.
46. S. Saïd, « Sexe, amour et rire dans la comédie grecque », dans *Le Rire des Anciens, op. cit.*, p. 70.
47. H. Baudin, « Aristophane ou la comédie politique », *Humoresques*, n° 5, *Humour et politique. Le pouvoir au risque du rire*, Presses Universitaires de Vincennes, 1994, p. 15.
48. *Les Acharniens*, v. 630-635.
49. *Iliade*, II, 200-220.
50. *Ibid.*, X, 565.
51. *Histoires*, VII, 9.
52. *Ibid.*, VII, 209.
53. D. Arnould, *op. cit.*, p. 31.
54. *Ajax*, v. 1042-1043.
55. *Œdipe roi*, v. 1422.
56. D. Arnould, *op. cit.*, p. 39.
57. *Iphigénie en Tauride*, v. 502.
58. *Odyssée*, XVIII, 350.
59. D. Arnould, *op. cit.*, p. 30.
60. *Odyssée*, VIII, 343 ; XVIII, 40 ; *Iliade*, XXIII, 782 ; *Odyssée*, XXI, 376.
61. D. Arnould, *op. cit.*, p. 27.
62. Plutarque, *Les Vies des hommes illustres*, trad. Amyot, éd. de la Pléiade, I, p. 100.
63. *Ibid.*, II, p. 628.
64. *Ibid.*, I, p. 120.
65. *Ibid.*, II, p. 631.
66. M. Mader, *Das Problem des Lachens und der Komödie bei Platon*, Stuttgart, 1977.
67. Hérodote, *Histoires*, CLXXIII.
68. Xénophon, *Anabase*, VII, 4.
69. *Hymnes homériques*, « Hermès », 389-390.

CHAPITRE II : **L'humanisation du rire par les philosophes grecs**

1. Héraclite, *Allégories d'Homère*, 69, 11.
2. Proclus, *Commentaire à la République*, VIᵉ dissertation, chap. 12.
3. S. Saïd, M. Trédé et A. Le Boulluec, *Histoire de la littérature grecque*, Paris, 1997, p. 302.
4. S. Saïd, « Sexe, amour et rire dans la comédie grecque », dans *Le Rire des Anciens. Actes du colloque international de Rouen et Paris*, Paris, 1998.
5. Voir à ce sujet notre *Histoire de la vieillesse*, Paris, 1987, dont nous reprenons ici les p. 82 et 83.
6. B. Leclercq-Neveu, « Jeux d'esprit et mystification chez Callimaque », dans *Le Rire des Anciens, op. cit.*
7. Démosthène, *Sur l'ambassade*, 46.
8. Cité par J.-B. Thiers, *Traité des jeux et des divertissements*, Paris, éd. de 1686, p. 11.
9. Isocrate, *Échange*, 284.

10. D. Arnould, *Le Rire et les larmes dans la littérature grecque d'Homère à Platon*, Paris, 1990, p. 49.

11. F. Graf, *Eleusis und die orphische Dichtung Athens in vorhellenistischer Zeit*, Berlin et New York, 1974, p. 45-46.

12. I Samuel, 21, 13-16.

13. Xénophon, *Le Banquet*, I, 11-13.

14. *Ibid.*, I, 14-16.

15. *Ibid.*, II, 17-18.

16. *Ibid.*, IV, 50.

17. J. Bremmer, « Jokes, Jokers and Jokebooks in Ancient Greek Culture », dans *A Cultural History of Humour*, éd. J. Bremmer et H. Roodenburg, Polity Press, 1997, p. 18.

18. *Ibid.*, p. 16-18.

19. *Ibid.*, p. 15.

20. Xénophon, *Cyropédie*, II, 2, 14.

21. *Ibid.*, VIII, 1, 33.

22. Xénophon, *Le Banquet*, III, 11.

23. J.-C. Carrière, « Socratisme, platonisme et comédie dans le *Banquet* de Xénophon », dans *Le Rire des Anciens, op. cit.*

24. Aristote, *Rhétorique*, III, 18, 1419b.

25. *Lettres du pseudo-Hippocrate*, IV, XVII, 24-25.

26. Diogène Laërce, *Vie des philosophes illustres*, « Timon ».

27. *Ibid.*, « Diogène ».

28. V. Jankélévitch, *L'Ironie*, éd. Champs-Flammarion, Paris, 1964, p. 15-16, 104-111.

29. *Ibid.*, p. 104.

30. Diogène Laërce, « Diogène ».

31. H. Baudin, « Le cynisme ludique, attitude aristocratique ? » *Humoresques*, n° 7, *Humour et société*, Presses Universitaires de Vincennes, 1994, p. 89-102.

32. Platon, *Gorgias*, 484d, 485c.

33. E. Jouët-Pastré, « Le rire chez Platon : un détour sur la voie de la vérité », dans *Le Rire des Anciens, op. cit.*

34. Platon, *Le Banquet*, 216e.

35. E. Jouët-Pastré, *op. cit.*, p. 279.

36. Lucien de Samosate, *Œuvres complètes*, Paris, Garnier, 1896, p. 192.

37. *Ibid.*, p. 132.

38. M. Bakhtine, *L'Œuvre de François Rabelais et la culture populaire au Moyen Age et sous la Renaissance*, trad. franç., Paris, 1970, p. 79.

39. Épictète, *Manuel*, XXII, XXXIII, 4, 15, 10.

40. Platon, *Lachès*, 184a.

41. Id., *République*, V, 542a, b.

42. Id., *Phédon*, 59a.

43. Id., *Philèbe*, 50a.

44. Id., *Lois*, XI, 935d.

45. *Ibid.*

46. Id., *République*, III, 388e.

47. *Ibid.*, III, 389a.

48. Aristote, *Parties des animaux*, III, 10, 673a.

49. L. Séchan, *Études sur la tragédie grecque dans ses rapports avec la céramique*, Paris, 1926.

50. Aristote, *Éthique à Nicomaque*, IV, VIII, 9.

51. *Ibid.*, IV, VIII, 4.

52. *Ibid.*, IV, VIII, 3.

53. *Ibid.*

54. *Ibid.*

55. Plutarque, *Œuvres morales et philosophiques*, trad. J. Amyot, Paris, 1618, 51 DE.

56. *Ibid.*, 371 A.

57. *Ibid.*, 598 G.

58. *Ibid.*, 122 F.

59. *Ibid.*, 370 F.

CHAPITRE III : **Le rire unifié des Latins**

1. E. de Saint-Denis, *Essais sur le rire et le sourire des Latins*, Paris, 1965, p. 292.
2. A. Haury, *L'Ironie et l'humour chez Cicéron*, Paris-Leyde, 1955.
3. R. Escarpit, *L'Humour*, Paris, 1960.
4. P. Daninos, *Tout l'humour du monde*, Paris, 1958, p. 20.
5. W. Shakespeare, *As you like it*, II, 7.
6. S. Agache, « Construction dramatique et humour dans le *Traité d'agriculture* de Varron », dans *Le Rire des Anciens. Actes du colloque international de Rouen et Paris*, Paris, 1998, p. 230.
7. Ovide, *Art d'aimer*, I, 631-634.
8. Cicéron, *Ad familiares*, 9, 15, 2.
9. L. Laurand, *Étude sur le style des discours de Cicéron*, t. III, Paris, 1927, p. 254.
10. Cicéron, *De oratore*, II, 60, 247.
11. *Ibid.*, II, 280. Parmi les principales études sur l'humour des Latins, signalons H. Peter, « Die Litteratur der Witzworte in Rom und die geflügelten Worte im Munde Caesars », *Neue Jahrb. für class. Philologie*, CLV, 1897 ; M.A. Grant, *The Ancient Rhetorical Theories of the Laughable*, Madison, 1924 ; A. Plebe, *La Teoria del comico da Aristotele a Plutarco*, Turin, 1952 ; A. Manzo, « Il De risu di Quintiliano nel contesto della retorica antica », *Rendiconti d. Istituto Lombardo*, CVII, 1973 ; A. Haury, *L'Ironie et l'humour chez Cicéron*, Paris-Leyde, 1955 ; P. Robin, *L'Ironie chez Tacite*, Lille, Atelier de reproduction des thèses, 1973.
12. A. Haury, *op. cit.*, p. 198.
13. Horace, *Satires*, I, 10.
14. Paris, 1951.
15. E. Cizek, *Mentalités et institutions politiques romaines*, Paris, 1990, p. 22.
16. G. Michaud, *Les Tréteaux romains*, Paris, 1912, p. 18.
17. J.-P. Cébe, « La *satura* dramatique et le divertissement fescennin », *Revue belge de philologie et d'histoire*, 1961, p. 26-34.
18. R. Martin et J. Gaillard, *Les Genres littéraires à Rome*, Paris, 1990, p. 257.
19. Quintilien, *Institution oratoire*, VI, 3, 14.
20. *Ibid.*, 8.
21. *Ibid.*, 17.
22. *Ibid.*, 3.
23. *Ibid.*, 65.
24. Horace, *Épodes*, VIII.
25. Sur les Romains et la vieillesse, voir G. Minois, *Histoire de la vieillesse*, Paris, 1987, p. 117-164.
26. Suétone, *Vies des douze Césars*, « Jules César », 49-50.
27. Sénèque, *Apocolocynthosis*, 4, 2-3 (éd. P.T. Eden, Cambridge, 1984).
28. *Ibid.*, 5, 2-3.
29. *Ibid.*, 13, 3.
30. *Ibid.*, 13, 6.
31. S. Braund, « Paradigms of Power : Roman Emperors in Roman Satires », *Humour and History*, éd. K. Cameron, Oxford, 1993, p. 67.
32. Denys d'Halicarnasse, *Antiquités romaines*, VII, 72.
33. Martial, *Épigrammes*, I, 4, 3-4.
34. Denys d'Halicarnasse, *op. cit.*, VII, 72.
35. Suétone, « Vespasien », 19.
36. E. Rodriguez Almeida, « Martial-Juvénal : entre *castigatio per risum* et *censura morum* », dans *Le Rire des Anciens, op. cit.*, p. 141.
37. L. Callebat, « Le grotesque dans la littérature latine », dans *Le Rire des Anciens, op. cit.*, p. 110 et 103.
38. *Ibid.*, p. 103.
39. Apulée, *L'Ane d'or ou les Métamorphoses*, II, 31.
40. L. Callebat, *op. cit.*, p. 111.
41. *Carnavals et mascarades*, sous la dir. de P.G. d'Ayala et M. Boiteux, Paris, 1988, p. 47.
42. Tacite, *Annales*, XIII, 14.
43. F. Cumont, « Les actes de saint Dasius », *Analecta Bollandiana*, XVI, 1897.

44. Plutarque, *Vies des hommes illustres*, trad. Amyot, « Romulus », XXXIII.
45. M. Lever, *Le Sceptre et la marotte. Histoire des fous de cour*, Paris, 1983, p. 19.
46. M.S. Haynes, « The Supposedly Golden Age for the Aged in Ancient Rome », *The Gerontologist*, III, 1963.
47. *Ibid.*, p. 34.
48. J. Duvignaud, *Rire et après*, Paris, 1999, p. 113.
49. F. Graf, « Cicero, Plautus and Roman Laughter », *A Cultural History of Humour*, éd. J. Bremmer et H. Roodenburg, Oxford-Cambridge, 1997, p. 35.
50. E. de Saint-Denis, *op. cit.*, p. 88.
51. *Ibid.*, p. 90.
52. J. Duvignaud, *op. cit.*, p. 104.
53. *Ibid.*, p. 106.
54. Pline, *Histoire naturelle*, VII, 16.
55. Cicéron, *De oratore*, II, 235.
56. *Ibid.*, II, 236.
57. *Ibid.*, II, 237.
58. C. Auvray-Assayas, « Le rire des Académiciens : la citation comique dans le *De natura deorum* de Cicéron », dans *Le Rire des Anciens, op. cit.*, p. 306.
59. Cicéron, *De oratore*, II, 273.
60. *Ibid.*, II, 238.
61. F. Desbordes, « Rhétorique et rire selon Quintilien », dans *Le Rire des Anciens, op. cit.*
62. Quintilien, *Institution oratoire*, VI, 3, 3.
63. *Ibid.*, VI, 3, 33, 34-35.
64. *Ibid.*, VI, 3, 105.

CHAPITRE IV : **La diabolisation du rire au haut Moyen Age**

1. S. Clapier-Valladon, « L'homme et le rire », *Histoire des mœurs*, Encyclopédie de la Pléiade, t. II, 1991.
2. Genèse, 18, 12.
3. *Ibid.*, 21, 6.
4. Voir la discussion de ces hypothèses dans A. Abécassis, « Le rire des patriarches », *Lumière et Vie*, n° 230, déc. 1996, p. 7-14.
5. C. Duquoc, « Rire, humour et magistère », *Lumière et Vie*, n° 230, déc. 1996 : « Si celle-ci désigne la vérité dans son caractère absolu, ses interprètes ne disposent d'aucune distance à son égard, et ne peuvent en conséquence la présenter avec humour, leur langage étant la réplique parfaite de l'éternelle vérité » (p. 68).
6. *Voyage en Palestine*, Amsterdam, 1718, p. 133.
7. Vol. V, art. « rire ».
8. *Alter Jüdischer Volkshumor*, Francfort, 1931, p. 8.
9. J. Horowitz et S. Menache, *L'Humour en chaire*, Paris, 1994, p. 31.
10. D. Murray, « Humour in the Bible? », *Humour and History*, éd. K. Cameron, Oxford, 1993, p. 21.
11. « On the Semantic Field of Humour : Laughter and the Comic in the Old Testament », éd. Y.T. Radday et A. Brenner, *On Humour and the Comic in the Hebrew Bible*, Sheffield, 1990, p. 41-43. Voir aussi H.W. Reines, « Laughter in Biblical and Rabbinical Literature », *Judaism*, 1972, p. 176-183.
12. D. Ben-Amos, « The Myth of Jewish Humour », *Western Folklore*, 32, 1973, p. 112-131.
13. « Le rire dans les règles monastiques du haut Moyen Age », dans *Haut Moyen Age : culture, éducation et société. Études offertes à Pierre Riché*, Paris, 1990, p. 100.
14. B. Sarrazin, « Rire du diable de la diabolisation », *Humoresques*, n° 7, p. 31.
15. Juges, 3, 12-30.
16. D. Murray, « Humour in the Bible? », *op. cit.*, p. 35.
17. Job, 40, 16-17.
18. R. Favre, *Le Rire dans tous ses éclats*, Presses universitaires de Lyon, 1995, p. 106.
19. B. Sarrazin, « Jésus n'a jamais ri. Histoire d'un lieu commun », *Recherches de science religieuse*, avril-juin 1994, t. 82, n° 2, p. 220.

20. Deutéronome, 28, 37 ; Psaumes, 30, 12 ; 38, 9 ; Judith, 5, 21 ; Ecclésiastique, 18, 31 ; Joël, 2, 17 ; Ézéchiel, 22, 4.
21. Psaumes, 59, 9 ; 36, 13 ; Proverbes, 3, 34.
22. Rois, I, 9, 7.
23. Job, 9, 23.
24. Psaumes, 9b, 13 ; 34, 15-16.
25. Rois, II, 19, 21 ; Habaquq, 1, 10 ; 2, 6.
26. Rois, I, 18, 27.
27. *Ibid.*, I, 18, 40.
28. Proverbes, 24, 9 ; 19, 29.
29. Ecclésiastique, 7, 11 ; 27, 28.
30. *Ibid.*, 21, 20 ; 27, 13.
31. *Ibid.*, 19, 30.
32. *Ibid.*, 30, 10.
33. *Ibid.*, 31, 28.
34. *Ibid.*, 30, 21-25.
35. Ecclésiaste, 2, 2 ; 7, 3.
36. *Ibid.*, 3, 4.
37. Voir aussi à ce sujet C. Webster, *Laughter in the Bible*, Saint Louis, 1960.
38. Matthieu, 9, 24 ; Marc, 11, 34.
39. Matthieu, 27, 29.
40. Luc, 6, 21, 25.
41. Actes, 2, 13.
42. Éphésiens, 5, 4.
43. Jacques, 4, 7.
44. Pierre, II, 3, 3-4.
45. Saint Irénée, *Contre les hérésies*, I, 24, 4. « Docétisme » vient du grec *dokio*, « je semble ».
46. *Écrits apocryphes chrétiens*, t. I, éd. de la Pléiade, Paris, 1997, *Histoire de l'enfance de Jésus*, 8, 1 ; 17.
47. *Ibid., Actes d'André*, 55, 3-4.
48. *Ibid., Actes de Jean*, 60-61.
49. *Ibid., Actes de Thomas*, 140, 3 ; 98, 1.
50. *Ibid., Épître des Apôtres*, 14.
51. B. Sarrazin, « Jésus n'a jamais ri », *op. cit.*, p. 220.
52. C. Cerbelaud, « L'humour en christianisme, une qualité qui fait défaut », *Lumière et Vie*, n° 230, déc. 1996, p. 56.
53. C. Hyer, *The Comic Vision of the Christian Faith*, New York, 1981 ; E. Trueblood, *The Humour of Christ*, New York, 1964 ; J. Grosjean, *L'Ironie christique*, Paris, 1993 ; J. Jonson, *Humour and Irony in the New Testament*, Leyde, 1985.
54. J. Morreal, *Taking Laughter Seriously*, Albany, 1982.
55. Pour la naissance du diable, voir G. Minois, *Le Diable*, Paris, 1998.
56. *Écrits apocryphes chrétiens*, t. I, *op. cit.*, *Questions de Barthélemy*, 4, 44.
57. *Ibid., Ascension d'Isaïe*, 5, 2-3.
58. *Ibid., Actes de l'apôtre Pierre et de Simon*, 11.
59. *Ibid., Vie d'André*, 29, 1-8.
60. *Ibid., Évangile du pseudo-Matthieu*, 6, 3.
61. Saint Basile, *Petites règles*, 31.
62. Saint Ambroise, *De officiis*, I, 23, 102-103.
63. Les citations sont tirées des *Œuvres complètes*, éd. Péronne, Paris, 1872. *Du libre arbitre*, I, 8.
64. *Ibid., Les Trois Livres contre les Académiciens*, I, 5.
65. *Ibid., Trois livres à Marcellin sur la peine et la rémission des péchés*, I, 35.
66. *Ibid.*, sermon CLXXV.
67. *Ibid., Discours sur le psaume LI.*
68. P. de Labriolle, *Histoire de la littérature latine chrétienne*, Paris, 1924, p. 467-468.
69. Clément d'Alexandrie, *Le Pédagogue*, chap. II, 5, 45-48, « Du rire ».
70. Jean Chrysostome, *Commentaire sur l'Épître de saint Paul aux Hébreux*, dans *Œuvres complètes*, éd. M. Jeannin, t. XI, Paris, 1865, p. 520-521.
71. *Ibid., Commentaire sur saint Matthieu*, t. 7, p. 51-52.
72. *Ibid., Commentaire sur l'Épître aux Philippiens*, t. XI, p. 88.

73. *Ibid.*, *Homélie sur les statues*, t. III, p. 77.
74. *Ibid.*, *Homélie sur la fête de Pâques*, t. IV, p. 547.
75. *La Règle du Maître*, coll. Sources chrétiennes, 105, p. 416-417.
76. Jean Chrysostome, *Commentaire sur l'Épître de saint Paul aux Hébreux*, *op. cit.*, p. 521.
77. T. Baconsky, *Le Rire des Pères. Essai sur le rire dans la patristique grecque*, Paris, 1996.
78. *Épître à Tite*, 1, 12.
79. *Genèse*, 3, 22.
80. Prudence, *Contre Symmaque*, I, 102-119.
81. *Ibid.*, II, 1078.
82. Origène, *Contre Celse*, 4, 36-41.
83. L. Massignon, « Le phantasme crucifié des docètes et Satan selon les Yéridis », *Revue d'histoire des religions*, mars-avril 1911.
84. Sur ces aspects, voir G. Minois, *L'Église et la science*, t. I, Paris, 1990 ; *Histoire des enfers*, Paris, 1991 ; *Histoire de l'avenir*, Paris, 1996.
85. Cité par I.M. Resnick, « Risus monasticus. Laughter and Medieval Culture », *Revue bénédictine*, 1987, t. 97.
86. H. Reich, *Der Mimus. Ein Literar-entwicklungsgeschichtlicher Versuch*, Berlin, 1903, p. 52-53.
87. O. Gaignebert et O. Ricoux, « Les Pères de l'Église contre les fêtes païennes. Fous du Christ et ânes saturniens », dans *Carnavals et mascarades*, éd. P.G. d'Ayala et M. Boiteux, Paris, 1988.
88. Voir G. Gaudemet, *L'Église dans l'Empire romain*, Paris, 1958.
89. J.-M. Poinsotte, « Fin de l'Antiquité, mort du comique antique », dans *Le Rire des Anciens, op. cit.*
90. Cf. J. Horowitz et S. Menache, *op. cit.*, p. 124.
91. Rapporté par J. Horowitz et S. Menache, *op. cit.*, p. 22.
92. A.I. Gourevitch, « Le comique et le sérieux dans la littérature religieuse du Moyen Age », *Diogène*, n° 90, avril-juin 1975, p. 87 et 89.
93. S. Mercier, *Tableau de Paris*, éd. de 1783, t. III, p. 92.
94. E.R. Curtius, *La Littérature européenne et le Moyen Age latin*, Paris, 1956.
95. L. Pinski, *Le Réalisme à l'époque de la Renaissance*, Moscou, s.d., p. 121. E. Mélétinskij a montré pour le haut Moyen Age les liens existant entre le comique et le démonisme dans les sagas scandinaves (*L'Edda et les premières formes de l'épopée*, Moscou, 1968).
96. F. Novati, *La Parodia sacra nelle litteratura moderne*, dans *Studi critici e litterari*, Turin, 1889.
97. E. Ilvonen, *Parodies de thèmes pieux dans la poésie française du Moyen Age*, Helsingfors, 1914, p. 6.
98. M. Bakhtine, *op. cit.*, p. 85.
99. Defensor de Ligugé, *Livre d'étincelles*, chap. 55. Coll. Sources chrétiennes, 86, II.
100. Dans *Haut Moyen Age : culture, éducation et société. Études offertes à Pierre Riché*, Paris, 1990, p. 92-103.
101. *La Vie et la règle de saint Benoît*, éd. Desclée de Brouwer, Paris, 1965.
102. *Concordia regularum*, XX.
103. *Regula Pauli et Stephani*, 37.
104. *Règle des quatre Pères*, 5, 4.
105. *Règle orientale*, chap. 17, 18, 36.
106. *Règle de saint Ferréol*, XXIV, 1-7, dans V. Desprez, *Règles monastiques d'Occident : IVᵉ-VIᵉ siècle*, Begrolles-en-Mauges, 1980, p. 315-316.
107. Sources chrétiennes, n° 109, 1965, 39, 2.
108. Sources chrétiennes, n° 105, 1964, t. I.
109. *Ibid.*, 5, 9-11 ; 11, 49-58, 75 ; 9, 51 ; 3, 59 ; 10, 78-80.
110. *Vie de saint Pacôme*, 17, dans *Patrologie latine*, 73, 240.
111. J. Bremond, *Les Pères du désert*, t. I, Paris, 1927.
112. Paris, 1987.
113. *Vie et conduite de notre saint père Antoine*, dans *Vies des Pères du désert*, Lettres chrétiennes, n° 4, Paris, 1961.

CHAPITRE V : Le rire unanime de la fête médiévale

1. M. Bakhtine, *L'Œuvre de François Rabelais et la culture populaire au Moyen Age et sous la Renaissance*, trad. franç., Paris, 1970.
2. *Ibid.*, p. 14.
3. *Ibid.*, p. 80.
4. *Ibid.*, p. 16.
5. *Ibid.*, p. 20.
6. *Ibid.*, p. 29.
7. *Ibid.*, p. 29.
8. *Ibid.*, p. 35.
9. *Ibid.*, p. 101-102.
10. A. Gurevich, « Bakhtin and his Theory of Carnival », dans *A Cultural History of Humour*, éd. J. Bremmer et H. Roodenburg, Oxford, 1997, p. 54-60.
11. W. Kayser, *Das Groteske, seine Gestaltung in Malerei und Dichtung*, Oldenburg, 1957, p. 38.
12. C.W. Thompsen, *Das Groteskeim Englischen Roman des 18. Jahrhunderts*, Darmstadt, 1974.
13. Du Cange, III, col. 1663.
14. J. Heers, *Fêtes des fous et carnavals*, Paris, 1983, éd. Pluriel, p. 297.
15. J.C. Baroja, *Le Carnaval*, trad. franç., Paris, 1979.
16. J.-J. Wunenburger, *La Fête, le jeu et le sacré*, Paris, 1977, p. 175.
17. A. Varagnac, *Civilisation traditionnelle et genre de vie*, Paris, 1948, p. 31.
18. J.C. Baroja, *op. cit.*, p. 154.
19. Cf. B. Sarrazin, *Le Rire et le sacré*, Paris, 1991, p. 28.
20. P. Walter, *La Mémoire du temps. Fêtes et calendriers de Chrétien de Troyes à la Mort Artu*, Paris, 1989, p. 248.
21. *Ibid.*, p. 275.
22. *Ibid.*, p. 277.
23. C. Gaignebert, « Le combat de carnaval et de carême de P. Bruegel (1559) », *Annales ESC*, mars-avril 1972, p. 313-346.
24. J. Heers, *op. cit.*, p. 261.
25. Cité dans *Carnavals et mascarades*, éd. P.G. d'Ayala et M. Boiteux, Paris, 1988, p. 111.
26. J.-M. Pastre, « Burlesque et jeux allemands de carnaval des xvᵉ et xviᵉ siècles », dans *Poétiques du burlesque. Actes du colloque international du Centre de recherches sur les littératures modernes et contemporaines de l'université Blaise-Pascal*, éd. D. Bertrand, Paris, 1998, p. 126.
27. *Carnavals et mascarades, op. cit.*, p. 170.
28. M. Grinberg, « Carnavals du Moyen Age et de la Renaissance », dans *Carnavals et mascarades, op. cit.*, p. 53.
29. Y.-M. Bercé, *Fête et révolte*, Paris, 1976, p. 30.
30. R. Bastide, cité par H. Desroche, *Archives des sciences sociales des religions*, 1974, p. 42.
31. Maxime de Turin, *Homélie XVI*, dans *Patrologie latine*, 57, col. 255.
32. J. Duvignaud, « Ordre et désordre : la dérision », dans *Carnavals et mascarades, op. cit.*
33. A. Van Gennep, *Manuel de folklore français*, Paris, 1943-1949.
34. C. Gauvard et A. Gokalp, « Les conduites de bruit et leur signification à la fin du Moyen Age : le charivari », *Annales ESC*, mai-juin 1974, p. 693-704.
35. E.P. Thompson, « *Rough music* : le charivari anglais », *Annales ESC*, mars-avril 1972, p. 295.
36. A. Van Gennep, *op. cit.*, t. I, p. 202.
37. E.P. Thompson, *op. cit.*, p. 287.
38. *Ibid.*
39. J. Koopmans, *Le Théâtre des exclus au Moyen Age*, Paris, 1997, p. 50.
40. Témoin cité par G. Roberts, *The History and Antiquities of Lyme Regis and Charmouth*, Londres, 1834, p. 260.
41. Cité par Y.-M. Bercé, *op. cit.*, p. 33.
42. J. Heers, *op. cit.*, p. 89.
43. J. Horowitz, « Les danses cléricales dans les églises au Moyen Age », *Le Moyen Age*, t. 95, 1989, n° 2, p. 289.

44. J. Heers, *op. cit.*, p. 96-99.
45. *Ibid.*, p. 134.
46. *Ibid.*, p. 186.
47. Cité par M. Bakhtine, *op. cit.*, p. 83.
48. H. Cox, *The Feast of Fools*, Cambridge, 1969, trad. franç. 1976, p. 14.
49. J. Heers, *op. cit.*, p. 141.
50. Cité par J.C. Baroja, *op. cit.*, p. 325.
51. Cité par J.-B. Thiers, *Traité des jeux et des divertissements*, Paris, 1686, p. 443.
52. *Ibid.*, p. 444.
53. E. Le Roy Ladurie, *Montaillou, village occitan de 1294 à 1324*, Paris, 1975, p. 578.
54. *Ibid.*, p. 188.
55. *Ibid.*, p. 189.
56. *Ibid.*, p. 483.
57. J. Heers, *op. cit.*, p. 174.
58. Cité par J. Heers, *op. cit.*, p. 221.
59. E.G. Fichtner, « The Etymology of Goliard », *Neophilologus*, 51, 1967.
60. E. Rose, *A Razor for a Goat*, Toronto, 1962.
61. P. Lehman, *Die Parodie im Mittelalter*, Stuttgart, 1922; F. Novati, « La Parodia sacra nelle litterature moderne », dans F. Novati (éd.), *Studi critici e litterari*, Turin, 1889, p. 178-180.
62. G. Minois, *Histoire de l'athéisme*, Paris, 1998, p. 91-92.
63. M. Lever, *Le Sceptre et la marotte. Histoire des fous de cour*, Paris, 1983, p. 178.
64. J. Duvignaud, *Rire et après. Essai sur le comique*, Paris, 1999, p. 97.
65. G. Eliot, « Laughter », *Edinburgh Review*, 1912, p. 215; P. Ménard, *Le Rire et le sourire dans le roman courtois en France au Moyen Age (1150-1250)*, Genève, 1969, p. 422.
66. Césaire de Heisterbach, *Dialogus miraculorum*, IV, 12.
67. *Anecdotes historiques, légendes et apologues d'Étienne de Bourbon*, éd. Lecoy de La Marche, Société d'Histoire de France, Paris, 1877, n° 290.
68. J. Le Goff, *Saint Louis*, Paris, 1996, paragraphe « Le roi rit », p. 487-489.
69. Matthieu Paris, *Chronica majora*, éd. H. Luard, Londres, 1872-1883, p. 490.
70. J. Le Goff, « Le rire au Moyen Age », *Science et avenir*, hors série sur *Le Rire*, juillet 1998, p. 58.
71. W.L. Warren, *Henry II*, Londres, 1973, p. 211, 440-441, 605.

Chapitre vi : **Rire et faire rire au Moyen Age**

1. Labor et Fides, Paris, 1994. L'étude du rire au Moyen Age doit bien sûr beaucoup aux travaux et aux incitations de Jacques Le Goff, notamment à son article « Rire au Moyen Age », *Cahiers du Centre de recherches historiques*, 3, 1989. Depuis, les études se sont multipliées, ainsi que les colloques sur le sujet, comme celui sur *Le Rire au Moyen Age dans la littérature et les arts*, éd. T. Bouché et H. Charpentier, Bordeaux, 1990.
2. R. Escarpit, *L'Humour*, Paris, 1960, p. 17.
3. J. Horowitz et S. Menache, *op. cit.*, p. 15.
4. *Revue des cours et conférences*, t. 28, 1926-1927, p. 350.
5. Éd. D. Cooke et B.L. Honeycutt, University of Missouri Press, 1974.
6. Paris, PUF, 1983.
7. P. Ménard, *Les Fabliaux, contes à rire du Moyen Age*, Paris, 1983, p. 138.
8. *Ibid.*, p. 140.
9. *Ibid.*, p. 220.
10. *Ibid.*, p. 218.
11. C. Legman, *Psychanalyse de l'humour érotique*, Paris, 1968.
12. P. Ménard, *op. cit.*, p. 221.
13. G. Minois, *Histoire des enfers*, Paris, 1991, p. 215-221.
14. P. Ménard, *op. cit.*, p. 195.
15. C'est la thèse de R. Stumpfl, *Kultspiele der Germanen als Ursprung des mittelalterlichen Dramas*, Berlin, 1936. Plus récemment, R. Warning la rapproche de certains rites démoniaques (*Funktion und Struktur. Die Ambivalenzen des geistlichen Spiels*, Munich, 1975).
16. K. Schoell, *La Farce du xv* siècle*, Tübingen, 1992. Spécialiste du théâtre populaire français à la fin du Moyen Age, le même auteur a aussi publié *Das komische Theater des französischen Mittelalters*, Munich, 1975; *Die französische Komödie*, Wiesbaden, 1983.

17. Max Milner, « Le diable comme bouffon », *Romantisme*, n° 19, 1978.
18. M. Newels, « Le fol dans les moralités du Moyen Age », *Cahiers de l'Association internationale des études françaises*, n° 37, mai 1985, p. 33.
19. M. Bakhtine, *L'Œuvre de François Rabelais et la culture populaire au Moyen Age et sous la Renaissance*, trad. franç., Paris, 1970, p. 266.
20. Rabelais, *Le Quart Livre*, chap. XIII.
21. M. Bakhtine, *op. cit.*, p. 267.
22. B. Rey-Flaud, « Le comique de la farce », *Cahiers de l'Association internationale des études françaises*, n° 37, mai 1985.
23. H. Martin, *Mentalités médiévales*, Paris, 1996, p. 406-423.
24. K. Schoell, *op. cit.*, p. 21.
25. *Ibid.*, p. 26.
26. *Ibid.*, p. 35.
27. *Ibid.*, p. 75.
28. J.-C. Aubailly, *Le Monologue, le dialogue et la sottie. Essai sur quelques genres dramatiques de la fin du Moyen Age et du début du xvie siècle*, Paris, 1976.
29. J. Berlioz, « Renart, le rire du pornographe », *L'Histoire*, déc. 1998, n° 227.
30. Chrétien de Troyes, *Le Chevalier de la charette*, commentaire par E. Gaucher et L. Mathey-Maille, Paris, 1996, p. 117.
31. P. Ménard, « Le burlesque dans la chanson courtoise, les sottes chansons », dans *Poétiques du burlesque. Actes du colloque international du Centre de recherches sur les littératures modernes et contemporaines de l'université Blaise-Pascal*, éd. D. Bertrand, Paris, 1998.
32. P. Uhl, « Le besturné de Richard, œuvre-carrefour de la poésie du non-sens au Moyen Age », *Le Moyen Age*, t. 95, n° 2, 1989, p. 228.
33. C. Roussel, « Emplois et contre-emplois épiques du burlesque : le cas d'Aiol », dans *Poétiques du burlesque, op. cit.*
34. F. Suard, « Gabs et révélation du héros dans la chanson d'Aiol », dans *Burlesque et dérision dans les épopées de l'Occident médiéval. Actes du colloque de Strasbourg, Annales littéraires de l'université de Besançon*, 1995.
35. J. Subrenat, « Quand la société courtoise sourit d'elle-même. Humour et parodie littéraire au siècle de Philippe Auguste », *Humoresques*, n° 7, Paris, 1994, p. 61.
36. C. Duquoc, « Rire, humour et magistère », *Lumière et Vie*, n° 230, déc. 1996, *Le Rire, thérapie du fanatisme*, p. 70.
37. Voir C. Seignolle, *Les Évangiles du diable*, Paris, 1998.
38. B. Sarrazin, « Rire de la diabolisation, puis de la dédiabolisation, enfin de la rediabolisation du rire en Occident », *Humoresques*, n° 7, Paris, 1994, p. 33.
39. G.R. Owst, *Literature and Pulpit in Medieval England*, Oxford, 1966, p. 162.
40. *Anecdotes historiques, légendes et apologues d'Étienne de Bourbon*, éd. A. Lecoy de La Marche, Société d'Histoire de France, Paris, 1877, p. 233.
41. *Die Exempla des Jacob von Vitry*, éd. G. Frenken, *Quellen und Untersuchungen zur lateinischen Philologie des Mittelalters*, vol. I, Munich, 1914, p. 127.
42. L. Thorpe, « Merlin's Sardonic Laughter », *Whitehead Memorial Volume*, 1973.
43. H. Bloch, « Le rire de Merlin », *Cahiers de l'Association internationale des études françaises*, n° 37, mai 1985, p. 8.
44. *Ibid.*, p. 20-21.
45. J. Horowitz et S. Menache, « Quand le rire devient grinçant : la satire politique aux XIIIe et XIVe siècles », *Le Moyen Age*, t. CII, 1996, n° 3-4, p. 462.
46. *Ibid.*, p. 445.
47. J.V. Alter, *Les Origines de la satire antibourgeoise en France*, Genève, 1966.
48. J. Ménard, *Le Rire du prédicateur*, rééd. et présentation de A. Lecoy de La Marche, *L'Esprit de nos aïeux. Anecdotes et bons mots tirés de manuscrits du XIIIe siècle*, Brépols, 1992.
49. Césaire de Heisterbach, *Dialogus miraculorum*, éd. J. Strange, Cologne, 1857, IV, 50.
50. *Patrologie latine*, vol. 210, col. 111.
51. *Prêcher d'exemples ; récits de prédicateurs du Moyen Age*, éd. J.-C. Schmitt, Paris, 1985, p. 52.
52. Geoffroy de Vinsauf, *Documentum de modo et arte dictandi et versificandi*, éd. R.P. Parr, Milwaukee, 1968, p. 93.
53. Cité dans *Three Medieval Rhetorical Arts*, éd. J.J. Murphy, Berkeley, 1971, p. 212.
54. W. Nash, *Rhetoric : The Wit of Persuasion*, Oxford, 1989.
55. *The Exempla or Illustrative Stories from the Sermones Vulgares of Jacques de Vitry*, éd. T.F. Crane, New York, 1970, p. 70-71.

56. G.R. Owst, *Literature and Pulpit in Medieval England*, rééd., Oxford, 1966, p. 389.

57. *Anecdotes historiques, légendes et apologues d'Étienne de Bourbon*, *op. cit.*, p. 202.

58. H. Martin, *Mentalités médiévales*, Paris, 1996, p. 411.

59. J. Horowitz et S. Menache, *L'Humour en chaire*, *op. cit.*, p. 207.

60. Cité *ibid.*, p. 88.

61. G.R. Owst, *op. cit.*, p. 168.

62. *Anecdotes historiques, légendes et apologues d'Étienne de Bourbon*, *op. cit.*, p. 216.

63. Cité par J. Horowitz et S. Menache, *op. cit.*, p. 106.

64. E.R. Curtius, *La Littérature européenne et le Moyen Age latin*, Paris, 1956, p. 214.

65. E. Reiber, *Propos de table de la vieille Alsace*, Strasbourg, 1866, p. 17.

66. Cité par J. Horowitz et S. Menache, *op. cit.*, p. 170.

67. G. de Saint-Pathus, *La Vie et les miracles de Monseigneur saint Louis*, p. 79.

68. J. Horowitz et S. Menache, *op. cit.*, p. 246.

69. L. Gautier, *Histoire de la poésie liturgique*, Paris, 1886, p. 13.

70. Petit de Julleville, *Les Mystères*, t. I, p. 74.

71. B.N., ms. fr. 837, f° 177.

72. *Ibid.*, f° 206.

73. Cité par E. Ilvonen, *Parodies de thèmes pieux dans la poésie française du Moyen Age*, Helsingfors, 1914.

74. E. Mâle, *L'Art religieux du XIIIᵉ siècle en France*, Paris, 1898, éd. Livre de poche, Paris, 1958, t. I, p. 120.

75. Cité par M. Lever, *Le Sceptre et la marotte. Histoire des fous de cour*, Paris, 1983.

76. G. Bouchet, *Les Sérées*, éd. C.E. Roybet, 1873-1882, t. V, p. 51.

77. W. Shakespeare, *La Nuit des rois*, III, 1.

78. Id. *Hamlet*, V, 1.

79. M. Lever, *op. cit.*, p. 137-138.

80. J. Duvignaud, *L'Acteur. Esquisse d'une sociologie du comédien*, Paris, 1965, p. 47.

81. G. Minois, *Le Confesseur du roi. Les directeurs de conscience sous la monarchie française*, Paris, 1988.

82. H. Adolf, « On Medieval Laughter », *Speculum*, 22, 1947.

83. J. Le Goff, « Laughter in the Middle Ages », dans *A Cultural History of Humour*, Oxford, 1997, p. 42.

84. Hugues de Saint-Victor, *In ecclesiastem homeliae*, XIX, homélie 8.

85. Thomas d'Aquin, *Somme théologique*, 2a, 2ae, quest. 168, art. 4.

86. *Ibid.*, art. 3.

87. *Ibid.*, art. 2.

88. *Ibid.*, 2a-2ae, quest. 75, art. 2.

89. Voir à ce sujet H. Martin, *Le Métier de prédicateur en France septentrionale à la fin du Moyen Age (1350-1520)*, Paris, 1988.

90. L. Moulinier, « Quand le Malin fait de l'esprit. Le rire au Moyen Age vu depuis l'hagiographie », *Annales, Histoire, Sciences sociales*, 52ᵉ année, n° 3, mai-juin 1997.

91. *Ibid.*, p. 468.

92. Saint Bernard, *Sur les degrés d'humilité et d'orgueil*, XIII, 41.

93. L. Moulinier, *op. cit.*.

94. Saint Bernard, *A la louange de la milice nouvelle*, IV, 7.

95. Id., *Sur les degrés d'humilité et d'orgueil*, XII, 40.

CHAPITRE VII : **Le rire et la peur au bas Moyen Age**

1. J. Delumeau, *Le Péché et la peur. La culpabilisation en Occident, XIIIᵉ-XVIIIᵉ siècle*, Paris, 1983 ; *La Peur en Occident, XIVᵉ-XVIIIᵉ siècle*, Paris, 1978.

2. Id., *Rassurer et protéger. Le sentiment de sécurité dans l'Occident d'autrefois*, Paris, 1989.

3. B. Sarrazin, « Rire du diable de la diabolisation... », *Humoresques*, n° 7, Presses Universitaires de Vincennes, 1996, p. 32.

4. Boccace, *Le Décameron*, 1ʳᵉ journée.

5. *Ibid.*, 10ᵉ nouvelle.

6. *Ibid.*, 7ᵉ journée.

7. C. Merlin, « Le comique des *Cent Nouvelles nouvelles* », *Cahiers de l'Association internationale des études françaises*, n° 37, mai 1985.

8. E.J. Haslinghuis, *De Duivel in het drama der Middeleeuwen*, Leyde, 1912.

9. E.K. Chambers, *The Medieval Stage*, Oxford, 1903, 2 vol.

10. J.B. Russel, *Lucifer : The Devil in the Middle Ages*, Cornel, 1984.

11. Cité par J. Koopmans, *Le Théâtre des exclus au Moyen Age*, Paris, 1997, p. 70.

12. A. Jubinal, *Mystères inédits du xve siècle*, Paris, 1837, 2 vol.

13. M. Lazar, *Le Diable et la Vierge*, Paris, 1990, p. 13.

14. G.W. Wolthuis, *Duivels-kunsten en sprookjesge.. .lten. Studiën over literatum en folklore*, Amsterdam, 1952, p. 141.

15. R.E. Lerner, « The Black Death and Western Eschatological Mentalities », *American Historical Review*, 86, n° 3, 1981, p. 533-552.

16. R.E. Lerner, *The Powers of Prophecy*, Berkeley, 1983, p. 104.

17. E. Wadstein, *Die eschatologische Ideengruppe : Antichrist-Weltsabbat-Weltende und Weltgericht, in den Hauptmomenten ihrer christlich-mittelalterlichen Gesamtentwicklung*, Leipzig, 1896, p. 93.

18. Cité par J.-B. Boudet, « Simon de Phares et les rapports entre astrologie et prophétie à la fin du Moyen Age », *Mélanges de l'École française de Rome*, t. 102, n° 2, 1990, p. 643.

19. Nicolas de Clamanges, *Opera omnia*, Lyon, 1613, p. 317.

20. Eustache Deschamps, ballade 1164.

21. H. Fages, *Histoire de saint Vincent Ferrier*, Louvain-Paris, 1901-1905.

22. *Journal d'un bourgeois de Paris*, année 1429, n° 500, éd. du Livre de poche, Paris, 1990, p. 255-256. Pour les prédictions relatives à l'Antéchrist, voir G. Minois, *Histoire de l'avenir*, Paris, 1996.

23. J. Koopmans, *Le Théâtre des exclus au Moyen Age*, Paris, 1997.

24. K. Aichele, *Das Antichristdrama des Mittelalters, der Reformation und Gegenreformation*, La Haye, 1974.

25. J. Koopmans, *op. cit.*, p. 187 et 191.

26. Cité dans E. Wenzel, « Do Worden due Juden alle geschant », dans *Rolle und Funktion der Juden in spätmillelalterlichen Spielen*, Munich, 1992, p. 120-124.

27. J. Koopmans, *op. cit.*, p. 191.

28. J.B. Russel, *Witchcraft in the Middle Ages*, New York, 1972, p. 84.

29. H. Kramer et J. Sprenger, *Malleus Maleficarum*, éd. Montague Summers, New York, 1948, p. 121, partie II, quest. 1, chap. 7.

30. C'est ce qu'écrit en 1612 Pierre de Lancre, grand chasseur de sorciers, dans le *Tableau de l'inconstance des mauvais anges et démons*.

31. J. Koopmans, *op. cit.*, p. 221.

32. Manuscrit de la Bibliothèque de l'université de Genève, 179 *bis*, f°s 8-9.

33. Bibliothèque Sainte-Geneviève, ms. 792, f° 13.

34. Cité par E. Ilvonen, *Parodies de thèmes pieux dans la poésie française du Moyen Age*, Helsingfors, 1914, p. 38.

35. Cité par P. Pfrunder, *Pfaffen, Ketzer, Totenfresser. Fastnachtkulture der Reformationzeit. Die Berner Spiele von Niklaus Manuel*, Zurich, 1989, p. 130.

36. Arch. Munic. d'Arras, BB7, f° 78v°.

37. R. Muchembled, *Culture populaire et culture des élites dans la France moderne (xve-xviiie siècle)*, éd. Champs-Flammarion, 1978, p. 163.

38. J. Heers, *Fêtes des fous et carnavals*, Paris, 1983, p. 251.

39. J. Hansen, *Quellen und Untersuchungen zur Geschichte des Hexenwahns und der Hexenverfolgung im Mittelalter*, Bonn, 1901.

40. Cité par E. Konigson, *La Représentation d'un mystère de la Passion à Valenciennes en 1547*, Paris, 1969, p. 12.

41. E. Picot, *Recueil général des sotties*, 3 vol., Paris, 1902-1912, t. III, p. 81.

42. M. Lever, *Le Sceptre et la marotte. Histoire des fous de cour*, Paris, 1983, p. 92.

43. S.K. Wright, *The Vengeance of Our Lord. Medieval Dramatizations of the Destruction of Jerusalem*, Toronto, 1989.

44. J. Heers, *op. cit.*, p. 154.

45. A. Vauchez, *La Sainteté en Occident aux derniers siècles du Moyen Age*, École française de Rome, 1988, p. 357.

46. J. Heers, *op. cit.*, p. 268.

47. *Ibid.*, p. 284.

48. Cité par J. Heers, *op. cit.*, p. 178.

49. Cité par J.-B. Thiers, *Traité des jeux et des divertissements*, Paris, 1686, p. 328.

50. Y.-M. Bercé, *Fête et révolte. Des mentalités populaires du xvɪᵉ au xvɪɪɪᵉ siècle*, Paris, 1976, p. 41.

CHAPITRE VIII : **L'éclat de rire assourdissant de la Renaissance**

1. B. Krjevski, *Le Réalisme bourgeois des débuts*, Leningrad, 1936, p. 162.
2. M. Bakhtine, *L'Œuvre de François Rabelais*, trad. franç., Paris, 1970, p. 273.
3. Cf. S. Perrier, « Petit voyage en Bakhtinie », *Europe*, n° 757, mai 1992, p. 92-99.
4. Y.-M. Bercé, *Fête et révolte. Des mentalités populaires du xvɪᵉ au xvɪɪɪᵉ siècle*, Paris, 1976, p. 138.
5. B. Sarrazin, « Rire du diable de la diabolisation... », *Humoresques*, n° 7, Presses Universitaires de Vincennes, 1996, p. 35.
6. Cf. G. Minois, *Histoire de l'athéisme*, Paris, 1998, p. 107-180.
7. *La Joyeuse Histoire d'Arlequin*, 1585 ; pour Tabarin, sa descente aux enfers est mentionnée dans un ouvrage de 1612.
8. Rabelais, *Gargantua*, chap. 10.
9. *Ibid.*, chap. 20.
10. H. Estienne, *Apologie pour Hérodote*, La Haye, éd. de 1735, p. 178.
11. J. Benedicti, *Somme des peschez et remedes d'iceux*, Lyon, 1587, livre I, chap. 2.
12. L. Febvre, *Le Problème de l'incroyance au xvɪᵉ siècle. La religion de Rabelais*, Paris, 1942.
13. M. Bakhtine, *op. cit.*, p. 431.
14. *Ibid.*, cité p. 432.
15. *Ibid.*, p. 154.
16. D. Iehl, *Le Grotesque*, Paris, 1997, p. 30-31.
17. G. Nakam, « Rire, angoisse, illusion », *Europe*, n° 757, mai 1992, numéro consacré à Rabelais, p. 28.
18. D. Ménager, « L'humour rabelaisien », *Humoresques*, 1996, p. 65-76.
19. G. Nakam, *op. cit.*, p. 27-28.
20. Rabelais, *Gargantua*, chap. 27.
21. G. Nakam, *op. cit.*, p. 23.
22. Rabelais, *Gargantua*, chap. 21.
23. Id., *Quart Livre*, chap. 67.
24. G. Nakam, *op. cit.*, p. 24.
25. Montaigne, *Essais*, livre I, chap. 50.
26. *Ibid.*, III, 3.
27. *Ibid.*, I, 40.
28. Agrippa d'Aubigné, *Les Tragiques*, livre II, v. 1431-1436.
29. Érasme, *Éloge de la folie*, II.
30. M. Foucault, *Histoire de la folie à l'âge classique*, Paris, 1972, p. 26.
31. *Ibid.*, p. 47.
32. Rabelais, *Le Tiers Livre*, chap. 45.
33. M. Lever, *Le Sceptre et la marotte. Histoire des fous de cour*, Paris, 1983, p. 196.
34. *Journal de L'Estoile pour le règne de Henri IV*, t. I, 1589-1600, éd. R. Lefèvre, Paris, 1948, p. 169.
35. *Ibid.*
36. *Ibid.*
37. *Ibid.*, p. 439.
38. J. de Léry, *Histoire d'un voyage en terre de Brésil*, éd. F. Lestringant, Le Livre de poche, 1994, p. 300.
39. *Ibid.*, p. 360.
40. Cité par R. Lebègue, *Le Mystère des Actes des Apôtres. Contribution à l'étude de l'humanisme et du protestantisme français au xvɪᵉ siècle*, Paris, 1929, p. 197.
41. *Satires chrestiennes de la cuisine papale*, 1560, p. 3.
42. P. Viret, *Disputations chrestiennes*, Paris, 1544, p. 57.
43. J. Duvignaud, *Rire et après*, Paris, 1999, p. 170.
44. *Précis de littérature italienne*, sous la dir. de C. Bec, Paris, 1982, p. 209.
45. *Romans picaresques espagnols*, introd. par M. Molho, éd. de la Pléiade, Paris, 1968, p. LXXXIX.

46. D. Iehl, *Le Grotesque, op. cit.*, p. 8.

47. J.-M. Defays, « Le burlesque et la question des genres comiques », dans *Poétiques du burlesque, Actes du colloque international du Centre de recherches sur les littératures moderne et contemporaine de l'université Blaise-Pascal*, éd. D. Bertrand, Paris, 1998.

48. J. Emelina, « Comment définir le burlesque », *ibid.*, p. 65.

49. M. Tetel, « Pointes et jeux burlesques dans l'*Heptaméron* », *Ibid.*

50. F. Deloffre, « Le macaronique français », *Ibid.*

51. G.-A. Pérouse, « Quelques préfigurations du style burlesque dans les livrets récréatifs de la Renaissance », *Ibid.*

52. W. Shakespeare, *Henry IV*, 2e partie, V, 1.

53. R. Favre, *Le Rire dans tous ses éclats*, Lyon, 1995, p. 106.

54. G. Roberts, « The Devil and Comedy », *Humour and History*, éd. K. Cameron, Oxford, 1993.

55. Cf. J.-R. Simon, *Robert Burton et l'anatomie de la mélancolie*, thèse de lettres, Paris, 1964 ; H. Trevor-Roper, « Robert Burton and the Anatomy of Melancholy », dans *Renaissance Essays*, Londres, 1961.

56. R. Escarpit, *L'Humour*, Paris, 1960.

57. *Ibid.*, p. 30-31

58. G. Minois, *Histoire du suicide*, Paris, 1995, p. 124.

59. Poggio Bracciolini, *Liber facetiarum*, dans *Opera omnia ; Monumenta politica et philosophica rariora*, série II, 4-7, Turin, 1964-1969 ; vol. I, *Facetiae*, trad. angl. B.J. Hurword, New York et Londres, 1968.

60. D. Brewer, « Elizabethan Merry Tales and the Merry Wives of Windsor : Shakespeare and Popular Literature », dans *Chaucer to Shakespeare : Essays in Honour of Shinsuke Ando*, éd. T. Takamiya et R. Beadle, Cambridge, 1992, p. 145-161

61. Tous les exemples qui suivent sont tirés du *Livre du courtisan*, notre traduction.

62. A. Fontes, « Le thème de la *beffa* dans le *Décameron* », dans *Formes et significations de la beffa*, éd. A. Rochon, 2 vol., Paris, 1972-1982 ; D. Boillet, « L'usage circonspect de la *beffa* dans Masuccio Salernitano », *Ibid.* ; A. Rochon, « Une date importante dans l'histoire de la *beffa* : la Nouvelle du Grasso legnaiolo », *Ibid.* ; M. Plaisance, « La structure de la *beffa* dans les *Cene* d'A.F. Grazzini », *Ibid.* ; A. Fiorato, « Le monde de la *beffa* chez Matteo Bandello », *Ibid.*

63. P. Barolsky, *Infinite Jest : Wit and Humour in Italian Renaissance Art*, New York, 1978.

64. G. Luck, « *Vir facetus* : A Renaissance Ideal », *Renaissance Philology*, 55, 1958, p. 107-121 ; A. Fontes, « Pouvoir (du) rire. Théorie et pratique des facéties humanistes aux xve et xvie siècles ; des facéties humanistes aux trois recueils de L. Domenichi », *Réécritures*, 3, Paris, 1987, p. 9-100.

65. Agrippa d'Aubigné, *Les Tragiques*, II, 1387-1392.

66. W. Shakespeare, *Richard III*, V, 3.

67. B. Paulin, *Du couteau à la plume. Le suicide dans la littérature anglaise de la Renaissance*, Lyon, 1977, p. 262.

68. *Ibid.*, p. 564.

69. W. Shakespeare, *Henry IV*, 2e partie, V, 5.

Chapitre IX : **Fini de rire**

1. M. Grinberg, « Carnavals du Moyen Age et de la Renaissance », dans *Carnavals et mascarades*, éd. P.G. d'Ayala et M. Boiteux, Paris, 1988, p. 55.

2. S. Le Boucq, *Histoire civile de Valenciennes*, éd. F. Brassart, 1871, cité par Y.-M. Bercé, *Fête et révolte. Des mentalités populaires du xvie au xviiie siècle*, Paris, 1976, p. 67.

3. Y.-M. Bercé, *op. cit.*, p. 76.

4. R. Muchembled, *Culture populaire et culture des élites dans la France moderne (xve-xviiie siècle)*, Paris, 1978.

5. Y.-M. Bercé, *op. cit.*, p. 71.

6. J. Delumeau, *Le Péché et la peur. La culpabilisation en Occident, xiiie-xviiie siècle*, Paris, 1983, p. 151.

7. Cité *Ibid.*, p. 144.

8. A.N., E 126 A, f° 155.
9. Y.-M. Bercé, *op. cit.*, p. 84.
10. Cité par R. Stauffer, *Dieu, la création et la providence dans la prédication de Calvin*, Berne-Francfort, 1978, p. 203.
11. J. Deslyons, *Discours ecclésiastiques contre le paganisme des Roys de la Fève et du Roy-Boit pratiqués par les chrétiens charnels en la veille et au jour de l'Épiphanie de N.S. Jésus-Christ*, Paris, 1664, p. 21.
12. M. Foucault, *Histoire de la folie à l'âge classique*, Paris, 1972, p. 74.
13. M. Grinberg, *op. cit.*, p. 57.
14. G. Brunet, « Les sermons du père Bosquier », *Archives littéraires et historiques du nord de la France et du midi de la Belgique*, 3ᵉ série, t. IV, 1854, p. 461.
15. H. Cox, *La Fête des fous. Essai théologique sur les notions de fête et de fantaisie*, trad. franç., Paris, 1971, p. 16.
16. R. Muchmbled, *op. cit.*, p. 388.
17. D. Bertrand, *Histoire du rire à l'âge classique (1540-1780)*, Paris, 1985.
18. Cité par M. Boiteux, « Carnavals et mascarades en Italie », dans *Carnavals et mascarades, op. cit.*, p. 123.
19. Cité par J.C. Baroja, *Le Carnaval*, trad. franç., Paris, 1979, p. 338.
20. Y.-M. Bercé, *op. cit.*, p. 20.
21. Cité par J.-B. Thiers, *Traité des jeux et des divertissements*, Paris, 1686, p. 449-450.
22. *Ibid.*, p. 447.
23. *Ibid.*, p. 448.
24. *Ibid.*, p. 451.
25. *Ibid.*, p. 464.
26. *Ibid.*, p. 465.
27. *Ibid.*, p. 467.
28. *Ibid.*, p. 12.
29. *Ibid.*, p. 26.
30. *Ibid.*, p. 38.
31. *Ibid.*, p. 20.
32. *Ibid.*, p. 50-51.
33. *Ibid.*, p. 312.
34. *Ibid.*, p. 319.
35. *Ibid.*, p. 328.
36. *Ibid.*, p. 328-331.
37. *Ibid.*, préface.
38. *Ibid.*, p. 1.
39. P. Burke, « Frontiers of the Comic in Early Modern Italy, 1350-1750 », dans *A Cultural History of Humour*, Polity Press, 1997, p. 69.
40. Louis de Blois, *Le Guide spirituel*, éd. F. de Lamennais, Paris, 1820, p. 99.
41. Martin del Rio, *Les Controverses et recherches magiques*, trad. franç. A. Duchesne, Paris, 1611, p. 55.
42. Migne, *Collection intégrale et universelle des orateurs sacrés*, t. 22, 1845.
43. *Ibid.*, t. VII.
44. *Ibid.*, t. VII, p. 1005.
45. *Ibid.*, p. 1000.
46. *Ibid.*, p. 1043.
47. *Ibid.*, t. XVII, p. 1103.
48. *Ibid.*, t. XVIII, p. 619.
49. *Ibid.*, p. 618.
50. M. Girard, *Les Petits Prônes*, t. I, Lyon, 1761, p. 415.
51. Cité par J. Delumeau, *Le Péché et la peur*, Paris, 1983, p. 510.
52. *The Charge of Edmund, Lord Bishop of London, to the Clergy of his Diocese*, Londres, 1731.
53. *Œuvres de Tronson, supérieur du séminaire de Saint-Sulpice. Examens particuliers sur divers sujets propres aux ecclésiastiques et à toutes les personnes qui veulent s'avancer dans la perfection*, Paris, éd. de 1823, p. 412, 418.
54. *Ibid.*, p. 227, 237.
55. *Œuvres complètes de Massillon*, t. XI, Paris, 1822, p. 158.
56. *Ibid.*, p. 192.
57. *Ibid.*, p. 162.

58. M. Fumaroli, *L'Age de l'éloquence, Rhétorique et « res literaria » de la Renaissance au seuil de l'époque classique*, éd. A. Michel, Paris, 1994, p. 488.
59. F. Garasse, *La Doctrine curieuse des beaux esprits de ce temps*, Paris, 1623, p. 552.
60. M. Fumaroli, *op. cit.*, p. 329.
61. Cité par R. Pintard, *Le Libertinage érudit dans la première moitié du XVIIᵉ siècle*, Paris, 1943, p. 473.
62. F. Garasse, *Apologie*, Paris, 1624, p. 41.
63. M. Fumaroli, *op. cit.*, p. 327.
64. P. Nicole, *Essais de morale*, XIII, p. 285.
65. A.-J. de Rancé, *Éclaircissements de quelques difficultés*, Paris, 1685, p. 213.
66. J. Le Brun, « Jésus-Christ n'a jamais ri : analyse d'un raisonnement théologique », dans *Homo religiosus*, Paris, 1997, p. 435.
67. P. Nicole, *Traité de la comédie* (1667), éd. L. Thirouin, Paris, 1998, p. 104.
68. *Ibid.*, p. 159.
69. H. Bremond, *Histoire littéraire du sentiment religieux en France*, t. IV, Paris, 1920, p. 252.
70. *Ibid.*, p. 248.
71. Sainte-Beuve, *Port-Royal*, éd. de la Pléiade, t. I, Paris, 1953, p. 683.
72. *Ibid.*, p. 857.
73. *Ibid.*, p. 772.
74. Bossuet, *Maximes et réflexions sur la comédie*, XXXV. Toutes les citations proviennent de l'édition des *Œuvres complètes de Bossuet*, par Outhenin-Chalandre, Besançon, 1836. Ici, t. III, p. 576.
75. Bossuet, *Sermon sur la Passion de Jésus-Christ*, t. I, p. 552.
76. *Ibid.*
77. Id., *Oraison funèbre d'Anne de Gonzague*, t. XI, p. 605.
78. Id., *Sermon sur la divinité de la religion*, t. I, p. 84.
79. Id., *Politique tirée des propres paroles de l'Écriture sainte*, III, 14, t. IV, p. 171.
80. Id., *Maximes et réflexions sur la comédie*, XII, t. III, p. 559.
81. *Ibid.*, XXIV, t. III, p. 559.
82. *Ibid.*, XXXI, t. III, p. 571.
83. *Ibid.*, XXXII, t. III, p. 572.
84. *Ibid.*
85. *Ibid.*, XXXI, t. III, p. 571.
86. Id., *Catéchisme de Meaux*, leçon VII, t. V, p. 453.
87. Id., *Sermon sur la loi de Dieu*, t. I, p. 214.
88. Id., *Maximes et réflexions sur la comédie*, V, t. III, p. 553.
89. Id., *Lettres*, t. II, p. 770.
90. Id., *Œuvres complètes*, t. II, p. 771.
91. Id., *Maximes et réflexions sur la comédie*, t. III, p. 575.
92. E. Welsford, *The Fool : His Social and Literary History*, Londres, 1935.
93. M. Lever, *Le Sceptre et la marotte. Histoire des fous de cour*, Paris, 1983, p. 287-288.
94. Tallemant des Réaux, *Historiettes*, éd. de la Pléiade, t. I, Paris, 1960, p. 336.
95. *Ibid.*, p. 339.
96. *Ibid.*, p. 361-362.
97. *Ibid.*, p. 362.
98. Voltaire, Lettre à Horace Walpole, 15 juillet 1768.
99. Cité par M. Lever, *op. cit.*, p. 292.
100. Hobbes, *De la nature humaine*, IX, 13.
101. Id., *Léviathan*, I, 6.

CHAPITRE X : **Le rire amer du burlesque**

1. A. Adam, introduction aux *Historiettes* de Tallemant des Réaux, 2 vol., éd. de la Pléiade, Paris, 1960, t. I, p. XXIII. Toutes les citations de Tallemant viennent de cette édition.
2. Tallemant des Réaux, *Historiettes*, t. I, p. 339.
3. *Ibid.*
4. *Ibid.*, p. 335.

5. *Ibid.*, p. 337.
6. *Ibid.*, t. II, p. 156.
7. *Ibid.*
8. *Ibid.*, t. I, p. 400.
9. *Ibid.*, p. 407, 413-414, 395.
10. *Ibid.*, p. 359-360.
11. *Ibid.*, p. 360.
12. *Ibid.*, t. II, p. 385.
13. Samuel Pepys, *Journal*, 1ᵉʳ juillet 1663.
14. *Ibid.*, 23 octobre 1668.
15. Cité dans F. Lachèvre, *Le Procès du poète Théophile de Viau*, Paris, 1909, t. I, p. 215.
16. A. Cabantous, *Histoire du blasphème en Occident*, Paris, 1998, p. 96.
17. La Mothe Le Vayer, *Dialogues d'Orasius Tubero*, éd. de 1716, t. I, p. 5.
18. M. Foucault, *Histoire de la folie à l'âge classique*, Paris, 1972, p. 114.
19. J. Andriessen, *De jezuïeten en het samenhorigheidsbesef der Nederlanden, 1585-1648*, Anvers, 1957, p. 184-190; R. Mortier, *Un pamphlet jésuite « rabelaisant », le « hochepot ou salmigondi des folz » (1596) : étude historique et linguistique suivie d'une édition du texte*, Bruxelles, 1959; K. Porteman, « Na 350 jaar : de 'sermoonen van Franciscus Costerus », *Ons Geestelijk Erf*, 43, 1969, p. 209-269.
20. E. Rombauts, *Richard Verstegen : een polemist der Contra-Reformatie*, Bruxelles, 1933.
21. J. Lough, *France observed in the Seventeenth Century by British Travellers*, Stocksfield, 1984.
22. J. Morel, « Pascal et la doctrine du rire grave », dans *Méthodes chez Pascal*, Paris, 1979.
23. Pascal, *Les Provinciales*, 11ᵉ lettre.
24. François de Sales, *Introduction à la vie dévote*, IV, 12.
25. Id., *Traité de l'amour de Dieu*, XI, 21.
26. Id., *Introduction à la vie dévote*, IV, 1.
27. *Ibid.*, III, 27.
28. E. Binet, *Consolation et réjouisances pour les malades et personnes affligées*, Paris, 1627, p. 522.
29. *Ibid.*, p. 313.
30. *Ibid.*, p. 687.
31. *Ibid.*, p. 525.
32. *Ibid.*, p. 511.
33. *Ibid.*, p. 525.
34. Id., *La Fleur des psaumes*, II, p. 271.
35. L. Richeome, *L'Adieu de l'âme dévote*, Paris, 1602, p. 83.
36. Id., *La Peinture spirituelle*, Paris, 1628, p. 380.
37. Id., *L'Académie d'honneur*, Paris, 1615, p. 215.
38. Yves de Paris, *L'Agent de Dieu dans le monde*, Paris, 1656, p. 172.
39. Pierre de Besse, *Démocrite chrétien*, Paris, 1615, p. 1.
40. H. Bremond, *Histoire littéraire du sentiment religieux en France*, t. I, Paris, 1929, p. 321, note 1.
41. F. Bonal, *Le Chrétien du temps*, Paris, 1655, éd. de 1672, p. 145.
42. J. Verberckmoes, « The Comic and the Counter-Reformation in the Spanish Netherlands », *A Cultural History of Humour*, éd. J. Bremmer et H. Roodenburg, Oxford-Cambridge, 1997, p. 79.
43. F. Garasse, *Apologie*, 1624, p. 45.
44. J. Verberckmoes, *op. cit.*, p. 78-79.
45. J. Hoyoux, « Les moines de l'abbaye de Stavelot en 1633 », *Bulletin de l'Institut historique belge de Rome*, 37, 1966, p. 361-369.
46. J. de Grieck, *De Sote Wereldt, ofte den waeren af-druck der wereldtsche sottigheden*, Bruxelles, 1682, p. 292.
47. A.L. Morton, *The World of the Ranters*, Londres, 1970.
48. La Fontaine, *Fables*, « Le milan, le roi et le chasseur ».
49. *Catalogue of the Pepys Library at Magdalene College Cambridge*, éd. R. Latham, 7 vol., Cambridge, 1975-1993.
50. *Merry Passages and Jests : A Manuscript Jest Book of Sir Nicholas Le Strange*, éd. H.P. Lippincott, Salzbourg, 1974.

51. H. Roodenburg, « To converse agreeably : Civility and the Telling of Jokes in Seventeenth-Century Holland », *A Cultural History of Humour, op. cit.*, p. 112-130.
52. *Ibid.*, p. 127.
53. *Ibid.*, p. 121. L'ensemble a été publié sous son titre complet : *Anecdota sive historiae jocosae : een zeventiende eeuwse verzameling moppen en anekdotes*, éd. R. Dekker, H. Roodenburg, H.J. van Rees, Amsterdam, 1991.
54. G. Lebatteux, « La crise de la *beffa* dans les *Diporti* et les *Ecatommiti* », dans *Formes et significations de la beffa*, éd. A. Rochon, t. I, Paris, 1972, p. 179-202.
55. G. Della Casa, *Galateo*, 1558, éd. anglaise Harmondsworth, 1958, chap. 19.
56. J. Evelyn, *Diary*, éd. E.S. de Beer, t. II, Oxford, 1955, p. 418.
57. R. Lassels, *A Voyage of Italy*, Londres, 1670, p. 134.
58. P. Burke, « Frontiers of the Comic in Early Modern Italy, 1350-1750 », dans *A Cultural History of Humour, op. cit.*, p. 71.
59. S. Mercier, *Tableau de Paris*, Paris, 1783, t. III, p. 92.
60. D. Brewer, « Prose Jest-Books in the Sixteenth to Eighteenth Centuries in England », dans *A Cultural History of Humour, op. cit.*, p. 107.
61. Mme de Sévigné, *Correspondance*, éd. de la Pléiade, Paris, 1972, t. I, p. 236.
62. D. Bertrand, introduction aux *Poétiques du burlesque*, Actes du colloque international du Centre de recherches sur les littératures modernes et contemporaines de l'université Blaise-Pascal, Paris, 1998, p. 21.
63. *Ibid.*, p. 22.
64. *Ibid.*, p. 23.
65. Brébeuf, *L'Aenéide en vers burlesques*, 41-42.
66. M. Soriano, « Burlesque et langage populaire de 1647 à 1653 : sur deux poèmes de jeunesse des frères Perrault », *Annales ESC*, juil.-août 1969, p. 974.
67. H. Clouzot, « Ballets de Rabelais au xviie siècle », *Revue des études rabelaisiennes*, t. V, p. 90.
68. M. Bakhtine, *L'Œuvre de François Rabelais*, trad. franç., Paris, 1970, p. 110.
69. *Ibid.*, p. 112.
70. *Ibid.*, p. 110 et 113.
71. *Ibid.*, p. 43.
72. Scarron, *Virgile travesti*, I, 3-9.
73. J. Serroy, « L'incipit du *Virgile travesti* ou les règles du *je* », dans *Poétiques du burlesque, op. cit.*, p. 318.
74. V. Gély-Ghérida, « De qui se moque-t-on ? Le burlesque mythologique au miroir de Psyché », dans *Poétiques du burlesque, op. cit.*, p. 265.
75. R. Gayraud, « Du burlesque dans la prose littéraire russe du xviie siècle et de ses réminiscences », dans *Poétiques du burlesque, op. cit.*, p. 105.
76. D. Lixacëv, « Le rire vieux-russe », *Problemy poètiki i istorï literatury*, Saransk, 1973, p. 78.
77. R. Gayraud, *op. cit.*
78. H. Carrier, *La Presse de la Fronde : les Mazarinades, 1648-1653*, Genève, 1989.
79. 1649. Le texte critique en a été publié par F. Deloffre, *Annales de l'université de Lyon*.
80. D. Bertrand, « La Fronde et le rire : les équivoques d'une mazarinade », *Humoresques*, n° 5, Presses Universitaires de Vincennes, p. 21.
81. *Ibid.*, p. 27.
82. A. Adam, *Histoire de la littérature française au xviie siècle*, t. III, Paris, 1962, p. 176.

Chapitre xi : **Du rire poli au ricanement**

1. Saint-Simon, *Mémoires*, éd. de la Pléiade, t. VIII, Paris, 1988, p. 620.
2. *Ibid.*, t. IV, p. 793.
3. *Ibid.*, t. II, p. 547.
4. *Ibid.*, t. III, p. 482.
5. *Ibid.*, t. II, p. 40-41.
6. J. Boulenger, *Rabelais à travers les âges*, Paris, 1923.
7. M. Bakhtine, *L'Œuvre de François Rabelais*, Paris, 1970, p. 120.
8. C. Perrault, *Parallèle*, t. III, p. 298.

9. C. Nédélec, « Argot et burlesque », dans *Poétiques du burlesque, Actes du colloque international du Centre de recherches sur les littératures modernes et contemporaines de l'université Blaise-Pascal*, Paris, 1998, p. 357.

10. C. Noille-Clauzade, « Le burlesque au xviiᵉ siècle : une question de genre, de style ou d'auteur ? », dans *Poétiques du burlesque, op. cit.*

11. A. Adam, *Histoire de la littérature française au xviiᵉ siècle*, t. III, Paris, 1962, p. 225.

12. P. Bénichou, *Morales du Grand Siècle*, Paris, 1948, p. 212.

13. *Le Théâtre italien de Gherardi ou le Recueil général de toutes les comédies et scènes françaises jouées par les comédiens italiens du roy pendant tout le temps qu'ils ont été au service*, Paris, 1741, reprod. Slatkine, Genève, 1969, 3 vol.

14. C. Mazouer, « L'humour à l'ancien théâtre italien », *Humoresques*, n° 7, Presses Universitaires de Vincennes, 1996, p. 85.

15. D. Quéro, « L'esthétique du bouffon », dans *Poétiques du burlesque, op. cit.*

16. F. de Dainville, *L'Éducation des jésuites, xviᵉ-xviiiᵉ siècle*, Paris, 1978, p. 476-480 et 500.

17. C. Bec (éd.), *Précis de littérature italienne*, Paris, 1982, p. 243.

18. R. Descartes, *Les Passions de l'âme*, art. 126.

19. *Ibid.*, art. 178.

20. *Ibid.*, art. 180.

21. *Ibid.*, art. 179.

22. K. Thomas, « The Place of Laughter in Tudor and Stuart England », *Times Literary Supplement*, 21 janvier 1977, p. 77-80.

23. G. Minois, *Histoire de la vieillesse*, Paris, 1987, p. 370.

24. Cureau de La Chambre, *Les Charactères des passions*, 2 vol., Paris, 1663, t. I, chap. iv, « Du ris », p. 230-231.

25. *Ibid.*, p. 227.

26. *Ibid.*, p. 261.

27. *Ibid.*, p. 264.

28. *Ibid.*, p. 251.

29. *Ibid.*, p. 247.

30. B. Spinoza, *Éthique*, IV, prop. XLV, corol ii, scolie.

31. Id., *Traité de l'autorité politique*, I, 4.

32. E. Kant, *Critique de la faculté de juger*, éd. A. Renaut, Paris, 1995, p. 321.

33. *Ibid.*, p. 322-323.

34. P. Hazard, *La Pensée européenne au xviiᵉ siècle*, Paris, 1963, p. 19.

35. Corbyn Morris, *An Essay towards fixing the True Standards of Wit, Humour, Raillery, Satire and Ridicule*, Londres, 1744, p. 13.

36. Lord Home, *Elements of Criticism*, Londres, 1762, p. 161.

37. Addison, *The Spectator*, n° 35, 10 avril 1711.

38. R. Escarpit, *L'Humour*, Paris, 1960, p. 42-43.

39. J. Swift, *Poème sur sa propre mort*, dans *Œuvres*, éd. de la Pléiade, Paris, 1965, p. 1579.

40. G. Minois, *Histoire de l'avenir*, Paris, 1996, p. 386.

41. Voltaire, *Mélanges littéraires*, dans *Œuvres complètes*, éd. L. Moland, 54 vol., Paris, 1877-1885, t. 19, p. 552.

42. Mme de Staël, *De la littérature*, I, chap. 15.

43. Voltaire, *Traité sur la tolérance*, éd. Garnier-Flammarion, Paris, 1989, p. 56.

44. Id., *Conversation de Lucien, Érasme et Rabelais*, dans *Mélanges de Voltaire*, éd. de la Pléiade, Paris, 1961, p. 740.

45. Voltaire, *Lettres IV sur les auteurs anglais*, *Ibid.*, p. 1184.

46. D. Iehl, *Le Grotesque*, Paris, 1997, p. 39.

47. Dans *Humour and History*, éd. K. Cameron, Oxford, 1993.

48. *The Letters of the Earl of Chesterfield to his Son*, éd. C. Srachey, Londres, 1901, lettre 144, du 9 mars 1748.

49. *Ibid.*, lettre 146, du 19 octobre 1748.

50. R. Favre, *Le Rire dans tous ses éclats*, Lyon, 1995, p. 61.

51. V. Jankélévitch, *L'Ironie*, éd. Champs-Flammarion, Paris, 1964, p. 156-157.

52. *Ibid.*, p. 158.

53. *Ibid.*, p. 159-160.

54. D. van der Cruysse, *Le Portrait dans les Mémoires du duc de Saint-Simon*, Paris, 1971, p. 246-248.

55. *Catalogue des livres de feu Monsieur le duc de Saint-Simon*, Paris, 1755, p. 38.
56. Saint-Simon, *Mémoires*, éd. de la Pléiade, t. VIII, Paris, 1988, p. 638.
57. *Ibid.*, p. 641.
58. J. Abbadie, *L'Art de se connaître soi-même ou la Recherche des sources de la morale*, La Haye, 1760, p. 382-383.
59. E. Fléchier, *Œuvres complètes*, éd. Fabre de Narbonne, Paris, 1828, t. IX, p. 76.
60. Fontenelle, *Pygmalion, prince de Tyr*, prologue, dans *Œuvres*, Paris, 1790, t. IV, p. 472.
61. M. Foucault, *Histoire de la folie à l'âge classique*, Paris, 1972, p. 365.
62. *Ibid.*, p. 366.
63. A. de Baecque, « Les éclats du rire. Le Régiment de la Calotte, ou les stratégies aristocratiques de la gaieté française », *Annales, Histoire, Sciences sociales*, 52ᵉ année, nᵒ 3, mai-juin 1997, p. 498. Les travaux d'Antoine de Baecque sont bien entendu fondamentaux pour l'histoire du rire au xviiiᵉ siècle, et nous leur sommes largement redevables. Au moment d'imprimer ce livre est annoncée la parution prochaine d'un important ouvrage de cet auteur, *Les Éclats du rire. La culture du rire au xviiiᵉ siècle*.
64. Cité, *Ibid.*, p. 481.
65. A. Dinaux, *Les Sociétés badines, bachiques, chantantes et littéraires*, Paris, 1867.
66. Morvan de Bellegarde, *Réflexions sur l'élégance et la politesse du stile*, Paris, 1695, p. 176.
67. Id., *Réflexions sur le ridicule et sur les moyens de l'éviter*, Paris, 1696, p. 201.
68. *Ibid.*, p. 115.
69. *Ibid.*
70. *Ibid.*, p. 63.
71. Cité par H. Roodenburg, « To conserve agreeably », dans *Cultural History of Humour, op. cit.*, p. 124.
72. Shaftesbury, *Exercices*, trad. L. Jaffro, Paris, 1993, p. 392.
73. Shaftesbury, *Pathologia sive explicatio affectum humanorum*, manuscrit du Public Record Office, Londres, PRO 30/24/26/7. Nous reproduisons la traduction de B. Carra de Vaux, publiée par L. Jaffro dans l'article « Humour et libre pensée », *Lumière et Vie*, nᵒ 230, déc. 1996, p. 49, note 31.
74. Shaftesbury, *A Letter concerning Enthousiasm*, Londres, 1708, p. 17.
75. L. Jaffro, « Humour et libre pensée », *op. cit.*, p. 43.
76. *Ibid.*, p. 44.
77. Shaftesbury, *A Letter...*, *op. cit.*, p. 11.
78. Shaftesbury, *Characteristicks of Men, Manners, Opinions, Times*, Londres, 1711. L'un des essais, publié à Londres en 1709, portait le titre de *Sensus communis. An Essay on the Freedom of Wit and Humour*.
79. *Ibid.*, p. 70.
80. Fondation Thyssen-Bornemisza, Madrid.
81. Metropolitan Museum of Art, New York.
82. Reproduit dans l'article de M. Westermann, « How was Jan Steen Funny? Strategies and Functions of Comic Painting in the Seventeenth Century », dans *A Cultural History of Humour, op. cit.*, p. 153.
83. *Ibid.*, p. 134-178.
84. *Ibid.*, p. 164.
85. Mauritshuis, La Haye.
86. Cité par M. Westermann, *op. cit.*, p. 167.
87. *Ibid.*
88. R. Muchembled, *Culture populaire et culture des élites dans la France moderne (xvᵉ-xviiiᵉ siècle)*, éd. Flammarion, 1978, p. 367-376.
89. F. Lebrun, « Un charivari à Rennes au xviiiᵉ siècle », *Annales de Bretagne et des Pays de l'Ouest*, 1986, t. 93, nᵒ 1, p. 111-113.
90. *Read's Weekly Journal*, 16 avril 1737.
91. E. Fléchier, *Mémoires sur les Grands Jours d'Auvergne*, 1666.
92. M. Vovelle, *Les Métamorphoses de la fête en Provence de 1750 à 1820*, Paris, 1976, p. 25.
93. Goethe, *Voyages en Suisse et en Italie*, Paris, 1862, p. 458-459.
94. *Carnavals et mascarades*, sous la dir. de P.G. d'Ayala et M. Boiteux, Paris, 1988, p. 151.
95. *Ibid.*
96. *Ibid.*, p. 155.

CHAPITRE XII : **Le rire et les idoles au XIXe siècle**

1. A. Castaldo, *Les Méthodes de travail de la Constituante*, Paris, 1989.
2. *Première lettre à un ami sur l'Assemblée des États généraux*, cité par A. de Baecque, « Parliamentary Hilarity inside the French Constitutional Assembly (1789-1791) », dans *A Cultural History of Humour*, Oxford-Cambridge, 1997, p. 182-183.
3. Mme de Staël, *De la littérature considérée dans ses rapports avec les institutions sociales*, 1800, I, 2.
4. A. de Baecque, *op. cit.*, p. 179-199.
5. *Ibid.*, p. 184.
6. Id., *La Caricature révolutionnaire*, Paris, 1988. Aux études d'Antoine de Baecque, il faut ajouter sur ce sujet le récent ouvrage d'Annie Duprat, *L'Histoire de France par la caricature*, Paris, 1999.
7. *Ibid.*, p. 21.
8. *Ibid.*, p. 44.
9. Cf. C. Langlois, *La Caricature contre-révolutionnaire*, Paris, 1988.
10. D. Iehl, *Le Grotesque*, Paris, 1997, p. 25.
11. M. Vovelle, *Les Métamorphoses de la fête en Provence de 1750 à 1820*, Paris, 1976.
12. *Ibid.*, p. 105.
13. M. Ozouf, *La Fête révolutionnaire, 1789-1799*, Paris, 1976, p. 103.
14. E. Roy, *La Société populaire de Montignac pendant la Révolution*, Bordeaux, 1888.
15. P.J.B. Deloz, *La Révolution en Lozère*, Mende, 1922.
16. M. Vovelle, *op. cit.*, p. 265.
17. M. Ozouf, *op. cit.*, p. 110. Voir aussi à ce sujet, M.A. Screech, *Laughter at the Foot of the Cross*, 2e éd., Penguin Books, 1999.
18. Mgr Gaume, *La Révolution. Recherches historiques sur l'origine et la propagation du mal en Europe depuis la Renaissance jusqu'à nos jours*, Paris, 1856-1859.
19. M. Ozouf, *op. cit.*, p. 106-107.
20. *Ibid.*, p. 108.
21. *Ibid.*, p. 276.
22. R. Muchembled, *Culture populaire et culture des élites dans la France moderne (XVIe-XVIIIe siècle)*, Paris, 1978, p. 370-375 ; Y.-M. Bercé, *Fête et révolte*, Paris, 1976, p. 181.
23. A.N., F¹⁹ 5539-5542, 5544.
24. M. Ozouf, *op. cit.*, p. 339.
25. Paris, Alcan, 1929.
26. Cité par B. Bois, *op. cit.*, p. 13.
27. J.-P. Bois, *Histoire des 14 juillet. 1789-1919*, Rennes, 1991.
28. *Ibid.*, p. 183.
29. *Ibid.*, p. 184.
30. G. Thuillier, *Bulletin de la Société scientifique de Clamecy*, 1967, p. 24-31.
31. Cité par Y.-M. Bercé, *Fête et révolte*, *op. cit.*, p. 43.
32. Cité par E.P. Thompson, « *Rough music* : le charivari anglais », *Annales ESC*, mars-avril 1972, p. 296-297.
33. Y.-M. Bercé, *op. cit.*, p. 23-24.
34. E.P. Thompson, *op. cit.*, p. 305.
35. M.-N. Denis, « Fêtes et manifestations dans la ville impériale de Strasbourg (1870-1918). Entre dérision et blasphème », *Revue des sciences sociales de la France de l'Est*, 1994, sur le thème de *L'Europe du rire et du blasphème*.
36. G. Balandier, *Le Pouvoir sur scènes*, Paris, 1980, p. 88.
37. R. Bellet, « Une B.D. politico-morale de Nadar, *Les Aventures de Môssieu Réac* (1848-1849) », *Humoresques*, n° 5, Presses Universitaires de Vincennes, p. 31-46.
38. A.-C. Lelieur et R. Bachollet, « Célébrations politico-publicitaires », *Humoresques*, n° 5, p. 66.
39. R. Searle, C. Roy et B. Bornemann, *La Caricature, art et manifeste, du XVIe siècle à nos jours*, Paris, 1974, p. 201.
40. W. Howitt, *The Rural and Domestic Life of Germany : with Characteristic Sketches of its Cities and Scenery*, Londres, 1842, p. 441.

41. E. Dronke, *Berlin*, Berlin, 1846.
42. T. Mundt, *Die Geschichte der Geselschaft in ihren neueren Entwickelungen und Problemen*, Berlin, 1844.
43. M. Lee Townsend, « Humour and the Public Sphere in Nineteenth Century Germany », dans *A Cultural History of Humour, op. cit.*, p. 203-205.
44. Cité par M. Lee Townsend, *op. cit.*, p. 208.
45. A. Hopf, *Der kleine Landtag und sein Schluss, oder Nante und Brenneke als Abgeordnete*, Berlin, 1847.
46. M. Lee Townsend, *op. cit.*, p. 212.
47. R. Escarpit, *L'Humour*, Paris, 1960, p. 50-51.
48. J. Bédier, *Les Fabliaux*, Paris, 1964.
49. D. Trotter, « L'esprit gaulois : Humour and National Mythology », dans *Humour and History*, éd. K. Cameron, Oxford, 1993, p. 79.
50. E. Pillet, « Alcool et rire au XIXᵉ siècle : les "poivrots" », *Humoresques*, n° 7, Presses Universitaires de Vincennes, 1996, p. 113-128.
51. *Ibid.*, p. 119.
52. C. Arnavon, *Histoire littéraire des États-Unis*, Paris, 1953, p. 120.
53. W. Blair, *Native American Humor, 1800-1900*, s.l., 1937.
54. Cité par R. Escarpit, *op. cit.*, p. 57.
55. M. Twain, *The Mysterious Stranger*, dans *The Portable Mark Twain*, New York, p. 743.
56. A. Toffler, *Previews and Premises*, New York, 1983, p. 262.
57. F. de Lamennais, *Esquisse d'une philosophie*, t. III, Paris, 1840, p. 369-370.
58. *Ibid.*, p. 370-371.
59. *Ibid.*, p. 371.
60. *Ibid.*, p. 374.
61. F. Trochu, *Le Curé d'Ars, d'après toutes les pièces du procès de canonisation*, Lyon-Paris, 1929, p. 634.
62. *Ibid.*, p. 187.
63. *Ibid.*, p. 186.
64. *Ibid.*, p. 189.
65. *Ibid.*
66. *Ibid.*, p. 509.
67. Archives de l'évêché de Quimper, lettre du 17 juillet 1833.
68. *Ibid.*
69. Mgr Baunard, *Le Collège chrétien. Instructions dominicales*, Paris, 1896, t. II, p. 504.
70. *Ibid.*, t. I, p. 313.
71. M.-A. Janvier, *Exposition de la morale catholique*, Paris, 1922, t. II, p. 159.
72. *Ibid.*, p. 165.
73. P. Scudo, *Philosophie du rire*, Paris, 1840.
74. L. Feuerbach, *L'Essence du christianisme*, éd. Gallimard, Paris, 1968, p. 185 et 331.
75. A. Bain, *Les Émotions et la volonté*, trad. Le Monnier, Paris, 1885, p. 249.
76. *Ibid.*, p. 251.
77. A. Penjon, « Le rire et la liberté », *La Revue philosophique*, août 1893, p. 118.
78. Sur ces deux derniers points, voir le livre récent de M. Lagrée, *La Bénédiction de Prométhée. Religion et technologie*, Paris, 1999. La bénédiction des chemins de fer par Pie IX (après leur diabolisation par Grégoire XVI) ne doit pas faire oublier les débats comiques auxquels a donné lieu chaque innovation technique dans l'Église, de la bicyclette au micro. On en trouvera les échos dans la revue *L'Ami du clergé*.
79. Cité par J. Lalouette, *La Libre pensée en France, 1848-1940*, Paris, 1997, p. 214.
80. Archives de l'évêché de Quimper, lettre citée par Y. Le Gallo, *Clergé, religion et société en basse Bretagne de la fin de l'Ancien Régime à 1840*, Éd. Ouvrières, 1991, t. II, p. 977.
81. *L'Anti-clérical*, 17 décembre 1881.
82. J. Lalouette, *op. cit.*, p. 189-202.
83. Cité *ibid.*, p. 130.
84. *Ibid.*, p. 131.
85. O. Bloch, *Le Matérialisme*, Paris, 1985, p. 12.

Chapitre XIII : **Philosophie du rire et rire philosophique au xixᵉ siècle**

1. F. Hegel, *Cours d'esthétique*, trad. J.-P. Lefebvre et V. von Schenck, Paris, 1995, t. I, p. 93.
2. *Ibid.*, p. 92.
3. *Ibid.*, p. 94-95.
4. *Ibid.*, p. 93.
5. *Ibid.*, p. 217.
6. *Ibid.*
7. Cité par D. Iehl, *Le Grotesque*, Paris, 1997, p. 57.
8. S. Kierkegaard, *Concluding Unscientific Postcript*, éd. Princeton University Press, 1944, p. 448.
9. E. Blondel, *Le Risible et le dérisoire*, Paris, 1988, p. 110.
10. A. Schopenhauer, *Le Monde comme volonté et comme représentation*, trad. A. Burdeau, Paris, 1966, livre I, chap. 13, p. 93-96.
11. *Ibid.*, suppléments, chap. 8, p. 772.
12. *Ibid.*, p. 779.
13. *Ibid.*, p. 780.
14. *Ibid.*, p. 779.
15. *Ibid.*, p. 780-781.
16. *Ibid.*, p. 783.
17. J. Duvignaud, *Rire et après*, Paris, 1999, p. 44.
18. F. Nietzsche, *Ainsi parlait Zarathoustra*, éd. J. Lacoste, J. Le Rider, coll. Bouquins, 1993, t. II, p. 426.
19. *Ibid.*, p. 438.
20. *Ibid.*, *Par-delà le bien et le mal*, p. 670.
21. *Ibid.*, *Le Gai Savoir*, p. 109.
22. *Ibid.*, *Ainsi parlait Zarathoustra*, p. 467 ; *Le Gai Savoir*, I, 200.
23. *Ibid.*, t. I, *La Naissance de la tragédie*, p. 31.
24. *Ibid.*, *Humain, trop humain*, p. 550.
25. *Ibid.*, *La Naissance de la tragédie*, p. 31.
26. *Ibid.*, *Humain, trop humain*, p. 668-895.
27. *Ibid.*, *Le Gai Savoir*, p. 51.
28. *Ibid.*, p. 50.
29. *Ibid.*, *Humain, trop humain*, p. 694.
30. *Ibid.*, p. 910.
31. Cité par D. Grojnowski, *Aux commencements du rire moderne. L'esprit fumiste*, Paris, 1997, p. 37.
32. Cité par E. Smadja, *Le Rire*, Paris, 1993, p. 25.
33. *Revue philosophique*, août 1893.
34. *Revue des deux mondes*, 1ᵉʳ février 1895.
35. C'est ce que relèvent F. Jeanson, *Signification humaine du rire*, Paris, 1950, et K. Goldstein, *La Structure de l'organisme*, Paris, 1951.
36. H. Bergson, *Le Rire*, éd. Quadrige, Paris, 1989, p. 15.
37. *Ibid.*, p. 31.
38. *Ibid.*, p. 73-74.
39. *Ibid.*, p. 20.
40. *Ibid.*, p. 150.
41. Sur le contexte des études bergsoniennes sur le rire, voir l'article de N. Feuerhahn, « La mécanique psychosociale du rire chez Bergson », *Humoresques*, nº 7, Presses Universitaires de Vincennes, 1996, p. 9-27.
42. S. Freud, *Der Witz und seine Beziehung zum Unbewussten*, Leipzig-Vienne, 1905, trad. franç. M. Bonaparte et M. Nathan, éd. Gallimard, Paris, 1930.
43. *Ibid.*, p. 22.
44. *Ibid.*, p. 384.
45. *Ibid.*, p. 384-385.
46. *Ibid.*, p. 396-397.
47. *Ibid.*, p. 402.
48. *Ibid.*, p. 402-403.
49. *Ibid.*, p. 408.

50. G. Büchner, *La Mort de Danton*, III, 8.
51. D. Iehl, *Le Grotesque*, *op. cit.*, p. 66.
52. B. Sarrazin, *Le Rire et le sacré*, Paris, 1991, p. 39.
53. G. Minois, *Le Diable*, Paris, 1998.
54. M. Bakhtine, *L'Œuvre de Rabelais*, Paris, 1970, p. 50.
55. M. Milner, « Le diable comme bouffon », *Romantisme*, 1978, n° 19, p. 8.
56. *Ibid.*, p. 3.
57. G. Flaubert, lettre à Louise Colet, 8-9 mai 1852.
59. B. Sarrazin, « Rire du diable de la diabolisation, puis de la dédiabolisation, enfin de la rediabolisation du rire en Occident », *Humoresques*, n° 7, Presses Universitaires de Vincennes, 1996, p. 40.
60. C. Baudelaire, *De l'essence du rire et généralement du comique dans les arts plastiques*, dans *Œuvres complètes*, éd. de la Pléiade, t. II, p. 532.
61. *Ibid.*, p. 530.
62. *Ibid.*, p. 531.
63. *Ibid.*, p. 533.
64. *Ibid.*, p. 532.
65. Cité par T. Cramer, *Das Groteske bei E.T.A. Hoffmann*, Munich, 1966, p. 78.
66. C. Baudelaire, *Quelques caricaturistes français*, dans *Œuvres complètes*, *op. cit.*, t. II, p. 547.
67. *Ibid.*, p. 549.
68. Id., *Quelques caricaturistes étrangers*, *ibid.*, p. 564.
69. *Ibid.*, p. 573-574.
70. Id., *Salon de 1846*, *ibid.*, p. 415-417.
71. Cité par F. Coblence, « — Qu'en dis-tu, citoyen Proudhon? Humour et politique chez Baudelaire », *Humoresques*, n° 5, Presses Universitaires de Vincennes, 1994, p. 50-51.
72. V. Hugo, *Les Misérables*, I, 3, 7.
73. Sainte-Beuve, *Mes poisons*, éd. Plon, Paris, 1926, p. 127.
74. H. de Balzac, *Illusions perdues*, dans *La Comédie humaine*, éd. de la Pléiade, t. V, Paris, 1977, p. 685.
75. T. Gautier, *Mademoiselle de Maupin*, chap. II.
76. A. Béguin, « Balzac et la fin de Satan », dans *Satan. Études carmélitaines*, Paris, 1948, p. 545.
77. F. Sylvos, « La référence au burlesque dans l'œuvre de Gérard de Nerval », dans *Poétiques du burlesque*, Paris, 1988, p. 439 et 443.
78. R. Favre, *Le Rire dans tous ses éclats*, Presses Universitaires de Lyon, 1995, p. 23.
79. V. Hugo, *Préface de Cromwell*, dans *Œuvres complètes*, éd. Club français du livre, Paris, 1967, t. III, p. 52.
80. M. Roman, « Poétique du grotesque et pratique du burlesque dans les romans hugoliens », dans *Poétiques du burlesque*, *op. cit.*
81. V. Hugo, *Préface de Cromwell*, éd. cit., p. 61.
82. *Ibid.*
83. M. Bakhtine, *op. cit.*, p. 54.
84. J. Duvignaud, *op. cit.*, p. 195.
85. D. Grojnowski, *op. cit.*, p. 267.
86. *Ibid.*, p. 132.
87. *Ibid.*, p. 153.
88. *Ibid.*, p. 201.
89. G. Courteline, *Œuvres complètes*, éd. Flammarion, Paris, 1975, p. 640.
90. M. Schwob, « Le rire », *Spicilège*, Paris, 1960, p. 155.
91. J.-M. Thomasseau, « Le rire assassin. Courteline au Grand Guignol (1896-1899) », *Europe*, n° 835-836, nov.-déc. 1998, p. 177-179.
92. D. Grojnowski, *op. cit.*, p. 234.
93. *Ibid.*, p. 235.
94. Anecdote rapportée par I. Bricard, *Dictionnaire de la mort des grands hommes*, Paris, 1995, p. 178.
95. On trouvera d'utiles considérations sur le sens comique du XIXe siècle dans les trois volumes de la thèse dactylographiée de M. Autrand, *La Notion d'humour en France (1843-1919) et l'œuvre de Jules Renard*, Université de Paris-VIII, 1975.
96. D. Grojnowski, *op. cit.*, p. 51.
97. *Ibid.*, p. 251.

CHAPITRE XIV : Le XXᵉ siècle, mort de rire

1. H. Castex, *Verdun, années infernales. Lettres d'un soldat au front*, Paris, 1996, p. 92.
2. H. Amouroux, *La Vie des Français sous l'Occupation*, t. II, Paris, 1961, p. 247.
3. *Crapouillot*, n° 17.
4. *Le Grand Livre des témoins*, Paris, 1995.
5. *Le Temps*, 31 mars 1906.
6. A. London, *L'Aveu. Dans l'engrenage du procès de Prague*, éd. Gallimard, t. II, Paris, 1968, p. 406-407.
7. *Africultures*, nov. 1998.
8. *Alger républicain*, 7 avril 1991.
9. Cité par C. Chaulet-Achour, « Humour et société dans l'Algérie actuelle : quelques repères », *Humoresques*, n° 7, Presses Universitaires de Vincennes, 1996, p. 141-142.
10. R. Azcona, *Nuevo Pobre*, dans *Antologia del humor Espagnol*, p. 31-32.
11. T. Derème, *La Verdure dorée*, Paris, 1922.
12. R. Escarpit, *L'Humour*, Paris, 1960.
13. Londres, 1983.
14. H. Fischer, « Erste Kontakte : Neuguinea 1958 », dans *Feldforschungen : Berichte zur Einführung in Probleme und Methoden*, Berlin, 1985.
15. « Body Ritual among the Nacirema », *American Anthropologist*, t. 58, n° 3, juin 1956.
16. L'épisode est rapporté dans « Humour, Laughter and the Field : Reflections from Anthropology », par Henk Driessen, *A Cultural History of Humour*, éd. J. Bremmer et H. Roodenburg, Oxford-Cambridge, 1997, p. 227-228. L'auteur, qui cite de longs passages de l'article, précise avec humour que la reproduction en est interdite, mais qu'il a obtenu l'accord de l'American Anthropological Association.
17. H. Driessen, *op. cit.*, p. 227 : « dull, boorish, domineering bastards, explaining the obvious ».
18. Ces quelques exemples sont présentés par P. Dibie, « La planète du rire », *Sciences et avenir*, juillet 1998, consacré au rire, p. 6-7.
19. R. Provine et H.R. Weens, « Épidémie de rire », *Sciences et avenir, op. cit.*, p. 18.
20. J. Duvignaud, *Rire et après*, Paris, 1999, p. 17.
21. *Ibid.*, p. 16.
22. C. Roy, dans *La Caricature, art et manifeste, du XVIᵉ siècle à nos jours*, Paris, 1974, p. 20.
23. *Ibid.*, p. 21.
24. J. Sully, *Essai sur le rire*, trad. franç, Paris, 1904, p. 225.
25. P. Clastres, *La Société contre l'État*, Paris, 1979.
26. *Histoire des mœurs*, Encyclopédie de la Pléiade, t. II, 1991.
27. L. Makarius, « Clowns rituels et comportements symboliques », *Diogène*, n° 69, 1970, p. 47-74.
28. J. Cazeneuve, *Les dieux dansent à Cibola*, Paris, 1957, p. 243.
29. L. Makarius, « Le mythe du Trickster », *Revue de l'histoire des religions*, t. 175, 1969, p. 18.
30. M. Klein-Zolty, « Humour et religion », *Revue des sciences sociales de la France de l'Est*, 1994, sur le thème de « L'Europe du rire et du blasphème ».
31. Raconté par J. Klatzmann, *L'Humour juif*, Paris, 1998, p. 42.
32. E. Cerf, « Autodérision et idéologie. Jean du Trou aux Moustiques entre 1939 et 1945 », *Revue sociale de la France de l'Est*, 1994.
33. G. Palante, *La Sensibilité individualiste*, Saint-Brieuc, 1990, p. 62.
34. *Ibid.*, p. 63.
35. *Ibid.*, p. 65.
36. *Ibid.*, p. 70.
37. *Ibid.*, p. 69.
38. *Ibid.*, p. 79.
39. K. Cameron (éd.), *Humour and History*, Oxford, 1993, p. 5-6.
40. C. Lemert, « General Social Theory, Irony and Postmodernism », dans *Postmodernism and Social Theory*, S. Seidman et D.G. Wagner (éd.), Oxford, 1992.
41. C.I. Glicksberg, *The Ironic Vision in Modern Literature*, La Haye, 1969 ; W.C. Booth, *A Rhetoric of Irony*, Chicago, 1974.
42. V. Jankélévitch, *L'Ironie*, éd. Champs-Flammarion, 1964, p. 9.

43. *Ibid.*, p. 59.
44. *Ibid.*, p. 32-33.
45. R.W. Witkin, « Irony and the Historical », dans *Humour and History, op. cit.*, p. 146.
46. Celles-ci transparaissent dans l'ouvrage dirigé par C. Guérard, *L'Ironie. Le sourire de l'esprit*, Paris, 1998.
47. R. Escarpit, *L'Humour*, Paris, 1960, p. 72.
48. Entretien dans *Panorama*, juin 1999, n° 345.
49. Paris, Stavit, 1999.
50. D. Decoin, *Jésus, le Dieu qui riait. Une histoire joyeuse du Christ*, Paris, Stock, 1999.
51. « Gab, le clown de Dieu », *Panorama*, déc. 1998.
52. *Ibid.*, p. 50.
53. G.K. Chesterton, *The Man who was Thursday*, 1908, éd. Penguin, p. 179-180.
54. C. Duquoc, « Rire, humour et magistère », *Lumière et Vie*, déc. 1996, n° 230, p. 61-74.
55. G. Minois, *Histoire des enfers*, Paris, 1991, p. 294-299.
56. Y. Lambert, *Dieu change en Bretagne*, Paris, 1985, p. 200-202.
57. C. Duquoc, *op. cit.*, p. 71.
58. *Ibid.*, p. 72.
59. *Ibid.*, p. 72-73.
60. C. Moncelet, « La Passion du Christ dans les images humoristiques du XXe siècle », dans *Poétiques du burlesque, op. cit.*
61. B. Sarrazin, *La Bible parodiée*, Paris, 1993, p. 20.
62. *Ibid.*, p. 14.
63. Passages cités par B. Sarrazin, *op. cit.*
64. M. Sanouillet, *Dada à Paris*, Paris, 1993, p. 440.
65. *Ibid.*, p. 403.
66. R. Favre, *Le Rire dans tous ses éclats*, Lyon, 1995, p. 115-116.
67. C. Fichter, « L'humour dans les écrits de Hans Arp », *Revue des sciences sociales de la France de l'Est*, 1994.
68. A. Breton, *Œuvres complètes*, éd. de la Pléiade, Paris, 1992, p. 868.
69. *Ibid.*, p. 873.
70. D. Grojnowski, *Aux commencements du rire moderne. L'esprit fumiste*, Paris, 1997, p. 249.
71. J. Duvignaud, *Le Don du rien*, Paris, 1977, p. 277.
72. F. Raphaël et G. Herberich-Marx, « Éléments pour une sociologie du rire et du blasphème », *Revue des sciences sociales de la France de l'Est*, 1994.
73. *Ibid.*
74. G. Thiériot, « Dieu est-il un génie du burlesque ? La création du monde selon le dramaturge George Tabori : les variations Goldberg », dans *Poétiques du burlesque, op. cit.*, p. 494-495.
75. *Ibid.*, p. 489.
76. *Ibid.*, p. 497.
77. M. Corvin, *Lire la comédie*, Paris, 1994, p. 208-209.
78. J. Duvignaud, *Rire et après, op. cit.*, p. 182.
79. G. McCann, *Woody Allen, New Yorker*, Cambridge, 1990.
80. Saint-John Perse, *Œuvres complètes*, p. 95.
81. *Ibid.*, p. 35.
82. *Ibid.*, p. 701.
83. *Ibid.*, p. 299.
84. M. Sacotte, « Le rire de Saint-John Perse », *Europe*, n° 799-800, nov.-déc. 1995, p. 142.
85. B. Sarrazin, *Le Rire et le sacré*, Paris, 1991, p. 27.
86. *Ibid.*, p. 78.
87. *La Caricature, art et manifeste, du XVIe siècle à nos jours*, Paris, 1974, p. 249.
88. Sur le comique du début du siècle, on pourra consulter P. Barillet, *Les Seigneurs du rire*, Paris, 1999.

CHAPITRE XV : **Le XXe siècle, mort du rire ?**

1. L. Gervereau, « Paroles et silences de guerre », *Humoresques*, Presses Universitaires de Vincennes, 1994, p. 81-88.

2. E. Blondel, *Le Risible et le dérisoire*, Paris, 1988, p. 88.
3. J. Wilkins, « Abusive Criticism and the Criticism of Abuse », dans *Humour and Society*, éd. K. Cameron, Oxford, 1993, p. 53.
4. M. Lever, *Le Sceptre et la marotte. Histoire des fous de cour*, Paris, 1983, p. 297.
5. P. Yonnet, « La planète du rire. Sur la médiatisation du comique », *Le Débat*, mars-avril 1990, n° 59, p. 163.
6. *Ibid.*, p. 169.
7. *Ibid.*
8. R. Koren, « De l'irrespect et de sa rhétorique : le cas du journalisme politique », *Humoresques*, n° 5, p. 98.
9. *Ibid.*, p. 106.
10. P. Yonnet, *op. cit.*, p. 165.
11. J. Duvignaud, *Le Don du rien. Essai d'anthropologie de la fête*, Paris, 1977, p. 282-283.
12. J.-J. Wunenburger, *La Fête, le jeu et le sacré*, Paris, 1977, p. 11.
13. *Ibid.*, p. 147.
14. A. Varagnac, *Civilisation traditionnelle et genres de vie*, Paris, 1948, p. 368.
15. E. Durkheim, *Les Formes élémentaires de la vie religieuse*, p. 542-543.
16. J.-J. Wunenburger, *op. cit.*, p. 177.
17. *Ibid.*, p. 197.
18. G. Debord, *La Société du spectacle*, Paris, 1967, p. 129.
19. F. Laplantine, *La Culture du psy, ou l'effondrement des mythes*, Privat, 1975, p. 47.
20. J. Brun, *Le Retour de Dionysos*, Paris, 1969, p. 201.
21. J.-J. Wunenburger, *op. cit.*, p. 210.
22. F. Laplantine, *op. cit.*, p. 34.
23. De Felice, *Foules en délire, extases collectives*, Paris, 1947, p. 327.
24. J.-J. Wunenburger, *op. cit.*, p. 224.
25. A. Stephane, *L'Univers contestationnaire*, Paris, 1969, p. 237.
26. J.-J. Wunenburger, *op. cit.*, p. 231.
27. *Ibid.*, p. 235.
28. *Ibid.*, p. 243.
29. J.C. Baroja, *Le Carnaval*, trad. franç., Paris, 1979, p. 344.
30. *Ibid.*, p. 375.
31. *Ibid.*, p. 155.
32. L. Gallini, « Le rire salvateur : rire, dérider, faire rire », dans *Carnavals et mascarades*, sous la dir. de P.G. d'Ayale et M. Boiteux, Paris, 1988.
33. *Ibid.*, p. 37.
34. M. Boiteux, « Carnavals et mascarades en Italie », dans *Carnavals et mascarades, op. cit.*, p. 75.
35. *Ibid.*
36. P. Hugger, *ibid.*, p. 98.
37. E. Cerf, « Le carnaval des voyous de Strasbourg », *Revue des sciences sociales de la France de l'Est*, 1994.
38. J. Duvignaud, *Fêtes et civilisation*, Paris, 1973, p. 256.
39. *Ibid.*, p. 244-245.
40. R. Girard, *La Violence et le sacré*, Paris, 1972, p. 188.
41. *Ibid.*
42. Alain, *Propos*, éd. de la Pléiade, « Le rire », p. 78-80.
43. *Ibid.*, p. 1121.
44. *Ibid.*, p. 991.
45. M. de Certeau, « Le rire de Michel Foucault », *Le Débat*, n° 41, sept.-nov. 1986, p. 152.
46. E. Dupréel, « Le problème sociologique du rire », *Revue philosophique*, t. 105, juil.-déc. 1928, p. 223.
47. R. Favre, « Le rire dans tous ses éclats », *Lumière et Vie*, n° 230, déc. 1996, p. 15-20.
48. Id., *Le Rire dans tous ses éclats*, Lyon, 1995, introduction.
49. *Ibid.*, p. 21.
50. *Ibid.*, p. 96.
51. *Ibid.*, p. 23.
52. E. Blondel, *Le Risible et le dérisoire*, Paris, 1988, p. 21.
53. *Ibid.*, p. 31.

54. M. Kundera, *Le Livre du rire et de l'oubli*, trad. franç. Gallimard, Paris, 1978, p. 92.
55. M. Bakhtine, *L'Œuvre de François Rabelais*, trad. franç., Paris, 1970, p. 56-57.
56. J. Bergerat, « Pour une métapsychologie de l'humour », *Revue française de psychanalyse*, 4, 1973.
57. J. Guillaumin, « Freud entre les deux topiques », *Revue française de psychanalyse, op. cit.*
58. E. Kris, « Le comique », dans *Psychanalyse de l'art*, Paris, 1978.
59. E. Smadja, *Le Rire*, Paris, 1993, p. 67-72.
60. Voir une brève esquisse par A. Szulmajster-Celnikier, « Les mots du rire », *Sciences et avenir*, août 1998, p. 92-95.
61. C. Couté, « Quatorze manières de rire », *ibid.*, p. 32-33.
62. J. Vénard, *Les Vertus du rire*, Paris, 1997.
63. K. Lorenz, *L'Agression*, trad. franç., Flammarion, Paris, 1969.
64. *Ibid.*, p. 214.
65. *Ibid.*, p. 229.
66. *Ibid.*, p. 266.
67. *Ibid.*, p. 279.
68. *Ibid.*, p. 283.
69. E. Smadja, *op. cit.*, p. 111.
70. G. Lipovetsky, *L'Ère du vide. Essais sur l'individualisme contemporain*, Paris, 1983. Les citations viennent de l'édition Folio, 1993.
71. *Ibid.*, p. 196.
72. *Ibid.*, p. 195.
73. B. Sarrazin, *Le Rire et le sacré*, Paris, 1991, p. 58.
74. G. Minois, *Histoire de l'athéisme*, Paris, 1998.
75. G. Lipovetsky, *L'Empire de l'éphémère. La mode et son destin dans les sociétés modernes*, Paris, 1987.
76. B. Sarrazin, *op. cit.*, p. 92.
77. G. Chouraqui, « Rire sans humour n'est que ruine de l'homme. L'humour est mort », *Revue des sciences sociales de la France de l'Est*, 1994.
78. S. Clapier-Valladon, « L'homme et le rire », dans *Histoire des mœurs*, éd. de la Pléiade, t. II, Paris, 1991, p. 296.
79. *Ibid.*, p. 280.
80. P. Yonnet, « La planète du rire, sur la médiatisation du comique », *Le Débat*, mars-avril 1990, n° 59, p. 162.
81. *Ibid.*, p. 153.
82. *Ibid.*, p. 154.
83. F. Laplantine, *op. cit.*, p. 74.
84. G. Lipovetsky, *op. cit.*, p. 229.
85. *Ibid.*, p. 237.
86. F. Fukuyama, *The End of History and the Last Man*, éd. Penguin, 1992, p. 314.
87. F. Nietzsche, *Zarathoustra*, trad. Bianquis, p. 61-63.
88. G. Lipovetsky, *op. cit.*, p. 207-209.

Index des noms de personnes et des principaux personnages

Abadi, Odette : 511
Abbadie, Jacques : 398, 399
Abel : 96, 123
Abélard : 211
Abraham : 96, 97, 106, 123, 172, 534
Adam : 95, 115, 123, 159, 168, 273, 340, 463
Adam, Antoine : 332, 361, 365, 372
Addison, Joseph : 376, 384, 385
Aelred de Rievaulx : 210
Affinati, Giacomo : 291
Afranius : 87
Agache, Sylvie : 67
Agathoclès (tyran de Syracuse) : 45
Akish (roi philistin) : 45
Alain de Lille : 190
Alain : 563
Alaya, Pier Giovanni d' : 419
Albert (prince de Saxe-Cobourg-Gotha) : 449
Albert le Grand : 207
Alceste : 481
Alcibiade (homme politique grec) : 31, 33
Alcméon : 38
Alcuin : 97, 124, 125, 161
Aleman, Mateo : 273
Alembert, Jean Le Rond d' : 316
Alexandre d'Aphrodise : 249
Alexandre de Halès : 207
Alexandre de Phères : 90
Alexandre le Grand : 248
Allais, Alphonse : 444, 500, 503-505
Allen, Woody : 105, 520, 534, 542, 576, 582

Amasis (roi d'Égypte) : 37
Ambroise (saint) : 108-110, 161, 323, 324, 464
Amstrong, Archie : 326
Amyot, Jacques : 62
Anaxagore : 64
André (saint) : 104
Angelo Maria de San Filippo : 349
Angély (l') (fou) : 328
Anglarez, Antoine : 260
Anne d'Autriche : 333, 363
Anne de Bretagne : 283
Antéchrist : 221-224
Antiochus III Épiphane : 90
Antoine (homme politique romain) : 77, 90
Antoine (saint) : 120, 132, 134, 464
Aphrodite : 17, 38, 40
Apollinaire, Guillaume : 531, 539
Apollon : 16, 17, 19, 29, 358
Apollonios de Tyane : 23
Apte, M.L. : 515
Apulée : 81, 158, 362
Aquavilla, Nicolas de : 211
Arago, François : 443
Arbuthnot, John : 384
Arcadius : 118
Arcemalle, Jehan (fou) : 204
Arcimboldo : 227
Arétin (l') : 250, 272
Argenson, marquis d' : 376, 403, 404
Arienti, Sabadino degli : 282
Ariès, Philippe : 528
Aristomène : 64

Aristophane : 18, 29-33, 41, 42, 58, 61, 62, 70, 325, 458, 489, 581, 582
Aristote : 9, 16, 30, 37, 49, 60-62, 64, 206, 207, 209, 271, 322, 323, 329, 365, 378
Arlequin : 248, 373, 375, 377
Arnauld d'Andilly, Robert : 319
Arnavaon, Cyrille : 455
Arnobe : 115
Arnould, Dominique : 11, 18, 35, 36
Arp, Hans : 535, 536
Arrabal, Fernando : 572
Arsenois (abbé) : 132
Artaud, Antonin : 558, 572
Arthur (roi) : 195, 248
Arthur III : 204
Asmodée : 375, 382
Asselin de Reims : 123
Athanase (saint) : 120
Athéna : 17, 20, 29
Atkinson, Rowan : 542, 545
Attale de Pergame : 90
Attila : 119, 125
Aubigné, Agrippa d' : 252, 255, 260, 284, 291
Aude, Joseph : 437
Auerbach, Berthold : 99
Auguste (clown) : 527
Auguste : 73, 77
Augustin (saint) : 109, 114, 161, 340, 464, 527, 532
Auvray : 365
Auvray-Assayas, Clara : 92
Avicenne : 207, 249
Azcona, Rafael : 513

Bacchus : 22, 71, 297, 417, 433
Bachollet, Raymond : 444
Bacon, Francis : 379
Bacon, Roger : 208
Bade, Josse : 236, 291
Baecque, Antoine de : 402, 425, 426, 428
Bailly, Jean-Sylvain : 390
Bain, Alexander : 462, 478
Bakhtine, Mikhaïl : 10, 57, 121, 124, 135, 137-140, 142, 143, 146, 177, 178, 189, 214, 242, 245, 246, 251-253, 359, 360, 370, 414, 418, 429, 487, 488, 567, 568
Bakhuysen : 390
Balandier, Georges : 24, 442
Balinghem, Antoine de : 295, 298
Balzac, Guez de : 315, 349, 366, 371

Balzac, Honoré de : 443, 488, 495, 496, 521
Banchieri, Adriano : 349
Bandello, Matteo : 282, 283
Barbey d'Aurevilly : 492
Barclay : 360
Barletta, Gabriel : 238
Barley, Nigel : 515
Baroja, Julio Caro : 141, 142, 160, 559
Barthélemy l'Anglais : 208
Basevorn, Robert de : 191
Basile de Césarée (saint) : 103, 108, 124, 324
Basile, Giambattista : 365
Basilides : 104
Bassompierre, M. de : 333
Bastide, Roger : 147
Bataille, Georges : 355, 513, 567
Baudelaire : 481, 489, 491-495, 502, 506
Baudin, Henri : 32
Baunard, Mgr : 460
Bayet, Jean : 75
Beardsley, Aubrey : 450
Beaumarchais : 389, 499
Beckett, Samuel : 539, 542
Beckmann, Friedrich : 447
Bède le Vénérable : 127
Bédier, Joseph : 451
Bellarmin, Robert : 308
Bellegarde, Morvan de : 405, 406
Bellère du Tronchay, Louise de : 319
Belzébuth : 487, 488
Benedicti, J. : 250
Bénichou, Paul : 372
Benigni, Roberto : 513
Benoît (chanoine) : 143
Benoît (saint) : 126
Benoît d'Aniane (saint) : 103, 127, 128
Bercé, Yves-Marie : 147, 242, 247, 289, 292, 293, 299, 439
Bergeret, Jean : 567
Bergler, Edmund : 10
Bergson, Henri : 89, 467, 477-482, 485, 514
Berlioz, Hector : 505
Berlioz, Jacques : 182, 189
Bernanos, Georges : 343
Bernard (saint) : 527
Bernard de Clairvaux (saint) : 161, 209, 211-213, 340
Bernard, Samuel : 402
Bernard, Tristan : 500
Bernardin de Sienne : 211, 308

Bernhard, Thomas : 539
Bernin (le) : 393
Bernis, cardinal de : 407
Béroald de Verville : 351
Bertier, Charles : 339
Bertrand, Dominique : 11, 297, 357, 358, 364, 366
Besse, Pierre de : 347
Bibaculus : 91
Bièvres, marquis de : 390, 424
Binet, Étienne (père) : 341, 343-345, 347
Bion de Gadara : 74
Bismarck : 445, 449
Blanche de Castille : 188
Bloch, Howard : 10, 185
Bloch, Olivier : 466
Blofield, William de : 221
Blondel, Éric : 463, 472, 550, 565, 566
Boccace : 163, 208, 218, 266, 305
Bodin, Jean : 276, 293
Boèce : 125
Boehme, Jakob : 496
Boileau, Nicolas : 357, 370, 371, 376
Bois, Benjamin : 437
Bois, Jean-Pierre : 437, 438
Boiteux, Martine : 419, 560
Bologne, Jean-Claude : 14
Bonal, François : 347
Boniface VIII : 207, 248
Bonnefous, Max : 511
Boorde, Andrew : 279
Booth, W. C. : 524
Bornemann, Bern : 545
Boronali, J. R. : 445
Borromée, Charles : 308, 314
Bosc, Jean : 549
Bosch, Jérôme : 140, 226, 236, 291
Bosquier, Philippe : 295
Bossuet : 309, 318, 321-326, 329, 334, 343, 355, 357, 370, 374, 489, 526, 527
Boswell, James : 388, 395
Botero, Jean : 314
Boucher, Jean : 260
Bouchet, Guillaume : 205
Bouganin, Ami : 526
Bougeant : 377
Bouhier, Jean : 390
Boulainvilliers, Henri de : 403
Boulanger, André (père) : 333, 334
Boulanger, Georges : 445
Bourbon, Étienne de : 184, 190, 192, 194

Bourbon, Henri de : 233
Bourgès, Paul : 452
Bourget, Paul : 505
Boursault, Edme : 325
Bouteille, Guillaume (chanoine) : 154
Boutet de Monvel : 329
Boyer de Nîmes : 429
Bracciolini, Poggio : 278, 283
Bramoullé (abbé) : 459, 460
Brant, Sébastien : 153, 156, 235-237, 291
Brantôme (abbé et seigneur de) : 204, 258, 283
Braund, Susanna : 77
Brecht, Bertolt : 539
Bredin le Cocu : 274
Brekeley, George : 410
Brel, Jacques : 175, 390
Bremmer, Jan : 11, 47
Bremond (abbé) : 319, 347
Brémond, Jean : 131
Brenner, Athalaya : 98
Breton, André : 386, 444, 457, 513, 521, 531, 534-536, 548
Brewer, Derek : 11, 355
Briçonnet, Guillaume : 308
Bright, Timothy : 352
Brillat-Savarin, Anthelme : 505
Britannicus : 83, 84
Brod, Peter : 297
Brouwer, Adriaen : 412, 413
Brown, John : 409
Bruegel l'Ancien : 142, 143, 227, 253, 291, 412, 492, 544
Brun, Jean : 556
Brutus : 65
Büchner, Georg : 485
Buonarotti il Giovane, Michelangelo : 365
Buontalenti, Bernardo : 282
Burke, Peter : 11, 354
Burton, Robert : 277, 279, 352
Butas : 85
Buzzati, Dino : 375
Byron, lord : 450

Cabantous, Alain : 338
Cabu : 549
Cacouacs (les) : 383
Cadalso : 383
Caffaro (père) : 309, 324, 325
Cagliostro, Alexandre de : 400
Caillères, François de : 407
Caillette (folle) : 204

Caillois, Roger : 24
Caïn : 96, 123
Caligula : 18
Callebat, Louis : 80
Callimaque : 43
Callimédon (bouffon) : 45
Callot, Jacques : 272, 393
Calvin : 234, 246, 267, 270, 289, 305
Cambyse : 35
Cameron, Keith : 523
Camus, Albert : 566
Caramantran : 296, 417, 433
Cardinal, Peire : 187
Carnot, Sadi : 506
Caro, Rodrigo : 297
Caroline (reine) : 395
Carrache, Annibal : 271
Casanova : 407
Cassien, Jean : 128, 130
Cassini, Jean-Dominique : 480
Cassius Severus (orateur) : 73
Castex (capitaine) : 510
Castiglione, Baldassare : 243, 246, 280-283, 353
Castle, T. : 11
Cataudella, Q. : 11
Cathelot (la) : 264
Catherine de Médicis : 264, 269, 284
Caton d'Utique : 68
Caton le Censeur : 65, 69, 70, 72
Catulle : 75, 80
Caussin, Nicolas : 314
Cavanna, François : 531, 533, 549
Cazamian, L. : 514
Cazeneuve, Jean : 518
Cebà, Ansaldo : 353
Céline, Louis-Ferdinand : 542, 572
Celse : 116
Cerbelaud, Dominique : 106
Cerf, Ève : 522
Certeau, Michel de : 563
Cérutti, Joseph-Antoine : 427
Cervantès : 266, 273
Césaire d'Arles (évêque) : 142, 161
Césaire de Heisterbach : 121, 167, 190, 195
César : 65, 76-78, 91, 248, 325
Chamfort, Nicolas de : 389, 475
Chaplin, Charlie : 453, 541, 548
Chapman, Georges : 285
Charlemagne : 124
Charles Quint : 265, 295, 488
Charles II le Chauve (roi de France) : 123

Charles IX (roi de France) : 258-260, 306, 344
Charlet, Nicolas : 492
Charron : 315, 316
Chasles, Michel : 445
Chastel, Jean : 265
Chateaubriand : 496
Chaucer, Geoffrey : 163, 193, 220, 275
Chaval : 545
Chénier, Marie-Joseph de : 437
Chesterfield, comte de : 395
Chesterton, Gilbert : 527
Chicot (Antoine Anglarez, dit) : 260-262
Chilon : 22
Chouaki, Aziz : 512
Chouraqui, Guy : 574
Chrétien de Troyes : 182
Chrysippe : 22
Cicéron : 11, 50, 66, 68, 69, 72, 73, 75, 77, 79, 80, 91-93, 111, 238, 305, 313, 473
Cinthio, Giambattista Giraldi : 353
Cioran, Emil : 543, 558, 573
Cizek, Eugen : 71
Clamanges, Nicolas de : 153, 222
Clapier-Valladon, Simone : 573
Clastres, Pierre : 516, 517
Claude : 77
Claudius Aelianus : 64
Clemenceau, Georges : 444
Clément d'Alexandrie : 110, 111, 113
Cléon : 31, 33
Cléopâtre : 248
Cléophon : 31
Clérée, Jean : 211
Cobb, Richard : 180
Colette (folle) : 204
Coligny (Gaspard de Châtillon, sire de) : 256
Colins, Pierre : 264, 407
Collins, Anthony : 410
Colomban (saint) : 127
Colombine : 373
Coluche : 551, 582
Combes, Émile : 466
Concini, Concino : 264
Condorcet, marquis de : 424
Coquerée (folle) : 204
Coquinet (fou) : 204
Corneille, Pierre : 275, 325, 388
Corneille, Thomas : 372
Corvin, Michel : 541
Costerus : 338

Courbet, Gustave : 18
Courier, Paul-Louis : 405
Courthop, George : 339, 500, 503, 504
Courtois : 445
Cousins, Norman : 569
Cox, Harvey : 105, 117, 157, 296
Cranach, Lucas : 271
Cranz : 488
Cratinos : 33
Crébillon : 392, 402
Crescimbeni : 376
Cressolles, Louis de : 314
Crésus : 38
Cros, Charles : 501
Cruikshank, Isaac : 430, 449
Cruysse, Dirk van der : 397
Cureau de La Chambre : 379, 380
Curio l'Aîné : 76
Curtius, Ernst : 122
Cyprien (saint) : 122
Cyrano de Bergerac, Savinien de : 358
Cyrus : 248

Dago (fou) : 204
Dali, Salvador : 537, 544
Damascène (abbé) : 411
Dancourt, Florent : 402
Dandery (fou) : 125
Daneels, Catharina : 347
Daninos, Pierre : 66, 514
Dante : 208, 211, 219, 248
Darwin : 500, 569
Dasius : 84
Dassoucy : 358
Daumier, Honoré : 431, 442, 492, 494, 521
David (roi d'Israël) : 116, 123, 154, 164
David, Jacques Louis : 429
David, Johannes : 338, 339
Davis, Nathalie : 148, 292
Davis, Tom : 395
De Felice : 557
Debord, Guy : 556
Decoin, Didier : 526
Defensor de Ligugé : 124, 125
Déiokès (roi Mède) : 38
Delcourt, Marie : 17
Della Casa, Giovanni : 353
Deloffre, Frédéric : 274
Delumeau, Jean : 218, 292
Déméter : 17, 18, 85
Démocrite d'Abdère : 47, 49, 51, 55, 64, 91, 250, 251, 255, 291, 312, 349, 357, 421, 466, 499

Démosthène : 43, 44
Denis d'Espinel (fou) : 204
Denis, Marie-Noëlle : 441
Denon, baron : 393
Denys d'Halicarnasse : 78
Denys de Syracuse : 90
Derème, Tristan : 513
Desaugiers, Marc-Antoine : 437
Descartes, René : 316, 370, 378, 379
Deschamps, Eustache : 222
Desproges, Pierre : 443
Devereux, Georges : 17
Devos, Raymond : 545
Diagoras l'Athée : 33
Dickens, Charles : 446, 449
Diderot, Denis : 377, 395, 399, 400
Dioclétien : 84
Diodato (fou) : 282
Diogène Laërce : 22, 50-53
Diogène : 49, 51, 52, 64, 248
Dion Cassius : 78
Dion II (tyran de Syracuse) : 49
Dionysos : 25-29, 34, 158
Diopeithès : 33
Dolabella : 76
Dolcibene (fou) : 282
Dolet, Étienne : 267
Domenichi, Ludovico : 308
Domitien : 77
Domitius Afer (orateur) : 73
Don Camillo : 466, 514
Don Quichotte : 275
Donat : 87
Donatus (saint) : 127
Doré, Gustave : 446
Dorgelès, Roland : 445
Dorp, Martin : 237
Dos Santos, Lucie : 530
Dostoïevski : 500
Doyle : 449
Doynie, Étienne : 259
Driessen, Henk : 11, 515
Dronke, Ernst : 447
Du Ryer, Pierre : 365
Du Tilliot : 407
Dubout, Albert : 545
Duchamp, Marcel : 536, 573
Dugas : 481
Dugazon : 329
Dumézil, Georges : 84
Dumont, L. : 478
Dupin Aîné : 411
Dupréel, E. : 564
Duquoc, Christian (père) : 184, 528-530

Durham, Rypon de : 184
Durkheim, Émile : 477, 478, 555
Dürrenmatt, Friedrich : 539
Duvignaud, Jean : 31, 89, 90, 147, 206, 272, 500, 516, 538, 542, 554, 562

Eccleston, Thomas d' : 191
Écouchard-Lebrun : 362
Édouard II (roi d'Angleterre) : 188, 199, 230
Effel, Jean : 545
Einstein : 500
Elias, Norbert : 354
Élie : 100, 101
Eltsine, Boris : 550
Éluard, Paul : 531
Elvin, V. : 516
Emelina, Jean : 274
Ennius (poète) : 93
Ensor, James : 544, 562
Éphrem (saint) : 129, 130
Épicharme : 44
Épictète : 58, 248
Épiménide : 115
Épisthenes : 38
Érasme : 235, 237, 246, 256, 267, 284, 291, 399
Ernst, Max : 531, 536, 544
Erycius Puteanus : 349
Escarpit, Robert : 66, 171, 277, 386, 449, 514, 526
Eschine : 43
Eschyle : 21, 476
Escobar y Mendoza, Antonio : 341
Esmangar : 369
Estienne, Henri : 250, 269, 270, 305
Estoile, Pierre de l' : 261, 263, 265, 268
Eudikos (bouffon) : 45
Euloge (abbé) : 210
Eupolis : 33
Euripide : 26, 30, 32, 39
Eustathe : 22
Ève : 95, 123, 159, 291, 463
Evelyn, John : 354
Ewers, Hans : 492
Expilly, Louis : 390

Fabius Maximus : 69
Fagon, Guy Crescent : 403
Faillon le Fol (fou) : 204
Falstaff, Sir John : 276, 286, 412
Farnese (les) : 282

Farrar Browne, Charles : 456
Faure, Félix : 505
Favor (bouffon) : 79
Favre, Robert : 99, 276, 390, 396, 497, 535, 564, 565
Febvre, Lucien : 250
Fellag : 512
Fénéon, Félix : 503
Ferdinand (roi) : 432
Fernel, Jean : 352
Ferréol d'Uzès (saint) : 128
Ferreolus : 103
Ferrier, Vincent : 218, 223
Feuerbach, Ludwig : 461, 462
Feuerhahn, Nelly : 11
Feydeau, Georges : 578
Fielding, Henry : 394, 395
Figaro : 175, 389
Fischer, Hans : 515
Flaubert, Gustave : 488, 489, 494, 497, 538
Fléchier, Esprit (évêque) : 347, 399, 416
Flögel, Friedrich : 377, 485
Fludd, Robert : 275
Folengo, Teofilo (dit Merlin Coccaie) : 272
Fontenelle : 376, 390, 399, 402
Fortunat, Venance : 230
Foucault, Michel : 257, 294, 338, 400, 563
Fouel, Guillaume (fou) : 203, 204
Fouquet, Jean : 227
Fourest, Georges : 543
Fournier, Jacques : 162
François d'Assise (saint) : 95, 191, 219
François de Sales (saint) : 342, 343
François Iᵉʳ (roi de France) : 257, 258, 264, 289, 306
François, André : 545
Freidenberg, O. : 121
Frenoye, Jean : 234
Fréron, Élie : 383, 393, 396
Freud, Sigmund : 482-484, 500
Fried, Itzhak : 568
Fritella (fou) : 282
Frontisi-Ducroux, Françoise : 25
Fructuosus (saint) : 127
Fukuyama, Francis : 577
Fulgosa, Batista : 249
Fumaroli, Marc : 313, 315, 317
Funès, Louis de : 542, 582

Gabba (orateur) : 73
Gabin, Jean : 493

Gabriel : 105, 163, 353
Gacon, François (abbé) : 401
Gaignebert, Claude : 143
Gaillard, Françoise (folle) : 204
Gaillard, Mme : 336
Gainsbourg, Serge : 543, 548
Galien : 249, 569
Galilée : 255, 349
Gallini, Clara : 560
Galveston, Piers : 230
Garasse, François (père) : 314-318, 338, 341, 348, 349, 365, 473
Gargantua : 251, 370, 427
Garnier (abbé) : 465, 466
Garth, Samuel : 390
Garzoni, Tomaso : 291
Gassendi : 302, 329
Gattey : 424
Gaucher, Élisabeth : 182
Gaulle, Charles de : 550
Gaultier-Garguille : 365
Gauthier d'Arras : 161
Gautier, Léon : 198
Gautier, Théophile : 495, 496, 501
Gavarni : 521
Gayraud, Régis : 363
Geissler : 446
Gély-Ghédira, V. : 362
Geoffroy de Paris : 159, 189
Geoffroy de Vinsauf : 190
George Iᵉʳ (roi de Grande-Bretagne et d'Irlande) : 394
George II (roi de Grande-Bretagne et d'Irlande) : 395
George V (roi de Grande-Bretagne et d'Irlande) : 444
Gerald le Gallois : 169
Gerson, Jean : 153
Gervais du Bus : 189
Ghezzi, Pier-Leone : 394
Gibson, Edmund : 312
Gillette la Brune (folle) : 204
Gillray, James : 430, 521
Girard, René : 26-28, 435, 562
Girardin (fou) : 204
Giraudoux, Jean : 514
Glicksberg, C. I. : 524
Godeau (évêque) : 132, 308
Godefridus (moine) : 211
Goethe : 418, 486
Goldoni, Carlo : 377
Goldsmith, Oliver : 383, 388, 395
Golet (fou) : 204

Goll, Ivan : 539
Golse, Bernard : 568
Gonella (fou) : 202, 282
Gorgone (la) : 25
Gorsas, M. : 429
Gosset de Guines, Louis (dit Gill) : 443, 521
Gottsched, Johann Christoph : 377
Goubert, Pierre : 373
Gouda, Johannes : 338
Goudeau, Émile : 501, 505
Gourevitch, Aaron I. : 121, 139
Gourville : 356
Goya : 418, 430, 492
Graat, Barend : 412
Grabbe, Christian : 486
Graf, Fritz : 89
Grand Johan (fou) : 204
Grandville, J.-J. : 446, 521
Granger, B.I. : 11
Graouilly de Metz : 423
Grass, Günter : 572
Gravina : 376
Grazzini, Antonfrancesco : 282, 354
Greffier de Lorris : 259
Grégoire (abbé) : 424, 425
Grégoire de Tours (saint) : 108, 411
Grégoire le Grand : 119, 120, 225, 532
Grégoire VII : 194
Gribaudi, Piero : 131
Grieck, Joan de : 348
Grignon de Montfort : 308
Grimaldi (évêque) : 298
Grimaud, Maurice : 550
Grinberg, M. : 146, 288, 294
Grojnowski, Daniel : 501, 503, 504, 506, 538
Gros-Guillaume : 365
Grosley, Pierre-Jean : 329
Grosz, George : 544
Guareschi, Giovanni : 514
Guéret, Gabriel : 407
Guerlin de Guer, Charles de : 172
Guicciardini, Piero : 308
Guillaume de Saint-Amour : 188
Guillaume de Saint-Pathus : 196
Guillaume II (roi de Prusse et empereur d'Allemagne) : 444, 446
Guillaume II le Roux (roi d'Angleterre) : 167
Guillaume Picolphe (fou) : 204
Guillaumin, Jean : 567
Guilloux, Louis : 522
Guinguené : 427

Gulbranson, Olaf : 446
Guyot Desfontaine (abbé) : 401

Hadol, Paul : 443
Hainselain Coq (fou) : 203, 204
Halle, Adam de la : 176, 189
Hals, Frans : 412
Hamlet : 205, 285, 286, 320, 523
Harpagon : 491
Harris, George : 456
Harte, Bret : 456
Hasek, Jaroslav : 514
Haug, W. : 11
Haury, A. : 66, 69
Haynes, Maria : 88
Hazard, Paul : 383, 408
Hébert, Jacques René : 421, 427
Hecker : 480
Heers, Jacques : 141, 145, 153, 155, 158, 163, 232, 240
Hegel : 397, 466, 467, 469-471, 477, 577
Heine, Heinrich : 505, 522
Henri II de Castille : 160
Henri II (roi de France) : 204, 258, 259
Henri II Plantagenêt : 168, 169
Henri III (roi de France) : 187, 259-261, 284, 306
Henri IV (roi de France) : 261-264, 284, 305, 351
Henri le Grand, dit Belleville ou Turlupin : 365
Henriot, Philippe : 510
Héphaïstos : 17, 40, 60
Héra : 17, 18
Héraclite : 40, 50, 55, 251, 255, 291, 311, 499
Héraklès : 45, 55, 56
Herberich-Marx, Geneviève : 538
Hermès : 15, 16, 36, 38
Héroard, Jean : 264, 333
Hérodote : 20, 35, 37, 38
Herzen, Alexandre : 10
Hésiode : 22
Heywood, John : 279
Heywood, Thomas : 279
Hidalgo, Gaspar Lucas : 308
Hilarion (saint) : 185, 186
Hildegarde de Bingen (sainte) : 185, 211-213
Hincmar (archevêque) : 147
Hippocrate : 20, 22, 50
Hobbes, Thomas : 329, 330, 379, 381, 409, 475

Hoffmann : 491
Hogarth, William : 394, 449, 492, 521
Holbein, Hans : 236
Hollen, Gottschalk : 220
Home, Henry : 385
Homère : 16, 20, 21, 31, 35-37, 55, 60, 64, 79, 111, 237, 320, 421, 494
Hopf, Albert : 448
Horace : 66, 68, 70-72, 75, 79, 81, 83, 269, 412, 470
Horowitz, Jeannine : 11, 154, 171, 187, 193, 195, 197
Horst, Albert de : 235
Horváth, Ödön von : 539
Houbraken, A. : 414
Hrotsvit de Gandersheim : 176
Huber, Jean : 393
Huet, Pierre-Daniel (évêque) : 316
Hugger, Paul : 561
Hugo, Victor : 252, 284, 389, 488, 494, 497-499
Hugues le Grand : 126
Huizinga, Johan : 147
Huls l'Ancien, Samuel van : 350
Huot (fou) : 204
Huygens le Jeune, Constantin : 350, 352
Huysmans, Joris-Karl : 504
Hypéride : 43, 44

Iehl, Dominique : 252, 394, 539
Ignace de Loyola (saint) : 308, 317
Ilvonen, Eero : 124
Innocent III : 160
Innocent XI : 393
Ion de Chios : 30
Ionesco, Eugène : 539, 540
Irenée (saint) : 104, 114, 340
Isaac : 85, 97, 534
Isidore de Séville : 161, 208
Isocrate : 44

Jacob, Max : 513, 531
Jacques (saint) : 103
Jacques d'Autun : 347
Jacques IV : 202
Jacquette (la) : 264
Jaffro, Laurent : 410
Jankélévitch, Vladimir : 51, 52, 396, 524-526
Jansénius : 360
Jansz, Dirck : 351
Janus : 83, 248, 297
Janvier, M.-A. : 461

Jardinière (la) : 264
Jarry, Alfred : 505, 531, 537
Jean (saint) : 97, 105
Jean Chrysostome (saint) : 103, 111-114, 161, 324, 340
Jean de la Croix (saint) : 273, 308
Jean de Lycopolis : 131
Jean de Salisbury : 191, 208
Jean Quarrée (fou) : 204
Jean-Baptiste (saint) : 176
Jeanmaire, Henri : 28
Jeanne d'Arc (sainte) : 230, 231, 238
Jean-Paul : 470, 485, 486, 489
Jean-Paul II : 530
Jeanson, Henri : 511
Jehanne (folle) : 204
Jehannet (fou) : 204
Jenner, Edward : 386
Jérôme (saint) : 110, 114, 237, 324, 340
Jésus-Christ : 95, 103-108, 112, 113, 115, 117, 123, 124, 128, 130, 131, 143, 155, 165, 173, 194-197, 207, 208, 223, 224, 235, 306, 308, 310, 318-322, 339, 340, 348, 349, 427, 458, 461, 465, 486, 489, 524, 527, 531, 532, 540, 544, 566, 582
Job : 100, 101, 212
Johanneau, Éloi : 369
John, Muckle : 326
Johnson, Samuel : 386, 388, 395
Joinville, Jean de : 168, 188
Jonas d'Orléans : 211
Jonas : 97, 314, 463
Joncières : 444
Jonson, Ben : 275, 285, 384
Jordaens, Jacob : 348, 412
Joubert, Laurens : 265
Joubert, Nicolas : 264
Jouët-Pastré, Emmanuelle : 53
Judas : 123, 152, 339
Julien l'Apostat : 75, 122
Junius Bassus (orateur) : 73
Juven, Félix : 444
Juvénal : 65, 77, 79, 82, 186

Kafka : 542
Kaiser, George : 539
Kant, Emmanuel : 370, 378, 381, 382
Kästner, Erich : 514
Kayser, Wolfgang : 139, 226, 252, 393, 442, 567
Khloritius : 118
Khomeyni, Ruhollah : 526

Khrouchtchev, Nikita : 550
Kierkegaard, Sören : 469, 471
Killigrew, Henri : 326
Killigrew, Thomas : 326, 339
Klein-Zolty, Muriel : 520
Kolakowski, Valéry : 534
Koopmans, Jelle : 149, 224, 225, 227
Koren, Roselyne : 553
Kraepelin, Émile : 480
Kramer, Heinrich : 225
Kris, Ernst : 568
Krjevski, B. : 245
Kruger, Paul : 443
Kubin, Alfred : 544
Kühne, Gustav : 446
Kundera, Milan : 566, 573

Labiche, Eugène : 510, 565
Labre, Benoît Joseph : 464, 465
La Bruyère : 357, 369, 376
Lacan, Jacques : 537
La Colombière (père) : 309
Lactance : 115
La Fontaine, Jean de : 350, 362
Laforgue, Jules : 501, 502
La Grove, Louis de (dit La Farce) : 259
Lalouette, Jacqueline : 463, 465, 466
Lamachos : 31
La Marck, Adolphe de : 233
Lamb, Charles : 449
Lambert, Louis : 496
Lambert, Yves : 528
Lamennais, Félicité de (abbé) : 457, 458
La Mothe Le Vayer, François de : 338
Lamy (fou) : 204
Lamy, Bernard : 371
Langen, Albert : 446
Langenstein, Henri de : 222
Lanson, Gustave : 451
La Pesse, Nicolas de : 309
Laplantine, François : 556, 557
La Ramée, Pierre de : 313
La Rochefoucauld, François, duc de : 52, 355, 373
La Roque, Jean de : 98
Las Casas, Bartolomé de : 304
Lassels, Richard : 354
Laud, William (archevêque) : 326
Lauderdale, duc de : 339
Laurand, L. : 68
Laurent (saint) : 117, 163
Laurent le Magnifique : 240

Lauzun, duc de : 368, 369, 397, 398
Laval, Antoine de : 313
Laval, Pierre : 510
Lavardin, Hildebert de : 208
Lavite, Jean : 234
Lazar, Moshé : 221
Lazard (saint) : 219
Lear, Edward : 454
Le Bailli, Martin : 259
Le Brun, Jacques : 318
Lederer, J. : 12
Leech : 449
Leenhardt, Maurice : 516
Legas (folle) : 264
Legman, C. : 174
Le Goff, Jacques : 10, 98, 126, 166, 169, 207
Leibniz : 381, 410
Lelieur, Anne-Claude : 444
Lemaire de Belges, Jean : 238, 248
Lemaistre de Saci, Louis-Isaac : 320
Lemercier, Népomucène : 488
Lemert, Charles : 524
Le Métel, François (sieur de Boisrobert) : 334-336
Le Moine (père) : 341
Lemon, Mark : 449
Le Motteux, Pierre-Antoine : 369
Lénine : 466, 550
Lenz, Jakob : 485
Léonard de Vinci : 271
Lepape, Pierre : 489
Le Peintre, Pierre : 187
Le Petit : 358
Le Poitevin : 446
Le Roy Ladurie, Emmanuel : 162
Léry, Jean de : 266, 267, 435
Lesage, Alain-René : 375, 402
Lesser, Fréd.-Christ. : 400
Lessing, Gotthold Ephraïm : 377, 388, 485
Letellier, Constant : 445
Levêque, C. : 478
Lever, Maurice : 86, 165, 206, 235, 259, 327, 537, 548, 551, 553
Le Vernoy, Michel : 258
Lévi-Strauss, Claude : 516
Lévy, Jules : 501
Licinius Calvus : 76
Lièvre, V. : 516
Lignères : 362
Lipovetski, Gilles : 9, 547, 572, 573, 575, 578
Lipps, Theodor : 480

Lissarrague, François : 29
Littré, Émile : 388
Livius Salinator : 69
Locke, John : 339, 384
Loewe, Heinrich : 98
Lombard, Jean-Antoine (dit Brusquet) : 258, 259
London, Artur : 511
Longin : 43
Longstreet, Augustus : 455
Lorenz, Konrad : 27, 568-571
Lorraine, Henri de : 233
Loude, J.-Y. : 516
Louis II (roi de Hongrie) : 221
Louis II de Bourbon (prince de Condé) : 356
Louis IX (ou Saint Louis) : 168, 187-189, 196
Louis XII : 204, 283
Louis XIII : 264, 292, 326, 327, 331, 333, 352, 357, 365, 369
Louis XIV : 206, 262, 264, 286, 309, 328, 355-357, 361, 364-369, 374, 394, 397, 403, 404
Louis XV : 331, 404
Louis XVI : 175, 429, 433
Louis de Blois : 308
Louis-Philippe : 442
Louviers, Guillaume de : 258
Lovecraft : 492
Luc (saint) : 187
Lucain : 358
Lucien de Samosate : 10, 22, 39, 53-57, 63, 64, 116, 237, 250, 470
Lucilius : 70, 73, 110
Lucrèce : 250, 269
Ludolphe de Saxe : 103, 211
Luther : 234, 269, 291, 305, 530
Luxembourg, Pierre de : 238
Lycurgue : 36, 37,

Mably (abbé) : 376
Macaire (abbé) : 133
Machiavel : 159, 438
Macrobe : 84, 160, 362
Maffei, Scipione : 376
Maillard, Olivier : 211
Mainardi, Arlotto : 283, 354
Maintenon, Mme de : 309
Makarius, Laura : 518, 519
Mâle, Émile : 177, 201
Malherbe : 327
Malinowski, J. : 516
Mallarmé, Stéphane : 505

Malouet, Pierre Victor : 425, 426
Malraux, André : 430, 431, 545
Mann, Thomas : 566
Manuel, Nicolas : 289
Marais (bouffon) : 327, 328
Marc (saint) : 187
Marcella : 110
Marchand, Guillaume : 262, 263, 265
Mardonios : 35
Mareschal, André : 365
Marguerite de Navarre : 264, 274
Mariana, Juan da : 292
Mariano (frère) : 282
Marie (sainte) : 105, 108, 116, 123,
    158, 163, 208, 229, 338, 339, 348,
    415, 458
Marie-Antoinette : 434
Marie-Madeleine (sainte) : 319, 334
Marivaux : 383
Marker, Chris : 521
Marot, Clément : 258, 305, 315, 351,
    369
Martial : 75, 78, 79, 90
Martin (saint) : 120
Martin, Esslin : 539
Martin, Hervé : 180, 193
Martini : 510
Marx, Karl : 245, 251, 453
Mary, abbé de : 369
Massignon, Louis : 117
Massillon : 312, 313, 334
Masson, Paul : 445
Matello (fou) : 282
Mathey-Maille, Laurence : 182
Mathurine (la) : 264, 265
Mathusalem : 314, 463
Matthieu (saint) : 108, 113, 122
Maturin, Charles Robert : 490
Maurepas, comte de : 402, 404, 405
Maxime de Turin (prédicateur) : 147,
    161
Mazarin : 292, 296, 335, 337, 363, 366
Mazouer, Charles : 373
Mechtilde de Magdebourg : 154
Médard (saint) : 411
Médicis (les) : 282
Melanchthon : 271
Melander : 280
Mélinand, C. : 479
Melmoth : 490, 495, 496
Menache, Sophia : 11, 171, 187, 193,
    195, 198
Ménage, Gilles : 328
Ménager, Daniel : 11

Ménandre : 30, 34, 41-43, 325
Ménard, Philippe : 172-175, 182
Mendel, Gérard : 556
Ménentrier : 403
Menestrier : 407
Ménippe de Gadara : 54-57, 74
Menot, Michel : 238
Mérat, Albert : 502
Mercier, Sébastien : 122, 355
Merlin : 184-186, 375
Meslier (abbé) : 309
Mesmer, Franz Anton, 400
Metellus : 76, 93
Méténier, Oscar : 503
Michaud, G. : 71
Michaux, Henri : 572
Michel (saint) : 219
Michiels, A. : 478, 479
Michon la Folle : 204
Mikes, Georges : 514
Milet (fou) : 204
Millet, Jean François : 443
Milner, Max : 178, 488
Miner, Horace : 515
Minucius Felix : 115
Mirabeau, comte de : 426
Mirabeau, vicomte de : 423, 426
Mitton (fou) : 204
Molho, Maurice : 273
Molière : 318, 320, 324, 325, 357,
    367, 370, 372-376, 491, 499, 521,
    581
Molinet, Jean : 230
Momus : 22, 288, 296, 402, 404, 417,
    437
Monaco, G. : 11
Monarch (fou) :265
Mongin, Olivier : 553
Mongo, Boniface : 511
Montaigne : 250, 254, 255, 286, 305,
    449
Montesquieu : 355, 383, 497, 515
Monty Pythons : 274, 509, 532, 542,
    545, 569
Moore (évêque) : 350
More, Thomas : 276, 279, 305
Morreal, John : 107
Morris, Corbyn : 384
Möser, Justus : 377, 485
Mosini : 272
Moulinier, Laurence : 212
Muchembled, Robert : 231, 290, 292,
    297, 299
Munch, Edward : 544

Mundt, Theodor : 447
Murner, Thomas : 236, 289, 291
Murray, Donald : 98, 99
Musset, Alfred de : 465, 494, 496

Nadar : 443
Naevius, Cneius : 76
Nakam, Géralde : 252-254
Nante : 447, 448
Napoléon Bonaparte : 430, 431, 443, 496, 499
Napoléon III : 497
Nash, Walter : 191
Natanson, Alexandre : 444, 445
Naudet (abbé) : 465, 466
Nédélec, C. : 371
Neri, Philippe de : 347
Néron : 77, 83, 273
Nerval, Gérard de : 443, 496
Neumann, N. : 11
Neuré, Mathurin de : 302
Newburgh, William de : 169
Newels, Margarete : 177
Nicolas (fou) : 204
Nicolas III : 248
Nicole, Pierre : 318
Nicomède (roi de Bithynie) : 76, 77
Nietzsche, Friedrich : 52, 454, 456, 457, 474-477, 544, 554, 578
Noailles, duc de : 368
Noirot, Claude : 301
Nokter le Bègue : 125
Nolde, Emil : 544
Norman, H.A. : 516
Nougaret : 376
Novalis : 495
Novati, Francesco : 123
Novius : 89

Ogé, Eugène : 443
Ogier, François (père) : 315, 317
Olaus Magnus (évêque) : 144
Olympiodorus Alexandrinus : 119
Origène : 116, 532
Orsini (les) : 282
Ortis (fou) : 258
Orwell, George : 514, 548
Outreman, Philippe d' : 308
Ouville, d' : 371
Overbeke, Aernout van : 350, 351
Ovide : 68, 80, 237
Ozouf, Mona : 432-435

Packon (abbé) : 132
Pacôme (saint) : 130, 131

Pagnol, Marcel : 564
Palante, Georges : 522, 523, 525
Palatine (Charlotte-Élisabeth de Bavière, dite princesse) : 309
Palissot de Montenois, Charles : 424
Pallade ou Palladius : 130, 131
Pantagruel : 251, 253, 370, 427
Pantalon : 269, 272
Panurge : 235, 253, 254, 258
Parigi, Giulio : 272
Pascal, Blaise : 320, 321, 340, 341, 343, 345, 463, 465
Passerat, Jean : 260
Pastre, J. M. : 145
Patin, Guy : 360
Paul (saint) : 103, 105, 111, 113, 114, 124, 163, 223, 310, 323
Paul Antoine (saint) : 464
Paul II (pape) : 224
Pauli, Jean : 192, 194, 195
Pauli, Johannes : 278
Paulin, Bernard : 285
Pausanias : 19
Paz, Octavio : 247
Pedo Pompée : 77
Pedraza, Bermùdez de : 160
Pelletan, Eugène : 462
Pellisson : 362
Penjon, A. : 463, 479
Penthée : 25, 26
Peppone : 466, 514
Pepys, Samuel : 326, 337, 350
Perdrizet, Paul : 17
Perelli, Luciano : 86
Périclès : 30, 31
Perrault (frères) : 358, 359
Perrault, Charles : 370
Perret, Pierre : 526
Perricquou (fou) : 265
Pers, Dirck : 414
Perse : 82
Pétain, Philippe : 444
Petit de Julleville, Louis : 198
Petitjean, Armand : 7
Pétrone : 79, 80
Peynet : 545
Phalaris (tyran d'Agrigente) : 21
Phelps, W. : 98
Phérécrate : 33
Phidias : 19
Philémon : 22, 249
Philipon, Charles : 442
Philippe Auguste : 167, 169

Philippe II (roi d'Espagne) : 295
Philippe IV le Bel : 189, 203
Philippe II (roi de Macédoine) : 45, 49, 90
Philippe II le Hardi (duc de Bourgogne) : 157, 204
Philippot le Nain (fou) : 204
Philocléon : 42
Philostrate : 23
Phrynichus : 46
Pichon : 365
Pie V : 308
Pierre (saint) : 103, 106, 108, 123, 174, 566
Pierre de Corbeil : 155, 157
Pierre le Chantre : 103, 107, 208
Pierre le Vénérable (abbé) : 208
Pierrot : 375
Pillet, Élisabeth : 452, 453
Pirandello : 501, 539
Piron, Alexis : 390, 391
Planck, Max : 500
Plantavit de La Pause, abbé Guillaume : 401, 403, 405
Plantefolie (fou) : 204
Plantu : 545
Platon : 21, 32, 40, 53, 58, 60, 110
Platon le Comique : 33
Platonius : 33
Plaute : 47, 65, 66, 75, 79, 86-90, 119, 325, 581, 582
Pline l'Ancien : 91
Pline le Jeune : 80
Plutarque : 18, 36, 62, 63, 85
Poe, Edgar : 492
Pogge (le) : 351
Poincaré, Raymond : 441
Poinsotte, Jean-Michel : 119
Poirters, Adriaen : 348
Polichinelle : 375, 449
Polite (fou) : 204
Poliziano, Angelo : 283
Polycrate : 237
Pompadour, marquise de : 392, 405
Pompée : 76, 248
Pomponius, Lucius : 89
Pontas, Jean : 312
Pope, Alexander : 390
Porphyre : 116, 125
Porta, Giambattista : 271
Port-Maurice, Léonard de : 308
Postumien : 132
Potter, Stephen : 449
Prévert, Jacques : 514, 531, 537

Priape : 70, 115
Primogenitus (fou) : 265
Proclus : 16, 40
Properce : 75
Protagoras : 33
Proudhon, Pierre-Joseph : 441, 493, 494
Provins, Pierre de : 259
Prudence : 115
Prudhomme, Joseph : 502
Pseudo-Théodoricus : 161
Puvis de Chavannes, Pierre Cécil : 501
Puyuelo : 568
Pyrrhon : 55, 477
Pyrrhus : 61
Pythagore : 58, 64
Pythie (la) : 19

Queneau, Raymond : 536
Questiers, David : 413
Quevedo y Villegas, Francisco Gómez de : 291
Quinet, Edgar : 488
Quintilien : 61, 68, 73, 91, 93, 111, 238, 305, 313

Raban Maur (abbé de Fulda) : 123, 161
Rabelais, François : 10, 57, 92, 138, 140, 178, 242, 243, 245-255, 258, 265, 266, 270, 272, 278, 279, 283, 284, 305, 316, 329, 330, 332, 336, 359, 364, 368, 370, 392, 403, 413, 414, 427, 487, 494, 498, 581
Racine : 325
Radolph : 182
Rahier, Jacques : 348
Rahner, Hugo : 209
Rainier II de Monaco : 551
Rambouillet, Mme de (folle) : 264
Rancé, Armand Jean Le Bouthillier de : 318
Raphaël, Freddy : 538
Rastell, John : 279
Ratisbonne, L. : 478
Ratzinger (cardinal) : 530
Ravachol : 452
Rayssiguier : 365
Regnard, Jean-François : 390
Reinach, Salomon : 19, 20, 85, 238
Reiser, Jean-Marc : 573
Rembrandt : 412
Renan, Ernest : 498, 553
Renard, Jules : 500, 505

Renart : 153, 181, 187
Renaudot, Théophraste : 327
Rey-Flaud, Bernadette : 179
Reza, Yasmina : 544
Ribot, Théodule : 481
Richard III : 284
Richard, Jean (dit l'Avocat) : 310
Richard, P. : 70
Richelieu (cardinal, duc de) : 292, 327, 334, 339, 363
Richeome, Louis : 345
Rigaud, Eudes : 154, 196, 198, 325
Rigaut, Jacques : 543
Rimbaud : 502, 505
Rio, Martin del : 309
Rivarol, Antoine, comte de : 421, 424
Robespierre : 424, 550
Robida, Albert : 444
Robinet (fou) : 204
Roceguyon, comte de : 333
Rochester, lord : 326
Roger (fou) : 204
Romains, Jules : 514
Romans, Humbert de : 194
Ronsard : 266
Roodenburg, Herman : 11, 351
Roquelaure, chevalier de : 337
Roques, Jules : 444
Roquetaillade, Jean de : 222
Ross Locke, David : 456
Rousseau, Jean-Jacques : 377, 383, 424
Roussel, C. : 183
Rousselot (père) : 131
Rowlandson, Thomas : 430
Roy, Claude : 517, 545
Roy, Pierre-Charles : 401, 405
Rubens : 412
Rubys, Claude de : 292
Rupert de Deutz : 211
Russel, Jeffrey Burton : 220
Rutebeuf : 182, 187-189
Rvacocsky, Vavrinec : 293

Sabathier : 424
Sacchetti, Franco : 282
Sachs, Hans : 231
Sacotte, Mireille : 543
Sade, marquis de : 400
Saïd, Suzanne : 32
Saint Louis : voir Louis IX.
Saint-Amand, sieur de : 274
Saint-Cyran (abbé de) : 317, 318
Saint-Denis, Eugène de : 66, 71, 89
Sainte-Aldegonde, Philippe de Marnix, seigneur de : 351

Sainte-Beuve : 319, 320, 493, 494
Saint-Évremond : 376, 390
Saint-John Perse (Alexis Léger, dit) : 543
Saint-Simon : 332, 356, 368, 397-399, 407
Saint-Victor, Hugues de : 208, 340
Salernitano, Masuccio : 282
Salis, Rodolphe : 444
Salomon : 128, 163, 180
Salvien de Marseille : 103
Sancroft, William : 350
Sand, George : 448
Sanouillet, Michel : 534
Sapeck : 504
Sarah : 96, 97, 105, 112, 172
Sarrazin, Bernard : 11, 99, 105, 218, 248, 487, 489, 532, 533, 544, 573, 574
Sartre, Jean-Paul : 550, 562, 564
Satan : 107, 111, 113, 118, 127, 174, 183, 184, 220, 221, 223, 225, 226, 309, 342, 458, 487-489, 496, 498, 499, 519
Satie, Erik : 502
Saturne : 83, 84, 297
Sautel, Pierre-Juste : 346
Sauvage (fou) : 327
Sauval, Henri : 204
Sauzeau, Pierre : 29
Savonarole, Jérôme : 240
Scaliger, Joseph : 352
Scaramouche : 373
Scarron : 70, 274, 275, 331, 332, 335, 356, 358-363, 371, 403
Schellinks, Willem : 413
Schlegel, Friedrich von : 470, 486, 495
Schoell, Konrad : 176, 180
Schopenhauer, Arthur : 472-474, 477
Schwarz : 444
Schwob, Marcel : 504, 574
Scipion Émilien : 74
Scipion l'Africain : 69, 76
Scot, Reginald : 276
Scudo, P. : 461
Searle, Ronald : 545
Séchan, Louis : 61
Seigni Johan (fou) : 203
Sémos de Délos : 19
Sempé : 545
Senancour, Étienne Pivert de : 389
Senefelder, Aloys : 430
Sénèque : 77, 237
Serre : 531

Serroy, Jean : 362
Sévigné, Mme de : 356
Seybold, Hans : 221
Seymour, Robert : 446, 449, 521
Shadyac, Tom : 513
Shaftesbury (comte de) : 370, 381, 384, 408-411
Shakespeare, William : 67, 266, 276, 279, 284, 385, 485, 498, 499
Sheridan : 388, 449
Sibilot (fou) : 260
Sidoine Apollinaire : 80, 119
Silène : 20, 81
Siméon le Stylite (saint) : 133
Simon (saint) : 104, 108
Simon de Cyrène : 104
Simonide de Céos : 21
Siné (Maurice Sinet, dit) : 545, 549
Sixte Quint : 308
Smadja, Éric : 571
Smith, Seba : 455
Socrate : 21, 31-34, 39, 44, 46, 48, 53, 55, 58, 59, 64, 92, 351, 524
Sophocle : 20, 21, 30, 35, 36, 41
Sordello de Mantoue, ou Sordel : 188
Sorel, Charles : 356, 359-361
Soriano, Marc : 358, 359
Sosibius : 37
Souillac, Jean-Georges de : 297
Spencer, H. : 479, 481
Spinoza : 381, 409
Spitz : 568
Sprat, Thomas : 409
Sprenger, Jacques : 225
Staël, Mme de : 388, 423
Staline : 548
Stansbury Kirkland, Caroline : 455
Steele, Richard : 376
Steen, Jan : 412-415, 452
Steiner, Werner : 150
Stephane, A. : 557
Sterne, Laurence : 388
Sternheim, Carl : 539
Strozzi, Pierre : 259
Stuart, Élisabeth : 326
Stuarts (les) : 275
Subrenat, Jean : 183
Suétone : 18, 76, 79
Sully, Eudes de : 160
Sully, James : 481, 517, 564
Sully, Maurice de : 161
Sulpice Sévère : 120
Swedenborg, Emanuel : 400
Sweerts, Jérôme : 413

Swift, Jonathan : 360, 370, 383, 386, 387, 392, 394, 410, 448, 449, 454, 504, 521, 523
Sylla : 76, 90
Sylvestre, Maître : 199
Sylvos, F. : 497

Tabarin (Antoine Girard, dit) : 248, 333, 365
Tabori, Georges : 540
Tacite : 83, 147
Taine, Hippolyte : 389
Talavera, Hernando de : 160, 308
Talayeseswa, D. : 516
Tallemant de Réaux : 327, 332-334, 336, 337, 365
Tamboer, Jan (Jan Meerhuysen, dit) : 412, 413
Tamesvari, Pelbart : 221
Tanguy, Yves : 544
Tassoni, Allessandra : 365
Tave, S.M. : 11
Taxil, Léo : 462
Tchékov : 541
Térence : 79, 86-90, 325, 582
Tertullien : 108, 114, 115, 161, 340
Tesauro, Emmanuel : 354
Tetel, Marcel : 274
Texier, Claude : 309
Textor, Ravisius : 249
Thackeray, William Makepeace : 453
Thatcher, Margaret : 550
Théocrite : 66
Theodoricus (moine) : 211
Théodose Ier le Grand : 118, 125
Théodulf (évêque) : 124
Théophile (empereur) : 125
Théopompe de Chios : 20, 49
Thérèse d'Avila (sainte) : 273
Thévenin (fou) : 204
Thiériot, Gérard : 540
Thiers, Jean-Baptiste : 304, 305, 307, 443
Thomas, Keith : 292
Thomas (saint) : 105
Thomas d'Aquin (saint) : 209, 210, 322, 323
Thompsen, Christian : 140
Thompson, E. P. : 149, 439
Thomson, Peter : 394
Thomson, William : 456
Thony (fou) : 259
Thou, Jacques de : 369
Thulène (fou) : 260

Tillier, Claude : 439
Tillotson, John (archevêque de Canterbury) : 408
Timon le Sillographe : 51
Tincq, Henri : 531
Tindal, Matthieu : 410
Tingoccio : 219
Tite-Live : 78
Toepffer, Rodolphe : 446
Toffler, Alvin : 13, 250, 457
Torsac, Emmanuel de : 402, 404
Toulouse-Lautrec : 445
Toutes Couleurs, Mme de (folle) : 204
Trajan : 248
Trebonius, C. : 91
Triboulet-Chicot (Férial, dit) : 202-204, 257, 258
Trochu, F. (abbé) : 459
Tronson, Louis : 312, 334
Trophonios : 19
Trotter, David : 452
Trouille, Clovis : 104, 531
Tschipper, M. : 11
Tudor (les) : 275
Tullius Tiro, Marcus, ou Tiron : 91
Turnèbe, Adrien : 313
Twain, Mark : 453, 456, 457, 483

Ubu : 487, 537, 574
Uhl, P. : 183
Ulysse : 20, 35, 36, 56, 101, 248
Ussac (capitaine de La Réole) : 305

Vaché, Jacques : 521, 536
Valade, Léon : 502
Valentin : 532
Valentinien II : 118
Valère Maxime : 72
Van Gennep, Arnold : 148, 149
Van Habbeke, Maximilien : 338
Varagnac, André : 142, 555
Varron : 66, 67, 74
Vasari, Giorgio : 240
Vauchez, André : 238
Vavasseur, François (père) : 316, 362
Vélasquez : 265, 412
Venette, Jean de : 202
Verlaine : 502
Vernant, Jean-Pierre : 28
Verstegen, Richard : 339
Vespasien : 79
Vianney, Jean-Marie (curé d'Ars) : 458, 459, 463
Viau, Théophile de : 314, 315, 337, 338

Victoria (reine) : 443
Vidal-Naquet, Pierre : 28
Vieira, Antonio : 311, 312
Vigilantius : 237
Vignole (Giacomo Barozzi da Vignola, dit) : 282
Vigouroux, F. : 98
Villasandino, Alonso de : 160
Villemanoche (fou) : 258
Villiers de l'Isle-Adam : 494
Villon, François : 177, 248
Vinaver, Michel : 541
Vincent de Paul (saint) : 293, 308, 337
Viollet-le-Duc, Eugène Emmanuel : 451
Viret, Pierre : 269, 291
Virgile : 65, 70, 71, 79, 237, 358
Vital, Orderic : 126
Vitry, Jacques de : 184, 185, 190-192, 195, 196
Vivés, Juan Luis : 378
Voiture, Vincent : 274
Voltaire : 320, 328, 330, 331, 370, 382, 383, 386-388, 390, 392, 393, 397, 497, 523
Voltz : 446
Voragine, Jacques de : 186
Vovelle, Michel : 296, 301, 417, 431-433
Voysin, Daniel François : 368
Vrain (dit Lucas) : 445

Walpole, Horace : 396
Walpole, Robert : 394, 395
Walter, Philippe : 142, 143
Warhol, Andy : 545
Waugh, Evelyn : 528
Wedekind, Frank : 539
Westermann, Mariët : 413, 415
Weyl, Daniel : 453
Whichcote, Benjamin : 408
Whitehead, Alfred North : 98, 500
Wiesel, Élie : 56, 542
Wilde, Oscar : 12, 453-457, 488, 553
Wilkins, John : 31, 550
Willoughby, lord : 339
Wilson, Thomas : 279
Witkin, W. : 525
Wotton, William : 409
Wunenburger, Jean-Jacques : 25, 142, 555, 557, 558

Xénophane : 49
Xénophon : 33, 38, 45, 48, 53

Xerxès : 35, 248
Xeuthès (roi thrace) : 38

Yahveh : 95, 97, 100, 123
Yonnet, Paul : 575, 576
Yorick : 205
Yves de Paris (père) : 346, 347
Yvonnet, Paul : 552

Zarathoustra : 91, 474, 475
Zavatta, Achille : 521
Zenobius : 21
Zénon (évêque) : 122
Zercon : 125
Zeus : 16, 18, 19, 38, 55, 56, 83
Zeuxis (peintre) : 22
Zuylen, Belle van : 388

Table des matières

INTRODUCTION 9

CHAPITRE PREMIER : Le rire inextinguible des dieux. Les
  Grecs archaïques et le mystère du rire 15

*Le rire dans les mythes grecs : un contact dangereux avec le divin,
15. — Le mythe, le rire et la mort, 20. — Le rire de la fête : retour
au chaos et recréation, 23. — Le rire de Dionysos, 28. — De la
fête dionysiaque à la comédie : Aristophane, 30. — Le rire
archaïque des contemporains d'Homère : agression et triomphe, 34.*

CHAPITRE II : L'humanisation du rire par les philosophes
  grecs. De l'ironie socratique au ricanement de Lucien   39

*L'adoucissement du rire, 40. — Les bouffons et les recueils de
blagues, 44. — Rire sceptique de Démocrite et rire cynique de Diogène, 49. — De Socrate à Lucien : première revanche du diable ?,
53. — Les agélastes, de Pythagore à Platon, 57. — Aristote et le
propre de l'homme, 60.*

CHAPITRE III : Le rire unifié des Latins. Le *risus*, satirique et
  grotesque 65

*Le problème de l'humour latin, 66. — Le Latin, paysan caustique,
71. — La satire, expression du génie romain, 74. — Satire politique et capacité d'autodérision, 75. — Le côté noir du rire
romain : le grotesque, 80. — Le rire festif des saturnales et lupercales, 82. — Le rire cathartique de la comédie, 86. — Décadence
romaine et déclin du rire, 90.*

CHAPITRE IV : La diabolisation du rire au haut Moyen Age.
Jésus n'a jamais ri 95

Le rire, conséquence du péché originel, 95. — Évolution du comique biblique, 99. — Jésus a-t-il ri?, 103. — Diabolisation du rire par les Pères de l'Église, 107. — « Et ça vous fait rire! » (Jean Chrysostome), 111. — La guerre du rire entre chrétiens et païens, 114. — Le rire et le sacré : grotesque chrétien et parodie, 119. — Un temps pour rire, un temps pour pleurer, 124. — Le rire banni des monastères, 126. — Rire seul : l'humour absolu des Pères du désert, 129.

CHAPITRE V : Le rire unanime de la fête médiévale. La parodie au service des valeurs 135

Le rire médiéval selon Bakhtine, 135. — Le carnaval, chrétien ou païen?, 140. — Le carnaval, parodie folle, qui exorcise et rassure, 144. — Le charivari, ou le rire d'autodéfense du groupe, 148. — La fête des fous, ou l'autodérision cléricale, 152. — La fête de l'âne, ou le rire au service du faible, 157. — Le rire des villes et le rire des champs, 162. — Le rire au château, 167.

CHAPITRE VI : Rire et faire rire au Moyen Age. Humour sacré et humour profane 171

Le rire amoral du fabliau, 172. — Le rire individualiste de la farce, 176. — Le rire parodique du monde courtois, 181. — Le rire diabolique de Merlin, 184. — Le rire satirique des moralistes, 186. — Le rire conservateur des prédicateurs, 189. — Le rire impertinent des clercs, 198. — Le rire raisonnable du fou de cour, 202. — Le bon et le mauvais rire du théologien, 206. — Les agélastes médiévaux : Bernard et Hildegarde, 210.

CHAPITRE VII : Le rire et la peur au bas Moyen Age. Le retour du diable 217

Rire pour ne pas pleurer, 217. — Rire du diable et de l'Antéchrist, 220. — Rire des sorcières, 225. — L'ironie s'en prend à Dieu, 227. — Le rire agressif des sociétés joyeuses, 230. — De la folie négative (Brant) à la folie positive (Érasme), 235. — La fête sous surveillance, 238.

CHAPITRE VIII : **L'éclat de rire assourdissant de la Renaissance. Le monde rabelaisien et ses ambiguïtés** 245

Un rire créateur, 246. — Un rire destructeur, 249. — Du vertige rabelaisien au rire tragique d'Agrippa d'Aubigné, 252. — Le triomphe du fou du roi : le siècle de Triboulet-Chicot, 257. — Rire et nature humaine. Le cas des Indiens, 265. — Le rire comme arme offensive. Naissance de la caricature, 267. — Les variations nationales du rire, 272. — Avènement de l'humour, 275. — Les recueils d'histoires drôles, 278. — Le rire du courtisan, 280. — De Rabelais à Shakespeare, 284.

CHAPITRE IX : **Fini de rire. La grande offensive politico-religieuse du sérieux (XVIᵉ-XVIIIᵉ siècle)** 287

Haro sur le carnaval, 288. — Les fous à l'asile, 290. — Que la fête se termine!, 294. — Les résistances, 298. — Disparition de la fête des fous, 302. — Jean-Baptiste Thiers, témoin de la répression du rire, 304. — Auteurs spirituels et prédicateurs contre le rire, 307. — Héraclite et le prêtre modèle, 311. — Le père Garasse et la bataille du rire, 314. — Un rire janséniste?, 317. — Bossuet, ou la mort du rire, 321. — Disparition du fou du roi, 326. — Hobbes : le rire, orgueil du faible, 329.

CHAPITRE X : **Le rire amer du burlesque. L'âge de la dévalorisation comique (première moitié du XVIIᵉ siècle)** .. 331

Tallemant des Réaux, témoin d'une époque burlesque, 332. — La raillerie blasphématoire des libertins, 336. — La sainte raillerie pascalienne, 340. — Le salut par le rire : l'humanisme dévot, 342. — Le Démocrite chrétien et ses combats, 347. — Les recueils d'histoires drôles : une mode révélatrice, 349. — L'évolution du rire au XVIIᵉ siècle et sa signification, 353. — Le rire amer du roman comique, 357. — La Fronde, apogée et mort du burlesque, 362.

CHAPITRE XI : **Du rire poli au ricanement. Le pouvoir acide de l'esprit (XVIIᵉ-XVIIIᵉ siècle)** 367

Le polissage du rire : Rabelais revisité, 368. — « C'est une étrange entreprise que celle de faire rire les honnêtes gens », 371. — Du Diable boiteux à l'opéra-comique : le sens du bizarre, 375. — De Descartes à Kant : le regard méfiant de la philosophie, 378. — Le siècle d'Asmodée, le démon railleur, 382. — L'humour, vaccin contre le désespoir, 384. — Vivre et mourir en raillant, 389. — Satire politique et caricature, 393. — L'ironie, l'esprit et la folie, 395.

— Le « Régiment de la Calotte » : une « comicocratie » contre
l'absolutisme (1702-1752), 401. — La raillerie de salon, 405. —
Shaftesbury : l'humour contre le fanatisme, 408. — Le rire populaire vu par les peintres : alibi de la bourgeoisie ?, 411. — Carnavals et fêtes populaires : le rire contestataire, 415.

CHAPITRE XII : **Le rire et les idoles au XIXᵉ siècle. La dérision
dans les combats politiques, sociaux et religieux** 421

Les aristocrates, parti du rire (1789-1790), 422. — Tactique du
rire parlementaire à la Constituante, 425. — La caricature, instrument du rire révolutionnaire, 428. — La mascarade révolutionnaire ou le rire menaçant, 431. — La fête officielle : le rire, opium
du peuple ?, 437. — La satire politique, de l'ironie à la mystification, 441. — Les variétés de la satire sociale européenne, 446. —
Un humour français ? Le rire gaulois et poivrot, 450. — Humours
nationaux ou internationale du rire ? Oscar Wilde et Mark Twain,
même combat, 453. — L'Église du XIXᵉ siècle contre le rire, 457.
— « Tuons-les par le rire » : la dérision anticléricale et antireligieuse, 462.

CHAPITRE XIII : **Philosophie du rire et rire philosophique au
XIXᵉ siècle. Les débats sur le rire, du grotesque à
l'absurde** 469

Hegel, le sérieux dialectique, et Kierkegaard, ou le rire du désespoir,
469. — Nietzsche et le rire du surhomme, 474. — Bergson et la
mécanique sociale du rire, 477. — Freud : le rire comme économie
d'énergie, et l'humour comme défi, 482. — Le « rire meurtrier » de
Jean-Paul, 485. — Le rire, cheval de Troie de l'enfer, et revanche
du diable, 487. — Baudelaire : « Le rire est satanique, donc
humain », 489. — Le rire antibourgeois, 494. — Hugo et
« l'homme qui rit », 497. — Rires fin de siècle : Zutistes, Fumistes
et J'menfoutistes, 500.

CHAPITRE XIV : **Le XXᵉ siècle, mort de rire. L'ère de la dérision universelle** 509

Le siècle des catastrophes et du rire, 510. — Le rire, « révolte supérieure de l'esprit » (André Breton), 513. — Universalité du rire : la
version des anthropologues, 514. — L'humour, « politesse du désespoir », 521. — Nécessité de l'ironie dans le monde contemporain,
523. — Rire et religion : la réconciliation ?, 526. — Vers une foi
humoristique ?, 531. — De Dada à l'humour noir d'André Breton,
534. — Le siècle d'Ubu et son reflet théâtral et cinématographique,
537. — Rire et art moderne, 542.

CHAPITRE XV : **Le xxᵉ siècle : mort du rire ? La revanche posthume du diable** 547

Diversification de la satire politique, 548. — La politique-spectacle et la dictature du rire, 550. — L'obsession de la fête tue le rire, 553. — Rire et fête contemporaine : le divorce, 558. — Études contemporaines sur le rire : diabolique ou angélique ?, 563. — Le rire, agression ritualisée, selon Konrad Lorenz, 568. — Banalisation et médiatisation du rire dans la société humoristique, 572. — Fin du rire ?, 576.

CONCLUSION 581

NOTES 587

INDEX DES NOMS DE PERSONNES ET DES PRINCIPAUX PERSONNAGES 615

Impression réalisée sur CAMERON par

BRODARD & TAUPIN

GROUPE CPI

La Flèche

*pour le compte des Éditions Fayard
en février 2001*

Imprimé en France
Dépôt légal : mars 2001
N° d'édition : 10415 – N° d'impression : 6488
ISBN : 2-213-60696-X
35-66-0896-02/7